本书由南京水利科学研究院出版基金资助

高速公路

GAOSU GONGLU SHENHOU RUANJI GONGHOU CHENJIANG KONGZHI CHENGTAO JISHU

深厚软基工后沉降控制成套技术

娄炎　何宁　娄斌　著

人民交通出版社
China Communications Press

内 容 提 要

本书分十个章节，对高速公路深厚软基工后沉降控制技术进行全面而详细的介绍。第一章为概论，第二章为软土特性及与加固方法的关系，第三章为5种加固方法的效果分析，第四章为5种加固方法的效果比较，第五章为施工安全与质量控制，第六章为新型排水材料的应用，第七章为新材料的工程技术标准，第八章为软基加固设计新方法，第九章为需进一步解决与研究的问题，第十章为控制工后沉降研究中的发现与创新。

本书可供从事高速公路勘探、设计、施工、管理等方面工作的人员参考使用。

图书在版编目(CIP)数据

高速公路深厚软基工后沉降控制成套技术 / 娄炎，何宁，娄斌著. --北京 ：人民交通出版社，2011.12

ISBN 978-7-114-09392-0

Ⅰ. ①高… Ⅱ. ①娄… ②何… ③娄… Ⅲ. ①高速公路—路基沉降—控制—成套技术Ⅳ. ①U418.5

中国版本图书馆 CIP 数据核字(2011)第187413号

书　　名：高速公路深厚软基工后沉降控制成套技术
著 作 者：娄 炎 何 宁 娄 斌
责任编辑：张征宇 郭红蕊
出版发行：人民交通出版社
地　　址：（100011）北京市朝阳区安定门外外馆斜街3号
网　　址：http://www.ccpress.com.cn
销售电话：（010）59757969，59757973
总 经 销：人民交通出版社发行部
经　　销：各地新华书店
印　　刷：北京市密东印刷有限公司
开　　本：787×1092 1/16
印　　张：21
字　　数：480千
版　　次：2011年12月 第1版
印　　次：2011年12月 第1次印刷
书　　号：ISBN 978-7-114-09392-0
印　　数：0001－3000册
定　　价：50.00元

前言

高速公路近二十年来在我国获得飞速发展，它的大量建设带动了区域经济的高速腾飞，经济的飞速发展相应地对高速公路也提出更高的要求。然而，在深厚软土地带桥头跳车、路面起伏、下沉过大等情况时有发生，工后沉降过大、没有控制在允许的范围内常造成行车颠簸、车速受限，甚至酿成事故。因此，工后沉降的控制问题逐渐被提到岩土工作者面前。二十年来，管理部门及设计、科研人员为此做了大量的工作。

高速公路工后沉降的有效控制是受多方面因素制约的。包括对路基下卧软土层特性的全面了解与正确认识，对软基处理方法的本质理解和合理选择，对施工过程中质量的有效控制和精细化管理，对加固完成时机的正确判定，以及软基处理中新材料的应用和相应质量控制标准的建立，对原有设计方法的认识与改进等等。它是一个系统工程，不是仅仅靠做好其中一个环节就能实现的，需要勘探、设计、施工、监理、管理等部门的全面配合与完美实现，需要继承与创新，需要一整套技术的良好应用才能实现。

刚刚建成的杭州湾跨海大桥是目前通车的世界第一跨海大桥，它的建成对加速发展江、浙、沪三地的经济有着巨大的作用，把杭州湾两岸三地一下连起，“天堑变通途”。大桥就像一只腾飞大鸟的身躯，桥两端的连接线就是这只大鸟的两只翅膀，因此连接线高速公路修建质量的好坏直接关系到杭州湾跨海大桥的功能能否有效发挥，所以在建设两岸连接线时，宁波市高等级公路指挥部给予了高度的关注和重视。

杭州湾跨海大桥南岸接线高速公路路线全长57.4km。主要工程构筑物有大桥40座，中桥32座，小桥34座，涵洞19处，隧道2处(双向总长3 875m)。设计采用双向6车道高速公路标准，行车速度为120km/h，行车标准高，路面宽度35m，路基底宽超过50m。大桥南岸接线高速公路地处杭州湾以南平原水网地带，几乎全部位于宁波滨海相、泻湖相沉积的软土地区，软基里程约40km，占全路长的70%左右，软基路线长。大桥南岸接线高速公路的软基有深、厚特点，软土厚度大部分为25~35m，部分达到40m。层位沿路线变化较大、比较复杂，因此软土地基的处理是这条高速公路建设中的一个突出问题，路基对下卧层影响深度大，地基处理难度大。这些情况都是以往路段不常遇到的。因此，对软土地基的处理仅仅采用常规的地基处理方法，如搅拌桩、堆载预压、浅层处理等方法在本路是难以完全解决问题的。深、厚软土地基加固技术的正确应用和工后沉降量的有效控制是建好这条路的关键，也是建造这条路的重点和难点。

宁波市高等级公路建设指挥部集中了专家的意见，在杭州湾跨海大桥南岸接线高速公路上选择了两处路段作为领先试验研究段，研究紧紧围绕着深厚软基工后沉降有效控制的成套技术进行，作者有幸参加并主持了技术方面研究工作，经历了项目的全过程。本项目自2003年9月正式立项开始，到2009年9月项目验收为止，历经立项准备、项目成立、现场详勘、土工试验、仪器埋设、跟踪观测、载荷试验、现场检测、工后详勘、资料整理、工后通车沉降观测、效果分析、项目验收等阶段，前后历时六年整，取得五十多万个数据，获得大量第一手现场宝贵资料，研究取得丰硕成果和多项创新。专家评定认为，该项目整体上达到世界领先水平。本书就是这一研究成果全面而详细的总结，第一，希望能给读者一个完整的印象，阐述工后沉降的良好控制要靠实施“成套技术”才行，单靠某一个方面的控制是不能奏效的；第二，希望尽量展现本项目实施过程中各方面的创新成果，一些常规的内容本文就不多叙述；第三，全书围绕“实践第一”、“理论来源实践”这根红线，在土力学基本理论指导下，着重解决工程中的实际问题，而不是空对空的研究。书中以展现现场研究成果为主，依据土力学的基本原理和实测数据，分析、评价各加固方法的有效性，各方法间的差异和适用性，提炼事物的变化规律，而没花过多精力去研究“模式与模型”。故将书名定为《高速公路深厚软基工后沉降控制成套技术》，以期对类似地区高速公路的勘探、设计、施工、管理诸方面有所裨益。

为此，本书将从以下十个方面加以介绍和阐述。第一章是概论，第二章是软土特性及与加固方法的关系，第三章是5种加固方法的效果分析，第四章是5种加固方法的效果比较，第五章是施工安全与质量控制，第六章是新型排水材料的应用，第七章是新材料的工程技术标准，第八章是软基加固设计新方法，第九章是需进一步解决与研究的问题，第十章是控制工后沉降研究中的发现与创新。每章阐述一个主题，由一篇或几篇报告组成。为便于叙述和阅读，每节独立成章，尽量保持内容完整，因而在一些章节中会有重复的部分，希望理解。本书是根据作者的52篇研究报告编撰而成，由娄炎负责组织与编排，经分工完成，全书由娄炎主笔并统一修改、定稿。

整个研究工作自始至终都得到宁波市高等级公路建设指挥部的全力支持，在此对他们表示深深的谢意。本书得到南京水利科学研究院出版基金的资助，人民交通出版社张征宇、郭红蕊编辑为本书的出版做了大量细致、艰辛的工作，对此，作者表示衷心的感谢。同时也深深感谢支持该书出版的各位同仁及家人。

本书经三年的努力，终于完成面世，限于作者水平，书中难免有不足之处，恳望读者指正。

娄炎于南京

2010.12.30

目 录

第一章　概　论

摘　要：本章阐述了解决深厚软基上高速公路工后沉降控制的基本思路，阐明路堤工后沉降控制是一个系统工程问题；简述大型现场试验研究是解决路堤工后沉降问题重要而有效的手段。介绍了杭州湾跨海大桥南岸接线高速公路试验段工程的总体概貌和研究内容、关键技术、研究路线与手段。

第一节　高速公路工后沉降控制的基本思路

高速公路近二十年来在我国获得飞速发展，它的大量建设带动了区域经济的高速腾飞，在我国的东部沿海地区表现最为明显。经济的飞速发展相应地对高速公路也提出更高的要求，不仅路要通达，而且要求行车安全、舒适、快捷。路面平整、线路顺畅就是其中的一个基本要求，然而在深厚软土地带桥头跳车、路面起伏、下沉过大等情况时有发生，造成行车颠簸、车速受限，甚至酿成事故。形成这个问题的主要原因是深厚软土地区高速公路的工后沉降或不均匀沉降过大，没有能控制在允许的范围内。因此，近十多年来工后沉降控制的问题引起岩土工程师们极大地关注，高速公路深厚软基的施工设计也逐渐由考虑路堤稳定为主的思路转变到控制工后沉降为主的思路上来。

近几年，高速公路深厚软基工后沉降控制技术的研究广泛展开，研究涉及的地区主要是东部沿海高含水率的软土地带。从天津滨海地区到长江三角洲地带，从杭州湾地区到珠江流域都有涉及；软土厚度从二十多米到近四十米；软土类型有早期沉积的海、湖相淤泥，淤泥质土，也有新近吹填造陆还未完成自固结的极软流泥。从采用的处理方法看有预压（包括静力和动力预压）方法，如堆载预压法、真空预压法和真空联合堆载预压法、动力固结法（强夯）、重锤夯实法等；有桩复合地基法，如柔性桩（水泥搅拌桩、高压旋喷桩、碎石桩、石灰桩、砂石桩、钢渣桩等）复合地基、刚性桩（CFG 桩、预应力管桩、混凝土预制桩等）复合地基；也有组合方法，如联合桩法（管桩 + 搅拌桩组成的复合地基），真空预压与强夯的组合加固，强夯与井点（或深井）降水的组合，真空与碎石桩的联合加固，砂桩与劲芯桩的联合加固，动力置换（强夯压缩与材料置换的联合处理）等；此外还有换填置换法、化学加固法（硅化法、碱液法）以及电渗法等。这些方法的机理与工艺虽各不相同，但目的却是一样的，就是努力控制深厚软基的工后沉降量。归纳起来它们的思路只有两个：一个是预先消除沉降，即在建筑物使用前尽可能多地消除软基的沉降量，使构筑物在使用期间发生较小的沉降和不均匀沉降，保证工后沉降量能满足设计和使用要求；另一个是减少总沉降量，即将原本不处理时深厚软基可能发生的较大沉降量，通过处理减少其总沉降量，减少幅度在 80% 以上，因此使建筑物的工后沉降大大减少，达到建筑物的设计与使用要求。上述预压方法就是预先消除沉降的典型思路，桩复合地基法则是减少总沉降量的典型思路。而组合方法或是两种思路的叠加，如真空与碎石桩的联合加固；或是一种思路的加强，如真空与强夯的联合加固、联合桩法。控制工后沉降的两种思路各有特点，优劣不同，适用场合各异，后面将有实例进行详细对比说明。

第二节　高速公路工后沉降控制是一个系统工程

为什么说高速公路路堤的工后沉降控制是一个系统工程呢？因为高速公路工后沉降的有效控制是受多方面因素制约的。路堤工后沉降的良好控制不仅与采用的加固方法有关，还与下列众多因素有关。譬如加固方法的正确选择要靠对被加固软土土性全面、深刻的了解，要靠对加固方法的正确认识和理解。而被加固软土特性与特征的正确反映，是与勘察深度、取土数量、取土质量、室内试验技术水平、资料统计水平及统计方式有关。失真的资料与试验结果将导致工程师作出错误的决策和选择，也就选择不出合适的加固方法。从现场施工角度来看，加固方法选对了，但若在实施过程中计划不周、用材不当、工艺粗糙、管理混乱、质量控制不严，则可能导致加固达不到预期效果，给路堤留下较大的工后沉降量。因此，路堤工后沉降的控制不是仅仅靠做好其中一个环节就能实现的，它需要勘探、设计、施工、监理、管理等部门的全面配合与完美实现，需要继承与创新，需要一整套技术的良好应用才能实现。以上各个环节只要有一个环节做不好，路堤工后沉降控制就难以达到目标，所以说路堤工后沉降控制是一个系统工程。此外，在高速公路建设中新技术、新材料、新工艺、新方法不断涌现，正确处理新技术、新方法与现有技术、方法等的关系也是进一步提高路堤质量、减少工后沉降、降低造价、实现好省快地建设高速公路的关键之一。实现现有水平向新高度的转化是一个系统工程，要按科学规律办事，遵循先试验、再总结、见效果、后推广的路线。

第三节　高速公路工后沉降控制大型现场试验研究

大型现场试验研究是高速公路建设领域中常用的一种解决问题的有效办法，它虽然花钱不少(与工程造价相比还是微不足道的)，但效果直观、显著、明确。在试验中不仅能解决方案问题，同时还能得到合理工艺。试验中得到的许多数据，为深入研究加固机理、设计计算方法、加固中止标准、工程质量标准等提供了可靠依据，对新技术、新材料、新工艺、新方法的作用与效果可以在现场试验中加以检验与验证。现场试验得到的结果是一般室内模型试验难以得到的，两者无法比拟。因为室内模型试验是将实际工程缩小若干倍后进行的，工程的尺寸可以按比例缩小，但土的颗粒尺寸难以缩小(尤其是粉粒、黏粒)；重力加速度也无法增大，模型所在的应力场都是在一个重力加速度的重力场中产生，试验中得到的土体应力、变形、强度无法与实际工程相应部位对应，因此模型试验还不宜用来定量解决工程问题。室内模型试验还有许多问题没有解决，主要是模型相似率问题，也有一些量测手段不能适应小尺寸的土工构筑物。现在虽然有离心模型试验手段，但所做模型太小，所得结果只能用于定性分析和初步判断。正因为如此，在一些大型高速公路建设前期或地质条件复杂的地区都设立一段试验路，作为现场试验研究用。如津京唐高速、沪宁高速、广深高速、同三线宁波段等都进行过大型地基加固方案的现场试验研究，解决了高速公路建设中遇到的不同种类、不同特性、不同厚度软基的加固方案问题，使高速公路的建设质量有了可靠的保证，使路堤工后沉降得到有效控制，促进我国高速公路的飞速发展。我国如此，国外也是一样。在马来西亚修建800km长的南北大通道前，在地质条件最差的设计路段旁，进行长1km包含7种地基处理方案共13个段落的大型现场试验研究，从效果、工期、造价等方面全面进行了比较，解决了高速公路在软土地基路段的许多技术问题，保证了高速公路的顺利建成和工程质量，这是一个典型的案例。至于用数学模型的方法来解决问题那还是较遥远的事，尽管目前有上千种有关土的本构模型存在(每年还以几十种的速率在增加)，但它们算出来的结果还很难符合实际情况，与人们的认识和经验相差甚远。这一方面与土的复杂性、不均匀性和各地异性造成本构关系不能真实、全面反映土的特性有关，还与本构关系中对边界条件和参数确定的随意性有关。根本原因是，许多研究本构关系的人是坐在办公室里在纸上研究、计算出来的，忘记了理论来自实践的基本道理，他们对工程现场的情况知之甚少。

刚刚建成的杭州湾跨海大桥是目前世界第一跨海大桥，她的建成对加速发展江、浙、沪三地的经济有着巨大的作用，把杭州湾两岸三地连起，“天堑变通途”。大桥就像一只腾飞大鸟的身躯，桥两端的连接线就是这只大鸟的两只翅膀，因此连接线高速公路修建质量的好坏直接关系到杭州湾跨海大桥的功能能否有效发挥。杭州湾跨海大桥南岸接线高速公路路线全长57.4km。软基里程约40km，占全路长的70%左右，软基路线长。大桥南岸接线高速公路的软基有深、厚特点，软土厚度大部分为25~35m，部分达到40m。因此，软土地基的处理是这条高速公路建设中的一个突出问题，路基对下卧层影响深度大，地基处理难度大。对软土地基的处理仅仅采用常规的地基处理方法，如搅拌桩、堆载预压、强夯、浅层处理等方法在本路是难以完全解决问题的。深、厚软土地基加固技术的正确应用和工后沉降量的有效控制是建好这条路的关键。因此，在杭州湾跨海大桥南岸接线高速公路上选择了两处路段作为领先试验研究段，紧紧围绕着深、厚软基工后沉降有效控制的成套技术进行研究，分别设置了5种地基处理方法在这些段落上实施和试验。从大型现场试验研究获得大量第一手现场宝贵资料，研究取得丰硕成果及多项创新，使高速公路的工后沉降得到有效控制。目前通车已近三年，全程路面平整状况很好，工后沉降很小。

第四节　杭州湾南岸接线高速公路大型现场试验研究概况

一、试验段具体安排

杭州湾跨海大桥南岸接线高速公路领先试验研究段一处位于慈溪市K118+400~K119+900路段，另一处在宁波江北区境内K134+000~K134+603.5路段，该两路段分别代表本条路两种不同的地层类型，前者属软土地基上有相对硬壳层的情况，后者属软土地基露头且土性在本路段是最差的情况。将全长2.1km的试验段划分为17小段，分别设置了5种地基处理方法在这些路段上实施和试验。这五种软基加固方法可分成两大类，即预压固结的加固方法和复合地基的加固方法，前者包括超载、堆载预压法和真空联合堆载预压法，后者有CFG桩复合地基法、预制预应力管桩复合地基法和水泥搅拌桩＋预制预应力管桩称之为联合桩的复合地基方法。具体的方案详见表1-1所列。本项目主要是研究适合宁波地区特点的深厚软土地基加固技术和相应的施工工艺，在总结我国软基处理技术领域已有经验的基础上，针对连接线高速公路的实际情况，探索技术先进、经济合理、切实可行的处理方法。

试验段工程软基处理方案划分表 表1-1

区号	起讫桩号	长度(m)	设计路堤高度(m)	路段类型	处理方案		
					处理方法	深度(m)	间距(m)
N1	K118+400～K118+465	65	3.5	一般	堆载＋超载1m(C板)	32.0	1.2
	K118+465～K118+530	65	3.4	桥头	真空堆载(C板)	33.0	1.0
N2	K118+557～K118+593	36	6.2	桥头	预制管桩	36.0	2.4
	K118+593～K118+623	30	4.0			32.0	3.0
N3	K118+623～K118+679	56	4.1	一般	CFG桩	32.0	3.0
	K118+679～K118+709	30	4.2	桥头		32.0	2.5
	K118+709～K118+735	26	4.3	桥头		34.0	2.0
N4	K118+771～K118+827	56	4.2	桥头	真空堆载(C板)	35.0	1.0
N5	K118+827～K118+935	108	4.3	一般	真空堆载(F板)	35.0	1.2
N6	K118+935～K119+035	100	3.5	一般	真空堆载(C板)	35.0	1.2
N7	K119+035～K119+089	54	2.8	桥头	真空堆载(C板)	35.0	1.0
N8	K119+110～K119+145	35	3.2	桥头	联合桩	36.0	1.7
	K119+145～K119+175	30	3.3			36.0	2.1
N9	K119+175～K119+313	138	3.9	一般	真空堆载(C板)	33.0	1.2
	K119+313～K119+341	28	4.7	盖板涵		33.0	1.0
	K119+341～K119+453	112	4.4	一般		33.0	1.2
N10	K119+453～K119+483	30	5.0	桥头	CFG桩	33.0	2.5
	K119+483～K119+520	37					2.0
N11	K119+566～K119+603	37	4.8	桥头	CFG桩	31.0	2.0
	K119+603～K119+633	30					2.5
N12	K119+633～K119+733	100	4.5	一般	真空堆载(C板)	31.0	1.2
N13	K119+733～K119+833	100	3.5	通道	真空堆载(透水软管)	31.0	1.2
N14	K119+833～K119+900	67	2.8	一般	堆载＋超载1m(C板)	31.0	1.2
S1	K134+000～K134+100	100	2.5	一般	堆载预压(C板)	26.0	1.2
	K134+100～K134+175	75	3.0	桥头	真空堆载(C板)	26.0	1.0
S2	K134+213～K134+268	55	3.8	桥头	真空堆载(C板)	25.0	1.0
	K134+268～K134+325	57	4.2	一般		24.0	1.2
	K134+325～K134+381	56	4.4	桥头		24.0	1.0

续上表

区号	起 讫 桩 号	长度(m)	设计路堤高度(m)	路段类型	处理方案		
					处理方法	深度(m)	间距(m)
S3	K134 +408 ~ K134 +439	31	4.5	桥头	CFG 桩（后改为真空堆载）	26.0	2.0
	K134 +439 ~ K134 +464	25	4.5	桥头		26.0	2.5
	K134 +464 ~ K134 +554	90	4.2	一般	真空堆载(C 板)	26.0	1.2
	K134 +554 ~ K134 +574	20	3.9	桥头	CFG 桩（后改为真空堆载）	28.0	2.5
	K134 +574 ~ K134 +609	35	3.9	桥头		30.0	2.0

注:N-试验北段(慈溪段);S-试验南段(宁波段)。

二、试验段工程的特点与技术难点

从工程地质条件来看,杭州湾跨海大桥南岸接线高速公路的软基有深厚特点,它地处杭州湾以南平原水网地带,几乎全部位于宁波滨海相、泻湖相沉积的软土地区,软土厚度大,一般都在 25 ~ 35m,部分达到 40m;层位沿路线变化较大、比较复杂,相对硬壳层厚度自慈溪到宁波(由北向南)逐渐减薄,地基处理难度大,这些情况都是以往路段不常遇到的。从表 1-2 所列对比情况可以看出,在软土厚度、里程长度、路堤填高、路基宽度等方面都是不多见的。

与国内三个高速公路试验段情况对比 表 1-2

具体情况 \ 名称			京津塘高速 天津军粮城	沪宁高速 昆山试验段	宁波同三线 六标段	杭州湾南岸接线高速试验段
时间	试验时间		1987-4 ~ 1990-10	1991-10 ~ 1992-9	1995-8 ~ 1998-12	2004-2
	竣工时间		1995-8	1996-9 通车	1998-12 ~ 1999-12	—
试验段地质状况	沉积特征		河、湖相交替	河、湖相	滨海相	河、湖相及滨海相
	软土层埋深(m)		0 ~ 1.5	顶板 2.0，中夹 1.5 亚黏土层	顶板 1 ~ 2,其下为 16 ~ 18 淤泥质土	顶板有 2 ~ 20 相对硬层和软基露头两类
	软土层厚度(m)		Max 10	Max 25	Max 20	25 ~ 35(Max 40)
	软土特征指标	含水率 w(%)	42.9	40 ~ 60	45 ~ 50	40 ~ 55
		孔隙比 e_0	1.16	1.04 ~ 1.43	1.37 ~ 1.47	1.03 ~ 1.28
		压缩系数 $a_{v0.1-0.2}$(MPa^{-1})	0.71	压缩指数 C_c =0.3 ~ 0.7	1.47 ~ 2.0	0.51 ~ 0.97
		固结系数 C_v($\times 10^{-3} cm^2/s$)	0.86	0.3 ~ 0.6	0.3 ~ 0.9	2 ~ 4
		无侧限抗压强度 q_u(kPa)	23	12.6 ~ 33.3(平均 24.9)	11 ~ 30	8.1 ~ 30
		重度 γ(kN/m^3)	17.6	17 ~ 19	17.1 ~ 17.5	17.7 ~ 18.4
		塑性指数 I_p	14.5	12 ~ 19	12 ~ 17.7	14 ~ 18
		液限 w_L	35	35.3 ~ 43.9	37 ~ 41	34 ~ 40
		液性指数 I_L	1.53	0.8 ~ 1.05	—	1.01 ~ 1.43

续上表

具体情况 \ 名称		京津塘高速 天津军粮城	沪宁高速 昆山试验段	宁波同三线 六标段	杭州湾南岸接线高速试验段
地段长度	高速路段总长度(km)	142.69	274.08	49.7	57.4
	软土路段长度(km)	**53**	**92.29**	**34.69**	**40**
	软土路段长度占总路长的比例(%)	**37.1**	**33.7**	**69.8**	**70**
路堤	平均填高(m)	>4m 共有 7km 多,最高达 7m	3~6	3.7~4.7	3.7~6.7
	路基宽度(m)	26.0(双向 4 车道)	26.0(双向 4 车道)	26.0(双向 4 车道)	35.0(双向 6 车道)

从高速公路的标准和规模看,软基路线长,行车速度高,达到 120km/h,加上本路为双向 6 车道,路基宽度为 35m,路基底宽达到 50m 以上,路基对下卧层影响深度加大,增加了软基处理的难度。浅层处理等方法在本路是难以完全解决问题的。因此,为了更好地解决目前深厚软土地基加固手段的不足,将工民建领域中运用的 CFG 桩和预制预应力管桩技术引进本工程,并创新性地提出"联合桩"方案进行试验,为处理深厚软土地基提供质量可靠的加固手段。

因此,本路软基处理技术的难点在于软基厚度大,层位变化大,路堤较高,行车标准高,路堤工后沉降量的有效控制成为建造本路的难点。

三、关键技术研究

深厚软土地基加固技术的正确应用和工后沉降量的有效控制是建好这条路的关键,也是建造这条路的重点和难点。深厚软土地基加固软基的关键技术研究主要集中在以下 5 个方面:第一是软土特征的研究;第二是 5 个加固方法有效性的研究;第三是施工质量的有效控制;第四是新材料、新技术的运用;第五是完善现有的设计计算方法,因此它是一个综合性的课题。而这一切都是围绕有效控制路堤工后沉降量来进行的。

工后沉降量的控制标准在一般路段和桥头地段及小型构筑物处是不同的[具体要求见交通部《公路路基设计规范》(JTG D30—2004)中规定],因此在这些路段采用的加固方法也是不同的。原则上,在桥头地段采用的是刚性桩或半刚性桩复合地基方法,在一般路段和小型构筑物处采用的是预压加固方法。前者主要是以减少地基总沉降量为目的,路堤荷载主要由强度高的桩来承担;而后者主要是将路堤荷载产生的总沉降量在公路上路面前大部分完成,使公路在运营时期内不至于产生过大的沉降量。处理问题的目标一样、思路不同,那么研究的关键技术具体内容也不同,对复合地基来说主要探讨刚性桩的减沉作用、刚性桩的拱效应、间距对刚性桩荷载分担的影响、柔性基础下刚性桩的设计方法等问题;对预压固结来说主要研究设备打设深度的能力(>30m)、垂直排水通道类型对加固效果的影响(有高性能 C 板、高性能 15cm 宽 F 板和 3cm 直径的钢丝透水软管)、预压中止标准的确定(上路面时间)及加固对周围环境的影响(安全距离)等问题。

四、研究路线与手段

本项研究遵循的技术路线是:以现场试验研究为主,辅以一定的室内试验,结合理论分析,得出适合宁波地区特点的深厚软土地基的加固技术和相应的施工工艺。所采用的研究路线是理论与实际相结合、现场与室内试验相结合的路线。

现场试验研究的内容包括对天然地基软土工程特性的测试、加固过程现场原位观测、加固效果的现场检验和施工工艺的现场实施、修正、归纳与制订。

室内试验研究的内容包括对原状土的室内试验、理论分析所需参数的确定和加固后土性指标变化的测定。

理论分析研究的内容包括对上述室内外试验研究结果的汇总、分析和判断,以期得出各加固方法的效果优劣和适用范围,还包括对一些加固方法的设计计算等,以便提高高速公路建设中地基处理的技术水平。

现场原位测试的主要手段有:加固前后的十字板试验、加固前后的静力触探试验以及取土进行室内土工试验,进一步摸清土层分布、天然地基强度、土的固结特性、软土次固结特征、土层应力历史等重要参数。

现场原位监测有以下7个方面的内容:膜下真空度监测、孔隙水压力监测、地表沉降监测、土层深部沉降监测、土层深部水平位移监测、桩顶压力和土压力、地下水位等监测。

监测的目的是,监控施工期地基稳定性,为控制施工速率提供依据,确保施工期安全;检验加固效果,保证工程质量,论证加固方法的有效性;揭示软基变形规律,据此预测工后沉降,指导后期路面施工安排;验证设计计算结果准确性,为完善设计计算方法提供资料。现场原位监测是确保软基处理成功的关键环节。

参考文献

[1] 娄炎.真空排水预压法加固软土技术[M].北京:人民交通出版社,2002.

[2] 交通部.JTG D30—2004 公路路基设计规范[S].北京:人民交通出版社,2004.

[3] 娄炎,等.杭州湾跨海大桥南岸接线全线软基处理方案咨询报告[R].南京水利科学研究院研究报告,2003.8.

[4] 娄炎,等.杭州湾跨海大桥南岸接线深厚软基处理试验段工程工作大纲[R].南京:南京水利科学研究院岩土所,2003.10.

[5] 娄炎,等.杭州湾跨海大桥南岸接线深厚软基处理试验段工程实施工作细则[R].南京水利科学研究院研究报告, 2003.10.

第二章　软土特性及与加固方法的关系

做好深厚软基工后沉降的有效控制，首先要选择合适的加固方法，而加固方法的正确选择是建立在对软土特性深刻了解与全面认识的基础之上，因此在对一个高速公路工程作出软基加固设计前要对工程所在地的软土特性做充分的调查研究。调查研究包括现场勘探、高质量取样、室内试验、资料整理、统计分析等环节。本章详细介绍了本项目在这几方面所做的工作和取得的成果，它包含了新型薄壁取土器的使用与对取土质量的评价，现场详勘的内容及提交的室内试验主要成果，根据室内试验资料总结的试验段软土特征，按室内试验资料对软土特征指标进行统计分析的结果，针对软土特征指标，分析加固方法的适应性和加固中重点注意的问题。

第一节　加固前的详勘内容与主要成果

摘　要：本节介绍了试验段工程加固前的详勘内容，包括确立详勘目的、确定详勘断面、对选定断面土层的精确划分（静力触探试验）、天然强度大小与变化规律及灵敏度的测定（现场十字板试验）、取高质量的原状土样（采用薄壁取土器）和进行室内的土工试验。现场和室内土工试验的结果构成详勘的主要成果，为分析计算、判断加固效果提供基础资料。通过室内常规试验和特殊试验得到各层土的特征指标与计算指标，有助于对软土层的认识和确立正确的加固方法及加固中要关注的重点等。要做好软土地基的加固必须对土的应力历史有所了解，特别是采取预压类的处理方法，因此在土工试验时做了土的高压固结试验，得到土的压缩指数、回弹指数和超固结比。近几年的研究成果表明，深厚软土的次固结对高速公路工后沉降量的影响较大，在本试验中也做了次固结系数的测定。

一、详勘内容

1. 详勘断面

宁波杭州湾跨海大桥南岸接线高速公路软基里程约40km；软土厚度一般都在25～35m，部分达到40m。选择的K118＋400～K119＋900和K134＋000～K134＋603.5范围内总长2 103.5m软基路段是深厚软基加固的领先试验段，该两路段一处位于慈溪境内的慈北冲积平原地带，另一处位于宁波江北区的姚江冲积平原区，它们分别代表本路两种不同的地层类型，前者属软土地基上有一定厚度的相对硬壳层情况，后者属软土地基露头且土性在本路段是最差的情况。

将慈溪境内的K118＋400～K119＋900分为14小段，把江北区的K134＋000～K134＋

603.5 分为 3 小段。在这 17 小段落中根据初勘资料设计了“堆载预压与超载预压法”、“真空 + 堆载预压法”、“CFG 桩复合地基法”、“预应力管桩复合地基法”和“联合桩复合地基法”共 5 种软基加固方案。在运用这些方法的小段落中共选取了 10 个小段作为重点观测断面,对其进行了详勘,重点进行现场勘察与原位测试、室内土工试验,以取得对每种方法研究所需的土工资料。

重点观测断面所在的 10 个小段的工程情况和所采用加固方法列于表 2-1 中。

试验段工程软基处理重点观测路段

表 2-1

区　号	起 讫 桩 号	长度(m)	设计路堤高度(m)	路段类型	软土最大深度(m)	处 理 方 案
N2	K118 + 563 ~ K118 + 593	30	6.4	桥头	35.0	预制管桩
	K118 + 593 ~ K118 + 623	30	4.0			
N4	K118 + 777 ~ K118 + 827	50	4.2	桥头	40.0	真空 + 超载 1m(C 板)
N5	K118 + 827 ~ K118 + 935	108	4.3	一般	40.0	真空堆载(F 板)
N6	K118 + 935 ~ K119 + 035	100	3.5	一般	39.0	真空堆载(C 板)
N8	K119 + 115 ~ K119 + 145	30	3.2	桥头	38.0	联合桩
	K119 + 145 ~ K119 + 175	30	3.3			
N10	K119 + 453 ~ K119 + 483	30	5.0	桥头	31.0	CFG 桩
	K119 + 483 ~ K119 + 513	30				
N12	K119 + 633 ~ K119 + 733	100	4.5	一般	30.0	真空堆载(C 板)
N13	K119 + 733 ~ K119 + 833	100	3.5	一般	29.5	真空堆载(透水软管)
N14	K119 + 833 ~ K119 + 900	67	2.8	一般	30.0	堆载 + 超载 1m(C 板)
S3	K134 + 413 ~ K134 + 464	51	4.5	桥头	22.0 ~ 28.0	CFG 桩
	K134 + 554 ~ K134 + 604	50	3.9	桥头		

注:N-试验北段(慈溪段);S-试验南段(江北段)。

2. 详勘目的

运用静力触探、十字板和室内试验分析等手段,进一步揭示试验段 10 个重点观测断面软土层的层状特征和土性特点,目的是为判断各加固方案的有效性、适用性,提供较为准确、完整的工程地质基础资料。具体任务如下:

(1)进一步查明 10 个重点观测断面的软弱土层厚度、相对硬壳层厚度、各软土分层厚度与软土间是否有夹层和排水层等。

(2)通过现场取土和室内土分析试验,查明 10 个重点观测断面各软弱土层的物理、力学特性的量化指标和应力历史,尤其是软土变形方面的指标。

(3)通过现场原位测试和室内土性分析试验,进一步了解软土地基加固前的状况,为后续判定加固效果提供比较基础,为深入研究提供所需资料。

3. 详勘内容

详勘现场使用了 1 台 G-2A 型岩土取心钻机、1 台静力触探仪和 1 台十字板剪力仪。

详勘在勘探施工、样品采集、资料收集、原位测试等项工作上都严格按《公路工程地质勘察规范》(JTJ 064—98)和《岩土工程勘察规范》(GB 50021—2001)要求进行，原状土采用固定活塞薄壁取土器取土，试样采取率达到规范要求，土样采取后立即蜡封、贴签、装箱，及时送往实验室进行测试。

室内试验严格按《公路土工试验规程》(JTG E40—2007)和《土工试验方法标准》(GB/T 50123—1999)操作规程进行。

详勘中共完成静力触探孔 17 个，取土孔 20 个，取土样 381 件，十字板孔 20 个，详细实物工作量统计如表 2-2 所示。

完成实物工作量　　表 2-2

项目		单位	数量	备注
钻探(技术孔)		m/孔	756/20	
取土样		个	381	
静力触探		m/孔	489/17	包括江北高压线下 7 孔
十字板成孔及剪切		m/孔	633 × 2/20 × 2	
室内土分析试验	常规土工试验	组	291	
	颗粒分析	件	141	
	无侧限抗压强度	件	190	
	灵敏度测定	件	112	
	渗透试验	组	66	
	压缩试验	件	356	
	固结试验	件	326	
	高压固结试验	件	126	
	先期固结压力试验	件	125	
	循环压缩试验	件	126	
	直剪快剪试验	件	125	
	三轴固结快剪试验	组	61	
	三轴慢剪试验	件	10	

室内土工试验分两个阶段进行，第一阶段共对 10 个断面所取的土样进行了试验分析，做了含水率，干、湿密度，孔隙比，饱和度，相对密度，液、塑限，塑性指数，液性指数，颗粒组成分析，无侧限抗压强度，灵敏度，直剪快剪，三轴固快、慢剪，压缩系数，压缩指数，回弹指数，固结试验，高压固结试验，先期固结压力推求试验，渗透和次固结试验等，详细实物工作量也列在表 2-2 中。

第二阶段主要完成 22 组“次固结试验”和 10 组“三轴循环 CD 剪切试验”。试验内容详见表 2-3。

次固结和三轴循环 CD 剪切试验工作量

表 2-3

孔号	土样编号	试验内容						
		常规物理性指标	次固结试验			三轴循环 CD 剪切试验		
			压缩指标	固结系数	次固结系数	CD 强度	CD 模量	体积变量
QK11	3	√	√	√	√			
	3P	√	√	√	√			
	10	√	√	√	√			
	10P	√	√	√	√			
QK12	3	√				√	√	√
	7	√	√	√	√			
	7P	√	√	√	√			
	9	√	√	√	√			
	13	√	√	√	√			
QK21	7	√				√	√	√
	9	√				√	√	√
	10	√	√	√	√			
	12	√				√	√	√
	14	√	√	√	√			
QK61	2	√	√	√	√			
	3	√	√	√	√			
	4	√				√	√	√
	8	√				√	√	√
	9	√	√	√	√			
	11	√	√	√	√			
	13	√	√	√	√			
	15	√	√	√	√			
QK62	1	√	√	√	√			
	3	√	√	√	√			
	6	√	√	√	√			
	8	√	√	√	√			
	9	√				√	√	√
	13	√	√	√	√			
	15	√				√	√	√
QK101	7	√				√	√	√
	11	√	√	√	√			
QK102	3	√				√	√	√

二、详勘主要成果

1. 土层划分与评价

土层的名称没有按《公路土工试验规程》(JTG E40—2007)的规定去定,而是沿用了设计院提交的"岩土工程勘察报告"中的土层名称,这样前后提法相一致,便于阅读、理解与使用。

勘探深度以考虑路堤荷载可能产生明显压缩的深度来确定。将软弱土层划分为3个工程地质层,共5个亚层,层序编号与设计院编制的"岩土工程勘察报告"中一致。自地表向下分为:

②$_1$ 层:亚黏土(Q_4^{3+m}),位于地表,浅层为耕植土,上部褐黄色,下部灰黄色,大部分为软塑状,少数为可塑状,厚度普遍偏小,一般在2.0m左右,广泛分布于试验路表层,是一层相对硬壳层,因厚度小,不能作为路堤或结构物的持力层。

②$_2$ 层:淤泥质亚砂土(或淤泥质亚黏土)(Q_4^{3+m}),该层在试验路慈溪段全线分布,灰色,呈流塑状,饱和;本层厚度不是太大,一般6~7m,部分路段厚度达10~11m,本层具有水平层理,土层不太均匀,常常是淤泥质亚砂土和淤泥质亚黏土层交替出现,因此土体强度沿深度变化起伏较大,本层中还常有一层液性指数 I_L 超过2.0的软土,厚度在2m左右,埋深在4~6m之间,非常软弱。本层总体上属软弱土层,其含水率偏高,孔隙比大,压缩性高,强度总体偏低,不能作为持力层,需要作专门处理。

③$_1$ 层:淤泥质亚黏土(Q_4^{2+m}),个别深度处为淤泥质黏土,该层在试验路全线分布,灰色,深灰色,呈流塑状,饱和;在慈溪段本层厚度大,一般为20~30m,自南向北厚度逐渐变厚,埋深都在地表9~12 m以下;本层土质比较均匀,偶见少量夹层,具有水平层理;本层含水率偏高,孔隙比大,强度低,压缩性高,在路堤荷载作用下变形量大,需要作专门处理;尤其是在地表以下15~25m处,该层含水率更高、压缩性更大,该深度在压缩层范围内,在作处理方案时应予特别考虑;在江北地段该层直接露于地表,厚度沿路纵向起伏变化较大,12~26m不等,其物理力学性质比慈溪段要差;该层是全路段软基处理的重点。

③$_2$ 层:亚黏土(Q_4^{2+m}),在现有的勘探深度(40m)范围内,只在一些路段见到本层,在K119+000以南该层基本缺失;本土层呈灰色,以流塑状为主,少数软塑,饱和,大部分埋深都在地表35m以下,中等压缩性。

⑤$_1$ 层:亚黏土,本次勘察未见。

⑤$_2$ 层:细砂、粉砂层(Q_3^{al-pl}),本钻探没将该层钻穿,主要分布在试验区K119+000以南的路段,厚度有10m左右;属稍密状态,部分为中密,可作桩基持力层。

2. 重点观测断面软土层厚度及埋深的确定

根据现场静力触探测试结果及室内土工试验分析的结果,将10个重点观测断面软土分层厚度及顶板埋深统计划分如表2-4所示。

3. 10个重点断面土层物理力学性质特征指标

经过现场取土和室内土工试验,将10个重点观测断面的土性特征基本搞清楚,这10个重点观测断面的物理力学统计指标汇集于表2-5~表2-14。

10 个重点观测断面软土分层厚度及顶板埋深

表 2-4

断面代号		N2	N4	N5	N6	N8	N 10	N 12	N 13	N 14	S3
断面里程桩号		K118 + 593	K118 + 800	K118 + 880	K118 + 980	K119 + 160	K119 + 500	K119 + 680	K119 + 780	K119 + 880	K134 + 428
加固方法		预应力管桩	真空 + 堆载(C 板)	真空 + 堆载(C 板)	真空 + 堆载(C 板)	联合桩	CFG 桩	真空 + 堆载(C 板)	真空 + 堆载(C 板)	堆载(C 板)	CFG 桩
土名	土层代号	地层的分层厚度/板顶埋深(m)									
亚黏土	②$_1$	2.0/0	2.0/0	2.5/0	2.2/0	2.5/0	2.5/0	2.0/0	2.0/0	2.0/0	—
淤泥质亚黏土(淤泥质亚砂土)	②$_2$	10.25/2.0	10.8/2	10.8/2.5	7.4/2.2	7.0/2.5	6.4/2.5	7.0/2.0	7.0/2.0	7.5/2.0	—
淤泥质亚黏土	③$_1$	12.25/12.25	24.7/12.8	25.8/13.3	29.4/10.6	28.5/9.5	21.8/8.9	20.7/9.0	20.3/9.0	20.1/9.5	14.2/0
亚黏土	③$_2$	10.5/25.0	2.6/37.5 未到底	1.0/39.0 未到底	—	—	—	—	—	—	9.9/14.2
粉(细)砂	⑤$_2$	—	—	—	—	2.0/38.0 未到底	9.3/30.7	10.4/29.7	10.8/29.3	10.4/29.6	—

N2 重点观测断面加固前土层主要物理力学指标

表 2-5

(断面里程桩号:K118 + 593　　地基处理方法:预应力管桩)

土层名	土层代号	土层厚度	含水率	湿密度	孔隙比	液限	塑性指数	液性指数	压缩系数	压缩指数	回弹指数	固结系数($\times 10^{-3}$)	渗透系数($\times 10^{-6}$)	无侧限抗压强度	室内测灵敏度
		—	w	ρ	e	w_L	I_p	I_L	a_v	C_c	C_s	C_v	K_{20}	q_u	S_t
		m	%	g/cm^3	—	%	—	—	MPa^{-1}	—	—	cm^2/s	cm/s	kPa	—
亚黏土	②$_1$	2.0	34	1.86	0.964	33.1	13.1	1.08	0.44	—	—	6.53	6.03	50.4	14.6
淤泥质亚砂土	②$_2$	10.25	37.6	1.84	1.029	29.3	9.7	1.83	0.453	0.237	0.011	8.30	15.4	34.1	—
淤泥质亚黏土	③$_1$	12.25	42.5	1.764	1.209	36.8	14.5	1.41	0.66	0.439	0.033	4.99	0.90	104.4	8.7
亚黏土	③$_2$	10.5	30.2	1.918	0.853	29.5	12.7	1.03	0.188	—	—	—	4.08	96.0	11.2

N4 重点观测断面加固前土层主要物理力学指标 表 2-6

[断面里程桩号:K118 +800 地基处理方法:真空 + 堆载预压(C 板)]

土层名	土层代号	土层厚度	含水率	湿密度	孔隙比	液限	塑性指数	液性指数	压缩系数	压缩指数	回弹指数	固结系数($\times10^{-3}$)	渗透系数($\times10^{-6}$)	无侧限抗压强度	室内测灵敏度
		—	w	ρ	e	w_L	I_p	I_L	a_v	C_c	C_s	C_v	K_{20}	q_u	S_t
		m	%	g/cm^3	—	%	—	—	MPa^{-1}	—	—	cm^2/s	cm/s	kPa	—
亚黏土	②$_1$	2.0	30.3	1.90	0.874	34.4	13.5	0.70	0.44	—	—	6.02	—	60.2	3.5
淤泥质亚砂土	②$_2$	10.8	37.3	1.81	1.053	30.5	9.6	1.70	0.48	0.283	0.022	8.04	5.49	36.3	11.7
淤泥质亚黏土	③$_1$	24.7	42.0	1.80	1.16	37.8	14.9	1.32	0.55	0.422	0.032	6.22	0.55	96.0	12.7
亚黏土	③$_2$	2.6	35.3	1.83	1.015	35.7	13.3	0.98	0.37	—	—	—	3.51	—	8.7

N5 重点观测断面加固前土层主要物理力学指标 表 2-7

[断面里程桩号:K118 +880 地基处理方法:真空 + 堆载预压(F 板)]

土层名	土层代号	土层厚度	含水率	湿密度	孔隙比	液限	塑性指数	液性指数	压缩系数	压缩指数	回弹指数	固结系数($\times10^{-3}$)	渗透系数($\times10^{-6}$)	无侧限抗压强度	室内测灵敏度
		—	w	ρ	e	w_L	I_p	I_L	a_v	C_c	C_s	C_v	K_{20}	q_u	S_t
		m	%	g/cm^3	—	%	—	—	MPa^{-1}	—	—	cm^2/s	cm/s	kPa	—
亚黏土	②$_1$	2.5	31.8	1.89	0.897	32.0	12.4	0.98	0.33	0.187	0.014	7.5	—	56.5	16.6
淤泥质亚黏土	②$_2$	10.8	38.4	1.83	1.083	30.4	10.7	1.74	0.41	0.204	0.019	7.83	0.87	51.2	10.3
淤泥质亚黏土	③$_1$	25.8	42.1	1.79	1.167	36.4	14.3	1.42	0.49	0.432	0.037	5.54	0.24	—	—
亚黏土	③$_2$	1.0	33.2	1.88	0.922	27.1	8.6	1.78	0.32	0.20	0.018	7.5	4.5	—	—

N6 重点观测断面加固前土层主要物理力学指标 表 2-8

［断面里程桩号:K118 +980 地基处理方法:真空 + 堆载预压(C 板)］

土层名	土层代号	土层厚度	含水率	湿密度	孔隙比	液限	塑性指数	液性指数	压缩系数	压缩指数	回弹指数	固结系数（×10⁻³）	无侧限抗压强度	室内测灵敏度
		—	w	ρ	e	w_L	I_p	I_L	a_v	C_c	C_s	C_v	q_u	S_t
		m	%	g/cm³	—	%	—	—	MPa⁻¹	—	—	cm²/s	kPa	—
亚黏土	②$_1$	2.2	30.3	1.88	0.889	33.4	13.1	0.79	0.36	0.209	0.016	7.39	88.1	3.7
淤泥质亚砂土	②$_2$	7.4	36.2	1.84	0.999	29.5	8.9	1.80	0.38	0.232	0.018	8.22	45.6	9.1
淤泥质亚黏土	③$_1$	29.4（未穿）	40.8	1.79	1.141	36.3	13.9	1.37	0.51	0.439	0.033	6.06	103.1	10.1
亚黏土	③$_2$	—	—	—	—	—	—	—	—	—	—	—	—	—

N8 重点观测断面加固前土层主要物理力学指标 表 2-9

(断面里程桩号:K119 + 160 地基处理方法:联合桩法)

土层名	土层代号	土层厚度	含水率	湿密度	孔隙比	液限	塑性指数	液性指数	压缩系数	压缩指数	回弹指数	固结系数（×10⁻³）	无侧限抗压强度	室内测灵敏度
		—	w	ρ	e	w_L	I_p	I_L	a_v	C_c	C_s	C_v	q_u	S_t
		m	%	g/cm³	—	%	—	—	MPa⁻¹	—	—	cm²/s	kPa	—
亚黏土	②$_1$	2.5	31.4	1.88	0.908	34.1	13.1	0.81	0.41	0.193	0.020	5.56	56.5	5.8
淤泥质亚黏土	②$_2$	7.0	40.7	1.82	1.111	29.9	10.2	2.20	0.47	0.254	0.022	6.88	51.2	—
淤泥质亚黏土	③$_1$	28.5	41.5	1.81	1.125	35.4	13.6	1.43	0.50	0.457	0.038	5.32	—	12.2
细砂	⑤$_2$	2.0	28.5	1.85	0.87	—	—	—	0.23	—	—	—	—	—

N 10重点观测断面加固前土层主要物理力学指标 表 2-10

(断面里程桩号:K119 + 500 地基处理方法:CFG 桩复合地基法)

土层名	土层代号	土层厚度	含水率	湿密度	孔隙比	液限	塑性指数	液性指数	压缩系数	压缩指数	回弹指数	固结系数(×10⁻³)	无侧限抗压强度	室内测灵敏度
		—	w	ρ	e	w_L	I_p	I_L	a_v	C_c	C_s	C_v	q_u	S_t
		m	%	g/cm^3	—	%	—	—	MPa^{-1}	—	—	cm^2/s	kPa	—
亚黏土	②$_1$	2.5	31.0	1.91	0.872	34.5	14.0	0.76	0.32	0.212	0.013	7.64	71.3	7.6
淤泥质亚砂土	②$_2$	6.4	34.1	1.86	0.951	29.0	8.3	1.77	0.39	0.238	0.012	8.72	57.4	—
淤泥质亚黏土	③$_1$	21.8	42.1	1.79	1.160	34.4	13.2	1.59	0.70	0.389	0.018	5.73	92.5	12.8
粉砂	⑤$_2$	9.3	29.5	1.91	0.834	—	—	—	0.18	—	—	9.45	40.5	—

N 12重点观测断面加固前土层主要物理力学指标 表 2-11

[断面里程桩号:K119 + 680 地基处理方法:真空 + 堆载预压(C 板)]

土层名	土层代号	土层厚度	含水率	湿密度	孔隙比	液限	塑性指数	液性指数	压缩系数	压缩指数	回弹指数	固结系数(×10⁻³)	渗透系数(×10⁻⁶)	无侧限抗压强度	室内测灵敏度
		—	w	ρ	e	w_L	I_p	I_L	a_v	C_c	C_s	C_v	K_{20}	q_u	S_t
		m	%	g/cm^3	—	%	—	—	MPa^{-1}	—	—	cm^2/s	cm/s	kPa	—
亚黏土	②$_1$	2.0	29.3	1.93	0.826	34.6	12.2	0.58	0.33	0.188	0.014	7.15	—	117.6	9.3
淤泥质亚黏土	②$_2$	7.0	37.0	1.86	0.997	31.6	10.2	1.58	0.44	0.242	0.017	8.20	—	—	16.6
淤泥质亚黏土	③$_1$	20.7	41.9	1.80	1.151	36.1	13.2	1.46	0.48	0.369	0.033	6.72	—	—	12.1
细砂	⑤$_2$	10.4	29.4	1.87	0.874	—	—	—	—	—	—	—	763	—	—

N 13重点观测断面加固前土层主要物理力学指标 表 2-12

［断面里程桩号:K119 +780 地基处理方法:真空 + 堆载预压(软管)］

土层名	土层代号	土层厚度	含水率	湿密度	孔隙比	液限	塑性指数	液性指数	压缩系数	压缩指数	回弹指数	固结系数($\times10^{-3}$)	渗透系数($\times10^{-6}$)	无侧限抗压强度	室内测灵敏度
		—	w	ρ	e	w_L	I_p	I_L	a_v	C_c	C_s	C_v	K_{20}	q_u	S_t
		m	%	g/cm^3	—	%	—	—	MPa^{-1}	—	—	cm^2/s	cm/s	kPa	—
亚黏土	②$_1$	2.0	30.6	1.93	0.842	34.3	12.9	0.73	0.27	0.184	0.014	8.33	—	—	—
淤泥质亚砂土	②$_2$	7.0	39.4	1.83	1.059	30.6	9.6	1.99	0.39	0.167	0.015	11.45	—	42.3	11.1
淤泥质亚黏土	③$_1$	20.3	42.9	1.79	1.175	36.5	13.8	1.50	0.55	0.356	0.031	5.01	—	—	10.9
粉、细砂	⑤$_2$	10.8	29.2	1.88	0.845	—	—	—	0.14	—	—	59.2	977	—	—

N 14重点观测断面加固前土层主要物理力学指标 表 2-13

［断面里程桩号:K119 +880 地基处理方法:堆载预压(C 板)］

土层名	土层代号	土层厚度	含水率	湿密度	孔隙比	液限	塑性指数	液性指数	压缩系数	压缩指数	回弹指数	固结系数($\times10^{-3}$)	渗透系数($\times10^{-6}$)	无侧限抗压强度	室内测灵敏度
		—	w	ρ	e	w_L	I_p	I_L	a_v	C_c	C_s	C_v	K_{20}	q_u	S_t
		m	%	g/cm^3	—	%	—	—	MPa^{-1}	—	—	cm^2/s	cm/s	kPa	—
亚黏土	②$_1$	2.0	28.8	1.94	0.796	31.8	10.7	0.72	0.24	0.180	0.014	8.78	—	—	—
淤泥质亚黏土、亚砂土	②$_2$	7.5	41.1	1.82	1.098	32.6	10.5	1.81	0.47	0.188	0.016	8.88	3.21	52.7	11.3
淤泥质亚黏土	③$_1$	20.1	42.1	1.80	1.193	36.5	13.2	1.47	0.49	0.413	0.034	6.44	0.53	—	—
粉砂	⑤$_2$	10.4	33.3	1.88	0.915	—	—	—	0.16	—	—	—	406	—	—

S3 重点观测断面加固前土层主要物理力学指标 表 2-14

（断面里程桩号:K134 +428 地基处理方法:CFG 桩复合地基法）

土层名	土层代号	土层厚度	含水率	湿密度	孔隙比	液限	塑性指数	液性指数	压缩系数	压缩指数	回弹指数	固结系数（×10^{-3}）	渗透系数（×10^{-6}）	室内测灵敏度
		—	w	ρ	e	w_L	I_p	I_L	a_v	C_c	C_s	C_v	K_{20}	S_t
		m	%	g/cm^3	—	%	—	—	MPa^{-1}	—	—	cm^2/s	cm/s	—
淤泥质亚黏土	③$_1$	14.2	45.2	1.77	1.254	36.9	15.4	1.54	1.30	0.436	0.030	2.19	2.09	6.1
亚黏土	③$_2$	9.8	28.3	1.92	0.827	33.9	14.2	0.74	0.22	0.205	0.012	7.33	4.75	8.1

4. *慈溪段和江北段加固前软土层主要物理力学特征指标*

根据室内土工试验分析结果，将 10 个重点观测断面软土层物理力学特征指标经统计分析后归纳得到慈溪段和江北段软土层特征指标，分列在表 2-15 和表 2-16 中。

慈溪段各土层加固前主要物理力学指标 表 2-15

土层名	土层代号	含水率	湿密度	孔隙比	液限	塑性指数	液性指数	压缩系数	压缩指数	回弹指数	固结系数（×10^{-3}）	渗透系数（×10^{-6}）	室内测灵敏度
		w	ρ	e	w_L	I_p	I_L	a_v	C_c	C_s	C_v	K_{20}	S_t
		%	g/cm^3	—	%	—	—	MPa^{-1}	—	—	cm^2/s	cm/s	—
亚黏土	②$_1$	30.8	1.90	0.874	33.6	12.8	0.79	0.35	0.193	0.015	7.21	—	8.7
淤泥质亚砂土	②$_2$	38.1	1.83	1.037	30.4	9.7	1.82	0.46	0.227	0.018	8.50	6.24	11.7
淤泥质亚黏土	③$_1$	41.9	1.79	1.165	36.2	13.8	1.44	0.54	0.413	0.032	5.78	0.56	11.4
亚黏土	③$_2$	32.9	1.88	0.930	30.8	11.5	1.26	0.29	0.20	0.018	7.50	4.03	10.0
粉、细砂	⑤$_2$	30.1	1.88	0.868	—	—	—	0.18	—	—	34.3	715	—

江北段各土层加固前主要物理力学指标　　表 2-16

土层名	土层代号	含水率	湿密度	孔隙比	液限	塑性指数	液性指数	压缩系数	压缩指数	回弹指数	固结系数 (×10⁻³)	渗透系数 (×10⁻⁶)	室内测灵敏度
		w	ρ	e	w_L	I_p	I_L	a_v	C_c	C_s	C_v	K_{20}	S_t
		%	g/cm^3	—	%	—	—	MPa^{-1}	—	—	cm^2/s	cm/s	—
淤泥质亚黏土	③$_1$	45.2	1.77	1.254	36.9	15.4	1.54	1.30	0.436	0.030	2.19	2.09	6.1
亚黏土	③$_2$	28.3	1.92	0.827	33.9	14.2	0.74	0.22	0.205	0.012	7.33	4.75	8.1

5. 次固结试验结果

土的流变变形分为压缩流变变形和剪切流变变形两大类，软土的次固结特性是软土压缩流变特性的一部分。土的流变性质与土的结构有关，沿海软黏土大部分属“片架结构”，具有较显著的流变性质，此外它还与应力大小、温度等有关。软土地基的固结加固中，在常有效应力条件下，软土会发生排水蠕变，它包括剪应变和体积应变两部分，次固结就是排水蠕变的一种。要考虑排水蠕变量的大小及对工后沉降的影响，那就要了解本地区软土的次固结特性，也就是了解次固结系数的大小。如果次固结特征显著，那么在沉降分析中一定要考虑土受压时的流变特性，并分析它对工后沉降量的影响。

次固结试验共做 22 组。试验结果表明，各层土的次固结系数较小，本地区软土次固结特征不十分显著。各层土次固结系数的平均值列在表 2-17 中。

各软土层平均次固结系数　　表 2-17

土　名	土层代号	次固结系数
亚黏土	②$_1$	0.004
淤泥质亚砂土	②$_2$	0.005
淤泥质亚黏土	③$_1$	0.007
亚黏土	③$_2$	0.005

统计分析次固结系数 C_α 与土样含水率 w（以小数表示）之间的关系如式(2-1)所示。

$$C_\alpha = 0.0158w \tag{2-1}$$

相关系数为 0.62，满足相关系数检验的要求（样本数 19）。

6. 三轴循环 CD 剪切试验结果

“三轴循环 CD 剪切试验”是理论研究中需要做的试验。在应用有限元计算时，为了模拟实际工程的排水条件，需要用固结排水试验成果，它包括土的有效强度参数 C_d 和 ϕ_d，及土的模量指标和模量与围压的关系。

从本次试验得到以下结论：

(1)随着试验围压的增大,CD 循环剪切模量都有大幅度的提高,经过整理和统计分析,得到土样循环剪切模量 E_{ur} 与围压 σ_3 之间的关系如式(2-2)、式(2-3)所示。

对②$_2$ 层土，
$$E_{ur} = 885.1P_a\left(\frac{\sigma_3}{P_a}\right)^{0.3507} \tag{2-2}$$

相关系数 =0.952,式中单位为 kPa,P_a 为大气压力,取 100kPa。

对③$_1$ 层土，
$$E_{ur} = 207.5P_a\left(\frac{\sigma_3}{P_a}\right)^{0.8701} \tag{2-3}$$

相关系数 =0.999,式中单位为 kPa,P_a 为大气压力,取 100kPa。

(2)在全部 10 个土样中,CD 循环剪切的应力—应变曲线和体变曲线有两种典型形态。

一种应力—应变曲线呈驼峰状,而体变曲线起初为剪缩而后为剪胀,土体体积增大。出现这一现象主要是该土样位于②$_2$ 层土上部,有较强的超固结特征,超固结比按“土性特征研究报告”分析在 3.3 ~ 6.0 之间;再者就是该土样密度较大,湿密度达 1.95g/cm^3,而含水率仅为 26.8%,土样比较致密所致。

另一种形态是加工硬化型,应力—应变曲线呈上升状,体变曲线呈剪缩状,体积应变随轴向应变的增大而增大。分析原因主要是土样基本上分布在③$_1$ 层,属正常固结土,而且土样的密度不大,湿密度平均在 1.785g/cm^3,而平均含水率达到 42.9%。

三、对试验段软土特征的认识和评价

1. 软土厚度的分布特征

详勘结果(表 2-4 和表 2-15)显示慈溪路段的表层有 2m 左右的相对硬壳层;主要软弱土层是②$_2$ 层和③$_1$ 层,这两层的平均厚度分别为 8m 和 23m,这两层的总厚度在 30m 以上,而且埋藏深度又浅,因此在路堤自身荷载作用下,地基的沉降量将绝大部分产生于这两层中。由于其上的表层土厚度不大,所以在作地基处理时应将处理深度考虑在到达③$_1$ 层底为好。

在江北路段软土层同样是③$_1$ 层,但其上没有覆盖层,厚度最大为 26m,因此处理深度应达到该层底部。

试验段软土在深度上的分布特征是埋藏浅、厚度大,慈溪段为 28 ~ 36m,江北段为 12 ~ 26m;在线路上可以说是软土层沿试验段全线分布,北部厚度大,南部稍薄。

2. 软土土性特征与分析

(1)总体上讲,江北段土性比慈溪段差,是试验路段中土性最差的软土。同是③$_1$ 层软土,江北段的指标就比慈溪段的差不少,在表 2-18 中可以明显看出。江北段软土含水率大、液性指数高,说明土质非常软、强度很低,直接在其上施工有困难;其二,孔隙比大、压缩系数(指数)高,说明压缩性大,土体的沉降量大,工后变形就可能大;其三,液限高、塑性指数大、固结系数小,说明土中黏粒含量大,土体压缩、固结困难,预压加固耗时长,次固结变形量也会大。因此,从土性上讲,江北段的加固要比慈溪段难度大。

(2)慈溪段内,软土层主要有两大层,这两层厚度占了整个压缩层总厚度的 80% 以上,比江北段软土厚度大得多。在土性指标上这两层虽然有差异,但都属淤泥质土,从施工角度来说加固处理难度较大。表 2-19 给出了这两层土的特征数值。

江北段与慈溪段软土物理力学性质指标的比较

表 2-18

路段	土层代号	含水率	湿密度	孔隙比	液限	塑性指数	液性指数	压缩系数	压缩指数	回弹指数	固结系数（$\times10^{-3}$）
		w	ρ	e	w_L	I_p	I_L	a_v	C_c	C_s	C_v
		%	g/cm³	—	%	—	—	MPa⁻¹	—	—	cm²/s
江北段	③₁	45.2	1.77	1.254	36.9	15.4	1.54	1.30	0.436	0.030	2.19
慈溪段	③₁	41.9	1.79	1.165	36.2	13.8	1.44	0.54	0.413	0.032	5.78

慈溪段②₂ 和③₁ 层土性比较表

表 2-19

土层名	土层代号	含水率	湿密度	孔隙比	液限	塑性指数	液性指数	压缩系数	压缩指数	回弹指数	固结系数（$\times10^{-3}$）	渗透系数（$\times10^{-6}$）	室内测灵敏度
		w	ρ	e	w_L	I_p	I_L	a_v	C_c	C_s	C_v	K_{20}	S_t
		%	g/cm³	—	%	—	—	MPa⁻¹	—	—	cm²/s	cm/s	—
淤泥质亚砂土	②₂	38.1	1.83	1.037	30.4	9.7	1.82	0.46	0.227	0.018	8.50	6.24	11.7
淤泥质亚黏土	③₁	41.9	1.79	1.165	36.2	13.8	1.44	0.54	0.413	0.032	5.78	0.56	11.4

现场勘测还表明，②₂ 淤泥质亚砂土层在其厚度上是一层很不均匀的土，土性在垂直向的差异较大，室内试验结果也表明这种土有较强的结构性，属非常灵敏软土。因此，当加固时遇到较大振动会使土体天然结构发生破坏，土体强度会有较大幅度丧失（一段时间后能恢复），并产生较大沉降量。这两层土比较起来，②₂ 层土的固结速度要快于③₁ 层土。

3. 软土路段的主要问题是变形问题

控制变形是整个加固的主要目标。现场勘测和室内试验的结果都表明软土的压缩性高，试验指标都属中偏高压缩性，见表 2-20，再加上软土层厚度大、固结慢，因此沉降量会很大，加固历时也会较长，处理不好工后变形会较大。

试验段软土压缩性指标

表 2-20

路段	土层名	土层代号	含水率	湿密度	孔隙比	压缩系数	压缩指数	回弹指数	固结系数（$\times10^{-3}$）
			w	ρ	e	a_v	C_c	C_s	C_v
			%	g/cm³	-	MPa⁻¹	—	—	cm²/s
慈溪段	亚黏土	②₁	30.8	1.90	0.874	0.35	0.193	0.015	7.21
	淤泥质亚砂土	②₂	38.1	1.83	1.037	0.46	0.227	0.018	8.50
	淤泥质亚黏土	③₁	41.9	1.79	1.165	0.54	0.413	0.032	5.78
	亚黏土	③₂	32.9	1.88	0.930	0.29	0.20	0.018	7.50
	粉、细砂	⑤₂	30.1	1.88	0.868	0.18	—	—	34.3

续上表

路段	土层名	土层代号	含水率	湿密度	孔隙比	压缩系数	压缩指数	回弹指数	固结系数（×10⁻³）
			w	ρ	e	a_v	C_c	C_s	C_v
			%	g/cm³	-	MPa⁻¹	—	—	cm²/s
江北段	淤泥质亚黏土	③₁	45.2	1.77	1.254	1.30	0.436	0.030	2.19
	亚黏土	③₂	28.3	1.92	0.827	0.22	0.205	0.012	7.33

当然地基强度较低对路堤施工也会产生一定影响，但可采取合适的加固方法克服和解决。例如，在软土露头的地段加铺碎石垫层，方便机械作业；对填筑时地基有可能失稳的地段和需加快填筑进度的地段采用真空排水预压与堆载预压相结合的办法或其他办法来处理。

第二节　软土路段土性特征分析

摘　要：试验段的现场详勘和室内土工试验获得大量的数据，它全面反映了试验段软土的特征和性状。通过对这些数据的统计计算和对比分析，获得了软土分布的特点、土颗粒组成的特征、土的结构性和固结特性以及土的应力历史等，其中一些是以往在宁波地区较少涉及的内容，这为分析和判断所采用加固方法的有效性及为路基工后沉降的研究奠定了基础，对丰富宁波地区软土特性的研究做了有益的补充。

对软土地基进行加固几乎是高速公路建设中不可避免的问题，尤其在沿海平原水网地带更加突出，它常常是影响高速公路建设质量、工期和投资的关键因素之一。采用正确而合适的加固技术是解决这一问题的有效办法，但是它要建立在对土性全面、深入地认识和了解之上。对试验段的软土进行现场详勘和土样的室内试验是十分必要的，通过对所得数据的统计计算和对比分析，找出试验段软土的分布特点，了解土的颗粒组成特征、土的结构性、土层固结特性和土层的应力历史，将对软基加固方案的优化、对加固方法有效性的判断及工后沉降量的有效控制都是十分有益的。本节具体介绍了这些研究成果，就软土的特征分6个方面加以叙述。

一、软土分布特征

试验段土层划分为三个工程地质层，共5个亚层，它们是$②_1$层（亚黏土），$②_2$层（淤泥质亚砂土），$③_1$层（淤泥质亚黏土），$③_2$层（亚黏土）和$⑤_2$层（细砂、粉砂）。统计分析得出主要软土层厚度沿路纵向分布特征如表2-21所示。地表相对硬壳层（即$②_1$层）沿试验段（慈溪境）全线仅有2～2.5m厚；而路段主要软弱土层$②_2$层，其厚度在K118+953前后为一分界线，从K118+400到K118+953厚度为10m，从K118+953到K119+900厚度为7m；路段主要软弱土层$③_1$层是软土层中最厚的，但在路全线厚度分布不一，基本可分为4段，特征是中间厚，两边稍薄，最小厚度有13m（路段长仅223m），大部分都在20m以上，最厚达30多米。

主要软土层厚度沿路纵向分布一览表

表 2-21

<table>
<tr><td colspan="2">里 程 桩 号</td><td>K118 +400 ~
K118 +623
(223m)</td><td>K118 +623 ~
K118 +935
(312m)</td><td>K118 +935 ~
K119 +175
(240m)</td><td>K119 +175 ~
K119 +900
(725m)</td></tr>
<tr><td>土层名</td><td>土层代号</td><td colspan="4">各土层的厚度(m)</td></tr>
<tr><td>亚黏土</td><td>$②_1$</td><td colspan="4">2.0 ~ 2.5</td></tr>
<tr><td>淤泥质亚砂土</td><td>$②_2$</td><td colspan="2">10</td><td colspan="2">7</td></tr>
<tr><td>淤泥质亚黏土</td><td>$③_1$</td><td>13</td><td>25</td><td>30</td><td>20</td></tr>
<tr><td>亚黏土</td><td>$③_2$</td><td colspan="2">未到底</td><td colspan="2">—</td></tr>
<tr><td>粉(细)砂</td><td>$⑤_2$</td><td colspan="2">—</td><td colspan="2">未到底</td></tr>
</table>

二、软土颗粒组成特征

室内颗粒组成分析试验表明，软土中以粉粒含量为主，黏粒含量为辅；表 2-22 是统计结果。表中数据说明软土中粉粒含量都超过 70%，其中第二层土($②_2$ 层)为最高，达到 80%，$②_1$ 层次之，但也接近 80%；黏粒含量则相反，第三层软土($③_1$ 层)含量最高，达到 28.5%，$②_1$ 层和$②_2$ 层较低，不超过 20%。此外，第三层软土($③_1$ 层)层厚最大、埋藏深，因此是加固中难度最大的，也是加固中第一位要考虑的对象；除此之外，表中数据还说明第二层($②_2$ 层)土中还含有 5% 以上的细砂或有粉砂掺杂，现场勘察和室内试验显示其分布很不均匀，有的粉砂含量达到 27.5%，有的则为零，差距很大，这就造成该层土的物理力学性质在深度上差异会较大。

各层软土粉粒、黏粒含量统计表

表 2-22

土 层 名	土 层 代 号	粉粒含量	黏粒含量	细(粉)砂含量
		均值(%)	均值(%)	均值(%)
亚黏土	$②_1$	78.4	20	1.6
淤泥质亚砂土	$②_2$	80.6	14	5.4
淤泥质亚黏土	$③_1$	70.8	28.5	0.7

三、软土的灵敏度与结构性表现

现场和室内试验研究结果表明，试验段的软弱土层有一定的结构性，这种特性在现场十字板剪切的灵敏度试验和室内无侧限抗压强度的灵敏度试验中都显现出来。表 2-23 列出现场十字板剪切试验和室内无侧限抗压强度试验的灵敏度的统计结果。表中显示两种方法所测土样的灵敏度相差悬殊，达 3 倍左右。另外，除第一层($②_1$ 层)亚黏土外，其他两层土扰动后具有的残余强度也相差悬殊，达 4 倍左右。

从表 2-23 中数据看，地面以下的 3 种土按十字板剪切测定的灵敏度并不算高，可属中等灵敏土，但从无侧限试验看，地面以下的 3 种土的灵敏度都很高，属很灵敏土。

两种试验方法得出的灵敏度差别如此之大，主要是试验方法不同引起的，也就是说两种方法对土的结构破坏程度不同造成的。十字板对原状土是有一定程度的破坏，对土的结构性也有一定的破坏，但对土的损伤主要集中在被剪土体的圆柱面上，土体内部结构性破坏并不是很严重。而无侧限抗压强度试验测定土样的灵敏度时，是使整个土样的结构完全遭到破坏。这里可以看出，后者对土样结构性的破坏要比前者大得多，因此后者经扰动后强度降低幅度要比前者大得多，土的结构性越强，这种差异也越明显。这也说明试验段的软土是有一定结构性的。

剪切试验所测灵敏度统计结果 表 2-23

土层名	土层代号	灵敏度(均值)		扰动后强度(均值)(kPa)	
		现场十字板剪切试验	室内无侧限抗压强度试验	现场十字板剪切试验	室内无侧限抗压强度试验
亚黏土	②$_1$	3.3	8.1	14.7	15.6
淤泥质亚砂土	②$_2$	2.9	11.4	15.7	4.1
淤泥质亚黏土	③$_1$	2.4	11.2	29.8	7.7

由于土结构性的存在以及细砂或粉砂颗粒的不均匀混入，在同一层土层中位于土层的不同深度处，强度会有比较大的差异，特别当土层比较厚时就会更加明显。将资料按深度进行统计的结果显示在表2-24和表2-25中。可以看出对主要压缩层③$_1$层(淤泥质亚黏土)来说，扰动后土体强度沿深度的变化表现出了良好的规律性(表2-24)，随深度的增加土体灵敏度有所降低，而扰动后土体残余强度呈现逐渐递增的趋势，无论是现场十字板测定的结果，还是室内无侧限抗压强度试验测定的结果都反映了这一点。

③$_1$ 淤泥质亚黏土层按深度统计的灵敏度及扰动后强度(慈溪段) 表 2-24

序号	现场十字板剪切试验			室内无侧限抗压强度试验		
	自地面深度(m)	灵敏度均值	扰动后强度(kPa)	自地面深度(m)	灵敏度均值	扰动后强度(kPa)
1	9.5~12.5	2.77	19.7	9.5~12.5	13.42	3.88
2	13.5~15.5	2.57	23.5	13.0~16.5	11.43	6.18
3	17.5~19.5	2.28	29.5	17.0~20.5	11.30	8.53
4	21.5~23.5	2.33	35.0	21.0~24.5	10.94	9.85
5	25.5~27.5	2.39	35.6	25.0~28.5	11.25	9.44
6	>28.0	2.15	47.4	>29.0	9.79	12.88

②$_2$ 淤泥质亚砂土层也有相似的规律性，见表2-25。但从表中看出，土层在6~8m之间结构性较显著，在强扰动后土体天然强度会有较大丧失。

②$_2$ 淤泥质亚砂土层按深度统计的灵敏度及扰动后强度(慈溪段) 表 2-25

序号	现场十字板剪切试验			室内无侧限抗压强度试验		
	自地面深度(m)	灵敏度均值	扰动后强度(kPa)	自地面深度(m)	灵敏度均值	扰动后强度(kPa)
1	2.5	3.14	8.7	—	—	—
2	3.5	3.16	14.8	3.0~4.0	9.7	3.55
3	5.5	2.70	16.7	—	—	—
4	7.5	2.61	22.0	6.0~8.0	13.1	2.58
5	11.5	2.58	23.2	12.0	7.0	6.5

对②$_1$ 亚黏土层按深度分开统计后，可以反映表层硬壳层的情况（表2-26）。表层1m厚的亚黏土结构性较弱、灵敏度低，即便受到强扰动其强度还是能保持较大值，可以考虑加以适当利用。试验段软土结构性的另一种表现是软土经剧烈扰动后，其固结系数有大幅度降低，这在后面会有详细对比说明。

②$_1$ 亚黏土层按深度统计的灵敏度及扰动后强度（慈溪段） 表2-26

序　号	室内无侧限抗压强度试验测定		
	自地面深度(m)	灵敏度均值	扰动后强度均值(kPa)
1	1.0	3.34	28.1
2	2.0	11.0	7.78

四、软土的固结特点

1. 软土的固结系数

表2-27和表2-28显示的是各层软土在100kPa和200kPa压力下测定的固结系数的统计值。

室内试验测定的各层软土固结系数（慈溪段） 表2-27

土 层 名	土层代号	垂直向固结系数($\times10^{-3}cm^2/s$)		
		100kPa均值	200kPa均值	全部样平均值
亚黏土	②$_1$	6.80	7.27	7.06
淤泥质亚砂土	②$_2$	7.21	8.09	7.65
淤泥质亚黏土	③$_1$	5.74	5.68	5.71
亚黏土	③$_2$	7.97	8.11	8.04

室内试验测定的各层软土固结系数（江北段） 表2-28

土 层 名	土层代号	垂直向固结系数($\times10^{-3}cm^2/s$)		
		100kPa均值	200kPa均值	全部样平均值
淤泥质亚黏土	③$_1$	3.48	2.19	2.84
亚黏土	③$_2$	7.46	7.73	7.60

从表2-27统计的结果看出，在慈溪段，上述4种土的固结系数都属同一量级，为$5\times10^{-3}cm^2/s$以上，4种软土中第三层软土最差。其次，同一种土的固结系数，在200kPa压力下测定的值一般比100kPa压力下的要大一些（除③$_1$层土），但幅度都不大，依次增幅为6.9%、12.2%、-0.87%（小）和1.8%。江北段两种土的固结系数统计值见表2-28，可以看出，同属③$_1$层土，其固结系数比慈溪段小1/2左右；江北段③$_1$层在200kPa下测定的值比100kPa下要小37%，③$_2$层则大3.6%，这与慈溪段有类似的规律性。

2. 原状土与重塑土的固结系数

为了考察土体扰动后固结系数的变化，室内不仅做了原状土固结试验，同时也做了重塑土的固结试验，分别测定了它们的固结系数，列于表2-29中，并对两者进行了比较。表中的结果清楚地表明，各层土在经过强烈扰动后，其垂直向固结系数有大幅度降低，一般降低为原来的1/10～1/3。因此，施工中应尽量减少对土的扰动破坏，否则预压时间将会加长。这样，不但加长了工期，也增加了加固成本。这也从侧面反映了试验段软土有一定的结构性，在土层结构遭到较严重破坏后，土体的固结系数将会明显降低。

室内试验测定的原状土与重塑土固结系数（慈溪段） 表2-29

土层名	土层代号	垂直向固结系数（$\times10^{-3}cm^2/s$）					
		原状土		重塑土		比值（原状土/重塑土）	
		100kPa	200kPa	100kPa	200kPa	100kPa	200kPa
亚黏土	②$_1$	6.14	7.33	1.85	2.52	3.3	2.9
淤泥质亚砂土	②$_2$	6.39	7.26	1.32	2.26	4.8	3.2
淤泥质亚黏土	③$_1$	5.74	5.91	1.22	1.49	4.7	4.0
亚黏土	③$_2$	6.95	7.78	0.72	1.26	9.7	6.2

3. 垂直向与水平向固结系数

为了了解土层垂直向与水平向在固结上的差异，弄清土层层状作用明显与否，在室内做了垂直向与水平向固结系数对比测试，结果列在表2-30中。

原状土垂直向与水平向固结系数（慈溪段） 表2-30

土层名	土层代号	固结系数（$\times10^{-3}cm^2/s$）		
		垂直向（均值）	水平向（均值）	水平向/垂直向
亚黏土	②$_1$	6.74	7.20	1.07
淤泥质亚砂土	②$_2$	6.83	7.67	1.12
淤泥质亚黏土	③$_1$	5.83	7.18	1.23
亚黏土	③$_2$	7.37	—	—

表2-30中的结果显示，慈溪段的软土在垂直向和水平向上的固结特性并没有明显的差异。垂直向和水平向两者之比相差在7%～23%之间，其中第三层土（③$_1$层淤泥质亚黏土）在两方向上差别稍大。这也说明慈溪段的软土层状分布不十分明显。在采用预压方法处理深厚软土地基时，必须设置垂直排水通道，以加速对土体的固结，天然土体自身水平向的固结与垂直向相比并不具有很大优势。

4. 软土层固结系数在深度上的差异

由于③$_1$淤泥质亚黏土层的层厚较大，室内试验结果表明，该层土性指标在深度上有较大差异，因此对该层软土按深度进行统计的结果显示在表2-31当中。

③$_1$淤泥质亚黏土层按深度统计的软土固结系数（$\times10^{-3}cm^2/s$）（慈溪段） 表2-31

序号	自地面深度（m）	100kPa均值	200kPa均值	同深度均值
1	10.0～13.0	7.22	7.47	7.34
2	14.0～17.0	6.71	5.70	6.22
3	18.0～21.0	4.33	4.16	4.25

续上表

序号	自地面深度(m)	100kPa 均值	200kPa 均值	同深度均值
4	22.0~25.0	5.71	5.88	5.80
5	26.0~30.0	5.52	5.84	5.68
6	>30.0	4.71	4.84	4.78

表2-31中显示，固结系数不仅随固结压力有所变化，而且在土层的不同深度上也是不同的，总的趋势是随深度增加，固结系数减小，但在深度为20m左右时是最小的。

计算分析时，按深度和上覆压力大小取用不同的数值，将会比用整层的平均值要来得合理和准确，它对判断上路面的时间将会提供较准确的结果。

五、软土的应力历史分析

土层应力历史不同将使它具有不同的压缩性，而不同的压缩特性将导致地基在同样外荷载作用下，产生不同的固结沉降量和工后沉降量，因此了解和认识试验段软土的应力历史，对判断、确定路堤荷载下地基最终沉降量的大小、沉降发生过程的特征以及工后沉降量的大小都有着十分重要的意义。室内高压固结试验的结果如下。

1.各层软土的超固结状况

室内试验对各层软土土样测定的结果列于表2-32中。从所得到的结果看出，慈溪段的②$_1$亚黏土层和②$_2$淤泥质亚砂土层属超固结土。其中，②$_1$亚黏土层的超固结特征较显著，算重~中度超固结。之所以超固结比较大，这与该层土埋藏浅、位于地表，受大气和人类活动影响较大有关。②$_2$淤泥质亚砂土属轻度超固结，该层有一定厚度，加固时可考虑对此特征加以利用。③$_1$淤泥质亚黏土层基本上算正常固结土或微欠固结土。因其厚度大，在荷载作用下，土体发生的沉降量会较大，是加固中要重点考虑的。③$_2$亚黏土层属微超固结土或正常固结土。

室内试验测定的原状土固结状况(慈溪段) 表2-32

土层名	土层代号	原状土土样超固结比 OCR		本层厚度(m)
		变化范围	平均值	
亚黏土	②$_1$	9.13~6.07	7.4	2.0~2.5
淤泥质亚砂土	②$_2$	3.30~1.47	2.4	7.0~10.0
淤泥质亚黏土	③$_1$	1.36~0.82	0.91	20~30
亚黏土	③$_2$	1.21~1.18	1.19	—

2.超固结特征在深度上的变化

室内试验的结果还表明，各层土的超固结比在深度上是不一样的，特别是层厚较大的土层。弄清超固结比沿深度的变化，对准确计算各重点断面的最终沉降量和工后沉降量是有帮助的。

从表2-33和表2-34中看出，慈溪段②$_1$亚黏土层和②$_2$淤泥质亚砂土层其超固结比随本层深度的增大而逐渐减小，说明该两层土之上在历史上曾经有过土层沉积，在受到地质(如杭州湾潮汐和钱塘江水的相互)作用后，上部土层被冲蚀，形成现有的地面，而且这种冲蚀和沉积作用是不断交替发生和消失的。这种交替对不同深度的土层,在固结程度上就造成差异,从而也使这两层不同深度的土层超固结比有所不同,再加上大气和人类活动的影响,加剧了这种差别。

②$_1$ 亚黏土层按深度统计的软土超固结比(慈溪段)　　表 2-33

序　　号	深度(m)	超固结比 OCR	序　　号	深度(m)	超固结比 OCR
1	1.0~1.4	9.13	2	2.0	6.07

②$_2$ 淤泥质亚砂土层按深度统计的软土超固结比(慈溪段)　　表 2-34

序　　号	深度(m)	超固结比 OCR	序　　号	深度(m)	超固结比 OCR
1	3.0	3.30	4	6.0	1.90
2	4.0	2.61	5	8.0	1.91
3	5.0	2.39	6	10.0~12.0	1.47

对③$_1$ 淤泥质亚黏土层而言,由于其自身的固结系数较小,加上土层厚度大,所以在②$_1$ 亚黏土层和②$_2$ 淤泥质亚砂土层和自身重力作用下的固结只是接近完成,但尚未彻底完成,表现出的是正常固结土和微欠固结土的特征。从表 2-35 中也可看出,在接近②$_2$ 淤泥质亚砂土层的深度处,③$_1$ 淤泥质亚黏土层的固结已经完成,这是其排水路径比其下部的土层要短很多的缘故。

③$_1$ 淤泥质亚黏土层按深度统计的软土超固结比(慈溪段)　　表 2-35

序　　号	深度(m)	超固结比 OCR	序　　号	深度(m)	超固结比 OCR
1	10~11	1.36	6	23~24	0.82
2	12~13	1.11	7	25~28	0.91
3	14~16	0.86	8	29~31	0.87
4	18~19	0.83	9	35~38	0.88
5	20~22	0.83			

六、软土的次固结特性

软土次固结量的大小,对荷载作用下路堤的工后沉降量大小有一定的影响,以往路堤沉降量计算中都很少考虑软土的流变特性,因此在软土很差且厚度很大的地方,路堤沉降一是不易稳定,二是工后沉降量偏大,造成高速公路的路面常年加铺,既影响它的使用,也使高速公路的运营成本大大增加。从室内的长期高压固结试验得到试验段软土地基的次固结特征。总的说来,次固结特征并不十分明显,在压力 100kPa 和 200kPa 下,平均次固结系数见表 2-36 所示。

各软土层平均次固结系数　　表 2-36

土　层　名	土 层 代 号	次固结系数
亚黏土	②$_1$	0.004
淤泥质亚砂土	②$_2$	0.005
淤泥质亚黏土	③$_1$	0.007
亚黏土	③$_2$	0.005

本地区软土次固结特征不十分显著的主要原因是软土中粉粒含量较大，达 70% 以上，而黏粒含量较少，都不超过 30%，②$_1$ 层和②$_2$ 层更是不到 20%。只有③$_1$ 层黏粒含量稍高，所以它的次固结系数比其他土层要大一些。

本地区次固结系数 C_α 与土样含水率 w（以小数表示）之间的统计关系如式(2-1)所示，即 $C_\alpha = 0.0158w$。

仅凭次固结系数大小还不能判断它对工后沉降量影响的大小，还要看荷载大小和所考虑的时间长短以及软土的厚度，尤其是③$_1$ 层厚度是这几层中最大的。因此，次固结对工后沉降量的影响需要做进一步的计算分析才能确定。

第三节　软土特征指标的统计关系

摘　要：现场原位测试和室内土工试验，得到上万组数据，它较全面地反映了本试验段的软土在地域分布、颗粒组成、土粒结构、压缩固结、应力历史和流变特性等方面的特征，本文的工作就是进一步探求和分析软土的土性指标在本地区有怎样的变化规律，主要物理性指标之间的联系，主要物理性指标与力学性指标之间的相关关系，天然十字板强度和无侧限抗压强度随软土深度的变化规律等等。找出它们之间的统计规律对加深认识这些土性指标是很有益的；同时也为建立本地区土性指标间的相关关系、建立本地区土性指标数据库打下一个良好基础。有了数据库，对日后当地的建设规划阶段将起到一个很好的作用，它可以利用该数据库对方案进行比较估算，大大节省时间和费用。本节主要介绍在这方面做的探索性工作。

一、试验段软土在塑性图上的分布

试验段软土主要有 4 层，自地面向下分别为②$_1$、②$_2$、③$_1$、③$_2$ 层，从厚度和土性来看又主要是②$_2$ 和③$_1$ 层。本统计对现场 231 个样本进行了分析研究，结果如图 2-1 所示。

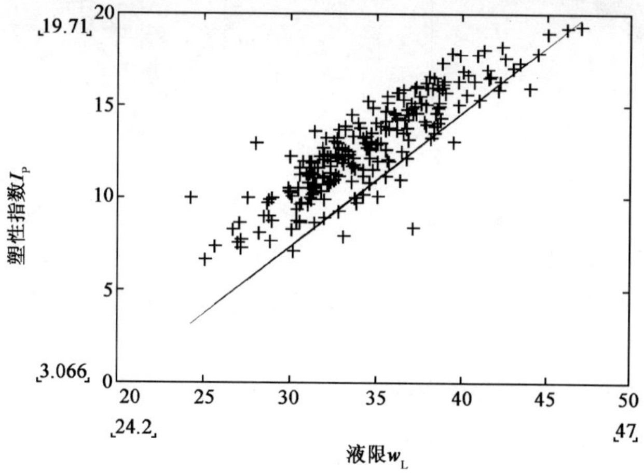

图 2-1　塑性指数和液限的统计关系（按交通运输部规程）

从图 2-1 中可以看出，由这 231 个样本的塑性指数和液限所绘成的点群，绝大多数都落在图中所绘直线的上方，它们的横坐标都在 50 以内，它们的纵坐标大都在 10 以上。图中横坐标表示的是土样的液限 w_L，纵坐标表示的是塑性指数 I_P，图 2-1 中所绘斜直线是《公路土工试验规程》(JTG E40—2007) 中塑性图里的 A 线，其方程如式(2-4)所示。

$$I_P = 0.73(w_L - 20) \tag{2-4}$$

塑性图里的 B 线方程是 $w_L = 50\%$。按照该试验规程塑性图的分类标准，杭州湾大桥南岸接线试验段的软土总的可定名为**“低液限黏土”**，即在 A 线以上，B 线以左，$I_P = 10$ 线以上。

图 2-1 中这 231 个样本的统计平均线，在 A 线之上，其方程如式(2-5)所示。

$$I_P = 0.58(w_L - 12.35) \tag{2-5}$$

二、软土主要物理性指标的统计关系

软土主要物理性指标在土工试验中指的是含水率、密度和相对密度，它们是直接测量得到的指标，其他物理性指标都可以通过它们计算出来。这里讲的主要指标是指在计算分析中经常要用到的，如含水率、密度和孔隙比。当计算中需要密度和孔隙比时，可以通过它们与含水率的统计关系求得，而含水率数据是最容易得到和最容易准确测定的指标，得到它们的相关关系对方案分析是很有用的。本文统计了孔隙比与含水率、密度与含水率的关系，统计结果表明它们之间的相关性很好。

1. 孔隙比与含水率的关系

(1) 第②层土孔隙比与含水率相关关系

第②层土孔隙比与含水率相关关系如图 2-2 所示。

(2) 第③层土孔隙比与含水率相关关系

慈溪与江北试验段第③$_1$ 层土孔隙比与含水率相关关系如图 2-3 所示。

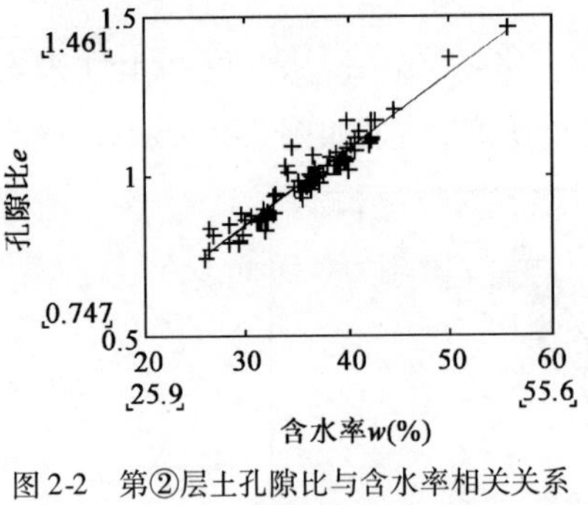

图 2-2 第②层土孔隙比与含水率相关关系

$e_0 = 0.023w + 0.153$ 相关系数 0.96(样本数 79 个)

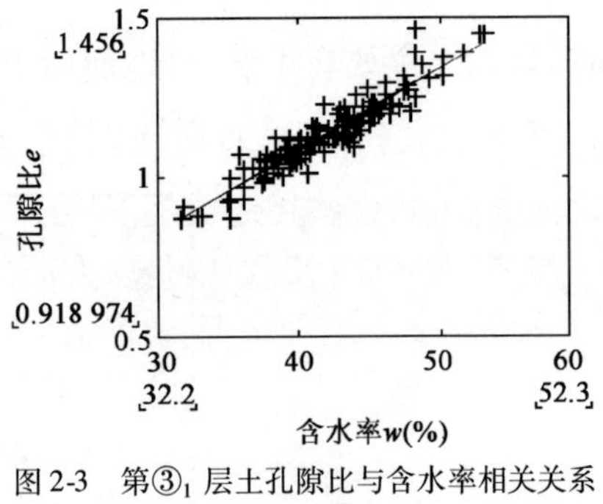

图 2-3 第③$_1$ 层土孔隙比与含水率相关关系

$e_0 = 0.125 + 0.025w$ 相关系数 0.936(样本数 143 个)

慈溪与江北试验段第③$_2$ 层土孔隙比与含水率相关关系如图 2-4 所示。

2. 密度与含水率的关系

(1) 第②层土密度与含水率相关关系

第②层土密度与含水率相关关系如图 2-5 所示。

(2) 第③层土密度与含水率相关关系

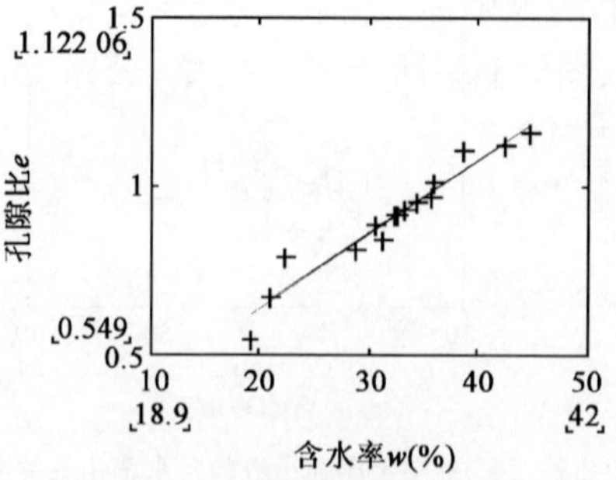

图 2-4　第③$_2$ 层土孔隙比与含水率相关关系

$e_0 = 0.022w + 0.203$　相关系数 0.97(样本数 15 个)

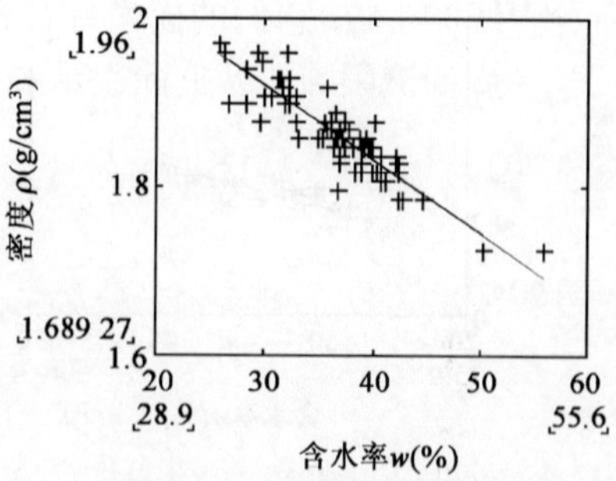

图 2-5　第②层土密度与含水率相关关系

$\rho = 2.172 - 0.009w$　相关系数 0.896(样本数 74 个)

慈溪与江北试验段第③$_1$ 层土密度与含水率相关关系如图 2-6 所示。

慈溪与江北试验段第③$_2$ 层土密度与含水率相关关系如图 2-7 所示。

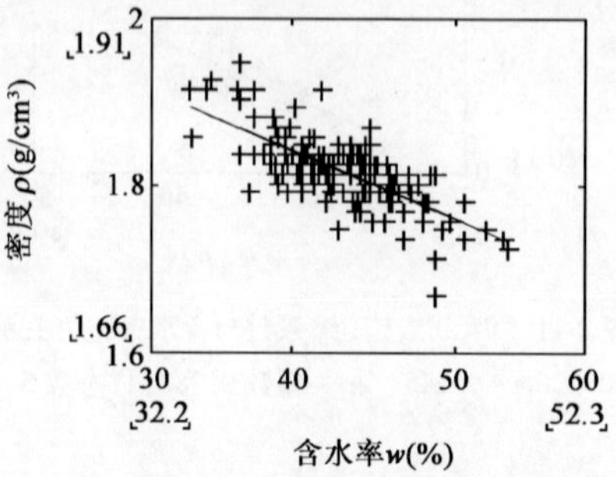

图 2-6　第③$_1$ 层土密度与含水率相关关系

$\rho = 2.094 - 0.007w$　相关系数 0.722 (样本数 143 个)

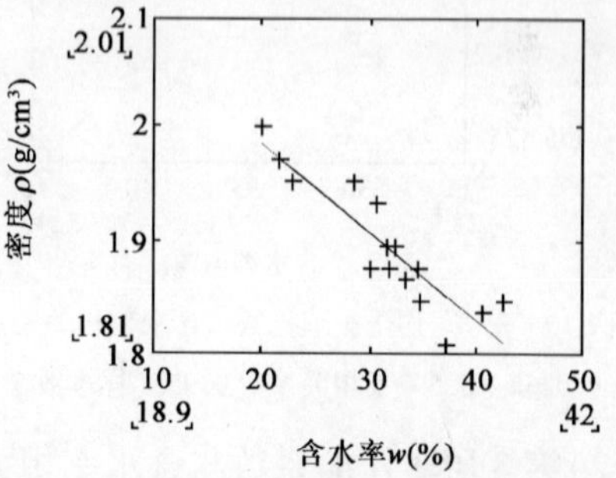

图 2-7　第③$_2$ 层土密度与含水率相关关系

$\rho = 2.142 - 0.008w$　相关系数 0.902 (样本数 15 个)

三、软土主要物理性指标与主要力学性指标的统计关系

这里统计的关系有压缩指数与含水率、压缩系数与含水率、压缩指数与液限、固结系数与液限之间的关系，这些指标也是分析计算中常常需要用到的。需要指出的是，力学性指标在测定时一般离散性都较大(原因是多方面的)，所以在统计它们的相关关系时其相关性也要差一些，但下面的统计结果都能满足相关性检验的要求。

1. 压缩指数与含水率的关系

(1)第②层土压缩指数与含水率相关关系

第②层土压缩指数与含水率相关关系如图 2-8 所示。

(2)第③层土压缩指数与含水率相关关系

慈溪与江北试验段第③$_1$ 层土压缩指数与含水率相关关系如图 2-9 所示。

慈溪与江北试验段第③$_2$ 层土压缩指数与含水率相关关系如图 2-10 所示。

2. 压缩系数与含水率的关系

(1)第②层土压缩系数与含水率相关关系

第②层土压缩系数与含水率相关关系如图 2-11 所示。

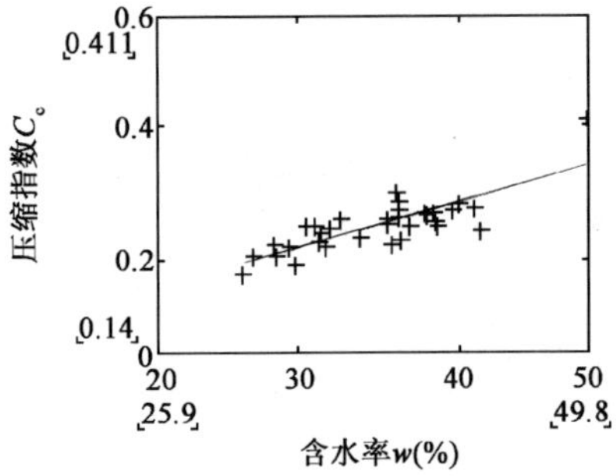

图 2-8 第②层土压缩指数与含水率相关关系

$C_c = 0.007w - 0.028$ 相关系数 0.806(样本数 33 个)

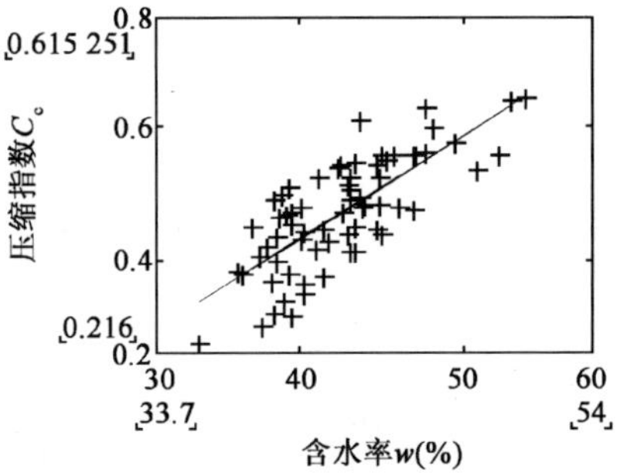

图 2-9 第③$_1$ 层土压缩指数与含水率相关关系

$C_c = 0.016w - 0.266$ 相关系数 0.766(样本数 67 个)

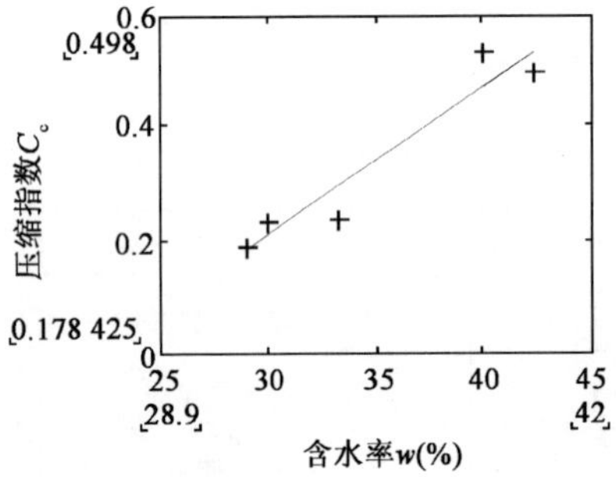

图 2-10 第③$_2$ 层土压缩指数与含水率相关关系

$C_c = 0.026w - 0.597$ 相关系数 0.955(样本数 5 个)

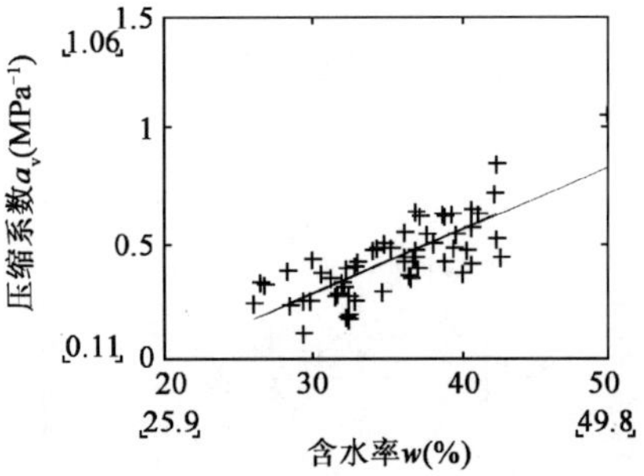

图 2-11 第②层土压缩系数与含水率相关关系

$a_v = 0.028w - 0.545$ 相关系数 0.782(样本数 58 个)

(2)第③层土压缩系数与含水率相关关系

江北试验段第③$_1$ 层土压缩系数与含水率相关关系如图 2-12 所示。

慈溪试验段第③$_1$ 层土压缩系数与含水率相关关系如图 2-13 所示。

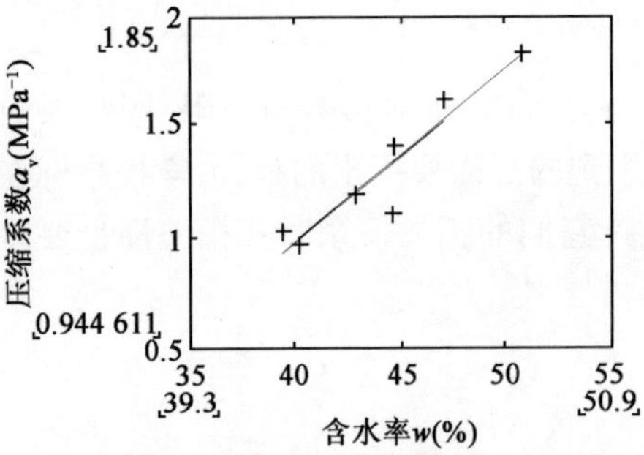

图 2-12 第③$_1$ 层土压缩系数与含水率相关关系(江北段)

$a_v = 0.077w - 2.074$ 相关系数 0.937(样本数 7 个)

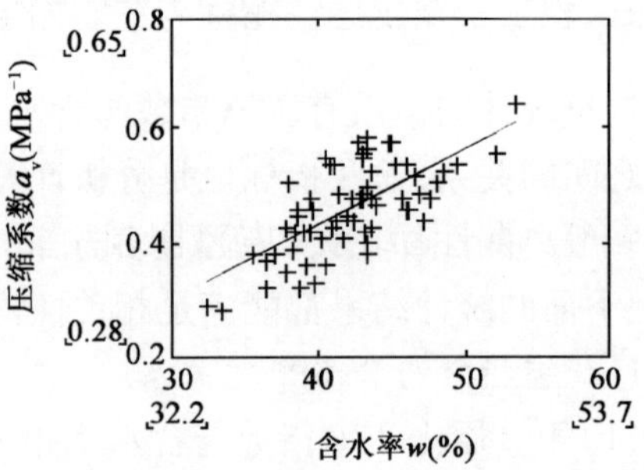

图 2-13 第③$_1$ 层土压缩系数与含水率相关关系(慈溪段)

$a_v = 0.013w - 0.09$ 相关系数 0.695(样本数 66 个)

慈溪与江北试验段第③$_2$ 层土压缩系数与含水率相关关系如图 2-14 所示。

3. 压缩指数与液限的关系

(1)第②层土压缩指数与液限相关关系

第②层土压缩指数与液限相关关系如图 2-15 所示。因该数据离散性大,统计相关性不好。

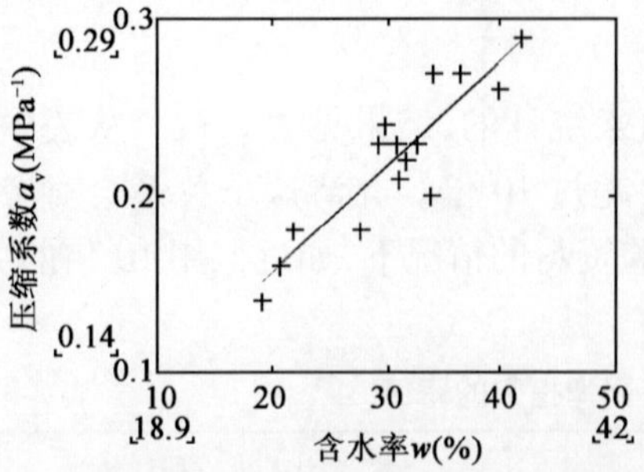

图 2-14　第③$_2$ 层土压缩系数与含水率相关关系

$a_v = 0.006w + 0.04$　相关系数 0.902(样本数 15 个)

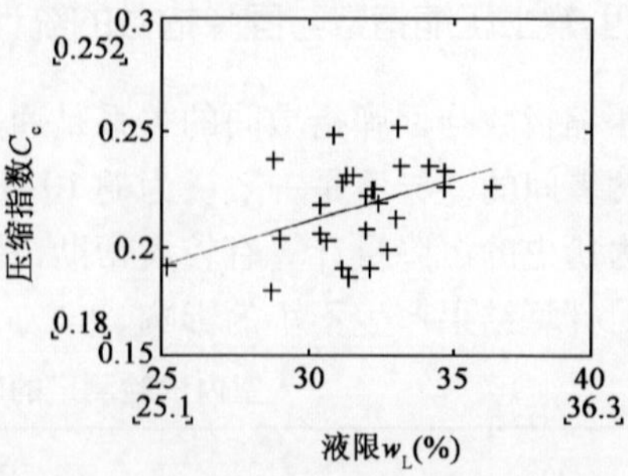

图 2-15　第②层土压缩指数与液限相关关系

$C_c = 0.004w_L + 0.098$　相关系数 0.426(样本数 27 个)

(2)慈溪与江北试验段第③$_1$ 层土压缩指数与液限相关关系

慈溪与江北试验段第③$_1$ 层土压缩指数与液限相关关系如图 2-16 所示。

4. 固结系数与液限的关系

(1)第②层土固结系数与液限相关关系

第②层土固结系数与液限相关关系如图 2-17 所示。因该数据离散性也较大,统计相关性不太好。

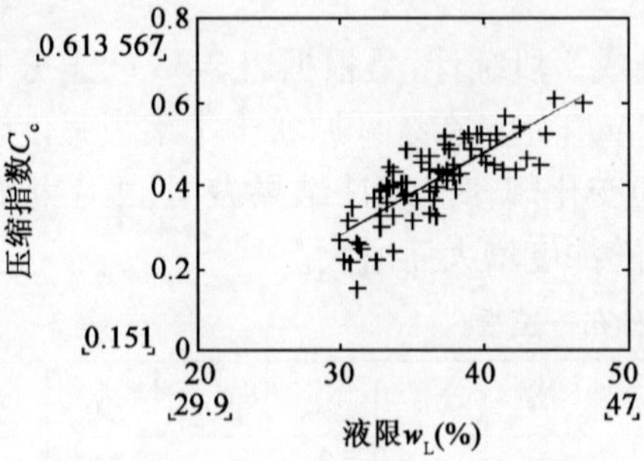

图 2-16　第③$_1$ 层土压缩指数与液限相关关系

$C_c = 0.02w_L - 0.304$　相关系数 0.802(样本数 69 个)

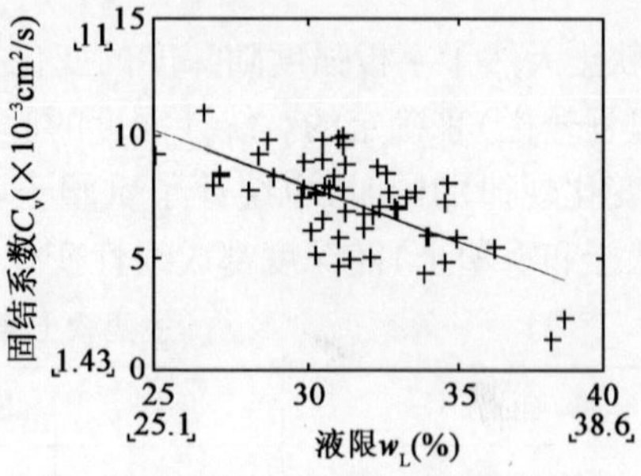

图 2-17　第②层土固结系数与液限相关关系

$C_v = 21.832 - 0.464w_L$　相关系数 0.652(样本数 54 个)

(2)第③$_1$ 层土固结系数与液限相关关系

第③$_1$ 层土固结系数与液限相关关系如图 2-18 所示。

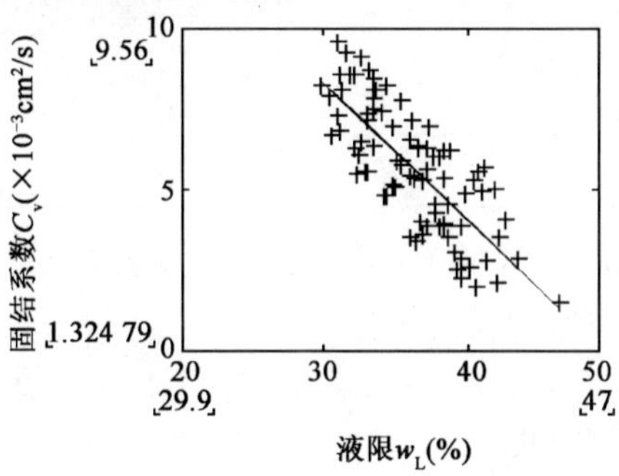

图 2-18　第③$_1$ 层土固结系数与液限相关关系

$C_v = 20.558 - 0.409w_L$　相关系数 0.773(样本数 85 个)

四、软土压缩指数与回弹指数的统计关系

压缩指数与回弹指数间的关系是通过它们的比值来统计的，结果见表2-37。从表中可以看出两者间的差异不是一般认为的10倍关系，而是要超过10倍。弄清这个关系会对考虑软土应力历史的沉降量计算有较大帮助，特别在缺乏试验资料的情况下，如近似用10倍的关系，那会对计算结果产生不小的影响。

室内试验测定的软土压缩指数与回弹指数的比值 表2-37

土层名	土层代号	慈溪段				江北段			
		样本数	比值均值	离差	变异系数	样本数	比值均值	离差	变异系数
亚黏土	②$_1$	13	14.65	4.32	0.295	—	—	—	—
淤泥质亚砂土	②$_2$	25	12.6	2.58	0.205	—	—	—	—
淤泥质亚黏土	③$_1$	67	12.7	2.49	0.196	6	14.2	2.64	0.185
亚黏土	③$_2$	4	19.3	2.93	0.152	4	19.3	2.93	0.152

五、软土天然十字板强度随深度的变化规律

软土天然十字板强度随深度的变化按路的纵向分成5段统计，是根据表2-38软土分布情况(里程号栏)来确定的。统计深度的起点自地面下2m开始。在统计原状土十字板强度随深度的变化规律的同时，也统计了重塑土强度随深度的变化规律。统计结果表明，十字板强度(原状土和重塑土)随深度都成线性变化，十字板强度随深度增大而增大。

主要软土层厚度沿路纵向分布一览表 表2-38

断面代号		N_2	N_4	N_5	N_6	N_8	N_{10}	N_{12}	N_{13}	N_{14}	S_3
里程桩号		K118+400~K118+623	K118+623~K118+935		K118+935~K119+175		K119+175~K119+900				K134+428
土层名	土层代号	各土层的厚度(m)									
亚黏土	②$_1$	2.0~2.5									—
淤泥质亚黏土(淤泥质亚砂土)	②$_2$	10			7						—
淤泥质亚黏土	③$_1$	13	25		30		20				14

1. K118+400~K118+623段落(N_2)十字板强度随深度的变化规律

(1)原状土十字板强度随深度的变化规律

如图2-19所示，图中纵坐标为深度，单位为m，计算中取正值，图中示为负值是绘图的需要；横坐标为十字板强度，单位为kPa。

(2)重塑土十字板强度随深度的变化规律

N_2段落重塑土十字板强度随深度的变化规律如图2-20所示。

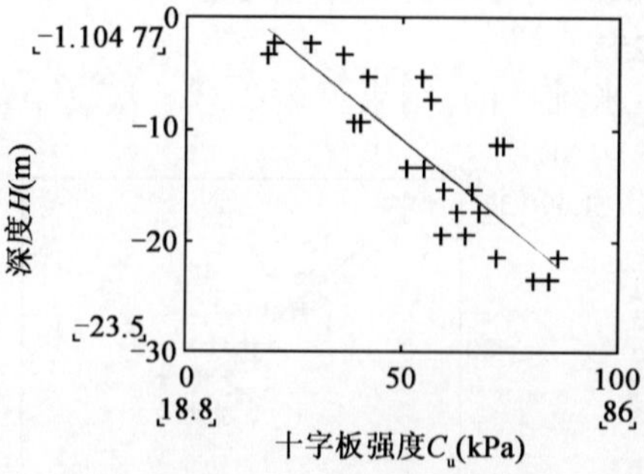

图 2-19　N_2 段落原状土十字板强度随深度的变化规律

$C_u = 15.274 + 3.185H$　相关系数 0.855(样本数 23 个)

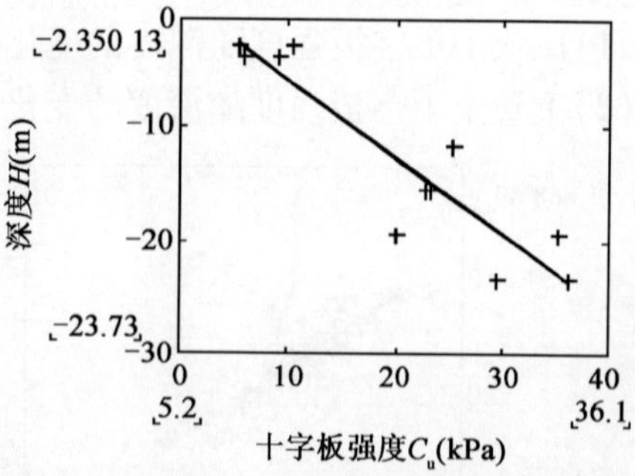

图 2-20　N_2 段落重塑土十字板强度随深度的变化规律

$C_u = 1.855 + 1.445H$　相关系数 0.914(样本数 11 个)

2. K118 +623 ~ K118 +935 段落(N_4 ~ N_5)十字板强度随深度的变化规律

(1)原状土十字板强度随深度的变化规律(图 2-21)

(2)重塑土十字板强度随深度的变化规律(图 2-22)

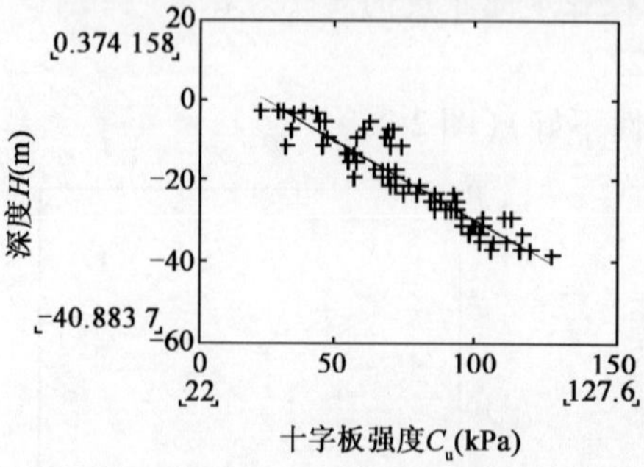

图 2-21　N_2 ~ N_4 段落原状土十字板强度随深度的变化规律

$C_u = 22.941 + 2.558H$　相关系数 0.932(样本数 71 个)

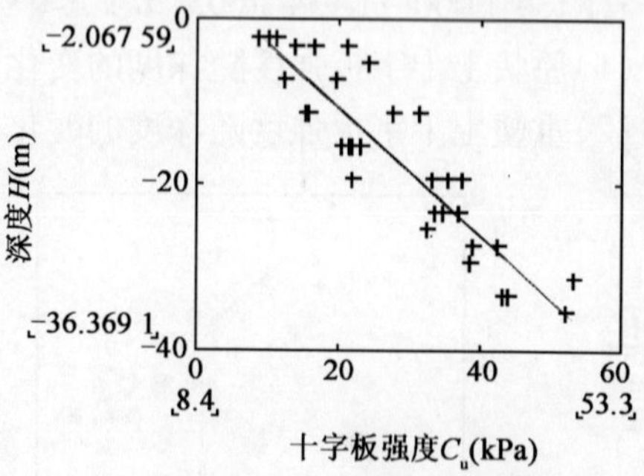

图 2-22　N_2 ~ N_4 段落重塑土十字板强度随深度的变化规律

$C_u = 5.694 + 1.309H$　相关系数 0.915(样本数 33 个)

3. K118 +935 ~ K119 +175 段落(N_6 ~ N_8)十字板强度随深度的变化规律

(1)原状土十字板强度随深度的变化规律(图 2-23)

(2)重塑土十字板强度随深度的变化规律(图 2-24)

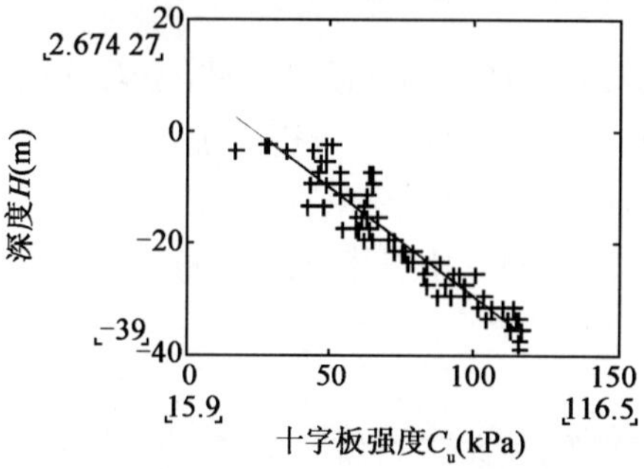

图 2-23　N_6 ~ N_8 段落原状土十字板强度随深度的变化规律

$C_u = 22.911 + 2.618H$　相关系数 0.945(样本数 66 个)

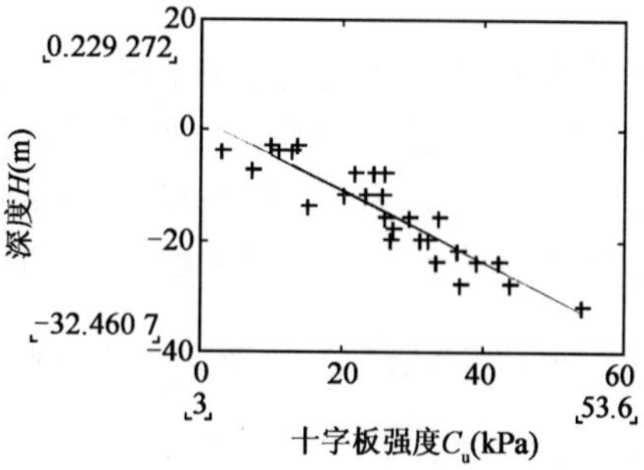

图2-24　N_6 ~ N_8 段落重塑土十字板强度随深度的变化规律

$C_u = 3.354 + 1.548H$　相关系数 0.909(样本数 27 个)

4. K119 +175 ~ K119 +900 段落(N_{10} ~ N_{14})十字板强度随深度的变化规律

(1)原状土十字板强度随深度的变化规律(图 2-25)

(2)重塑土十字板强度随深度的变化规律(图 2-26)

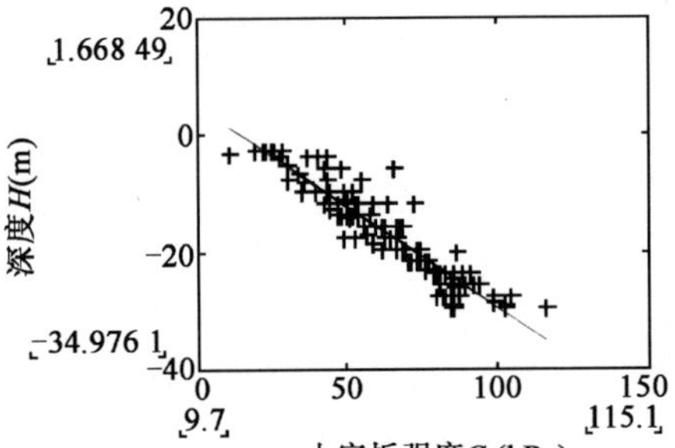

图 2-25　N_{10} ~ N_{14}段落原状土十字板强度随深度的变化规律

$C_u = 14.486 + 2.874H$　相关系数 0.932(样本数 110 个)

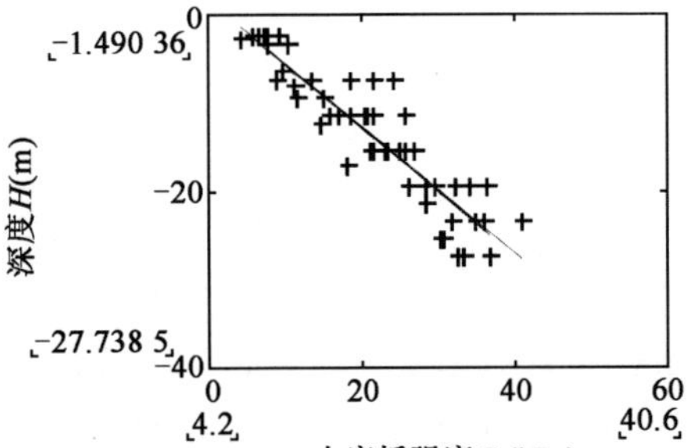

图 2-26　N_{10} ~ N_{14}段落重塑土十字板强度随深度的变化规律

$C_u = 2.133 + 1.387H$　相关系数 0.924(样本数 52 个)

5. K134 +000 ~ K134 +603.5 段落(S_1 ~ S_3)十字板强度随深度的变化规律

(1)原状土十字板强度随深度的变化规律(图 2-27)

(2)重塑土十字板强度随深度的变化规律(相关性不好)(图 2-28)

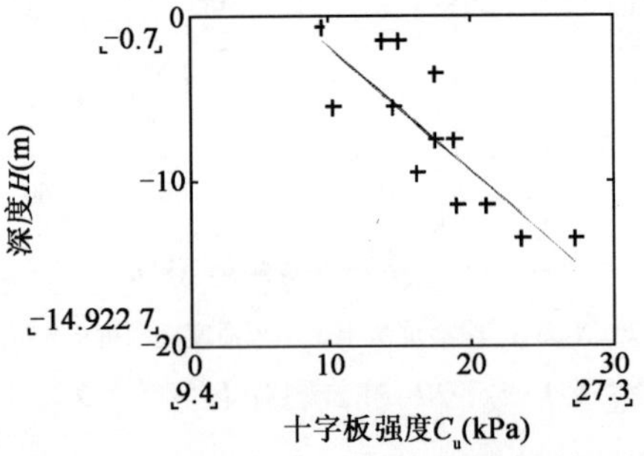

图2-27　S_1 ~ S_3 段落原状土十字板强度随深度的变化规律

$C_u = 7.335 + 1.339H$　相关系数 0.809(样本数 14 个)

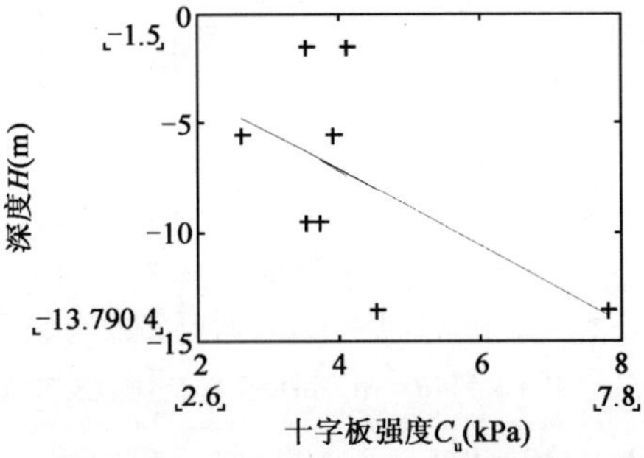

图2-28　S_1 ~ S_3 段落重塑土十字板强度随深度的变化规律

$C_u = 0.092 + 0.572H$　相关系数 0.569(样本数 8 个)

六、软土无侧限抗压强度随深度的变化规律

无侧限抗压强度试验在每个断面做的并不是很多,因此如按断面统计有些困难,这里只将慈溪段主要软弱层②$_2$ 和③$_1$ 层的资料进行统计,江北段的也因资料少未进行统计。

(1)慈溪段②$_2$ 和③$_1$ 层原状土无侧限抗压强度随深度的变化规律(图 2-29)

(2)慈溪段②$_2$ 和③$_1$ 层重塑土无侧限抗压强度随深度的变化规律(图 2-30)

七、次固结系数与含水率之间的关系

对次固结系数 C_α 与土样含水率 w(以小数表示)之间关系进行统计分析,得到关系式如式(2-1)所示,即 $C_\alpha = 0.015\,8w$。

相关系数为 0.62,(样本数 19)满足相关系数检验的要求。

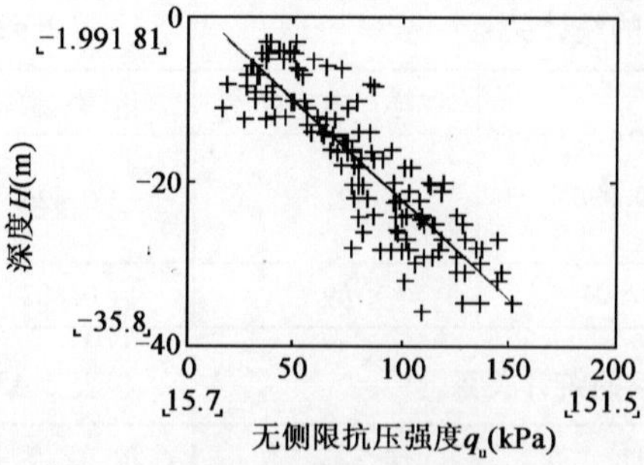

图 2-29 ②$_2$ 和③$_1$ 层原状土无侧限抗压强度随深度的变化规律

$q_u = 4.167H - 7.379$ 相关系数 0.875(样本数 134 个)

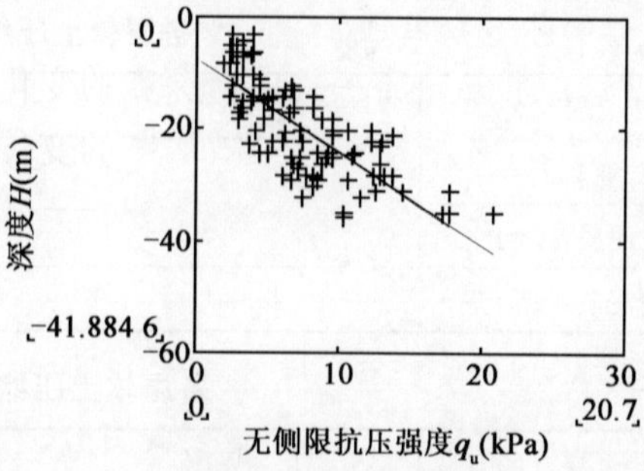

图 2-30 ②$_2$ 和③$_1$ 层重塑土无侧限抗压强度随深度的变化规律

$q_u = 0.603H - 4.559$ 相关系数 0.774(样本数 102 个)

八、小结

(1)杭州湾大桥南岸接线试验段的软土总的可定名为“低液限黏土”,在塑性图上处于 A 线以上,B 线以左,$I_P = 10$ 线以上。

(2)统计结果表明孔隙比与含水率之间有良好的相关关系,见表 2-39 所示。

各层软土孔隙比与含水率的统计关系 表 2-39

土层名	土层代号	统计公式	样本数	相关系数
亚黏土 淤泥质亚砂土	②	$e_0 = 0.023w + 0.153$	79	0.96
淤泥质亚黏土	③$_1$	$e_0 = 0.125w + 0.025$	143	0.936
亚黏土	③$_2$	$e_0 = 0.022w + 0.203$	15	0.97

(3)密度与含水率之间有良好的相关关系,各层土的统计结果见表 2-40 所示。

各层软土密度与含水率的统计关系 表 2-40

土层名	土层代号	统计公式	样本数	相关系数
亚黏土 淤泥质亚砂土	②	$\rho = 2.172 - 0.009w$	74	0.896
淤泥质亚黏土	③$_1$	$\rho = 2.094 - 0.007w$	143	0.722
亚黏土	③$_2$	$\rho = 2.142 - 0.008w$	15	0.902

(4)主要力学性指标与主要物理性指标之间有一定的相关关系,尽管力学性指标相关性不如物理性指标那么好,但一般都能满足相关性检验要求。统计结果见表 2-41 ~ 表 2-44 所示。

各层软土压缩指数与含水率的统计关系 表 2-41

土层名	土层代号	统计公式	样本数	相关系数
亚黏土 淤泥质亚砂土	②	$C_c = 0.007w - 0.028$	33	0.806
淤泥质亚黏土	③$_1$	$C_c = 0.016w - 0.266$	67	0.766
亚黏土	③$_2$	$C_c = 0.026w - 0.597$	5	0.955

各层软土压缩指数与液限的统计关系 表 2-42

土层名	土层代号	统计公式	样本数	相关系数
亚黏土 淤泥质亚砂土	②	$C_c = 0.004w_L + 0.098$	27	0.426
淤泥质亚黏土	$③_1$	$C_c = 0.02w_L - 0.304$	69	0.802

各层软土压缩系数与含水率的统计关系 表 2-43

土层名	土层代号	统计公式	样本数	相关系数
亚黏土 淤泥质亚砂土	②	$a_v = 0.028w - 0.545$	58	0.782
淤泥质亚黏土	$③_1$	$a_v = 0.077w - 2.074$(江北)	7	0.937
淤泥质亚黏土	$③_1$	$a_v = 0.013w - 0.09$(慈溪)	66	0.695
亚黏土	$③_2$	$a_v = 0.006w + 0.04$	15	0.902

各层软土固结系数与液限的统计关系(慈溪段) 表 2-44

土层名	土层代号	统计公式	样本数	相关系数
亚黏土 淤泥质亚砂土	②	$C_v = 21.832 - 0.464w_L$	54	0.652
淤泥质亚黏土	$③_1$	$C_v = 20.558 - 0.409w_L$	85	0.773

(5)压缩指数与回弹指数间的比值关系不是一般认为的 10 倍关系,而是要大不少,在杭州湾试验段的软土是 12 ~ 14 倍的关系,对$③_2$ 层土要接近 20 倍。

(6)软土天然十字板强度随深度的变化规律和重塑土强度的变化规律按路线纵向分成 5 段,结果列在表 2-45 当中,其规律性除极个别外还是很好的。

软土十字板强度随深度变化规律 表 2-45

路段		统计公式	样本数	相关系数
K118 +400 ~ K118 +623	原状土	$C_u = 15.274 + 3.185H$	23	0.855
	重塑土	$C_u = 1.855 + 1.445H$	11	0.914
K118 +623 ~ K118 +935	原状土	$C_u = 22.941 + 2.558H$	71	0.932
	重塑土	$C_u = 5.694 + 1.309H$	33	0.915
K118 +935 ~ K119 +175	原状土	$C_u = 22.911 + 2.618H$	66	0.945
	重塑土	$C_u = 3.354 + 1.548H$	27	0.909
K119 +175 ~ K119 +900	原状土	$C_u = 14.486 + 2.874H$	110	0.932
	重塑土	$C_u = 2.133 + 1.387H$	52	0.924
K134 +000 ~ K134 +603.5	原状土	$C_u = 7.335 + 1.339H$	14	0.809
	重塑土	$C_u = 0.092 + 0.572H$	8	0.569

(7)慈溪段主要软弱层$②_2$ 和$③_1$ 层无侧限抗压强度随深度的变化规律列于表 2-46 中,规律性尚好。

(8)次固结系数 C_α 与土样含水率 w(以小数表示)之间的关系可用式(2-1)表示,即 $C_\alpha = 0.0158w$。

无侧限抗压强度随深度的变化规律(慈溪段)　　表2-46

路　段		统 计 公 式	样 本 数	相 关 系 数
②$_2$ 和③$_1$ 层	原状土	$q_u = 4.167H - 7.379$	134	0.875
	重塑土	$q_u = 0.603H - 4.559$	102	0.774

第四节　软基加固方法与土性特征关系的分析

摘　要:对照已取得的详勘资料,对已确立和已实施的地基处理方法从地质条件这个角度进行分析和反思,指出孔隙比大、压缩性高、软土层深厚是杭州湾大桥南岸接线试验段软土地层的主要特征,解决软土地基在路堤荷载下垂直变形过大的问题应是加固方案首要考虑的目标。本工程所采用的5种地基加固方法总的来说是适合的,加固方案的思路基本是符合杭州湾大桥南岸接线试验段的实际情况的,选择是正确的。对土性特征深入分析后指出,要尽可能采用对土体扰动小的施工方法和工艺,以减小对土体结构的破坏,提高加固效果。从这个角度看,水泥粉煤灰碎石桩(CFG桩)复合地基法不如预制预应力管桩复合地基法好。要充分考虑②$_1$和②$_2$ 土层的超固结特性,以利于提高对深层软土的加固效果。要充分注意深部土层固结速度慢的特点,在方案设计、排水通道材料的选择、施工的安排及管理、加荷设计等方面都要给予充分关注。真空联合路堤堆载预压加固是能尽早、尽快地将路堤的最大荷载加到最大值的方案,是能让处于深层的第③$_1$ 层淤泥质亚黏土尽早地在满负荷状态下接受预压固结的方案,是一个行之有效的方案,它对完成整个地层的加固要求和减小路堤工后变形量是非常有益的。

一、引言

软土厚度大,层位沿路线变化较大、较复杂;双向6车道使路基宽度达到35m,路基底宽达到50m以上,路基对下卧层影响深度加大。深厚软土地基加固技术的正确应用和工后沉降量的有效控制,是造好这条路的关键。

地基处理方法的选择是否合适,实施中如何考虑地质条件的薄弱点,在现场管理上有什么要注意的,对照已取得的详勘资料,从地质条件这个角度对已采用的地基处理方法进行分析,对有效控制工后沉降、缩短工期、增加效益都是十分有意义的。

二、软基加固方案简述

针对试验段软土层深厚而填土高度较高等特点,按照以控制工后沉降(一般路段30cm、桥头连接段10cm)为目标,同时保证地基施工和运营期稳定的基本原则,确定了一般路段以预压排水固结为主、桥头连接段以刚性桩或半刚性桩组成复合地基为主的基本思路。

本工程一般路段以真空联合堆载预压处理为主、堆载超载预压处理作为比较方法;桥头及连接段采用真空 + 超载、预制预应力管桩、CFG 桩、水泥搅拌桩(桩长取设计处理深度的1/2）+预制预应力管桩（桩长取设计处理深度）相联合的复合地基加固等方法来处理。

试验段软基处理方案段落共划分为17个小段落，具体划分情况见第一章表1-1所示。

试验段中堆载超载预压法、真空联合堆载预压法的垂直排水通道的间距都为1.0 m或1.2m。同时，为了比较真空联合堆载预压和超载堆载预压加固段的竖向排水通道的功效，除采用高性能C型塑料排水板作为垂直排水通道外，也采用直径30mm的钢丝透水软管和150mm板宽的高性能塑料排水板（F板）作为垂直排水通道的比选研究对象。

试验段中CFG桩桩径0.50m，呈正方形布置，设计桩长控制在软土层最大深度加1m左右，实际施工桩长视现场实际情况决定；桩顶部铺设50cm厚度的碎石作为褥垫层并在其中铺设2层土工格栅，以减少基础底面的应力集中，调整桩土荷载分担比，充分发挥CFG桩的高承载能力特性。

预制预应力管桩直径0.40m，壁厚5.5cm（薄壁管桩），呈正方形布置，设计桩长控制在软土层最大深度加1m左右，施工时桩长视现场实际情况决定；预制预应力管桩复合地基顶部设置50cm碎石垫层，在桩顶部设置100cm×100cm、厚度30cm的钢筋混凝土承台，调整桩土荷载分担比，充分发挥管桩高承载能力的特点。

水泥搅拌桩联合预制预应力管桩复合地基法（下称联合桩法）处理桥头连接段，水泥搅拌（湿喷）桩直径0.5m，桩长16m；所用管桩与预制预应力管柱复合地基中的相同，桩长37m；在地基顶部也设置50cm厚的碎石垫层，管桩顶部也设置100cm×100cm、厚度30cm的钢筋混凝土承台，以调整桩土荷载分担比。

三、软基加固方法与土性特征关系的分析

针对上述所选用的加固方法在设计和实施时应注意些什么，可从以下4个方面来分析。

1. 尽可能采用对土体扰动小的施工方法和工艺

慈溪境的$②_1$、$②_2$和$③_1$层土有较强的结构性。由无侧限抗压强度试验测定的平均灵敏度为8~12，这意味着土体在受到较强扰动时，土体强度将有较大幅度的降低。无侧限抗压强度试验的结果见表2-47所示，可以看出经强烈扰动后$②_2$和$③_1$层土的强度下降到不足8kPa，而且$②_2$和$③_1$土层厚度比较大（前者7~10m，后者20~30m），强度的恢复是需要很长时间的。

室内无侧限抗压强度试验的灵敏度统计结果（慈溪段） 表2-47

土 层 名	土 层 代 号	灵敏度（均值）	扰动后强度（kPa）（均值）
亚黏土	$②_1$	8.1	15.6
淤泥质亚砂土	$②_2$	11.4	4.1
淤泥质亚黏土	$③_1$	11.2	7.7

土体在受到较强扰动时强度有大幅度的降低，这与慈溪段软土的颗粒组成有关。土分析结果表明，自地面以下3种软土都是以粉粒含量为主，达70%~80%，黏粒含量仅有15%~30%；$②_2$淤泥质亚砂土层粉粒含量最多，达80%，黏粒含量最少，仅15%，此外还含5%的粉细砂。饱和状粉质土在振动下容易产生较高超静孔隙水压力，甚至发生液化，所以受到扰动时土体强度会大大降低。

从这个角度看，水泥粉煤灰碎石桩（CFG 桩）复合地基法不如预制预应力管桩复合地基法好，这是由于 CFG 桩复合地基法在成桩过程中对土的扰动要比预应力管桩复合地基法对土体的扰动大。因为 CFG 桩是完全排土桩，桩身体积完全靠机械的沉管将土体排开形成；而预应力管桩是半排土桩，桩身体积部分靠桩沉入过程中将土体挤开形成，还有 25% ~ 35% 的体积被挤入管桩的内腔里，桩身对土体的侧向挤压减小很多。另外，预应力管桩大部分是静压桩机施工，它对土体的振动力比 CFG 桩的沉管机械对土体的振动力小很多，所以预应力管桩复合地基法在成桩过程中对土的扰动要比 CFG 桩复合地基法对土体的扰动小，也就是说对土体的损伤小，这对成桩后要求立即填土和充分发挥桩间土强度的工况是十分有利的。现场施工的十字板检测结果也充分说明了这一点，在 N10-CFG 桩复合地基的路段里，CFG 桩施工 41d 后仅在表层 2m 内强度得到恢复，到 75d 的第$②_1$ 和$②_2$ 层的强度才恢复到加固前水平，到 121d 时第$③_1$ 层土的强度也只在本层的上部（8 ~ 10m）恢复到加固前水平，本层的下部尚未恢复。可见，CFG 桩施工对土体扰动是很大的，其强度的恢复需要相当长的时间。这种挤压、排土的影响，还可从施工后地表有 50cm 以上的地面隆起现象看出。

CFG 桩施工后土体强度恢复比较慢，这和土体存在较强的结构性有关。土工试验结果表明，各层土在经过强烈扰动（重塑）后，其垂直向固结系数有较大幅度的降低，一般降低为原来的 1/10 ~ 1/3。这就造成孔隙水压力消散缓慢，强度增长缓慢；土层上部强度恢复得比下层快，除了上层的排水距离短之外，另一方面就是软土层的固结系数在深度上是有差异的；土工试验结果表明，对$③_1$ 淤泥质亚黏土层在深度上总的趋势是随深度增加，固结系数减小（表 2-48）。这就是到 121d 时第$③_1$ 层土的强度也只在本层的上部（离地表 20m 左右）才恢复到加固前水平的一个原因。

$③_1$ 淤泥质亚黏土层按深度统计的软土固结系数（$\times 10^{-3}cm^2/s$）（慈溪段）　　表 2-48

序　号	自地面深度（m）	100kPa 均值	200kPa 均值	同深度均值
1	10.0 ~ 13.0	7.22	7.47	7.34
2	14.0 ~ 17.0	6.71	5.70	6.22
3	18.0 ~ 21.0	4.33	4.16	4.25
4	22.0 ~ 25.0	5.71	5.88	5.80
5	26.0 ~ 30.0	5.52	5.84	5.68
6	>30.0	4.71	4.84	4.78

因此，选取加固方案时要尽可能地采用对土体扰动小的施工方法和工艺，以减小对土体结构的破坏，提高加固效果。

2. 充分考虑$②_1$ 和$②_2$ 土层的超固结特性

分布在慈溪境内的$②_1$ 亚黏土层和$②_2$ 淤泥质亚砂土层属超固结土，其中$②_1$ 亚黏土层的超固结特征较显著，为重 ~ 中度超固结，$②_2$ 淤泥质亚砂土属轻度超固结，见表 2-49 所示。

土层具有超固结特性时，当外荷载形成的有效固结压力与自重有效压力之和小于其前期固结压力时，此时压缩沿着回弹再压缩曲线的路径发展，随之而产生的压缩量是比较小的，只有超过前期固结压力时，压缩才沿着初始压缩曲线的路径发展，此时产生的压缩量才会比较大。对慈溪这样的地层来说，地表头两层土属超固结土，而第三层属正常固结土且厚度又大，所以当采用堆载预压方法来加固软土地基时，如果计算的路堤最终填筑高度（含沉降补方高度）产生的有效固结压力与自重有效压力之和大于前期固结压力时，初期加荷时只要能满足稳定要求，就应尽可能快地进行路堤填筑，一方面使$③_1$淤泥质亚黏土层早早在设计荷载下进行预压加固，另一方面使$②_1$亚黏土层和$②_2$淤泥质亚砂土层尽早进入初始压缩曲线阶段，以消除更多的沉降量，缩短加固的总时间。

室内试验测定的原状土固结状况（慈溪段）　　表 2-49

土层名	土层代号	原状土超固结比 OCR		本层厚度（m）
		变化范围	平均值	
亚黏土	$②_1$	9.13 ~ 6.07	7.4	2.0 ~ 2.5
淤泥质亚砂土	$②_2$	3.30 ~ 1.47	2.4	7.0 ~ 10.0
淤泥质亚黏土	$③_1$	1.36 ~ 0.82	0.91	20 ~ 30
亚黏土	$③_2$	1.21 ~ 1.18	1.19	—

在 N14 的堆载排水预压区，由于填筑速度较慢，很迟才填到设计高程，$②_1$和$②_2$层的压缩始终是沿再压缩曲线进行，只有第$③_1$层是沿初始压缩曲线发展，所以总的沉降量比较小，到 2004 年 9 月 20 日最大沉降量也只有 80cm 左右（含施工沉降量）。相反，在 N12 的真空 + 堆载预压区，打设同样深度、同样间距、同样型号的排水板，路堤填筑厚度只及 N14 区的一半时，但由于有了真空荷载的作用，使总荷载达到 110kPa，它与自重有效压力之和大于$②_1$和$②_2$层土的前期固结压力，同时又使第$③_1$层土在较大压力下压缩固结，因此它的最大沉降量达到 152cm（含施工沉降量），是 N14 区的近 2 倍。当然 N12 区也存在填筑速度过慢的问题，如果填土速度再快一些，那加固效果将会更好，真空 + 堆载联合作用的优势才能得以更好地体现。

3. 充分注意深部土层固结速度慢的特点

慈溪境内的深层软弱土层是第$③_1$层土，它的顶板埋深在 9 ~ 12m 之间，而本层的厚度又是几层软土中最厚的，达 20 ~ 30m。土工试验的结果表明，该层软土的固结系数总体上是几层中最小的（表 2-50），土性是最差的，而且固结系数随深度增加还有所减小（表 2-48），因此在路堤及真空荷载下，深部土层，即第$③_1$层淤泥质亚黏土的固结速度将会比其他上部两层土的固结速度慢，将成为整个软基加固效果的控制层位，该层固结完成的好坏、固结度的高低将直接影响到整个软土地基的加固效果。因此，要对第$③_1$层淤泥质亚黏土的固结效果予以极大地关注。

室内试验测定的各层软土固结系数（慈溪段）　　表 2-50

土层名	土层代号	垂直向固结系数（$\times 10^{-3}cm^2/s$）		
		100kPa 均值	200kPa 均值	全部样平均值
亚黏土	$②_1$	6.80	7.27	7.06
淤泥质亚砂土	$②_2$	7.21	8.09	7.65
淤泥质亚黏土	$③_1$	5.74	5.68	5.71
亚黏土	$③_2$	7.97	8.11	8.04

对此，第一，在方案设计上，垂直排水通道要打穿该层底部。

第二，在垂直排水通道材料的选择上，要选滤膜湿抗拉强度高、在潮湿环境中不易破损的、纵向通水量要大的垂直排水通道，这样通水阻力和真空度的传递阻力就会小，对深部加固效果就会好些。在打设深度控制上，要选用可测深排水板，最好是双控的，既有铜丝导线，也有数字刻度的，便于施工质量控制和监督。

第三，施工中要严把材料关，加强现场验收力度和现场的材料保管及发放制度；严把施工质量关，对垂直排水通道的打设做到间距、垂直度、深度三控制，要有跟班旁站监督；对真空泵的运转要在路基填土跟得上的情况下，尽量全部满负荷开启，以使真空度最大限度地向软土深层传递，加快软土固结速率，增大固结沉降量。

第四，加荷设计上，在满足地基稳定的前提下，要尽早、尽快地将路堤的最大荷载加到最大值，让第③$_1$层淤泥质亚黏土尽早地在满负荷状态下承受预压固结，使该层满负荷的预压时间尽可能地长，从而能产生更多的固结沉降量，这对完成整个地层的加固要求和减小路堤工后变形量是至关重要的措施。从这个意义上讲，真空联合路堤堆载预压法是能尽早、尽快地将路堤的最大荷载施加到最大值的加固方案，是能让第③$_1$层淤泥质亚黏土尽早地在满负荷状态下承受预压固结的方案，是一个行之有效的好方案，应加深认识、指导现场的工程施工。

4. *施工中不必过分注意软土的次固结效应*

软土次固结量的大小，对荷载作用下路堤的工后沉降量大小有一定的影响：一是路堤沉降不易稳定；二是工后沉降量偏大，造成高速公路的路面常年加铺，既影响它的使用，也使高速公路的运营成本大大增加。从室内的长期高压固结试验得到的试验段软土地基的次固结特征并不十分显著，其主要原因是软土属低液限土，软土中粉粒含量较大，达70%以上，而黏粒含量较少，都不超过30%。总的说来，次固结系数并不太大，在压力100kPa和200kPa下，平均次固结系数如表2-51所示，所以在荷载作用下软土会很快完成压缩而趋于稳定，实测的沉降时间过程线也能说明这一点，如图2-31所示。

各软土层平均次固结系数　　表2-51

土层名	土层代号	次固结系数	土层名	土层代号	次固结系数
亚黏土	②$_1$	0.004	淤泥质亚黏土	③$_1$	0.007
淤泥质亚砂土	②$_2$	0.005	亚黏土	③$_2$	0.005

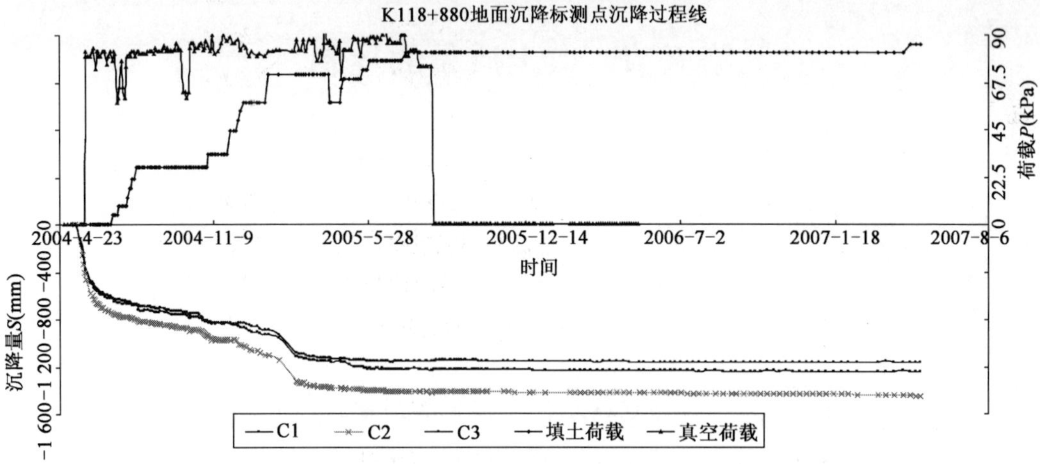

图2-31　较典型的沉降时间过程线

四、结论

(1)孔隙比大、压缩性高、软土层深厚是试验段软土地层的主要特征,软基加固方法要特别注意软土层的分布和土性特点,解决软土地基在路堤荷载下垂直变形过大的问题应是加固方案首要目标,采用的加固方法应适合此目标。本工程所采用的5种地基加固方法,总的来说是适合这一要求的。

(2)慈溪境的$②_1$、$②_2$和$③_1$层土有较强的结构性,要尽可能采用对土体扰动小的施工方法和工艺,以减小对土体结构的破坏,提高加固效果。水泥粉煤灰碎石桩(CFG桩)复合地基法在成桩过程中对土的扰动要比预应力管桩复合地基法对土体的扰动大得多,预制预应力管桩复合地基法好于CFG桩复合地基法。

(3)慈溪境内的$②_1$亚黏土层和$②_2$淤泥质亚砂土层属超固结土,充分考虑$②_1$和$②_2$土层的超固结特性有利于提高对深层软土的加固效果。路堤最终填筑高度(含沉降补方高度)产生的有效固结压力与自重有效压力之和大于前期固结压力时,加荷时只要满足稳定要求,就应尽可能快地进行路堤填筑,一方面使第$③_1$层淤泥质亚黏土早早在设计荷载下进行预压加固,另一方面使$②_1$亚黏土层和$②_2$淤泥质亚砂土层尽早进入初始压缩曲线阶段,以消除更多的沉降量,缩短加固的总时间。

(4)充分注意深部土层固结速度慢的特点,在方案设计、排水通道材料的选择、施工的安排及管理、加荷设计等方面都应给予充分关注。$③_1$层是整个软基加固效果的控制层位,尽早、尽快地将路堤的荷载加到最大值,使第$③_1$层淤泥质亚黏土尽早地在满负荷状态下接受预压加固,在施工期内发生更多的固结沉降量,对完成整个地层的加固要求和减小路堤工后变形量是非常有益的。真空联合路堤堆载预压加固是能尽早、尽快地将路堤最大荷载加到最大值的方案,是能让第$③_1$层淤泥质亚黏土尽早地在满负荷状态下接受预压固结的方案,是一个行之有效的好方案。

(5)试验段软土地基的次固结特征并不十分显著,在荷载作用下软土会很快完成压缩而趋于稳定,施工中不必过分注意软土的次固结效应。

第五节　取土质量的控制

摘　要:本节介绍了试验段工程中钻孔取土所用的机具与水压式固定活塞薄壁取土器的应用情况,介绍了室内试验的土样制作情况。软土无侧限抗压强度试验得到的平均破坏应变只有5.4%,说明本工程取土质量是好的,试验结果可用于工程效果的判断和理论计算的分析。

一、引言

在高速公路建设中,有很多线路是建在淤泥、淤泥质土或软弱黏土及粉质黏土地基上,它们都显示了压缩性高、强度低的特征。因此,设计与施工都给予足够的重视,会采取许多特别的措施来解决软土的这些不能适应工程需要的问题,方案与措施的正确性往往来自对土性的正确了解和认识。所以，工程勘察中的钻孔取样、室内试验是这种了解最直接和最基本的一步。取土质量好坏将直接影响土性指标的测定结果，影响到正确反映天然土层的性状以及土质计算指标的确定，最终将影响工程师的判断和决策，会影响工程的安全、工期和造价。因此，取土质量好坏成为岩土工程师关心的一个重要问题，也成为土力学领域中的一个重要研究课题。

在试验段工程的勘察中，对钻孔取土的质量及在器材设备、现场操作和室内试验等方面都给予了足够的重视和严格控制，下面对钻孔取土的质量作以下介绍和分析。

试验段软弱土层划分为 3 个工程地质层，共 5 个亚层，自地面向下依次是：②$_1$ 亚黏土层，②$_2$ 淤泥质亚砂土层或淤泥质亚黏土层，③$_1$ 淤泥质亚黏土层，③$_2$ 亚黏土层和⑤$_2$ 细砂、粉砂层。主要软土层厚度沿路纵向分布特征见表 2-52。

主要软土层厚度沿路纵向分布一览表　　表 2-52

断面代号		N_2	N_4	N_5	N_6	N_8	N_{10}	N_{12}	N_{13}	N_{14}	S_3
里程桩号		K118 +400 ~ K118 +623 (223m)	K118 +623 ~ K118 +935 (312m)		K118 +935 ~ K119 +175 (240m)		K119 +175 ~ K119 +900 (725m)				K134 + 428
土层名	土层代号	各土层的厚度(m)									
粉质黏土	②$_1$	2.0 ~ 2.5									—
淤泥质粉土	②$_2$	10			7						—
淤泥质粉质黏土	③$_1$	13	25		30		20				14
粉质黏土	③$_2$	未到底			—						10
粉(细)砂	⑤$_2$	—				未到底					—

室内颗粒组成分析试验结果表明，自地面以下的 3 种天然沉积软土组成成分以粉粒含量为主，黏粒含量为辅，3 种软土在含量上有所不同，表 2-53 是统计结果。

慈溪段各土层加固前主要物理指标及粉粒、黏粒含量统计表　　表 2-53

土层名	土层代号	含水率	湿密度	孔隙比	液限	塑性指数	粉粒含量	黏粒含量	细(粉)砂含量	室内测灵敏度
		w	ρ	e	w_L	I_p	—	—	—	S_t
		%	g/cm^3	—	%	—	%	%	%	—
粉质黏土	②$_1$	30.8	1.90	0.874	33.6	12.8	78.4	20	1.6	8.1
淤泥质粉土	②$_2$	38.1	1.83	1.037	30.4	9.7	80.6	14	5.4	11.4
淤泥质粉质黏土	③$_1$	41.9	1.79	1.165	36.2	13.8	70.8	28.5	0.7	11.2
粉质黏土	③$_2$	32.9	1.88	0.930	30.8	11.5	—	—	—	—

表 2-53 中数据说明，软土中粉粒含量都超过 70%，以②$_2$ 层为最高，达到 80%，②$_1$ 层次之，但也接近 80%；黏粒含量则相反，以③$_1$ 层含量最高，达到 28.5%，②$_1$ 层和②$_2$ 层较低，不超过 20%。除此之外，②$_2$ 层土中还含有 5% 以上的细砂或粉砂掺杂，现场勘察和室内试验也

显示其分布很不均匀,有的含粉砂量达到27.5%,有的则为零,差距很大;而②$_1$层和③$_1$层含细(粉)砂量相对较小。从颗粒组成看出,土样对扰动有较强的敏感性,取样不好会对试验结果有较大的影响。从室内所测灵敏度来看,这3种土都属于灵敏~高灵敏黏土。

此外,软土层都由这些颗粒沉积而成,属杭州湾以南慈北和姚江冲积平原,为滨海相、泄湖相、湖海交互沉积的黏土、亚黏土和淤泥质土。这两个情况说明,本地区的软土黏结强度比较低,土颗粒之间凝聚力较小,其颗粒架构会不太稳定,结构易受扰动而遭到破坏,土体的触变性大。因此,十分注意钻孔取土的质量是非常必要的。

二、取土设备与取土过程

为保证取土质量,现场取土采用的钻机为G-2A型,是一种能回转钻进、振动钻进和静压取土的工程钻机。其主要技术参数如表2-54所示。

G-2A型钻机的主要技术参数 表2-54

参数名称	单位	指标	参数名称	单位	指标
最大钻进深度	m	50	卷扬机提升能力	kN	20
钻孔直径	mm	150,130,110	柴油机功率	kW	15
钻杆直径	mm	42,50			

所用取土器为单层不锈钢水压式固定活塞薄壁取土器,该取土器是南京水利科学研究院在原取土器的基础上经改进而成的。它有如下一些特点:其一,取土器样筒总长度为700mm,取土行程也是700mm,便于采取和推出土样,活塞密封性能好,几乎没有逃土现象,土样采取比几乎近于1;其二,由于活塞的排土作用,孔内的废土不能进入取土器;其三,取土的深度不受限制,取土器内壁光洁,土样进入取土器时受到的摩阻力小,取土时土样基本无垂直压缩现象;其四,取土器下部500mm的土样作为室内试验用,上部200mm的土样作为现场描述使用;其五,土样筒密封效果好,土样可以存放较长时间。取土器结构简单、易于操作、可靠性好,其构造如图2-32所示,主要技术参数如表2-55所示。

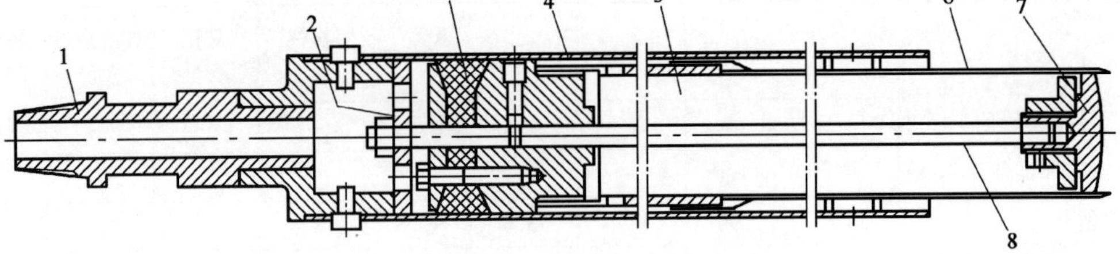

图2-32 水压式固定活塞薄壁取土器结构简图

1-钻杆接头;2-活塞杆固态压板;3-取土器压水活塞;4-活塞外套管;5-余土筒;6-土样筒;7-固定活塞;8-活塞杆

水压式固定活塞薄壁取土器主要技术参数 表2-55

名称	取土总行程	土样长	余土筒长	土样筒壁厚	土样筒外径	内间隙比	外间隙比
单位	mm	mm	mm	mm	mm	%	%
指标	700	500	200	2.0	78	0	0

按以上参数可以算出取土器面积比[(外径^2-内径^2)/内径^2]为11.1%满足国标10%~13%的要求，内间隙比和外间隙比也达到《岩土工程勘察规范》(GB 50021—2001)规定要求，取土筒外刃口角度为9°。同时土样采取比达到100%，取土器对土样的扰动得到了极大降低，有效地保证了取土质量。

钻孔取土的过程是：移钻机至孔位→清孔至取土深度→下放取土器至取土深度→水压取土→提升取土器→将土样包装入箱→转入下一回次钻孔取土。本次钻孔直径为110mm，钻进方法为迴旋转进。现场土样的采取比一般大于98%，极个别的为95%。

三、室内土样制备与试样段落划分

除现场取土外，室内试验方法不当也会引起土样扰动。制备土样前，首先取土器中的软土要经推土器小心、仔细推出，然后将500mm的土样两头各30mm左右长的段落用于测定土的含水率、流塑限等物理性指标，这是因为土样扰动对于室内测定的物理性指标影响不大。中间部位用于做无侧限抗压强度试验，邻近土样中段的上、下部分用于做压缩、固结试验和三轴或直剪试验。土样经这样安排后，它能最大限度地避免试验结果受到土样扰动的影响。

在制备试样时也是仔细切削、精心安装，在切削三轴试样和无侧限抗压强度试样时，是先把土样周围的土切去，把剩下的比试样大些的土样放到切土盘上，边旋转边切削。在制备压缩、直剪和固结试样时，将环刀放在土样上，向外倾斜地削掉土样周围多余的土，削一点压一点，慢慢使土样进入环刀内，不能硬压，尽量避免对土样的扰动，以保证试验结果的准确性。

四、无侧限抗压强度的破坏应变

以往的研究成果证明，无侧限破坏应变、不排水强度、固结特性对土样扰动的敏感性最大，最适合用来分析土样质量。无侧限压缩试验的破坏应变随着土样扰动的增大而增大，是评价土样质量最简单而有效的指标。经验表明，对我国沿海中等灵敏度的软黏土(主要指淤泥)，破坏应变在3%~5%，土样的质量相当好；当破坏应变在10%左右，土样扰动严重。对高灵敏度土而言，破坏应变在3%~6%，土样的质量就相当好；当破坏应变超过10%以后，土样扰动严重。

对试验段无侧限抗压强度试验的破坏应变进行了统计分析，试验段共对105个试样做了无侧限抗压强度试验，每一层土试样的破坏应变平均值列在表2-56当中，可以看出破坏应变值并不是太大，在4.5%~6.6%，全部土样的平均值为5.44%，它反映了取样质量的平均水平总体上是好的。

各层软土无侧限抗压强度试验平均破坏应变统计表 表2-56

土层名	土层代号	平均破坏应变(%)	土层名	土层代号	平均破坏应变(%)
粉质黏土	②$_1$	5.93	粉质黏土	③$_2$	4.50
淤泥质粉土	②$_2$	6.58	全部土层	平均	5.44
淤泥质粉质黏土	③$_1$	5.67			

与此同时，对破坏应变的分布情况又进行了数理统计，结果如图2-33所示。从图中看出，破坏应变在3%~7%的占总数的77.1%，破坏应变在7%~10%的占总数的16.3%。也就是

说,取土质量好的占绝大多数,有轻微扰动的只占1/6。应该说取土质量是令人满意的,试验结果可用于工程效果判断和理论计算分析。

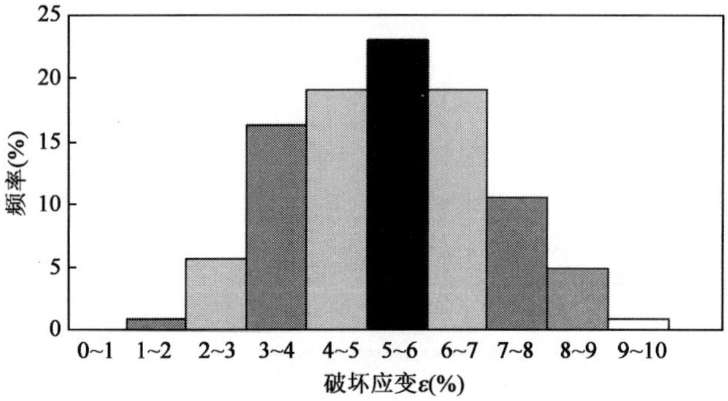

图2-33 破坏应变—频率分布

五、小结

(1)杭州湾跨海大桥南岸接线高速公路试验段工程中的软土属灵敏~高灵敏度土。

(2)钻孔取土所用的机具与水压式固定活塞薄壁取土器能胜任试验段的研究工作,能满足深厚软土的取土质量要求。

(3)无侧限抗压强度试验结果表明,现场取土和室内试验方法是正确的,所取土样质量总体上是好的,其平均破坏应变在4.5%~6.6%之间,破坏应变在3%~7%的占总数的77.1%,取土质量是令人满意的,试验结果可用于工程效果判断和理论计算分析。

参考文献

[1] 建设部,国家质量监督总局. GB 50021—2001 岩土工程勘察规范[S]. 北京:中国建筑工业出版社,2002.

[2] 交通部. JTJ 064—98 公路工程地质勘察规范[S]. 北京:人民交通出版社,1999.

[3] 建设部,国家质量监督总局. GB/T 50123—1999 土工试验方法标准[S]. 北京:中国计划出版社,1999.

[4] 交通部. JTG E40—2007 公路土工试验规程[S]. 北京:人民交通出版社,2007.

[5] 交通部. JTG D30—2004 公路路基设计规范[S]. 北京:人民交通出版社,2004.

[6] 娄炎. 杭州湾跨海大桥南岸接线试验段工程重点观测断面加固前详勘报告(试验段研究成果报告之2)[R]. 南京水利科学研究院研究报告,2004.6.

[7] 娄炎. 杭州湾跨海大桥南岸接线试验段工程重点观测断面加固前详勘补充报告(试验段研究成果报告之3)[R]. 南京水利科学研究院研究报告,2005.1.

[8] 娄炎,等. 杭州湾跨海大桥南岸接线试验段工程软土特征分析(试验段研究成果报告之4)[R]. 南京水利科学研究院研究报告, 2004.7.

[9] 娄炎,娄斌. 杭州湾跨海大桥南岸接线试验段工程软土特征指标的统计关系(试验段研究成果报告之5)[R]. 南京水利科学研究院研究报告, 2004.9.

[10] 娄炎,等. 杭州湾跨海大桥南岸接线试验段工程软基加固方法与土性特征的关系(试验段研究成果报告之6)[R]. 南京水利科学研究院研究报告, 2004.10.

[11] 娄炎,等. 杭州湾跨海大桥南岸接线试验段工程取土质量控制与分析(试验段研究成果报告之7)[R]. 南京水利科学研究院研究报告, 2007.8.

[12] 娄炎. 杭州湾跨海大桥南岸接线深厚软基处理试验段工程实施工作细则[R]. 南京水利科学研究院研究报告,2003.10.

[13] 娄炎. 真空排水预压法加固软土技术[M]. 北京:人民交通出版社, 2002.

第三章　5种加固方法的效果分析

第一节　堆载预压法加固深厚软基的效果分析

摘　要：首先指出本路段属有效等载预压加固，而不是超载预压。然后从地表沉降、分层沉降和孔隙水压力的角度，对堆载预压法处理深厚软基的效果进行了分析，观测结果表明连续4个月断面中心处的沉降速率已从4mm/月降到2mm/月，路堤沉降已基本趋于稳定。工后沉降量主要发生在$③_1$层内，做好堆载预压法对深厚软土路基的加固，关键就是要做好对$③_1$层的加固。在分析逐级加载的孔压比后，指出加荷强度与加荷速率尚可调整，建议每次可连续填筑两层，厚度控制在0.50m左右，两次之间时间间隔6～7d为宜。统计分析得出慈溪境堆载预压加固路段的平均沉降补方系数为0.858，它比原同三线宁波试验段得出的值大7.7%，充分反映了路堤宽度及加固深度的影响。最后指出，不能用位移边桩监测加固过程中地基的侧向位移，而是建议在高速公路的堆载预压施工中设置深层水平位移的监测。

一、引言

堆载预压法是一种经典的处理软弱地基的方法，对那些强度低、压缩性大、渗透性小的软土地区尤为适用。在我国东南沿海地区使用更为普遍、广泛，其最大优点是原理清晰、工艺简单、效果显著、造价低廉。近二十年来在高速公路的软基处理上被广泛运用，然而随着高等级公路建设的推进，对高速公路的要求也在增长，不仅要求在修建时地基要稳定，而且对路基工后沉降也有较高要求。软土路基过大的工后沉降影响了道路的正常使用，使高速公路的舒适、快捷功能得不到充分地发挥。如何减小路堤的工后沉降是软土地基上修建高等级公路需要解决的难题之一。这些年来，堆载预压法作为一种软土地基的常规处理技术，应用于厚度在20m左右的高速公路软基处理中，一般能取得较好的效果，高速公路的工后沉降量都控制在规范的限定值内；但对软基处理厚度在30m左右的地区，加固效果往往不十分理想，工后沉降量偏大，公路通车不久路面就产生过大的变形，高速公路的舒适性、安全性受到影响。

杭州湾跨海大桥南岸接线长达57km，有70%的深厚软基，软土厚度大都在30～40m的范围。堆载预压法是本工程中软基处理的一个主要方法，该方法的处理效果及与其相关的一些问题都是大家所关注的。在试验段内选了一段对其作了深入的现场试验与研究。本节着重从加固效果及与效果有关的问题进行阐述，希望对类似软土地区高速公路的修建，对软基处理、设计与施工安排诸方面有一定指导意义和借鉴作用。

二、地质条件

全路沿线按地貌单元、地层岩性、成因时代可分为 3 个工程地质区：

(1)慈北平原沉积区(K85 + 000 ~ K125 + 800)，地基影响深度范围内压缩土层主要由冲海积黏土、亚黏土和亚砂土组成。

(2)丘陵区(K125 + 800 ~ K133 + 000)，呈近东西向条带状分布于工程经过区域。地表为第四系残坡积层，岩性为含碎石亚黏土，下伏基岩为上侏罗统高坞组熔结凝灰岩。

(3)姚江平原沉积区(K133 + 390 ~ K143 + 700)，地基影响深度范围内压缩土层主要由湖海交互相沉积黏土、亚黏土和淤泥质土组成。

试验段中，堆载预压法试验区段在 K119 + 833 ~ K119 + 900 内。该处划分为 4 个工程地质亚层，其中 3 个是软弱土层，自地表向下分别为：②$_1$ 亚黏土(Q_4^{3+m})层，浅层为耕植土，上部褐黄色，下部灰黄色，大部分为软塑状，少数为可塑状，厚度普遍偏小，一般在 2.0m 左右；②$_2$ 淤泥质亚砂土(Q_4^{3+m})层，该层灰色，呈流塑状，饱和，本层厚度为 7.5m；③$_1$ 淤泥质亚黏土(Q_4^{2+m})层，灰色，深灰色，呈流塑状，饱和，本层厚度大，为 20.1m；⑤$_2$ 细砂、粉砂(Q_3^{al-pl})层，本层厚度 10.3m。各土层的物理力学指标如表 3-1 所示。

加固前土层主要物理力学指标　　表 3-1

土层名	土层代号	土层厚度	含水率	湿密度	孔隙比	液限	塑性指数	液性指数	压缩系数	压缩指数	固结系数	渗透系数	室内测灵敏度
		—	w	ρ	e	w_L	I_p	I_L	a_v	C_c	C_v	K_{20}	S_t
		m	%	g/cm^3	—	%	—	—	MPa^{-1}	—	cm^2/s	cm/s	—
亚黏土	②$_1$	2.0	28.8	1.94	0.796	31.8	10.7	0.72	0.24	0.180	8.78	—	—
淤泥质亚砂土	②$_2$	7.5	41.1	1.82	1.098	32.6	10.5	1.81	0.47	0.188	8.88	3.21	11.3
淤泥质亚黏土	③$_1$	20.1	42.1	1.80	1.193	36.5	13.2	1.47	0.49	0.413	6.44	0.53	—
粉细砂	⑤$_2$	10.3	33.3	1.88	0.915	—	—	—	0.16	—	—	406	—

三、加固处理方案与实施概况

堆载预压排水固结处理段落长度 67m，为一般路段。设置的竖向排水通道为高性能可测深 C 型塑料排水板，塑料排水板间距为 1.2m，正三角形布置，打穿整个软土层，设计深度为 30 ~ 32m，排水板实际打设深度 29.5 m，水平排水层采用 50cm 砂砾垫层。

路面设计高程 5.212m，路堤设计高程 4.462m，面层厚度 0.75m，设计路堤高度 2.8m(按施工时地面 2.028m 高程计算，路堤图纸高度应是 3.18m)。路基平均处理宽度 47m，单侧加宽 0.93m。加固设计为超载预压，超载高度为 1m，设计预压期为 18 个月。

该段落加固实施情况如表 3-2 所示。

堆载预压段落加固实施概况 表3-2

统计日期	工况	路堤填筑时间（月）	路堤预压时间（月）	施工沉降量（mm）	最大沉降量（mm）	总沉降量（mm）
2005-8-17	等载填筑完成	16	0	282	728	1 010
2006-8-22	预压结束、卸载开始	0	12	282	806	1 088
2007-2-15	卸载结束、基层开始	0	6（卸载预压）	282	816	1 098
2007-5-8	做基层与面层	2	2	282	819	1 101

四、加固效果分析

1.关于超载预压

堆载预压根据预压荷载大小与永久使用荷载的相对关系分为欠载预压、等载预压和超载预压三种情况，其中，预压荷载仅为路堤堤身荷载但不包含路面结构层荷载的，一般称为欠载预压；预压荷载含路堤堤身和路面结构层总重量的，一般称为等载预压；预压荷载超过路堤堤身和路面结构层总重量的，一般称为超载预压。在公路施工中，欠载预压不存在卸除多余荷载的问题，仅在预压过程中随着沉降的发生，不断地补充填土以弥补降低的高程，该荷载为永久荷载；等载预压在完成预压后要卸除相当于路面结构层部分的荷载（填土），然后进行路面结构层的施工，该荷载是路面结构层的等代荷载；超载在完成预压后，要卸除超过路面高程和相当于路面结构层两部分的荷载（填土），再进行路面结构层的施工，超过路面高程的荷载为临时荷载。

按照设计，本段应是超载预压，而且超载高度有1m，但实际实施下来并不是超载，应是等载预压。

路堤填筑从填砂垫层开始，填到2005年8月17日，前后共填16次，填土厚度达到4.39m左右（含砂垫层厚度，此时该处已发生施工与填土沉降共282+728=1 010mm），路堤高程达到5.393m，刚好比路面设计高程(5.212m)多0.181m。此后再未填载过，直到2006年8月22日卸载开始，此时整整预压12个月，堤顶面高程为5.312m，比路面设计高程（5.212m）仅多0.1m，卸载厚度达0.86m，路堤顶面高程降到4.452m，比设计路堤高程(4.462m)略低。

从上面施工过程可以看出，无论是填土加荷期间还是预压期间，路堤顶面高程始终没超过设计路面高程太多，最大超过不到0.18m（该0.18m可弥补路堤与路面结构层重度的差异值），比原先设计预压超载1m的方案相差甚远。如果说与设计的图纸路堤高度3.18m相比，那是高了1.2m，但随着填土的进行，地基沉降也在不断加大，这1.2m中已有1.0m多填补因沉降而降低的堤身高程，成为永久路堤的堤身，仅剩0.18m的等代荷载。而且随着预压时间的延长，该等代荷载还在不断地减小，本例到最后仅剩0.1m。**所以，本预压段是真正的等载预压加固。**

从上述分析还可以看出，由于高速公路施工中是以高程来控制的，而预压过程中地基的沉降是在不断发生、发展的，所以预压过程中的超载和等载是处在动态变化中的，设计时仅依**图纸上路堤高度**来确定超载与否，那只是名义超载，只有在考虑稳定的沉降量之后，才能确定是否超载。当预压沉降量稳定后，此时路堤填筑高程等于或超过路面设计高程时，才叫**有效等载预压或有效超载预压**。当然，在设计初期要准确确定沉降量的大小也不是一件容易的事，但在设计中可以确定一个原则，即设计需要采取什么方案来对软土进行加固，是欠载、等载，还是超载（量是多少）。然后，具体由施工与监理单位共同依此判定原则来执行。

2. 从沉降资料看加固效果

地表沉降是加固效果最直接的反映。重点观测断面 K119 + 880 的地表沉降过程线如图 3-1所示。到2006 年 8 月 22 日路堤预压 1 年准备卸载前，观测断面中心处的沉降量已达 1 088mm，观测断面路肩处的沉降分别为 879mm、842mm，均值 860.5mm，是中心沉降量 1 088mm 的 79%，与路中心压缩量相比要小 227.5 mm，路中心与路肩形成的沉降盆平均斜度为 1.3%。在卸载前 4 个月断面中心处的沉降速率已经很小，详见表 3-3 所示。表中显示这 4 个月来断面中心处的沉降速率逐渐降低，都大大低于 5mm/月的标准，应该说路堤沉降已趋于稳定。

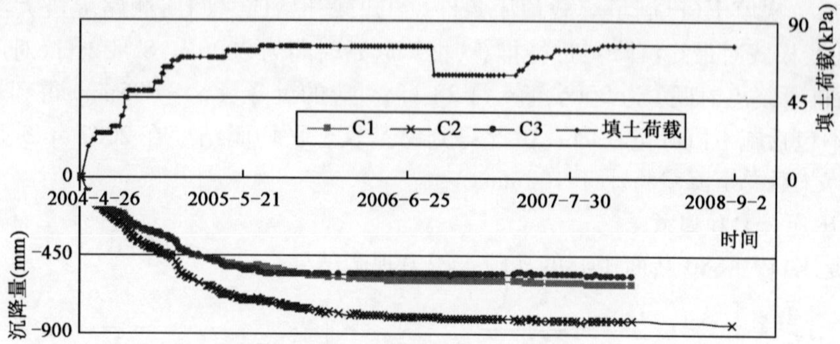

图 3-1 地表沉降变化时程曲线

预压卸载前断面中心处沉降速率值

表 3-3

时 段	沉降速率（mm/月）	时 段	沉降速率（mm/月）
2006-4-20 ~ 2006-5-19	4.0	2006-6-23 ~ 2006-7-28	2.0
2006-5-19 ~ 2006-6-23	3.0	2006-7-28 ~ 2006-8-20	2.0

图 3-2 是该断面中心处、从分层沉降测值中整理得到的各土层压缩量（或叫各层土固结变形量）随时间的变化过程线。从图 3-2 中看出，自地表至 16m 深度范围内，在 2006 年 1 月以后，曲线基本呈水平状，没有向下的趋势，即基本没有新的压缩量产生，土层压缩基本终止，亚黏土$②_1$ 层和淤泥质亚砂土$②_2$ 层主固结已经完成；而 24.5m 以下、20 ~ 24.5m 和 16 ~ 20m 三层土压缩量曲线还有一点向下发展的趋势，该深度正好处于淤泥质亚黏土$③_1$ 层，说明日后工后沉降量将主要发生在$③_1$ 层内，这一点与表 3-1 所示的土性指标也是吻合的。$③_1$ 层的固结系数与渗透系数是这三层中最小的，其固结速率相对要慢，加上随着固结过程的进行，固结系数也会越来越小，因此沉降稳定还需要相当长的一段时间。在以后的施工中要处理好这个问题，其办法就是在保证路堤安全、稳定的前提下，尽可能快地进行路堤填筑、确保满负荷预压，给$③_1$ 层有更多的预压时间。

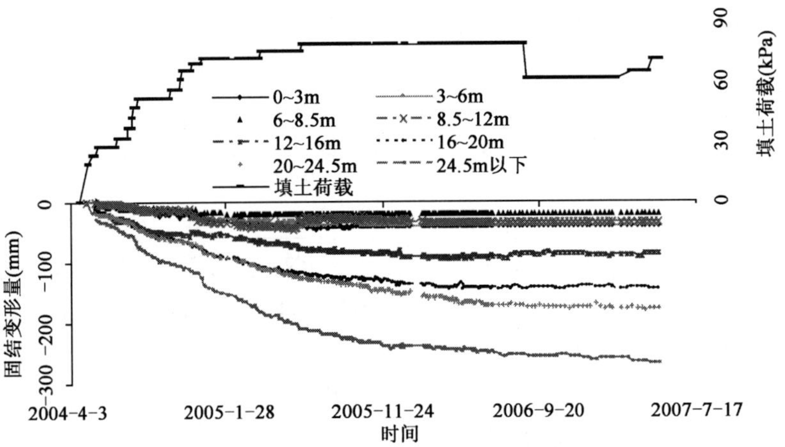

图 3-2　地基不同深度土层压缩量时程曲线

利用最后一次填土(已满足等载预压条件)到卸载开始前之间所测路堤最大沉降量的资料,按照双曲线模式对最终沉降量进行推算,推算起始时间为 2005 年 8 月 2 日,对应的沉降量 $S_0=720$mm;推算终点时间 t 为 2006 年 4 月 28 日,对应的沉降量 $S_t=795$mm,得到最终沉降量为 849mm(不包括施工沉降量在内),由此得到路基软土平均固结度在 2007 年 5 月 8 日时已达 96%,推算工后总沉降量将小于 100mm。

3. 从孔压资料看加固效果

图 3-3 是 K119 +880 断面中心的孔隙水压力观测结果。

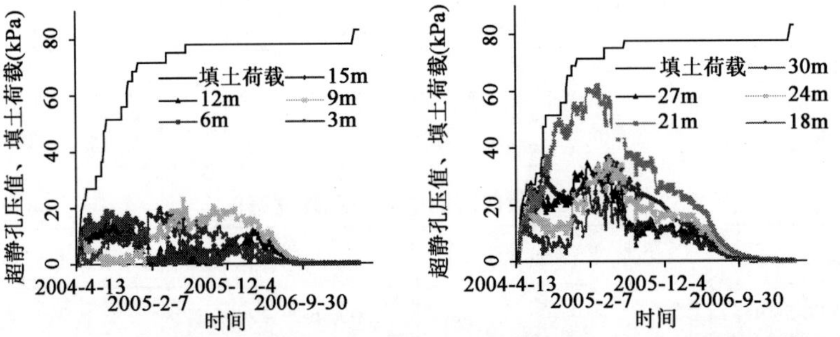

图 3-3　超静孔隙水压力变化曲线

图 3-3 中显示到 2006 年 7 月底所有深度的超静孔隙水压力都已基本消散,表示软土的主固结基本完成,这与沉降观测资料的结果是一致的,在深度 16m 以下沉降还稍有发展,那主要是③$_1$ 层软土的主、次固结效应所为,淤泥质亚黏土③$_1$ 层的次固结系数平均在 0.007 左右,估计由此产生的沉降量在 5cm 之内。亚黏土②$_1$ 层和淤泥质亚砂土②$_2$ 层产生的次固结沉降量更小。

将整个填土过程分为 3 个大的加荷阶段,K119 +880 断面地基因填土加荷累计形成的总超静孔隙水压力及总超静孔压与总荷载比的关系如表 3-4 所示。

表 3-4 中反映,第一级填土荷载(27.1kPa)完成后,在地基中累计形成的正超静孔隙水压力在地基深处(21m 以下)相对较大,计算得到此时地基 21m 深处以下软土的孔压比为 0.47 ~ 0.68,27m 深处地基软土中孔压比最大,达到 0.68;而浅层地基中形成的正超静孔隙水压力相对较小,其孔压比在 0.15 ~ 0.48 之间。

三级填土荷载完成后地基中超静孔隙水压力　　表 3-4

第一级,填土总荷载 $P=27.1$kPa										
深度(m)	3	6	9	12	15	18	21	24	27	30
超静孔隙水压力(kPa)	4.0	10.3	7.9	12.4	13.0	10.0	14.1	16.2	18.5	12.8
超静孔压/P(孔压比)	0.15	0.38	0.29	0.46	0.48	0.37	0.52	0.60	0.68	0.47
第二级,填土总荷载 $P=51.7$kPa										
深度(m)	3	6	9	12	15	18	21	24	27	30
超静孔隙水压力(kPa)	10.5	18.8	2.8	14.9	8.0	9.6	35.8	19.6	17.4	27.6
超静孔压/P(孔压比)	0.20	0.36	0.05	0.29	0.15	0.19	0.69	0.38	0.34	0.54
第三级,填土总荷载 $P=77.8$kPa										
深度(m)	3	6	9	12	15	18	21	24	27	30
超静孔隙水压力(kPa)	1.5	1.4	12.2	3.7	18.4	20.2	61.2	33.2	33.1	28.8
超静孔压/P(孔压比)	0.02	0.02	0.16	0.05	0.24	0.26	0.79	0.43	0.43	0.37

第二级填土荷载完成后,浅层地基软土中孔压比为0.05~0.36,21m深度以下深层地基中软土孔压比为0.34~0.69。

第三级填土荷载完成后,浅层地基软土中孔压比为0.02~0.24,21m深度以下深层地基中软土孔压比为0.37~0.79。

监测资料显示出各级填土完成后,地基深层软土的超静孔隙水压力增长较大,而且消散较慢;浅层土体中超静孔隙水压力相对较小,而且消散快。沿深度形成较大差异的原因主要是由于浅层地基土体渗透系数相对较大,浅层②$_1$层亚黏土和②$_2$层淤泥质亚砂土渗透系数为$(2\sim3)\times10^{-6}$cm/s,而③$_1$层淤泥质亚黏土平均渗透系数为5.3×10^{-7}cm/s,在20~27m范围土体渗透系数仅为2×10^{-7}cm/s左右。由于土体渗透系数沿深度的巨大差异,使得该断面在堆载作用下土体中形成的正超静孔隙水压力消散过程沿深度变化较大。因此,在预压加固的安排上要考虑该土性特征,要尽量长的满负荷预压,以消除③$_1$层更多的固结沉降量和次固结沉降量。

数据还显示,各级荷载下累积孔压比绝大多数都小于0.6~0.7的稳定控制标准线,只在个别深度上超过0.6。说明加载过程中路基始终是稳定的,就在这个别深度的上下范围里,其孔压比也是较小的。因此,加载强度还可以适当增加。

到全部填土完成后,浅层土体大部分超静孔隙水压力已经消散,附加应力已转化为土体有效应力,土体主固结趋于完成,深度20m以上土体固结变形已趋于稳定。

五、加荷强度与加荷速率的控制

堆载预压法实施过程中第一位要注意的就是施工安全,保证路堤在整个施工中的稳定,不要出现滑塌事故,关键措施是控制好填土速率,加荷速率大了容易出现稳定问题,加荷速率小了则影响施工进度。现场一般应埋设监测仪器进行适时监控,以求找到安全与进度的平衡点。本段落加荷与监测的具体情况汇总在表3-5中。

从表3-5所列数据能够看出,在总共16次加荷当中,每次发生的最大沉降速率都在

10mm/d 的控制标准以下,最大为 6.65mm/d,一般在 3mm/d 以下,这说明加荷强度与填土速率还有提高的余地;从孔压增量与荷载增量比值看,在第 1 ~3 次和第 8 次填土过程中超静孔压与荷载增量比已超过 0.6 ~0.7 的安全控制线,但仔细分析全部孔压资料后,看到这些值仅发生在某一深度,而且该深度都在距地表 20m 上下范围,其他深度范围内该比值还是很小的,不会构成地基的失稳。分析发现,这些产生高孔压比值的加载时段有两种情况:其一,连续加荷、累计加载量大,如第 1 ~3 次填土,连续填土 1.2m,孔压增量高达 20kPa,还未消散完,一周后又接着填,造成孔压比持续处于高位;其二,填筑时段相隔太近,如第 8 时段是在上个时段填土 0.57m 后仅隔 4d 又接着填筑造成的。

路堤填筑强度及沉降、孔压随之变化情况 表 3-5

填筑次数	1 ~2	3	4	5	6 ~7	8	9
填筑时段	2004-4-20 ~2004-5-17	2004-5-23 ~2004-5-26	2004-7-3 ~2004-7-5	2004-7-25 ~2004-7-27	2004-8-4 ~2004-8-6	2004-8-10 ~2004-8-14	2004-10-14 ~2004-10-16
填土厚度(m)	1.20	0.21	0.224	0.277	0.57	0.22	0.221
填土荷载增量(kPa)	23.04	4.11	4.30	5.3	10.89	4.22	4.24
平均填筑强度(kPa/d)	0.922	1.37	2.15	2.65	5.45	1.06	2.12
最大沉降速率(mm/d)	6.65	2.33	3.0	1.0	4.5	2.3	1.0
最大孔压增量(kPa)	20(27m)	3(21m)	1.8(18m)	0.9(24m)	5.5(18m)	3.7(30m)	2.2(21m)
最大孔压与荷载增量比(%)	87	73	42	17	50	87	51
填筑次数	10 ~11	12	13	14	15	16	
填筑时段	2004-11-2 ~2004-11-7	2004-11-22 ~2004-11-24	2004-12-6 ~2004-12-10	2005-3-30 ~2005-4-1	2005-7-1 ~2005-7-4	2005-8-2 ~2005-8-15	
填土厚度(m)	0.482	0.196	0.193	0.245	0.150	0.266	
填土荷载增量(kPa)	9.25	3.76	3.71	4.7	2.88	5.11	
平均填筑强度(kPa/d)	1.85	1.88	1.85	2.35	0.72	1.28	
最大沉降速率(mm/d)	1.75	3.0	4.5	2.0	2.0	2.0	
最大孔压增量(kPa)	3.5(21m)	1.96(24m)	1.37(27m)	2.56(18m)	1.16(24m)	1.91(21m)	
最大孔压与荷载增量比(%)	38	52	37	55	40	37	

根据 K119 +880 断面测斜管的观测资料,不同加固时期地基侧向位移沿深度发生的最大向外位移总量为 19mm,发生在深 11m 处,每次填土发生的侧向位移值都远远小于 3mm/d 的限值。

综上分析,堆载预压处理段,在加荷的全过程中不会出现地基稳定问题。但整个填筑过程安全度尚有较大富余,加荷强度与加荷速率尚可调整。具体**建议每次填土可连续填筑两层,厚度控制在 0.50m 左右,两次之间时间间隔 5 ~6d 为宜。**

六、加固前后土性的变化

加固前后对软土层取土进行了室内土样分析与测试,结果列于表 3-6 内。从表 3-6 中对比数据可以看出,土样含水率、孔隙比、压缩系数、固结系数都不同程度地有所降低;而湿密度则有所提高,加固取得了预期的成果。各层软土经过堆载预压加固后,土性指标的变化率见

表3-7所示。总的趋势是，浅层的变化大于深部③$_1$土层的变化；软土的力学性指标（压缩、固结、强度）改变要大于物理性指标（含水率、孔隙比、密度）的改变；各指标的变化率都属正常，所有软土的固结系数经加固后都出现了降低，测试结果证明了作者在文献[3]中得出的结论和对产生这一现象原因的分析。

N14区加固前后软土层主要物理力学指标

表3-6

土层代号	含水率		湿密度		孔隙比		压缩系数		固结系数		无侧限抗压强度	
	%		g/cm^3		—		MPa^{-1}		($\times10^{-3}$)cm^2/s		kPa	
	加固前	加固后	加固前	加固后	加固前	加固后	加固前	加固后	加固前	加固后	加固前	加固后
②$_1$	28.8	26.8	1.94	1.99	0.796	0.746	0.24	0.18	8.78	7.16	—	201.9
②$_2$	41.1	34.1	1.82	1.87	1.098	0.944	0.47	0.28	8.88	8.59	52.7	—
③$_1$	42.1	40.6	1.80	1.80	1.193	1.133	0.49	0.45	6.44	5.17	—	96.9

N14区加固前后软土层主要物理力学指标变化率(%)

表3-7

土层代号	含水率	湿密度	孔隙比	压缩系数	固结系数	十字板强度
②$_1$	-6.9	2.6	-6.3	-25.0	-18.5	15.0
②$_2$	-17.0	2.7	-14.0	-40.4	-3.3	—
③$_1$	-3.6	0	-5.0	-8.2	-19.7	9.4

七、沉降补方量的计算

沉降补方就是由沉降引起的路堤增加的填筑方量 ΔW，补方量的大小应与加固期间沉降量大小有密切关系。在文献[8]中叙述了“所有影响沉降量大小的因素都可以看成是影响补方量大小的因素，因此沉降补方量大小与软土特性，如压缩性、软土初始状态、软土厚度、固结特性、应力历史等有关，与路堤高低、路堤底宽、填筑快慢、预压方法中采用的参数（如垂直排水通道打设深度、间距、布置方式等）有关，沉降补方量 ΔW 应该是以上这些因素的函数”。所以，要准确计算出沉降补方量不是一件容易的事，影响因素太多，也太复杂；简便的计算方法是先假定沉降盆满足的曲线方程，用积分求和的方法，求得沉降盆面积的表达式，即为该路堤单位路堤长度的沉降补方量。为应用方便，一般将表达式表示为路堤中心沉降量 S_t（也是上述各种因素综合作用的结果）和路基底宽 L 两个主要参数的函数，见式(3-1)所示。

$$\Delta W = X \cdot S_t \cdot L \tag{3-1}$$

式中，X 为沉降补方系数。将一些不易确定的因素及对沉降盆曲线假定的近似性都概况在这个沉降补方系数当中，它抓住了问题的主要方面，也使复杂的问题变得简单，有利于工程应用。根据文献[9]的研究结果，杭州湾跨海大桥南岸接线试验段中慈溪境的堆载预压加固路段的平均沉降补方系数是0.858，统计分析结果表明均方差和变异系数(0.021/0.062)都在较小的范围内，它比原同三线宁波试验段得出的沉降补方系数值大7.7%。由于该路为双向6车道，路堤底宽比同三线的4车道宽，路堤附加应力的影响深度加大，加上软土厚度也比同三线的厚，虽然加固方法一样，但加固引起的沉降量要大不少，补方量也就大。这充分说明了路堤行车等级及加固深度对沉降补方量的影响。

以此沉降补方系数计算 K119 + 880 段单位路长的补方量为 0.858 × 1.101 × 47 = 44.399 (m^3/m),则该路段沉降补方量应为 67 × 44.399 = 2 974.7(m^3)。

八、关于位移边桩的应用

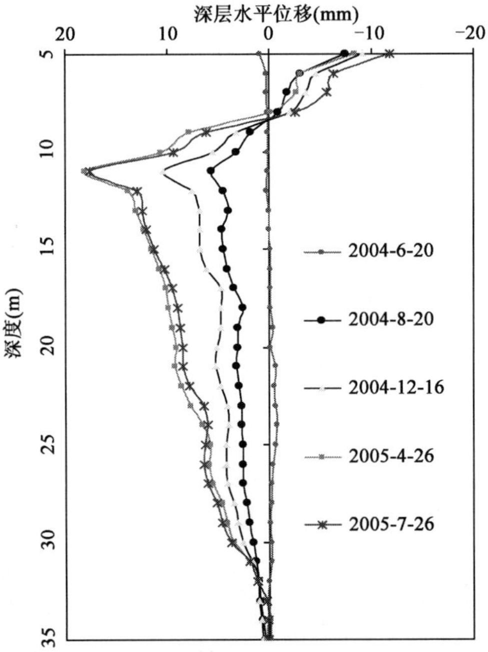

图 3-4　深层水平位移变化曲线

根据土中附加应力,用弹性模式计算垂直荷载下土体的侧向变形,在加固区边缘自地表到地下某一深度范围内不是向加固区外发展的,而是朝向加固区内的;只有在该深度以下土体的侧向变形才是向加固区外发展的,其最大侧向变形是在这深度以下。堆载预压加固处理的大量现场实测资料也都证明了这一点,图 3-4 就是一例。

对此,还可以从应力路径来看,加载后,浅层土体的有效应力增量 $\Delta\sigma'_3 > K_0\Delta\sigma'_1$,其应力路径指向 K_0线下方,土体垂直与水平向均处于压缩状态,故水平向变形指向加固区,这种向内的水平位移会约束竖向沉降的发展,并且提高堆载的稳定性。离地表一定深度的土体,其有效应力增量 $\Delta\sigma'_3$沿深度的衰减幅度大于 $\Delta\sigma'_1$,所以到某一深度后有 $\Delta\sigma'_3 < K_0\Delta\sigma'_1$,其应力路径都指向 K_0 线上方,不仅有垂直向的压缩,还有水平向的膨胀,故水平变形指向加固区外。在 $\Delta\sigma'_3 = K_0\Delta\sigma'_1$的深度,其应力路径正好落在 K_0线上,故侧向变形量为零。如果土体是弹性体,则该零点不会变,但土体是黏弹性体,在外界荷载作用下,土体不断发生固结,有效应力也不断变化,所以该零点深度也会有变化。

堆载预压加固区的观测结果表明,在地表向下约 7m 范围内,土体是向加固区内移动的(图 3-4 中位移为负值),7m 以下才向加固区外位移,最大向外位移发生在深度 11m 处,为 19mm。因此,设立位移边桩来监测加固过程中地基的侧向位移,并以此来预报土体在加固过程中的稳定性那是极不可靠的,而且还有很大的危险性。所以,在高速公路的建造中不能用边桩来监测土体的侧向位移,应设置深层水平位移的监测。

九、结论

(1)设计时仅依据图纸上路堤高度确定为超载,那不一定是超载,只有在考虑沉降量的变化以后,才能确定是否为超载。据此,本路段应是等载预压,或叫**有效等载预压**,而不是超载预压。

(2)到 2006 年 8 月 22 日路堤预压 1 年准备卸载前,断面中心处的沉降量已达 1 088mm。在这之前连续 4 个月断面中心处的沉降速率已经很小,都大大低于 5mm/月的标准,路堤沉降已趋于稳定。

(3)路堤预压一年后,自地表至 16m 深度范围内,已没有新的压缩量产生,土层压缩基本终止,亚黏土②$_1$ 层和淤泥质亚砂土②$_2$ 层主固结已经完成;而 16 ~ 20m 、20 ~ 24.5m 和 24.5m 以下 3 层土压缩曲线还有向下发展的趋势,说明工后沉降量将主要发生在③$_1$ 层内,但该沉降的发展不会超出30cm的标准。因此,做好堆载预压法对深厚软土路基的加固,关键就是要做好对$③_1$层的加固。

(4)从孔压观测数据看,各级荷载下孔压比绝大多数都小于0.6~0.7的稳定控制标准,只在个别深度上超过0.6,说明加载过程中路基始终是稳定的,加载强度还可以适当增加。到全部填土完成后,浅层土体大部分超静孔隙水压力已经消散,土体主固结趋于完成。

(5)观测资料表明整个填筑过程安全度尚有较大富余,加荷强度与加荷速率尚可调整。建议每次可连续填筑两层,厚度控制在0.50m左右,两次之间时间间隔5~6d为宜。尽可能快地进行路堤填筑,确保满负荷预压,给$③_1$层更多的预压时间,可以减小工后沉降量。

(6)慈溪境堆载预压加固路段的平均沉降补方系数为0.858,它比原同三线宁波试验段得出的值大7.7%,充分反映了路堤宽度及加固深度对沉降补方量的影响。

(7)堆载加固区的观测结果与理论分析都表明,地基向外的侧向位移发生在地表下一定深度内,因此不能用位移边桩来监测加固过程中地基的侧向位移,否则会有很大的危险性,而应设置深层水平位移的监测。

第二节　真空联合堆载预压加固深厚软基的效果分析

摘　要:以高性能可测深C型塑料排水板、F板和钢丝透水软管作为垂直排水通道的真空联合堆载预压法加固高速公路深厚软基都取得了成功。在停抽前1个月,断面中心处的沉降速率除江北段外已降到2~3mm/月,路堤沉降趋于稳定。从地表沉降、分层沉降、孔隙水压力和土性变化等角度,分别对用C板、F板和软管的真空联合堆载预压法处理深厚软基的效果进行分析,得出一些结论。如沉降主要发生在填土加荷期间,填土期间发生的沉降要占到总沉降量的65%~85%,停抽后近21个月的纯路堤预压没有多少效果,该期间在慈溪发生的沉降仅占总沉降量的1.5%以下。如果施工安排得好,整个工期可以缩短15个月。路中心与路肩形成的沉降盆的平均斜度都在1.4%以内,加固前在路中心地表做成2%的反坡是可行的,有利于预压水的排出。真空超载预压所产生的压缩量平均有58%发生在$③_1$层,而$②_1$层和$②_2$层产生的压缩量之和平均值为15%。在慈溪段$③_1$层的压缩率平均仅为36.9mm/m,江北段达到100.5mm/m。在江北段整个抽真空和填土加荷期间,软土中超静孔隙水压力有正有负,超静孔压变化规律和慈溪试验段落有很大的不同,慈溪段基本上自开始抽真空,超静孔隙水压力就迅速呈现为负值,并一直延续到真空停止。6个段落土体水平位移最大值都发生在地表,达到40mm水平位移的深度在江北段只有慈溪段的一半。需要研制柔性较大的测斜管材,以适应软土的侧向变形;需要研制新型真空度测头及相应的测试机理。加固虽然都取得了预期的效果,但慈溪5个段落土层变化的程度有所差异。与慈溪段相比,江北段在含水率与湿密度上的变化要小于慈溪段平均值,而在压缩性和十字板强度变化上要大于慈溪段平均值。通车8个月来,慈溪境内真空联合堆载预压段的沉降速率都在2mm/月以内,均值为1.46mm/月,工后沉降会很小;江北境的沉降速率还在7mm/月左右,是慈溪段均值的4.7倍,沉降稳定尚需时日。

一、引言

真空联合堆载预压法是近二十年来迅速发展起来的一种处理软弱地基的方法,在高速公路的软基处理上逐渐被广泛运用。真空联合堆载预压法是减小路堤工后沉降的有效方法之一,它作为一种软土地基的处理技术,已被用于杭州湾跨海大桥南岸接线高速公路软基处理中,处理软基厚度最大近40m,高速公路的工后沉降量都被控制在规范的限定值内。在南岸接线试验段中共设置了12个路段加以深入细致的研究,其中重点研究6段。并安排了多种监测手段对其进行全面观测,取得了大量实测资料。这6段中,有的使用了高性能可测深C型塑料排水板,也有首次在国内外创新地使用了宽型(F型)高性能可测深塑料排水板和钢丝透水软管作为垂直排水通道;有的位于高填方桥头,有的位于一般路段,也有的处于地质条件最差的江北地段,实践证明都取得了预期效果。

本节着重比较它们的加固效果及产生这些效果的条件,得出一些认识和规律,希望对类似地区高速公路的修建、深厚软基处理、设计与施工安排诸方面有指导意义和借鉴作用。

二、工程地质概况

试验段由两段组成,第一段自K118+400至K119+900(慈溪境),第二段自K134+000至K134+603.5(江北境),两段总长2 103.5m。该两路段一处位于慈溪境内的慈北冲积平原地带,另一处位于宁波江北区的姚江冲积平原区,分别代表本路两种不同的地层类型,前者属软土地基上有一定厚度的相对硬壳层情况,后者属软土地基露头且土性在本路段是最差的情况,简称为慈溪段和江北段。真空联合堆载预压法重点观测的有5小段在慈溪,1小段(S3)在江北。

慈北平原沉积区被划分为4个工程地质亚层,其中3个是软弱土层,自地表向下分别为:②$_1$ 亚黏土(Q_4^{3+m})层,浅层为耕植土,上部褐黄色,下部灰黄色,大部分为软塑状,少数为可塑状,厚度普遍偏小;②$_2$ 淤泥质亚砂土(Q_4^{3+m})层,该层灰色,呈流塑状,饱和;③$_1$ 淤泥质亚黏土(Q_4^{2+m})层,灰色,深灰色,呈流塑状,饱和,本层厚度大;③$_2$ 亚黏土层或⑤$_2$ 细砂、粉砂层。

姚江平原沉积区划分为2个工程地质亚层,其中1个是软弱土层,自地表向下分别为:③$_1$ 淤泥质亚黏土(Q_4^{2+m})层,灰色,深灰色,呈流塑状,饱和,本层直接露于地表,厚度沿路纵向起伏变化较大,从12m变化到26m,其物理力学性质是试验段中最差的;③$_2$ 亚黏土层。

6个段落土层的层厚及埋深情况如表3-8所示。

真空堆载重点观测断面软土分层厚度及顶板埋深 表3-8

断面代号		N_4	N_5	N_6	N_{12}	N_{13}	S_3
断面里程桩号		K118+800	K118+880	K118+980	K119+700	K119+757	K134+550
加固方法		真空+堆载(C板)	真空+堆载(F板)	真空+堆载(C板)	真空+堆载(C板)	真空+堆载(软管)	真空+堆载(C板)
土层名	土层代号	地层的分层厚度(m)/板顶埋深(m)					
亚黏土	②$_1$	2.0/0	2.5/0	2.2/0	2.0/0	2.0/0	—

续上表

土层名	土层代号	地层的分层厚度(m)/板顶埋深(m)					
淤泥质亚砂土	②$_2$	10.8/2	10.8/2.5	7.4/2.2	7.0/2.0	7.0/2.0	—
淤泥质亚黏土	③$_1$	24.7/12.8	25.8/13.3	29.4/10.6	20.7/9.0	20.3/9.0	14.2/0
亚黏土	③$_2$	2.6/37.5	1.0/39.0	—	—	—	9.9/14.2
粉(细)砂	⑤$_2$	—	—	—	10.4/29.7	10.8/29.3	—

慈溪与江北除了在土层厚度上有差异之外,同一层土在指标上也有不小的差异,表3-9、表3-10分别列出了慈溪与江北的土性指标。

慈溪段各土层加固前主要物理力学指标

表3-9

土层名	土层代号	含水率	湿密度	孔隙比	液限	塑性指数	液性指数	压缩系数	压缩指数	回弹指数	固结系数($\times10^{-3}$)	渗透系数($\times10^{-6}$)	灵敏度
		w	ρ	e	w_L	I_p	I_L	a_v	C_c	C_s	C_v	K_{20}	S_t
		%	g/cm^3	—	%	—	—	MPa^{-1}	—	—	cm^2/s	cm/s	—
亚黏土	②$_1$	30.8	1.90	0.874	33.6	12.8	0.79	0.35	0.193	0.015	7.21	—	8.7
淤泥质亚砂土	②$_2$	38.1	1.83	1.037	30.4	9.7	1.82	0.46	0.227	0.018	8.50	6.24	11.7
淤泥质亚黏土	③$_1$	41.9	1.79	1.165	36.2	13.8	1.44	0.54	0.413	0.032	5.78	0.56	11.4
亚黏土	③$_2$	32.9	1.88	0.930	30.8	11.5	1.26	0.29	0.20	0.018	7.50	4.03	10.0
粉(细)砂	⑤$_2$	30.1	1.88	0.868	—	—	—	0.18	—	—	34.3	715	—

江北段各土层加固前主要物理力学指标

表3-10

土层名	土层代号	含水率	湿密度	孔隙比	液限	塑性指数	液性指数	压缩系数	压缩指数	回弹指数	固结系数($\times10^{-3}$)	渗透系数($\times10^{-6}$)	灵敏度
		w	ρ	e	w_L	I_p	I_L	a_v	C_c	C_s	C_v	K_{20}	S_t
		%	g/cm^3	—	%	—	—	MPa^{-1}	—	—	cm^2/s	cm/s	—
淤泥质亚黏土	③$_1$	45.2	1.77	1.254	36.9	15.4	1.54	1.30	0.436	0.030	2.19	2.09	6.1
亚黏土	③$_2$	28.3	1.92	0.827	33.9	14.2	0.74	0.22	0.205	0.012	7.33	4.75	8.1

比较慈溪与江北③$_1$层和③$_2$层土的指标,可以看出江北的③$_1$层在含水率、孔隙比、液性指数、压缩系数和固结系数上都比慈溪段要差很多,特别是压缩性相差一倍以上;而江北的③$_2$层在上述各指标上比慈溪要好一些。

三、垂直排水通道

在试验段中分别采用了高性能可测深C型排水板、高性能可测深F型排水板和钢丝透水软管作为垂直排水通道。

1. 高性能可测深C型塑料排水板

表3-11是工程中采用的高性能可测深C型排水板的检测指标。表中也列出相应的设计值和交通运输部部颁标准,可以看出较大地满足了设计要求,并大大超出《水运工程塑料排水板应用技术规程》(JTS 206-1—2009)标准中C型板指标,特别在滤膜指标和复合体的通水量、抗拉强度等主要指标上,超出一倍以上,使排水板能很好地适应海边施工的恶劣环境和满足减少真空度传递损失的要求。

高性能可测深C型排水板设计与检测值 表3-11

试验项目		单位	JTS 206-1—2009 C型板	设计值	检测平均值	试样数	变异系数
排水板	单位长度质量	g/m	—	—	108	8	0.010
	厚度	mm	≥4.5	≥4.5	4.5	10	0.011
	宽度	mm	100±2	100±2	100.2	10	0.003
	复合体抗拉强度	kN/10cm	≥1.5	2.3	3.11	6	0.031
	复合体伸长率	%	—	—	1.7	6	0.094
	纵向通水量	cm^3/s	≥40	≥65	97.6	2	—
滤膜	单位面积质量	g/m^2	—	—	131	10	0.028
	厚度	mm	—	—	0.34	10	0.022
	纵向干样抗拉强度	N/20cm	≥600	≥800	1 052	6	0.074
	横向湿样抗拉强度	N/20cm	≥500	≥1 000	1 399	6	0.031
	渗透系数K_{20}	cm/s	$\geq 5.0\times10^{-4}$	$\geq 5.0\times10^{-3}$	7.98×10^{-3}	4	—
	等效孔径O_{95}	mm	0.075	<0.100	0.088	3	—

排水板芯板完全使用了聚丙烯新料。排水板所用滤膜有进口长丝滤膜和这几年国内新研制出的国产长丝滤膜,实践证明它们都有良好的性能,能适应深厚软基加固工程的需要。表3-12显示的就是国产与进口长丝滤膜的性能比较,其抗拉强度和梯形撕裂强度都有了大幅度的提高,抗拉强度值大大超过部颁标准中C型板要求,梯形撕裂强度值也提高到60~80N,比短纤维滤膜增大8~10倍,滤膜对工地的适应能力大大提高;而且长丝滤膜的渗透系数和等效孔径也满足要求,排水板滤膜的透水、隔土性能也得到保证,排水板的整体性能有了较大提高,与C型板标准相比,复合体通水量和复合体抗拉强度都有了很大增加。

国产与进口长丝滤膜的性能 表3-12

测试项目		单位	平均值		备注
			国产长丝	进口长丝	
滤膜单位面积质量		g/m^2	144	151	—
滤膜厚度		mm	0.5	0.38	—
滤膜抗拉强度	纵向干态	N/cm	58	67	伸长率为10%
	横向湿态	N/cm	59	84	伸长率为15%

续上表

测试项目		单位	平均值		备注
			国产长丝	进口长丝	
滤膜梯形撕裂强度	纵向	N	85	284	—
	横向	N	67	276	—
滤膜渗透系数		10^{-3}cm/s	8.70	14.1	—
滤膜等效孔径 O_{98}		mm	<0.075	0.170	—
复合体纵向通水量		cm^3/s	135	157	C型板为40
复合体抗拉强度		kN/10cm	3.7	3.5	C型板为1.5

从表3-12中也能看出,国产长丝滤膜与进口长丝滤膜相比,除了在滤膜梯形撕裂强度上还有比较大的差距外,其他指标已差距不大,应该说可以替代进口的长丝滤膜排水板。而且,国产长丝滤膜的排水板每延米价格要低于进口长丝滤膜排水板30% ~40%,被杭州湾跨海大桥南岸接线高速公路大量采用。

工程废弃了国产短纤维浸渍无纺布滤膜排水板,原因是其质地很不均匀,黏合短纤维的黏合剂为水融性的,水稳性差,滤膜浸水后强度大大降低,且耐久性也差。从表3-13资料可以看出,所有的滤膜湿抗拉强度均值都在30N/cm以下,达不到设计要求的指标。

现有国产短纤维滤膜强度情况 表3-13

滤膜材料		国产短纤维								
滤膜种类	部标C型板	同一厂家产品的测试结果								
滤膜厚度(mm)	—	0.36	0.38	0.38	0.39	0.43	0.43	0.45	0.45	0.47
滤膜湿强度(N/cm)	25	29.4	25.2	28.8	28.0	29.2	26.8	29.4	25.8	30.8
滤膜干强度(N/cm)	30	34.4	38.0	37.2	38.0	37.6	45.8	42.0	33.0	40.8

工程中采用的**可测深排水板**同时有"数字式"(图3-5)和"铜丝式"(图3-6)两种。它对排水板打设深度的控制、软基加固取得良好效果起到了关键作用。

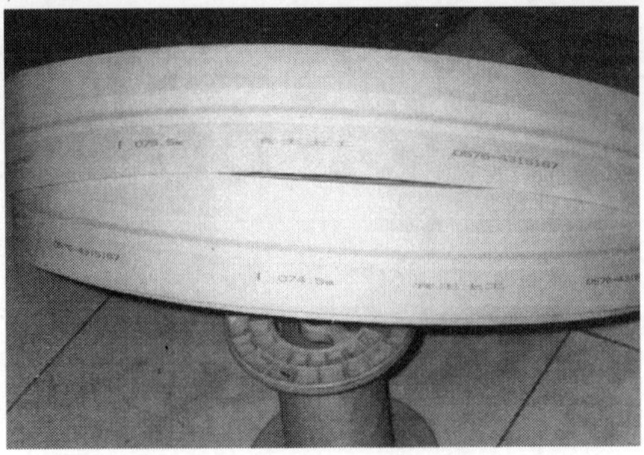

图3-5 数字式排水板(照片)

图3-6 铜丝式排水板(照片)

"数字式"可测深排水板打设后,在现场很容易从排水板上的起始刻度数判别出每根排水板打设的深度及排水板的回带情况。该法的优点是方法简单,操作容易,直观明了,丈量不影响施工,产品成本几乎不增加,只需要一个人全程跟踪记录。

“铜丝式”可测深排水板打设后，通过专门的仪器测量出它的电阻并反算出铜丝的长度，从而得到排水板的打设深度，能有效地监督地基处理的质量和便于对施打的排水板进行准确的计量和结算。

2. 高性能可测深 F 型(宽型)塑料排水板

对高性能可测深 F 型板来说，其采用材料、滤膜包裹芯板方式及可测深性能都与高性能可测深 C 型排水板一样。只是排水板的宽度由 10cm 改为 15cm，目的是加大排水板的通水能力，减小真空度在排水板中的传递阻力。

表 3-14 列出试验段工程中采用的 F 型塑料排水板的主要技术参数，也列出 C 型板部颁标准。表 3-15 是工程中的检测结果，可以看出各项指标都是达到或超出设计提出的指标，显示排水板的性能良好。排水板芯板用新聚丙烯原料制成，所用滤膜是美国杜邦生产的纯涤纶长丝纤维热轧无纺布。可以看出 F 型板在通水量、复合体抗拉强度、滤膜抗拉强度上比交通运输部部颁 C 型板标准要大一倍，尤其是通水量大，它将大大降低排水板传递真空度的阻力。

F 型塑料排水板主要技术参数及交通运输部部颁 C 型板标准 表 3-14

项 目	单 位	F 型板	JTS 206-1—2009 C 型板	条 件
宽度	mm	150 ±2	100 ±2	—
厚度	mm	≥4.5	≥4.5	—
纵向通水量	cm^3/s	≥95	≥40	侧压力 350kPa
复合体抗拉强度	kN/15cm	≥3.3	≥1.5	延伸率 10% 时
滤膜渗透系数	cm/s	$\geq 5.0 \times 10^{-3}$	$\geq 5.0 \times 10^{-4}$	—
滤膜等效孔径	μm	<100	<75	—
滤膜抗拉强度	N/cm	干态：≥40	干态：≥30	—
		湿态：≥50	湿态：≥25	—
芯板材质	100% 聚丙烯新材		交通运输部标准	—
滤膜材质	涤纶长丝无纺布			—

F 型塑料排水板检测结果与设计值 表 3-15

试 验 项 目		单 位	检测平均值	设 计 值
排水板	单位长度质量	g/m	171	—
	厚度	mm	4.6	≥4.5
	宽度	mm	150.5	150 ±2
	复合体抗拉强度	kN/15cm	5.12	≥3.3
	复合体伸长率	%	1.45	—
	纵向通水量	cm^3/s	126.8	≥95
滤膜	单位面积质量	g/m^2	125.5	—
	厚度	mm	0.34	—
	纵向干样抗拉强度	N/20cm	1 007.5(50.4 N/cm)	≥800
	横向湿样抗拉强度	N/20cm	1 335(66.8N/cm)	≥1 000
	渗透系数 K_{20}	cm/s	7.94×10^{-3}	$\geq 5.0 \times 10^{-3}$
	等效孔径 O_{95}	μm	90	<100

3. 钢丝透水软管

钢丝透水软管作为垂直排水通道用于预压方法中，这在**国内外是首次**。经过测量计算，直径30mm的钢丝透水软管其过水断面面积为5.7cm^2，是普通C型排水板（板宽10cm）过水断面面积的3.8倍。从真空排水预压的机理研究中知道，垂直排水通道的作用不仅是缩短软土孔隙水的排出路径、加速软土固结；而且是传递真空度、真空压力的通道，通道面积越大，阻力越小，真空度的沿程损失越小，效果就越好。

本工程在考虑了施工、经济等因素后，研制了直径为30mm的产品，对该产品提出如表3-16所示的技术要求，后对试制出的产品进行检测，结果在表3-17中示出，可以看出试制的产品都达到了设计要求。

由于软管的直径比排水板的等效直径（56mm）要小，在同样施工间距下，担心其固结时间将会加长；实际上垂直排水通道为非理想井条件，对比计算表明，对固结系数为$5\times10^{-3}cm^2/s$的软土地基来说，钢丝透水软管的通水量要大很多，加固时间并不会比排水板长多少，其结果工程上是可以接受的。分析结果列在表3-18中，所以选定直径为30mm的钢丝透水软管作为一种新型垂直排水通道来试验研究。

钢丝透水软管主要技术参数 表3-16

项目			单位	性能指标	检测方法
内径			mm	30	—
内径偏差			mm	±2.0	
滤布	纵向抗拉强度		kN/5cm	≥1.2	SL/T 235—1999
	横向抗拉强度		kN/5cm	≥1.0	SL/T 235—1999
	圆球顶破强度		kN	≥1.0	ASTM D3787
	渗透系数K_{20}		cm/s	≥0.10	SL/T 235—1999
	等效孔径O_{95}		mm	0.1~0.15	SL/T 235—1999
透水管	耐压值	应变1%时	N	100	SL/T 235—1999
		应变3%时	N	380	SL/T 235—1999
		应变5%时	N	1 200	SL/T 235—1999

钢丝透水软管主要技术参数的检测结果 表3-17

项目		单位	性能指标	变异系数
内径		mm	28.7	0.076
单位长度质量		g/m	114	—
滤布	纵向抗拉强度	kN/5cm	1.392	0.072
	纵向伸长率	%	12.9	0.108
	横向抗拉强度	kN/5cm	1.133	0.206
	横向伸长率	%	21.2	0.138
	圆球顶破强度	kN	1.153	0.108
	渗透系数K_{20}	cm/s	0.131	—
	等效孔径O_{95}	mm	0.142	—

续上表

项目			单位	性能指标	变异系数
透水管	耐压值	扁平率1%时	N	120	—
		扁平率2%时	N	223	—
		扁平率3%时	N	413	—
		扁平率4%时	N	820	—
		扁平率5%时	N	1 373	—

瞬时加载非理想井状况下排水板与透水软管固结时间的估算 表3-18

通道种类	等效直径（cm）	间距（cm）	布置形式	固结度	固结系数（cm^2/s）	$\beta\times10^{-7}$	固结天数（d）
排水板	5.6	120	△	0.90	5×10^{-3}	2.998	89
透水软管	3.0	120	△			2.982	91
排水板	5.6	120	△	0.85		2.998	73
透水软管	3.0	120	△			2.982	75

四、具体处理方案与实施概况

1.6个段落的加固处理方案

在试验段中6个真空联合堆载预压处理段落的设计情况见表3-19所列，其中有一个是桥头路段，一个是通道路段，其余是一般路段。设计路堤平均填高在3.5～4.5m之间，处理深度最大达35m。垂直排水通道有三种形式，排水板间距除桥头地段为1.0m外，其余都是1.2m。

真空联合堆载预压的6个段落的加固方案 表3-19

段落	地点	段落长（m）	路段类型	路堤设计平均填高（m）	处理深度（m）	垂直排水通道类型	间距(m)（△布置）	路堤底宽（m）	设计联合预压期(月)
N4	慈溪	56	桥头	4.2	35	特C板	1.0	52	18
N5	慈溪	108	一般	4.3	35	F板	1.2	52	18
N6	慈溪	100	一般	3.5	35	特C板	1.2	50	18
N12	慈溪	100	一般	4.5	28.7	特C板	1.2	53	18
N13	慈溪	100	通道	3.5	28.5	钢丝软管	1.2	50	18
S3	江北	90	一般	4.2	28	特C板	1.2	53	18

2.实施概况

6个段落的实施结果见表3-20所列。从表3-20中可以看出，这6个段落满载联合预压的时间都没有达到设计要求，相差很远，尤其是N4、N5和N6段落，几乎没有满载联合预压。另外，路堤填筑时间太长，大部分都超过一年，平均每月的填筑厚度除S3段达到0.65m外，其他的只有0.3～0.4m，也就是每月只填2层土，大大加长了施工时间及填筑期的抽真空时间。由于路堤填筑速度太慢，造成满负荷联合预压时间太短。

真空联合堆载处理的6个段落实际加固情况　　表3-20

段落	地点	施工沉降量(m)	填筑期沉降量(m)	预压期沉降量(m)	做基层前地基总沉降量(m)	路堤实际总填筑厚度(m)	路堤填筑时间(月)	满荷载联合预压期(月)	停抽后纯路堤预压时间(月)
N4	慈溪	0.542	1.320	0.031	1.893	5.768	13.8	0.6	20.7
N5	慈溪	0.616	1.412	0.030	2.058	5.614	13.6	0.8	20.4
N6	慈溪	0.608	1.182	0.018	1.808	4.649	13.8	3.0	20.7
N12	慈溪	0.178	1.405	0.037	1.620	5.349	12.0	0.6	21
N13	慈溪	0.197	1.049	0.233	1.479	4.674	9.0	4.5	21
S3	江北	0.348	1.542	0.430	2.320	5.602	6.0	5.0	7

真空与堆载联合加固的优势没有充分发挥出来，致使施工时间加长，也增加了工程成本。停抽后纯路堤预压时间太长，除S3段外都超过20个月，它对加固没有起到太多作用，从预压期产生的沉降量很小就可以说明这一点。因此，**科学安排施工**是保证方案正确实施、彰显方案优势、取得良好效果的重要条件。

五、加固效果分析

从地表沉降、分层沉降、超静孔隙水压力和土体水平位移诸方面来分析与比较这6个段落的加固效果。

1. 关于真空联合堆载预压

按预压荷载大小与永久使用荷载大小的相对关系分为欠载预压、等载预压和超载预压三种情况。真空联合堆载预压实际上是超载预压的一种形式，超载是由真空荷载来实现的。这种超载施加与卸载都非常方便、迅速，是一种非常好的加载方式。一般真空荷载能达到80kPa以上，它相当于3m以上的填土超载荷载。对处理高速公路的软基来说是足够了，但实践下来往往并非如此，原因有两点。第一，真空荷载仅在膜下达到，而没有向下传递多少，有可能是垂直排水通道不好、阻力太大或打设深度不够，也有可能是真空泵开启数量太少、总能量太小。第二，联合预压时间不够，有人总以为膜下一达到80kPa，预压3个月就大功告成了，殊不知真空预压产生效果也是需要时间的，**软土的预压固结规律并不会因荷载方式的改变而发生本质的变化**。不懂得这一点，也就不会很好地利用该方法。因此，真空联合堆载预压方法虽然已应用较久了，但误区还是不少，应该认真总结与纠正。

此外，由于高速公路施工是以高程来控制的，而预压过程中地基的沉降是在不断发生、发展的，所以预压过程中图纸上的超载、等载是处在动态变化中的。仅依图纸上的路堤高度来确定超载与否，那只是名义超载，只有在考虑稳定的沉降量之后，才能确定是否超载。当预压沉降量稳定后，此时路堤填筑高程等于或超过路面设计高程时，才叫**有效等载预压或有效超载预压**。在运用真空荷载作为超载时就不需如此担心，由于设计中超载一般不超过2m，真空荷载是能达到这一要求的。只要做得好，超载目标是可以实现的。本试验中的**6个段落应该都是属于有效超载预压**，只是各段落的超载比大小不同而已，详见表3-21。

排水预压路段有效超载比与超载当量厚度 表 3-21

段 落	原始地面高程(m)	路面设计高程(m)	设计路堤厚度(m)	设计路堤顶高程(m)	停真空、卸载前路堤高程(m)	有效超载比	超载厚度(m)
N4	2.286	6.865	4.579	6.115	6.161	1.501	2.296
N5	2.240	6.543	4.303	5.793	5.796	1.524	2.253
N6	2.396	5.938	3.542	5.188	5.237	1.649	2.299
N12	1.986	6.505	4.519	5.755	5.715	1.489	2.210
N13	1.988	5.979	3.991	5.229	5.183	1.552	2.204
S3	1.580	5.683	4.103	4.933	4.862	1.531	2.179

从表 3-21 看出，真空联合路堤预压方案都属于有效超载预压，有效超载比在 1.5 上下，均值为 1.541，超载当量厚度在 2.2m 左右。

2. 地表沉降的比较与分析

地表沉降是加固效果最直接的反映。N12 重点观测断面的真空荷载、填土及地表沉降过程线如图 3-7 所示。其他段落也有相似的结果。各个时段沉降量的大小见表 3-22 所示。

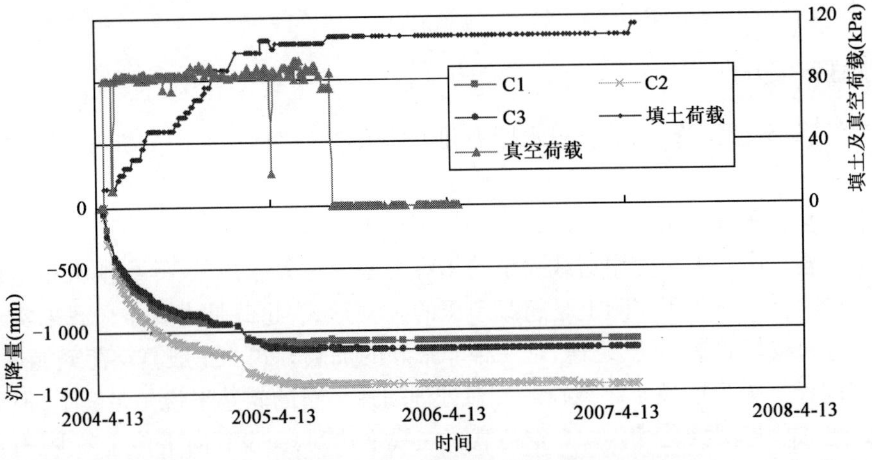

图 3-7 N12 段落 K119 +700 观测断面地表沉降变化过程曲线

6 个段落加固过程中各阶段的沉降量 表 3-22

段 落	施工沉降量	填筑期沉降量(m)	总沉降量(m)	填筑期沉降占总沉降比例(%)	满载联合预压的沉降量(m)	满载联合预压沉降占总沉降比例(%)	停抽后路堤预压沉降量(m)	停抽后路堤预压沉降量占总沉降比例(%)
—	①	③	④	⑤=③/④	⑥	⑦=⑥/④	⑧	⑨=⑧/④
N4	0.542	1.320	1.893	69.7	0.003	0.16	0.028	1.48
N5	0.616	1.412	2.058	68.6	0.003	0.15	0.027	1.31
N6	0.608	1.182	1.808	65.4	0.001	≈0	0.017	0.94
N12	0.178	1.405	1.620	86.7	0.020	1.23	0.017	1.05
N13	0.197	1.049	1.479	70.9	0.226	15.3	0.007	0.47
S3	0.348	1.542	2.320	66.5	0.330	14.2	0.100	4.31

通过对表3-22中数据的分析，可以看出有以下几个特点：

(1)沉降主要发生在填土加荷期间。填土期间发生的沉降要占到总沉降量的65%～85%之间，填筑期沉降与总沉降的关系除N12段外都有如图3-8所示的关系，可以供宁波地区参考。而满荷载联合预压发生的沉降量是微不足道的，在慈溪境内除N13段占15.3%外，其余的仅占总沉降量的1%。这主要是满载预压时间晚、时间短(表3-23)，而N13段的联合预压时间达到4.5个月，填土时间相对又比较短，所以联合预压发生的沉降能达到总沉降的15%；在江北联合预压的时间较长而填筑时间较短，所以联合预压产生的沉降量达到总沉降的14%。观测结果表明，停抽后纯路堤预压的近21个月时间是没有多少效果的，该期间在慈溪发生的沉降仅占总沉降量的1.5%以下。如果施工安排得好，整个工期可以缩短15个月。

6个段落加固各阶段的时间及填筑期单位填土厚度发生的沉降量 表3-23

段落	路堤填筑所用时间(月)	路堤填筑厚度(m)	平均填筑速率(m/月)	满载联合预压的时间(月)	纯路堤预压的时间(月)	加固总工期(月)	填筑期沉降量(mm)	填筑期单位填筑厚度沉降量(mm/m)
N4	13.8	5.268	0.382	0.6	20.7	35.1	1 320	250.6
N5	13.6	5.114	0.376	0.8	20.4	34.8	1 412	276.1
N6	13.8	4.149	0.301	0.6	20.7	35.1	1 182	284.9
N12	12.0	4.849	0.404	3.0	21.0	36.0	1 405	289.8
N13	9.0	4.174	0.464	4.5	21.0	34.5	1 049	251.3
平均	12.44	4.710	0.385	—	20.76	35.1	—	270.5
S3	6.0	5.102	0.850	5.0	7.0	18.0	1 542	302.2

注：填筑厚度不包括砂垫层厚度，加固总工期指从开始填筑路堤到做基层的时间。

(2)表3-23数据还显示，填筑速率太小，慈溪5段均值为0.39m/月，这是造成预压时间短的主要原因。按真空联合堆载预压方法的原理，路堤是可以快速填筑的，平均5个月可以填完而不会出现稳定问题，这样满载联合预压的时间就可以大大加长，那效果会更好。比较江北段，其填筑速率比慈溪段大120%，填筑期单位填土厚度产生的沉降比慈溪段要大12%。

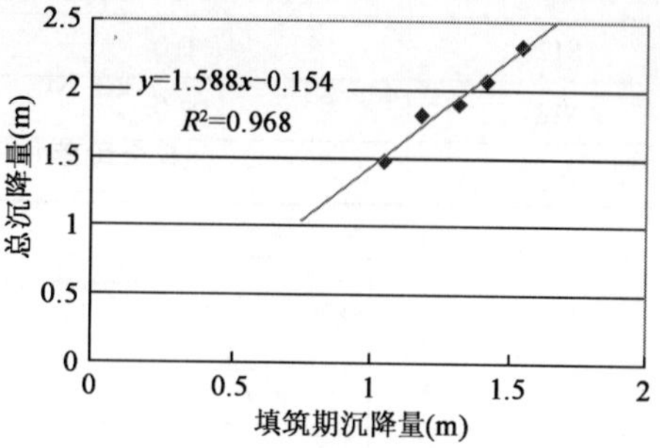

图3-8 填筑期沉降与总沉降关系

(3)左右路肩二者沉降曲线相差不大，差值最大为N6段，为121mm，说明地层状况与荷载施加都比较均匀。路中心与路肩沉降差都在14%以内。由此形成的沉降盆的平均斜度除N12段外都在1.4%以内，详见表3-24。江北与慈溪差别不大，说明加固前在路中心地表做成2%的反坡是可行的，在这反坡上做成的砂垫层在加固中不会形成过大的锅底状，有利于预压水的排出。

6 个段落路中心与路肩地表沉降 表 3-24

段落	中心最大沉降量	路肩平均沉降量	两路肩沉降差	路肩沉降与中心沉降比值	路肩与中心沉降差	沉降盆平均斜度
	mm	mm	mm	%	mm	%
N4	1 893	1 670	108	88.2	223	1.27
N5	2 058	1 817.5	75	88.3	240.5	1.37
N6	1 808	1 613.5	121	89.2	194.5	1.11
N12	1 620	1 298.5	71	80.2	321.5	1.84
N13	1 479	1 242	10	84.0	237	1.35
平均	1 772	—	—	86.0	243.3	1.39
S3	2 320	2 079.5	75	89.6	240.5	1.37

(4)从沉降曲线看，慈溪段曲线在后期非常平缓，应该说路堤沉降已趋于稳定。真空停止前的 3 个月里的沉降速率情况见表 3-25 所列。能够看出其收敛速度还是很快的，在停抽前 2 个月里除江北段外，沉降速率都已降到 5mm/月上下，慈溪段在停抽前 1 个月沉降速率都降到 2～3mm/月。这是在联合预压条件下得到的，也就是说是在超载预压条件下得到的，实际路堤荷载没有这么大，应该说上述条件的满足是一个充分条件的满足。但江北段到停抽前 1 个月还有 14mm/月，应该说沉降还没有稳定，如图 3-9 所示，沉降曲线还在向下走，从对沉降速率的拟合结果看(图 3-10)，还应该再抽 1 个月以上。

6 个段落在真空卸载前 3 个月内的路堤中心沉降速率 表 3-25

段 落	沉降速率(mm/月)		
	停抽前的第三个月	停抽前的第二个月	停抽前的第一个月
N4	—	5.0	2.0
N5	15.6(当月内填土 0.464m)	4.7	2.5
N6	18.0 (当月有 3 次填土)	7.0	3.0
N12	11.0	6.0	3.3
N13	14.0	4.0	2.0
S3	69.0	42.0	14.0

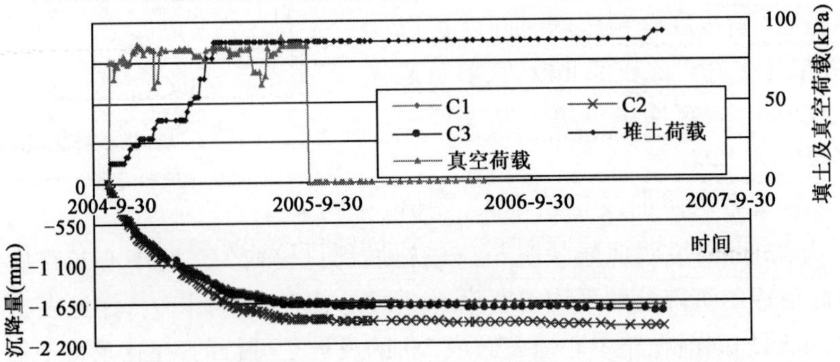

图 3-9 S3 段 K134 +550 观测断面地表沉降变化过程曲线

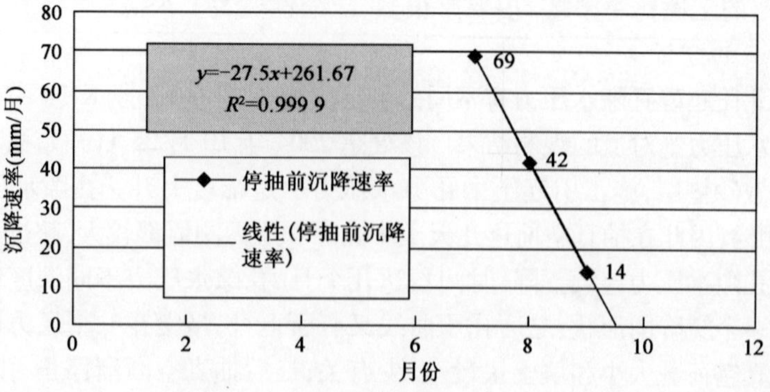

图 3-10　S3 段停抽前沉降速率拟合结果

3. 分层沉降的比较分析

从分层沉降测值中整理得到 6 个段落地基土层经过真空联合堆载预压后(到真空卸载时)的压缩情况,列于表 3-26 中。

6 个段落被加固土层到真空卸载时的压缩情况　　表 3-26

段落	到停抽前的压缩量(mm)				每米压缩率(mm/m)				压缩量占总沉降量的百分比(%)			
	②$_1$ 层	②$_2$ 层	③$_1$ 层	③$_2$ 层及以下	②$_1$ 层	②$_2$ 层	③$_1$ 层	③$_2$ 层	②$_1$ 层	②$_2$ 层	③$_1$ 层	③$_2$ 层及以下
N4	57	253	730	283	38.8	21.9	28.7	—	4.3	19.1	55.2	21.4
N5	78	137	952	248	45.9	14.4	34.2	—	5.5	9.7	67.3	17.5
N6	53	136	658	336	25.2	17.2	38.7	—	4.5	11.5	55.6	28.4
N12	76	114	1 235	—	38.0	15.2	47.2	—	4.7	7.1	60.3	—
N13	54	137	1 084	—	29.5	18.3	35.9	—	3.7	9.3	51.2	—
平均	—	—	—	289	35.5	17.4	36.9	—	3.6	11.3	57.9	22.4
S3	—	—	1 357	515	—	—	100.5	15.5	—	—	61.1	23.2

(1)从表 3-26 中看出,地基土层经过真空联合堆载预压后(到真空卸载时),真空超载预压所产生的压缩量有 55% ~67% 以上发生在③$_1$ 层;而②$_1$ 层和②$_2$ 层产生的压缩量之和在 12% ~23% 。对③$_1$ 层来说,慈溪境 N12 段落每米压缩率最大,比平均值要大 10 个百分点。慈溪段②$_1$ 层的压缩率平均要比②$_2$ 层大 1 倍,达到 35.5mm/m,与③$_1$ 层的 36.9mm/m 相近。慈溪 5 个段落③$_1$ 层压缩率远大于②$_2$ 层,主要原因除土自身的压缩性差异外,那就是土层的应力历史有所不同,"③$_1$ 淤泥质亚黏土层基本上算正常固结土或微欠固结土,②$_2$ 淤泥质亚砂土属轻度超固结,因此在荷载的作用下,土的压缩路径有所不同,③$_1$ 层沿着初始压缩曲线发展,而②$_2$ 层要先沿着再压缩曲线走,直到应力超过先期固结压力之后才会沿着初始压缩曲线发展"。②$_1$ 层压缩率较大的原因是该层位于地表,地基受到的附加应力较大。

(2)江北段③$_1$ 层压缩量占总沉降量的百分比仅比慈溪段大 3 个百分点,原因是它在真空超载预压下尚未达到稳定阶段,若停抽时沉降速率能达到 2 ~3mm/月的水平,其压缩量会更大些。③$_1$ 层的每米压缩率江北段比慈溪段要大 2 倍左右,达到 100.5mm/m。这一方面是③$_1$ 层在江北段位于地表,而慈溪段③$_1$ 层位于地表 10m 以下深处,所受荷载的附加应力要大;另一方面江北③$_1$层的土性比慈溪③$_1$层要差很多,压缩性要大1.4倍。

4. 对孔压资料的分析

慈溪段与江北段超静孔隙水压力有不同的特征。图3-11是S3段K134+550断面中心不同深度土层中孔隙水压力绝对值的观测结果。该处是2004年10月25日开始抽真空的,在这之前打设排水板和施做砂垫层,施工引起土中孔隙水压力一定幅度上升。孔隙水压力是2004年10月19日开始量测的,因此在抽真空前这几天土中孔隙水压力测值都较大,超过原静水压力值;抽真空开始后土中孔隙水压力连续下降,时间长达几个月,孔隙水压力不同深度都有下降,表现在图中曲线初期有一个缓降的形状;之后孔压曲线又有所上升,慢慢在一个压力位置上下摆动,摆动幅度的大小与真空荷载大小和填土快慢、多少有关;最后抽真空渐渐停止,孔隙水压力逐渐上升,曲线慢慢回复到地下静水位位置,图中不同深度量测结果都反映出有相似规律。

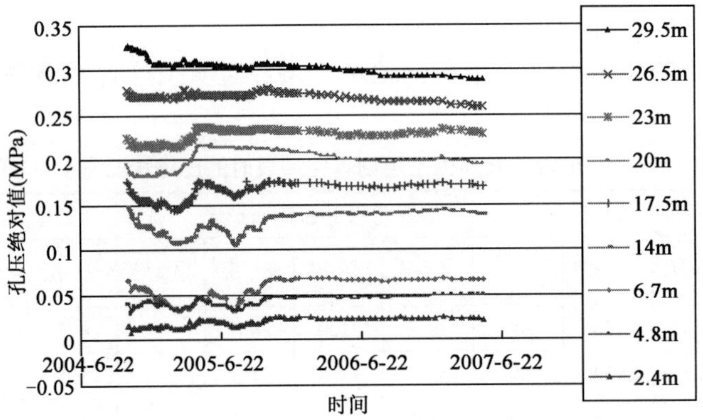

图3-11 S3路段K134+550断面孔隙水压力变化曲线

将上述结果整理成超静孔隙水压力的形式,绘制在图3-12中。

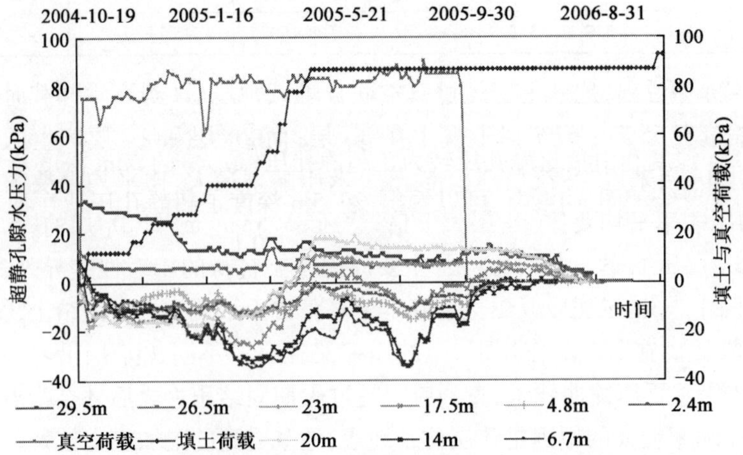

图3-12 S3路段K134+550断面超静孔隙水压力变化曲线

通过对图3-12的分析,可看出如下特征:

(1)超静孔隙水压力过程线与真空荷载、填土荷载过程线之间有较好的对应关系。抽真空初期真空荷载很快就达到80kPa，此时打设排水板和施做砂垫层形成的正超静孔隙水压力很快下降，随着抽真空的不断进行，在深度23m以上土层中的超静孔隙水压力都由正值渐渐转为负值，曲线急剧下降，填土荷载尚未增加多少时，负超静孔压逐渐变大，最大值超过30kPa。

在填土荷载增加较快阶段，负超静孔压又逐渐减小，在17～23m深度之间转为正超静孔压，15m深度以内仍为负值，抽真空停止后超静孔压又逐渐增大，经过近一年时间消散结束。而26.5m以下深度的超静孔压自始至终未出现负值，只是正超静孔压随抽真空而不断减小，在填土荷载增加较快时期，土中正的超静孔压下降变缓，到抽真空停止，孔压曲线又抬头向上，经过一年左右时间正超静孔压消散完成。

(2)在整个抽真空和填土加荷期间，软土中超静孔隙水压力有正有负，超静孔压变化规律和慈溪试验段落有很大的不同，慈溪段基本上自开始抽真空，超静孔隙水压力就迅速呈现为负值，并一直延续到抽真空停止(图3-13)。江北段的这个特征与它的土性有关，该段③$_1$层软土含水率高于慈溪段，固结系数也小于慈溪段近一半。

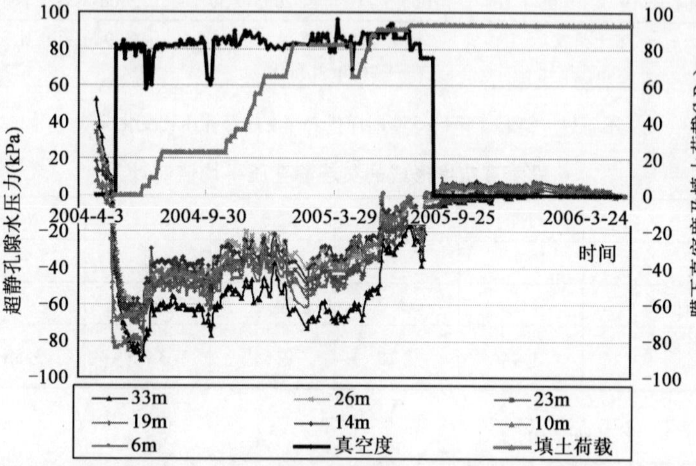

图3-13　N4段K118+800断面超静孔隙水压力变化曲线

(3)江北路段土层中形成的最大正超静孔隙水压力始终处于较低水平。将产生正超静孔压最大值的29.5m深度和由负超静孔压转为正超静孔压(最大)的20m深度及26.5m深度的孔压比变化过程情况绘于图3-14中，可以看出，29.5m深度正超静孔压比在抽真空初期还是很大的，最大达到2.5，经过一个半月的抽真空才降到1.0以下；然而26.5m深度的土层在抽真空几天后孔压比就降到0.6以下，20m深度以内孔压比都小于零，所以地基未发生失稳，总体处于稳定状态。在填土到顶的过程中，20m深度超静孔压由负值转为正值，但孔压比依然很小，在0.22以下，29.5m和26.5m深度也都在0.33之内，因此路堤是安全的。

(4)因真空度产生的负超静孔隙水压力值在不同深度有所不同。江北段在抽真空期间，23m以下土层平均产生11.3kPa正超静孔隙水压力；自地表向下23m深范围内的地层平均产生9.5kPa左右的负超静孔压值，该值比慈溪段要小，慈溪段一般能达到负30kPa以上。真空度形成的负超静孔压值较低，说明填土产生的正孔隙水压力消散比较慢，负孔压抵消了相当的正超静孔压值。而23m深度以下，也许真空度传递效果不好，沿程损失较大，或排水板未打到该深度，因此始终为正超静孔压。从表3-27看到，慈溪段负超静孔压值比江北段大2.3～3.7倍。

(5)江北段抽真空停止后,正、负超静孔隙水压力渐渐(大约11个月)变为零,而慈溪段一般在半年里超静孔压就能消散到零。说明土层的主固结比慈溪段慢,但最终也基本完成。这也能说明抽真空结束后,纯路堤预压在7个月里它只产生100mm沉降量的原因。

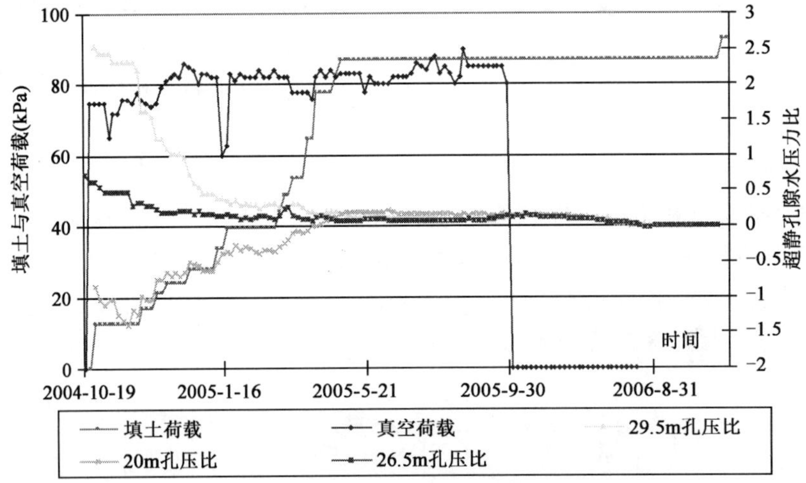

图3-14 S3段K134+550断面代表深度超静孔压比变化曲线

6段落真空度形成的负超静孔压平均值统计 表3-27

段 落 号	N4	N5	N6	N12	N13	S3
序号	①	②	③	④	⑤	⑥
负超静孔压平均值(kPa)	42.2	31.2	34.7	44.2	43	9.5
与S3段落相比较 (X-⑥)/⑥	3.44	2.28	2.65	3.65	3.53	—

5.从深层水平位移看加固特征

将6个段落水平位移特征值列于表3-28中,有如下特点:

6个段落深层水平位移测值比较 表3-28

段 落 代 号	N4	N5	N6	N12	N13	S3
水平位移最大值(mm)	-187.8	-185.5	-184.5	-152.8	-175.2	-187.9
水平位移大于40mm到达的深度(m)	11	11	11	9	9	5
停抽后水平位移最大回弹值(mm)	24.1	37	23.8	14.1	14.3	19.7

注:位移负值表示土体向加固区内方向移动。

(1)真空联合堆载预压加固路基自始至终,被加固土体都是向加固区内移动的,土体没有纯堆载预压时土体向加固区外移动的情况发生,地基不会出现失稳的情形。

(2)真空联合堆载预压加固时,6个段落土体水平位移最大值都发生在地表,沿深度、水平位移逐渐减小,产生量值为40mm水平位移的深度在慈溪与江北有不小差异,江北段的深度只有慈溪段的一半。出现这一结果的原因,除了江北段土层厚度较小外,还有就是测斜管比较硬、刚度较大,江北段土软,软土的水平位移难以推动测斜管一起移动,造成测值偏小,因此需要研制硬度较小而弹模不低的管材,以适应软土的变形。

(3)停抽后,土体渐渐发生向加固区外的位移,即回弹。N4 和 N6 段落、N12 和 N13 段落的回弹量基本一致,而 N5 要比 N4 及 N6 的大 50%,是否反映了 F 板的作用还可进一步研究;江北软土厚度与 N12 及 N13 相当,但其位移量和回弹量都比 N12 及 N13 的大,这应该是江北段的土层比慈溪段要软弱得多造成的。

六、加固前后土性变化的比较

6 个段落于加固前后都取土进行了室内土样分析与测试,从各自的对比都可以看出,土样含水率、孔隙比、压缩系数都不同程度地有所降低;而湿密度、十字板强度则有所提高,加固取得了预期的效果。但慈溪 5 个段落变化的程度有所差异,有的相差还很大,如慈溪 N6 段落②$_2$ 和③$_1$ 层的值与其他段落相差明显(见表 3-29 中黑体字)。现将它们的变化率列于表 3-29 中。

6 个段落加固前后软土层主要物理力学指标变化率(%)　　表 3-29

段落	含水率			湿密度			孔隙比			压缩系数			十字板强度		
	②$_1$	②$_2$	③$_1$	②$_1$	②$_2$	③$_1$	②$_1$	②$_2$	③$_1$	②$_1$	②$_2$	③$_1$	②$_1$	②$_2$	③$_1$
N4	-8.3	-11.8	-12.4	2.1	3.9	2.2	-7.9	-12.3	-10.6	-29.5	-50.9	-28.3	62.9	119.2	33.0
N5	-19.5	-11.7	-9.0	5.3	2.2	2.2	-18.4	-12.7	-9.3	-48.5	-26.8	-24.5	38.9	3.6	26.1
N6	-12.2	**-5.0**	**-3.2**	6.9	**1.6**	1.7	-19.1	**-4.7**	**-3.1**	**-2.7**	-36.8	**-3.9**	—	38.1	**11.1**
N12	—	-19.7	-8.1	—	4.8	1.7	—	-18.6	-7.4	—	-63.6	-20.8	—	73.2	18.8
N13	-24.8	-9.4	-2.3	5.7	2.2	2.2	-22.6	-7.4	-5.0	-11.1	-43.6	-21.8	13.6	31.4	27.0
平均	-16.2	-11.5	-7.0	5.0	2.9	2.0	-17.0	-11.1	-7.1	-23.0	-44.3	-19.9	38.5	53.1	23.2
S3	③$_2$ = -4.6		-4.6	③$_2$ =1.6		1.7	③$_2$ = -5.4		-8.1	③$_2$ = -13.6		-53.8	—		272

与慈溪段相比,江北段在含水率与湿密度上变化要小于慈溪段平均值,而在压缩性和十字板强度变化上要大于慈溪段平均值,超过的幅度还相当大,分别为 1.7 倍和 10.7 倍。

七、工后沉降分析

1. 从后期沉降资料分析工后沉降

前面分析的资料都是到路基填筑完成为止,后期的观测资料尚未包括在内,表 3-30 就是这之后的资料。为了说明问题,也将 N14 堆载预压路段的资料一并列出。

路面是 2007 年 10 月中旬完成的,到 2007 年年底开始试通车,表中资料截止到 2008 年 8 月底。也就是说路基在路堤全荷载下已压缩 10 个月,交通荷载也有 8 个月。将这两个阶段分开统计与计算,得到 2007 年 10 月到 2007 年 12 月的沉降量和沉降速率,以及 2007 年 12 月到 2008 年 8 月底的沉降与沉降速率,见表 3-30 所示。从该表中可以看出:

7 个段落 2 阶段路中心沉降与沉降速率　　表 3-30

段落	路中心最大沉降(mm)			阶段沉降量(mm)		平均沉降速率(mm/月)	
	2007-10-13	2007-12-25	2008-8-31	2007 年 10 月到 12 月底	2008 年 8 个月	2007 年 10 月到 12 月底均值	2008 年 8 个月均值
0	1	2	3	4 = 2 - 1	5 = 3 - 2	6	7
N4	1 900	1 907	1 916	7	9	2.88	1.08

续上表

段 落	路中心最大沉降(mm)			阶段沉降量(mm)		平均沉降速率(mm/月)	
	2007-10-13	2007-12-25	2008-8-31	2007 年 10 月到 12 月底	2008 年 8 个月	2007 年 10 月到 12 月底均值	2008 年 8 个月均值
N5	2 067	2 075	2 091	8	16	3.29	1.92
N6	1 814	1 815	1 822	1	7	0.41	0.84
N12	1 639	1 645	1 661	6	16	2.47	1.92
N13	1 489	1 491	1 504	2	13	0.82	1.56
平均						1.974	1.464
N14	1 103	1 105	1 128	2	23	0.82	2.76
S3	2 363	2 383	2 439	20	56	7.5	6.91

(1)总的趋势是随着时间的延长,沉降速率逐渐减小,通车阶段要小于前面未通车阶段,只有 N6 和 N13 段落有些反常,也许是测量上的原因造成;从真空联合堆载预压加固的 5 个段落平均值看还是正常的。这 5 个段落沉降速率已经很小,都在 1 ~ 2mm/月之间,而且二阶段衰减幅度较大,工后沉降量会较小。

(2)N14 堆载预压段落沉降速率在通车阶段大于前面未通车阶段,主要是通车后路堤经受的荷载变化大,除车辆重量外,还有动荷载的作用,因此沉降速率变大。通车后的沉降速率比真空联合堆载段均值要大 47%,这主要是 N14 段土体受荷后的变形是在压缩主枝上发展,而 N4 ~ N13 段落土体是在再压缩枝上发展,其沉降量当然要小很多。

(3)江北区的 S3 段沉降速率还很大,达到 7mm/月左右,是慈溪段均值的 4.7 倍,而且二阶段衰减幅度较小,沉降稳定尚需时日,估计工后沉降量会大些。分析原因,一是土性较差,二是加固时间较短,停抽前沉降速率还有 14mm/月。

2. 拟合实测沉降曲线推求工后沉降量

在预压荷载不变的情况下,软土地基的沉降曲线认为满足双曲线的变化规律,即

$$S_t = S_a + \frac{t - t_a}{\alpha + \beta(t - t_a)} \tag{3-2}$$

式中:S_t——t 时刻的沉降量;

S_a——双曲线起点 t_a 时的沉降量;

α、β——待定的系数;

各符号的意义见图 3-15。

可以将式(3-2)的非线性表达式变成一元线性形式,利用测得的数据按最小二乘法可以求出系数 α、β,从而推求出到该级荷载为止的最终沉降量 S_∞,详见参考文献[37]。

按照式(3-2),推算出 N4 ~ N14 及 S3 各段落的最终沉降量,见表 3-31 所列。从推算的工后沉降量看,7 个段落的工后沉降量都能满足规范对桥头、通

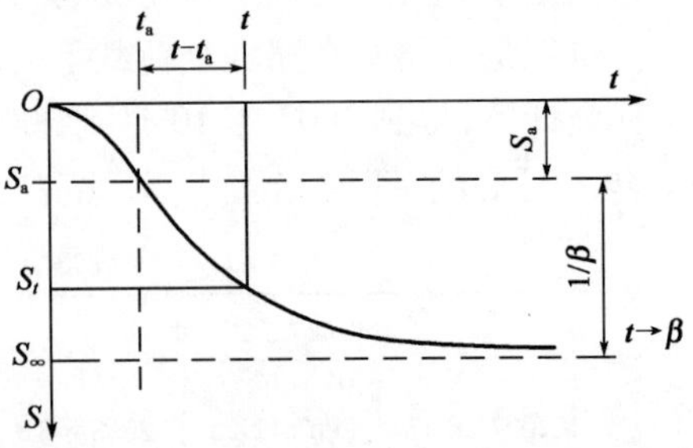

图 3-15 运用双曲线法推求最终沉降量

道和一般路段的要求。目前,沉降完成的比例对慈溪境真空联合堆载预压路段来说都在96%以上,N6达到99%;而堆载预压段只有91%。江北境真空联合堆载预压段落仅达到93%,工后沉降会比慈溪的大一些,但也能满足一般路段要求。

7个段落按双曲线拟合的路中心最终沉降量

表3-31

段落	路段性质	路堤总厚度(m)	施工沉降量(mm)	路中心沉降量		估计的工后沉降量(mm)	沉降发生值/拟合值(%)
				到2008年8月31日已发生(mm)	拟合的最终值(mm)		
N4	桥头	6.443	542	1916	1954.4	38.4	97
N5	一般	6.274	616	2091	2156.3	65.3	96
N6	一般	5.391	608	1822	1829.6	7.6	99
N12	一般	6.209	178	1661	1684.8	23.8	98
N13	通道	5.156	197	1504	1533.5	29.5	98
N14	一般	4.332	282	1128	1213.7	85.7	91
S3	一般	5.244	348	2439	2597.2	158.2	93

八、结论

(1)采用真空联合堆载预压法并以高性能可测深C型、F型塑料排水板和钢丝透水软管作为垂直排水通道加固高速公路深厚软基都是可行的,都取得了成功。经过近15个月的联合预压沉降速率已经很小,在停抽前1个月沉降速率除江北段(14mm/月)外都已达2~3mm/月,路堤沉降基本趋于稳定。

(2)沉降主要发生在填土加荷期间。填土期间发生的沉降要占到总沉降量的65%~85%之间。而满荷载联合预压发生的沉降是很小的,在慈溪境内除N13段外,其余各个段落仅占总沉降量的1%,N13段由于联合预压的时间达到4.5个月,联合预压发生的沉降能达到总沉降的15%;其他段落满载预压的时间晚、时间短;在江北段,联合预压的时间较长而填筑时间较短,所以联合预压产生的沉降量能达到总沉降的14%。

(3)观测结果表明,停抽后纯路堤预压的近21个月时间没有多少效果,该期间在慈溪发生的沉降仅占总沉降量的1.5%以下。如果施工安排得好,整个工期可以缩短15个月。

(4)左右路肩二者沉降曲线相差不大,差值最大为N6段的121mm,说明地层状况与荷载施加都比较均匀。路中心与路肩沉降差都在14%以内。由此形成的沉降盆的平均斜度除N12段外都在1.4%以内。江北与慈溪差别不大,说明加固前在路中心地表做成2%的反坡是可行的,在该坡上做成的砂垫层,在加固中不会形成过大的锅底状,有利于预压水的排出。

(5)地基土层经过真空联合堆载预压后(到真空卸载时),真空超载预压所产生的压缩量有55%~67%以上发生在$③_1$层,平均值为58%;而$②_1$层和$②_2$层产生的压缩量之和在12%~23%,平均值为15%。在慈溪段$③_1$层的每米压缩率平均达到36.9mm/m。慈溪段$②_1$层的压缩率平均要比$②_2$层大1倍,达到35.5mm/m。

(6)江北段$③_1$层压缩量占总沉降量的百分比仅比慈溪段大3个百分点,原因是它在真空超载预压下尚未达到稳定阶段,若停抽时沉降速率能达到2~3mm/月的水平,其压缩量会更大些。③$_1$ 层的每米压缩率，江北段比慈溪段要大 2 倍左右，达到 100.5mm/m。这一方面是③$_1$ 层在江北段位于地表，而慈溪段③$_1$ 层位于地表 10m 以下深处，所受荷载的附加应力要大；另一方面江北段③$_1$ 层的土性比慈溪段③$_1$ 层要差很多，压缩性要大 1.4 倍。

(7)在江北段，整个抽真空和填土加荷期间，软土中超静孔隙水压力有正有负，超静孔压变化规律和慈溪试验段落有很大的不同，慈溪段基本上自开始抽真空，超静孔隙水压力就迅速呈现为负值，并一直延续到抽真空停止。江北段的这个特征与它的土性有关：一是该段③$_1$ 层软土含水率高于慈溪段，二是固结系数也小于慈溪段近一半。但江北段土层中形成的最大正超静孔隙水压力始终处于较低水平，在填土到顶的过程中，20m 深度超静孔压由负值转为正值，但孔压比依然很小，在 0.22 以下，29.5m 和 26.5m 深度也都在 0.33 之内，因此路堤是安全的，地基总体处于稳定状态。抽真空停止后，江北段正、负超静孔隙水压力渐渐(大约 11 个月)变为零，慈溪段一般在半年里超静孔压就能消散到零。说明江北段土层的主固结比慈溪段慢。

(8)真空联合堆载预压加固路基自始至终，被加固土体都是向加固区内移动的，土体没有纯堆载预压时土体向加固区外移动的情况发生，6 个段落土体水平位移最大值都发生在地表；水平位移自地表向下逐渐减小，产生 40mm 水平位移量的深度在慈溪段与江北段有不小差异，江北段的深度只有慈溪段的一半。出现这一结果的原因，除了江北段土层厚度较小外，还有就是测斜管比较硬、刚度较大，江北段土软，软土的水平位移难以推动测斜管一起移动，造成测值偏小，因此需要研制硬度较小而弹模较高的管材，以适应软土的变形。

(9)加固后 6 段落土层含水率、孔隙比、压缩系数都有不同程度的降低；而湿密度和十字板强度则有所提高，加固都取得了预期的效果。但慈溪 5 段落土层变化的程度有所差异，有的相差还很大。与慈溪段相比，江北段在含水率与湿密度上变化要小于慈溪段平均值，而在压缩性和十字板强度变化上要大于慈溪段平均值，超过的幅度还相当大，分别为 1.7 倍和 10.7 倍。

(10)通车 8 个月来，慈溪境内真空联合堆载预压段的沉降速率都在 2mm/月以内，均值为 1.46mm/月，工后沉降会很小；堆载预压段沉降速率却为 2.76mm/月，比真空段大 47%；江北境的 S3 段沉降速率还在 7mm/月左右，是慈溪段均值的 4.7 倍，沉降稳定尚需时日，估计工后沉降量会比较大。对实测沉降曲线的拟合结果表明，工后沉降能满足规范要求；目前沉降完成的比例对慈溪境真空联合堆载预压路段来说都在 96% 以上，而堆载预压段只有 91%。江北境真空联合堆载预压段落仅达到 93%，工后沉降会比慈溪真空段大。

第三节　CFG 桩复合地基加固桥头深厚软基的效果与分析

摘　要：深厚软基经过 CFG 桩复合地基处理后，可以满足高路堤桥头控制工后沉降的要求。振动沉管机的成桩方式对软土产生较大的扰动，造成软土层结构破坏；使地基中产生的最大超静孔压超过 100kPa；土体强度的恢复期超过 3 个月；巨大的挤压推力造成桩的倾斜，桩的垂直偏斜度达到 2.4% ~2.7%。CFG 桩在饱和软土中的挤密效应很小，其挤密系数仅为 5%。路堤预压期间桩间土压力总的呈上升趋势，表明预压期间桩间土与桩顶承受的荷载在不断地调整，产生应力重分配，桩土应力比呈下降趋势，直到预压后期基本稳定在 18.7 左右，反映了柔性路堤基础下的刚性桩复合地基特征。柔性基础下土的承载能力能得到充分发挥，而桩的承载能力不能得到充分发挥。现场测试结果表明，地基规范里复合地基承载力计算式中的折减系数项应予修正，应放在桩的一项上。设法加大路堤基础的刚度和扩大桩头面积（或施加桩帽）是发挥刚性桩高承载能力的重要途径。

一、引言

CFG桩复合地基法广泛应用于工业民用建筑领域的地基加固，取得了丰富的成果和经验，也有了相应的规程、规范。近几年随着综合国力的增强，CFG桩复合地基法也逐渐被引入到高速公路高填方桥头深厚软基的处理中来。

CFG（Cement Fly ash Gravel pile）桩是在碎石桩的基础上掺加适量石屑、粉煤灰和水泥加水拌和，制成一种黏结强度较高的刚性桩体，又称水泥粉煤灰碎石桩。CFG桩复合地基法，实质上是一种由刚性桩与碎石垫层和桩周软土共同组成的地基。它与碎石桩、搅拌桩组成的复合地基的区别在于，桩体的强度比碎石桩、搅拌桩高，在组成的复合地基中桩承担的荷载应更大。用它处理高填方桥头深厚软基的思路是将高填方路堤荷载通过桩体传入深层好的地层上，绕过了上部软弱土层，避免产生过大的软土压缩量和施工中会出现的路堤稳定问题，加快了施工进度及大大减少了工后沉降量，但相比预压法造价会提高不少。

杭州湾跨海大桥南岸接线长达57km，有70%的深厚软基，其中属桥头软基路段部分有3.6km左右，桥头填土厚度在3.6～7m，而软土厚度大都在30～40m的范围之内。CFG桩法成为本工程对软基处理的一个方法，在试验段内作了深入地现场试验与研究。本节着重对加固效果及与效果有关的一些问题进行了总结。

二、地质概况与加固方案

1. 地质概况

全路沿线按地貌单元、地层岩性、成因时代可分为以下3个工程地质区：

（1）慈北平原沉积区（K85＋000～K125＋800），地基影响深度范围内压缩土层主要由冲海积黏土、亚黏土和亚砂土组成。

（2）丘陵区（K125＋800～K133＋000），呈近东西向条带状分布于工程经过区域。地表为第四系残坡积层，岩性为含碎石亚黏土，下伏基岩为上侏罗统高坞组熔结凝灰岩。

（3）姚江平原沉积区（K133＋390～K143＋700），地基影响深度范围内压缩土层主要由湖海交互相沉积黏土、亚黏土和淤泥质土组成。

试验段中CFG桩复合地基法试验段落原有5段，后因高压线影响施工，取消了江北区的2段，仅剩慈溪境的3段，编号为N3、N10和N11。重点观测断面设在N10（K119＋453～K119＋520）内，桩号为K119＋500。

图3-16是试验段工程CFG桩加固区在K119＋500的土层剖面。钻孔柱状图显示本工程CFG桩加固区有4层土，其中3层为软土，在N3、N10和N11三个段落都存在，只是厚度有所差异；在N3段落第四层为亚黏土，而N10和N11段落则是粉细砂。

K119＋500剖面软土厚度达31m。划分为4个工程地质亚层，其中3个是软弱土层，自地表向下分别为：②$_1$ 亚黏土（Q_4^{3+m}）层，浅层为耕植土，上部褐黄色，下部灰黄色，大部分为软塑状，少数为可塑状，厚度普遍偏小，一般在2.5m左右；②$_2$ 淤泥质亚砂土（Q_4^{3+m}）层，该层灰色，

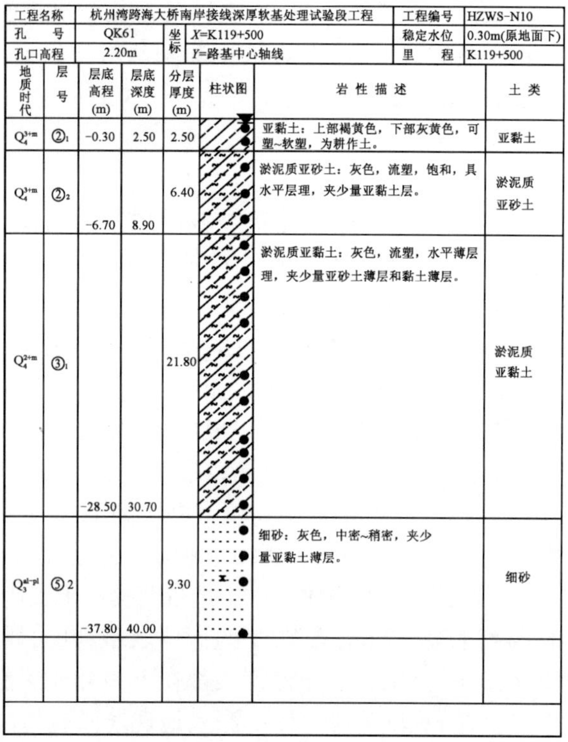

图 3-16 CFG 桩加固区 K119 +500 土层剖面图

呈流塑状，饱和，本层厚度为 6.4m；③$_1$ 淤泥质亚黏土（Q_4^{2+m}）层，灰色，深灰色，呈流塑状，饱和，本层厚度大，为 22m；⑤$_2$ 细砂、粉砂（Q_3^{al-pl}）层，本层厚度大于 4.2m。各土层物理力学指标如表 3-32 所示。

土层主要物理力学指标 表 3-32

土层代号	土层厚度	含水率	湿密度	孔隙比	液限	塑性指数	液性指数	压缩系数	压缩指数	回弹指数	固结系数 $\times10^{-3}$	渗透系数 $\times10^{-6}$	无侧限抗压强度	室内测灵敏度
	—	w	ρ	e	w_L	I_p	I_L	a_v	C_c	C_s	C_v	K_{20}	q_u	S_t
	m	%	g/cm^3	—	%	—	—	MPa^{-1}	—	—	cm^2/s	cm/s	kPa	—
②$_1$	2.5	31.0	1.91	0.872	34.5	14.0	0.76	0.32	0.212	0.013	7.64	—	71.3	7.6
②$_2$	6.4	34.1	1.86	0.951	29.0	8.3	1.77	0.39	0.238	0.012	8.72	—	57.4	—
③$_1$	22.1	42.1	1.79	1.160	34.3	13.2	1.59	0.70	0.389	0.018	5.73	—	92.5	12.8
⑤$_2$	4.2	29.5	1.91	0.834	—	—	—	0.18	—	—	9.45	—	40.5	—

2. 加固方案

CFG 桩的设计直径为 50cm，水泥采用 32.5 号普通硅酸盐水泥，碎石粒径为 3 ~ 5cm，桩体强度要求达到 C12，按相应坍落度为 3cm 时进行配合比设计；桩顶铺设 50cm 厚的碎石垫层，垫层采用粒径 2 ~ 5cm 的洁净碎石，内铺一层钢塑土工格栅，铺于地面以上 30cm 处的碎石垫层内，钢塑土工格栅要求延伸率≤3.0%，其纵向抗拉强度 >80kN/m，横向抗拉强度 >60kN/m。

桩的打设深度超过软土厚度1.0m以上，间距有3种，分别为3.0m、2.5m和2.0m，对应于一般路段、桥头过渡段和桥头路段，都为正三角形布置。

N3、N10和N11三个段落主要设计参数及工程量见表3-33所列。

CFG桩的主要设计参数与工程量　　表3-33

区号	起讫桩号	路段类型	设计路堤高度(m)	桩长(m)	间距(m)	总根数	总延长米(m)
N3	K118+623～K118+679	一般	4.1	32	3.0	1 034	33 844
	K118+679～K118+709	桥头	4.2	32	2.5		
	K118+709～K118+735	桥头	4.3	34	2.5		
N10	K119+453～K119+483	桥头	5.0	33	2.5	856	28 248
	K119+483～K119+520	桥头		33	2.0		
N11	K119+566～K119+603	桥头	4.8	31	2.0	884	27 404
	K119+603～K119+633	桥头		31	2.5		

三、方案实施概况

1.施工机械

目前，CFG桩施工有采用振动沉管机施工的，也有采用长螺旋钻孔灌注机成孔施工的。本工程中CFG桩施工区域地下水位接近地表，被加固地基为饱和软黏土，用长螺旋钻孔灌注成桩工艺很难成孔；因此CFG桩施工采用振动沉管机进行施工，打桩时用钢筋混凝土预制桩尖作为桩靴。打桩机设备主要技术参数见表3-34所示。

振动沉管打桩机的主要技术参数　　表3-34

电机功率(kW)	37×2	空载振幅(mm)	9.8
电机转速(r/min)	1 460	允许拔桩力(kN)	282
偏心轴转速(r/min)	1 050	允许加压力(kN)	192
激振力(kN)	485	打桩锤质量(kg)	5 785

2.施打顺序

在本工程的CFG桩施工中，施打顺序有采用连续施打的(N3、N10区)，有采用隔桩隔排跳打的(N11区)，如图3-17所示。当采用隔桩隔排跳打的施工顺序时，第一次序为单排双号桩，第二次序为双排单号桩，第三次序为单排单号桩，第四次序为双排双号桩，施打顺序为第一次序全部施打完成后再进行第二次序桩的施打，依此类推。

根据试桩情况，跳打方式桩身质量并不比连打的好，因此采用中间向两边连续退打的方式，以防止桩身被设备压断情况的出现，又能防止因跳打造成地基不平而带来的安全问题，同时减少桩机往返移动，能加快施工进度，缩短施工周期。

3.加固实施概况

到做基层为止，该段落加固实施情况如表3-35所示。设计面层厚度为0.75m，实际厚度为0.758m。

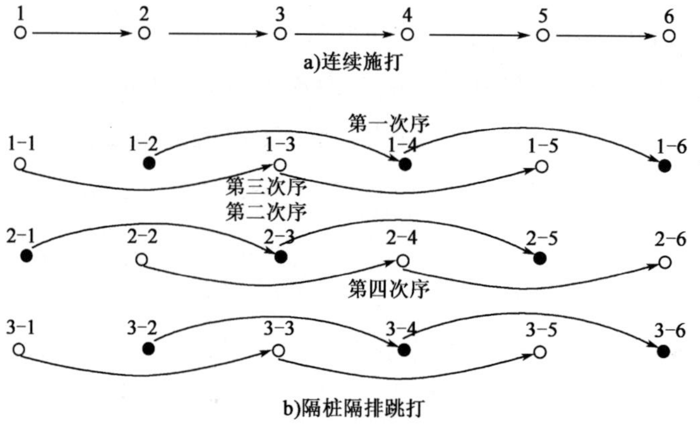

图 3-17　CFG 桩施打顺序示意图

N10 段落 CFG 桩复合地基加固实施概况　　表 3-35

统计日期	工　况	填筑面高程（m）	累计填筑厚度（m）	路堤填筑时间（月）	路堤预压时间（月）	阶段最大沉降量（mm）	累计总沉降量（mm）
2005-6-15	路堤填筑开始	3.19	0.38	—	0	—	—
2005-8-17	路堤填筑结束、预压开始	6.87	4.14	2	0	78（填筑产生）	78
2007-4-15 2007-4-25	预压结束 基层开始	6.82	4.14	0	20	45（预压产生）	123
2007-5-8	做基层与面层	7.27	4.58	0.5	—	—	—

四、加固效果分析

1. 从沉降资料看加固效果

图 3-18 示出软弱地基经过 CFG 桩加固后，在路基填土过程中地表发生的沉降随时间的变化过程，观测资料表明经过加固处理后，地基沉降得到有效控制，在路堤厚度约 4.2m 的作

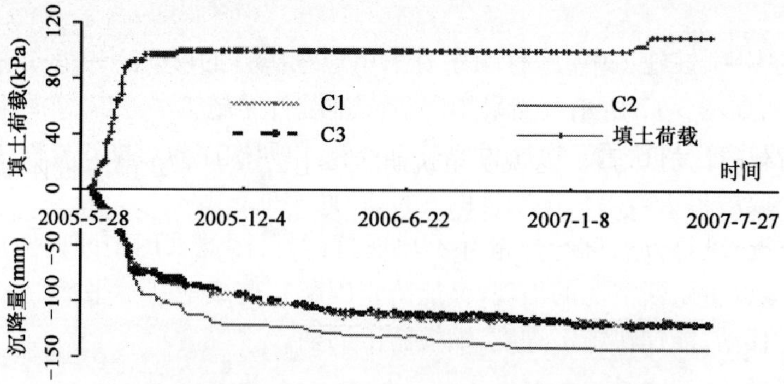

图 3-18　N10 段落 CFG 桩复合地基地表沉降曲线

用下,地基发生的最大总沉降仅为123mm,远小于本工程中类似地质条件下堆载排水预压处理路段的地基压缩变形(其压缩量总在1.1m以上),说明CFG桩复合地基控制沉降效果显著,CFG桩复合地基大大减少了地基的总压缩量,减少幅度达到90%。

3.8m的填土在两个月的时间内就填筑完成,一般是2~3d填筑一层,几乎是连续加荷,施工速度大大提高,但这期间沉降速率却发展不快,在加荷强度最大(0.74m/3d)的2005年7月1日至7月4日其沉降也仅发生9mm,其余沉降速率都不超过3.0mm/d,说明CFG桩复合地基能适应快速填筑路堤施工,而不会出现地基失稳。

路堤填筑完成后地基固结变形量为78mm,占总沉降量的63.4%,此后20个月预压沉降量为45mm,占36.6%,这说明CFG桩复合地基的压缩变形主要发生在填土加荷期间。

在2007年4月25日以前的8个月当中,地基最大沉降速率统计见表3-36所列。从表3-36和图3-18中可以看出沉降速率日渐减小,CFG桩复合地基沉降变形稳定较快,沉降曲线在预压期间很快变得平缓,沉降已趋于稳定。

N10段落做基层前路堤荷载预压时断面中心处沉降速率 表3-36

时　段	沉降速率(mm/月)	时　段	沉降速率(mm/月)
2006-8-14~2006-9-20	1.67	2006-11-24~2006-12-27	0.91
2006-9-20~2006-10-30	1.50	2006-12-27~2007-2-15	0.61
2006-10-30~2006-11-24	1.25	2007-2-15~2007-4-15	≈0

根据高速公路控制工后沉降规范要求,桥头路段控制工后沉降小于100mm。经过CFG桩复合地基处理后,综合考虑路基土体的次固结沉降和预压残余沉降,可以满足高速公路控制工后沉降规范要求。

2.超静孔隙水压力增、消情况

图3-19是CFG桩复合地基在填土荷载作用下地基中形成的超静孔隙水压力增、消过程线。观测资料表明,在集中填土达到4.2m后,CFG桩复合地基中形成最大正的超静孔隙水压力仅为22.4kPa,此时相应的超静孔隙水压力平均值和施加的预压荷载的比值$u_{平均}/P$约为0.28,远小于本工程中类似地质条件下的堆载排水预压处理路基中形成最大超静孔隙水压力值与施加的预压荷载的比值0.79。这说明填筑期间填土荷载大部分都由桩体承担,桩间土承担的不到30%;而且消散速率也比天然地基快得多,在填土达到要求高程后的40~50d的时间里超静孔隙水压力几乎消散为零。

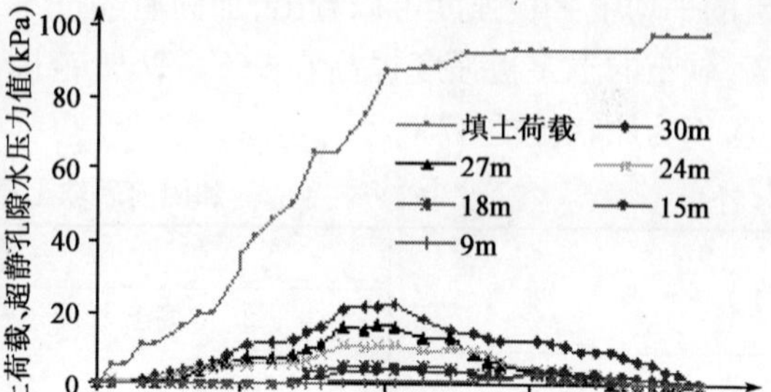

图3-19 CFG桩复合地基超静孔隙水压力增、消过程

3.地基的水平位移

CFG桩复合地基在路堤填土及预压过程中深层水平位移观测资料表明:地基软土深层水平位移量较小,累计最大向外侧向水平位移量不到7mm,没有出现地基的稳定问题。而成桩施工过程中地基软土累计发生54mm的水平位移(距加固区5m远处),说明土体的侧向变形主要发生在桩体施工过程中,它与采用的施工工艺和施工机械有关,在后面再讨论它的影响。

4. 地基承载力

CFG 桩施工结束后对单桩、桩间土进行了静载荷试验和对 CFG 桩复合地基的静载荷试验，测试结果为单桩竖向极限承载力不小于 700kN(取 650kN 用于计算)；复合地基承载力特征值对应的极限荷载≥500kN。试验采用 $1m^2$ 试压板，试验置换率 $m=0.196$；对桩间土也进行了载荷试验，得出桩间土承载力特征值为 250kPa。

本工程中桩间距 2.0m 的实际置换率 $m=0.057$，按式(3-3)计算得到 CFG 桩复合地基承载力≥220kPa(β 按 0.75 取)；桩间距 2.5m 的实际置换率 $m=0.0363$，按式(3-3)计算得到 CFG 桩复合地基承载力≥200kPa；都满足路堤荷载 100 ~ 120kPa 的要求。

$$f_{spk}=m\frac{R_a}{A_p}+\beta(1-m)f_{sk} \tag{3-3}$$

式中：f_{spk}——复合地基承载力特征值，kPa；

m——面积置换率；

R_a——单桩竖向承载力特征值，kN；

A_p——单桩截面面积，m^2；

β——桩间土体承载力折减系数；

f_{sk}——处理后桩间土承载力特征值，kPa。

5. 加固后软土强度的恢复期

在 CFG 桩施工后，加固区内土层强度存在一个强度恢复期，而且该强度恢复期较长，特别是深层软土到 3 个月仍未恢复到其原状土强度。根据 K119 + 483 ~ K119 + 520 加固区内加固前后十字板检测资料，求得加固后各土层的平均十字板强度如表 3-37 所示。对比加固前各土层的平均十字板强度可以看出，加固后经过 3 个月的恢复期，地基中上面两层软土强度有所提高，软土的十字板强度提高在 9% ~ 26% 范围，第三层地基软土强度仍未恢复到其原状土强度，仍为原状土的 87%。

加固前后软土层十字板强度对比 表 3-37

时间	土层平均十字板强度 C_u(kPa)		
	②$_1$ 亚黏土	②$_2$ 淤泥质亚黏土	③$_1$ 淤泥质亚黏土
原状土	30	65.2	72.6
加固后 3 个月平均值(2004 年 9 月 15 日)	37.7	71.1	63.4
强度增加比(%)	26	9	-13

五、成桩过程对桩间土强度与变形的影响

由于本工程使用振动沉管机进行 CFG 桩施工，采用中间向两边连续退打的行走方式，被加固地基为饱和软黏土，因此使 CFG 桩制桩过程成为完全挤土成桩工艺。与长螺旋钻孔灌注的掏土成桩工艺相比，它对桩间软土产生了较大的影响，这种影响主要表现在强度和变形上。

1. 成桩过程产生较高超静孔隙水压力

在 CFG 桩施工区域内布置了 10 套孔隙水压力计。在 CFG 桩施工影响区的断面 K118 +

593 处,从 3m 到 30m 深度以 3m 为间距等距离各安装 10 套孔隙水压力计,监测软土中孔隙水压力的变化规律。

图 3-20 和图 3-21 为加固区内及附近区域的孔隙水压力计的观测资料,监测结果表明 CFG 桩施工在软土中产生了较大的超静孔隙水压力,过大的超静孔压使软土强度明显降低(见后文)。

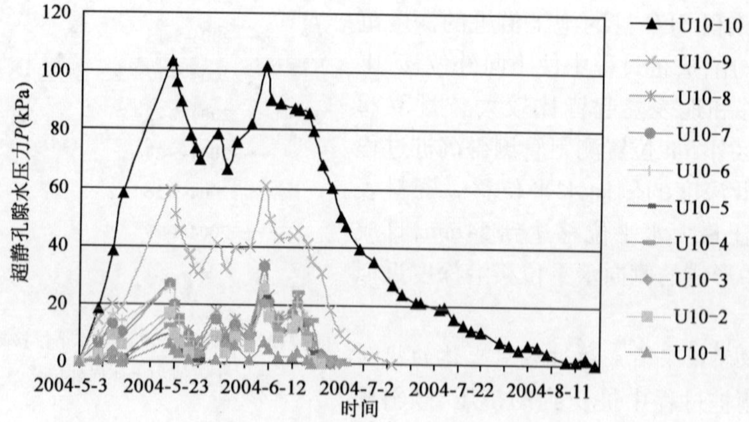

图 3-20 CFG 桩施工中在 N10 区产生的超静孔隙水压力及消散过程线

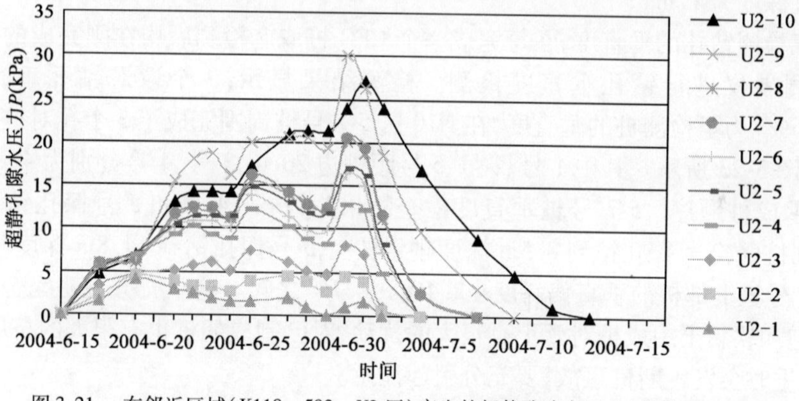

图 3-21 在邻近区域(K118 +593 ~ N2 区)产生的超静孔隙水压力(相距 30 ~40m)

注:图中孔压 U2-1 ~ U2-10 埋深从 3 ~30m 以 3m 深度递增

(1)成桩过程使加固区软土地基中产生的最大超静孔隙水压力已超过 100kPa(图 3-20),它大大超过路堤填筑期间地基中产生的最大超静孔隙水压力(20kPa),这也间接说明了软基经过加固,桩起了很大的承载作用(填筑时软土压缩变形小了)。另外,制桩时软土地基中产生的超静孔隙水压力有随深度增大而增大的规律。

(2)图 3-21 显示了 CFG 桩施工中与其相距 30 ~40m 的邻近区域(K118 +593 断面)的软土中也产生了较高的超静孔隙水压力,最大达到 30kPa,时间滞后。可以看出本工程中 CFG 桩的施工对周围软土地基的影响范围超过 30m,也看出施工扰动随着距离的增大明显减弱。

(3)本工程 CFG 桩施工的 K119 +500 断面处,软土地基产生的超静孔隙水压力消散时间为 3 ~60d,浅层位置消散时间较短,深层位置消散时间较长,超静孔隙水压力越大、深度越大,其消散时间也相对较长。深度在 15m 以内范围的消散时间为 15d 以内,深度大于 15m 范围的消散时间为 20 ~ 60d，测得最大消散时间为 60d。

2. 成桩过程产生较大的水平位移

CFG 桩在成桩过程中，由于成桩的挤土作用，挤出的土体一部分产生侧向水平位移，另一部分产生竖向位移，表现为地表隆起。根据测斜管观测资料显示，本工程 CFG 桩的施工沿桩的深度范围内均有挤土作用，成桩过程中使土向外位移，土体侧向水平位移和地表隆起皆比较大。图 3-22 为 CFG 桩加固区外 5m 位置测斜管测得沉桩过程中该位置软土沿深度的侧向水平位移。资料表明，该处地表软土最大水平位移达到 54mm，且成桩挤土在软土中形成的侧向水平位移沿深度近似直线分布。

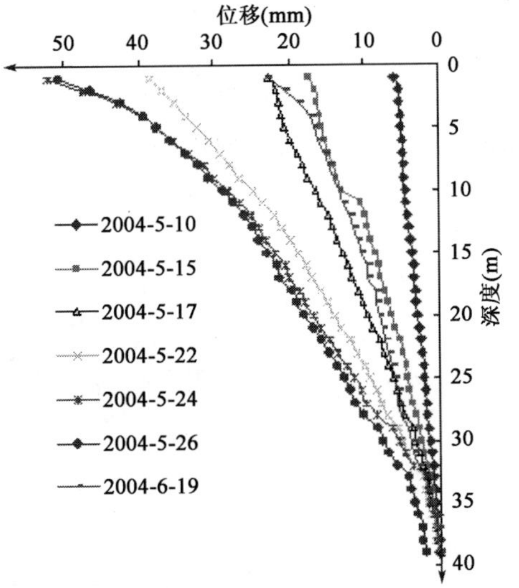

图 3-22　K119 + 500 断面水平位移随深度变化曲线（正值为土体向外位移）

3. 从桩身取芯结果看成桩过程对土体的扰动

为了了解制桩过程中桩受到的挤压、倾斜程度，在现场进行了取芯检测。抽检了 9 根桩，取芯钻进深度范围为 10.8 ~ 24m，均未钻到桩底，平均取芯钻进深度为 17m。

为了保证检测钻孔的垂直度，在每完成一个 CFG 桩取芯检测后均在刚完成的钻孔中安装测斜管并用测斜仪进行钻孔垂直度检测。检测结果显示，9 个取芯钻孔垂直度范围为 0.12% ~ 0.35%。为了检测桩的垂直度，在 N10 区 5-7 号桩周围完成了 5 个孔对桩的垂直度检测，其布置如图 3-23 所示。其中 1 号、2 号、5 号距桩边 20cm，3 号、4 号分别为 40cm 和 60cm，图中箭头表示成桩顺序。5-7 号桩垂直度检查结果为：1 号、4 号和 5 号探孔钻到桩底深度（33m）未碰到桩壁，2 号探孔钻到 8.5m 深度碰到桩壁，3 号探孔钻到 14.8m 深度碰到桩壁，由此估算得 5-7 号桩上部桩的垂直偏斜度在2.4% ~ 2.7% 之间。这里充分说明完全挤土成桩的施工工艺在饱和软黏土中成桩对软土有很大的扰动，对已制成的桩也有很大的挤压推力，造成桩的倾斜，严重时会发生断桩事故，要充分引起注意。

图 3-24 为 CFG 桩桩身垂直度探孔中所取土样。照片中上部为所取受挤土样，下部为未受挤孔所取土样，对比照片中土样可以看出，CFG 桩受挤后其层状结构遭到严重破坏。

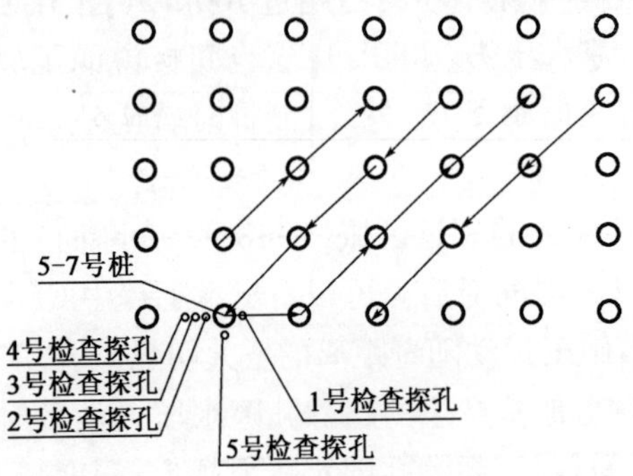

图 3-23　5-7 号桩垂直度检查探孔布置图

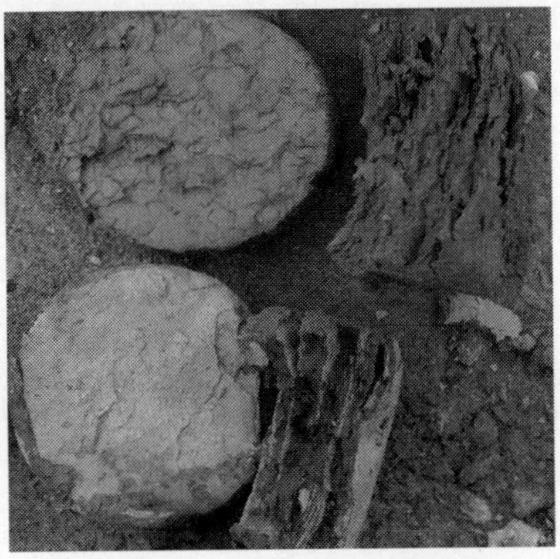

图 3-24　土样扰动程度照片

4. 关于 CFG 桩成桩过程土体被挤密的讨论

本工程 CFG 桩加固区 K119 + 483 ~ K119 + 520(N10 区),加固区长度 37m,加固区为平行四边形,平行四边形两边长分别为 37m 和 76.4m,该平行四边形周长为 226.8m,面积为 1 998m^2,布置 CFG 桩共 558 根。CFG 桩沉桩完成后测得地表平均隆起 61cm,加固区周边地表挤出最大水平位移根据前面桩的钻孔垂直度检测成果取均值为 59.4cm,且沿深度直线分布,即按桩底水平位移为 0,到地表桩顶处最大水平位移为 59.4cm。由此计算得到沉桩挤土地表隆起总体积为 $V_1 = 1\,998 \times 0.61 = 1\,218.8m^3$,由于周边土体被挤压产生侧向位移后总的排土体积为 $V_2 = 226.8 \times (0.594 \times 33)/2 = 2\,222.9m^3$,因此沉桩后整个加固区被挤压形成的总排土体积 $V = V_1 + V_2 = 3\,441.7\ m^3$;而该加固区全部 CFG 桩的排土体积为 $V = 558 \times 3.14 \times 0.25^2 \times 33 = 3\,615.5\ m^3$;由此计算得到本工程中 CFG 桩成桩过程软土的挤密系数为 0.05,说明 CFG 桩在饱和软土中的成桩过程挤密效应很小,也说明本工程中 CFG 桩加固区由于软土为塑性指数较高的饱和软土,可以认为是属于不可挤密土。

5. 成桩过程桩间土强度的变化

根据 15-9 号桩(位于重点监测断面 K119 + 500 断面上)的成桩时间,在前期、中期和后期各选择 1 个十字板检测孔孔位,对桩周围软土进行了十字板检测,从 15-9 号桩周围软土地基十字板强度检测资料看,施工后桩间土强度降低,存在一个强度恢复期。从表 3-38 和图 3-25 可以看出,施工 41d 后,除表层地基强度达到其加固前土的强度外,其他深度土的强度均小于加固前土的强度;施工 75d 后,上面两层软土的强度基本恢复且略大于加固前土的强度,第三层软土的强度还小于加固前土的强度;施工 121d 后,第三层软土强度恢复情况同施工 75d 后情况相当,还没恢复到原有水平。从几个桩周土的资料得到此时 3 个软土层的平均十字板强度分别为其原状土平均十字板强度的 125%、116% 和 90%。可见,挤土成桩工艺对桩间土的损伤还是较大的。

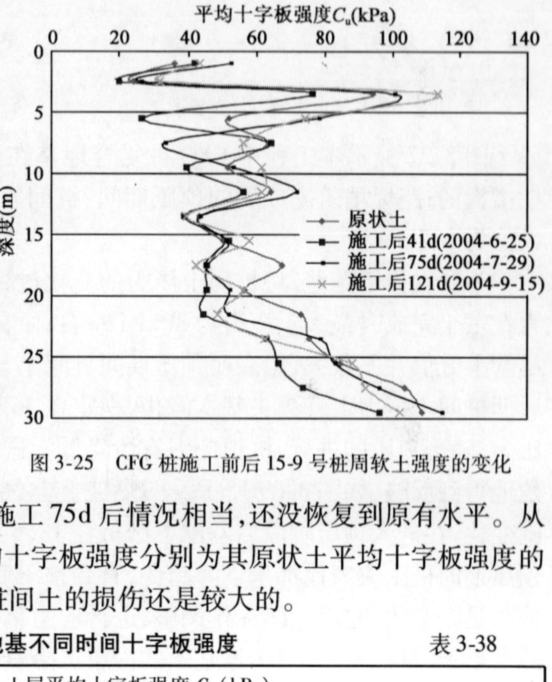

图 3-25 CFG 桩施工前后 15-9 号桩周软土强度的变化

15-9 号桩周围软土层地基不同时间十字板强度 表 3-38

时　间	土层平均十字板强度 C_u(kPa)		
	②$_1$ 亚黏土	②$_2$ 淤泥质亚黏土	③$_1$ 淤泥质亚黏土
原状土	30	65.2	72.6
2004 年 6 月 25 日(41d)	30.8	51.5	57.9
2004 年 7 月 29 日(75d)	39.2	66.1	68.5
2004 年 9 月 15 日(121d)	37.4	76.2	65.0

六、关于沉降补方量

CFG 桩加固区 K119 + 483 ~ K119 + 520(N10 区),加固后在路堤地基面发生的最大沉降为 123mm,按加固区面积 1 998m^2 计,填土过程中最大沉降补方量为 245.8 m^3,平均沿路长每延米补方量为 6.64 m^3/m。设计是按沉降断面积为 7 m^2 来计算的,总沉降补方量为 266 m^3,与实际相差 8%。

七、关于桩土应力比

桩顶土压力的界面土压力计及观测桩间土压力的土中土压力计布置见图 3-26。界面土压力计布置在 CFG 桩桩顶,土中土压力计布置在有界面土压力计的 CFG 桩桩间土中心处,基本在路轴线上。填土过程中桩顶、桩间土压力发展过程线如图 3-27 所示。

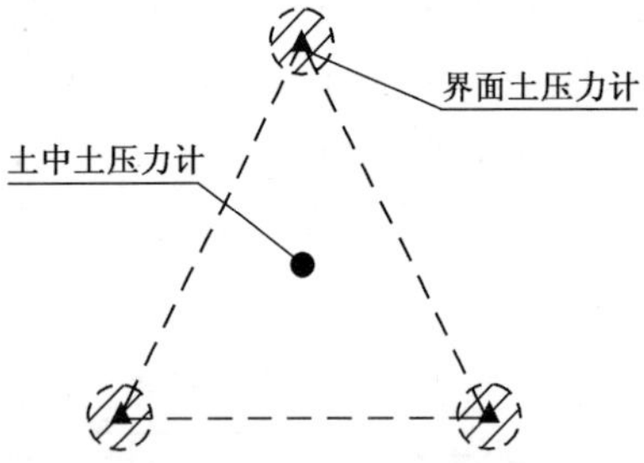

图 3-26　土压力计布置图

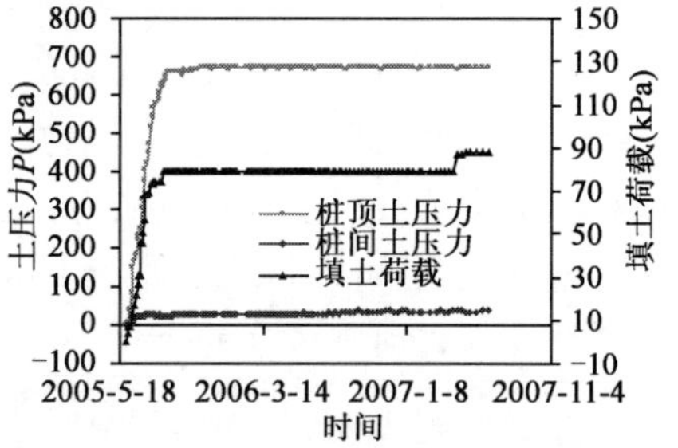

图 3-27　桩顶、桩间土压力随荷载变化过程线

图 3-27 显示本工程中 CFG 桩复合地基在路堤填筑过程中,桩间土压力与桩顶应力都是在增大的;路堤填筑完成后的预压期间,桩间土压力达到的最大值为 39kPa,而桩顶土压力最大值为 677kPa。

为了看得清楚些,将桩间土压力的变化过程线放大,如图 3-28 所示。可以看出,桩间土压力在填土完成时最大土压力为 30kPa 左右;而在路堤预压期间,桩间土压力总的呈上升趋势,尽管上升值并不很大,但表明预压期间桩间土与桩顶承受的荷载是在不断地调整。到预压期后期桩间土压力上升势头基本停止,稳定在 36kPa 上下;而桩顶自填土开始就承受着较高的土压力,随着预压的进行,桩顶应力有所降低。这一点在桩土应力比随荷载的变化过程线中也清楚地得到反映,如图 3-29 所示。图中桩土应力比在加荷与整个预压期间都在 18.5 ~ 27 的范围变化,在进入预压阶段后基本上维持在 18.5 ~ 25 之间,到预压后期稳定在 18.7 左右。整个预压期间桩土应力比都呈下降趋势,直到预压后期才基本稳定。这说明桩间土和桩所承受的荷载是在变化,它们之间在作调整,进行应力重分配。这种应力的调整也必然反映到土体与桩的变形和位移当中。现场地基土的深层沉降资料表明(表 3-39),桩间土体不同深度相对原地表也有不同的下沉,整个填土及预压过程中自地表向下 20m 深的软土都有 10cm 以上的下沉量,

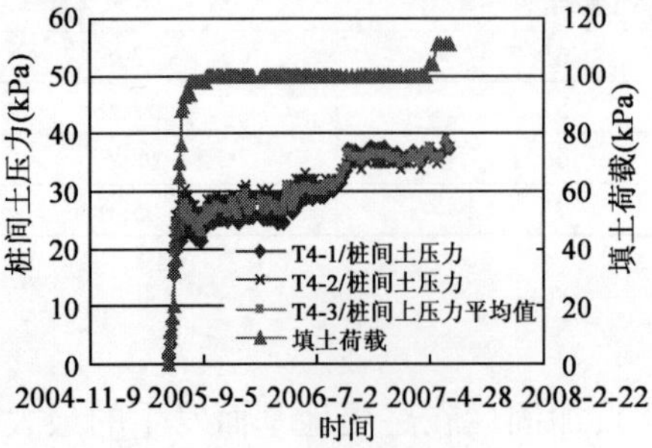

图 3-28　桩间土压力随荷载变化过程线

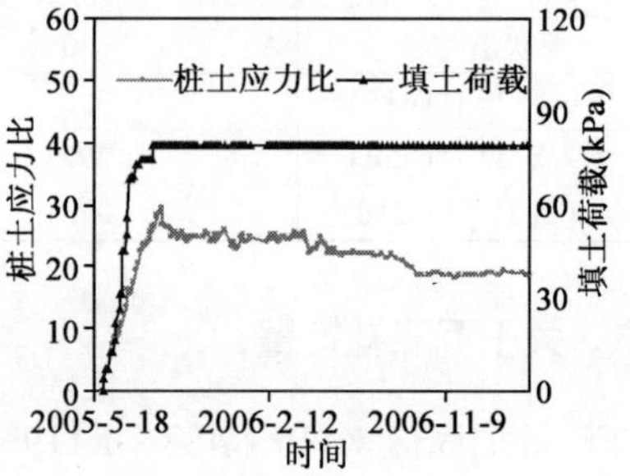

图 3-29　桩土应力比过程线

特别是地表下 5m 以上的软土其下沉量都接近地表的沉降量。这说明桩间软土当中的碎石垫层被沉入桩顶之下，而且下沉量也随预压时间的增长而逐渐变大，这就是桩间土压力渐渐增大的反映。同时也说明桩尖也渐渐刺入到碎石垫层当中，故其上所受应力渐渐减小。

各时期桩间土深层沉降值　　表 3-39

埋深(m)	0.76	5.01	8.23	16.73	20.69	25.67	30.59	备　注
时　间	沉降量 (mm)							
2005 年 7 月 1 日	18	16	14	12	11	10	10	填土进行 1 个月
2005 年 10 月 16 日	72	54	46	37	36	34	24	预压 2 个月
2006 年 2 月 17 日	106	91	85	64	53	40	—	预压 6 个月
2006 年 6 月 15 日	114	104	96	84	72	46	—	预压 10 个月
2007 年 4 月 12 日	123	121	119	111	96	65	—	预压 20 个月

高速公路路堤基础不属于刚性基础，介于刚性与柔性基础之间，其刚度的大小与路堤的强度和垫层的刚度有关。对于柔性基础下的复合地基，其桩土应力比与刚性基础下的桩土应力比有着不同的规律。有研究结果（文献[27]）指出，刚性基础下复合地基桩和土的沉降相同，桩和土的承载力都能得到充分发挥，一般桩先达到极限状态，加荷过程中桩土应力比随着荷载增大而增大，直至桩体到达极限状态；柔性基础下桩和土的沉降不同，一般土的承载力能得到充分发挥，而桩的承载力未能得到很好发挥，加荷过程中桩土应力比随着荷载增大而减小，直至土体到达极限状态。本 CFG 桩复合地基段所测桩土应力比正好反映了半刚、半柔路堤基础的刚性桩复合地基的特征。

文献[28]中介绍，CFG 桩复合地基中桩土应力比多数在 10～40 之间变化，在较软的土中可达到 100 左右，桩承担的荷载占总荷载的百分比一般为 40%～75%。对照本工程，桩土应力比尚在此范围内，但偏低（仅 18.7）；而桩承担的荷载占总荷载的百分比为 52.9%，还达不到 57.5% 的平均水平。分析原因就是路堤基础刚度较小，桩的作用尚未得到充分发挥，这与采用完全挤土成桩的施工工艺、造成地基较大扰动，地层软化、强度降低也有关系，在这种情况下，铺设的碎石垫层难以压实，碎石还会嵌入到隆起的软土中，不能保证垫层有较大的刚度。

从这里看出，完全挤土成桩工艺应予改正，要增进路堤下垫层的刚度。此外，采用如灰土垫层及有数层土工格栅的加筋土垫层，也可以有效改善复合地基的工作性状，增大桩土荷载分担比，充分发挥桩的高强度作用，提高复合地基承载力，减小复合地基沉降量。

八、关于 CFG 桩复合地基承载力与压缩模量的计算

文献[25]中推求 CFG 桩复合地基承载力是用式(3-3)来计算的，即 $f_{spk} = m\dfrac{R_a}{A_p} + \beta(1 - m)f_{sk}$。

该式是由碎石桩复合地基承载力计算式沿袭而来，只是式中多了一个 β（桩间土承载力折减系数）；原式是在桩与桩间土受荷时发生等沉降变形的前提下得出的，做到这一点就要要求基础的刚度远大于软土的刚度，基础在受荷过程中本身不发生太大的变形，不然桩、土沉降就很难一致。对碎石桩、水泥搅拌桩组成的复合地基，由于碎石桩、水泥搅拌桩自身的强度较低，

在路堤碎石垫层这种刚度不十分大的基础工况中也还能适用。这是因为在荷载作用下,碎石桩、水泥搅拌桩很难刺入碎石垫层当中去,桩与桩间土发生的垂直变形差异不会很大,能基本满足公式要求的条件。

对CFG桩复合地基,由于CFG桩自身强度较大,在路堤碎石垫层这种刚度不十分大的基础工况中,CFG桩就很有可能刺入碎石垫层中,桩与桩间土在路堤荷载作用下发生的沉降就不可能一样,此时复合地基承载力就不满足公式要求的条件。因此,不能直接应用式(3-3),或者说用式(3-3)计算所得的结果误差较大。

文献[27]中的模型与本现场试验结果都已表明,柔性基础下桩和土的沉降不同,一般土的承载力能得到充分发挥,而桩的承载力未能得到很好发挥,加荷过程中桩土应力比随着荷载增大而减小直至土体到达极限状态。从这一点来看,式(3-3)中的折减系数β应放在桩的一项上,是桩的承载力在柔性基础中没能得到充分发挥,应对其修正,从而得到式(3-4):

$$f_{\mathrm{spk}} = \beta m \frac{R_{\mathrm{a}}}{A_{\mathrm{p}}} + (1 - m) f_{\mathrm{sk}} \tag{3-4}$$

公式中折减系数β的取值目前尚未有大量的资料说明其合理范围,但定性地可知道复合地基中桩的强度越高,地基基础刚度越小,桩的作用就发挥得越差,折减也将越多,因此要设法加大基础的刚度。从本工程看,实际加荷过程中测得桩的最大应力为673.2kPa,而现场载荷试验得到单桩极限承载力为650/0.196=3 316kPa,单桩承载力特征值为1 658kPa,可以算出桩的承载力只发挥出41%,应该说是较小的。据此,对本工程CFG桩复合地基承载力进行估算,折减系数按0.5取,求得CFG桩复合地基承载力为160kPa。比按式(3-3)求得的值要小20kPa,原因就是式(3-3)过高地估计了桩作用的发挥,这也是刚性桩复合地基在柔性基础中的重要特征。

CFG桩复合地基压缩模量的计算也同样存在上述问题,可仿照式(3-4)进行计算,这里不再赘述。

九、结论

根据上面分析可以得出以下结论:

(1)深厚软基经过CFG桩复合地基处理后,可以满足高路堤高速公路控制工后沉降的要求。

(2)用CFG桩复合地基法处理高速公路的软基,地基中产生的最大超静孔隙水压力是在制桩过程中产生,而不是路堤填筑中。成桩过程使地基中产生的最大超静孔隙水压力超过100kPa,它大大超过路堤填筑期间地基中产生的最大超静孔隙水压力(22.4kPa)。填土过程中,形成的最大超静孔压比仅为0.28,远小于堆载排水预压处理路基中形成的0.79最大超静孔压比。

(3)土体的侧向变形主要发生在成桩过程中,距加固区5m远处最大水平位移达到54mm,填筑路堤过程中形成的侧向水平位移不到7mm,它与采用的施工工艺和施工机械有关。

(4)本工程CFG桩采用振动沉管机成桩,是完全排土成桩的工艺,成桩过程对软土产生较大的扰动,造成软土层状结构破坏,导致桩间土强度降低。加固后经过3个月的恢复期,上面两层软土强度有所提高,软土的十字板强度提高9% ~26%,第三层软土强度仍未恢复到其原状土强度,为原状土的87%。

(5)振动沉管机成桩对已制成的桩也有很大的挤压推力,造成桩的倾斜,桩的垂直偏斜度在2.4% ~2.7%之间。

(6)CFG桩成桩过程对饱和软黏土基本不可挤密,其挤密系数在本工程仅为5%,说明CFG桩在饱和软土中的挤密效应很小。

(7)路堤预压期间,桩间土压力总的呈上升趋势,表明预压期间桩间土与桩顶承受的荷载是在不断地调整,进行应力重分配;到预压后期,桩间土压力上升势头基本停止。整个预压期间桩土应力比都呈下降趋势,直到预压后期基本稳定在18.7左右;所测桩土应力比的规律正好反映了半刚、半柔路堤基础的刚性桩复合地基特征。

(8)由于柔性基础下桩和土的沉降量不同,一般土的承载力能得到充分发挥,而桩的承载力得不到充分发挥,所以式(3-3)中的折减系数应改放在桩的一项上,是桩的承载力在柔性基础中没能得到充分发挥,应对其修正,按式(3-4)计算复合地基承载力和压缩模量。设法加大基础的刚度是发挥刚性桩高承载能力的重要途径。

第四节 管桩复合地基加固桥头深厚软基的效果分析

摘 要:现场实测资料表明,深厚软基经过管桩复合地基处理后,通过减少总沉降量来控制工后沉降的目的已达到,减少幅度超过95%。管桩地基在填土过程中几乎只产生几个千帕的超静孔隙水压力,表明荷载基本被桩体承担,桩间土承担的很小。路堤填土在桩与桩间土之间发生了不等的沉降变形,导致路堤产生土拱效应,从而使桩的高承载能力得以发挥。土压力的测试结果表明,填土荷载在向桩帽集中,桩帽平台上的平均土压力是桩间土土压力均值的13.6倍之多,桩帽平台上承担的土重为总荷载的77%,而桩间土承担的仅占23%。柔性基础下的刚性桩复合地基桩土应力比的概念只能说明土拱效应的强弱,不能简单地用它计算刚性桩复合地基的承载力和压缩模量;预压阶段桩土应力比在11.5 ~20.9之间变化。桩与桩间土的承载能力都没有充分发挥,管桩承担的荷载仅仅是其能力的20%,桩间土的承载能力也只发挥12%。

一、引言

管桩复合地基法广泛应用于工业民用建筑领域的地基加固,并取得了丰富的成果和经验,有了相应的产品标准,但在高速公路建设中的运用却是近几年的事。由于高速公路对工后沉降量的要求较高,而高速公路所在地的地质条件往往也不甚好,尤其是东部沿海的高填方桥头深厚软基,过去大都采用预压方法进行处理,由于工期、技术、施工安全等方面原因,处理结果往往不十分理想,建成后工后沉降量较大,常常达不到交通运输部部颁标准,形成桥头跳车。一是要常常修补,二是行车也不舒适、安全。随着国力的增强,管桩复合地基法也逐渐被引入到高速公路高填方桥头深厚软基的处理中来。

预应力混凝土薄壁管桩复合地基法是一种由高强度刚性桩与桩周软土共同组成的地基,它与碎石桩、搅拌桩组成的复合地基的区别在于,桩体的强度比碎石桩、搅拌桩高,比CFG桩的桩身强度也高，而且在桩顶设置面积较大的混凝土承载板（简称桩帽）；在组成的复合地基中，桩承担更大的荷载，充分发挥桩的高承载特性。用它处理高填方桥头深厚软基的思路是将高填方路堤荷载通过桩体传入深层好的地层上，绕过了上部软弱土层，避免了产生过大的软土压缩量和施工中会出现的路堤稳定问题，加快了施工进度及大大减少了工后沉降量，但相比预压法造价会提高不少。为了验证它的有效性，在试验段内作了深入的现场试验与研究，本节就是试验的结果和总结。希望对高速公路的修建，对软基处理、设计与施工安排等有指导意义和借鉴作用。

二、地质条件

试验段中预应力混凝土薄壁管桩复合地基法的桥头试验区，编号为 N2，桩号为 K118 + 557 ~ K118 + 623。重点观测断面设在 K118 + 593。

图 3-30 是试验段工程 N2 加固区 K118 + 593 的土层剖面。钻孔柱状图显示本管桩加固区有 4 层软土。

钻孔柱状图

工程名称	杭州湾跨海大桥南岸接线深厚软基处理试验段工程			工程编号	HZWS-N2
孔　号	QK12	坐标	X=K118+593后5m	稳定水位	0.80m(原地面下)
孔口高程	1.90m		Y=路基中心轴线	里　程	K118+593

地质时代	层号	层底高程(m)	层底深度(m)	分层厚度(m)	柱状图	岩性描述	土类
Q_4^{3+m}	②$_1$	-0.10	2.00	2.00		亚黏土，上部褐黄色，下部灰黄色，可塑~软塑，为耕作土。	亚黏土
Q_4^{3+m}	②$_2$	-10.60	12.50	10.50		淤泥质亚黏土：灰色，流塑，饱和，具水平层理。	淤泥质亚砂土
Q_4^{2+m}	③$_1$	-23.60	25.50	13.00		淤泥质亚黏土：灰色，流塑，水平薄层理，夹少量淤泥质黏土。	淤泥质亚黏土
Q_4^{2+m}	③$_2$	-33.10	35.00	9.50		亚黏土：上部灰绿色~灰色，以亚黏土为主，夹砂粒，硬塑，下部以亚砂土为主，稍密，软塑，夹粉砂或亚黏土薄层。	亚黏土

南京水利科学研究院　　制图：吴洪林　　检查：娄 炎　　图号：N2-03

外业日期：2004.3.26

图 3-30　管桩加固区 K118 + 593 土层剖面图

K118 +593 剖面软土厚度达 35m。划分为 4 个工程地质亚层，3 个是软弱土层，自地表向下分别为：②$_1$ 亚黏土（Q_4^{3+m}）层，浅层为耕植土，上部褐黄色，下部灰黄色，大部分为软塑状，少数为可塑状，厚度普遍偏小，一般在 2.0m 左右；②$_2$ 淤泥质亚黏土（Q_4^{3+m}）层，该层灰色，呈流塑状，饱和，本层厚度为 10.5m；③$_1$ 淤泥质亚黏土（Q_4^{2+m}）层，灰色，呈流塑状，饱和，夹少量淤泥质黏土，本层厚度为 13m；③$_2$ 亚黏土（Q_4^{2+m}）层，上部灰绿色～灰色，以亚黏土为主，夹砂粒，硬塑，下部以亚砂土为主，稍密，软塑，夹粉砂或亚黏土薄层，本层厚度大于 9.5m。各土层物理力学指标如表 3-40 所示。

土层主要物理力学指标　　表 3-40

土层代号	土层厚度	含水率	湿密度	孔隙比	液限	塑性指数	液性指数	压缩系数	压缩指数	回弹指数	固结系数 $\times 10^{-3}$	渗透系数 $\times 10^{-6}$	无侧限抗压强度	室内测灵敏度
	—	w	ρ	e	w_L	I_p	I_L	a_v	C_c	C_s	C_v	K_{20}	q_u	S_t
	m	%	g/cm^3	—	%	—	—	MPa^{-1}	—	—	cm^2/s	cm/s	kPa	—
②$_1$	2.0	34.0	1.86	0.964	33.1	13.1	1.08	0.44	—	—	6.53	6.03	50.4	14.6
②$_2$	10.5	37.6	1.84	1.029	29.3	9.7	1.83	0.453	0.237	0.011	8.30	15.4	34.1	—
③$_1$	13.0	42.5	1.76	1.209	36.8	14.5	1.41	0.66	0.439	0.033	4.99	0.90	104.4	8.7
③$_2$	9.5	30.2	1.92	0.853	29.5	12.7	1.03	0.188	—	—	—	4.08	96.0	11.2

三、加固方案与实施概况

1. 具体加固方案

管桩的设计直径为 400mm，壁厚 55mm，桩体强度要求达到 C60；桩帽采用 C30 混凝土，为正方形状，边长 100cm，厚 30cm；桩顶铺设 50cm 厚的碎石垫层，垫层采用粒径 2～5cm 的洁净碎石，加铺一层钢塑土工格栅，铺于地面以上 30cm 处的碎石垫层内，钢塑土工格栅要求延伸率≤3.0%，其纵向抗拉强度 >80kN/m，横向抗拉强度 >60kN/m。

桩的打设深度有 36m、32m 两种；间距也有两种，分别为 2.4m 和 3.0m。它们分别对应于桥头路段和桥头过渡段，都为正三角形布置。

N2 段落主要设计参数及工程量见表 3-41 所列。

管桩的主要设计参数与工程量　　表 3-41

区号	起讫桩号	路段类型	设计路堤高度（m）	桩长（m）	间距（m）	总根数	总延长米（m）
N2	K118 +557～K118 +593	桥头路段	6.2	36	2.4	298	10 728
	K118 +593～K118 +623	桥头过渡段	4.0	32	3.0	190	6 080

2. 加固实施概况

(1) 沉桩施工

试验段管桩采用锤击法和静力压入法沉桩，采用的柴油锤击打桩机，型号是 DJ-25，冲击锤 D30-32，落距 1.2m；静力压桩机是 DZJ-200 型。一般在场地的边角地带用锤击打桩机沉桩，在平坦开阔地带由静力压桩机施工。总共沉桩 488 根，各机械沉桩数量见表 3-42 所示。管桩都为开口型桩尖。

各机械沉桩数量统计　　表 3-42

沉桩机械	桩长(m)	数量(根)	合计
柴油锤击打桩机	32	62	212
	36	150	
静力压桩机	32	128	276
	36	148	

整个管桩施工从2004年3月27日起,到2004年4月30日结束,实际施工20d,两方法日均沉桩24.4根,静压法日均沉桩14.53根(19d),锤击法日均沉桩10.6根(20d)。

静力压入法沉桩中36m桩长分3节完成,每节12m,中间焊接而成,进行桩顶压力统计时每种桩长的数量相同。对32m桩长虽然也是3节组成,但3节长度与压入顺序不同,有12m、10m、8m三种长度和12m+10m+10m、10m+10m+12m和12m+12m+8m三种压入顺序的组合,因此进行桩顶压力统计时样本数量差异较大,统计结果较难比较。但从统计结果可以看出,压入桩各段桩顶压力变化并不太大,变异系数都在0.15以下,最大与最小压力比值在1.2~2.5之间,具体结果见表3-43、表3-44所示。

36m桩各段桩长的桩顶压力统计　　表 3-43

桩长(m)	统计数量	桩顶压力均值(kN)	标准离差(kN)	变异系数	最大值/最小值(kN)
12.0	148	192.56	24.96	0.130	251/125
24.0	148	257.70	25.01	0.097	314/219
36.0	148	462.15	41.21	0.089	596/376

32m桩各段桩长的桩顶压力统计　　表 3-44

桩长(m)	统计数量	桩顶压力均值(kN)	标准离差(kN)	变异系数	最大值/最小值(kN)
10.0	17	132.76	13.87	0.104	157/125
12.0	111	181.88	33.96	0.187	314/125
20.0	17	225.65	18.36	0.081	251/188
22.0	92	262.24	45.02	0.172	376/175
24.0	19	258.21	29.77	0.115	313/219
32.0	127	512.65	69.12	0.135	787/376

静压桩中力与桩入土深度间的拟合关系如图3-31、图3-32所示,用指数函数拟合,相关关系良好。图中曲线表明,随着桩入土深度加大,压桩力也增大,增大的比率超过线性增长率,说明桩入土阻力增率加大,桩的承载力快速增长。

锤击法沉桩中36m桩长分3节完成,每节12m,中间焊接而成,进行锤击累计击数统计时每种桩长的数量相同。对32m桩长虽然也是3节组成,但3节长度与打入顺序不同,有12m、10m、8m三种长度和12m+10m+10m、10m+10m+12m、12m+8m+12m、8m+12m+12m、12m+12m+8m和10m+12m+10m六种打入顺序的组合,因此进行锤击累计击数统计时样本数量差异也较大，统计结果较难比较。各段桩锤击累计击数变化较大，变异系数在0.15～0.35之间，最多与最少击数比值在1.6～4.1之间。统计结果见表3-45、表3-46所示。

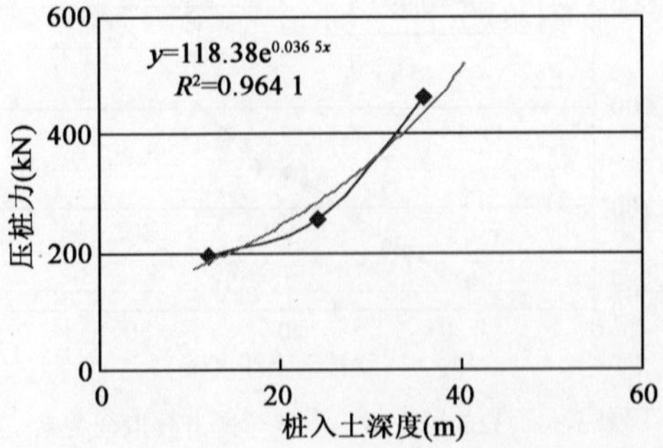

图3-31　36m桩长入土深度与压桩力拟合关系

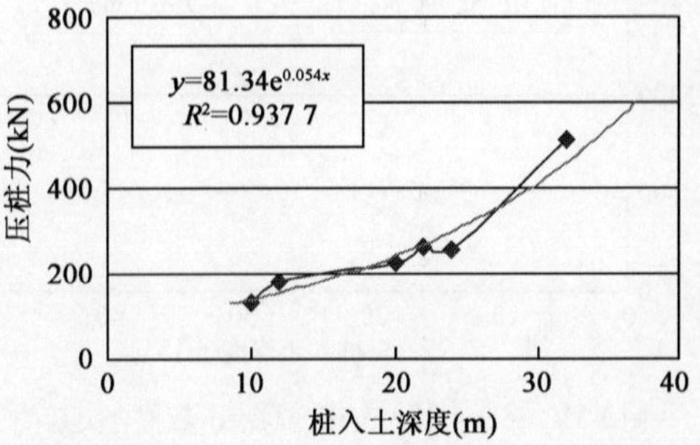

图3-32　32m桩长入土深度与压桩力拟合关系

36m桩各段桩长累计锤击击数统计　　表3-45

桩长(m)	统计数量	累计锤击击数(均值)	标准离差	变异系数	最大值/最小值
12.0	150	37.87	12.34	0.326	80/24
24.0	150	121.80	42.70	0.351	275/67
36.0	150	321.60	59.65	0.185	531/212
最后10cm的击数	150	2.105	0.183	0.087	2.7/1.5

32m桩各段桩长累计锤击击数统计　　表3-46

桩长(m)	统计数量	累计锤击击数(均值)	标准离差	变异系数	最大值/最小值
8.0	15	28.53	4.17	0.146	37/22
10.0	7	40.29	5.91	0.147	47/30
12.0	40	55.05	11.77	0.214	78/36
20.0	40	136.40	30.78	0.226	193/73
22.0	21	141.71	47.44	0.335	204/83
24.0	1	172.0	—	—	—
32.0	62	301.95	84.93	0.281	427/146
最后10cm的击数	62	1.574	0.461	0.293	2.3/0.6

表3-45、表3-46的统计数据显示，最后10cm的击数36m桩长比32m桩长大25%，说明36m桩底端承载力要高不少。

锤击数与桩入土深度间的拟合关系如图3-33、图3-34所示，用幂函数拟合，相关关系良好。图中曲线表明，随着桩入土深度加大，锤击数增大，增大的比率也超过线性增长率，说明桩入土阻力增率加大，桩的承载力快速增长。

(2)桩身质量检查

按比例共抽查49根管桩进行了低应变检测，检查结果见表3-47。其中Ⅰ类桩43根，占87.8%；Ⅱ类桩6根，占12.2%。Ⅱ类桩的质量问题大都在桩身的局部部位有轻微损伤，是运输、堆放与吊装时不小心产生的，不影响使用。

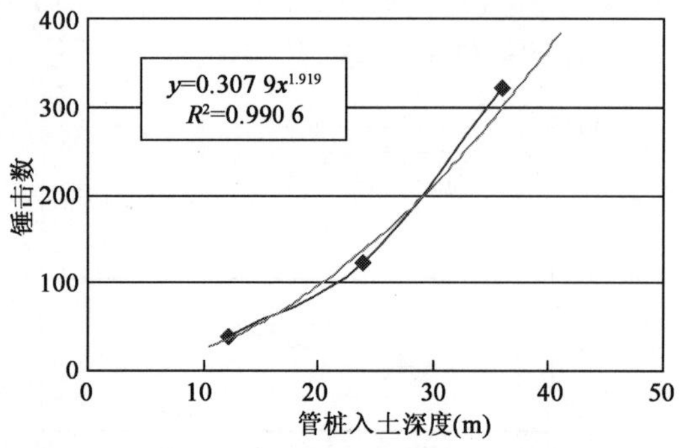

图 3-33　36m 桩长入土深度与锤击数拟合关系

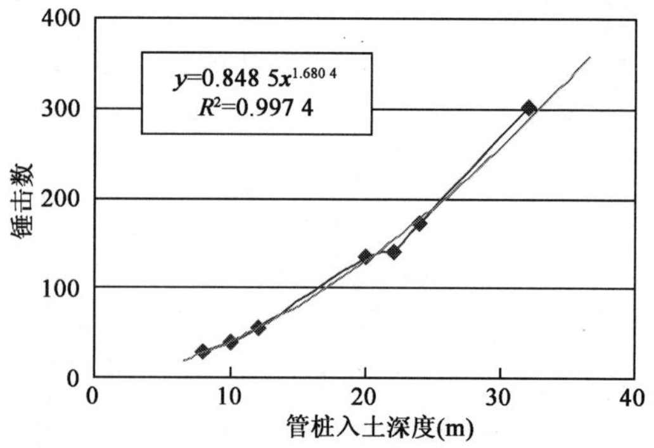

图 3-34　32m 桩长入土深度与锤击数拟合关系

管桩低应变检测结果　　表 3-47

起讫桩号	桩长(m)	间距(m)	总根数	检测根数	检测结果	
					Ⅰ类桩	Ⅱ类桩
K118 + 557 ~ K118 + 593	36	2.4	298	30	28	2
K118 + 593 ~ K118 + 623	32	3.0	190	19	15	4
累计	—	—	488	49	43	6

四、加固效果分析

1. 从沉降观测看加固效果

图 3-35 示出桥头软弱地基经过预应力混凝土薄壁管桩加固后，在路基填土过程及预压中地表发生的沉降随时间的变化过程。观测资料表明，经过加固处理后，地基沉降得到有效控制。在路堤填筑厚度达到 5.0m 的过程中，地基发生的最大沉降仅为 52mm，累计值为 57mm，远小于本工程中类似地质条件下堆载排水预压处理路段的地基压缩变形，管桩复合地基大大减少了地基的总压缩量，效果显著，减少幅度超过 95%。在以后 10 个月的预压过程中，也仅产生 18mm 的沉降量，占总沉降量的 24.0%，累计值达到 75mm，其后沉降渐趋稳定。说明管桩复合地基通过减少总沉降量来控制工后沉降的目的已达到，同时也看出管桩复合地基的压缩变形主要发生在填土加荷期间。

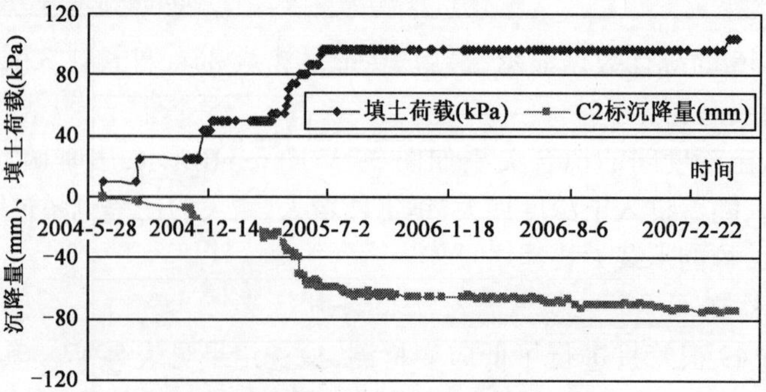

图 3-35　管桩路段填土过程与沉降过程线

要说明的是，在管桩复合地基上填筑速率本应该是可以很快的，但因土源问题未解决好，致使3.7m的填土在10个月内才完成，实际上按管桩复合地基的承载能力，填筑能在两个月完成。可以从下面资料得到验证：在2005年4月25日~5月3日的9d中连续4次填土，厚度达到1m，其沉降也仅发生3mm，超静孔压也没产生多少（表3-48），路堤与地基都没有出现失稳征兆。因此，填筑速度是能大大提高的，可以两天一层连续加荷不会引起地基失稳，遗憾的是这个优势没有发挥出来。

2. 沉桩与填土引起的超静孔隙水压力分析

表3-48是管桩复合地基在沉桩与填土过程中，在地基中形成的超静孔隙水压力值。它有以下四个特点：

管桩沉桩施工与填土过程产生的超静孔隙水压力(kPa)　　表3-48

测头埋深(m)	K118+573断面(2.4m间距)		K118+610断面(3.0m间距)	
	沉桩结束	连续填土1m	沉桩结束	连续填土1m
30	64	3	40	3
27	51	4	30	2
24	52	2	26	2
21	45	1	31	1
18	37	1	16	0
15	34	1	20	0
12	27	0	15	0
9	25	0	15	0
6	21	0	9	0
3	15	1	8	1

第一，沉桩过程产生的超静孔隙水压力不太大，最大值仅为64kPa，比CFG桩施工产生的要小许多，最大值是CFG桩施工的60%左右，原因就是二者沉桩工艺不同。管桩施工是不完全排土桩工艺，沉桩结束时都能看到管桩内腔1/2~2/3的高度被土充满，它大大减少桩对土的侧向挤压作用。36m长的管桩实际的排土体积经测算为3m^3左右，约占桩外径体积的70%，排土体积减小了30%，从而减小了土中超静孔隙水压力。

第二，沉桩施工产生的超静孔隙水压力随桩的入土深度而增加。这是由于桩入土时侧向挤压较小，特别是在软基的浅层部位，地基土大部分进入管桩的内腔。地基内超静孔压主要是桩挤压软土形成，深部的土被桩入土过程挤压的时间长、力量大，所以累积的超静孔隙水压力也就大。

第三，沉桩中同深度软土，2.4m间距区产生的超静孔隙水压力比3.0m间距区的要大。这是2.4m间距区桩的密度比3.0m间距区的要大，前者平均5m^2有1根桩，而后者平均7.8m^2才有1根桩，因而2.4m间距区沉桩的挤压作用要大，产生的超静孔压也就大。

第四，管桩地基在填土过程中几乎没产生多少超静孔隙水压力，就是在填土频度最大期间也是如此。表中所列连续填土1m是在9d内完成的，地基内产生的超静孔压也只有几个千帕，量值很小。这充分表明填土时，荷载基本被桩体承担，桩间土承担的很小，实现了设置管桩形成复合地基的目的。表3-48中数值也显示，在桩的深部超静孔压稍大，这也是桩及桩帽将填土荷载传递到地基深处所致。

3. 复合地基承载力的计算与分析

管桩施工结束后分别进行了单桩与桩间土承载力静载荷现场试验。测试结果见表3-49所列。

桩间土与管桩单桩承载力测试结果 表3-49

管桩			桩间土			
桩长(m)	极限值(kN)	承载力特征值(kN)	载荷板面积(m^2)	试验荷载终值(kN)	特征值(kN)	承载力特征值(kPa)
32	>1 650	825	0.5	270	130	260
36	>1 800	900	1.0	350	280	280

由管桩形成的复合地基的承载力目前还没有合适的计算公式，先引用文献[25]中推求CFG桩复合地基承载力的公式[式(3-3)]来计算，结果见表3-50。

管桩复合地基承载力计算 表3-50

桩间距(m)	不计桩帽时面积置换率	考虑桩帽时面积置换率	单桩竖向承载力特征值(kN)	单桩截面面积(m^2)	桩间土体承载力折减系数	桩间土承载力特征值(kPa)	复合地基承载力特征值(kPa)
2.4	0.025 2	0.200 5	900	0.125 7	0.85	270	404
3.0	0.016 1	0.128 3	825	0.125 7	0.85	270	332

从表3-50中看出，复合地基表面的承载力还是很大的。式(3-3)是由碎石桩复合地基承载力计算式沿袭而来，原式是在桩与桩间土受荷时发生等沉降变形的前提下得出的，做到这一点就要求基础的刚度很大，基础在受荷过程中本身不发生太大的变形，不然桩、土沉降就很难保持一致。在路堤碎石垫层这种刚度不十分大的基础工况中，管桩就会刺入碎石垫层中，桩与桩间土在路堤荷载作用下发生的沉降就不可能一样，管桩会发生刺入作用，此时复合地基承载力就不满足公式(3-3)要求的条件。因此，用式(3-3)计算所得的结果很难说明什么。其二，本案例实际使用时是戴有桩帽的管桩，推求复合地基承载力时没按有桩帽情况来考虑；如要考虑桩帽，那在做单桩载荷试验时应连桩帽一起做，这时单桩承载力就不一定是800～900kN了，桩帽下的桩间土也要参加工作，而且要桩发挥高承载力的作用，桩帽必须有较大的刚度，否则二者又不能协调工作。

管桩、桩帽下的桩间土和桩帽周边的桩间土，再加上在它们之上的碎石垫层，四者构成了一个复杂的受力体系。因此，路堤下管桩复合地基的受力传递机理、体系中受力的分配，承载力概念的界定、运用、测定及计算方法都是一个需要深入研究的课题。

原试图从现场静压沉桩的压桩力来推求管桩的承载力，但发现现场静压桩施工时，只需要单桩载荷试验极限承载力的25%～30%就能使桩沉入，沉桩施工的压桩力只相当于单桩载荷试验极限承载力测试过程中下沉3～5mm时的荷载，见表3-51所列。所以会出现这种情况，分析原因主要就是压桩施工时，桩体的侧面还没有与土黏结，没有形成黏结凝聚力，仅有桩与土的滑动摩阻力和桩端阻力，而在做载荷试验时，桩打入已有一个多月，桩身侧表面与桩周土已黏结在一起，形成黏结凝聚力。所以，做单桩载荷试验时，桩向下移动不仅要克服桩端阻力、桩移动时的动摩阻力，还必须克服桩周的黏结凝聚力。当然，载荷试验时测出的承载力就一定会大很多。

静压桩施工的压力与单桩载荷试验值的比较 表3-51

序 号	比 较 内 容	32m管桩	36m管桩
①	静压桩的压入压力(kN)(这里指载荷试验桩,与③对应)	502	439
②	①的压力对应于单桩载荷试验的沉降量(mm)	5.3	3.3
③	单桩载荷试验的极限承载力(kN)	1 650	1 800
④	③对应的单桩达到极限承载力的沉降量(mm)	21.68	18.78
⑤	①/③=静压桩施工的压力/单桩载荷试验的极限承载力	0.30	0.24
⑥	全部静压桩施工压力的均值(kN)	513	462
⑦	⑥/③=静压桩施工压力的均值/单桩载荷试验的极限承载力	0.31	0.26

4. 桩间土沉降测试结果与分析

路堤填筑时桩间土地表和桩底部软土的沉降变形如图3-36所示。它表示了地下1.5m和桩底36m处土层的沉降变形情况,同时也绘出地面路堤中央的沉降变形曲线,可以近似将它看作是桩顶的下沉量。从图3-36中可以看出,在路堤荷载作用下,桩身长度内的桩间土发生的沉降变形都远远大于路堤的沉降量,近地表1.5m深处的沉降量是桩顶的2.2倍。碎石垫层被压入桩间土中,路堤填土在桩与桩间土之间发生了不等的沉降变形,这种变形的差异,将引起路堤的土拱效应,从而使桩的承载能力得以发挥,差异越大,桩的作用发挥越好。桩底深度的土层沉降量不大,与路堤沉降相当,说明桩间土随着深度加大,其压缩量也渐趋减小。

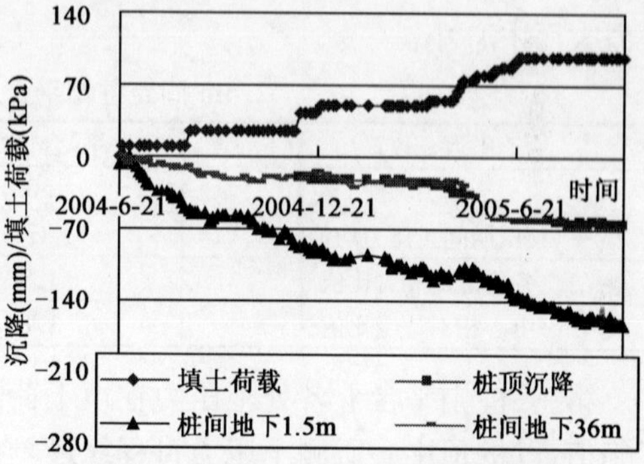

图3-36 桩间土与桩底土层沉降观测结果

5. 桩顶土压力测试结果与分析

管桩试验区内在管桩桩帽平台上面、桩帽平台下面和桩间土上分别埋设了土压力盒。从断面上分2.4m间距段和3.0m间距段;在埋设的断面上,于近路走向中心处、路肩、路基边处的3根桩上都布置了压力盒,如图3-37所示,土压力盒的具体摆放位置如图3-38所示。在管桩桩帽平台下面的边缘也埋设了土压力盒,与平台上面④、⑤位置对应。桩间土上压力盒置于桩间距的形心上。

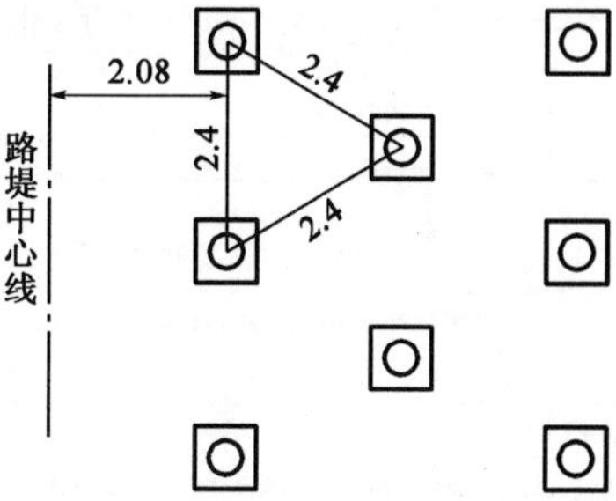

图3-37 管桩2.4m间距布置图
(尺寸单位:m)

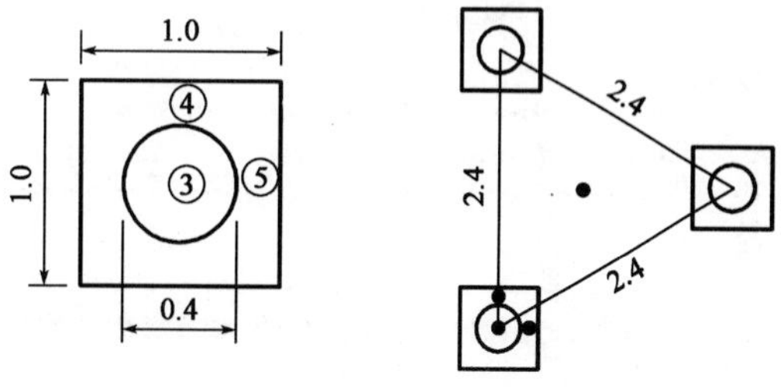

图3-38 管桩桩帽平台上及土中土压力盒布置示意图
(尺寸单位:m)

图3-39表示的是2.4m间距区管桩桩帽平台上不同位置土压力的测试结果,从该图上能看出桩帽平台上的土压力有以下几个特点。

第一,桩帽平台上任何一个土压力盒测值都超过填土压力均值97kPa,说明桩帽平台上承受的土压力超过了填土压力的平均值,表明填土荷载不是均匀作用在桩帽和桩间土上的,填土荷载在向桩帽集中,它是土拱效应作用的结果。

第二,在1m^2的平台上,土压力分布也是不均匀的,在平台中央(即桩顶③号位上)承受的土压力较大,桩帽平台边缘较小;表3-52示出预压期间平台上土压力的均值。能够看出,平台上不同位置土压力大小是不同的,在平台中心的土压力是整个平台土压力均值的1.30倍,是平台边缘均值的1.87倍,而平台边缘仅是平台均值的70%,说明填土荷载向桩帽平台中心集中的现象显著,平台边缘次之。原因是平台边缘在荷载作用下发生向下的弯曲变形、土拱断面的压力轴线向平台中心移动所致,而平台中心为桩顶所在处,因桩的承载力高、刚度大,难以发生向下的变形,所以土压力必然会大;这个结果与文献[33]所测结果正好相反,它们是边缘土压力大而中心小。

2.4m间距桩帽平台上各位置土压力测值(kPa) 表3-52

压力盒位置	平台中心	平台边缘	平台均值
土压力峰值	507	262	385
预压期间土压力均值	476	255	366
各均值的相对比值	1.30	0.70	1.0
中心相对边缘比值	1.87	1.0	—

第三,桩帽平台上各处土压力在填土荷载达到路堤设计高程不久后一般都达到最大,出现了峰值,以桩顶中心所测土压力过程线最具代表性,此后在恒载预压过程中,桩顶中心土压力在一段时间内保持稳定,此后土压力有所下降,而桩帽平台边缘土压力有所上升,变化幅度不是太大,这说明填土预压过程中桩帽上土压力是在调整的,会产生应力重分布。

图3-40表示的是3.0m间距区管桩桩帽平台上不同位置土压力的测试结果。从该图上也能看出桩帽平台上的土压力分布与2.4m间距区有相同的特点,即平台上面土压力测值都大于填土荷载的平均压力;土压力在平台上分布不均匀,平台中心大、边缘小;在填土荷载达到路堤设计高程后土压力一般都出现了峰值。该图上还示出平台下面边缘处的土压力的测值,这说明桩帽平台在填土荷载作用下,平台发生弯曲,平台下的桩间土也参与了工作,支撑反力平均值为24kPa,但作用面积大小不是很清楚,它与平台的挠度大小有关。

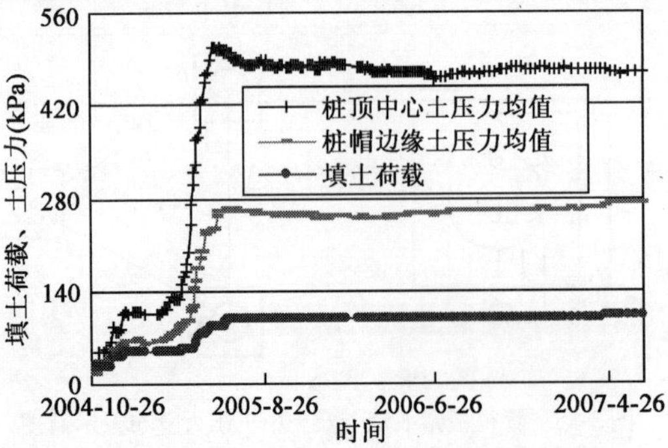

图3-39 2.4m间距区桩帽上不同位置土压力测试结果

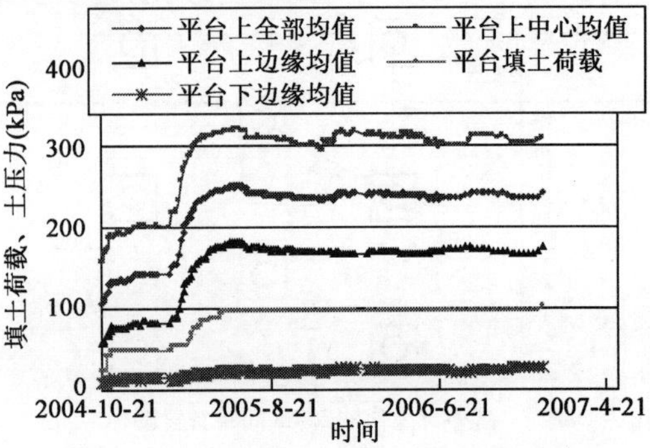

图3-40 3.0m间距区桩帽上不同位置土压力测试结果

3.0m间距区预压期间桩帽平台各位置土压力的均值表示在表3-53当中。能够看出，3.0m间距桩帽平台中心土压力比2.4m间距区要小36%，平台边缘平均要小33%，平台上土压力总的均值比2.4m间距区要小35%。该差值正好和它们一个间距三角形面积差率0.36相近(即[(3.0的面积-2.4的面积)/3.0的面积])，这说明**预压期间路堤下刚性桩复合地基桩顶承受压力大小与间距的平方成反比**。平台下的桩间土提供的支撑反力最大值是在预压后期发生的，为28kPa，此时桩帽平台弯曲程度有所增加。

3.0m间距桩帽平台上各位置土压力测值(kPa) 表3-53

压力盒位置	平台上面中心	平台上边缘	平台上全部测值的均值	平台边缘下面土压力均值
土压力峰值	320	182	251	28
预压期间土压力均值	307	170	239	24
各均值的相对比值	1.28	0.71	1.0	—
中心相对边缘比值	1.81	1.0	—	—
土压力均值与2.4m间距区比较	-36%	-33%	-35%	—

6. 管桩复合地基的土拱效应与分析

在没有管桩的天然地基上修建路堤时，路堤对地基产生的压力可近似认为是平均分布的，本案中应为97kPa；有了戴有桩帽的管桩后，路堤给地基的压力就不再平均分布，桩帽平台上的土压力要远远高于平均填土压力，而桩间土受到的土压力比填土压力小许多，这已从现场的量测中得到证实。图3-41清楚地显示出二者的巨大差异，桩帽平台上面的平均土压力(整个预压期内均值为366kPa)是填土压力(预压期为97kPa)的3.8倍，桩间土承受的土压力(预压期内均值为27kPa)仅仅是填土压力的28%，桩帽平台上面承受的平均土压力(366kPa)是桩间土承受的土压力均值(27kPa)的13.6倍之多，这就是土拱效应所致。由于管桩与桩间土有着差异较大的压缩模量，二者在填土荷载作用下产生大小不同的压缩变形，引起填土路堤在桩间土位置的下沉趋势，而路堤自身具有的高抗剪强度又使得路堤不能“随心所欲”地下沉，这就造成路堤通过自身的抗剪强度将荷载传递到压缩变形较小或者说下沉量较小的桩帽平台上，出现了应力集中或者应力转移现象，产生了土拱效应。土拱效应产生的应力集中或应力转移程度是与路堤荷载大小、桩间土和桩帽间下沉量的差异程度、路堤自身抗剪强度的高低、桩帽间距及桩帽大小等有关。

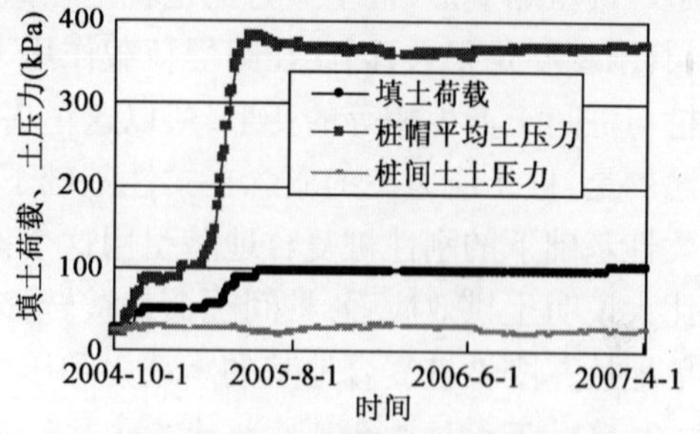

图3-41 2.4m间距填土及预压中桩帽平台与桩间土土压力

以本案的2.4m间距为例，从荷载角度出发，对桩、桩间土各承担的荷载作了计算，结果见表3-54。在三角形布置、间距2.4m区中，考虑桩帽的效果、管桩的置换率为20%，按路堤高度5.05m计，一个间距内土柱的理论总重为242kN，现在二者实测值相加为237kN，与理论值很接近，可以看出现场测值基本上是可靠的。计算结果显示，桩帽平台上承担的土重为总荷载的77%，而桩间土承担的仅占23%。它与文献[33]在现场所测结果相近。这里充分体现出管桩的作用，土拱效应使管桩得以发挥出它的“主力军”作用。从这个角度出发，也应重视路堤的填筑质量，提高路堤自身的抗剪强度。由于路堤荷载的大部分被桩承担，而且荷载也仅有183kN，它远小于管桩单桩的承载力900kN，桩间土承载力也远大于它所承担的荷载，所以管桩复合地基在路堤荷载作用下沉降量很小也是理所当然的。

2.4m 间距区桩与桩间土承担荷载计算结果(kN)　　表3-54

路堤高度(m)	间距内土柱总重(kN)	间距内桩帽占的面积(m^2)	桩帽上土压力均值(kPa)	桩承担的荷载(kN)	间距内土的面积(m^2)	桩间土土压力均值(kPa)	桩间土承担的荷载(kN)
5.05	242	0.5	366	183	1.994	27	54

五、对桩土应力比的理解与分析

1. 路堤下管桩复合地基桩土应力比的含义

桩土应力比的概念最初是研究碎石桩、石灰桩复合地基时引入的，主要是用于柔性桩复合地基的承载力及沉降量计算，在仅有单桩承载力与桩的压缩模量时，利用已有的桩土应力比来推求复合地基的承载力和计算复合地基的压缩量，即平均刚性模数法。顾名思义，“刚性”就是要求荷载的基础刚度无限大、不变形，这就使得基础面下复合地基的变形量是一致的，产生的是等量压缩变形，桩土应力比也就是在这个条件下推求得到的。现在路堤基础不是刚性基础，其刚度不是很大，因此在路堤荷载作用下，复合地基各点的压缩变形量就不会一样，不能保证桩与桩间土产生相等的变形，所以这里讲的桩土应力比概念应该是与最初的含义有所不同。遗憾的是，桩土应力比的概念在柔性基础下的刚性桩复合地基中也常被引用，作者认为，柔性、半柔性基础下的刚性桩复合地基引用这个概念目前只能用于说明土拱效应的强与弱，桩土应力比大说明土拱效应强，桩间土荷载被转移到桩上越多，刚性桩的作用发挥得越好。不能用它简单地计算刚性桩复合地基的承载力和压缩模量，原因就是这里的应用条件发生了改变。

2. 路堤下管桩复合地基桩土应力比

按照上述对管桩桩土应力比的理解，整理了2.4m间距区桩土应力比在填土过程及预压过程中的变化过程线，如图3-42所示。在填土加荷期间，桩土应力比在0.8～18.2之间，随荷载上升，桩土应力比逐步由小增大。在预压阶段，桩土应力比在11.5～20.9之间变化，最大值出现在此阶段，预压阶段的均值为14.4。

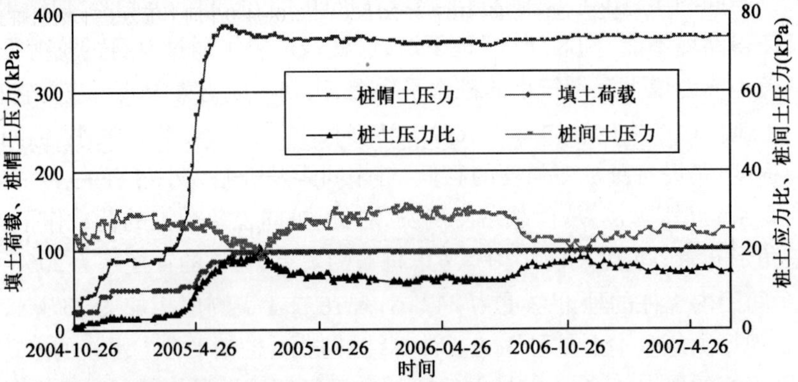

图3-42　2.4m间距区填土荷载、桩帽土压力、桩间土压力和桩土应力比时程线

3. 路堤下管桩复合地基桩土应力比分析

在图3-42中,桩的应力是桩帽平台上的平均土压力,桩间土压力也是几个测点的均值。对于桩土应力比在填土加荷及预压过程中的变化,可分为以下五个阶段来分析。

(1)填土初期,填筑前期准备阶段,荷载在20kPa以下,这阶段主要做碎石垫层、铺土工格栅和第一、二层填土等,桩平台与桩间土之间没有太多的差异沉降,荷载也小,还看不出有土拱效应。

(2)填筑刚刚开始,荷载加大,桩平台与桩间土上荷载都在增加,桩平台与桩间土之间开始有较显著的差异沉降出现,桩土应力比呈上升趋势,开始显现土拱效应。

(3)荷载大幅增加,填筑强度也达到最大阶段,桩平台与桩间土之间差异沉降加剧,桩平台土压力猛增,而桩间土压力从高位下降,桩土应力比显著上升,土拱效应明显显现。

(4)路堤进入预压阶段,荷载达到最大值,差异沉降进一步增大,桩间土压力从高位继续下降,桩土应力比出现最大值20.9。之后桩平台土压力相对稳定在368kPa高位,桩间土压力逐步调整回升,桩土应力比有所下降,土拱效应正在弱化。

(5)相对稳定阶段,该阶段为平台与桩间土应力有所调整阶段。它又分为前期和后期两段:前期阶段土拱在高应力长时间作用下自身产生一定变形,土拱效应有所弱化,桩平台土压力减小,桩间土压力稳定在高位,桩土应力比下降,出现了预压期间的最小值11.5;后期阶段,桩间土压力增大后,桩间土又产生新的压缩变形,桩平台与桩间土差异沉降加大,土拱效应又有所加强,桩平台土压力又逐步上升并趋稳定,桩间土压力也逐步稳定,桩土应力比逐步上升并渐趋稳定在16上下。

因此,在荷载加完、进入预压阶段以后,桩平台上与桩间土承受的压力并不是恒定不变的。由于土的强度并不是很高,且土还具有相当大的塑性特征(即在荷载作用下被压缩的特征),所以土拱应力调整与由此而产生应力重分布也就是必然的。上述关于“阶段”的分析,具体可见表3-55所列。

桩土应力比在填土加荷及预压过程中的变化　　表3-55

段落	时段	填土荷载(kPa)	桩平台土压力(kPa)	桩间土压力(kPa)	桩土应力比	阶段情况描述
①	2004年10月中~2004年11月底	25	7→44	15→25	0.8~1.9	填土刚开始,桩间土压力与平台土压力差异不大,桩土应力比均值小于2.0
②	2004年12月初~2005年3月底	25→50	46→105	26~30	2.0→4.0	荷载增加,平台土压力升幅加大,桩间土压力上升缓慢,桩土应力比也呈上升势头
③	2005年4月初~2005年7月底	50→97	110→383	27→17.7	4.0→20.9	荷载强度增加,填土到达设计值,平台土压力激增,桩间土压力明显下降,桩土应力比明显上升并出现极值
④	2005年8月初~2005年11月底	97	365~370波动	17.7→30	20→13	进入预压阶段,平台土压力稳在高位,桩间土压力经调整后渐渐上升,桩土应力比渐降
⑤	2005年12月初~2007年4月初	97	357~369波动	31→22	11.5~17	处在预压阶段,平台土压力略有降低并稳定,桩间土压力缓降并稳定,桩土应力比也止跌回升、渐趋稳定

六、结论

根据上面分析可以得出以下结论：

(1)本工程管桩复合地基通过减少总沉降量来控制工后沉降的目的已达到，路堤填筑的过程中地基发生的最大沉降仅为52mm，远小于本工程中类似地质条件下堆载排水预压处理路段的地基压缩变形，管桩复合地基大大减少了地基的总压缩量，减少幅度超过95%。管桩复合地基的压缩变形主要发生在填土加荷期间，在预压过程中，仅产生18mm的沉降量。

(2)管桩地基在填土过程中几乎没产生多少超静孔隙水压力，只有几个千帕，量值很小。充分表明填土时，荷载基本被桩体承担，桩间土承担的很小，实现了设置管桩形成复合地基的目的；沉桩过程产生的超静孔隙水压力相对要大，但大都没有超过60kPa，比CFG桩施工产生的要小许多，最大值仅是CFG桩施工的60%左右；沉桩中同深度软土2.4m间距区产生的超静孔隙水压力比3.0m间距区的要大。

(3)路堤填土在桩与桩间土之间发生了不等的沉降变形，这种差异的变形导致路堤土拱效应的产生，从而使桩的承载能力得以发挥，差异越大，桩的作用发挥越好。

(4)土压力的测试结果表明，桩帽平台上承受的土压力超过了填土压力的平均值，填土荷载不是均匀作用在桩帽和桩间土上，填土荷载在向桩帽集中；在平台上土压力分布也是不均匀的，平台中央承受的土压力大，平台边缘小；桩间土的土压力仅仅是填土压力的28%，桩帽平台上的平均土压力(366kPa)是桩间土土压力均值(27kPa)的13.6倍之多；在2.4m间距区，桩帽平台上承担的土重为总承担荷载的77%，而桩间土承担的仅占23%。充分看出，土拱效应使管桩发挥出它的“主力军”作用。

(5)柔性基础下的刚性桩复合地基桩土应力比的概念只能说明土拱效应的强、弱，桩土应力比大说明土拱效应强，桩间土荷载被转移到桩上越多，刚性桩的作用发挥得越好。不能简单地用它计算刚性桩复合地基的承载力和压缩模量；在填土加荷期间，桩土应力比从0.8上升到18.2，在预压阶段，桩土应力比在11.5~20.9之间变化，预压阶段的均值为14.4。

(6)观测数据还表明，桩与桩间土的承载能力都没有充分发挥，管桩承担的荷载仅仅是其能力的20%，桩间土的承载能力也只发挥12%，在荷载不变的情况下桩间距还有增大的潜力。

第五节　联合桩复合地基加固桥头深厚软基的效果分析

摘　要：现场实测资料表明，深厚软基经过联合桩复合地基处理后，通过减少总沉降量来控制工后沉降的目的已达到，减少幅度超过90%。路堤填土在桩与桩间土之间发生了不等的沉降变形，导致路堤土拱效应产生，从而使桩的高承载能力得以发挥。土压力的测试结果表明，填土荷载在向管桩桩帽与搅拌桩桩顶集中，桩帽平台上的平均土压力是桩间土土压力均值的4.5倍，搅拌桩顶是桩间土土压力均值的1.7倍。桩帽平台上承担的土重为总承担荷载的25%，而桩间土承担的占69%，搅拌桩承担的仅占6%。预压阶段管桩的桩土应力比在4.8~7.6之间变化，比管桩复合地基中的管桩和CFG桩的都要小，土拱效应较弱。桩与桩间土的承载能力都没有充分发挥，管桩承担的荷载仅仅是其能力的40%，桩间土的承载能力也只发挥25%，尚有潜力可挖。置换率是桩体承担荷载比例大小的主要因素，提高桩体承载比例的主要途径是提高桩的置换率，增大桩帽面积。

一、引言

随着综合国力的增强，管桩复合地基法逐渐被引入到高速公路高填方桥头深厚软基的处理中，实践证明，管桩承载力大部分没有得到充分发挥，造价相对较高。为了降低造价，便产生把管桩间距加大的想法。管桩间距加大后，桩间土范围扩大，受荷面积加大，有必要使桩间土的承载力也适当加强，考虑到荷载产生的附加应力会随深度有较大幅度的衰减，没有必要加强到管桩的打入深度，因此在管桩间距中设置了水泥搅拌桩，从而形成了联合桩复合地基的处理方法。其特点是，将高填方路堤荷载通过桩体传入深层好的地层上，绕过了上部软弱土层，同时也避免了桩间土产生过大的软土压缩量，以及由此产生的负摩擦力和施工中会出现的路堤稳定问题，加快了施工进度及大大减少了工后沉降量，但相比混凝土预应力薄壁管桩复合地基法造价降低很多。这是**该方法在国内首次运用于高速公路的软基加固中**。

二、地质条件

试验段中预应力混凝土薄壁管桩与搅拌桩联合组成的复合地基这里简称为**联合桩复合地基**，该桥头试验区桩号为K119 + 110 ~ K119 + 175，编号为N8。重点观测断面设在K119 + 160。

图3-43是试验段N8加固区K119 + 160土层剖面。钻孔柱状图显示本工程联合桩加固区有4层土。划分为4个工程地质亚层，3个都是软弱土层，自地表向下分别为：②$_1$ 亚黏土（Q_4^{3+m}）层，浅层为耕植土，上部褐黄色，下部灰黄色，大部分为软塑状，少数为可塑状，厚度普遍偏小，一般在2.5m左右；②$_2$ 淤泥质亚黏土（Q_4^{3+m}）层，该层灰色，呈流塑状，饱和，具水平层理状，本层厚度为7.0m；③$_1$ 淤泥质亚黏土（Q_4^{2+m}）层，灰色，呈流塑状，饱和，夹少量淤泥质黏土，本层厚度为28.5m；⑤$_2$ 细砂（Q_3^{al-Pl}）层，灰色，中密～稍密，夹少量亚黏土薄层，本层厚度大于2.0m。K119 + 160剖面软土厚度达38m。各土层物理力学指标如表3-56所示。

土层主要物理力学指标 表3-56

土层名	土层代号	土层厚度	含水率	湿密度	孔隙比	液限	塑性指数	液性指数	压缩系数	压缩指数	回弹指数	固结系数（$\times10^{-3}$）	无侧限抗压强度	室内测灵敏度
		—	w	ρ	e	w_L	I_P	I_L	a_v	C_c	C_s	C_v	q_u	S_t
		m	%	g/cm³	—	%	—	—	MPa⁻¹	—	—	cm²/s	kPa	—
亚黏土	②$_1$	2.5	31.4	1.88	0.908	34.1	13.1	0.81	0.41	0.193	0.020	5.56	56.5	5.8
淤泥质亚黏土	②$_2$	7.0	40.5	1.82	1.111	29.9	10.2	2.20	0.67	0.254	0.022	6.88	51.2	—
淤泥质亚黏土	③$_1$	28.5	41.7	1.81	1.125	35.4	13.6	1.43	0.50	0.457	0.038	5.32	—	12.2
细砂	⑤$_2$	2.0	28.5	1.85	0.87	—	—	—	0.23	—	—	—	—	—

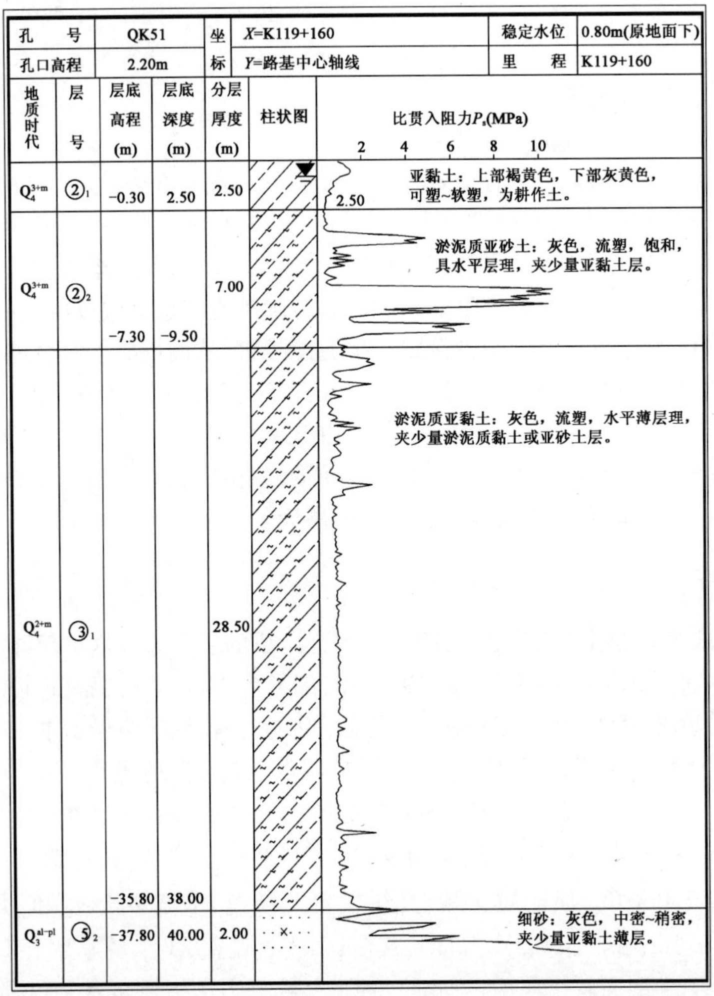

图 3-43　联合桩加固区 K119 + 160 土层剖面图

三、加固方案与实施概况

1. 具体加固方案

联合桩复合地基中，长桩为带有桩帽的混凝土预应力管桩，短桩为水泥搅拌（湿喷）桩，联合桩在平面上呈正方形布置，在一个正方形的四个角点上布置 1 根混凝土预应力管桩、3 根水泥搅拌桩，具体形式如图 3-44 所示。管桩的设计直径为 400mm，壁厚 55mm，桩体强度要求达到 C60；桩帽采用 C30 混凝土，为正方形状，边长 100cm、厚 30cm；搅拌桩直径 50cm，每延长米水泥用量为 50kg，为 32.5 号普通硅酸盐水泥；桩顶铺设 50cm 厚的碎石垫层，垫层采用粒径 2 ~ 5cm的洁净碎石，加铺两层钢塑土工格栅，第一层铺于地面以上 30cm 处的碎石垫层内，第二层铺于地面以上 50cm 处的碎石垫层顶面；钢塑土工格栅要求延伸率≤3.0%，其纵向抗拉强度 > 80kN/m，横向抗拉强度 > 60kN/m。

管桩的打设深度为 36m，间距有两种，为 3.4m 和 4.2m，分别对应于桥头路段和桥头过渡段;搅拌桩的打设深度为16m,间距有两种,为1.7m和2.1m,横向布置到坡脚,如图3-44所示。N8段落主要设计参数及工程量见表3-57所列。

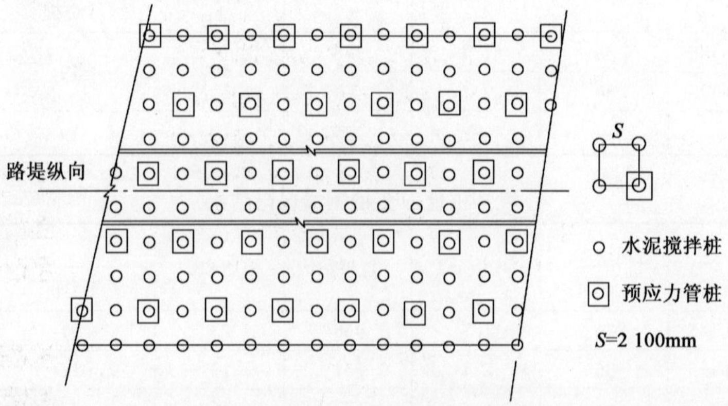

图3-44　联合桩复合地基平面布置图

管桩及搅拌桩的主要设计参数与工程量　　表3-57

区　号	起讫桩号	路段类型	设计路堤高度(m)	桩长(m)	间距(m)	总根数	总延长米(m)
N8管桩	K119+110 ~ K119+145	桥头路段	3.2	36	3.4	148	5 328
	K119+145 ~ K119+175	桥头过渡段	3.3	36	4.2	77	2 772
N8搅拌桩	K119+110 ~ K119+145	桥头路段	3.2	16	1.7	446	7 136
	K119+145 ~ K119+175	桥头过渡段	3.3	16	2.1	231	3 696

2.加固实施概况

(1)沉桩施工

管桩采用锤击法和静力压入法沉桩,采用的柴油锤击打桩机型号是DJ-25,冲击锤D30-32,落距1.2m;静力压桩机是DZJ-200型。一般在场地的边角地带用锤击打桩机沉桩,在平坦开阔地带用静压桩机沉桩;水泥搅拌桩用SJB型深层搅拌机配以HB-3型灰浆泵成桩;采取四搅一喷工艺施工,喷浆时钻杆上提速度为0.75~0.85m/min,纯搅拌时钻杆上、下速度是1.2m/min,浆液出口压力0.4~0.6MPa,喷浆量按42L/m控制。

整个施工分两时段进行,先施工桥头段(K119+110~K119+145),从2004年6月28日起,到2004年7月25日结束。从2005年1月底起,到2005年4月中进行桥头过渡段(K119+145~K119+175)施工。每段施工都是先进行管桩沉桩,然后再制作水泥搅拌桩。

在管桩沉桩中,36m桩长分3节完成,每节12m,中间焊接而成。

(2)桩身质量检查

按比例共抽查19根管桩进行了低应变检测,检查结果见表3-58,全部为I类桩。水泥搅拌桩共抽检36根,其中I类桩33根,占91.7%;II类桩3根,占8.3%,详见表3-59。

管桩低应变检测情况与结果　　表 3-58

起讫桩号	桩长(m)	间距(m)	总根数	检测根数	检测结果	
					Ⅰ类桩	Ⅱ类桩
K119+110～K119+145	36	1.7	148	19	19	—
K119+145～K119+175	36	2.1	77			
累计	—	—	225	19	19	—

搅拌桩低应变检测情况与结果　　表 3-59

起讫桩号	桩长(m)	间距(m)	总根数	检测根数	检测结果	
					Ⅰ类桩	Ⅱ类桩
K119+110～K119+145	36	1.7	446	23	21	2
K119+145～K119+175	36	2.1	231	13	12	1
累计	—	—	677	36	33	3

(3)水泥搅拌桩桩身取芯检查

由于水泥搅拌桩是现场制作,桩身质量难以控制,所以抽检了3根搅拌桩进行了标准贯入试验和取芯做无侧限抗压强度试验(工作量见表3-60),具体如下。

①标准贯入试验:移钻机至检测桩位,在桩半径的1/2处,垂直钻孔,每钻进1.5m,进行一次标准贯入,并做记录。

②无侧限抗压强度试验:在每根桩的上、中、下三个部位,分别取3～6组水泥土芯样,送试验室做无侧限抗压强度试验。

深层搅拌桩质量检测工作量　　表 3-60

检测项目	单位	数量
钻探取芯	m	48
标准贯入	次	33
取试样	组	15
无侧限抗压强度试验	组	15

标准贯入检测结果见表3-61。

标准贯入成果(击数 N)汇总　　表 3-61

深度	14-11 桩	14-13 桩	14-19 桩	N 值变化范围	N 平均值
0.7～1.0	36	20	37	20～37	31
2.2～2.5	10	16	20	10～20	21
3.7～4.0	22	22	22	22	
5.2～5.5	22	23	22	22～23	
6.7～7.0	18	16	22	16～22	
8.2～8.5	40	30	18	18～40	
9.7～10.0	17	30	16	16～30	
11.2～11.5	17	23	14	14～23	
12.7～13.0	20	33	13	13～33	

续上表

深　　度	14-11 桩	14-13 桩	14-19 桩	N 值变化范围	N 平均值
14.2～14.5	8	28	12	8～28	16
15.7～16.0	2	2	2	2	2
单桩平均值	19	22	18	—	

根据标准贯入成果可以看出：

①桩头 1m 左右，桩的强度高于其他深度桩身强度，平均达 31 击。

②桩身(2～13m)击数也较高，平均达 21 击。

③桩下部(14～15m)平均击数为 16 击，与桩头部位相比击数差别较大。

④桩端(15m 以下)击数很小，几乎和原状土一样，说明水泥量太少。

⑤14-11 号和 14-13 号两根桩强度除底部外，强度比较均匀，14-19 号桩的下部强度偏小，说明施工工艺对桩的质量会有影响。

无侧限抗压强度试验结果见表 3-62。

无侧限抗压强度成果汇总　　表 3-62

桩　号	样　号	取样深度(m)	极限强度(MPa)
14-11	1	0.7～0.9	1.53
14-11	2	1.5～1.7	0.36
14-11	3	7.5～7.7	0.44
14-11	4	7.8～8.0	1.73
14-11	5	11.8～12.0	0.61
14-11	6	13.2～13.4	0.25
14-13	7	0.4～0.6	0.47
14-13	8	3.2～3.4	0.45
14-13	9	7.4～7.6	0.57
14-13	10	7.6～7.8	0.75
14-13	11	12.0～12.2	0.93
14-13	12	12.2～12.4	0.80
14-19	13	1.3～1.5	1.61
14-19	14	7.6～7.8	0.50
14-19	15	12.2～12.4	0.46
均　值			0.764

所检测的 3 根桩的强度结果显示，桩身强度差异还是比较大的，变异系数达 0.63，标准差达 0.48，最大最小值相差近 6 倍；极限强度≥0.8MPa 的仅占 33%。这说明施工中搅拌还是很不均匀。

3 根试桩的标准贯入试验结果与无侧限抗压强度试验结果对比显示，两者沿深度的强度分布规律有很好的一致性，见表 3-63～表 3-65 所示。

14-11 号桩标准贯入击数与极限强度对比 表 3-63

标准贯入(击数 N)		无侧限强度	
深度	击数	深度	极限强度(MPa)
0.7~1.0	36	0.7~0.9	1.53
2.2~2.5	10	1.5~1.7	0.36
6.7~7.0	18	7.5~7.7	0.44
8.2~8.5	40	7.8~8.0	1.73
11.2~13	18	11.8~12.0	0.61
14.2~14.5	8	13.2~13.4	0.25

14-13 号桩标准贯入击数与极限强度对比 表 3-64

标准贯入(击数 N)		无侧限强度	
深度	击数	深度	极限强度(MPa)
0.7~1.0	20	0.4~0.6	0.47
2.2~4.0	19	3.2~3.4	0.45
6.7~7.0	16	7.4~7.6	0.57
8.2~8.5	30	7.6~7.8	0.75
12.7~13	33	12.0~12.2	0.93
		12.2~12.4	0.80

14-19 号桩标准贯入击数与极限强度对比 表 3-65

标准贯入(击数 N)		无侧限强度	
深度	击数	深度	极限强度(MPa)
0.7~1.0	37	1.3~1.5	1.53
6.7~8.5	20	7.6~7.8	0.5
12.7~13.0	13	12.2~12.4	0.46

图 3-45 绘出桩身极限强度与标贯击数的相关关系，图中曲线显示它们有良好的对应关系。

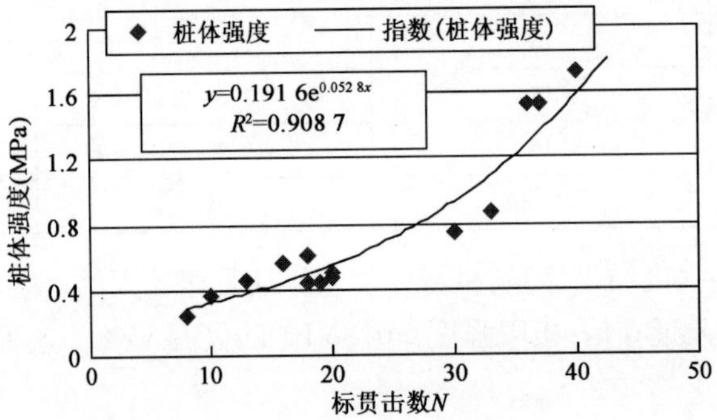

图 3-45 搅拌桩桩体强度与标贯击数的相关关系

四、加固效果分析

1. 从沉降观测资料看加固效果

图 3-46 示出桥头软弱地基经过预应力混凝土薄壁管桩和水泥搅拌桩联合加固后，在路基填筑过程及预压中地表发生的沉降随时间的变化过程。观测资料表明经过加固处理后，地基沉降得到有效控制。在路堤填筑厚度达到 3.5m 的过程中，地基发生的最大沉降为 62mm，远小于本工程中类似地质条件下堆载排水预压处理路段的地基压缩变形，联合桩复合地基大大减少了地基的总压缩量，效果明显，减少幅度超过 90%。在以后 18 个月的预压过程中，也仅产生 18mm 的沉降量，占总沉降量的 22.5%，累计值达到 80mm，其后沉降渐趋稳定。说明联合桩复合地基通过减少总沉降量来控制工后沉降的目的已达到，这里也看出联合桩复合地基的压缩变形主要发生在填土加荷期间。

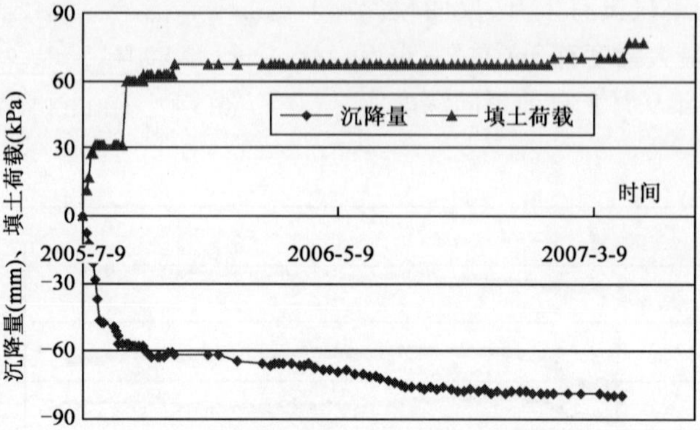

图 3-46 联合桩路段填土过程与沉降过程线

2. 复合地基承载力

管桩、搅拌桩施工结束后分别进行了单桩承载力静载荷现场试验，测试结果见表 3-66。另对搅拌桩复合地基承载力也进行了静载荷试验，结果列于表 3-67 中。

管桩与搅拌桩单桩承载力测试结果 表 3-66

桩 类 型	测 试 桩 数	桩长(m)	极限值(kN)	承载力特征值(kN)
管桩	3	36	>1 500	750
搅拌桩	3	16	270、240、240	120

搅拌桩复合地基承载力测试结果 表 3-67

载荷板面积(m^2)	置换率	桩长(m)	试验荷载终值(kN)	试验荷载终止时沉降量(mm)	承载力极限值(kN)	承载力特征值(kPa)
1.0	0.196	16	330	103.66	270	135

目前还没有合适的公式计算由管桩、搅拌桩联合形成的复合地基的承载力，这是一个尚在研究的课题。

3. 桩间土沉降测试结果

在路堤填筑时对桩间土不同深度软土的沉降变形作了观测，图 3-47 表示了地下 9.5 ~

34m处土层的沉降变形情况，同时也绘出地面路堤中央的沉降变形曲线。从图中可以看出，在路堤荷载作用下自地表到桩身长度26m内的桩间土发生的沉降变形都远远大于路堤中央地表的沉降量，在地表下35m深处也有超过20mm的沉降量。

4. 桩间土孔隙压力测试结果与分析

联合桩加固区紧靠真空与堆载加固区，孔隙压力测试断面离该区仅15m远，在联合桩加固区填土时，真空区的加固尚未终止，直到填土两个月后真空才停止。因此，在这两个月里真空明显影响着联合桩加固区的孔隙水压力变化。虽然这两个月里填土已达到1.65m，桩间土也产生了100～15mm不等的沉降量，但桩间土的孔隙水压力不仅没有上升，反而较原地下水位有所下降，最大幅度有3m左右，它表现在图3-48里2005年9月8日前不同深度实测孔压曲线中。

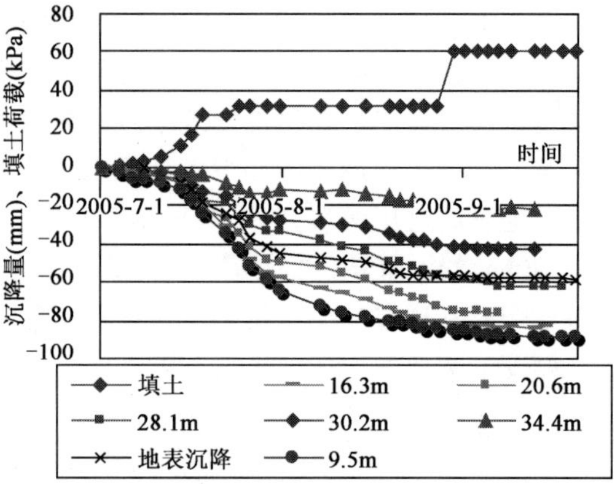

图3-47　桩间土不同深度土层的沉降

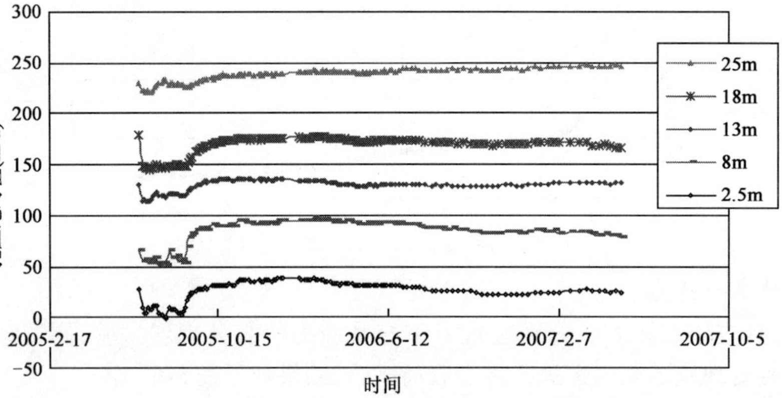

图3-48　桩间土不同深度土层的孔隙水压力观测结果

真空区停抽后，联合桩区孔隙水压力不断回升，随填土的进行，超静孔压渐渐增大，并在一些深度上由负变正，出现了正超静孔隙水压力，如图3-49中2.5～18m深范围，但量值都不大，最大没有超过20kPa。从峰值看，浅层桩间土的超静孔压较大，原因是浅层土压缩量大。所有超静孔压在填土到顶后几个月内都消散完毕。图3-49中25m深度处的超静孔压基本上处在负值范围，原因就是该深度以下土层沉降量小，压缩量小，由填土形成的正超静孔压值小于填土初期受邻近真空区影响产生的负超静孔压值。

5. 桩顶土压力测试结果与分析

在试验区内的4.2m间距段于管桩桩帽平台上面、搅拌桩顶上面和桩间土上分别埋设了土压力盒。土压力盒的具体摆放位置如图3-50所示。

图3-51表示的是4.2m间距区管桩平台上、搅拌桩顶上和桩间土中土压力的测试结果，从该图上能看出所测的土压力有以下几个特点。

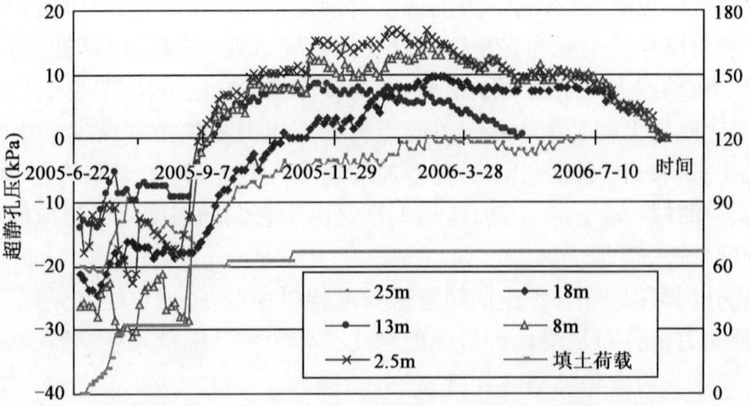

图3-49 填土期桩间土不同深度土层的超静孔隙水压力

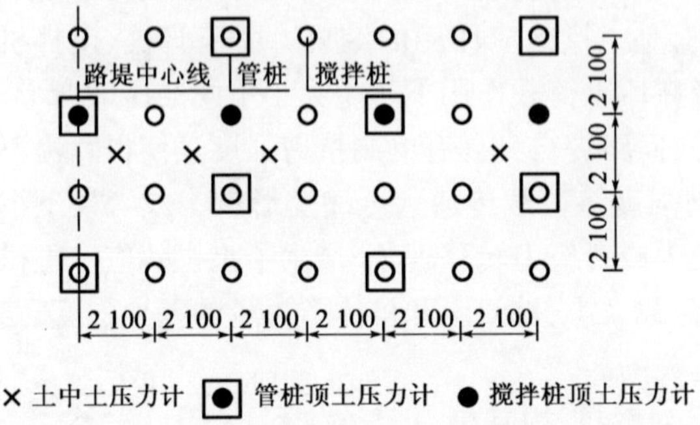

图3-50 4.2m间距段土压力盒布置(尺寸单位:mm)

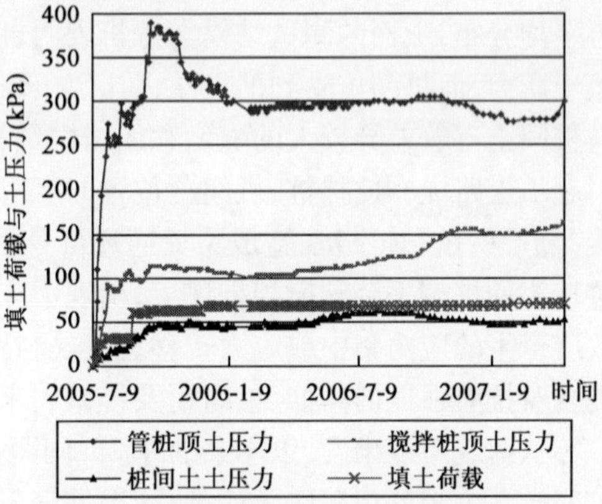

图3-51 4.2m间距区桩帽、搅拌桩与桩间土土压力

第一,管桩桩帽平台上在预压期中土压力均值为297.7 kPa,它远远超过整个预压期内填土压力均值66.84kPa,桩帽平台上承受的土压力是填土压力均值的近4.5倍,说明填土荷载不是均匀作用在管桩桩帽、搅拌桩和桩间土上的,填土荷载在向管桩桩帽集中。

第二,在搅拌桩顶测出的土压力均值(也是预压期中)达到115kPa,是填土压力均值的1.7倍,说明在搅拌桩顶也产生应力集中现象,填土压力在搅拌桩和桩间土之间也不是平均分布的,但能看出,它的应力集中程度与高强度管桩相比还是相差甚远。

第三,桩间土承受的土压力基本维持在一个水平上,其预压期内均值为50.3kPa,比无桩时填土压力均值66.84kPa要小;但与管桩、CFG桩复合地基的桩间土土压力相比均值要大(管桩均值为25.9kPa、CFG桩均值为35.9kPa);联合桩(间距4.2m)复合地基桩间土压力大约是填土荷载的75%,而管桩(间距2.4m)、CFG桩(间距2.0m)复合地基的桩间土土压力分别是填土荷载的27%和46%。

第四,管桩平台土压力随填土荷载的增加而迅速增大,在填土接近路堤设计高程时达到最大值,出现了峰值,此后土压力逐渐降低,并在路堤预压阶段基本维持在一个水平上;以后随着搅拌桩桩顶承受的土压力增大而有所减小。水泥搅拌桩承受的土压力在填土加荷初期也是随荷载增大而增大的,增加幅度不大,此后其桩体产生一定的压缩变形,承受的土压力有所下降,在随后的预压阶段桩体压缩变形渐止，桩的强度得到发挥，其承受土压力的能力加强，曲线呈上升趋势，后渐平稳；搅拌桩土压力在预压阶段变化幅度达到50kPa，而管桩没有这么大，原因就是搅拌桩的强度和承载力比管桩要小很多，在荷载作用下它的变形量要大，因此承受荷载的能力相对要弱，变化幅度也就会大一些。桩间土所受土压力在填土加荷期间也是随荷载增大而增大的，然而从图3-51中可以看出，三者增加的速率是有差异的，管桩大于搅拌桩、搅拌桩又大于桩间土，上升曲线一个比一个陡，这种差别是由于它们的强度差异造成的，强度越高，承受的土压力上升就越快、越大。

第五，从上述分析可以看出，预压期间管桩与搅拌桩所受的土压力会发生一定转移，产生应力重分布，这种应力重分布是受两种桩体的刚度差异和变形模量大小制约的。

6. 联合桩复合地基的土拱效应与分析

在没有管桩和搅拌桩的天然地基上修建路堤时，路堤对地基产生的压力可近似认为是平均分布的，本案中为66.84kPa；有了戴有桩帽的管桩和水泥搅拌桩后，路堤给地基的压力就不再平均分布，上面的测试结果与分析表明桩帽平台上和搅拌桩顶上的土压力要远远高于平均填土压力，而桩间土受到的土压力比填土压力小，是土拱效应作用的结果。由于管桩、搅拌桩与桩间土有着差异较大的强度和压缩模量，三者在填土荷载作用下产生大小不同的压缩变形，引起填土路堤在搅拌桩、桩间土位置的下沉趋势，而路堤自身具有的高抗剪强度又使得路堤不能“随心所欲”地下沉，造成路堤通过自身的抗剪强度将荷载传递到压缩变形较小或者说下沉量较小的桩帽平台和搅拌桩顶上，出现了应力集中或者应力转移现象，产生了土拱效应。土拱效应产生的应力集中或应力转移程度是与路堤荷载大小、桩间土和桩体下沉量的差异程度、路堤自身抗剪强度的高低、桩间距及桩帽大小等有关的。

从荷载角度出发，以本案的4.2m间距为例，对管桩、搅拌桩、桩间土各承担的荷载作了计算，结果见表3-68。计算取四个2.1m正方形间距，中心正好有1根管桩，周围有8根水泥搅拌桩，合起来计算的搅拌桩面积是相当于3根整桩的面积，见图3-52。从表3-68中看出，管桩虽然受的土压力很大，由于承台面积有限（仅占5.7%），所以它承担的荷载只占总荷载的1/4；搅拌桩所受的土压力比桩间土高一倍多，由于它的面积太小，所承担的荷载不到6%，发挥的作用太小；计算结果还显示，桩间土成了承担荷载的主力，大约承担了总荷载的70%。

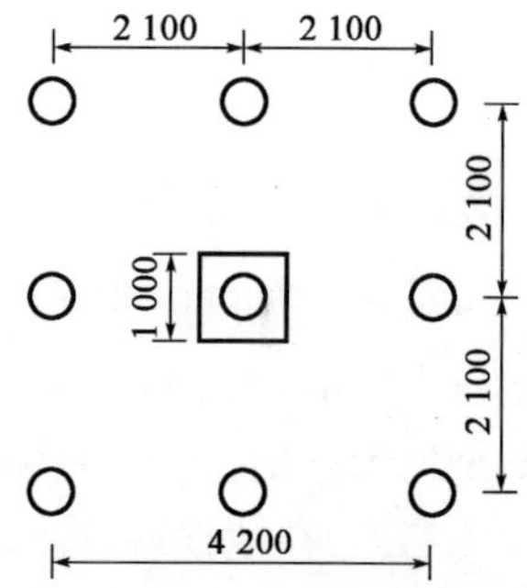

图3-52　四个2.1m间距中管桩、搅拌桩布置（尺寸单位：mm）

2.1m间距区桩与桩间土承担荷载计算结果（kN）　　表3-68

名　　称	受荷面积（m^2）	受荷面积占总面积的比例（%）	受荷面积上土压力均值（kPa）	受荷面积上承担的荷载（kN）	承担荷载占总荷载的比例（%）
管桩	1.0	5.7	297.7	297.7	25.4
搅拌桩	0.589	3.3	115.1	67.8	5.8
桩间土	16.051	91.0	50.3	807.4	68.8
合计	17.64	100	—	1 172.7	占理论荷载的99.4
单元	17.64	100	66.84	1 179	—

分析产生以上情况的原因有两点。第一，桩间土受荷面积占总面积的91%，管桩与搅拌桩受荷面积之和才9%，二者相差悬殊；第二，桩间土上土压力也比较大，达到填土荷载的75%，这主要是管桩的间距加大，实际上是在$(4.2\times4.2)m^2$的范围里才有一根预应力管桩，尽管在2.1m的间距上有一根水泥搅拌桩，但它的强度无法与管桩相比，在填土荷载下搅拌桩会产生相对于管桩较大的压缩变形，使其承受能力降低，使桩间土的“负担”加重，所以桩间土所受土压力变大，使得桩间土成了承担荷载的主力军。

由上面的分析联想到，管桩、搅拌桩的潜力都没有充分发挥，表3-66中显示管桩、搅拌桩的承载力分别为750kN和120kN，目前实际受荷仅为300kN和70kN，只有50%左右；因此在间距不变的情况下可以加大管桩承台的面积，使管桩与管桩、管桩与搅拌桩的实际间距缩小，让其能承受更多的荷载，而造价不会增加多少。对搅拌桩来说，可以采用上部是大直径的变径水泥搅拌桩，以扩大其受荷面积。在此基础上桩的间距还可以再大一些，因为天然地基的承载力也尚有富余。

五、桩土应力比

1. 路堤下联合桩复合地基桩土应力比的含义

桩土应力比的概念最初是研究碎石桩、石灰桩复合地基时引入的，主要是用于柔性桩复合地基的承载力及沉降量计算，在仅有单桩承载力与桩的压缩模量时，利用已有的桩土应力比来推求复合地基的承载力和计算复合地基的压缩量，即平均刚性模数法。顾名思义，“刚性”就是要求荷载的基础刚度无限大、不变形，这就使得基础面下复合地基的变形量是一致的，产生的是等量压缩变形，桩土应力比也就是在这个条件下推求得到的。现在路堤基础不是刚性基础，其刚度不是很大，因此在路堤荷载作用下，复合地基各点的压缩变形量就不会一样，不能保证桩与桩间土产生相等的变形，所以这里讲的桩土应力比概念应该是与最初的含义有所不同。特别是联合桩复合地基中不仅有强度很高的预应力刚性管桩，还有强度不甚高的水泥搅拌柔性桩，它们的长度也相差很大，比管桩复合地基更复杂，这就更不能简单地套用以往的概念。

目前，只能借助这一形式用于说明土拱效应的强、弱，以及联合桩各自所起作用的大小，桩土应力比大说明土拱效应强，桩间土荷载被转移到桩上越多，桩的作用发挥得越好。还不能用它计算联合桩复合地基的承载力和压缩模量，原因就是这里应用的条件与原来的定义有较大的不同。路堤下联合桩复合地基的承载力和压缩变形如何计算也是一个要深入研究的课题。

2. 路堤下联合桩复合地基桩土应力比

按照上述对桩土应力比的理解，4.2m间距区桩土应力比在填土过程及预压过程中的变化过程线如图3-53所示。管桩与桩间土、搅拌桩与桩间土的应力比，在填土加荷初期都随填土荷载增加而迅速上升，最高分别达到27和9，此后随荷载上升二者都渐渐回落；到预压阶段桩土应力比逐渐稳定，管桩的在5~8之间变化（均值为6），搅拌桩的在2~4之间（均值为2.3）变化。

图3-53中也列出管桩土压力与搅拌桩土压力的比值，可以看出该比值变化较小，但是从加荷初期到预压阶段基本呈下降趋势，比值从3.4逐渐下降到1.8，说明搅拌桩的承载能力在渐渐提高。

六、结论

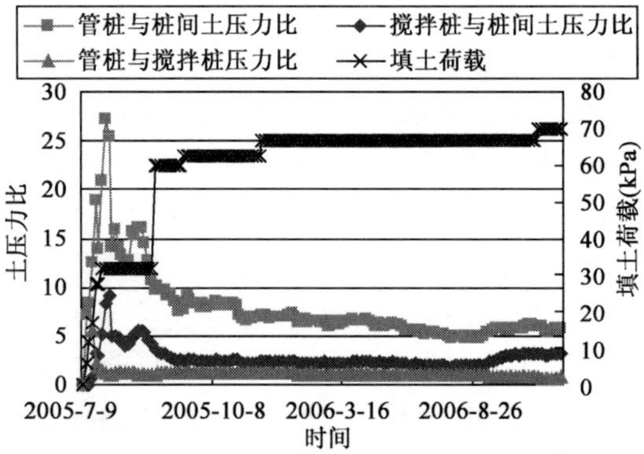

图 3-53　4.2m 间距区填土荷载和桩土应力比

根据上面分析可以得出以下结论：

(1)联合桩复合地基通过减少总沉降量来控制工后沉降的目的是能达到的，路堤填筑的过程中地基发生的最大沉降仅为 62mm，远小于本工程中类似地质条件下堆载排水预压处理路段的地基压缩变形，联合桩复合地基大大减少了地基的总压缩量，减少幅度超过 90%。联合桩复合地基的压缩变形主要发生在填土加荷期间，在预压过程中，也仅产生 18mm 的沉降量。

(2)路堤填土在桩与桩间土之间发生了不等的沉降变形，这种差异的变形导致路堤土拱效应的产生，从而使桩的承载能力得以发挥，差异越大，桩的作用发挥越好。

(3)土压力的测试结果表明，管桩桩帽平台上、搅拌桩顶承受的土压力超过了填土压力的平均值，填土荷载不是均匀作用在桩帽、搅拌桩顶和桩间土上，填土荷载在向桩帽和搅拌桩顶集中；桩帽平台上承受的土压力是填土压力均值的近 4.5 倍，搅拌桩顶的土压力均值是填土压力均值的 1.7 倍，说明在搅拌桩顶也产生应力集中现象，但能看出，它的应力集中程度与高强度管桩相比还是相差甚远。

(4)刚性桩复合地基桩土应力比只能说明土拱效应的强、弱，桩土应力比大说明土拱效应强，桩间土荷载被转移到桩上越多，刚性桩的作用发挥得越好。在预压阶段，管桩的桩土应力比在 4.8 ~ 7.4 之间变化；搅拌桩的在 1.9 ~ 2.5 之间变化，土拱效应较弱。

(5)管桩虽然受的土压力很大，由于承台面积有限，所以它承担的荷载只占总荷载的 1/4；搅拌桩所受的土压力比桩间土高一倍多，由于它的面积太小，所承担的荷重不到 6%，发挥的作用太小；桩间土成了承担荷载的主力，大约承担了总荷载的 70%。

(6)观测数据还表明，桩的承载能力没有充分发挥，管桩承担的荷载仅仅是其能力的 40%，在荷载不变的情况下桩间距还有增大的潜力。

(7)对刚性桩复合地基而言，桩顶土压力大小与刚性桩桩间距大小密切相关，随桩间距的增大、桩顶承受的土压力减小，土拱效应减弱。桩承受荷载的大小不仅与桩承受的土压力大小有关，还与桩的置换率大小有关；置换率是桩体承担荷载比例大小的主要因素，所以提高桩体承载比例的主要途径是提高桩的置换率，即增大桩帽面积。

(8)联合桩方案中大间距管桩布置的成功实践，说明刚性桩间距有扩大的可能，只要置换率确定合理，刚性桩就能发挥主力军作用，刚性桩复合地基的造价就有可能大大降低。

第六节　通车后路基工后沉降分析

摘　要:5 种加固方法的效果最终是要用工后沉降来检验的。通车运营两年多来的沉降数据表明，随时间的延长，超载预压路段沉降速率逐渐减小，通车阶段要小于前面未通车阶段，通车第二年平均沉降速率在0.27mm/月左右；堆载预压路段沉降速率在通车阶段却大于未通车阶段，到通车第二年才降到0.55mm/月。超载预压路段要好于堆载预压路段，慈溪境路段好于江北境路段，江北境的沉降速率还有2mm/月，是慈溪段均值的7倍。3种刚性桩复合地基处理过的桥头路堤在通车前后平均沉降速率呈现出明显减缓的趋势，通车一年后沉降速率已降到0.9mm/月以下，第二年降到0.3mm/月。刚性桩复合地基处理过的高填方桥头路段沉降能快速稳定，工后沉降都大大小于预压路段。通过拟合实测的沉降曲线推求出最终沉降量，结果显示5种加固方法处理的深厚软基的工后沉降量较小，都满足规范对桥头、通道和一般路段的要求。目前，沉降完成的比例对慈溪境真空联合堆载预压路段来说在97%以上，堆载预压段为94%，江北境真空联合堆载预压段落达到95%。刚性桩地基估计的工后沉降在10～30mm之间，加固获得预期效果。

一、预压路段的工后沉降分析

1. 通车两年后路堤工后沉降与沉降速率

表3-69是通车两年预压路段的实测沉降资料。

7个段落路中心与路肩地表沉降(到2009年11月30日)　　表3-69

段落	路堤总厚度	施工沉降量	路中心最大沉降量				路肩平均沉降量	路肩沉降与中心沉降比值	路肩与中心沉降差	沉降盆平均斜度
			到2007年10月13日	到2007年12月25日	到2008年12月31日	到2009年11月30日				
	m	mm	mm	mm	mm	mm	mm	%	mm	%
N4	5.768	542	1 900	1 907	1 924	1 929	1 700	88.1	229	1.309
N5	5.614	616	2 067	2 075	2 100	2 103	1 847.5	87.9	255.5	1.460
N6	4.649	608	1 814	1 815	1 836	1 840	1 637.5	89.0	202.5	1.157
N12	5.349	178	1 639	1 645	1 663	1 666	1 323.5	79.4	342.5	1.957
N13	4.674	197	1 489	1 491	1 507	1 507	1 271.5	84.4	235.5	1.346
N14	4.370	282	1 103	1 105	1 139	1 145	918.5	80.2	226.5	1.294
S3	5.602	348	2 363	2 383	2 455	2 477	2 166.5	87.5	310.5	1.774

路面是2007年10月中旬完成的，到2007年年底开始试通车，最后观测到2009年11月底。也就是说路基在路堤全荷载下已压缩25个月半，有了交通荷载也已23个月。将这3个阶段分开统计与计算，得到2007年10月到2007年12月的沉降量、沉降速率，2007年12月到2008年12月底的沉降与沉降速率及2008年12月底到2009年11月底的沉降与沉降速率，见表3-70所示。从该表中可以看出：

7个段落2阶段路中心沉降与沉降速率　　表3-70

段落	路中心最大沉降(mm)				阶段沉降量(mm)			平均沉降速率(mm/月)		
	2007年10月13日	2007年12月25日	2008年12月31日	2009年11月30日	2007年10月到12月底	2008年12个月	2009年11个月	2007年四季度均值	2008年全年均值	2009年11个月均值
0	1	2	4	5	6 = 2 − 1	7 = 4 − 2	8 = 5 − 4	9 = 6/2.4	10 = 7/12.2	11 = 8/11
N4	1 900	1 907	1 924	1 929	7	17	5	2.92	1.39	0.45

续上表

段落	路中心最大沉降(mm)				阶段沉降量(mm)			平均沉降速率(mm/月)		
	2007 年10 月 13 日	2007 年12 月 25 日	2008 年12 月 31 日	2009 年11 月 30 日	2007 年10 月到12 月底	2008 年12 个月	2009 年11 个月	2007 年四季度均值	2008 年全年均值	2009 年 11个月均值
N5	2 067	2 075	2 100	2 103	8	25	3	3.33	2.05	0.27
N6	1 814	1 815	1 836	1 840	1	21	4	0.42	1.72	0.36
N12	1 639	1 645	1 663	1 666	6	18	3	2.50	1.48	0.27
N13	1 489	1 491	1 507	1 507	2	16	0	0.83	1.31	0
平均								2.00	1.59	0.27
N14	1 103	1 105	1 139	1 145	2	34	6	0.83	2.79	0.55
S3	2 363	2 383	2 455	2 477	20	56	22	8.33	5.90	2.00

(1)总的趋势是随时间的延长,沉降速率逐渐减小,通车阶段要小于前面未通车阶段,只有 N6 段落在 2007 年 12 月底前的数值有些反常,也许是测量上的原因造成;从真空联合堆载预压加固的 5 个段落平均值看还是正常的。这 5 个段落沉降速率已经很小,在通车第二年里都降到 0.5mm/月以下,而且第二年的衰减幅度比通车第一年有较大的减小,工后沉降量会较小。

(2)N14 堆载预压段落沉降速率在通车第一年大于前面未通车阶段,主要是通车后路堤经受的荷载变大,除车辆重量外,还有动荷载的作用,因此沉降速率变大。通车后的沉降速率比真空联合堆载段均值要大 43%,这主要是 N14 段土体受荷后在压缩主枝上发展,而 N4 ~ N13 段落土体是在再压缩枝上发展,其沉降量要小很多。同时看出,该段通车第二年沉降速率有较大幅度的下降。

(3)江北区的 S3 段沉降速率在通车第一年还很大,达到近 6mm/月,是慈溪段均值的 3.7 倍,但第二年下降幅度显著,沉降速率已降到 2mm/月,沉降稳定指日可待,估计工后沉降量也不会太大。

2. 拟合实测沉降曲线推求工后沉降量

(1)用双曲线拟合实测沉降曲线

用双曲线拟合实测沉降曲线,见式(3-2),即:$S_t = S_a + \dfrac{t - t_a}{\alpha + \beta(t - t_a)}$。

式中各符号的意义见前文中图 3-15。

可以将式(3-2)的非线性表达式变成一元线性形式,利用测得的数据按最小二乘法可以求出系数 α、β,从而推求出到该级荷载为止的最终沉降量 S_∞,详见参考文献[37]。

按照式(3-2),推算出 N4 ~ N14 及 S3 各段落的最终沉降量,见表 3-71 所列。从推算的工后沉降量看,通车到目前,7 个段落的工后沉降量都能满足规范对桥头、通道和一般路段的要求。目前沉降完成的比例,对慈溪境真空联合堆载预压路段来说都在 97% 以上;而堆载预压段只有 94%。江北境真空联合堆载预压段落仅达到 95%,工后沉降会比慈溪境的大一些,但也满足一般路段要求。

7个段落按双曲线拟合的路中心最终沉降量 表3-71

段落	路段性质	路堤总厚度	施工沉降量	路中心沉降量		估计的工后沉降量	沉降发生值/拟合值
				到2008年12月31日	拟合的最终值		
		m	mm	mm	mm	mm	%
N4	桥头	5.768	542	1 924	1 954.4	30.4	98.4
N5	一般	5.614	616	2 100	2 156.3	56.3	97.4
N6	一般	4.649	608	1 836	1 900.2	64.2	96.6
N12	一般	5.349	178	1 663	1 684.8	21.8	98.7
N13	通道	4.674	197	1 507	1 533.5	26.5	98.3
N14	一般	4.370	282	1 139	1 213.7	74.7	93.8
S3	一般	5.602	348	2 455	2 597.2	142.2	94.5

(2)用指数曲线拟合实测沉降曲线

用指数曲线拟合实测沉降曲线,见式(3-5),式中各符号的意义详见图3-54中所示。(t_0,S_0)称沉降曲线的拐点,其后部分的曲线设定按指数曲线规律延伸。

$$S_t - S_0 = \alpha(1 - e^{-\frac{t-t_0}{\beta}}) \tag{3-5}$$

很容易从式(3-5)中看出,当$t\to\infty$时,则$S_t\to S_\infty$,即有

$$S_\infty = S_0 + \alpha$$

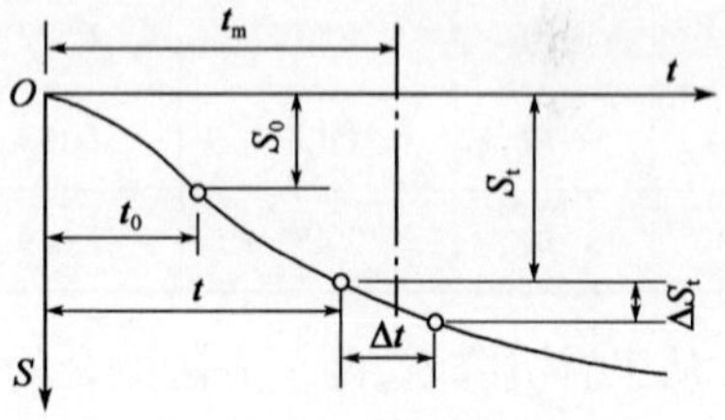

图3-54 运用指数曲线法推求最终沉降量

可以将式(3-5)的非线性表达式变成一元线性形式,利用测得的数据按最小二乘法可以求出系数α、β,从而推求出到该级荷载为止的最终沉降量S_∞,详见参考文献[37]。

按照式(3-5),推算出N4~N14及S3各段落的最终沉降量,见表3-72所列。

7个段落按指数曲线拟合的路中心最终沉降量 表3-72

段落	路段性质	路堤总厚度	施工沉降量	路中心沉降量		估计的工后沉降量	沉降发生值/拟合值
				到2008年12月31日	按指数曲线拟合的最终值		
		m	mm	mm	mm	mm	%
N4	桥头	5.768	542	1 924	1 976.2	52.2	97.4
N5	一般	5.614	616	2 100	2 146.2	46.2	97.8
N6	一般	4.649	608	1 836	1 851.5	15.5	99.2
N12	一般	5.349	178	1 663	1 694.1	31.1	98.2
N13	通道	4.674	197	1 507	1 522.8	15.8	99.0
N14	一般	4.370	282	1 139	1 183.5	44.5	96.2
S3	一般	5.602	348	2 455	2 649.5	194.5	92.7

(3)两种模式拟合结果的比较

两种模式拟合结果放入表3-73中,从推算的工后沉降看,二者的差值在10~50mm之间,有的段落是指数曲线拟合结果大,有的是双曲线拟合的结果大,总的是双曲线拟合的较大。这说明用指数曲线替代实测沉降曲线,其收敛的速度要快于双曲线。

按双曲线和指数曲线拟合的最终沉降量 表3-73

段落	路段性质	路中心沉降量			估计的工后沉降量		沉降发生值/拟合值	
		到2008年12月31日	指数曲线拟合的最终值	双曲线拟合的最终值	指数法	双曲线	指数法	双曲线
		mm	mm	mm	mm	mm	%	%
N4	桥头	1924	1976.2	1954.4	52.2	30.4	97.4	98.4
N5	一般	2100	2146.2	2156.3	46.2	56.3	97.8	97.4
N6	一般	1836	1851.5	1900.2	15.5	64.2	99.2	96.6
N12	一般	1663	1694.1	1684.8	31.1	21.8	98.2	98.7
N13	通道	1507	1522.8	1533.5	15.8	26.5	99.0	98.3
N14	一般	1139	1183.5	1213.7	44.5	74.7	96.2	93.8
S3	一般	2455	2649.5	2597.2	194.5	142.2	92.7	94.5

从工后沉降看,两个方法拟合的结果显示慈溪境的预压路段都在15~75mm之间,是完全满足交通运输部规范要求的;对江北境的预压段落尚有100~145mm的工后沉降,虽然也满足规范要求,但对行车来说会不太舒适,发生跳车、颠簸难以避免。

目前已发生沉降占拟合结果的比例,二者虽有差异,但都一致反映真空联合堆载预压路段要好于堆载预压路段。慈溪境要好于江北境的预压路段。

二、刚性桩路段通车后沉降分析

1.通车一年路堤工后沉降与沉降速率

表3-74是通车一年后3种刚性桩路段的实测沉降资料。

刚性桩3个段落路中心与路肩地表沉降(到2009年11月30日) 表3-74

段落	路段性质	处理类型	路堤总厚度	路中心最大沉降量			路肩平均沉降量	路肩沉降与中心沉降比值	路肩与中心沉降差	沉降盆平均斜度
				到2007年4月15日	到2008年12月31日	到2009年11月30日				
			m	mm	mm	mm	mm	%	mm	%
N2	桥头	管桩	5.753	75	81	83	50.5	60.8	32.5	0.186
N8	桥头	联合桩	4.330	80	98	103	83.5	81.1	19.5	0.111
N10	桥头	CFG桩	4.898	123	142	145	128.5	88.6	16.5	0.094

表3-75是路堤中心沉降与3阶段的沉降速率。

刚性桩 3 个段落 3 阶段路中心沉降与沉降速率 表 3-75

段落	路中心最大沉降(mm)				阶段沉降量(mm)			平均沉降速率(mm/月)		
	2007 年 10 月 13 日	2007 年 12 月 25 日	2008 年 12 月 31 日	2009 年 11 月 30 日	2007 年 10 月到 12 月	2008 年全年	2009 年 11 个月	2007 年四季度均值	2008 年全年均值	2009 年 11 个月均值
0	1	2	3	4	5 = 2 - 1	6 = 3 - 2	7 = 4 - 3	9/2.4	10 = 6/12.2	11 = 7/11
N2	71	74	81	83	3	7	2	1.25	0.574	0.182
N8	86	87	98	103	1	11	5	0.42	0.902	0.455
N10	125	128	142	145	3	14	3	1.25	1.148	0.273
平均								0.973	0.875	0.303

表 3-75 的数据表明：

(1)3 种刚性桩复合地基处理过的桥头路堤在通车前后平均沉降速率呈现出明显减缓的趋势，2008 年 12 个月沉降速率小于通车前的沉降速率，比 2007 年四季度沉降速率也减缓 10%。而通车后第二年的 2009 年 11 个月的沉降速率也较前一年下降 189%。通车第二年的沉降速率都在 0.5 mm/月以下，说明沉降已经稳定。

(2)经 3 种刚性桩复合地基处理过的桥头路堤的沉降速率相互也有差别。从 2008 年全年看，管桩复合地基要好于联合桩，而联合桩要好于 CFG 桩复合地基；管桩复合地基全年的平均沉降速率仅仅是 CFG 桩的一半，联合桩也仅仅是 CFG 桩的 80% 不到。管桩复合地基无论在 2007 年四季度通车前路堤处于满负荷状态，还是在 2008 年、2009 年公路通车后有了车辆荷载和相应的动荷载，其沉降速率都一致呈现出逐步下降的态势；联合桩的沉降速率经历小、大、再小的变化，说明通车后路堤垂直变形还是有一定的发展和变化；至于 CFG 桩复合地基沉降速率的变化为大、小、小的特点。

(3)从桥头高填方路基自身来看，沉降能快速稳定、工后沉降量小是人们所期盼的，但若与其相接的预压路段或未处理路段有较大的沉降发生，那在它们之间就会有差异沉降，就会出现新的路台，形成跳车点，这里想说的是对桥头路堤是否一定要加固到如此地步，对二者能否找到一个平顺衔接的合适标准，这恐怕是今后要关注与研究的问题。

2. 拟合实测沉降曲线推求工后沉降量

用双曲线拟合实测沉降曲线的结果见表 3-76。

刚性桩 3 个段落按双曲线拟合的路中心最终沉降量 表 3-76

段　落	路段性质	路堤实际厚度	路堤设计厚度	路中心沉降量		估计的工后沉降量	沉降发生值/拟合值
				到 2008 年 12 月 31 日	拟合的最终值		
		m	mm	mm	mm	mm	%
N2	桥头	5.753	6.2	81	89.8	8.8	90.2
N8	桥头	4.330	3.3	98	116.2	18.2	84.3
N10	桥头	4.898	5.0	142	165.4	23.4	85.9

刚性桩地基估计的工后沉降在 10 ~ 30mm 之间，其量值是比较小的，无论对通道还是桥头路段都能满足规范要求。

三、结论

通车两年来，总的趋势是随时间的延长，沉降速率逐渐减小，通车阶段要小于前面未通车阶段。慈溪境内真空联合堆载预压段的沉降速率都在0.5mm/月以下，均值为0.27mm/月，工后沉降会很小，估计在30～65mm之间；堆载预压段沉降速率为0.55mm/月左右，比真空段大51%，估计工后沉降在75mm左右；江北境的S3段沉降速率在2mm/月左右，是慈溪段均值的7.4倍，沉降稳定尚需时日，估计工后沉降量将达到140mm。对实测沉降曲线用双曲线的拟合结果表明，工后沉降能满足规程要求；目前沉降完成的比例对慈溪境真空联合堆载预压路段来说都在97%；而堆载预压段只有94%。江北境真空联合堆载预压段落仅达到95%，工后沉降都会比慈溪真空段的大。

3种刚性桩复合地基处理过的桥头路堤在通车前后平均沉降速率呈现出明显减缓的趋势，2008年相对2007年四季度减缓10%左右，2008年全年沉降速率均值为0.88mm/月。而2009年相对2008年减缓近189%，沉降速率已降到0.30mm/月，说明地基垂直变形已经稳定。经3种刚性桩复合地基处理过的桥头路堤的沉降速率相互也有差别，管桩复合地基要好于联合桩，而CFG桩要好于联合桩复合地基；双曲线拟合实测沉降曲线的结果表明，刚性桩地基的工后沉降在10～30mm之间，其量值是比较小的，无论对通道还是桥头路段都能满足规范要求。

刚性桩复合地基处理过的高填方桥头路段沉降能快速稳定，工后沉降都将大大小于预压路段。但若与其相接的预压路段或未处理路段有较大的沉降发生，那在它们之间就会有差异沉降，就会出现新的路台，形成跳车点，因此对桥头路堤是否一定要加固到如此地步，对二者能否找到一个平顺衔接的方法与相应的衔接标准，是今后要关注与研究的问题。

参考文献

[1] 娄炎.杭州湾跨海大桥南岸接线试验段工程重点观测断面加固前详勘报告(试验段研究成果报告之2)[R]. 南京水利科学研究院研究报告, 2004.6.

[2] 娄炎,等.杭州湾跨海大桥南岸接线深厚软基处理试验段工程实施工作细则[R].南京水利科学研究院研究报告, 2003.10.

[3] 娄炎.预压加固中固结系数的变化及分析[J].水利水运工程学报,2006(4):46-50.

[4] 娄炎.杭州湾跨海大桥南岸接线试验段工程软基加固方法与土性特征的关系[R].南京水利科学研究院研究报告, 2004.10.

[5] 娄炎,李毅,等.杭州湾跨海大桥南岸接线试验段工程软土特征分析[C].高速公路地基处理理论与实践(2005)——全国高速公路地基处理学术研讨会论文集(广州).北京:人民交通出版社,142,2005.12.

[6] 娄炎.杭州湾跨海大桥南岸接线试验段工程重点观测断面加固前详勘补充报告(试验段研究成果报告之3)[R]. 南京水利科学研究院研究报告, 2005.1.

[7] 何宁.杭州湾跨海大桥南岸接线试验段工程重点观测断面加固后详勘报告[R].南京水利科学研究院研究报告,2007.1.

[8] 娄斌,刘慈军,娄炎. 预压处理段路基的沉降补方系数探讨[J]. 建筑施工,2006(11):933-935.

[9] 娄炎. 杭州湾跨海大桥南岸接线试验段工程堆载预压法加固深厚软基的效果分析——垂直排水通道为高性能可测深C型板N14区(试验段研究成果报告之8)[R]. 南京水利科学研究院研究报告, 2007.12.

[10] 娄炎. 杭州湾跨海大桥南岸接线试验段工程通车后路基工后沉降分析(试验段研究成果报告之46)[R]. 南京水利科学研究院研究报告, 2009.1.

[11] 娄炎,李毅. 软基加固中应用的高性能可测深排水板[J]. 岩石力学与工程学报,2004,6(12):2123-2127.

[12] 娄炎,陈有华,何宁,等. 预压加固中应用的一种新型垂直排水通道[J]. 公路,2005(2):128-130.

[13] 娄炎,郭伟玲,叶锡平. 排水板滤膜标准与国产长丝滤膜[J]. 公路,2006(11):131-134.

[14] 娄炎,娄斌. 从"联合检测"结果看我国排水板质量与测试现状[C]. 现代道路与桥隧工程—科学技术论文集(2007),北京:原子能出版社,2007.7:1-11.

[15] 娄斌. 杭州湾跨海大桥南岸接线试验段工程真空联合堆载加固深厚软基的效果分析——垂直排水通道为高性能可测深C型板N4区(研究成果报告之13)[R]. 南京水利科学研究院研究报告, 2008.9.

[16] 娄炎. 杭州湾跨海大桥南岸接线试验段工程真空联合堆载加固深厚软基的效果分析——垂直排水通道为高性能可测深F型板N5区(试验段研究成果报告之11)[R]. 南京水利科学研究院研究报告, 2008.7.

[17] 娄炎. 杭州湾跨海大桥南岸接线试验段工程真空联合堆载加固深厚软基的效果分析——垂直排水通道为高性能可测深C型板N6区(试验段研究成果报告之12)[R]. 南京水利科学研究院研究报告, 2008.7.

[18] 娄炎. 杭州湾跨海大桥南岸接线试验段工程真空联合堆载加固深厚软基的效果分析——垂直排水通道为高性能可测深C型板N12区(试验段研究成果报告之10)[R]. 南京水利科学研究院研究报告, 2008.6.

[19] 娄炎. 杭州湾跨海大桥南岸接线试验段工程真空联合堆载加固深厚软基的效果分析——垂直排水通道为钢丝透水软管N13区(试验段研究成果报告之9)[R]. 南京水利科学研究院研究报告, 2008.6.

[20] 娄炎. 杭州湾跨海大桥南岸接线试验段工程真空联合堆载加固深厚软基的效果分析——垂直排水通道为高性能可测深C型板S3区(试验段研究成果报告之42)[R]. 南京水利科学研究院研究报告, 2008.9.

[21] 娄炎. C型排水板与F型板在真空联合堆载预压加固软基中的比较分析(试验段研究成果报告之15)[R]. 南京水利科学研究院研究报告, 2008.9.

[22] 娄炎. 钢丝透水软管与C型板在真空联合堆载预压加固软基中的比较分析(试验段研究成果报告之14)[R]. 南京水利科学研究院研究报告, 2008.9.

[23] 孙更生,郑大同. 软土地基与地下工程[M]. 北京:中国建筑工业出版社,1984.143.

[24] 阎明礼,等. CFG桩复合地基技术及工程实践[M]. 北京:中国水利水电出版社,2001.

[25] 建设部. JGJ 79—2002,J 220—2002 建筑地基处理技术规范[S]. 北京:中国建筑工业出版社,2002.1.

[26] 何宁. 杭州湾跨海大桥南岸接线工程深厚软土地基加固 CFG 桩钻芯检测报告[R]. 南京水利科学研究院研究报告,2004.8.

[27] 龚晓南. 复合地基理论及工程应用[M]. 北京:中国建筑工业出版社,2002.11.

[28] 叶书麟. 地基处理工程实例应用手册[M]. 北京:中国建筑工业出版社,1997.

[29] 娄炎. 杭州湾跨海大桥南岸接线试验段工程 CFG 桩复合地基加固桥头深厚软基效果分析(试验段研究成果报告之 17)[R]. 南京水利科学研究院研究报告, 2008.1.

[30] 刘岳东. 高层建筑采用刚性桩复合地基实例[M]. 北京:中国水利水电出版社,2000.

[31] GB 13476—2009. 先张法预应力混凝土管桩[S]. 北京:中国标准出版社,1999.12.

[32] 浙江省建筑设计研究院. 2002 浙 G22. 先张法预应力混凝土管桩,结构标准图集[S]. 杭州:浙江省标准设计站,2002.12.

[33] 曹卫平,凌道盛,陈云敏. 刚性桩加固高速公路软基土拱效应现场试验研究及其与解析解的比较[J]. 岩土工程学报,2007,29(10):1577-1581.

[34] 娄炎. 杭州湾跨海大桥南岸接线试验段工程管桩复合地基加固桥头深厚软基效果分析(试验段研究成果报告之 18)[R]. 南京水利科学研究院研究报告, 2008.3.

[35] 娄炎. 杭州湾跨海大桥南岸接线试验段工程长短桩复合地基加固桥头深厚软基效果分析(试验段研究成果报告之 19)[R]. 南京水利科学研究院研究报告, 2008.5.

[36] 交通部. JTG D30—2004 公路路基设计规范[S]. 北京:人民交通出版社,2004.

[37] 娄炎. 真空排水预压法加固软土技术[M]. 北京:人民交通出版社,2002.

[38] 交通运输部. JTS 206-1—2009 水运工程塑料排水板应用技术规程[S]. 北京:人民交通出版社. 2009.

第四章　5种加固方法的效果比较

第一节　堆载预压与真空联合堆载预压加固效果的比较分析

摘　要：堆载预压（N14路段）和真空联合堆载预压法（N12路段）加固高速公路深厚软基都取得了成功，断面中心处的沉降速率分别降到3mm/月和2mm/月以下，路堤沉降趋于稳定。N14路段原设计是超载预压，但实际实施后不是超载，应是等载预压。N12路段是真空联合堆载预压，是真正的超载预压，超载比为1.49。从地表沉降、分层沉降、孔隙水压力和土性变化等角度，对堆载预压和真空联合堆载预压法处理深厚软基的效果进行了比较分析，得出了如下结论。沉降主要发生在填土加荷期间。填土期间发生的沉降要占到总沉降量的66%～87%之间。N12段纯路堤预压的近21个月时间发生的沉降仅占总沉降量的1.5%以下，效果不好。路中心与路肩形成的沉降盆平均斜度都在1.8%以内，加固前可在路中心地表做成2%的反坡，有利于预压水的排出。N12段所产生的压缩量有68%发生在$③_1$层，比堆载预压路段高出12%。N12路段每米压缩率比N14路段在$②_1$层和$②_2$层大一倍以上，比$③_1$层大46%；超载对消除软土工后沉降的作用显著，尤其是对深层软土非常明显。N12路段在抽真空和填土加荷的整个过程中，软土中超静孔隙水压力都一致地呈现为负值，地基始终处于稳定状态，这与堆载预压加固过程中超静孔隙水压力的变化特征是完全不同的。加固中水平位移的方向N12和N14路段截然相反，N14路段朝加固区外移动，N12路段则朝加固区内移动。水平位移最大值N12路段发生在地表；N14路段则发生在地表下11m深处。堆载预压的水平位移由剪应力产生，真空联合堆载预压发生的是由收缩的等向固结应力产生。加固后土性变化的程度有所差异，N12路段普遍好于N14路段，最大的差异在$③_1$层，它比N14路段的变化要大很多。超载预压对工后沉降的影响表现在通车后N12路段的沉降速率要小于N14路段，减小幅度达到44%；所剩工后沉降量仅仅是后者的28%；因此超载预压比堆载预压能更有效地控制路堤工后沉降。超载预压单位路长的填筑方量N12路段比N14路段要大74%左右，增加了征地数量和工程造价。由于超载主要是由真空荷载来实现的，因此加载与卸载都很容易、该过程对土地资源没有影响。总体上，从控制工后沉降来说，真空联合堆载的效果要好于堆载预压。

一、引言

真空联合堆载预压法是减小路堤工后沉降的有效方法之一。它作为一种软土地基的处理技术，已被用于杭州湾跨海大桥南岸接线高速公路软基处理中，处理软基最大厚度为40m，并取得较好的效果，高速公路的工后沉降量都被控制在规范的限定值内。堆载预压法是相对较成熟的地基处理方法，在南岸接线试验段中也设置了一段加以深入细致的研究，以期对二者进行全面的比较，为此安排了多种监测手段进行了全面观测，取得了大量实测资料。该两段相邻，地质条件差异不大，都属于一般路段。本文着重比较它们的加固效果及产生这些效果的条件，从中找出一些规律，希望对深厚软基地区高速公路的修建、对深厚软基处理的设计与施工安排诸多方面有指导意义和借鉴作用。

二、地质条件

堆载预压法试验路段编号为 N14，在 K119 + 833 ~ K119 + 900 内，与其相近的真空联合堆载预压试验段编号为 N12，在 K119 + 633 ~ K119 + 733，二者都位于慈北平原沉积区内。该处划分为 4 个工程地质亚层，其中 3 个是软弱土层，自地表向下分别如下所述。②$_1$ 层：亚黏土（Q_4^{3+m}），浅层为耕植土，上部褐黄色，下部灰黄色，大部分为软塑状，少数为可塑状，厚度普遍偏小，一般在 2.0m 左右；②$_2$ 层：淤泥质亚砂土（Q_4^{3+m}），该层灰色，呈流塑状，饱和，本层厚度为 7.0m；③$_1$ 层：淤泥质亚黏土（Q_4^{2+m}），灰色，深灰色，呈流塑状，饱和，本层厚度大，为 20m 左右；⑤$_2$ 层：细砂、粉砂层（Q_3^{al-pl}），本层厚度 10m。地基影响深度范围内软土厚度接近 30m，二路段各土层的物理力学指标见表 4-1。表中数据显示二路段土层厚度及土性基本相同、差异不大。

N14、N12 区加固前土层主要物理力学特性指标 表 4-1

土层名	土层号	段落	土层厚度	含水率	湿密度	孔隙比	液限	塑性指数	液性指数	压缩系数	压缩指数	回弹指数	固结系数（×10^{-3}）
			—	w	ρ	e	w_L	I_P	I_L	a_v	C_c	C_s	C_v
			m	%	g/cm^3	—	%	—	—	MPa^{-1}	—	—	cm^2/s
亚黏土	②$_1$	N14	2.0	28.8	1.94	0.796	31.8	10.7	0.72	0.24	0.180	0.014	8.78
		N12	2.0	29.3	1.93	0.826	34.6	12.2	0.58	0.33	0.188	0.014	7.15
淤泥质亚砂土	②$_2$	N14	7.5	41.1	1.82	1.098	32.6	10.5	1.81	0.47	0.188	0.016	8.88
		N12	7.0	37.0	1.86	0.997	31.6	10.2	1.58	0.44	0.242	0.017	8.20
淤泥质亚黏土	③$_1$	N14	20.1	42.1	1.80	1.193	36.5	13.2	1.47	0.49	0.413	0.034	6.44
		N12	20.7	41.9	1.80	1.151	36.1	13.2	1.46	0.48	0.369	0.033	6.72

注：数据来源于 QK91、QK92、QK71、QK72 孔土样室内试验资料。

三、垂直排水通道

这两试验路段中都采用了高性能可测深 C 型排水板作为垂直排水通道。其特性见表 4-2。表中也列出相应的设计值和交通运输部部颁标准，可以看出较大地满足了设计要求，并大大超出《水运工程塑料排水板应用技术规程》（JTS 206-1—2009）标准中 C 型板指标，特别在滤膜指标和复合体的通水量、抗拉强度等主要指标上，都超出一倍以上，使排水板能很好地适应海边施工的恶劣环境和减少真空度传递损失的要求。

排水板芯板全部使用了聚丙烯新料。排水板所用滤膜有进口长丝滤膜和这几年国内新研制出的国产长丝滤膜，实践证明它们都有良好的性能，能适应深厚软基加固工程的需要。表 4-3 显示的就是国产与进口长丝滤膜的性能比较，其抗拉强度和梯形撕裂强度都有了大幅度的提高，抗拉强度值大大超过标准中C型板要求，梯形撕裂强度值也提高到60～80N，比短纤维滤膜增大8～10倍，滤膜对工地的适应能力大大提高；而且长丝滤膜的渗透系数和等效孔径也满足要求，排水板滤膜的透水、隔土性能也得到保证，排水板的整体性能也有所提高，与C型板标准相比，复合体通水量和复合体抗拉强度都有了很大增加。

高性能可测深C型排水板设计与检测值　　表4-2

试验项目		单位	JTS 206-1—2009标准中C型板	设计值	检测平均值	试样数	变异系数
排水板	单位长度质量	g/m	—	—	108	8	0.010
	厚度	mm	≥4.5	≥4.5	4.5	10	0.011
	宽度	mm	100±2	100±2	100.2	10	0.011
	复合体抗拉强度	kN/10cm	≥1.5	2.3	3.11	6	0.031
	复合体伸长率	%	—	—	1.7	6	0.094
	纵向通水量	cm^3/s	≥40	≥65	97.5	2	
滤膜	单位面积质量	g/m^2	—	—	131	10	0.022
	厚度	mm	—	—	0.34	10	0.028
	纵向干样抗拉强度	N/20cm	≥600	≥800	1 052	6	0.074
	横向湿样抗拉强度	N/20cm	≥500	≥1000	1 399	6	0.031
	渗透系数K_{20}	cm/s	$\geq5.0\times10^{-4}$	$\geq5.0\times10^{-3}$	$\geq7.98\times10^{-3}$	4	—
	等效孔径O_{95}	mm	<75	<0.100	0.088	3	—

国产与进口长丝滤膜的性能　　表4-3

测试项目		单位	平均值		备注
			国产长丝	进口长丝	
滤膜单位面积质量		g/m^2	144	151	
滤膜厚度		mm	0.5	0.38	
滤膜抗拉强度	纵向干态	N/cm	58	67	伸长率为10%
	横向湿态	N/cm	59	84	伸长率为15%
滤膜梯形撕裂强度	纵向	N	85	284	
	横向	N	67	276	
滤膜渗透系数K_{20}		cm/s	8.70×10^{-3}	14.1×10^{-3}	
滤膜等效孔径O_{98}		mm	<0.075	0.170	
复合体纵向通水量		cm^3/s	135	157	C型板为40
复合体抗拉强度		kN/10cm	3.7	3.5	C型板为1.5

从表4-3中也能看出，国产长丝滤膜与进口长丝滤膜相比除了在滤膜梯形撕裂强度上还有比较大的差距外，其他指标已差距不大，应该说可以替代进口的长丝滤膜排水板。而且，国产长丝滤膜的排水板每延米价格要低于进口长丝滤膜排水板30%～40%。因此在杭州湾跨海大桥南岸接线高速公路中大量采用国产长丝滤膜。

工程废弃了国产短纤维浸渍无纺布滤膜排水板，原因是其质地很不均匀，黏合短纤维的黏合剂为水融性的，水稳性差，滤膜浸水后强度大大降低，且耐久性也差。从表4-4资料可以看出，所有的滤膜湿抗拉强度均值都在30N/cm以下，达不到设计要求的指标。

工程中采用的可测深排水板是“数字”和“铜丝”同时都有的。对排水板打设深度的控制、软基加固取得良好的效果起到了关键的作用。

现有国产短纤维滤膜强度 表4-4

滤膜材料		国产短纤维								
滤膜种类	部标C型板	同一厂家产品的测试结果								
滤膜厚度(mm)	—	0.36	0.38	0.38	0.39	0.43	0.43	0.45	0.45	0.47
滤膜湿强度(N/cm)	25	29.4	25.2	28.8	28.0	29.2	26.8	29.4	25.8	30.8
滤膜干强度(N/cm)	30	34.4	38.0	37.2	38.0	37.6	45.8	42.0	33.0	40.8

“数字式”可测深排水板就是在生产黏合式塑料排水板的同时，在排水板滤膜上用喷墨打印机每隔20cm或50cm打印一个数字和刻度（也可按使用者需求打印），数字范围为0～200m（图4-1）。现场打设后很容易从排水板上的起始刻度数判别出每根打设的深度是否达到设计值及排水板的回带情况。该法的优点是方法简单，操作容易，直观明了，丈量不影响施工，产品成本几乎不增加，只需要一个人全程跟踪记录。

“铜丝式”可测深排水板就是在生产黏合式塑料排水板的同时，在排水板滤膜的黏结缝上，利用胶黏结滤膜的同时将两根铜丝放置在滤膜黏结缝处，形成可测深塑料排水板（图4-2）。其原理是利用铜丝组成的回路、用专门的仪器测量出它的电阻并反算出铜丝的长度，从而得到排水板的打设深度。据此它能测量施工打设后地基中的排水板长度，从而能有效地监督地基处理的质量和便于对施打的排水板进行准确的计量和结算。现在已有专用的测深仪和铜丝焊接机与之配套使用。

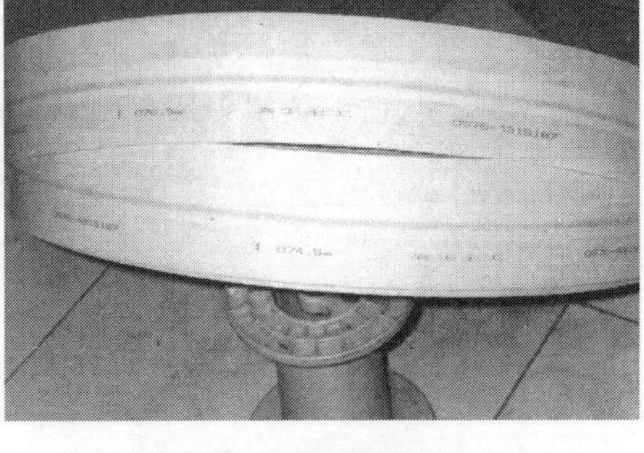

图4-1 “数字式”排水板

图4-2 “铜丝式”排水板

四、加固方案与实施概况

1. 两个路段的具体加固方案

真空联合堆载预压与堆载预压处理路段的设计情况见表4-5，它们都是一般路段。N14路段原加固设计为超载预压，超载1m。

两个路段设计的加固方案　　表4-5

路　段	路段长(m)	路 段 类 型	处理深度(m)	垂直排水通道类型	间距(m)(△布置)	路堤底宽(m)	设计联合预压期(月)	预 压 类 型
N12	100	一般	28.7	特C板	1.2	53	18	超载
N14	67	一般	29.5	特C板	1.2	47	18	超载1m

2. 实施概况

真空联合堆载预压与堆载预压处理路段的实施结果见表4-6。

两个处理路段实际加固情况　　表4-6

路　段	地　点	路堤总填筑厚度(m)	路堤填筑时间(月)	满荷载联合预压期(月)	纯路堤预压时间(月)	实际预压类型
N12	慈溪	5.349	12.0	0.6	21	有效超载
N14	慈溪	4.370	16.0	12.2	12.2	有效等载

从表4-6中可以看出：①N12路段满载联合预压的时间没有达到设计要求，相差很远。②路堤填筑时间太长，都超过一年，平均每月的填筑厚度N12段为0.47m，N14段只有0.23m，也就是每月只填1～2层土。N12路段过长的填筑期造成满负荷联合预压时间太短，真空与堆载联合加固的优势没有充分发挥出来，造成施工时间太长，而且也增加了工程成本。③N12路段停抽后纯路堤预压时间太长，它对加固没有起到多少作用，从预压期产生的沉降量很小就可以说明这一点。因此，科学安排施工是保证方案正确实施、彰显方案优势、取得良好效果的重要条件。

3. 关于两个路段的预压类型

预压加固根据预压荷载大小与永久使用荷载的相对关系分为欠载预压、等载预压和超载预压3种情况。预压荷载仅为路堤堤身荷载不包含路面结构层的一般称为欠载预压；预压荷载含路堤堤身和路面结构层的一般称为等载预压；预压荷载超过路堤堤身和路面结构层的一般称为超载预压。在公路施工中欠载预压不存在卸除多余荷载的问题，仅在预压过程中随着沉降的发生，不断地补充填土以弥补降低的高程，该荷载为永久荷载；等载预压在完成预压后要卸除相当于路面结构层部分的荷载（填土），然后进行路面结构层的施工，该荷载是路面结构层的等代荷载；超载在完成预压后，要卸除超过路面高程和相当于路面结构层两部分的荷载（填土），再进行路面结构层的施工，超过路面高程的荷载为临时荷载。

按照设计，N14路段应是超载预压，而且超载有1m，但实际实施下来并不是超载，最多是等载预压。

路堤填筑从填砂垫层开始，填到2005年8月17日，前后共填16次，填土厚度达到4.37m左右（含砂垫层厚度，此时该处已发生施工与填土沉降共282+728=1 010mm），路堤高程达到5.393m，刚好比路面设计高程5.212m多0.178m，此后再未填过，直到2006年8月22日卸载开始，此时整整预压12个月，堤顶面高程为5.312m，比路面设计高程5.212m仅多0.1m，卸载厚度达0.86m，路堤面高程降到4.452m，比设计路堤高程4.462m略低。

从上面施工过程可以看出，无论是填土加荷期间还是预压期间，路堤顶面高程始终没超过设计路面高程太多，最大超过不到0.18m（该0.18m可弥补路堤与路面结构层重度的差异值),比原先设计预压超载1m的方案相差甚远。如果与设计的图纸路堤高度3.18m相比是高了1.2m,但随着填土的进行,地基沉降也在不断加大,这1.2m中已有1.0m多已填补因沉降而降低的堤身高程,成为永久路堤的堤身,仅剩0.18m的等代荷载。而且随着预压时间的延长,该等代荷载还在不断的减小,本例到最后仅剩0.1m。所以本预压段是真正的等载预压加固。

N12路段是真空联合堆载预压,它是真正的超载预压,超载是由真空荷载来实现的。这种超载施加与卸载都非常方便、迅速,是一种非常好的加载方式。一般真空荷载能达到80kPa以上,它相当于3m以上的填土荷载。在真空荷载卸除以前,路堤填筑高程已达5.715m,考虑相当于3m填土的真空荷载后,路堤的顶高程应是8.715m,路面设计高程是6.505m,超载2.21m,它是真正的超载预压,理论填土高度是4.519m,因此超载比为1.49。

膜下真空度能达到80kPa,可以认为相当于4m以上的荷载。这里把真空荷载看成相当于3m的填土荷载,是因为在实践中,①真空荷载仅在膜下达到,向下传递多少不是很清楚,有可能垂直排水通道不太好、阻力太大或打设深度不够,有可能是真空泵开启数量太少、总能量太小,造成深部真空度较小;②联合预压时间不够,加固效果会打折扣。所以计算时只当成3m的填土荷载。有人总以为膜下一达到80kPa,预压3个月就大功告成,殊不知真空预压产生效果也是需要时间的,软土的预压固结规律并不会因荷载方式的改变而发生本质的变化,所以在计算预压荷载时取小值较安全。

另外,由于高速公路施工中是以高程来控制的,而预压过程中地基的沉降是在不断发生、发展的,所以预压过程中的欠载、等载和超载是处在动态变化中的。因此用实物作为堆载,设计时仅根据**图纸上路堤高度**来确定超载与否是不妥的,因为那只是名义超载,只有在考虑稳定的沉降量之后,才能确定是否超载。当预压沉降量稳定后,此时路堤填筑高程等于或超过路面设计高程时,才算是**有效等载预压或有效超载预压**。当然,在设计初期要准确确定沉降量的大小也不是一件容易的事,但在运用真空荷载作为超载时就不需如此担心。由于设计中超载一般不超过2m,真空荷载是能达到这一要求的。只要做得好,超载目标是可以实现的。所以N12路段属于有效超载预压。

五、加固效果的比较分析

从地表沉降、分层沉降、超静孔隙水压力和土体水平位移诸方面分析与比较这两个路段的加固效果。

1.地表沉降的比较与分析

地表沉降是加固效果最直接的反映。N12、N14重点观测断面的荷载、填土及地表沉降过程线如图4-3和图4-4所示。N12和N14路段各时段沉降量的大小见表4-7~表4-12。

从表中数据看,有以下几个特点。

(1)表4-7显示沉降主要发生在填土加荷期间。填土期间N12和N14发生的沉降分别占到总沉降量的87%和66%。观测结果还表明N12路段停抽后纯路堤预压的近21个月时间没有多少效果,发生的沉降量仅占总沉降量的1%;联合预压0.6个月期间发生的沉降占总沉降量的1.2%,这主要是满载预压时间晚、时间短(表4-8),否则效果会更好。N14段由于满载预压的时间达到12个月,所以满载预压发生的沉降能达到总沉降的8%。

(2)表4-8数据显示,N12段填筑速率仅为0.4 m/月,是造成满载预压时间短的主要原因,按该方法的原理是可以快速填筑的,平均5个月可以填完而不会出现稳定问题,这样满载联合预压的时间就可以大大加长,效果会更好。N14路段填筑速率也仅有0.24m/月,也太小,使总工期大大加长。从这里看出,在预压方法中应充分利用软土的天然强度和真空加载的特点,最大限度地加快路堤的填筑速度,力争在最短的时间里将路堤填筑到设计高程,从而加长满荷载的预压时间,使预压取得较好的效果,同时也可缩短施工时间,获得良好的经济效益。

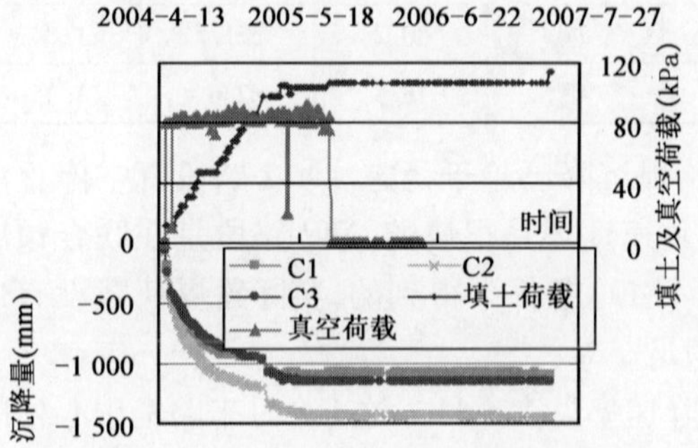

图4-3　N12路段K119+700断面地表沉降过程线

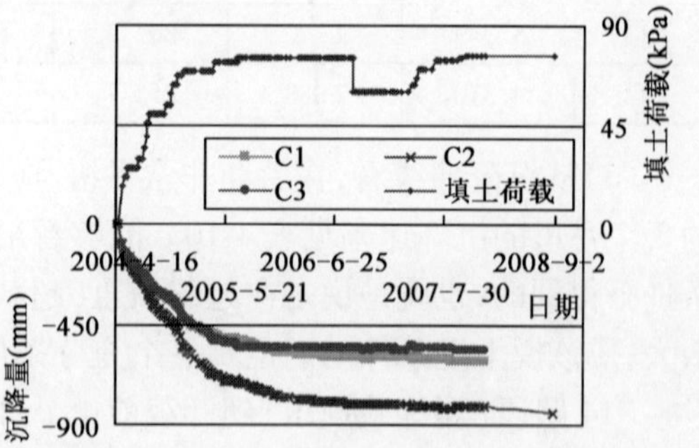

图4-4　N14路段K119+880断面地表沉降过程线

两个路段加固过程中各阶段的沉降量　　表4-7

路段	施工沉降量	填筑期沉降量(m)	总沉降量(m)	填筑期沉降占总沉降比例(%)	满载预压的沉降量(m)	满载联合预压沉降占总沉降比例(%)	停抽后路堤预压沉降量(m)	停抽后路堤预压沉降量占总沉降比例
—	①	③	④	⑤=③/④	⑥	⑦=⑥/④	⑧	⑨=⑧/④
N12	0.178	1.405	1.620	86.7	0.020	1.23	0.017	1.05%
N14	0.282	0.728	1.098	66.3	0.088	8.0	—	—

(3)表4-8中数据显示,N12路段填筑期间单位填筑厚度产生的沉降量是堆载预压N14路段的1.54倍,主要原因是N12路段的荷载较大,除了路堤荷载外还有80kPa的真空荷载作用,这也是N12路段填筑期内的沉降占总沉降比例比N14路段高20%的原因,它显示真空联合堆载预压可以更快地完成预压加固的目标。

两个路段加固各阶段时间及填筑期单位填土厚度的沉降量　　表4-8

路　段	路堤填筑所用时间(月)	路堤填筑厚度(m)	平均填筑速率(m/月)	满载联合预压的时间(月)	纯路堤预压的时间(月)	加固总工期(月)	填筑期沉降量(mm)	填筑期单位填筑厚度沉降量(mm/m)
N12	12.0	4.849	0.404	0.6	21.0	36.0	1405	289.8
N14	16.0	3.870	0.242	12.2	6.0	34.0	728	188.1

(4)表4-9显示左右路肩二者沉降曲线相差不大,N12和N14路段差值分别为71mm和48mm,说明地层状况与荷载施加都比较均匀。路中心与路肩沉降差都在20%左右。由此N12、N14段形成的沉降盆的平均斜度分别为1.84%和1.35%,N12较大的原因是它的沉降量

较大。这说明加固前在路中心地表做成2%的反坡是可行的，在此坡上做成的砂垫层在加固中不会形成过大的锅底状，有利于预压水的排出。

两个路段路中心与路肩地表沉降 表4-9

路　段	总填土厚度	中心最大沉降量	单位填土厚度的沉降	路肩平均沉降量	二路肩沉降差	路肩沉降与中心沉降比值	路肩与中心沉降差	沉降盆平均斜度
	m	mm	mm/m	mm	mm	%	mm	%
N12	5.349	1 620	302.9	1 298.5	71	80.2	321.5	1.84
N14	4.370	1 088	252.7	862	48	78.5	236	1.35

(5)从沉降曲线看，在后期非常平缓，应该说路堤沉降已趋于稳定。N12路段真空停止前的3个月里的沉降速率见表4-10。能够看出其收敛速度还是很快的，N12路段是在联合预压条件下得到的，也就是说是在超载预压（超载比为1.49）条件下得到的，实际路堤荷载没有这么大，应该说上述条件的满足是一个充分条件的满足。

N14路段（属等载预压）到卸载前4个月的沉降速率见表4-11。这4个月来路堤中心处的沉降速率逐渐降低，都低于5mm/月的标准，最后两个月已达到2mm/月，应该说路堤在等载条件下沉降也趋于稳定。因此从沉降角度来看，这两种方法加固都取得了很好的效果，达到了预期目的。

N12路段在真空卸载前3个月内的路堤中心沉降速率 表4-10

路　段	沉降速率（mm/月）		
	停抽前的第3个月	停抽前的第2个月	停抽前的第1个月
N12	11.0	6.0	3.3

N14路段预压卸载前断面中心处沉降速率值 表4-11

时　段	沉降速率（mm/月）	时　段	沉降速率（mm/月）
2006-4-20～2006-5-19	4.0	2006-6-23～2006-7-28	2.0
2006-5-19～2006-6-23	3.0	2006-7-28～2006-8-20	2.0

N13和N14路段相邻，路堤填筑厚度差别不大，地质条件相当，处理深度也基本相同，在处理方法上N14为等载堆载预压，而N13采用的是真空联合堆载预压，即真空超载预压。它们最终加固的结果见表4-12所列。

真空预压段与堆载预压段沉降量的比较 表4-12

编号	段落	路段性质	路堤总厚度	到2007-10-13已发生沉降量	到2008-12-31发生的沉降量	单位路堤厚度发生的沉降量
		—	m	m	mm	mm/m
	0	1	2	3	4	5 = 4/2
A	N13	通道	4.674	1.489	1 507	322.4
B	N14	一般	4.370	1.103	1 139	260.6
$C = A - B$			0.304	0.386	368	61.8
$D = C/B$(%)			7.0	35.0	32.3	23.7

从表4-12中看出,路堤总厚度N13路段比N14路段仅大7%,即0.3m,但到路面完成时N13段落发生的沉降量比N14路段大35%,说明真空超载预压效果要好于等载预压。到通车12个月后,N13路段此时发生的总沉降比N14路段大32%,相比路面完成时有所减少,说明N13路段在行车荷载作用下,沉降发展缓慢,沉降速率减缓幅度大于N14路段,沉降曲线收敛速度快于N14等载路段;单位路堤厚度产生的沉降量N13路段要大于等载预压路段24%,同样说明真空超载预压效果好于等载预压。

2. 分层沉降的比较分析

图4-5是N14路段中心处各土层的分层沉降随时间的变化过程线图。

表4-13是从N14路段分层沉降所测资料中整理出的3土层经过等载预压加固后的压缩情况,可以看出,等载预压所产生的压缩量有56%发生在③$_1$层,而②$_1$层和②$_2$层产生的压缩量不到12%,每米压缩率③$_1$层也远远大于②$_1$层和②$_2$层,主要原因除了土自身的压缩性差异外,那就是土层的应力历史有所不同,"③$_1$淤泥质亚黏土层基本上算正常固结土或微欠固结土,②$_1$亚黏土层的超固结特征显著,属重～中度超固结,②$_2$淤泥质亚砂土属轻度超固结"。

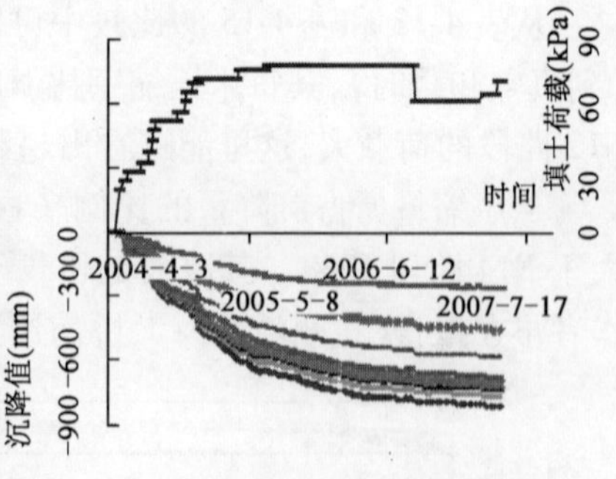

图4-5　N14路段地基各土层的沉降曲线

N14路段3个土层的压缩情况　　表4-13

土　层　名	亚黏土②$_1$层	淤泥质亚砂土②$_2$层	淤泥质亚黏土③$_1$层
到2007年5月7日为止压缩量(mm)	36	57	457
每米压缩率(mm/m)	16.8	7.4	22.3
压缩量占总沉降量的百分比(%)	4.4	7.0	55.8

利用最后一次填土(已满足等载预压条件)到卸载开始前之间所测路堤最大沉降量的资料,按照双曲线模式对最终沉降量进行推算,推算起始时间为2005年8月2日,对应的S_o = 720mm,推算终点时间t为2006年4月28日,对应的S_t = 795mm,得到最终沉降量为850mm(不包括施工沉降量在内),由此得到路基软土平均固结度在2007年5月8日时已达96%,推算工后总沉降量将小于100mm。

从分层沉降测值中整理得到N12路段地基土层经过真空联合堆载预压处理后,到真空卸载时的压缩情况,列于表4-14中。

N12路段真空卸载前1个月内各深度软土沉降速率　　表4-14

时　段	沉降速率(mm/月)								
	地表	2.0m	7.9m	9.5m	12.5m	15.4m	19m	24.4m	30m
2005-6-25～2005-7-21	3.3	2.3	4.6	3.5	3.5	3.5	2.3	1.2	1.2

图4-6是该段面中心处、从分层沉降测值中整理得到的8个深度土层沉降随时间的变化过程线,图中也绘出了地表沉降时程线。通过曲线可以看出,这8个环的变化还是有规律的。首先,自地表至30m深度范围内,在2005年4月26日进入真空预压的最后3个月,曲线平缓,渐呈水平状,没有继续向下的趋势,土层压缩接近完成。到停抽前的1个月,地表下的土层沉降速率已到5.0mm/月标准以下,如果再联合预压两个月,那效果会更好。

表4-15是地基的3个土层经过真空联合堆载预压后,到真空卸载时的压缩情况,可以看出,真空超载预压所产生的压缩量有68.1%发生在③$_1$层,而②$_1$层和②$_2$层产生的压缩量之和仅为13.1%。每米压缩率③$_1$层也远远大于②$_1$层和②$_2$层,原因如同上分析。

N12路段3个土层到真空卸载时的压缩情况 表4-15

土 层 名	亚黏土②$_1$层	淤泥质亚砂土②$_2$层	淤泥质亚黏土③$_1$层
到2005年7月22日止压缩量(mm)	73	113	967
每米压缩率(mm/m)	36.5	15.1	47.2
压缩量占沉降量的百分比(%)	5.1	8.0	68.1

从表4-13和表4-15的比较中可以看出,N12路段地基3个土层经过真空联合堆载预压后(到真空卸载时),其每米压缩率比N14路段在②$_1$层、②$_2$层和③$_1$层大一倍以上;原因主要是N12路段的荷载大,这里能够看出超载对消除软土工后沉降的作用是显著的。

从压缩量所占沉降量的比例来看,②$_1$层和②$_2$层二者相差并不大;但③$_1$层N12路段的要大于N14路段12%。其原因是超载预压的缘故。但N12路段联合预压的时间太短,对这一点作者早在报告"杭州湾跨海大桥南岸接线试验段工程软基加固方法与土性特征的关系"中就明确指出"加荷设计上,在满足地基稳定的前提下,要尽早、尽快地将路堤的最大荷载加到最大值,让第③$_1$层淤泥质亚黏土尽早地在满负荷状态下承受预压固结,使该层满负荷的预压时间尽可能的长,从而能发生更多的固结沉降量,这对完成整个地层的加固要求和减小路堤工后变形量是至关重要的措施。从这个意义上讲,真空联合路堤堆载预压法是能尽早、尽快地将路堤的最大荷载施加到最大值的加固方案,是能让第③$_1$层淤泥质亚黏土尽早地在满负荷状态下承受预压固结的方案,是一个行之有效的好方案,希望能以此指导现场的工程施工"。然而实际上并没有做好这一点,影响了最优加固效果,使这一方法的长处没有得到充分发挥。

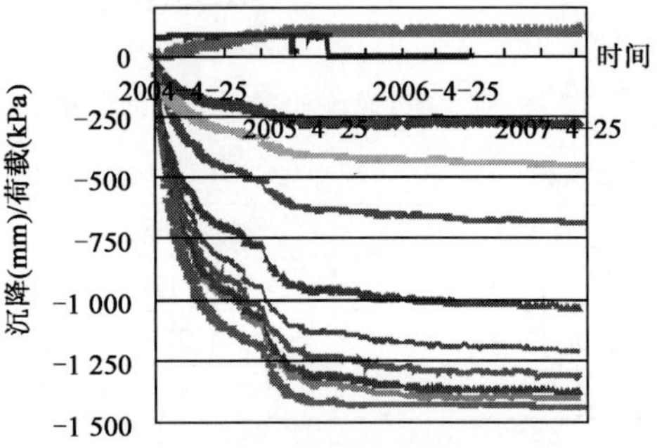

图4-6 N12路段地表与分层沉降过程线

3. 对孔压资料的分析

图4-7是N14路段K119+880断面中心的孔隙水压力观测结果。

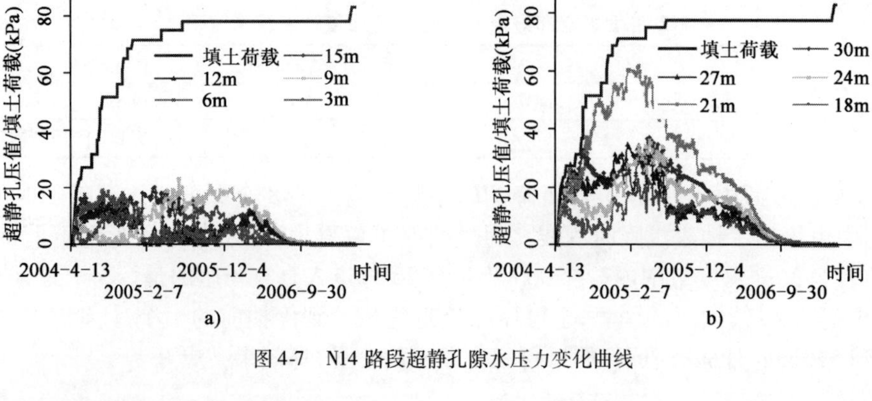

图4-7 N14路段超静孔隙水压力变化曲线

从图4-7中看出，到2006年7月底所有深度的超静孔隙水压力都已基本消散，表示软土的主固结基本完成，这与沉降观测资料的结果也是一致的，在深度16m以下沉降还稍有发展，那主要是③$_1$层软土的主、次固结效应所为。

路堤填筑过程中所有深度的超静孔隙水压力都为正值，该值的大小会影响路堤地基的稳定性，因此在堆载预压加固过程中要时刻关注超静孔隙水压力的变化，将孔压比控制在安全的范围内，这是堆载预压加固与真空预压加固的显著区别。将N14路段整个填土过程分为3个大的加荷阶段，地基中因填土加荷所形成总的超静孔隙水压力及总的超静孔压与总荷载比的关系列于表4-16中。

N14路段3级填土荷载完成后地基中超静孔隙水压力 表4-16

第1级，填土总荷载 $P=27.1$kPa										
深度(m)	3	6	9	12	15	18	21	24	27	30
超静孔隙水压力(kPa)	4.0	10.3	7.9	12.4	13.0	10.0	14.1	16.2	18.5	12.8
超静孔压/P(孔压比)	0.15	0.38	0.29	0.46	0.48	0.37	0.52	0.60	0.68	0.47
第2级，填土总荷载 $P=51.7$kPa										
深度(m)	3	6	9	12	15	18	21	24	27	30
超静孔隙水压力(kPa)	10.5	18.8	2.8	14.9	8.0	9.6	35.8	19.6	17.4	27.6
超静孔压/P(孔压比)	0.20	0.36	0.05	0.29	0.15	0.19	0.69	0.38	0.34	0.54
第3级，填土总荷载 $P=77.8$kPa										
深度(m)	3	6	9	12	15	18	21	24	27	30
超静孔隙水压力(kPa)	1.5	1.4	12.2	3.7	18.4	20.2	61.2	33.2	33.1	28.8
超静孔压/P(孔压比)	0.02	0.02	0.16	0.05	0.24	0.26	0.79	0.43	0.43	0.37

从表中能够看出，第1级填土荷载(27.1kPa)完成后在地基中累计形成的正超静孔隙水压力在地基深处(21m以下)相对较大，计算得到此时地基21m深处以下软土的孔压比为0.47～0.68，27m深处地基软土中孔压比最大，为0.68；而浅层地基中形成的正超静孔隙水压力相对较小，其孔压比0.15～0.48。第2级填土荷载完成后，浅层地基软土中孔压比为0.05～0.36，21m深度以下深层地基中软土孔压比为0.34～0.69。第3级填土荷载完成后，浅层地基软土中孔压比为0.02～0.26，21m深度以下深层地基中软土孔压比为0.37～0.79。

上述监测资料显示出各级填土完成后，地基深层软土的超静孔隙水压力增长较大，而且消散较慢；浅层土体中超静孔隙水压力相对较小，而且消散快。沿深度形成较大差异的原因主要是由于浅层地基土体渗透系数相对较大，浅层②$_1$层亚黏土和②$_2$层淤泥质亚砂土渗透系数为$2\times10^{-6}\sim3\times10^{-6}$cm/s，而③$_1$层淤泥质亚黏土平均渗透系数为$0.53\times10^{-6}$cm/s，在20～27m范围土体渗透系数仅为$0.2\times10^{-6}$cm/s左右。由于土体渗透系数沿深度的差异，使得该断面在堆载作用下土体中形成的正超静孔隙水压力消散过程沿深度变化较大。

数据还显示，各级荷载下累积孔压比绝大多数都小于0.6～0.7的稳定控制标准，只在个别深度上超过0.67，说明加载过程中路基始终是稳定的，就在这个别深度上下范围，其孔压比也是较小的，因此加载强度还可以适当增加。

到全部填土完成后，浅层土体大部分超静孔隙水压力已经消散，附加应力已转化为土体有效应力，土体主固结趋于完成，深度20m以上土体固结变形已趋于稳定。

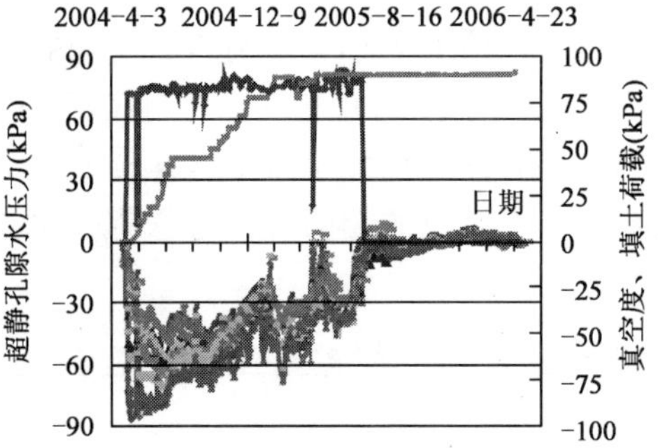

图4-8 N12路段真空联合堆载预压超静孔压曲线

图4-8是N12路段K119+700断面中心的孔隙水压力观测结果，从图中可以看出有以下特点。

（1）在抽真空和填土加荷的整个过程中，软土中超静孔隙水压力都一致地呈现为负值，说明地基始终处于稳定状态，根本不用担心因填土加荷而发生地基失稳情况的出现，这与堆载预压加固过程中超静孔隙水压力的变化特征是完全不同的。所以当抽真空膜下真空度达到80kPa后，快速填土筑堤是没有问题的，利用好这一特点可以大大节省施工时间，可以把节省的时间用于联合加固，效果会更好。

（2）因真空度产生的负超静孔隙水压力值在不同深度有所不同，自地表向下12m深范围内的地层产生65kPa左右的负超静孔压值，而18～30m范围的地层产生的负超静孔压值在60～30kPa之间，说明真空度沿排水板的传递是有损失的，初估板内每延米造成负孔压值降低1～2kPa，而排水板端部的局部损失在10kPa上下。不同深度抽真空期间负超静孔压均值见表4-17。

不同深度抽真空期间负超静孔压均值 表4-17

深度(m)	30	27	24	21	18	15	12	9	6	3	平均
负超静孔压均值(kPa)	43.5	33.2	36.4	44.0	37.2	40.0	46.5	53.0	54.0	54.2	44.2

（3）抽真空停止后，负超静孔隙水压力渐渐回到零点，也没有出现较大的正超静孔隙水压力，有效固结压力也趋于零，说明土层的主固结基本完成，这也能说明真空结束后，为什么纯路堤预压（属卸载后再压缩）在21个月里只产生17mm沉降量，它仅仅是填土加荷期间沉降量的1.21%，仅占总沉降量的1.05%的原因。

4.从深层水平位移看加固特征

将两个路段水平位移特征值列于表4-18中，有如下特点：

（1）加固中水平位移的方向二者截然相反，N14路段朝加固区外移动（正值），N12路段则朝加固区内移动（负值）。真空联合堆载预压加固的路基自始至终被加固土体都是向加固区内移动的，土体没有纯堆载预压时土体向加固区外移动的情况发生，地基不会出现失稳的情形。

（2）水平位移最大值发生的位置不同，N12路段发生在地表，沿深度、水平位移逐渐减小；N14路段则在地表下11m深处。对堆载预压来说，设立位移边桩来监测加固过程中地基的侧向位移，并以此来预报土体在加固过程中的稳定性那是极不可靠的，而且还有很大的危险性。所以在高速公路的建造中不能用边桩来监测土体的侧向位移，应设置深层水平位移的监测。二路段最大水平位移发生在不同深度，这与产生水平位移的原因有关，堆载预压发生的水平位移主要是由剪应力造成，产生剪切位移；真空联合堆载预压发生的是以收缩的等向固结应力为主造成，发生等向固结而产生的位移，地表固结应力最大，水平位移也最大。

两个路段深层水平位移测值比较　　表 4-18

路段代号	N12	N14
水平位移最大值(mm)	-152.8	20
水平位移最大值的深度(m)	0	11
水平位移大于 40mm 的深度(m)	9	—

注:位移负值表示土体向加固区内方向移动。

(3)N12 路段向加固区内位移量最大值达到 150mm 以上,水平位移值大于 40mm 的深度达到 9m,可见真空吸力之大,使路堤填筑始终保持稳定,但若周围临近有建筑物的话,也会对其产生不利影响。N14 路段由于加荷速率较慢,向外的水平位移量很小,根据 N14 路段测斜管的观测资料,沿深度发生的地基向外侧向位移最大累计总量为 20mm,每次填土发生的侧向位移增加值都远远小于 3mm/d 的限值,对路堤填筑稳定不构成威胁。

5. 加固前后土性变化的比较

两个路段于加固前后室内土样分析与测试的结果表明,土样含水率、孔隙比、压缩系数都不同程度地有所降低;而湿密度、十字板强度则有所提高,加固都取得了预期的效果。但这两个路段土层变化的程度有所差异,N12 路段普遍好于 N14 路段,最大的差异在③$_1$ 层,它比 N14 路段的变化要大很多。这充分说明真空联合堆载预压的加固在土层深部有明显的效果。而堆载预压则相对要差一些,这将会影响到工后沉降的大小。它们的变化率列于表 4-19 中。

两个路段加固前后软土层主要物理力学指标变化率(%)　　表 4-19

路段		含水率			湿密度			孔隙比			压缩系数			十字板强度		
		②$_1$	②$_2$	③$_1$	②$_1$	②$_2$	③$_1$	②$_1$	②$_2$	③$_1$	②$_1$	②$_2$	③$_1$	②$_1$	②$_2$	③$_1$
①	N12	—	-19.7	-8.1	—	4.8	1.7	—	-18.6	-7.4	—	-63.6	-20.8	—	73.2	18.8
②	N14	-6.9	-17.0	-3.6	2.6	2.7	0	-6.3	-14.0	-5.0	-25.0	-40.4	-8.2	15.0	—	9.4
③=(①-②)/②(%)		—	15.9	125	—	77.8	>100	—	24.7	48.0	—	57.4	154	—	—	100

六、工后沉降分析

1. 从后期沉降资料分析工后沉降

前面分析的资料都是到路基填筑完成,这之后的观测资料尚未包括在内,表 4-20 就是这之后的资料。

两个路段路中心与路肩地表沉降(到 2008 年 12 月 31 日)　　表 4-20

路段	路堤总厚度	施工沉降量	路中心最大沉降量			路肩平均沉降量	路肩沉降与中心沉降比值	路肩与中心沉降差	沉降盆平均斜度
			到 2007-10-13	到 2008-8-31	到 2008-12-31				
	m	mm	mm	mm	mm	mm	%	mm	%
N12	6.209	178	1 639	1 661	1 663	1 322.5	79.5	340.5	1.946
N14	4.332	282	1 103	1 128	1 139	911.5	80.0	227.5	1.300

路面是2007年10月中旬完成的，到2007年底开始试通车，最后观测到2008年12月底。也就是说路基在路堤全荷载下已压缩14个月，交通荷载也有12个月。将这3个阶段分开统计与计算，得到2007年10月到2007年12月的沉降量、沉降速率，2007年12月到2008年8月底的沉降量与沉降速率，以及2008年8月底到2008年12月底的沉降量与沉降速率，见表4-21。从该表中可以看出：

2个路段3个阶段路中心沉降量与沉降速率　　表4-21

路　段	路中心最大沉降(mm)				阶段沉降量(mm)		平均沉降速率(mm/月)			
	2007-10-13	2007-12-25	2008-8-31	2008-12-31	2007年10月到12月底	2008年12个月	2007年四季度	2008年前8.2个月	2008年后4个月	2008年全年均值
0	1	2	3	4	5=2-1	6=4-2	7=5/2.4	8	9	10=6/12.2
N12	1 639	1 645	1 661	1 663	6	18	2.50	1.95	0.50	1.48
N14	1 103	1 105	1 128	1 139	2	34	0.83	2.80	2.75	2.79

(1)总的趋势是随时间的延长，沉降速率逐渐减小，通车阶段要小于前面未通车阶段，从N12真空联合堆载预压加固的3个阶段平均值看还是正常的。该路段沉降速率已经很小，都在1~2mm/月之间，而且3个阶段衰减幅度较大，工后沉降量会较小。

(2)N14堆载预压路段沉降速率在通车阶段大于前面未通车阶段，主要是通车后路堤经受的荷载变大，除车辆质量外，还有动荷载的作用，因此沉降速率变大。通车后的沉降速率比N12路段均值要大88.5%，这主要是N14段土体受荷后压缩是在压缩主枝上发展，而N12路段土体是在再压缩枝上发展，其沉降量一定会小很多。从前面加固后土性的变化、沉降资料分析都能看出通车后其沉降速率一定会高于真空联合堆载预压段，而且沉降主要发生在深部③$_1$层位上。

2. 拟合实测沉降曲线推求工后沉降量

用双曲线拟合实测沉降曲线，见式(4-1)。

在预压荷载不变的情况下，软土地基的沉降曲线可以认为满足双曲线的变化规律，即：

$$S_t = S_a + \frac{t - t_a}{\alpha + \beta(t - t_a)} \tag{4-1}$$

式中：S_t——t时刻的沉降量；

S_a——双曲线起点t_a时的沉降量；

α、β——待定的系数。

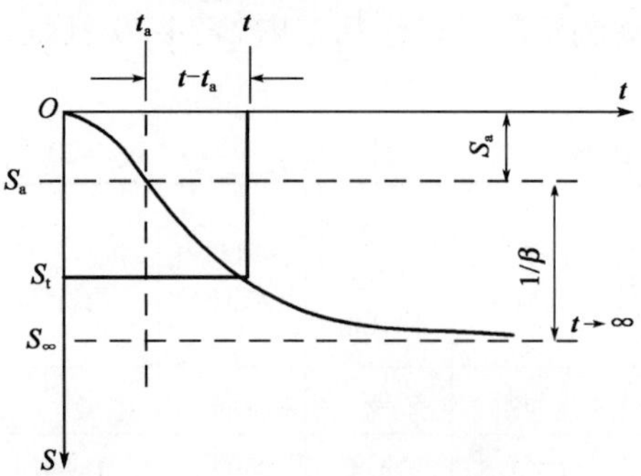

图4-9　运用双曲线法推求最终沉降量

各符号的意义如图4-9所示。可以将式(4-1)的非线性表达式变成一元线性形式，利用测得的数据按最小二乘法可以求出系数α、β，从而推求出到该级荷载为止的最终沉降量S_∞，详见参考文献[1]。

按照式(4-1)，推算出N12和N14路段的最终沉降量，见表4-22。从推算的工后沉降量看，加固到目前，两个路段的工后沉降量都能满足规范对一般路段的要求。目前，沉降完成的比例对N12真空联合堆载预压路段来说达到98%，而N14堆载预压段只有94%。

两个路段按双曲线拟合的路中心最终沉降量　　表4-22

路　段	路段性质	路堤总厚度	施工沉降量	路中心沉降量		估计的工后沉降量	沉降发生值/拟合值
				到2008-12-31	拟合的最终值		
	—	m	mm	mm	mm	mm	%
N12	一般	6.209	178	1 663	1 684.8	21.8	98.7
N14	一般	4.332	282	1 139	1 213.7	74.7	93.8

七、沉降补方量的计算

沉降补方就是由沉降引起的路堤增加的填筑方量 ΔW,所以补方量的大小应与加固期间沉降量大小有密切关系。在文献[13]中叙述了“所有影响沉降量大小的因素都可以看成是影响补方量大小的因素,因此沉降补方量大小与软土特性,如压缩性、软土初始状态、软土厚度、固结特性、应力历史等有关,与路堤高低、路堤底宽、填筑快慢、预压方法中采用的参数、如垂直排水通道打设深度、间距、布置方式等有关,沉降补方量 ΔW 应该是以上这些因素的函数”。所以要准确计算出沉降补方量不是一件容易的事,影响因素太多、也太复杂;简便的计算方法是先假定沉降盆满足的曲线方程,用积分求和的方法,求得沉降盆面积的表达式,即为该路堤这一路段的沉降补方量。为应用方便,一般将表达表示为路堤中心沉降量 S_t(也是上述各种因素综合作用的结果)和路基底宽 L 两个主要参数,见式(4-2)。

$$\Delta W = X \cdot S_t \cdot L \tag{4-2}$$

式中:X——沉降补方系数。

将一些不易确定的因素及对沉降盆曲线假定的近似性都概况在这个沉降补方系数当中,它抓住了问题的主要方面,也使复杂的问题变得简单,有利于工程使用。根据文献[13]的研究结果,杭州湾跨海大桥南岸接线试验段中慈溪境的堆载预压加固路段的平均沉降补方系数是0.858,统计分析结果表明均方差和变异系数(0.021/0.062)都在较小的范围内,它比原同三线宁波试验段得出的值大7.7%,这充分说明了路堤行车规模等级及加固深度的影响。

以此沉降补方系数计算 N14 路段单位路长的补方量为:$0.858 \times 1.101 \times 47 = 44.399(m^3/m)$。

该段补方量应为:$67 \times 44.399 = 2\,974.7(m^3)$。

根据文献[13],杭州湾跨海大桥南岸接线试验段中慈溪境的真空联合堆载预压加固路段的平均沉降补方系数为式(4-3)所示,即

$$X = 0.177 \times S_t + 0.639 \tag{4-3}$$

方程拟合的相关系数为0.842,使用范围是 $1.0m < S_t < 1.7m$。

如用各种情况的平均值0.87来表示沉降补方系数,统计分析结果表明均方差为0.035和变异系数为0.04,都在较小的范围内,说明可以用该平均值来替代上述公式计算沉降补方量,总体上不会引起很大的误差。它比原同三线宁波试验段得出的值大11.5%,这充分说明了路堤行车规模、公路等级、加固方法及加固深度的影响。尽管真空联合堆载预压法比堆载预压法的加固沉降量要大35%～45%,但它们之间的沉降补方系数却没有这么大的差别,前者只比后者大1.4%～2.4%(堆载预压为0.858);而实际上在真空联合堆载预压的工况中,路堤高度都比堆

载预压的高许多,路基底宽相应也大,但沉降补方系数却没有想象中的大,这反映了真空联合堆载预压加固中使土体向内收缩,致使由侧向变形引起的地基附加沉降量要远小于堆载预压因地基侧向变形而产生的附加沉降量,充分表现出不同加固方法对沉降补方系数的影响。

以此沉降补方系数计算 N12 路段单位路长的补方量为 $0.87\times1.62\times53=74.698(m^3/m)$。

按式(4-3)计算沉降补方系数为 0.926,单位路长的补方量为 $79.506\ m^3/m$。

该段补方量应为:$100\times74.698=7\,469.8(m^3)$或 $100\times79.506=7\,950.6(m^3)$。

比较 N14 和 N12 路段单位路长的补方量,真空联合堆载路段(取均值 $77.5\ m^3/m$)是堆载预压路段 1.75 倍,也就是说,产生真空联合堆载预压的效果是要消耗较多的土地资源。面对国内土地资源紧缺的状况还要研究相应的措施加以改进,否则应用前景会受到制约。

八、从加固机理与工后沉降控制看二者的区别

1. 从应力路径看加固机理

(1)堆载预压加固

在堆载排水预压法中,加荷时不仅平均应力增大了,而且应力圆的半径亦增大,这意味着地基土的强度和剪应力都在增大。从图 4-10a)可以看出,土体原处于 k_0 应力状态,位于 p'—q 图中的 k_0 线上。

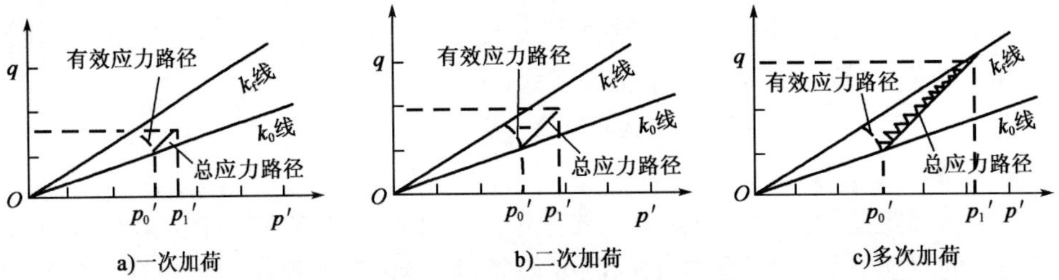

图 4-10　分级加荷土体强度增长的有效应力路径

当加荷后,其有效应力路线如图 4-10a)中虚线所示。若一次施加的总应力太大,当有效应力增长较慢时,则土体很容易达到破坏包线 k_f,从而发生失稳剪切破坏。因此,一定得控制加荷速率,让土体强度的增长大于剪应力的增加。这就是堆载排水预压法中荷载要分级施加的原因。图 4-10b)、c)说明分级次数或加荷的有效应力路径不同,土体所具有的强度也迥然不同。

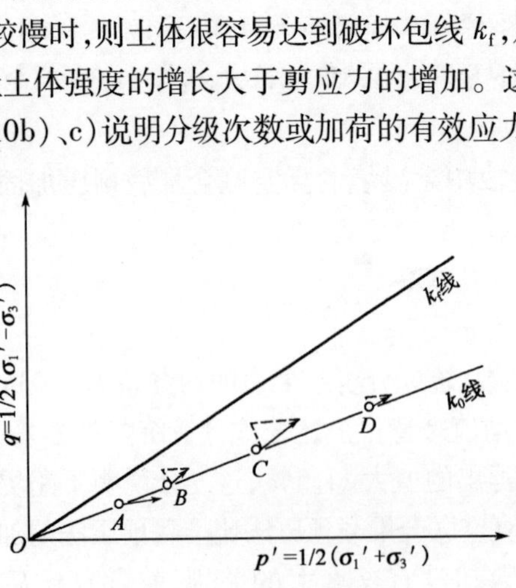

图 4-11　堆载预压时不同深度土体侧向变形的应力路径

再看图 4-11,在堆载排水预压法中,加固前地基中位于不同深度的 A、B、C 各点的初始应力状态都位于 k_0 线上;加荷后,荷载边缘、靠近地表的 A 点的 $\Delta\sigma_3'>k_0\Delta\sigma_1'$,其应力路径指向 k_0 线的下方,其侧向变形呈收缩趋势,指向加固区。但离地表一定深度的地点的 B、C 各点,其有效应力增量 $\Delta\sigma_3'(\Delta\sigma_3'=\Delta\sigma_h')$ 沿深度的衰减大于 $\Delta\sigma_1'(\Delta\sigma_1'=\Delta\sigma_v')$,所以 $\Delta\sigma_3'<k_0\Delta\sigma_1'$,其应力路径都指向 k_0 线上方,这些点的侧向变形呈膨胀趋势,土体朝加固区外位移。

因而用堆载排水预压法加固地基时，土体大都发生侧向挤出变形。

(2)真空联合堆载预压加固

在真空联合堆载预压中，先进行真空预压，膜下真空度稳定几天后再进行堆载预压，此时的应力路线如图4-12所示。开始时有效应力路径是自 k_0 线上的 H 点出发而平行于 p' 轴的一段直线 HD，处于 k_0 线的下方。在堆载开始后应力路线则从水平直线 D 点转向右上方、成斜线（一般其与 p' 轴的夹角小于45°）到达 G 点，有效应力路线如图4-12a）自 D 点沿虚线向 S 点靠近。若一次施加的总应力（堆载）太大、太快，软土中将产生较大正的超静水压力，土体强度的增长有可能跟不上剪应力的增加，地基就有可能发生失稳剪切破坏。此刻有效应力路线就有可能上扬而到达 k_f 线上的 S 点。由于路堤堆载是分级施加的，加荷速率也慢，那总应力路线和有效应力路线的发展如图4-12b）所示，第一级荷载自 D 点到 E 点，而在堆载加荷和处于休止期的同时，由真空荷载形成的有效应力也不断增加，则有效应力路线也不断向右呈水平移动，自 E 点移到 F 点，当再施加第二级堆载时，则总应力路线在新的起点 F 转向右上方成斜线发展到达 G'，而有效应力路线自 F 点又到达 S' 点，虽然又上一个台阶，但应力水平距 K_f 线还很远，路基就处于安全、稳定状态，就不会出现路堤坍塌与滑坡。至于联合加固中加荷速率要否控制，答案是肯定的，详细可看文献[14]。在不断抽真空和路堤填筑加荷的过程中，地基土的强度也在不断增长，压缩量也在加大。

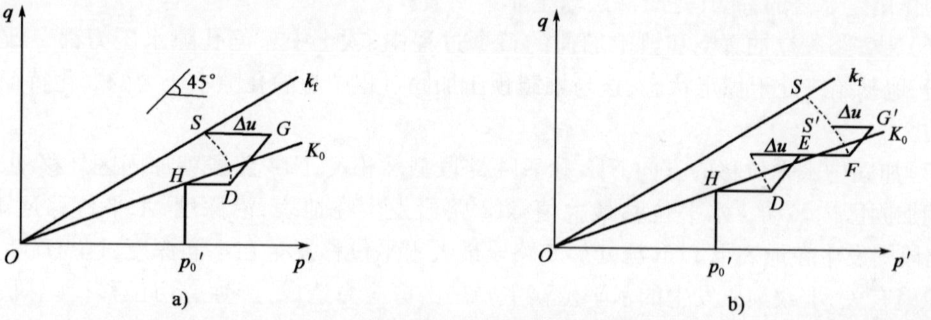

图4-12 真空联合堆载预压加荷的有效应力路线

2.超载预压对工后沉降的影响

从前面对堆载和真空联合堆载预压处理软土地基的分析中看到，二者都取得了预期的加固效果，加固深厚软基都取得了成功。真空联合堆载的效果要好于堆载预压，主要表现在，一是通车运行12个月期间，N12路段的沉降速率要小于N14路段，减小幅度达到47%；二是到2008年12月底以后所剩工后沉降量前者要小于后者，仅仅是后者的29%；三是前者沉降的收敛幅度大于后者，到2008年12月底前者已发生的沉降量达到总沉降量的98.7%，而后者仅达到93.8%；四是土分析资料反映剩余沉降主要应发生在$③_1$层，但N12路段比N14路段要小得多，N12路段压缩性降低20.8%，而N14路段仅有8.2%，也就是说超载预压使N12路段深部$③_1$层软土压缩性的改变幅度比N14路段要大得多。因此超载预压比堆载预压能更有效地控制路堤工后沉降。

但是也要看到，超载预压的加固效果也是要付出相应代价的。单位路长的沉降补方量N12路段比N14路段要大76%（N12为77.5m^3/m，N14为44.4m^3/m）左右，这就增加了征地数量和工程造价。好在超载主要是由真空荷载来实现的,加载与卸载都很容易,该过程对土地资源没有影响。

九、结论

(1)**N14 路段原设计是超载预压,超载 1m,但实际实施下来不是超载,而是等载预压。N12 路段**是真正的**超载预压**,超载比为 1.49。

(2)N14 的堆载和 N12 的真空联合堆载预压处理深厚软土地基都取得了预期的加固效果,都取得了成功。真空联合堆载的效果要好于堆载预压。

(3)沉降主要发生在填土加荷期间。填土期间 N12 和 N14 发生的沉降分别占到总沉降量的 87% 和 66% 。

(4)N12 和 N14 路段左右路肩沉降差值分别为 71mm 和 48mm,路中心与路肩沉降差都在 20% 左右。由此形成的沉降盆的平均斜度 N12、N14 段分别为 1.95% 和 1.30% ,加固前在路中心地表做成 2% 的反坡是可行的,有利于预压水的排出。

(5)N14 等载预压所产生的压缩量有 56% 发生在$③_1$ 层。N12 路段到真空卸载时,真空超载预压所产生的压缩量有大于 68% 发生在$③_1$ 层。N12 路段每米压缩率比 N14 路段在$②_1$ 层和$②_2$ 层大一倍以上,比$③_1$ 层大 46% ;主要原因是 N12 路段的荷载大,超载对消除软土工后沉降的作用是显著的,尤其是对深层软土非常明显。

(6)N12 路段在抽真空和填土加荷的整个过程中,软土中超静孔隙水压力都一致地呈现为负值,地基始终处于稳定状态,这与堆载预压加固过程中超静孔隙水压力的变化特征是完全不同的。

(7)加固中水平位移的方向 N12 和 N14 路段截然相反,N14 路段朝加固区外移动,N12 路段则朝加固区内移动。水平位移最大值 N12 路段发生在地表,沿深度、水平位移逐渐减小;N14 路段则发生在地表下 11m 深处。二路段最大水平位移发生在不同深度、这与产生水平位移的原因有关,堆载预压发生的水平位移主要是由剪应力造成,产生剪切位移;真空联合堆载预压发生的是以收缩的等向固结应力为主造成,发生等向固结产生的位移,地表固结应力最大,水平位移也最大。

(8)对堆载预压来说,用位移边桩来预报土体在加固过程中的稳定性是极不可靠的,而且还有很大的危险性,应设置深层水平位移监测。

(9)两个路段加固后土性都不同程度地有所改变;N12 路段普遍好于 N14 路段,最大的差异在$③_1$ 层,它比 N14 路段的变化要大很多。这充分说明真空联合堆载预压的加固在土层深部有明显的效果。而堆载预压则相对要差一些,它将会影响工后沉降的大小。

(10)N14 堆载预压路段沉降速率在通车阶段大于前面未通车阶段,主要是通车后路堤经受的荷载变大,还有动荷载的作用,因此沉降速率变大。通车后的沉降速率比 N12 路段均值要大 88.5% 。原因是 N14 段土体压缩是在压缩主枝上发展,而 N12 路段土体是在再压缩枝上发展。

(11)超载预压对工后沉降的影响表现在通车后 N12 路段的沉降速率小于 N14 路段,减小幅度达到 47% ;超载预压比堆载预压能更有效地控制路堤工后沉降。

(12)超载预压的加固效果也是要付出相应的代价。单位路长的沉降补方量 N12 路段比

N14 路段要大 76%（N12 为 77.5m^3/m，N14 为 44.4m^3/m）左右，这就增加了征地数量和工程造价。也就是说，产生真空联合堆载预压的效果是要消耗较多的土地资源，面对国内土地资源紧缺的状况还要研究相应的措施加以改进，好在超载主要是由真空荷载来实现的，加载与卸载都很容易，该过程对土地资源没有影响。

第二节 管桩与 CFG 桩加固桥头深厚软基效果的比较分析

摘 要：桥头深厚软基经过管桩与 CFG 桩复合地基处理后，通过减少总沉降量来控制工后沉降的目的已达到，减少幅度超过 95% ~ 90%。管桩及 CFG 桩复合地基软土的压缩变形主要发生在填土加荷期间，该期间的沉降量分别占总沉降量的 76% 和 63%；沉降总量 CFG 桩的要大于管桩的。CFG 桩制桩过程是完全挤土成桩工艺，它对桩间软土产生了较大的扰动，除产生高孔隙水压力之外，还引起地表隆起、软土侧移，土体强度降低、CFG 桩体倾斜，应改良施工方法。其在软土中产生的超静孔隙水压力最大值已达到 108kPa，是管桩的 1.7 倍。路堤填土在桩与桩间土之间发生了不等的沉降变形，导致路堤土拱效应产生，填土荷载向桩上集中，从而使桩的承载能力得以显著发挥。在填土加荷期间，随荷载上升桩土应力比都是由小逐步增大；在预压阶段，管桩 2.4m 间距区桩土应力比在 11.5 ~ 20.9 之间变化，CFG 桩区基本上维持在 25 ~ 18.5 之间，到预压后期基本稳定。带有桩帽的管桩所受到的土压力均值仅仅是 CFG 桩的 54%，但是它承担的荷载占总荷载的比例却高达 77%，而 CFG 桩虽然受到的土压力要高很多，但因桩顶面积相对小，所承担的荷载只达到 53%，远小于管桩，充分看出桩帽平台的承载作用。数据还表明，桩与桩间土的承载能力都没有充分发挥，管桩承担的荷载仅仅是其能力的 20%，CFG 桩也只有 22%，两者桩间土的承载能力也只发挥 12% 和 18%，因此在荷载不变的情况下桩间距还有增大的潜力。提高路堤强度和路堤下垫层的刚度是提高刚性桩复合地基桩土应力比的有效途径之一。

一、引言

管桩复合地基法和 CFG 桩复合地基法已从应用于工业民用建筑的地基加固领域，逐渐被移植用于高速公路深厚软基的处理当中，它们的共同思路是将高填方路堤荷载通过桩体传入深部好的地层上，绕过了上部软弱土层，避免产生过大的软土压缩量和施工中会出现的路堤稳定问题，加快了施工进度及大大减少了工后沉降量，使得它们能在控制路堤工后沉降量方面发挥出显著的作用。

预应力混凝土薄壁管桩复合地基法是一种由高强度刚性桩、一定面积的桩帽平台、碎石垫层和桩周软土共同组成的地基；CFG 桩复合地基法是一种由较高强度的刚性桩、碎石垫层与桩周软土共同组成的地基。它们与碎石桩、搅拌桩组成的复合地基的区别在于桩体的强度比碎石桩、搅拌桩高很多，处理的深度也大很多，前者可达 30 ~ 40m，后者往往在 15 ~ 20m 以内。

预应力混凝土薄壁管桩复合地基与 CFG 桩复合地基相比也有很多不同。一般管桩比 CFG 桩的桩身强度要高，管桩是事先在工厂预制而成，产品质量有保证，尺寸准确、强度可靠，桩体中有钢筋，可施加预应力，常用静压或锤击机械沉桩；而 CFG 桩都是现场成孔浇制而成，桩体中一般没有布设钢筋，桩体强度较低，桩的截面尺寸常不够准确，现场混凝土配比难控制好，桩身上中下部的强度会有差异，抵御抗弯、抗剪的性能较差，常用螺旋或振动机械成孔，但造价相对较低。除此之外，管桩能在桩顶设置面积较大的混凝土承载板（简称桩帽平台），在组成的复合地基中桩将承担更大的荷载，可以充分发挥管桩的高承载特性。

预应力混凝土薄壁管桩复合地基与 CFG 桩复合地基的这些不同，决定了它们在处理高填方桥头深厚软基的时候会有不同的效果和特点。本文深入总结、分析现场的试验结果，以便能更好地为高速公路的修建服务、为高填方路堤的软基处理、设计与施工提供借鉴。

二、地质条件

图 4-13 是 N2 管桩加固区 K118 + 593 土层剖面。钻孔柱状图显示本工程管桩加固区有 4 层软土。K118 + 593 剖面软土厚度达 35m。剖面划分为 4 个工程地质亚层，自地表向下分别如下所述。②$_1$ 层：亚黏土（Q_4^{3+m}），浅层为耕植土，大部分为软塑状，少数为可塑状，厚度普遍偏小，一般在 2.0m 左右；②$_2$ 层：淤泥质亚黏土（Q_4^{3+m}），该层灰色，呈流塑状，饱和，本层厚度为 10.5m；③$_1$ 层：淤泥质亚黏土（Q_4^{2+m}），灰色，呈流塑状，饱和，夹少量淤泥质黏土，本层厚度为 13m；③$_2$ 层：亚黏土层（Q_4^{2+m}），上部灰绿色 ~ 灰色，以亚黏土为主，夹砂粒，硬塑，下部以亚砂土为主，稍密，软塑，夹粉砂或亚黏土薄层，本层厚度大于 9.5m。

图 4-14 是 N10 CFG 桩加固区 K119 + 500 土层剖面。钻孔柱状图显示本工程 CFG 桩加固区有 4 层土，其中 3 层为软土，K119 + 500 剖面软土厚度达 31m。剖面划分为 4 个工程地质亚层，其中 3 个是软弱土层，自地表向下如下所述。②$_1$ 层：亚黏土（Q_4^{3+m}），浅层为耕植土，大部分为软塑状，厚度一般在 2.5m 左右；②$_2$ 层：淤泥质亚砂土（Q_4^{3+m}），该层灰色，呈流塑状，饱和，本层厚度为6.4m；③$_1$ 层：淤泥质亚黏土（Q_4^{2+m}），灰色 ~ 深灰色，呈流塑状，饱和，本层厚度为 22m；⑤$_2$ 层：细砂、粉砂层（Q_3^{al-pl}），本层厚度大于 4.2m。

两个试验区各土层物理力学指标见表 4-23。

管桩、CFG 桩区土层主要物理力学特性指标 表 4-23

土层代号	段落	土层厚度	含水率	湿密度	孔隙比	液限	塑性指数	液性指数	压缩系数	压缩指数	回弹指数	固结系数（×10^{-3}）	无侧限抗压强度	室内测灵敏度
		—	w	ρ	e	w_L	I_P	I_L	a_v	C_c	C_s	C_v	q_u	S_t
		m	%	g/cm^3	—	%	—	—	MPa^{-1}	—	—	cm^2/s	kPa	—
②$_1$	N2	2.0	34.0	1.86	0.964	33.1	13.1	1.08	0.44	—	—	6.53	50.4	14.6
	N10	2.5	31.0	1.91	0.872	34.5	14.0	0.76	0.32	0.212	0.013	7.64	71.3	7.6
②$_2$	N2	10.5	37.6	1.84	1.029	29.3	9.7	1.83	0.453	0.237	0.011	8.30	34.1	—
	N10	6.4	34.1	1.86	0.951	29.0	8.3	1.77	0.39	0.238	0.012	8.72	57.4	—
③$_1$	N2	13.0	42.5	1.76	1.209	36.8	14.5	1.41	0.66	0.439	0.033	4.99	104.4	8.7
	N10	22.1	42.1	1.79	1.160	34.3	13.2	1.59	0.70	0.389	0.018	5.73	92.5	12.8
③$_2$	N2	9.5	30.2	1.92	0.853	29.5	12.7	1.03	0.188	—	—	—	96.0	11.2
⑤$_2$	N10	4.2	29.5	1.91	0.834	—	—	—	0.18	—	—	—	—	—

表中数据显示，二者在土层分布上稍有不同，管桩区第4层是亚黏土，而CFG桩区为粉细砂层；③$_1$层厚度CFG桩区比管桩区要厚近10m；土性指标基本相同。

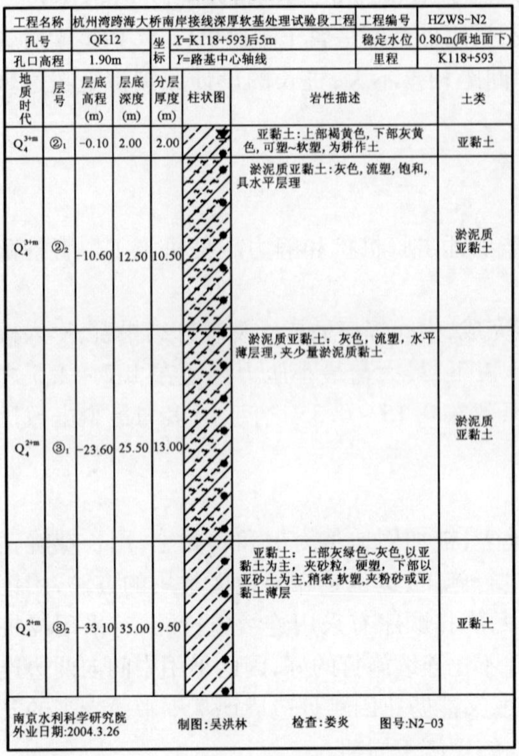

图4-13　管桩加固区K118+593土层剖面图

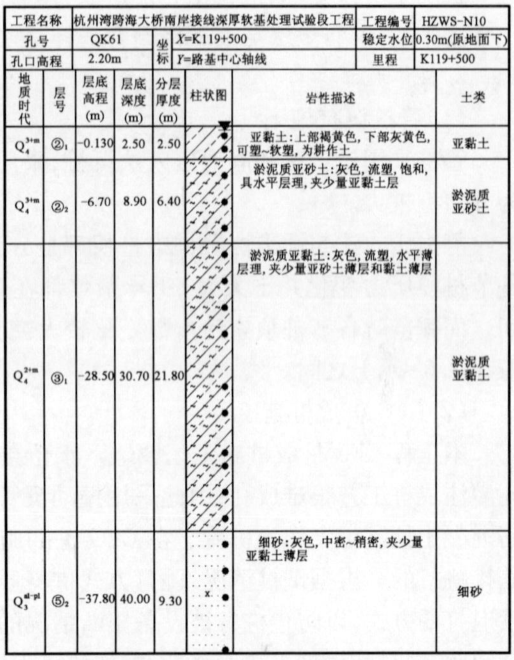

图4-14　CFG桩加固区K119+500土层剖面图

三、加固方案与实施概况

1. 加固方案

管桩与CFG桩的主要设计参数见表4-24。

管桩、CFG桩的主要设计参数与工程量　　表4-24

区　号	起讫桩号	路段类型	设计路堤高度(m)	桩长(m)	间距(m)	总根数	总延长米(m)
N2	K118+557~K118+593	桥头路段	6.2	36	2.4	298	10 728
	K118+593~K118+623	桥头过渡段	4.0	32	3.0	190	6 080
N10	K119+453~K119+483	桥头路段	5.0	33	2.5	856	28 248
	K119+483~K119+520	桥头路段		33	2.0		

管桩的设计直径为400mm，壁厚55mm，桩体强度要求达到C60；桩帽采用C30混凝土，为正方形状，尺寸100cm、厚30cm；桩顶铺设50cm厚的碎石垫层，垫层采用粒径2~5cm的洁净碎石，加铺一层钢塑土工格栅，铺于地面以上30cm处的碎石垫层内，钢塑土工格栅要求延伸率≤3.0%，其纵向抗拉强度>80kN/m，横向抗拉强度>60kN/m。

CFG 桩设计直径为500mm，采用425 号普通硅酸盐水泥，粗骨料碎石粒径为3～5cm，桩体强度要求达到C12，按相应坍落度为3cm 时进行配合比设计；桩顶铺设50cm 厚的碎石垫层，垫层采用粒径2～5cm 的洁净碎石，内铺一层钢塑土工格栅，铺于地面以上30cm 处的碎石垫层内，钢塑土工格栅要求延伸率≤3.0%，其纵向抗拉强度＞80kN/m，横向抗拉强度＞60kN/m。

在设计方案上两者都是针对桥头高填方地段，采用桩型都是属于刚性桩，不考虑桩帽时管桩的桩间距要大些，如把桩帽考虑进去，两者的净间距相差不大，桩长的设计原则都是超过软土深度1m。碎石垫层与土工格栅都一样。

2. 桩体施工

(1)管桩沉桩施工

管桩采用锤击法和静力压入法沉桩，采用的柴油锤击打桩机和静力压桩机施工。管桩都为开口型桩尖。

静力压入法与锤击法沉桩中桩长都是分三节完成，中间焊接而成。从统计结果看，压入桩各节桩顶压力变化并不太大，变异系数都在0.15 以下，最大与最小压力比值在1.2～2.5 之间。而锤击时各节桩顶累计击数变化较大，变异系数在0.15～0.35 之间，最多与最少击数比值在1.6～4.1 之间。

(2)CFG 桩成桩施工

本工程CFG 桩成桩施工区域地下水位接近地表，被加固地基为饱和软黏土，用长螺旋钻孔灌注成桩工艺很难成孔；因此采用振动沉管机进行施工，这也是软土地区常用的方法，用钢筋混凝土预制桩尖作为桩靴。在CFG 桩的施工中，施打顺序有采用连续施打的，有采用隔桩隔排跳打的。根据试桩情况，跳打方式桩身质量并不比连续施打的好，因此采用中间向两边连续退打的方式，以防止桩身被设备压断情况的出现，又能防止因跳打造成地基不平而带来的安全问题，同时减少桩机往返移动，能加快施工进度，缩短施工周期。

3. 桩身质量检查结果

管桩与CFG 桩低应变检测结果见表4-25。管桩中Ⅰ类桩43 根，占87.8%；Ⅱ类桩6 根，占12.2%，Ⅱ类桩的质量问题大都在桩身的局部部位有轻微损伤，是运输、堆放与吊装时不小心产生的，不影响使用。CFG 桩的成桩质量要低于管桩的质量，Ⅱ类桩占总桩数的比例高达40%，说明用振动沉管设备现场制桩的质量不易控制，还有排土挤压的影响，造成Ⅱ类桩比例过高。

管桩、CFG 桩低应变检测结果

表4-25

类别	起讫桩号	桩长(m)	间距(m)	检测根数	检测结果		Ⅱ类桩占总桩数比例(%)
					Ⅰ类桩	Ⅱ类桩	
管桩	K118＋557～K118＋593	36	2.4	30	28	2	6.7
	K118＋593～K118＋623	32	3.0	19	15	4	21.1
	合计	—	—	49	43	6	12.2
CFG 桩	K119＋453～K119＋483	33	2.5	15	13	2	13.3
	K119＋483～K119＋520	33	2.0	45	23	22	48.9
	合计	—	—	60	36	24	40.0

四、加固效果分析

1. 从沉降资料比较加固效果

(1)沉降资料

如图4-15、图4-16所示桥头软弱地基经过预应力混凝土薄壁管桩和CFG桩加固后,在路基填土期及预压当中地表发生的沉降随时间的变化过程。具体的沉降数值见表4-26。

管桩与CFG桩在填土及预压过程中沉降　　表4-26

加固方案	路堤高度(m)	桩间距(m)	沉降量(mm)		
			加荷期	预压期	总沉降量
管桩	5.05	2.4	57	18	75
CFG桩	4.14	2.0	78	45	123
堆载预压	4.39	1.2	1 010	91	1 101

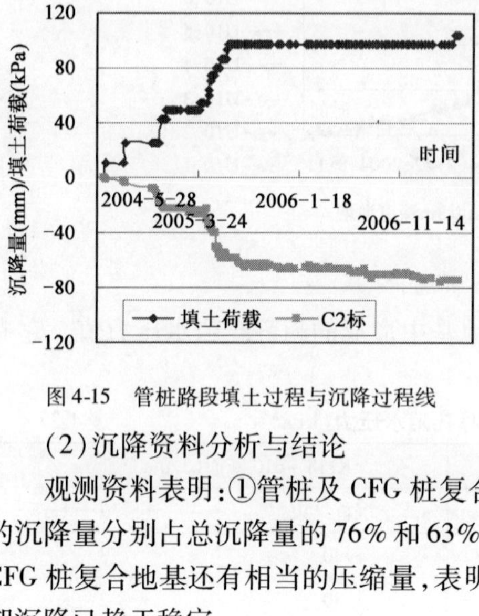

图4-15　管桩路段填土过程与沉降过程线

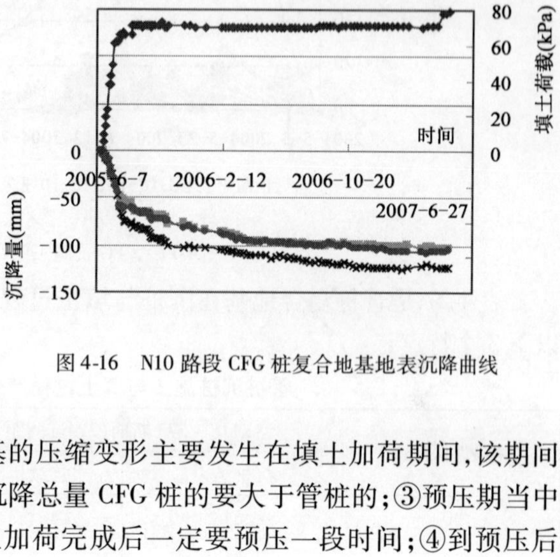

图4-16　N10路段CFG桩复合地基地表沉降曲线

(2)沉降资料分析与结论

观测资料表明:①管桩及CFG桩复合地基的压缩变形主要发生在填土加荷期间,该期间的沉降量分别占总沉降量的76%和63%;②沉降总量CFG桩的要大于管桩的;③预压期当中CFG桩复合地基还有相当的压缩量,表明填土加荷完成后一定要预压一段时间;④到预压后期沉降已趋于稳定。

观测资料也显示:管桩复合地基大大减少了桥头填方地基发生的压缩总量,其发生的沉降远小于本工程中类似地质条件下堆载排水预压处理路段的地基压缩变形,效果显著,减少幅度超过95%。CFG桩复合地基沉降也得到有效控制,也大大减少了地基的总压缩量,减少幅度接近90%,桥头地基沉降能得到有效控制。说明经过加固处理后管桩和CFG桩复合地基通过减少总沉降量来控制工后沉降的目的已达到。

(3)加荷速率

CFG桩复合地基上3.8m的填土是在两个月内完成的,一般是2～3d填筑一层,几乎是连续加荷,但这期间却没发生过大的沉降速率,就是在加荷强度最大(0.74m/3d)的时候,其沉降也仅发生9mm,沉降速率都没超过3.0mm/d,说明CFG桩复合地基能适应快速路堤填筑施工,而不会出现地基失稳。

管桩复合地基因土源问题，高填土速率的优点没得到充分发挥，但有9d连续4次共填土1m的记录，其沉降也仅发生3mm，路堤与地基都没有出现失稳征兆。因此也可以得出快速连续填土而不会引起地基失稳的结论。

2. 超静孔隙水压力分析

(1)成桩过程产生的超静孔隙水压力

图4-17为CFG桩加固区内的孔隙水压力计的观测资料，监测结果表明CFG桩施工在软土中产生了较高的超静孔隙水压力。成桩过程使加固区软土地基中产生的最大超静孔隙水压力已达到108kPa，另外，制桩时软土地基中产生的超静孔隙水压力有随深度增大而增大的规律。

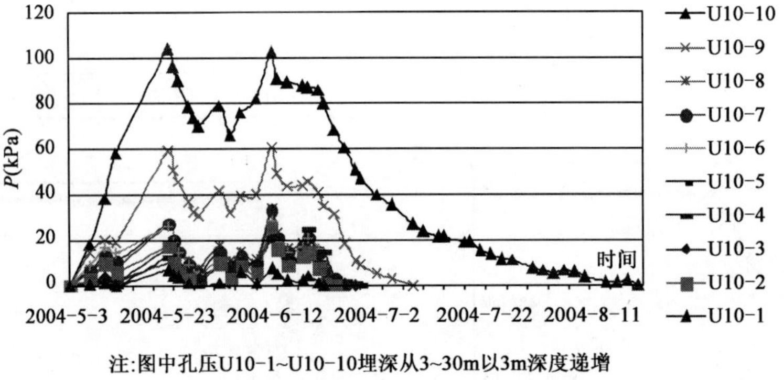

图4-17 CFG桩施工中在区内产生的超静孔压

表4-27是管桩复合地基在沉桩与填土过程中于地基中形成的超静孔隙水压力值。它有以下3个特点：

管桩沉桩施工与填土过程产生的超静孔隙水压力(kPa) 表4-27

测头埋深(m)	K118+573断面(2.4m间距)		K118+610断面(3.0m间距)	
	沉桩结束	连续填土1m	沉桩结束	连续填土1m
30	64	3	40	3
27	51	4	30	2
24	52	2	26	2
21	45	1	31	1
18	37	1	16	0
15	34	1	20	0
12	27	0	15	0
9	25	0	15	0
6	21	0	9	0
3	15	1	8	1

①沉桩过程产生的超静孔隙水压力最大值仅为64kPa，比CFG桩施工产生的要小许多，最大值是CFG桩施工的60%左右，分析原因就是两者沉桩工艺不同。管桩施工是一种不完全排

土桩工艺，沉桩结束时都能看到管桩内1/2～2/3的高度被土充满，它大大减少桩对土的侧向挤压作用，排土体积减小30%，从而减小了土中超静孔隙水压力；而1根33m长的CFG桩其排土体积是管桩的2.2倍，再加上机器的振动影响，在软土中就产生较高的超静孔压。

②沉桩施工产生的超静孔隙水压力也随桩的深度而增加，说明地基内超静孔压主要是桩入土时压挤软土形成，深部的土被桩入土时挤压的时间长、力量大，所以累积的超静孔隙水压力也就大。

③沉桩中同深度软土2.4m间距区产生的超静孔隙水压力比3.0m间距区的要大，这是2.4m间距区桩的密度比3.0m间距区的要大，前者平均$5m^2$有1根桩，而后者$7.8m^2$才有1根桩，因而2.4m间距区沉桩的挤压作用大，产生的超静孔压也就大。

图4-18表示CFG桩施工在邻近区域的软土中也产生了较高的超静孔隙水压力，最大达到30kPa，滞后时间6d左右。可以看出CFG桩的施工对周围软土地基的影响范围超过30m。

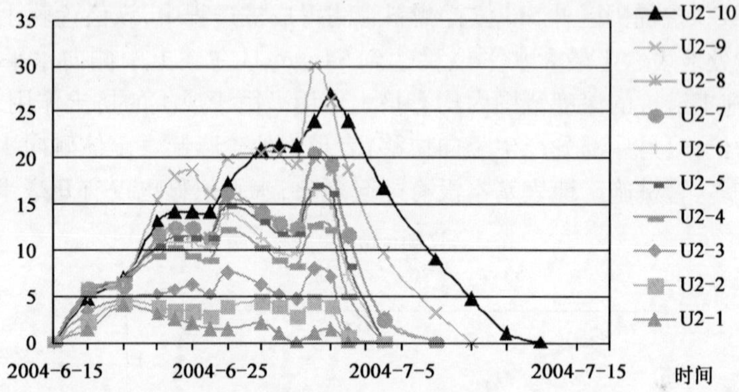

注：图中孔压U2-1～U2-10埋深从3～30m以3m深度递增

图4-18　CFG桩施工在邻近区域产生的超静孔压（相距30～40m）

（2）填土过程产生的超静孔隙水压力

表4-27也显示管桩地基在填土过程中几乎没产生多少超静孔隙水压力，就是在填土强度最大期间也是如此，表中所列连续填土1m是在9d内完成的，地基内产生的超静孔压也只有几个千帕，量值很小。这充分表明填土时，荷载基本被桩体承担，桩间土承担的很小，实现了设置管桩形成复合地基的目的。表中数值也显示在桩的深部超静孔压稍大，这也是桩及桩帽将填土荷载传递到地基深处所致。

图4-19是CFG桩复合地基在填土荷载作用下地基中形成的超静孔隙水压力增、消过程线，观测资料表明在集中填土达到4.2m后，CFG桩复合地基中形成最大正的超静孔隙水压力仅为22.4kPa，此时相应的超静孔隙水压力平均值和施加的预压荷载的比值$u_{平均}/P$约为0.28，远小于本工程中类似地质条件下的堆载排水预压处理路基中形成超

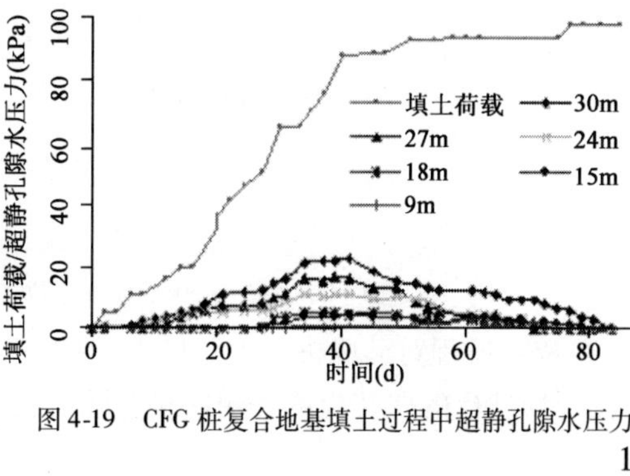

图4-19　CFG桩复合地基填土过程中超静孔隙水压力

静孔隙水压力平均值与施加的预压荷载的比值0.79，这说明填土荷载大部分都由桩体承担，桩间土承担的不到30%；在填土达到高程后的40～60d的时间里超静孔隙水压力几乎消散为0。但比管桩复合地基填土产生的超静孔压要大很多，管桩地基内仅产生不到5kPa的超静孔压。

3. CFG桩成桩过程对桩间土的影响比较严重

由于使用振动沉管机进行CFG桩施工，使CFG桩制桩过程成为完全挤土成桩工艺，它对桩间软土产生了比较大的影响。

（1）成桩过程使桩间土产生较高的超静孔隙水压力

前面已述CFG桩在成桩过程中在桩间土中产生了较高的超静孔隙水压力，也使与其相距30～40m的邻近区域的软土中也产生了较高的超静孔隙水压力，而且地基中的超静孔隙水压力消散时间最长达到60d，会对软土的强度和变形有较大的影响。

（2）成桩过程产生较大的水平位移

图4-20为CFG桩加固区外5m位置测斜管测得成桩过程中，该位置软土沿深度的侧向水平位移情况。该处地表软土最大水平位移达到54mm，且在软土中侧向水平位移沿深度近似直线分布，显示施工沿桩的深度范围内均有挤土作用。由于成桩的挤土作用，挤出的土体一部分产生侧向水平位移，另一部分产生竖向位移，表现为地表隆起。土体侧向水平位移和地表隆起皆比管桩大许多，管桩施工地表基本没有隆起现象，水平位移也仅有几毫米。

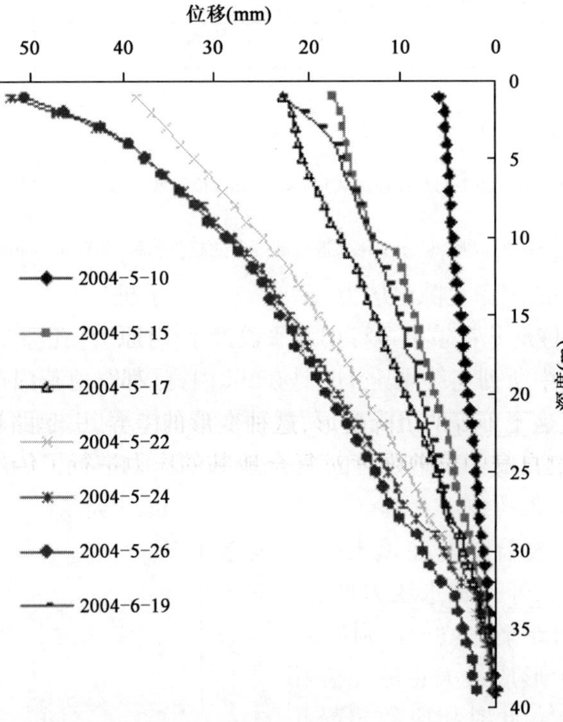

图4-20　K119+500断面水平位移变化曲线（正值为土体向外位移）

（3）成桩过程对已成桩产生了较大的推挤作用

在现场进行的取芯检测表明制桩过程对已成桩产生较大的挤压，使其发生倾斜。取芯钻进深度范围为 10.8 ~ 24m，均未钻到桩底，平均取芯钻进深度为 17m。垂直度检测估算上部桩的垂直偏斜度在 2.4% ~ 2.7% 之间。CFG 桩受挤后软土层状结构遭到较严重破坏（图 4-21）。

图 4-21　土样扰动程度

（4）排土成桩对桩间土强度的影响

根据十字板检测资料，施工使桩间土强度有较大地降低，存在一个较长的强度恢复期。表 4-28 显示，施工 41d 后，除表层地基强度达到其加固前的强度外，其他深度土的强度均小于加固前的强度；施工 121d 后，第 3 层软土强度还没恢复到原有水平；此时 3 个软土层的平均十字板强度分别为其原状土平均十字板强度的 125%、117% 和 90%。

15-9 号 CFG 桩周围软土层地基不同时间十字板强度　　表 4-28

序　号	时　间	土层平均十字板强度 C_u（kPa）		
		②$_1$ 亚黏土	②$_2$ 淤泥质亚黏土	③$_1$ 淤泥质亚黏土
①	原状土	30	65.2	72.6
②	2004-6-25（41d）	30.8	51.5	57.9
③	2004-7-29（75d）	39.2	66.1	68.5
④	2004-9-15（121d）	37.4	76.2	65.0
⑤	④/①（%）	125	117	90

五、桩土应力比

1. 刚性桩复合地基的土拱效应

在路堤荷载作用下管桩桩间土发生的沉降远远大于桩顶的沉降量，近地表 1.5m 深处的沉降量是桩顶的 2.2 倍。CFG 桩桩间土体不同深度相对原地表也有不同的下沉，整个填土及预压过程中自地表向下 20m 深的软土到预压 20 个月后都有 10cm 以上的下沉量。路堤填土在桩与桩间土之间发生了不等的沉降变形，这种变形的差异，引起路堤应力的重新分布，产生土拱效应，使路堤通过自身的抗剪强度对复合地基的压力进行了传递，使路堤压力向桩顶集中，从而使桩的高承载能力得以发挥，差异越大，桩的作用也将发挥越好。

2. 填土荷载向桩顶转移

在管桩桩帽平台和 CFG 桩顶上和桩间土上分别埋设了土压力盒，测试结果见表 4-29。

管桩与 CFG 桩复合地基在预压阶段桩顶与桩间土压力　　表 4-29

加 固 方 案	填土压力（kPa）	桩顶土压力（kPa）			桩间土压力（kPa）		
	均值	均值	最大土压力	最小土压力	均值	最大土压力	最小土压力
CFG 桩	79.5	672	677	640	35.9	39	22.6
管桩	97	366	383	357	27	31.3	17.7

表4-29中看出,管桩桩帽平台上土压力均值为366kPa,大大超过填土压力均值97kPa,是填土压力的3.8倍,是桩间土承受的土压力均值的13.6倍之多;桩间土承受的土压力仅仅是填土压力的28%。说明填土荷载不是均匀作用在桩帽和桩间土上的,填土荷载在向桩帽集中。

CFG桩复合地基区的观测结果也是相同的。填土过程中桩顶、桩间土压力发展过程线如图4-22所示。图中显示CFG桩复合地基在路堤填筑过程中,桩间土压力与桩顶应力都是在增大的;路堤填筑完成后的预压期间,桩间土压力平均值达到35.9kPa,而桩顶土压力平均值为672kPa,两者相差17倍,说明路堤压力在向桩顶集中。

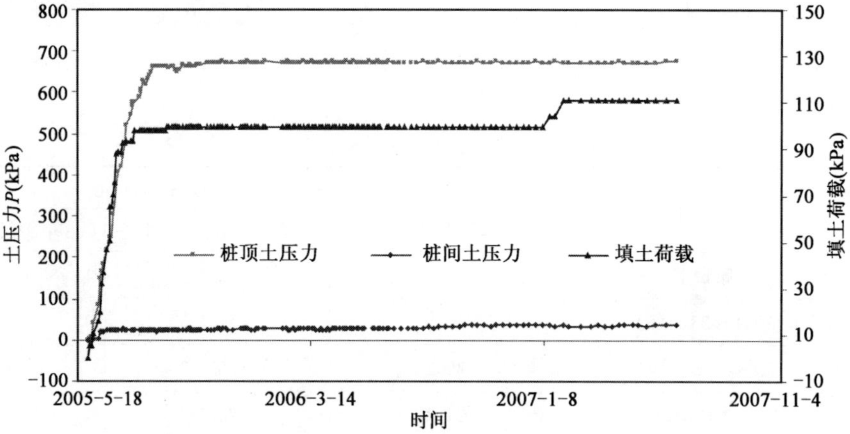

图4-22 CFG桩区桩顶、桩间土应力随荷载变化过程线

3. 刚性桩复合地基的桩土应力比

(1)路堤下管桩复合地基桩土应力比

管桩2.4m间距区桩土应力比在填土过程及预压过程中的变化过程线如图4-23所示。在填土加荷期间,桩土应力比在0.8~18.2之间,随荷载上升桩土应力比逐步由小增大;在预压阶段,桩土应力比在11.5~20.9之间变化,最大值出现在此阶段,值为20.9,预压阶段的均值为14.4。

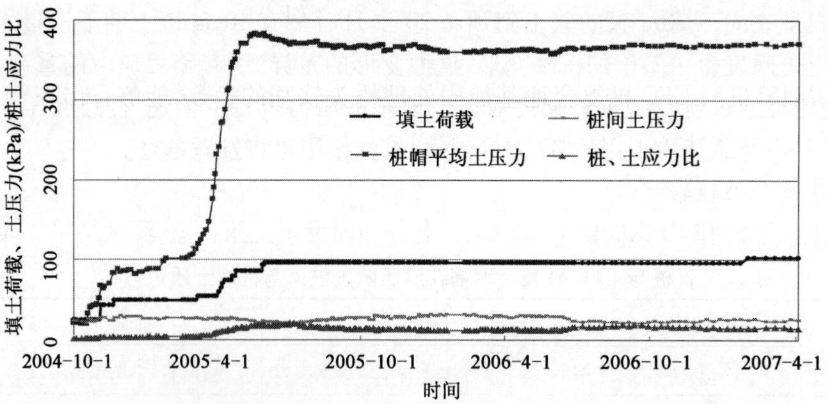

图4-23 管桩2.4m间距区填土荷载、桩帽上土压力、桩间土压力和桩土应力比时程线

(2)路堤下CFG桩复合地基桩土应力比

CFG 桩 2.0m 间距区桩土应力比在填土过程及预压过程中的变化过程线如图 4-24 所示。图中桩土应力比在加荷与整个预压期间都在 27 ~ 18.5 的范围变化，在进入预压阶段后基本上维持在 25 ~ 18.5 之间，到预压后期稳定在 18.7 左右，整个预压期间桩土应力比都呈下降趋势，直到预压后期才基本稳定。

预压期间桩间土与桩顶所承受的荷载是在变化的，它们之间在作调整，说明桩间土和桩进行应力重新分配。从图 4-24 可以看出，桩间土压力在填土完成时最大土压力为 30kPa 左右，而在路堤预压期间、桩间土压力总的呈上升趋势，尽管上升值并不很大，到预压期后期桩间土压力上升势头基本停止，稳定在 36kPa 上下；而桩顶自填土开始就承受着较高的土压力，随着预压的进行，桩顶应力有所降低。上述的变化都反映到桩土应力比随荷载的变化过程中，只有到了后期（路堤变形稳定后）才趋于稳定。

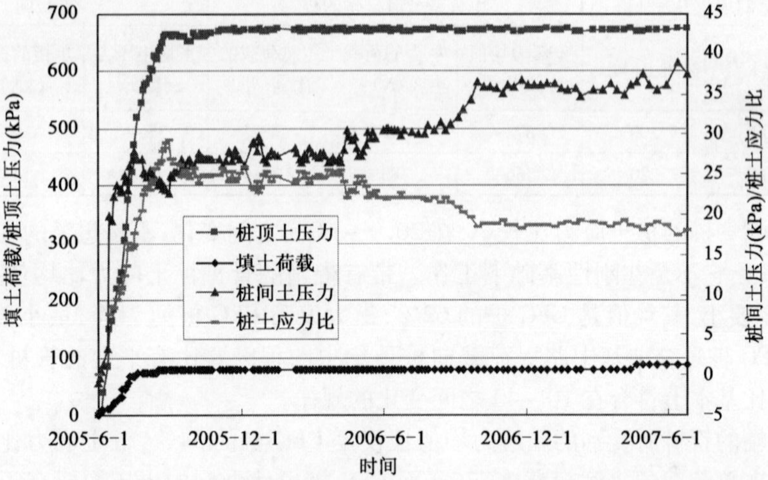

图 4-24　CFG 桩 2.0m 间距区填土荷载、桩顶土压力、桩间土压力和桩土应力比时程线

（3）路堤下管桩与 CFG 桩复合地基桩土应力比比较

管桩与 CFG 桩处理高速公路桥头软土地基都属于路堤下的刚性桩复合地基，在路堤荷载作用下都会产生土拱效应。从结构上看，它们的区别在于 CFG 桩没有桩帽平台，而管桩有一米见方的钢筋混凝土平台；在路堤荷载下，桩与桩间土承受的土压力及桩土应力比会有相同，也会有不同的地方。

表 4-30 表明管桩与 CFG 桩复合地基加固处理桥头软基的参数，能够看出在管桩没有桩帽的情况下，由于 CFG 桩径大、布置间距小，它的置换率比管桩要大 1.25 倍；但管桩戴上桩帽以后，其置换率就是 CFG 桩的 3.5 倍了。由于置换率的不同所以其承担的土压力、荷载比例就不一样。

管桩与 CFG 桩复合地基加固参数　　表 4-30

断面代号	复合地基加固方案	间距（m）	布置方式	桩径（mm）	置换率（%）		预压填土厚度（m）
					无桩帽	有桩帽	
N_{10}	CFG 桩	2.0	△	500	5.67	—	4.14
N_2	管桩	2.4	△	400	2.52	20.05	5.05

表4-29 给出了管桩与CFG 桩复合地基在路堤荷载下现场实测的桩顶与桩间土在预压阶段所受到的土压力极值、均值。表4-31 和表4-32 给出由计算得到的桩土应力比,桩、土承担的荷载以及各自承担荷载的比例,从两个表中能够看出:

管桩与 CFG 桩桩土应力比 表4-31

加固方案	预压阶段桩土应力比		
	最大	最小	均值
CFG 桩	29.3	18.2	23.2
管桩(戴桩帽)	20.9	11.5	14.4

管桩与 CFG 桩复合地基在预压阶段桩顶与桩间土承担的荷载 表4-32

加固方案	测试的承载力特征值		单桩或戴有桩帽的桩			桩间土		
	单桩(kN)	桩间土(kPa)	土压力均值(kPa)	承担的荷载(kN)	占总荷载的比例(%)	平均土压力(kPa)	承担的荷载(kN)	占总荷载的比例(%)
CFG 桩	300	200	672	66	53	35.9	59	47
管桩	900	220	366	183	77	27	54	23

①带有桩帽管桩的桩土应力比较小,在20.9~11.5 之间变化,不是想象的在100 左右、甚至更大,原因就是它不是在刚性基础下工作。带有桩帽的管桩桩土应力比均值为14.4,它比CFG 桩的23.2 要小,其均值是CFG 桩的62%,最大值为CFG 桩的71%,最小值为CFG 桩的63%。说明CFG 桩复合地基中路堤荷载向桩顶集中的程度要比有平台的管桩更显著。CFG 桩的桩土应力比基本上符合在10~40 之间变化的规律。

②带有桩帽的管桩所受到的土压力均值仅仅是CFG 桩的54%,桩土应力比也要小,但是它承担的荷载占总荷载的比例却高达77%,而CFG 桩虽然受到的土压力要高很多,但因其面积相对要小(与桩帽比),所以承担的荷载比例却不是很大,只达到53%,远小于管桩;这里充分看出桩帽有弱化桩顶应力集中的效果与增大桩的受荷概率的作用。在考虑了桩帽的存在以后,管桩的净间距降到1.4m, 比CFG 桩1.5m 的净间距还要小,而且桩的受荷面积还大4 倍,管桩复合地基的置换率高达20%,它是CFG 桩的3.54 倍,承担的荷载当然要多。

③表中数据还表明,桩与桩间土的承载能力都没有充分发挥,管桩承担的荷载仅仅是其能力的20%,CFG 桩也仅有22%,两者桩间土的承载能力也只发挥12%和18%,因此在荷载不变的情况下桩间距还有增大的潜力。

(4)提高路堤下管桩、CFG 桩复合地基桩土应力比的建议

刚性基础下复合地基桩和土的沉降相同,桩和土的承载力都能得到充分发挥,一般桩先达到极限状态,加荷过程中桩土应力比随着荷载增大而增大直至桩体到达极限状态;柔性基础下桩和土的沉降不同,一般土的承载力能得到充分发挥,而桩的承载力未能得到很好发挥。高速公路路堤基础不属于刚性基础,介于刚性与柔性基础之间,其刚度的大小与路堤的强度和垫层的刚度有关。因此增进路堤的强度和路堤下垫层的刚度是提高刚性桩复合地基桩土应力比的有效途径。此外,改变刚性桩的成(沉)桩工艺也是提高垫层刚度的有效措施,CFG 桩采用完全挤土成桩的施工工艺,造成地基较大扰动,软土中超静孔隙水压力剧升,地层软化,强度降低。在这种情况下,铺设的碎石垫层难以压实,大量碎石被嵌入隆起的软土中,垫层形不成应

有的厚度和密实度，不可能具有较大的刚度。因此完全挤土成桩工艺应予改正，对管桩应尽量采用静力压桩法沉桩。

六、结论

根据上面分析可以得出以下结论：

(1)管桩复合地基与CFG桩复合地基能通过减少总沉降量来控制工后沉降。路堤填筑过程中地基发生的最大沉降仅为57mm和78mm，远小于本工程中类似地质条件下堆载排水预压处理路段的地基压缩变形，减少幅度超过95%～90%。

(2)管桩及CFG桩复合地基的压缩变形主要发生在填土加荷期间，该期间的沉降量分别占总沉降量的76%和63%。

(3)CFG桩的沉降总量要大于管桩的；预压期中CFG桩复合地基还有相当的压缩量，表明填土加荷完成后一定要预压一段时间，到预压后期沉降能趋稳定。

(4)CFG桩成桩施工在软土中产生较高的超静孔隙水压力，地基中产生的最大超静孔隙水压力已达到108kPa；管桩沉桩过程产生的超静孔隙水压力最大值仅为64kPa，最大值是CFG桩施工的60%左右，原因就是两者沉桩工艺不同、桩型不同。另外，制桩时软土地基中产生的超静孔隙水压力都有随深度增大而增大的规律。

(5)使用振动沉管机进行CFG桩施工，使CFG桩制桩过程成为完全挤土成桩工艺，它对桩间软土产生较大的扰动，除产生高孔隙水压力之外，还引起地表隆起、软土侧移，土体强度降低、CFG桩体倾斜，应改良施工方法。

(6)管桩及CFG桩复合地基的观测资料表明，路堤填土在桩与桩间土之间发生了不等的沉降变形，导致路堤土拱效应产生，桩顶(帽)上承受的土压力超过了填土压力的平均值，填土荷载在向桩上集中，桩顶(或桩帽)与桩间土承受的土压力不等，从而使桩的承载能力得以显著发挥。

(7)在填土加荷期间，随荷载上升、桩土应力比都是由小逐步增大；在预压阶段，管桩2.4m间距区桩土应力比在11.5～20.9之间变化，CFG桩区基本上维持在18.5～25之间，到预压后期基本稳定。

(8)带有桩帽的管桩桩土应力比均值为14.4，它比CFG桩的23.2要小，是CFG桩的62%，最大值为CFG桩的71%，最小值为CFG桩的63%。说明CFG桩复合地基中路堤荷载向桩顶集中的程度要比有平台的管桩更显著，说明桩帽有弱化桩顶应力集中的效果。

(9)带有桩帽的管桩所受到的土压力均值仅仅是CFG桩的54%，但是它承担了总荷载的77%，而CFG桩虽然受到的土压力要高很多，但因其面积相对较小，所承担的荷载比例不是很大，只达到53%，远小于管桩，充分看出桩帽平台的承载作用。

(10)数据表明桩与桩间土的承载能力都没有充分发挥，管桩承担的荷载仅仅是其能力的20%，CFG桩也仅有22%，两者桩间土的承载能力也只发挥12%和18%，因此在荷载不变的情况下桩间距还有增大的潜力。

(11)高速公路路堤基础不属于刚性基础，介于刚性与柔性基础之间，其刚度的大小与路堤的强度和垫层的刚度有关。因此增进路堤的强度和路堤下垫层的刚度是提高刚性桩复合地基桩土应力比的有效途径之一。

第三节　管桩、CFG 桩、联合桩复合地基加固效果的比较分析

摘　要:现场实测资料表明,深厚软基通过刚性桩复合地基减少总沉降量能够达到控制工后沉降的目的,与预压法处理路段相比地基的总压缩量减少幅度超过 90% 以上。三种刚性桩的单位填土高度发生的沉降量依次是 CFG 桩最大、联合桩次之,管桩最小。路堤填土在刚性桩与桩间土之间发生了不等的沉降变形,导致路堤土拱效应的产生,使刚性桩的承载能力得以发挥。在柔性搅拌桩顶也产生应力集中现象,但它的应力集中程度与高强度刚性桩相比还是相差甚远。联合桩中管桩的桩土应力比均值,比管桩、CFG 桩复合地基的都要小,其均值是 CFG 桩的 26%,是管桩复合地基中管桩的 42%;所受到的土压力均值仅仅是 CFG 桩的 44%,是管桩的 81%;它承担的荷载占总荷载的比例也是最小的,只有 25%,而 CFG 桩达到 53%,管桩达 77%。差距的主要原因是置换率的差异,联合桩的置换率仅为 6.2%,但管桩的置换率却高达 20%,提高桩体承载比例的主要途径是提高桩的置换率,即增大桩帽面积。观测数据还表明,刚性桩与桩间土的承载能力都没有充分发挥,管桩承担的荷载仅仅是其能力的 40%,CFG 桩也仅有 44%,桩间土的承载能力也只发挥 18% ~25%,在荷载不变的情况下桩间距还有增大的潜力;桩帽面积还可以增大,以发挥桩的高承载特性。同时刚性桩复合地基的造价还可以降低,经济分析表明,3 种刚性桩中以联合桩复合地基的造价最低,大约是管桩的 37.5%,是 CFG 桩的 49.3%。因此联合桩复合地基的经济性体现得比较明显。造价已接近真空联合堆载预压法的造价,但施工速度、工后沉降控制要比真空联合堆载预压法优越得多,应该说在处理高速公路深厚软基、控制桥头工后沉降方面是一个极有前途的地基处理方法。

一、引言

管桩、CFG 桩与联合桩复合地基都属于刚性桩复合地基,近几年都先后应用于高速公路领域的地基加固中,主要用于高速公路对高填方桥头深厚软基工后沉降量的控制上。高速公路所在地的地质条件往往也不甚好,尤其是东部沿海地区,过去大都采用预压方法进行处理,由于工期、技术、施工安全等方面原因,处理结果往往不十分理想,建成后工后沉降量较大,常常达不到交通运输部部颁标准要求。形成桥头跳车,一是要常常修补,二是行车也不舒适、安全。随着国力的增强,管桩、CFG 桩复合地基法逐渐被引入到高速公路高填方桥头深厚软基的处理中。实践来看管桩、CFG 桩都能解决高填方桥头地基的工后沉降问题,为了更经济合理地使用该法,加大了管桩间距,在管桩间距中设置了短水泥搅拌桩,出现了使桩间土受荷能力和受荷面积加大的联合桩复合地基方案,它也很好地解决了高填方路基的工后沉降问题。这 3 种刚性桩复合地基之间有什么异同、特点,经济性如何,本文对此做比较分析。

二、3 种刚性桩复合地基的土性概况

预应力混凝土薄壁管桩、CFG 桩与联合桩 3 种刚性桩复合地基都位于 K118 + 557 ~ K119 + 520 段内,3 段相距最大 1.0km 左右,地质条件差异不是太大。表 4-33 表示 3 段落土层分布及厚度情况。可以看出在土层分布上联合桩与 CFG 桩比较接近,缺失亚黏土层,直接进入粉细

砂层；管桩区有较厚的亚黏土层存在，而无粉细砂层；但在软土总厚度上三者在 30.7～38m 范围，有几米的差距，厚度主要差在③$_1$ 淤泥质亚黏土上，最大相差 16m。

刚性桩断面软土分层厚度及顶板埋深

表 4-33

刚性桩复合地基类型	观测断面里程桩号	段落代号	地层的分层厚度/板顶埋深(m)				
			亚黏土②$_1$	淤泥质亚砂土②$_2$	淤泥质亚黏土③$_1$	亚黏土③$_2$	粉(细)砂⑤$_2$
预应力管桩	K118 +593	N_2	2.0/0	10.25/2.0	12.25/12.25	10.5/25.5	—
联合桩	K119 +160	N_8	2.5/0	7.0/2.5	28.5/9.5	—	2.0/38.0 未到底
CFG 桩	K119 +500	N_{10}	2.5/0	6.4/2.5	21.8/8.9	—	9.3/30.7

地质钻孔柱状图显示的自地表向下 4 层软土的特征是：②$_1$ 亚黏土（Q_4^{3+m}）层，浅层为耕植土，上部褐黄色，下部灰黄色，大部分为软塑状，少数为可塑状，厚度普遍偏小，一般在 2.5m 左右；②$_2$ 淤泥质亚黏土（Q_4^{3+m}）层，该层灰色，呈流塑状，饱和，具水平层理状，层厚度为 6.4～10.3m；③$_1$ 淤泥质亚黏土（Q_4^{2+m}）层，灰色，呈流塑状，饱和，夹少量淤泥质黏土，层厚度为12.3～28.5m；③$_2$ 层：亚黏土层（Q_4^{2+m}），上部灰绿色～灰色，以亚黏土为主，夹砂粒，硬塑，下部以亚砂土为主，稍密，软塑，夹粉砂或亚黏土薄层，本层厚度大于 9.5m。

表 4-34 列出试验段中管桩（N_2）、联合桩（N_8）和 CFG 桩（N_{10}）加固区土层主要物理力学指标。

刚性桩区土层主要物理力学指标

表 4-34

土层名	土层代号	刚性桩复合地基	土层厚度	含水率	湿密度	孔隙比	液限	塑性指数	液性指数	压缩系数
		—	—	w	ρ	e	w_L	I_P	I_L	a_v
		—	m	%	g/cm^3	—	%	—	—	MPa^{-1}
亚黏土	②$_1$	管桩(N_2)	2.0	34.0	1.86	0.964	33.1	13.1	1.08	0.44
		联合桩(N_8)	2.5	31.4	1.88	0.908	34.1	13.1	0.81	0.41
		CFG 桩(N_{10})	2.5	31.0	1.91	0.872	34.5	14.0	0.76	0.32
淤泥质亚黏土	②$_2$	管桩(N_2)	10.5	37.6	1.84	1.029	29.3	9.7	1.83	0.453
		联合桩(N_8)	7.0	40.7	1.82	1.111	29.9	10.2	2.20	0.50
		CFG 桩(N_{10})	6.4	34.1	1.86	0.951	29.0	8.3	1.77	0.39
淤泥质亚黏土	③$_1$	管桩(N_2)	13.0	42.5	1.76	1.209	36.8	14.5	1.41	0.66
		联合桩(N_8)	28.5	41.5	1.81	1.125	35.4	13.6	1.43	0.67
		CFG 桩(N_{10})	22.1	42.1	1.79	1.160	34.3	13.2	1.59	0.70
亚黏土	③$_2$	管桩(N_2)	9.5	30.2	1.92	0.853	29.5	12.7	1.03	0.188
细砂	⑤$_2$	联合桩(N_8)	2.0	28.5	1.85	0.87	—	—	—	0.23
		CFG 桩(N_{10})	4.2	29.5	1.91	0.834	—	—	—	0.18

表 4-34 中数据显示这 3 区②$_2$、③$_1$ 两层软土性质较差，而以③$_1$ 层的土性最差，其含水率

高,压缩性大,强度低,层厚厚,软土固结系数都在 $5\times10^{-3}\ cm^2/s$ 量级。这 3 区都属桥头高填方区,如用预压方法处理,一是压缩沉降量很大,固结时间也会很长,因此有必要考虑采用刚性桩加固方案。

三、加固方案

1. 加固方案

3 种刚性桩复合地基的设计参数见表 4-35。

管桩、CFG 桩和联合桩的主要设计参数　　表 4-35

地基类别		路段类型	设计路堤高度(m)	桩径(mm)	间距(m)	布置	桩长(m)	桩帽	土工格栅层数
管桩		桥头	6.2	400	2.4	△	36	1m×1m	1
		桥头过渡段	4.0	400	3.0	△	32	1m×1m	1
CFG 桩		桥头	5.0	500	2.0	△	33	无	1
		桥头过渡段		500	2.5				1
联合桩	管桩	桥头	3.3	400	3.4	□	36	1m×1m	2
	搅拌桩			500	1.7	□	16	无	2
	管桩	桥头过渡段	3.3	400	4.2	□	36	1m×1m	2
	搅拌桩			500	2.1	□	16	无	2

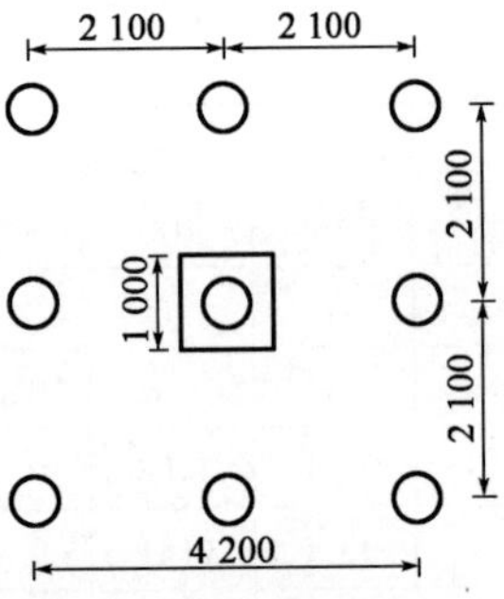

图 4-25　联合桩中管桩、搅拌桩布置(尺寸单位:mm)

3 种刚性桩中管桩壁厚 55mm,桩体强度 C60;桩帽采用 C30 混凝土,厚 30cm;CFG 桩桩体强度要求达到 C12。复合地基中桩顶都铺设 50cm 厚的碎石垫层,采用粒径 2~5cm 的洁净碎石,加铺一层或两层钢塑土工格栅;钢塑土工格栅要求延伸率≤3.0%,其纵向抗拉强度 >80kN/m,横向抗拉强度 >60kN/m。

联合桩复合地基中,长桩为带有桩帽的混凝土预应力管桩,短桩为水泥搅拌(湿喷)桩,联合桩在平面上呈正方形布置,在一个正方形的 4 个角点上布置 1 根混凝土预应力管桩、3 根水泥搅拌桩,具体形式如图 4-25 所示。搅拌桩每延长米水泥用量为 50kg。

2. 三种刚性桩设计方案比较

管桩与联合桩方案中所用刚性桩相同,桩帽尺寸一样,但两者布置间距相差较大,前者为间距 2.4m、三角形布置,考虑桩帽后的面积置换率为 20.05%,后者为 4.2m 正方形布置,考虑桩帽后面积置换率仅为 6.23%,实际上,是在边长为 4.2m 的一个正方形中才有一根管桩,管桩数量大大减少。CFG 桩方案中,三角形布置、间距 2.0m,刚性桩的面积置换率只达到 5.67%,与联合桩相比,置换率相差不大,但刚性桩数比联合桩方案要多很多,因为联合桩方案中管桩若不计桩帽面积,它的置换率只有 0.78%。

在发挥垫层作用、传递荷载、加强整体性上,3 个方案都采用了一层或两层钢塑土工格栅。打设深度的设计都采取了一致的原则,即穿透软土层、进入下卧硬层 1m 左右。

四、加固方案实施

1. 沉桩施工

对管桩采用锤击法和静力压入法沉桩。一般在场地的边角地带用锤击打桩机沉桩，在平坦开阔地带由静力压桩机施工。管桩都为开口型桩尖。

CFG桩施工采用振动沉管机进行施工，用钢筋混凝土预制桩尖作为桩靴。采用中间向两边连续退打的方式，减少桩机往返移动，加快施工进度，缩短施工周期。

水泥搅拌桩用深层搅拌机配以灰浆泵成桩；采取四搅一喷工艺施工。按比例对桩体进行了低应变检测，检查结果列于表4-36中，Ⅱ类管桩的质量问题大都在桩身的局部部位有轻微损伤，是运输、堆放与吊装时不小心产生的。Ⅱ类CFG桩出现的桩身质量问题大都在桩体浅部的桩头部位，桩体质量良好，在碎石褥垫层施工前对所有CFG桩桩头都进行了补强处理。

施工质量统计　　表4-36

复合地基类别	桩型	抽检总数（根）	Ⅰ类桩		Ⅱ类桩	
			根数	百分比（%）	根数	百分比（%）
管桩	管桩	49	43	87.8	6	12.2
CFG桩	CFG桩	160	103	64.4	57	35.6
联合桩	管桩	19	19	100	—	—
	搅拌桩	36	33	91.7	3	8.3

3种刚性桩复合地基中刚性桩的施工质量都是合乎要求的。一般来说，预制的管桩从材质和沉桩角度来看质量要更好一些，Ⅰ类桩占87.8%~100%；CFG桩Ⅰ类桩占64.4%；说明工厂化生产的质量要好于现场制作的，在现场制作、质量控制要比预制的难。此外，两者的施工工艺有较大不同，CFG桩是完全排土桩，而管桩是部分排土桩，这也决定了它们的质量会有差异。

2. 刚性桩、搅拌桩及桩间土承载力

施工结束后分别进行了单桩与桩间土承载力静载荷现场试验。测试结果见表4-37所列。

桩间土与管桩单桩承载力测试结果　　表4-37

处理方法	桩长（m）	管桩承载力特征值（kN）	CFG桩承载力特征值（kN）	搅拌桩承载力特征值（kN）	桩间土承载力特征值（kN）
管桩复合地基	36	900	—	—	280
CFG复合地基	33	—	325	—	250
联合桩复合地基	36/16①	750	—	120	200

注：① 为搅拌桩桩长。

3. 路堤填筑

管桩与CFG桩方案的路堤在两个月连续填筑5.05m和4.14m地基都是稳定的，联合桩方案在3.5个月里填筑3.6m地基也是稳定的，这样的填筑速度要比预压法快很多。填筑完成后的预压时间各不相同，管桩最短，只有10个月，CFG桩和联合桩分别为20个月和17.6个月。

五、加固效果比较分析

1. 路堤沉降分析

3 种刚性桩方案所测路堤沉降曲线如图 4-26 ~ 图 4-28 所示。这 3 种刚性桩复合地基沉降曲线的差异有如下几点。①管桩复合地基的总沉降量最小,联合桩其次,CFG 桩的最大(表 4-38),这与刚性桩的置换率有关,从置换率看是管桩最大(20.05%),联合桩其次(6.23%),CFG 桩最小(5.67%)。②从每米路堤厚度引起的沉降量看,CFG 桩方案最大,接近 30 mm/m;联合桩其次,为 22 mm/m;管桩最小,仅为 15 mm/m,是 CFG 桩方案的 1/2,说明管桩方案效果最好。③从 3 条沉降曲线看,管桩沉降曲线稳定最快,预压期间曲线很快进入平稳阶段,而联合桩和 CFG 桩的沉降曲线则要一年以上时间才趋于稳定。

3 种刚性桩在路堤填筑与预压阶段沉降值统计与分析 表 4-38

加固方法	间距(m)	桩长(m)	路堤填筑厚度(m)	填筑期沉降量(mm)/占总沉降量的百分数(%)	预压期沉降量(mm)	总沉降量(mm)	单位路堤厚度沉降量(mm/m)
管桩	2.4	36.0	5.05	57 /76	18	75	14.85
联合桩	4.2	36.0	3.64	62 /77.5	18	80	21.97
CFG 桩	2.0	33.0	4.14	78/63.4	45	123	29.71

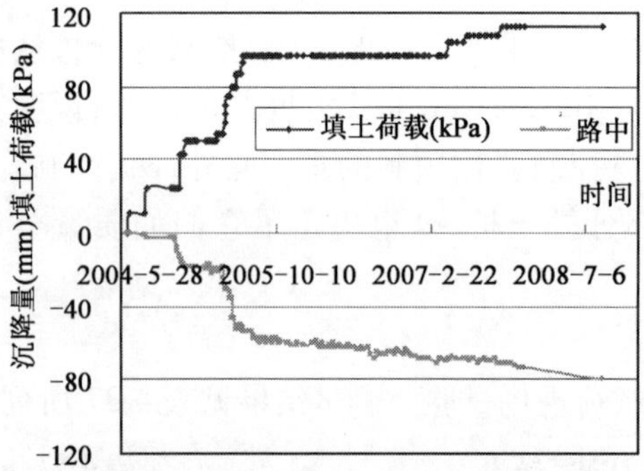

图 4-26 管桩路段填土过程与沉降

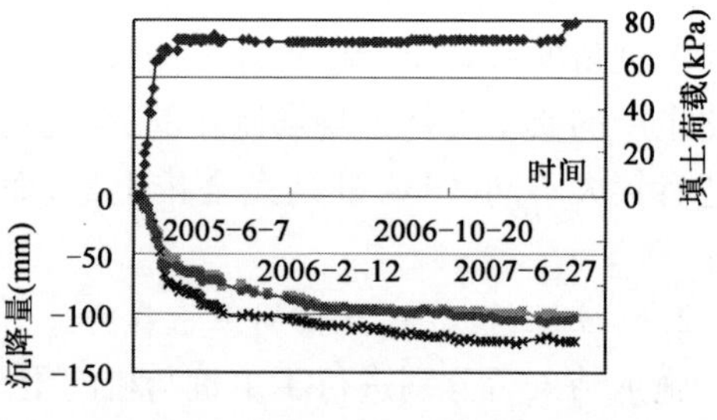

图 4-27 CFG 桩复合地基地表沉降

为了说明填筑期路堤安全和预压期沉降已经稳定,以预压阶段沉降量最大的 CFG 桩复合地基来分析。CFG 桩方案中 3.8m 的填土在两个月内就填完,一般是 2 ~ 3d 填筑一层,几乎是连续加荷,但这期间沉降速率发展却不快,在加荷强度最大(0.74m/3d)的 2005 年 7 月 1 日至 2005 年 7 月 4 日期间,其沉降也仅发生 9mm,其余加荷时间沉降速率都没超过 3.0mm/d,说明 CFG 桩复合地基能适应路堤快速填筑施工,而不会出现地基失稳。加荷完成后地基固结变形量为 78mm,占总沉降量的 63.4%,此后 20 个月预压沉降量仅为 45mm,占 36.6%,这说明 CFG 桩复合地基的压缩变形主要发生在填土加荷期间。在 2007 年 4 月 15 日以前的 8 个月预压当中地基沉降速率统计见表 4-39 所列,从表中可以看出沉降速率日渐减小,CFG 桩复合地基沉降变形在预压期间很快变得平缓,沉降已趋于稳定。

CFG 桩路段路堤荷载预压做基层前断面中心处沉降速率　　表 4-39

时　段	沉降速率(mm/月)	时　段	沉降速率(mm/月)
2006-8-14 ~ 2006-9-20	1.67	2006-11-24 ~ 2006-12-27	0.91
2006-9-20 ~ 2006-10-30	1.50	2006-12-27 ~ 2007-2-15	0.61
2006-10-30 ~ 2006-11-24	1.25	2007-2-15 ~ 2007-4-15	≈0

3 种刚性桩的沉降曲线也有如下共同特点:①截至做路面基层前,沉降已经稳定,做基层、上路面没有问题;②填筑期沉降量大于预压期,填筑期沉降量占总沉降量的 63% ~78%(表 4-38),能够看出刚性桩复合地基的压缩变形主要发生在填土加荷期间,尽管如此其沉降量绝对值还是很小的;③与预压法相比,总沉降量数值要小很多,同样情形下,几乎要差到 50 ~ 100 倍,说明刚性桩复合地基通过减少路堤总沉降量来控制工后沉降的目的得到实现。

2. 桩间土沉降分析

(1)管桩方案

图 4-29 表示了地表下 1.5m 和桩底 36m 处土层的沉降变形情况,同时也绘出桩顶的下沉量。从图中可以看出,在路堤荷载作用下桩身长度内的桩间土发生的沉降变形都远远大于路堤的沉降量,近地表 1.5m 深处的沉降量是桩顶沉降的 2.2 倍。碎石垫层被压入桩间土中,路堤填土在桩顶与桩间土之间发生了不等的沉降变形。桩底深度的土层沉降量不大,与路堤沉降相当,说明桩间土随着深度加大,其沉降量也渐趋减小。

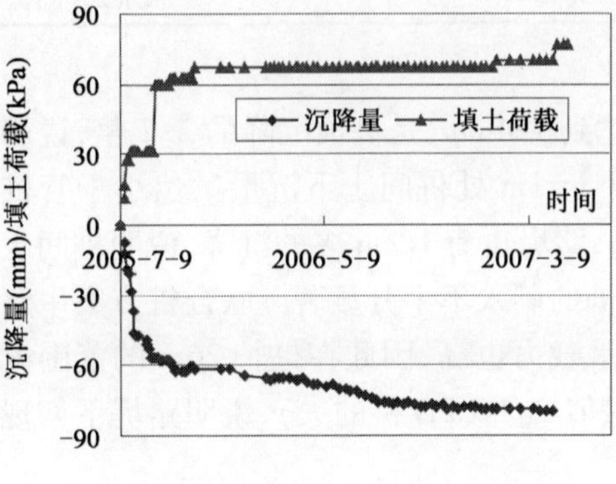

图 4-28　联合桩路段填土过程与沉降

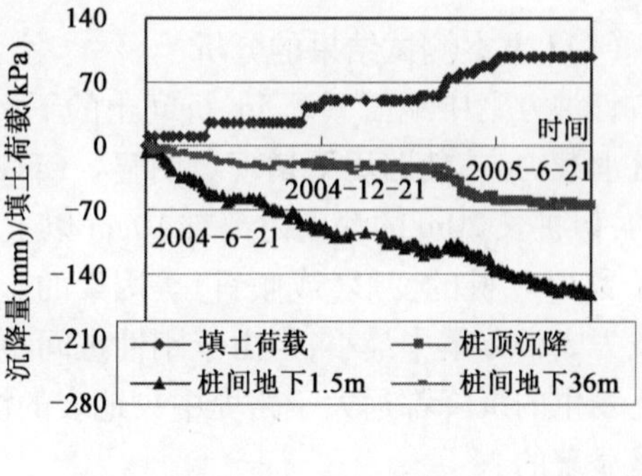

图 4-29　管桩方案桩间土与桩底土层沉降

(2)联合桩方案

路堤填筑时桩间土不同深度软土的沉降变形如图 4-30 所示。图中包含地下 9.5 ~ 31m 处土层的沉降变形及地面路堤中央的沉降变形。从图中可以看出,在路堤荷载作用下自地表到桩身长度内桩间土的沉降量是不同的,随深度增加越来越小,说明桩间土的压缩程度随深度渐渐减弱。在桩长 26m 以内的桩间土发生的沉降变形都远大于路堤中央地表的沉降量,路堤在桩顶与桩间土之间发生了不等的沉降变形。

(3)CFG 桩方案

现场地基土深层沉降资料表明(表 4-40),桩间土体不同深度有不同的下沉,整个填土及预压过程中下沉量也随预压时间的增长而逐渐变大,到预压 20 个月时自地表向下 20m 深的软土都有 10cm 以上的下沉量,这说明桩间软土当中的碎石垫层被沉入桩顶之下,同时也说明桩顶渐渐刺入到碎石垫层当中。

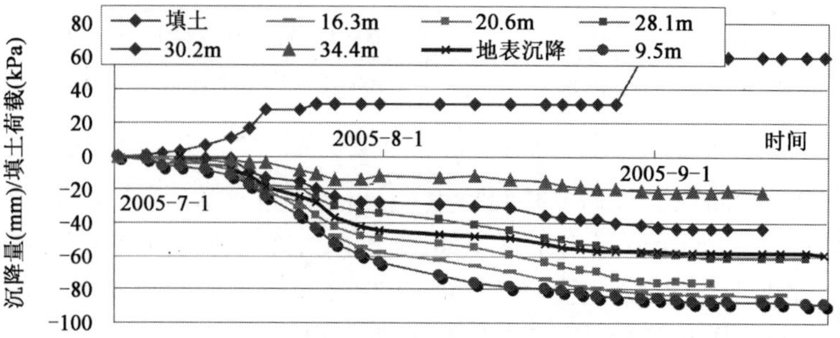

图 4-30　联合桩桩间土不同深度土层的沉降

CFG 桩复合地基各时期桩间土深层沉降　　表 4-40

埋深(m)	0.76	5.01	8.23	16.73	20.69	25.67	30.59	备　注
时　间	沉降量(mm)							
2005-7-1	18	16	14	12	11	10	10	填土进行 1 个月
2005-10-16	72	54	46	37	36	34	24	预压 2 个月
2006-2-17	106	91	85	64	53	40	—	预压 6 个月
2006-6-15	114	104	96	84	72	46	—	预压 10 个月
2007-4-12	123	121	119	111	96	65	—	预压 20 个月

(4)3 方案测试结果的分析

管桩方案中地面下 1.5m 桩间土的下沉量最终达到 154mm，是桩顶沉降的 2.2 倍，说明因管桩承载力高，使路堤下切现象明显。CFG 桩地表下近 1m 处桩间土下沉量虽然小于管桩地基的，但桩长 20m 的深度内都有 10cm 以上的下沉量，路堤也有 12cm 多的沉降，说明桩间土的沉降受 CFG 桩的变形(或倾斜)等因素的影响较大，桩的刺入不十分显著。联合桩方案中路堤荷载为 3 个方案中最小，但由于刚性桩间距大，桩的承载力也高，因此在桩长 26m 的范围内桩间土发生的沉降都远大于路堤中央地表的沉降量(量值不如 CFG 桩的大)，说明路堤下切现象也是显著的。

3. 桩顶土压力与桩间土压力分析

(1)管桩桩顶土压力

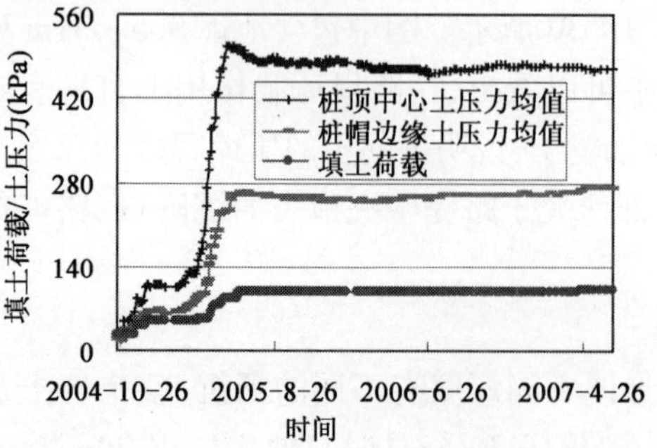

图 4-31　2.4m 间距区管桩桩帽上不同位置土压力

图 4-31 表示的是 2.4m 间距区管桩桩帽平台上不同位置土压力的测试结果，从图上能看出桩帽平台上的土压力有以下几个特点。

①桩帽平台上任何一个土压力盒测值都超过填土压力的均值 97kPa。这说明桩帽平台上承受的土压力超过了填土压力的平均值，表明填土荷载不是均匀作用在桩帽和桩间土上的，填土荷载在向桩帽集中。

②在 1m × 1m 的平台上土压力分布也是不均

匀的，在平台中央承受的土压力较大，桩帽平台边缘较小；表4-41列出预压期间平台上土压力的均值。从中能够看出，平台上不同位置土压力大小是不同的，在平台中心的土压力是整个平台土压力均值的1.30倍，是平台边缘均值的1.87倍，而平台边缘仅是平台均值的70%，说明填土荷载向桩帽平台中心集中的现象显著，平台边缘次之。原因是平台边缘在荷载作用下发生向下的弯曲变形、土拱断面的压力轴线向平台中心移动所致，而平台中心为桩顶所在处，因桩的承载力高、刚度大，相对于平台边缘难以发生向下的变形，所以土压力必然会大。

2.4m 间距桩帽平台上各位置土压力(kPa)　　表4-41

压力盒位置	平台中心	平台边缘	平台均值
土压力峰值	507	262	385
预压期间土压力均值	476	255	366
各均值的相对比值	1.30	0.70	1.0
中心相对边缘比值	1.87	1.0	—

③桩帽平台上各处土压力在填土荷载达到路堤设计高程不久后，一般都达到最大，出现了峰值，以桩顶中心所测土压力过程线最具代表性。此后在恒载预压过程中，桩顶中心土压力在一段时间内保持稳定，此后土压力有所下降，而桩帽平台边缘土压力有所上升，但变化幅度不是太大，这说明填土预压过程中桩帽上土压力是在调整，会产生应力重分布。

(2)CFG 桩桩顶土压力与桩间土压力

图4-32显示CFG桩复合地基在路堤填筑过程中，桩间土压力与桩顶应力都是在增大的；路堤填筑完成后的预压期间，桩间土压力达到的最大值为39kPa，而桩顶土压力最大值达到677kPa。

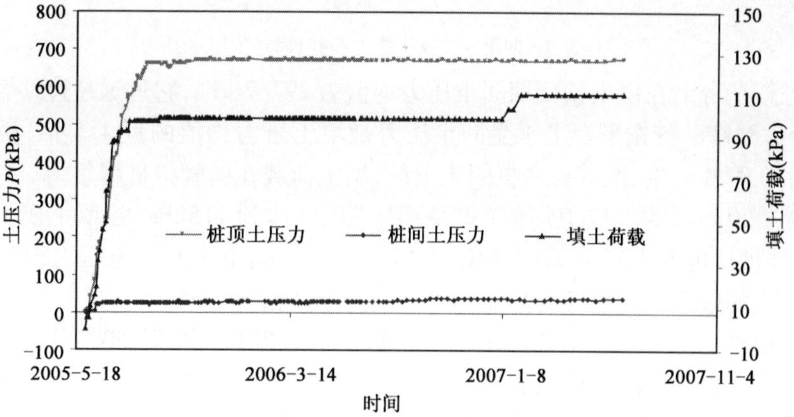

图4-32　CFG桩桩顶、桩间土应力随荷载变化过程线

为了看得清楚些，将桩间土压力的变化过程线放大如图4-33所示。从图中可以看出，桩间土压力在填土完成时最大土压力为30kPa左右，而在路堤预压期间、桩间土压力总的呈上升趋势，尽管上升值并不是很大，但这表明预压期间桩间土与桩顶承受的荷载在不断地调整，到预压期后期桩间土压力上升势头基本停止，稳定在36kPa上下的水平；而桩顶自填土开始就承受着较高的土压力，随着预压的进行，桩顶应力有所降低。

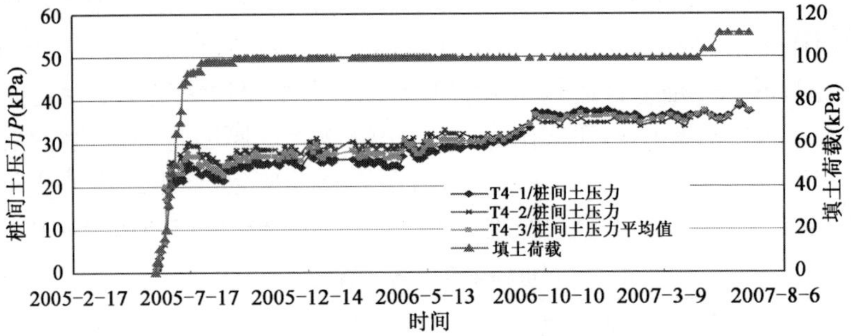

图 4-33　桩间土应力随荷载变化过程线

(3)联合桩桩顶土压力与桩间土压力

图 4-34 表示的是联合桩试验区内 2.1m 间距区管桩平台上、搅拌桩顶上和桩间土中土压力的测试结果,从图上能看出所测的土压力有以下几个特点。

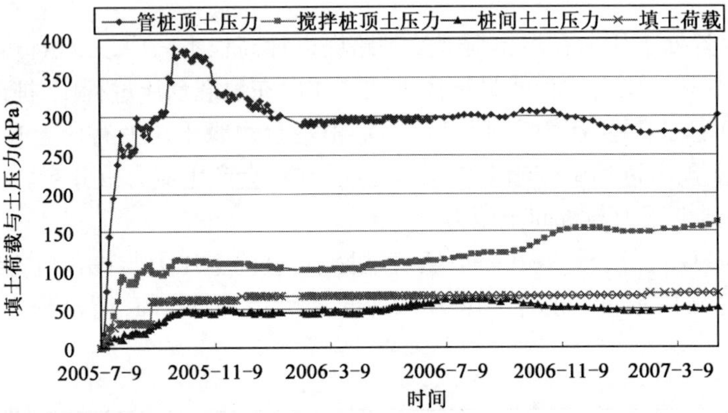

图 4-34　2.1m 间距区管桩桩帽上、搅拌桩与桩间土土压力

①管桩桩帽平台上在填土预压期间土压力均值为 297.7 kPa,它远远超过整个预压期内填土压力均值 66.84kPa,桩帽平台上承受的土压力是填土压力均值的近 4.5 倍,说明填土荷载不是均匀作用在管桩桩帽、搅拌桩和桩间土上的,填土荷载在向管桩桩帽集中。

②在搅拌桩顶测出的土压力均值(也是预压期中)达到 115kPa,是填土压力均值的 1.7 倍,说明在搅拌桩顶也产生应力集中现象,在搅拌桩和桩间土之间填土压力也不是平均分布的,但能看出,它的应力集中程度与高强度管桩相比还是相差甚远。

③桩间土承受的土压力基本维持在一个水平上,预压期内均值为 50.3kPa,比填土压力均值 66.84kPa 要小,大约是填土荷载的 75%。

④管桩平台土压力随填土荷载的增加而迅速增大,在填土接近路堤设计高程时达到最大值,出现了峰值,此后土压力逐渐降低,并在路堤预压阶段基本维持在一个水平上;以后随着搅拌桩桩顶承受的土压力增大而有所减小。水泥搅拌桩承受的土压力在填土加荷初期也是随荷载增大而增大的,增加幅度不大,此后其桩体产生一定的压缩变形,承受的土压力有所下降,在随后的预压阶段桩体压缩变形渐止,桩的强度得到发挥,其承受土压力的能力加强,曲线呈上升趋势,后渐平稳;搅拌桩土压力在预压阶段变化幅度达到 50kPa,而管桩没有这么大,原因就是搅拌桩的强度和承载力比管桩要小很多,在荷载作用下它的变形量要大,因此承受荷载的能

力相对要弱，变化幅度也就会大一些。桩间土所受土压力在填土加荷期间也是随荷载增大而增大的，然而从图4-34中可以看出，三者增加的速率是有差异的，管桩大于搅拌桩、搅拌桩又大于桩间土，上升曲线一个比一个陡，这种差别是由于它们自身强度的差异造成的，强度越高，承受的土压力上升就越快、越大。

⑤从上述分析可以看出，预压期间管桩与搅拌桩所受的土压力会发生一定转移，产生应力重分布，这种应力重分布是受两种桩体的刚度差异和变形模量大小而制约的。

(4)3种刚性桩桩顶土压力与桩间土压力的比较

表4-42汇总了管桩、CFG桩和联合桩复合地基桩顶土压力与桩间土压力测值。从表中看出，CFG桩桩顶土压力比管桩和联合桩复合地基中的管桩土压力值要大很多，分别是它们的1.84倍和2.56倍，应力集中的程度要高很多，这和桩间距大小有关，桩间距越小，应力集中程度会越高。

3种刚性桩预压期桩顶土压力与桩间土压力比较 表4-42

加固方法	间距(m)	刚性桩面积置换率(%)	平台(桩顶)中心土压力均值(kPa)	桩间土土压力均值(kPa)	搅拌桩顶土压力均值(kPa)	平台(桩顶)中心土压力比值	桩间土土压力比值	搅拌桩顶与管桩顶土压力比值
管桩	2.4	20.05	366	27	—	1.23(1.0)	1.0	—
CFG桩	2.0	5.67	672	36	—	2.26(1.84)	1.33	—
联合桩	2.1/4.2	6.23	298	50	115	1.0(0.81)	1.85	0.386

桩间土土压力绝对值是联合桩方案的最大，达到50kPa，分别是管桩和CFG桩方案的1.85倍和1.39倍，其相对值也高，达到填土荷载的75%，而管桩、CFG桩分别只达到填土荷载的28%和46%。这也是和桩间距大小紧密相关的。在联合桩方案中，搅拌桩承受的土压力仅是管桩顶的40%，但比桩间土承受的土压力要大1.3倍，搅拌桩在承担路堤荷载中还是发挥了一定作用。

4. 刚性桩复合地基的土拱效应与分析

(1)刚性桩复合地基上的土拱效应

以上的测试结果与分析表明在桩顶平台、桩顶上和搅拌桩顶上的土压力要远远高于平均填土压力，而桩间土上受到的土压力比平均填土压力小很多，这是土拱效应作用的结果。由于管桩、CFG桩、搅拌桩与桩间土之间有着差异较大的强度、承载力和压缩模量，四者在填土荷载作用下产生大小不同的压缩变形和下沉位移，引起填土路堤在搅拌桩、桩间土位置的下沉趋势高于管桩、CFG桩的下沉趋势，而路堤自身具有的高抗剪强度(这一点很重要)又使得路堤不能“随心所欲”的下沉，这就造成路堤通过自身的抗剪强度将荷载传递到压缩变形较小或者说下沉量较小的桩帽平台、桩顶和搅拌桩顶上，出现了应力集中或者应力转移现象，产生土拱效应。应该说这是自然界的位能最小原理在起作用、在控制着事物的变化规律。

对柔性桩复合地基来说，也会产生土拱效应，联合桩复合地基中的测试结果表明搅拌桩顶土压力也大于填土荷载的平均压力(大72%，而管桩要大3.46倍)，只是不太大而已。土拱效应产生的应力集中或应力转移程度是与路堤荷载大小、桩间土和桩体下沉量的差异程度、路堤自身抗剪强度的高低、桩间距及桩帽大小等因素有关。

(2)3 种刚性桩复合地基土拱效应的分析

为了比较刚性桩复合地基的实际效果,这里作一个简单计算,看看刚性桩与桩间土承担荷载的情况,一方面可以了解各方案土拱效应的强弱,另一方面可以找出复合地基设计上需要改进的地方。计算围绕一根刚性桩范围所承担的路堤荷载进行。从荷载角度出发,对桩、土各承担荷载的多少进行计算。

管桩方案以 2.4m 间距为例,计算结果见表 4-43。在三角形布置、间距 2.4m 区中,考虑桩帽的效果、管桩的置换率为 20.05%,按路堤高度 5.05m 计,一个间距内的土柱理论总重力为 242kN,现在两者实测值相加为 237kN,与理论值很接近,可以看出现场测值基本上是可靠的。计算结果显示,桩帽平台上承担的土重为总荷载的 77%,而桩间土承担的仅占 23%。它与文献[29]在现场所测结果相近,充分看出土拱效应使管桩得以发挥出它的“主力军”作用。从这个角度看也应重视路堤的填筑质量,提高路堤自身的抗剪强度。路堤荷载虽然大部分被桩承担,但荷载也仅有 183kN,它远小于管桩单桩的承载力 900kN,桩间土承载力也远大于它所承担的荷载,所以管桩复合地基在路堤荷载作用下沉降量很小也是理所当然的了,因此说管桩复合地基的承载能力尚未完全发挥。

管桩 2.4m 间距区桩与桩间土承担的荷载 表 4-43

路堤高度(m)	间距内土柱总重(kN)	间距内桩帽占的面积(m^2)	桩帽上土压力均值(kPa)	桩承担的荷载(kN)	间距内土的面积(m^2)	桩间土土压力均值(kPa)	桩间土承担的荷载(kN)
5.05	242	0.5	366	183	1.994	27	54

CFG 桩方案以 2.0m 间距为例,计算结果见表 4-44。结果显示虽然 CFG 桩顶土压力均值高达 672kPa,是带有桩帽的管桩所受到的土压力均值的 1.84 倍,但承担的荷载只占总荷载的 53%,桩间土承担的却达到总荷载的 47%。比管桩复合地基中的管桩承担的要小很多,原因就是管桩复合地基中的管桩有一个 1.0m^2 桩帽,该面积比 CFG 桩顶面积要大 4.1 倍。在考虑了桩帽的存在以后,管桩复合地基的置换率就高达 20% 了,它是 CFG 桩的 3.54 倍,承担的荷载当然要多,这里充分体现出桩帽的承载作用。

CFG 桩复合地基在预压阶段桩顶与桩间土承担的荷载 表 4-44

间距(m)	测试的承载力特征值		单桩或戴有桩帽的桩			桩间土		
	单桩(kN)	桩间土(kPa)	土压力均值(kPa)	承担的荷载(kN)	占总荷载的比例(%)	平均土压力(kPa)	承担的荷载(kN)	占总荷载的比例(%)
2.0	325	250	672	66	53	35.9	59	47

表 4-44 中数据还表明,CFG 桩与桩间土的承载能力也没有充分发挥,管桩承担的荷载仅仅是其能力的 40%,CFG 桩也仅有 44%,两者桩间土的承载能力也只发挥 12% 和 18%,因此在荷载不变的情况下桩间距还有增大的潜力。

联合桩桩方案以 2.1m 间距为例,计算结果见表 4-45。计算取 4 个 2.1m 正方形间距,中心正好有 1 根管桩,周围有 8 根水泥搅拌桩(图 4-25),搅拌桩面积相当于 3 根整桩的面积。从表 4-45 中看出联合桩方案中管桩虽然受的土压力很大,由于承台面积有限,所以它承担的荷重只占总荷载的 1/4;搅拌桩所受的土压力比桩间土高一倍多,由于它的面积太小,所承担的荷重不到6%,发挥的作用太小;计算结果还显示,桩间土成了承担荷重的主力,大约承担了总荷重的近70%。

联合桩 2.1m 间距区桩与桩间土承担的荷载(kN) 表4-45

名 称	受荷面积(m^2)	受荷面积占总面积的比例(%)	受荷面积上土压力均值(kPa)	受荷面积上承担的荷载(kN)	承担荷载占总荷载的比例(%)
管桩	1.0	5.7	297.7	297.7	25.4
搅拌桩	0.589	3.3	115.1	67.8	5.8
桩间土	16.051	91.0	50.3	807.4	68.8
合计	17.64	100	—	1 172.7	占理论荷载的99.4
不处理时	17.64	100	66.84	1 179	—

分析产生以上情况的原因有两点。①桩间土受荷面积占总面积的91%,管桩与搅拌桩受荷面积之和仅为9%,两者相差悬殊;②桩间土上土压力也比较大,达到填土荷载的75%,这主要是管桩的间距加大,实际上是在4.2m×4.2m 的范围里才有一根预应力管桩,尽管在2.1m的间距上有一根水泥搅拌桩,但它的强度无法与管桩相比,在填土荷载下搅拌桩会产生相对于管桩较大的压缩变形,使其承受能力降低,使桩间土的"负担"加重,所以桩间土所受土压力变大,使得桩间土成了承担荷重的主力军。

由上面的分析看到,管桩、搅拌桩的潜力都没有充分发挥,表4-37中显示联合桩复合地基中管桩、搅拌桩的承载力分别为750kN 和120kN,目前实际受荷仅为300kN 和70kN,只有50%左右;因此在间距不变的情况下可以加大管桩承台的面积,使管桩与管桩、管桩与搅拌桩的实际间距缩小,让其能承受更多的荷载,而造价不会增加多少。对搅拌桩来说,可以采用上部是大直径的变径水泥搅拌桩,以扩大其受荷面积。在此基础上桩的间距还可以再大一些,因为天然地基的承载力也尚有富余。

六、桩土应力比

1. 路堤下刚性桩复合地基桩土应力比

管桩复合地基中2.4m 间距区桩土应力比在填土过程及预压过程中的变化过程线如图4-35所示。在填土加荷期间,桩土应力比在0.8~18.2之间,随荷载上升桩土应力比逐步由小增大;在预压阶段,桩土应力比在11.5~20.9之间变化,最大值出现在此阶段,为20.9,预压阶段的均值为14.4。

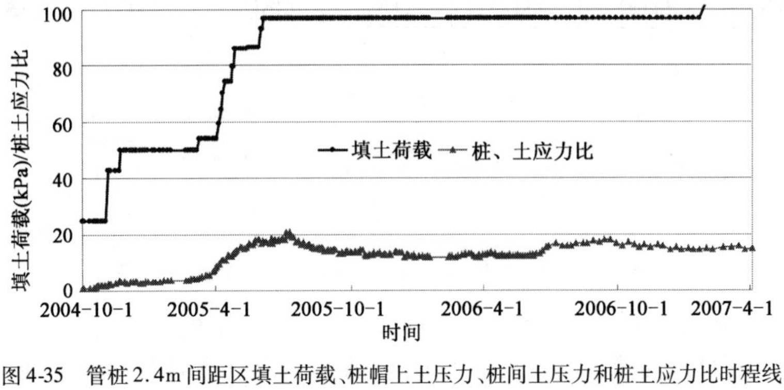

图4-35 管桩2.4m 间距区填土荷载、桩帽上土压力、桩间土压力和桩土应力比时程线

CFG 桩 2.0m 间距区桩土应力比随荷载的变化过程线如图 4-36 所示。图中桩土应力比在加荷与整个预压期间都在 7 ~ 29 的范围变化，其中进入预压阶段在 29.3 ~ 18.2 之间变化，均值在 23.2 左右，整个预压期间桩土应力比都呈下降趋势，直到预压后期才基本稳定在 18.7。这说明桩间土和桩所承受的荷载是在变化，桩基一直在下沉、压缩（和预压期内压缩量较大有关），它们之间在做应力调整，进行着应力重分配。

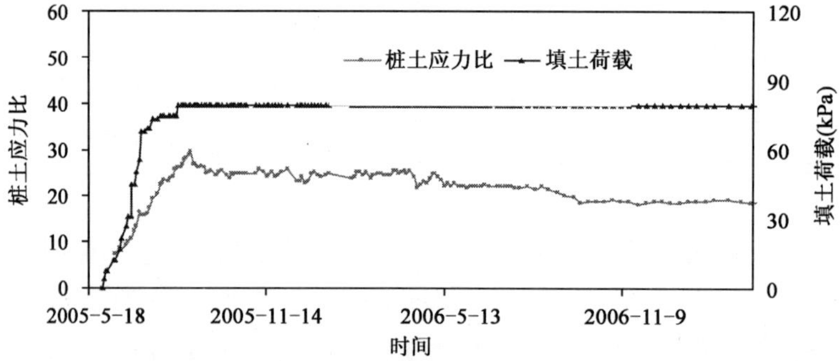

图 4-36　CFG 桩复合地基桩土应力比过程线

联合桩复合地基 2.1m 间距区桩土应力比在填土过程及预压过程中的变化过程线如图 4-37所示。管桩与桩间土、搅拌桩与桩间土的应力比，在填土加荷初期都随填土荷载增加而迅速上升，最高分别达到 27 和 9，此后随荷载上升两者都渐渐回落；到预压阶段桩土应力比逐渐稳定，管桩的在 7.35 ~ 4.82 之间变化（均值为 6），搅拌桩的在 2.46 ~ 1.86 之间（均值为 2.3）变化。

图 4-37 中也列出管桩土压力与搅拌桩土压力的比值，可以看出该比值变化较小，但是从加荷初期到预压阶段基本呈下降趋势，比值从 3.4 逐渐下降到 1.8，说明搅拌桩的承载能力在渐渐提高。

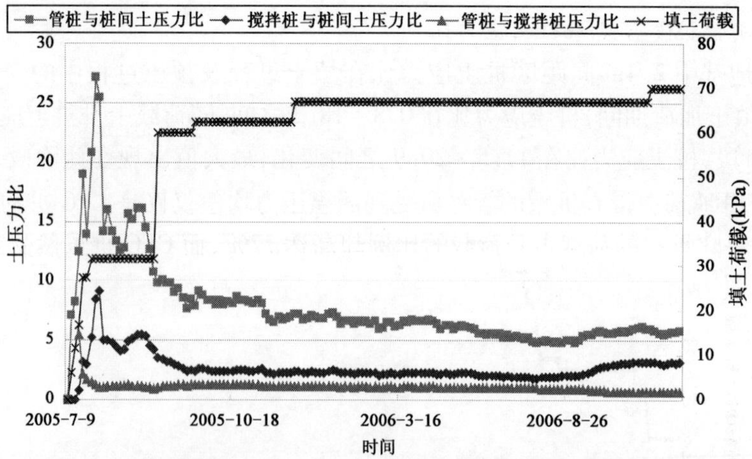

图 4-37　联合桩 2.1m 间距区填土荷载和桩土应力比时程线

2. 路堤下联合桩与管桩、CFG 桩复合地基桩土应力比的分析比较

管桩与 CFG 桩处理高速公路桥头软土地基都属于路堤下的刚性桩复合地基，在路堤荷载

作用下产生土拱效应。从结构上看,它们的区别在于 CFG 桩没有桩帽平台,而管桩有 1m×1m 的钢筋混凝土平台。联合桩复合地基也应算作刚性桩复合地基,原因是刚性管桩承担的应力较大,在地基中也产生土拱效应,与管桩、CFG 桩复合地基相比就是在桩间土中又设置了长度比管桩短的柔性水泥搅拌桩,因此管桩的间距也增大了许多。在路堤荷载下,三者桩与桩间土承受的土压力及桩土应力比不同之处,见下面的对比分析。

表 4-46 和表 4-47 给出了联合桩、管桩与 CFG 桩复合地基在路堤荷载下现场实测的预压阶段桩土应力比及桩顶与桩间土所受到的土压力均值、分别承担的荷载和各自承担荷载的比例。

3 种刚性桩复合地基在预压阶段桩土应力比　　表 4-46

加固方案		预压阶段桩土应力比		
		最大	最小	均值
CFG 桩		29.3	18.2	23.2
管桩(戴桩帽)		20.9	11.5	14.4
联合桩	管桩	7.35	4.82	5.99
	搅拌桩	2.46	1.86	2.30

联合桩、管桩与 CFG 桩复合地基在预压阶段桩顶与桩间土承担荷载　　表 4-47

加固方案		测试的承载力特征值		单桩或戴有桩帽的桩			桩间土		
		单桩(kN)	桩间土(kPa)	土压力均值(kPa)	承担的荷载(kN)	占总荷载的比例(%)	平均土压力(kPa)	承担的荷载(kN)	占总荷载的比例(%)
CFG 桩		300	250	672	66	53	35.9	59	47
管桩		900	280	366	183	77	27.0	54	23
联合桩	管桩	750	200	298	298	25.4	50.3	807	68.8
	搅拌桩	120	200	115	68	5.8			

从表 4-46 和表 4-47 中能够看出:

(1)3 种形式的复合地基中都有刚性桩,它们的桩土应力比变化范围相差较大,在 4.8～29.3 之间变化,其中 CFG 桩的桩土应力比均值最大,其次是管桩复合地基中带有桩帽的管桩,而联合桩复合地基中带有桩帽的管桩为最小,后两者分别是的 CFG 桩的 62% 和 25.8%。

(2)管桩复合地基中带有桩帽的管桩所受到的土压力均值仅仅是 CFG 桩的 54%,桩土应力比也要小,但是它承担的荷载占总荷载的比例却高达 77%,而 CFG 桩虽然受到的土压力要高很多,但因其承载的面积相对要小(与桩帽比)、置换率要低(仅仅是管桩的 28%),所以承担的荷载比例不是很大,只达到 53%,远小于管桩;这里充分看出**桩帽的承载**作用,在考虑了桩帽的存在以后,管桩复合地基的置换率是 CFG 桩的 3.54 倍,承担的荷载当然要多。

(3)联合桩复合地基中的管桩与管桩复合地基中的管桩相比,两者桩帽面积相同,但承担荷载的比例却相差甚大,前者为 25.4%,后者高达 77%,后者是前者的 3 倍。差距的主要原因是两者置换率的差异,前者置换率仅为 6.2%,但后者置换率却高达 20%。后者置换率是前者的 3.2 倍,导致后者承担荷载的比例是前者的 3 倍。可以说**桩帽、桩长相同情况下,刚性桩承担路堤荷载的比例与桩置换率大小成正比**。

(4)联合桩复合地基中的管桩与 CFG 桩相比,两者承担荷载的比例相差甚大,后者是前者的 2.1 倍。两者的置换率相差不大,一个为 6.2%,一个为 5.7%。原因是联合桩中的管桩布置间距比 CFG 桩的要大很多,前者实际为 4.2m,而后者间距为 2.0m,因此在同样情况下,CFG 桩的土拱效应显著,桩顶土压力值要大很多,因此桩体承担的荷载也就要大。**说明置换率差别不大时,刚性桩承担路堤荷载的比例与桩间距成反比**。

(5)表中数据还表明,刚性桩复合地基中桩与桩间土的承载能力都没有充分发挥,管桩承担的荷载仅仅是其能力的 40%,CFG 桩也仅有 44%,桩间土的承载能力也只发挥 12% 和 18%,因此在荷载不变的情况下桩间距还有增大的潜力;桩帽面积还可以增大,以发挥桩的高承载特性。

(6)从上述分析中可以看出,对刚性桩复合地基而言桩顶土压力大小与刚性桩桩间距大小密切相关,随桩间距的增大桩顶承受的土压力减小,土拱效应减弱;桩承受荷载的大小不仅与桩承受的土压力大小有关,还与桩的置换率大小有关;置换率相近,土压力大者担负的荷载要多;置换率高,就是间距稍大,其承担荷载的比例也将会高。**置换率是桩体承担荷载比例大小的主要因素,所以提高桩体承载比例的主要途径是提高桩的置换率,即增大桩帽面积**。上述结论都是建立在路堤自身具有相同强度的基础之上。

七、造价分析

按 2004 年中标清单价计算本试验段 3 种刚性桩复合地基的加固费用,列于表 4-48 中。路堤底宽以 52m 计。

3 种刚性桩复合地基加固路基的造价 表 4-48

加固方法	规格	处理深度(m)	桩距(m)	单位面积造价(元/m^2)	本工程各种间距的平均价(元/m^2)
管桩复合地基	ϕ400 - 55	36	2.4	647.0	482.5
CFG 桩复合地基	ϕ500	34	2.0	661.0	438
联合桩复合地基	水泥湿喷桩 ϕ500	16	2.1	280.0	358.5
	预应力管桩 ϕ400 - 55	36	4.2		
真空 + 堆载	塑料排水板 + 二膜二布	35	1.2	220.0	—

表 4-48、表 4-49 的计算结果表明,3 种刚性桩中以联合桩复合地基的造价最低,大约是管桩的 43.5%,是 CFG 桩的 42.4%。因此联合桩复合地基的经济性体现得比较明显。研究结果表明,无论是管桩复合地基或是 CFG 桩复合地基,还是联合桩复合地基,它们的承载能力还有较大富余,桩间距是可以增大的,桩顶承台板也可以加大,这样刚性桩复合地基的造价还可以降低。尤其是联合桩复合地基的造价已接近真空联合堆载预压法的造价,但施工速度、工后沉降控制要比真空联合堆载预压法优越得多,应该说在处理高速公路深厚软基、控制桥头工后沉降方面是一个极有前途的地基处理方法。

3种刚性桩考虑沉降补方费用后的综合价格　　表4-49

加固方法	沉降补方费用计算	单位面积分摊费用	综合单价
预应力管桩复合地基	$2.3m^3 \times 38$ 元/m^3 = 87.4 元	1.68 元/m^2	648.68 元/m^2
CFG 桩复合地基	$5.6m^3 \times 38$ 元/m^3 = 212.8 元	4.09 元/m^2	665.09 元/m^2
联合桩复合地基	$2.7m^3 \times 38$ 元/m^3 = 102.6 元	1.97 元/m^2	281.97 元/m^2
真空 + 堆载	$61.5\ m^3 \times 38$ 元/m^3 = 2 337 元	44.94 元/m^2	264.94 元/m^2

八、结论

通过上面的比较分析，可以得出以下结论：

(1)本工程3种刚性桩复合地基通过减少总沉降量来达到控制路堤工后沉降的目的。路堤填筑过程中地基发生的最大沉降都远小于本工程中类似地质条件下预压法处理路段的地基压缩变形，刚性桩复合地基大大减少了地基的总压缩量，减少幅度超过90%以上。刚性桩复合地基的压缩变形主要发生在填土加荷期间，这期间发生的沉降量占总沉降量的63%～78%，在预压过程中产生的沉降量一般很小。3种刚性桩的单位填土高度发生的沉降量依次是CFG桩最大，联合桩次之，管桩最小。

(2)路堤填土在桩与桩间土之间发生了不等的沉降变形，这种差异的变形导致路堤土拱效应的产生，从而使桩的承载能力得以发挥，差异越大，桩的作用发挥越好。

(3)土压力的测试结果表明，管桩桩帽平台上、CFG桩顶及搅拌桩顶承受的土压力超过了填土压力的平均值，填土荷载不是均匀作用在桩帽、桩顶、搅拌桩顶和桩间土上，填土荷载在向桩帽、桩顶和搅拌桩顶集中；桩帽平台、桩顶上承受的土压力是填土压力均值的3.8～8.5倍；搅拌桩顶的土压力均值是填土压力均值的1.7倍，说明在搅拌桩顶也产生应力集中现象，但能看出，它的应力集中程度与高强度刚性桩相比还是相差甚远。

(4)刚性桩复合地基桩土应力比只能说明土拱效应的强、弱，桩土应力比大说明土拱效应强，桩间土荷载被转移到桩上就多，刚性桩的作用就发挥得好。在预压阶段，刚性桩的桩土应力比均值在6～23之间变化；搅拌桩的在1.9～2.5之间变化，土拱效应较弱。

(5)联合桩中管桩的桩土应力比均值比管桩、CFG桩复合地基的都要小，其均值是CFG桩的26%，是管桩复合地基中管桩的42%；所受到的土压力均值仅仅是CFG桩的44%，是管桩的81%；它承担的荷载占总荷载的比例也是最小的，只有25%，而CFG桩达到53%，管桩达77%。

(6)联合桩复合地基中的管桩与管桩复合地基中的管桩相比，两者桩帽面积相同，但承担荷载的比例却相差甚大，前者为25.4%，后者高达77%，后者是前者的3倍。差距的主要原因是两者置换率的差异，前者置换率仅为6.2%，但后者置换率却高达20%，后者置换率是前者的3.2倍，因此桩帽、桩长相同情况下，刚性桩承担路堤荷载的比例与桩置换率大小成正比。

(7)数据表明，刚性桩与桩间土的承载能力都没有充分发挥，管桩承担的荷载仅仅是其能力的40%，CFG桩也仅有44%，桩间土的承载能力也只发挥18%～25%，在荷载不变的情况下桩间距还有增大的潜力；桩帽面积还可以增大，以发挥桩的高承载特性和降低刚性桩复合地基的造价。

(8)刚性桩复合地基桩的置换率是桩体承担荷载比例大小的主要因素，提高桩体承载比例的主要途径是提高桩的置换率，即增大桩帽面积。

(9)经济分析表明，3种刚性桩中以联合桩复合地基的造价最低，大约是管桩的43.5%，是 CFG 桩的 42.4%。因此联合桩复合地基的经济性体现得比较明显。造价已接近真空联合堆载预压法的造价，但施工速度、工后沉降控制要比真空联合堆载预压法优越得多，应该说在处理高速公路深厚软基、控制桥头工后沉降方面是一个极有前途的地基处理方法。

第四节　预压方法与刚性桩复合地基法加固软基的综合比较

摘　要：本文从加固思路、加固效果、工期、造价以及对周围环境的影响和施工质量控制与现场管理难易程度几个方面，对刚性桩复合地基法与预压法加固深厚软基的效果做了全面、详尽的对比分析，得出不少有益的结论，大部分都是新的见解与看法；并对两类方法以后需要改进的地方提出了自己的意见和看法。

一、概况

高速公路试验段中，3 种刚性桩复合地基试验区和预压试验区的具体区段位置及土层分布等情况见表 4-50 所列。

刚性桩复合地基和预压段断面软土分层厚度及顶板埋深　　表 4-50

加固类型		观测断面里程桩号	段落代号	地层的分层厚度/板顶埋深(m)				
				亚黏土 $②_1$	淤泥质亚砂土 $②_2$	淤泥质亚黏土 $③_1$	亚黏土 $③_2$	粉(细)砂 $⑤_2$
刚性桩复合地基	预应力管桩	K118 + 593	N2	2.0/0	10.25/2.0	12.25/12.25	10.5/25.5	—
	联合桩	K119 + 160	N8	2.5/0	7.0/2.5	28.5/9.5	—	2.0/38.0
	CFG 桩	K119 + 500	N10	2.5/0	6.4/2.5	21.8/8.9	—	9.3/30.7
预压法	真空 + 堆载(C 板)	K118 + 800	N4	2.0/0	10.8/2	24.7/12.8	2.6/37.5	—
	真空 + 堆载(F 板)	K118 + 880	N5	2.5/0	10.8/2.5	25.8/13.3	1.0/39.0	—
	真空 + 堆载(C 板)	K118 + 980	N6	2.2/0	7.4/2.2	29.4/10.6	—	—
	真空 + 堆载(C 板)	K119 + 700	N12	2.0/0	7.0/2.0	20.7/9.0	—	10.4/29.7
	真空 + 堆载(软管)	K119 + 757	N13	2.0/0	7.0/2.0	20.3/9.0	—	10.8/29.3
	真空 + 堆载(C 板)	K134 + 550	S3	—	—	14.2/0	9.9/14.2	—
	堆载预压(C 板)	K119 + 880	N14	2.0/0	7.5/2.0	20.1/9.5	—	10.4/29.6

管桩、CFG 桩刚性桩复合地基，近几年都先后应用于高速公路领域的地基加固中，而联合桩复合地基却是第一次用于高速公路桥头深厚软基的加固，为了更经济合理的使用刚性桩，把刚性桩高承载力特点充分发挥出来，因此加大了管桩间距，在管桩间距中设置了短水泥搅拌桩，使桩间土受荷能力和受荷面积加大，形成了联合桩复合地基方案。预压法则是比较成熟的软基加固方法，但用于加固 30 ~ 40m 厚的软基也是不多见的。这两类方法各有特点、加固原理也不相同，然而其目标却是一样的，就是要解决高速公路高填方桥头和深厚软基路段的工后沉降控制。

试验段中 3 种刚性桩处理段落的设计情况见表 4-51 所列，都是桥头路段。设计路堤平均填高在3.2～6.2m之间,处理深度最大达37m,间距在1.7～4.2m之间。

刚性桩复合地基的主要设计参数　　表4-51

加固类型	区号	起讫桩号	路段类型	设计路堤高度(m)	桩长(m)	间距(m)
预应力管桩	N2	K118+557～K118+593	桥头	6.2	36	2.4
		K118+593～K118+623	桥头过渡	4.0	32	3.0
CFG桩	N10	K119+453～K119+483	桥头过渡	5.0	33	2.5
		K119+483～K119+520	桥头		33	2.0
联合桩	N8管桩	K119+110～K119+145	桥头	3.2	36	3.4
		K119+145～K119+175	桥头过渡	3.3	36	4.2
	N8搅拌桩	K119+110～K119+145	桥头	3.2	16	1.7
		K119+145～K119+175	桥头过渡	3.3	16	2.1

试验段中有7个预压处理段落,其设计情况见表4-52所列,其中有一个是桥头路段,一个是通道路段,其余都是一般路段。设计路堤平均填高在2.8～4.5m之间,处理深度最大达35m。垂直排水通道有3种形式,除桥头地段间距为1.0m外,其余都是1.2m,三角形布置。

预压处理的7个段落的主要设计参数　　表4-52

加固类型	区号	起讫桩号	路段类型	路堤设计平均填高(m)	处理深度(m)	垂直排水通道类型	间距(m)(△布置)
真空+堆载	N4	K118+771～K118+827	桥头	4.2	35	特C板	1.0
真空+堆载	N5	K118+827～K118+935	一般	4.3	35	F板	1.2
真空+堆载	N6	K118+935～K119+035	一般	3.5	35	特C板	1.2
真空+堆载	N12	K119+633～K119+733	一般	4.5	28.7	特C板	1.2
真空+堆载	N13	K119+733～K119+833	通道	3.5	28.5	软管	1.2
真空+堆载	S3	K134+464～K134+554	一般	4.2	28	特C板	1.2
堆载预压	N14	K119+833～K119+900	一般	2.8	29.5	特C板	1.2

二、工程地质条件

高速公路试验段由两段组成,第一段在慈溪境,第二段在江北境,两段范围内总长2 103.5m。第一路段位于慈溪境内的慈北冲积平原地带,第二段位于宁波江北区的姚江冲积平原区,它们分别代表两种不同的地层类型,前者属软土地基上存在有一定厚度的相对硬壳层情况,后者属软土地基露头、且土性在本路段是最差的情况,简称为慈溪段和江北段。真空联合堆载预压法有5小段在慈溪,1小段(S3)在江北,堆载预压法路段N14,设在慈溪;刚性桩复合地基段都设在慈溪境内。

慈北平原沉积区被划分为4个工程地质亚层,其中3层是软弱土层,自地表向下分别叙述如下。②$_1$层:亚黏土(Q_4^{3+m}),浅层为耕植土,上部褐黄色,下部灰黄色,大部分为软塑状,少数为可塑状,厚度普遍偏小;②$_2$层:淤泥质亚砂土(Q_4^{3+m}),该层灰色,呈流塑状,饱和;③$_1$层:淤泥质亚黏土(Q_4^{2+m}),灰色～深灰色,呈流塑状,饱和,本层厚度大;③$_2$亚黏土层或⑤$_2$细砂、粉砂层。

姚江平原沉积区划分为两个工程地质亚层,其中一个是软弱土层,自地表向下分别叙述如下。③$_1$层:淤泥质亚黏土(Q_4^{2+m}),灰色～深灰色,呈流塑状,饱和,本层直接露于地表,厚度沿路纵向起伏变化较大，从 12 ~28m 变化，其物理力学性质是试验段中最差的；③$_2$ 层：亚黏土。

慈溪与江北除了在土层厚度上有差异之外，同一层土指标也有不小的差异，表 4-53、表4-54分别列出了慈溪与江北的土性指标。

慈溪段各土层加固前主要物理力学指标 表 4-53

土层名	土层代号	含水率	湿密度	孔隙比	液限	塑性指数	液性指数	压缩系数	压缩指数	回弹指数	固结系数（×10^{-3}）	渗透系数（×10^{-6}）	灵敏度
		w	ρ	e	w_L	I_P	I_L	a_v	C_c	C_s	C_v	K_{20}	S_t
		%	g/cm^3	—	%	—	—	MPa^{-1}	—	—	cm^2/s	cm/s	—
亚黏土	②$_1$	30.8	1.90	0.874	33.6	12.8	0.79	0.35	0.193	0.015	7.21	—	8.7
淤泥质亚砂土	②$_2$	38.1	1.83	1.037	30.4	9.7	1.82	0.46	0.227	0.018	8.50	6.24	11.7
淤泥质亚黏土	③$_1$	41.9	1.79	1.165	36.2	13.8	1.44	0.54	0.413	0.032	5.78	0.56	11.4
亚黏土	③$_2$	32.9	1.88	0.930	30.8	11.5	1.26	0.29	0.20	0.018	7.50	4.03	10.0
粉、细砂	⑤$_2$	30.1	1.88	0.868	—	—	—	0.18	—	—	34.3	715	—

江北段各土层加固前主要物理力学指标 表 4-54

土层名	土层代号	含水率	湿密度	孔隙比	液限	塑性指数	液性指数	压缩系数	压缩指数	回弹指数	固结系数（×10^{-3}）	渗透系数（×10^{-6}）	灵敏度
		w	ρ	e	w_L	I_P	I_L	a_v	C_c	C_s	C_v	K_{20}	S_t
		%	g/cm^3	—	%	—	—	MPa^{-1}	—	—	cm^2/s	cm/s	—
淤泥质亚黏土	③$_1$	45.2	1.77	1.254	36.9	15.4	1.54	1.30	0.436	0.030	2.19	2.09	6.1
亚黏土	③$_2$	28.3	1.92	0.827	33.9	14.2	0.74	0.22	0.205	0.012	7.33	4.75	8.1

比较慈溪与江北③$_1$ 和③$_2$ 层土的指标，可以看出江北的③$_1$ 层在含水率、孔隙比、液性指数、压缩系数和固结系数上都比慈溪段要差很多，特别是压缩性相差一倍以上；而③$_2$ 层江北在上述各指标上比慈溪要好一些。

三、加固思路上的区别

1. 刚性桩复合地基法的加固原理

刚性桩复合地基是由高强度刚性桩与桩周软土和垫层共同组成的地基，用它处理高填方桥头深厚软基的思路就是大幅度减小路堤荷载下地基产生的最终沉降量，通过减小最终沉降量来减小路堤的工后沉降量。其原理就是在路堤荷载下通过刚性桩地基产生的土拱效应将大部分高填方路堤荷载转到承载力高、压缩变形小的刚性桩体上，通过桩体将荷载传递到桩底部坚硬地基上。这就大大减小了直接作用于软弱土层上的荷载，避免了软土产生过大的压缩量，从而使整个地基的总压缩变形减小，大大减少路堤的工后沉降量并加快了施工进度，也避免了施工中出现的路堤稳定问题，但相比预压法造价会有所增加。为了降低造价，在管桩桩顶常设置面积较大的混凝土承载板（简称桩帽），使桩能承受更多的路堤荷载，让桩的高承载特性得以充分发挥；或扩大刚性桩的间距、在管桩间距当中设置柔性搅拌桩（是本工程的创新），提高桩间土的承载能力，满足路堤荷载的要求，达到减少桩数量的目的。

刚性桩复合地基与由碎石桩、搅拌桩等柔性桩组成的复合地基的区别在于，刚性桩体的强度、压缩模量和承载力比碎石桩、搅拌桩要高很多。在路堤荷载下刚性桩的自身变形很小，因此在桩的压缩和下沉量上与柔性桩有较大差异，相比柔性桩要小很多，从而形成的土拱效应要强，使得在组成的复合地基中刚性桩将承担更多的荷载，而柔性桩地基则较弱。因此路堤荷载下刚性桩地基离“平均刚性模数法”的计算假定相差较远，不能使用；相反柔性桩地基离该假定尚近，是近似可以应用的。本项目3种刚性桩复合地基的测试结果反映在表4-55、表4-56当中。

3种刚性桩在预压期桩顶土压力与桩间土压力比较 表4-55

加固方法	间距(m)	桩顶中心土压力均值(kPa)	桩间土土压力均值(kPa)	路堤荷载的平均土压力(kPa)	桩顶土压力与路堤平均压力比值	桩间土压力与路堤平均压力比值	桩顶土压力与桩间土土压力比值
1	2	3	4	5	6 =3/5	7 =4/5	8 =3/4
管桩	2.4	366	27	97	3.8	0.28	13.6
CFG 桩	2.0	672	36	80	8.4	0.45	18.7
联合桩	管桩4.2	298	50	70	4.3	0.71	6.0
	搅拌桩2.1	115	50	70	1.6		2.3

从表4-55看出，刚性桩顶承受的土压力比路堤荷载的平均土压力要大很多，在3.8～8.4倍之间；桩间土受到的土压力比路堤荷载的平均土压力要小很多，在0.28～0.71之间；刚性桩受到的土压力比桩间土压力要大5～18倍；这说明路堤荷载不是平均作用在刚性桩与桩间土上，而是较大地转移到压缩模量很大的刚性桩上，从而减少了软土地基上承受的荷载，也就大大减少了软土地基的沉降量，达到了减少工后沉降的目的。从表4-55中也可看到，柔性搅拌桩受到的土压力比刚性桩要小很多，只有刚性桩的39%，仅是路堤土压力均值的1.6倍，比桩间土压力也仅大1.3倍，可以看出它比刚性桩的土拱效应要差很多。

在表4-56中列出了3种刚性桩地基中的刚性桩所承担的总荷载，能够看到CFG桩和预应力管桩承担的比例都超过了50%，足见刚性桩的分担幅度，它们是承担路堤荷载的主力；联合桩分担的比例较小是和管桩的间距太大(达到4.2m)，而桩帽面积相对较小(仅1.0m×1.0m)有关。现场的实测资料有力地支持了上述对刚性桩加固机理的认识。从表4-56中还可看出，桩所受到的荷载比起它们的承载力来说是很小的，3种刚性桩分别只达到它们承载力特征值的22%、20%和39.7%，只有搅拌桩达到57%。因此刚性桩的压缩变形和沉降量一定很小，工后沉降不会太大。

CFG桩、管桩与联合桩复合地基在预压阶段桩顶与桩间土承担的荷载 表4-56

加固方案		单桩或戴有桩帽的桩			桩间土			单桩承载力特征值(kN)
		土压力均值(kPa)	承担的荷载(kN)	占总荷载的比例(%)	平均土压力(kPa)	承担的荷载(kN)	占总荷载的比例(%)	
CFG 桩		672	66	53	35.9	59	47	300
管桩		366	183	77	27.0	54	23	900
联合桩	管桩	298	298	25.4	50.3	807	68.8	750
	搅拌桩	115	68	5.8				120

2. 预压法的加固原理

预压法的加固原理不需多讲，这是一个很成熟的地基处理方法，其主要思路就是把构筑物在使用阶段要产生的沉降提前在施工阶段完成或大部分完成，即使留有少量沉降也不致影响构筑物的使用。该加固方法就是常说的把像“豆腐”一样的软土通过预压变成有一定强度和压缩模量的“豆腐干”。预压的方法按荷载种类不同有堆载预压、真空预压和真空联合堆载预压。而根据预压荷载的大小与永久使用荷载的相对关系分为欠载预压、等载预压和超载预压3种情况，预压荷载仅为路堤堤身荷载不包含路面结构层的一般称为欠载预压；预压荷载含路堤堤身和路面结构层的一般称为等载预压；预压荷载超过路堤堤身和路面结构层的一般称为超载预压。

在公路施工中欠载预压不存在卸除多余荷载的问题，仅在预压过程中随着沉降的发生，不断地补充填土以弥补降低的高程，该荷载为永久荷载；等载预压在完成预压后要卸除相当于路面结构层部分的荷载（填土），然后进行路面结构层的施工，该荷载是路面结构层的等代荷载；超载在完成预压后，要卸除超过路面高程和相当于路面结构层两部分的荷载（填土），再进行路面结构层的施工，超过路面高程的荷载为临时荷载。

由于高速公路施工中是以高程来控制的，而预压过程中地基的沉降是在不断发生、发展的，所以预压过程中的欠载、等载和超载是处在动态变化之中的，设计时仅依**图纸上路堤高度**来确定超载与否、那只是名义超载，只有在考虑稳定的沉降量之后，才能确定是否超载。当预压沉降量稳定后，此时路堤填筑高程等于或超过路面设计高程时，才叫**有效等载预压或有效超载预压**。当然，在设计初期要准确确定沉降量的大小也不是一件容易的事，但在设计中可以确定一个原则，即设计需要采取什么方案来对软土进行加固，即是欠载、等载，还是超载（量是多少）。然后具体由施工与监理单位共同依此判定原则来执行。

真空联合堆载预压法是近20年来迅速发展起来的一种处理软弱地基的方法，对那些强度特低，压缩性很大，渗透性极小的地区尤为适用，在我国东南沿海地区使用比较普遍、广泛。近20年来在高速公路的软基处理上逐渐被广泛运用，成为减小路堤工后沉降的有效方法之一。这些年来，它作为一种软土地基的处理技术，常应用于厚度在20m左右的高速公路软基处理中，一般能取得较好的效果，高速公路的工后沉降量都能控制在规范的限定值内。本项目的软基处理厚度在30~40m，需要验证工后沉降的控制效果。

真空联合堆载预压实际上是超载预压的一种形式，超载是由真空荷载来实现的。这种超载施加与卸载都非常方便、迅速，是一种非常好的加载方式。一般真空荷载能达到80kPa以上，它相当于3m以上的填土超载荷载。设计中超载一般不超过2m，真空荷载是能达到这一要求的，对处理高速公路的软基来说是足够了。所以本项目的**6个段落应该都是属于有效超载预压**，只是各段落的超载比大小不同而已。

目前，不少真空与堆载联合预压的工程，预压时间不够，总以为膜下一达到80kPa，预压3个月就大功告成了，殊不知真空预压产生效果也是需要时间的，软土的预压固结规律并不会因荷载方式的改变而发生本质的变化。不懂得这一点也就不会很好地利用该方法。因此真空联合堆载预压方法虽然已应用较久了，但误区还是不少，应该认真总结与纠正。

实践证明，本项目采用真空联合堆载预压法，并以高性能可测深塑料排水板C板、F板和钢丝透水软管作为垂直排水通道加固高速公路深厚软基都是可行的，都取得了成功。

本项目中 N14 段落，按照设计应是超载预压，设计超载 1m，但实际实施下来并不是超载，最多是等载预压。因为从施工与监测过程可以看出，无论是填土加荷期间还是预压期间，路堤顶面高程始终没超过设计路面高程太多，仅仅超过不到 0.2m，比原先设计预压超载 1m 的方案相差甚远。如果说与设计的图纸路堤高度 3.2m 相比，那是高了近 1.2m，但随着填土的进行，地基沉降也不断在加大，这 1.2m 中有 1.0m 多已填补因沉降而降低的堤身高程，成为永久路堤的堤身，仅剩 0.2m 的等代荷载，而且随着预压时间的延长，该等代荷载还在不断地减小，本例到最后仅剩 0.1m。所以，本预压段应是真正的等载预压加固。

四、加固效果的比较

1. 沉降量的差异与沉降盆大小

刚性桩复合地基与预压法在加固中及通车后地表的沉降情况见表 4-57 和表 4-58 所列。

刚性桩 3 个段落路中心与路肩地表沉降　　表 4-57

段　落	路段性质	处理类型	路堤总厚度	中心最大沉降量 到 2008-12-31	路肩平均沉降量	路肩沉降与中心沉降比值	路肩与中心沉降差	沉降盆平均斜度
			m	mm	mm	%	mm	%
N2	桥头	管桩	5.753	81	50	61.7	31	0.18
N8	桥头	联合桩	4.330	98	81	82.7	17	0.097
N10	桥头	CFG 桩	4.898	142	127.5	89.8	14.5	0.083
平均值			4.994	107	86.2	78.1	20.8	0.12

预压 7 个段落路中心与路肩地表沉降　　表 4-58

段　落	路堤总厚度	施工沉降量	路中心最大沉降量 到 2008-12-31	路肩平均沉降量	路肩沉降与中心沉降比值	路肩与中心沉降差	沉降盆平均斜度
	m	mm	mm	mm	%	mm	%
N4	6.443	542	1 924	1 697	88.2	227	1.297
N5	6.274	616	2 100	1 845.5	87.9	254.5	1.454
N6	5.391	608	1 836	1 635	89.1	201	1.149
N12	6.209	178	1 663	1 322.5	79.5	340.5	1.946
N13	5.156	197	1 507	1 267.5	84.1	239.5	1.369
N14	4.332	282	1 139	911.5	80.0	227.5	1.300
S3	5.244	348	2 455	2 153.5	87.7	301.5	1.723
平均值	5.578	395.9	1 803.4	1 547.5	85.2	255.9	1.463

（1）表 4-57 中清楚地表明刚性桩地基的沉降量比预压路段的加固沉降量要小很多，到 2008 年 12 月 31 日路中心沉降量平均不到预压法的 6%，刚性桩地基 3 者中最大的沉降量也只有 142mm，可见刚性桩复合地基达到了通过桩来减小地基总沉降量的目的。

（2）预压路段最终平均路堤高度为 5.578m，看起来要比刚性桩的平均路堤 4.994m 要厚，但预压路段路堤厚度在除去由沉降量引起的这部分路堤厚度以后就剩下 3.784m，实际比刚性桩的要小 1.1m。预压路段因沉降而增加的路堤厚度占图纸厚度（3.784m）的 47%，该比例是相当大的；而且路堤高了、路堤底宽得加大，由此全路增加的占地面积和增加的填土方量是相当可观的，针对目前土地资源紧缺、农用耕地减少的现状，该法的大量应用所带来的后果应引起设计与决策部门注意。相比之下，刚性桩地基这个问题就没有这么突出。

(3)刚性桩地基由于总沉降量很小，所以路中心与路肩的沉降差也很小，平均只有20mm，所以由此所形成的沉降盆斜度平均为0.12%；但预压路段路肩沉降平均达到1 548mm，是路中心的85%，与路中心之差达到256mm，由此形成的沉降盆斜度达到1.46%，是刚性桩地基的12.2倍。

(4)N13和N14路段相邻，地质条件相当，处理深度也基本相同，在处理方法上N14为等载堆载预压，而N13采用的是真空联合堆载预压，即真空超载预压。它们最终加固的结果见表4-59所列。

从表4-59中看出，路堤总厚度N13路段比N14路段仅大19%，即0.8m左右，但到路面完成时N13段落发生的沉降量比N14路段大35%，说明真空超载预压效果要好于等载预压。到通车12个月后，N13路段此时发生的总沉降比N14路段大32%，相比路面完成时有所减少，说明N13路段在行车荷载作用下，沉降发展缓慢，沉降速率减缓幅度大于N14路段，沉降曲线收敛速度快于N14等载路段；单位路堤厚度产生的沉降量N13路段要大于等载预压路段12%，同样说明真空超载预压效果好于等载预压。

真空预压段与堆载预压段沉降量的比较 表4-59

编 号	段 落	路段性质	路堤总厚度	到2007-10-13已发生沉降量	路堤的图纸厚度	到2008-12-31发生的沉降量	单位路堤厚度发生的沉降量
		—	m	m	m	mm	mm/m
	0	1	2	3	4=2-3	5	6=5/2
A	N13	通道	5.156	1.489	3.667	1 507	292.3
B	N14	一般	4.332	1.103	3.229	1 139	262.9
$C=A-B$			0.824	0.386	0.438	368	29.4
$D=C/B$(%)			19.0	35.0	13.6	32.3	11.2

2. 沉降速率

路面是2007年10月中完成的，到2007年底开始试通车，最近观测到2008年12月底。也就是说地基在路堤全荷载下已压缩14个月，在12个月的时间里有了交通荷载。将这两个阶段分开统计与计算，得到2007年10月到2007年12月的沉降量和沉降速率，以及2007年12月到2008年12月底的沉降量与沉降速率，见表4-60和表4-61所示。从该表中可以看出：

3种刚性桩段落2个阶段路中心沉降量与沉降速率 表4-60

段 落	路中心最大沉降(mm)			阶段沉降量(mm)		平均沉降速率(mm/月)	
	2007-10-13	2007-12-25	2008-12-31	2007年10月～2007年12月	2008年12个月	2007年四季度	2008年12个月
	1	2	3	4=2-1	5=3-2	6	7
N2	71	74	81	3	7	1.25	0.574
N8	86	87	98	1	11	0.42	0.902
N10	125	128	142	3	14	1.25	1.148
平均						0.973	0.875

7 个预压路段 2 个阶段路中心沉降量与沉降速率　　表 4-61

段　落	路中心最大沉降(mm)			阶段沉降量(mm)		平均沉降速率(mm/月)	
	2007-10-13	2007-12-25	2008-12-31	2007 年 10 月～2007 年 12 月底	2008 年 12 个月	2007 年四季度	2008 年 12 个月
	1	2	3	4 = 2 − 1	5 = 3 − 2	6	7
N4	1 900	1 907	1 924	7	17	2.88	1.39
N5	2 067	2 075	2 100	8	25	3.29	2.05
N6	1 814	1 815	1 836	1	21	0.41	1.72
N12	1 639	1 645	1 663	6	18	2.47	1.48
N13	1 489	1 491	1 507	2	16	0.82	1.31
平均						1.974	1.59
N14	1 103	1 105	1 139	2	34	0.82	2.79
S3	2 363	2 383	2 455	20	72	7.5	5.90

(1)无论是刚性桩地基还是预压地基，自 2007 年 10 月路面完成后，2008 年开始了试通车，路基沉降速率大多数的趋势是下降的，而且沉降速率的量值不大，预压段大部分小于 2mm/月，而刚性桩地基都小于 1mm/月，地基趋向稳定。刚性桩地基要好于预压地基。

(2)慈溪境内真空联合堆载预压路段平均由 1.974mm/月降到 1.59mm/月，路基沉降渐趋稳定；而江北境内还是比较大的，平均达到近 6mm/月，而且收敛缓慢，14 个月内才由平均 7.5mm/月降到 5.9mm/月，说明地基尚未稳定。

(3)慈溪境内等载预压路段的沉降速率在通车后有较大的增长，从通车前的 0.82mm/月到通车后的 2.79mm/月，增加 2 倍多，原因就是通车后荷载有了增加，使路堤在压缩主枝上产生了新的沉降；而经过真空联合堆载预压的路段，实施的是超载预压，所以通车后路基产生的沉降是属于再压缩沉降，是在回弹再压缩枝上发生的。这里可以看出，超载预压对控制工后沉降有明显的效果。

3. 工后沉降的预测

为了探讨工后沉降量的大小，利用实测沉降曲线对预压路段和刚性桩路段地基的沉降发展规律进行推算，按双曲线模式进行拟合，并推算出最终沉降量，所用双曲线拟合公式见式(4-1)，即可以将式(4-1)的非线性表达式变成一元线性形式，利用测得的数据按最小二乘法可以求出系数 α、β，从而推求出到该级荷载为止的最终沉降量 S_∞，详见参考文献[1]。将拟合结果列于表 4-62 和表 4-63 当中。从表中得到：

(1)刚性桩地基估计的工后沉降在 10～30mm 之间，其量值是比较小的，无论对通道、还是桥头路段都能满足规范要求。对预压地基来说，估计的工后沉降量值也不大，最大为江北境的 142mm 左右，是能满足规范对一般路段和通道的要求；N4 桥头路段工后沉降值为 40mm 不到，满足规范要求。

刚性桩3个路段按双曲线拟合的路中心最终沉降量 表4-62

段　落	路段性质	路堤实际厚度	路中心沉降量		估计的工后沉降量	沉降发生值/拟合值
			到2008-12-31已发生	拟合的最终值		
	—	m	mm	mm	mm	%
N2	桥头	5.753	81	89.8	8.8	90.2
N8	桥头	4.330	98	116.2	18.2	84.3
N10	桥头	4.898	142	165.4	23.4	85.9

7个预压路段按双曲线拟合的路中心最终沉降量 表4-63

段　落	路段性质	路堤总厚度	施工沉降量	路中心沉降量		估计的工后沉降量	沉降发生值/拟合值
				到2008-8-31已发生	拟合的最终值		
	—	m	mm	mm	mm	mm	%
N4	桥头	6.443	542	1 924	1 954.4	30.4	98.4
N5	一般	6.274	616	2 100	2 156.3	56.3	97.4
N6	一般	5.391	608	1 836	1 900.2	64.2	96.6
N12	一般	6.209	178	1 663	1 684.8	21.8	98.7
N13	通道	5.156	197	1 507	1 533.5	26.5	98.3
N14	一般	4.332	282	1 139	1 213.7	74.7	93.8
S3	一般	5.244	348	2 455	2 597.2	142.2	94.5

(2)慈溪境真空联合堆载预压路段的工后沉降值大都在40mm以内,个别路段达到近65mm,平均为39.8mm;江北路段则达142mm,是慈溪段的3.6倍。慈溪境等载堆载预压路段的工后沉降量比真空联合堆载预压路段要大0.9倍,达到75mm。这里充分反映出地质条件和超载比大小的影响。

(3)从推算的最终沉降量看,慈溪境内真空联合堆载预压路段,单向固结度在96%~99%之间,主固结基本完成;而堆载预压路段仅达到94%,江北真空联合堆载预压路段也只达到95%,因此尚需时日方能基本完成。设计时,对深厚软土地基,预压加固时间要定在固结度达到90%以上才比较稳妥,工后沉降量才不致过大。

五、工期与安排

表4-64显示的是预压处理路段的工期情况。对慈溪境的真空联合堆载预压段来说,各段总工期的平均值为35.1个月,其中路堤填筑的时间为13.3个月,占总工期的37.9%;纯路堤预压(真空停后的预压)时间达到20.7个月,占总工期的59%,而满载预压时间平均仅为1.1个月,仅占总工期的3.1%。江北境的真空联合堆载段总工期为29.4个月,路堤填筑时间比慈溪境少半年,满载联合预压时间比慈溪境长3.7倍,真空停后的纯路堤预压时间也只有慈溪境的88%。可见,慈溪境的路堤填筑时间太长,满载联合预压时间太短,而真空停后的纯路堤预压更长,这完全是没有必要的,是造成工期过长的主要原因。

预压处理的7个路段实际工期情况 表4-64

段落	填筑期沉降量(m)	预压期沉降量(m)	做基层前地基总沉降量(m)	各阶段施工时间(月)				各施工段与总工期之比(%)		
				路堤填筑	满载联合预压	纯路堤预压	填筑与预压总工期	路堤填筑/总工期	满载联合/总工期	纯路堤预压/总工期
0	1	2	3	4	5	6	7	8=4/7	9=5/7	10=6/7
N4	1.320	0.031	1.893	13.8	0.63	20.6	35.0	39.4	1.8	58.9
N5	1.412	0.030	2.058	13.6	0.8	20.6	35.0	38.9	2.4	58.9
N6	1.182	0.018	1.808	13.8	0.63	20.6	35.0	39.4	1.8	58.9
N12	1.405	0.037	1.620	14.0	0.57	20.8	35.4	39.5	1.6	58.8
N13	1.049	0.233	1.479	11.5	2.83	20.8	35.1	32.8	8.1	59.3
平均				13.3	1.09	20.7	35.1	37.9	3.1	59.0
S3	1.542	0.430	2.320	6.0	5.16	18.2	29.4	20.4	17.6	61.9
N14	0.728	0.091	1.101	16.0	—	12.0	28.0	57.1	—	42.9

从江北境的实践情况看，抽真空后路堤是可以快速填筑的，慈溪境的段落没有把握住这一特点。堆载预压段的总工期为28个月，其中路堤填筑花去16个月，占总工期的57%，这太长了，后期预压是必要的，应缩短路堤填筑时间而延长路堤满载预压时间。

刚性桩路段的工期情况见表4-65。总工期在22个月左右，比真空联合堆载预压路段35个月的总工期要少近40%；路堤填筑除N2管桩段外，其他两个段落只用了2～3.5个月，大大少于预压段落的13个月，充分体现了刚性桩复合地基能承受快速加荷的特点；纯路堤预压时间平均为16个月，也有点长，但比真空联合堆载预压段落要少23%，不仅如此，刚性桩段预压对消除路基沉降效果是明显的，但真空联合堆载段的纯路堤预压效果是不明显的。

刚性桩处理的3个路段的工期情况 表4-65

段落	填筑期沉降量(mm)	预压期沉降量(mm)	做基层前地基总沉降量(mm)	各阶段施工时间(月)			各施工段与总工期之比(%)	
				路堤填筑	纯路堤预压	填筑与预压总工期	路堤填筑/总工期	纯路堤预压/总工期
0	1	2	3	4	5	6	7=4/6	8=5/6
N2	57	18	75	12.0	10.0	22.0	54.5	45.5
N8	62	18	80	3.5	17.6	21.1	16.6	83.4
N10	78	45	123	2	20	22	9.1	90.9
平均				5.8	15.9	21.7	26.7	73.3

综上分析可以看出，在工期上，刚性桩复合地基比真空联合堆载预压有较大优越性，总工期可以缩短40%以上。对真空联合堆载预压段落总工期还可以缩短20个月以上，其中填筑可缩短6～7个月，纯路堤预压可缩短19个月，而满载联合预压要增加3～4个月；对刚性桩路段来说，路堤填筑可控制在3～4个月，满载纯路堤预压可控制在6～7个月，总工期可定在10个月左右。这样施工时间就可以大大节省，不过对施工还需要作出精确、周密、科学的安排，否则也是难以实现的。做好这一点就是通过管理和科学途径实现效益。

六、造价与沉降补方量

按 2004 年中标清单价计算本试验段 3 种刚性桩与预压段地基的加固费用列于表 4-66 中。路堤底宽以 52m 计。

刚性桩与预压段地基加固费用 表 4-66

加固方法	规格	处理深度(m)	桩距(m)	单位面积造价(元/m^2)	本工程各种间距的平均价(元/m^2)
管桩复合地基	ϕ400－55	36	2.4	647.0	482.5
CFG 桩复合地基	ϕ500	34	2.0	661.0	438
联合桩复合地基	水泥湿喷桩 ϕ500	16	2.1	280.0	358.5
	预应力管桩 ϕ400－55	36			
真空＋堆载	塑料排水板＋两膜两布	35	1.2	220.0	—
等载预压	塑料排水板(C 板)	30	1.2	190.0	202.5

表 4-67 是考虑加固沉降引起补方以后 5 个方法的单价。本案中堆载预压法造价最低，CFG 桩造价最高，是堆载的 3 倍多。

3 种刚性桩中以联合桩复合地基的造价最低，大约是管桩的 43.5%，是 CFG 桩的 42.3%，因此联合桩复合地基的经济性体现得比较明显。管桩与 CFG 桩两者相差不大，在 2%～3% 之间。

真空联合堆载预压法造价比等载预压法大 19%，但真空的效果会好于堆载，在科学合理安排后，其工期也不会比堆载预压法长很多。

刚性桩与预压方法相比较，管桩与 CFG 桩的平均数比预压法高出 1.7 倍，因此在造价上刚性桩地基没有太大优势。但联合桩地基仅比预压法高出 16%，因此联合桩地基是有很大竞争优势和发展潜力的。

考虑沉降补方后 5 个加固方法的综合费用 表 4-67

加固方法	沉降补方费用计算	单位面积分摊费用(元/m^2)	综合单价(元/m^2)
预应力管桩复合地基	2.3m^3/m×38 元/m^3＝87.4 元/m	1.68	648.68
CFG 桩复合地基	6.64m^3/m×38 元/m^3＝252.3 元/m	4.85	665.85
两种刚性桩平均			657.27
联合桩复合地基	2.7m^3/m×38 元/m^3＝102.6 元/m	1.97	281.97
真空＋堆载	61.5 m^3/m×38 元/m^3＝2 337 元/m	44.94	264.94
等载预压	44.4 m^3/m×38 元/m^3＝1 687.2 元/m	32.45	222.45
预压方法平均			243.70

试验表明，无论是管桩复合地基或是 CFG 桩复合地基，还是联合桩复合地基，它们的承载能力还有较大富余，桩间距还可以增大，桩顶承台板也可以加大，这样刚性桩复合地基的造价还可以降低。尤其是联合桩复合地基的造价已接近真空联合堆载预压法的造价，但施工速度、工后沉降控制要比真空联合堆载预压法优越得多，而且刚性桩地基沉降补方数量极少，仅仅是

预压法的6%～7%，这样占用土地数量是极少的，对保护农村土地资源有重要意义，应该说在处理高速公路深厚软基、控制桥头工后沉降方面是一个极有前途的地基处理方法。

七、对周围环境的影响

1. CFG 桩成桩过程对周围环境的影响

由于本工程使用振动沉管机进行 CFG 桩施工，因此使 CFG 桩制桩过程成为完全挤土成桩工艺，与长螺旋钻孔灌注的掏土成桩工艺相比，它对桩间软土会产生较大的影响。加固区内及附近区域的孔隙水压力计的观测资料表明：CFG 桩施工在软土中产生了较大的超静孔隙水压力，成桩过程中地基内产生的最大超静孔隙水压力已超过 100kPa，大大超过路堤填筑期间地基中产生的最大超静孔隙水压力(20kPa)，与其相距 30～40m 的邻近区域的软土中也产生了较高的超静孔隙水压力，最大达到 30kPa，滞后时间为 6d 左右，振动沉管 CFG 桩的施工对其周围的软土扰动是相当大的。图 4-38 为 CFG 桩桩身垂直度探孔中所取土样。图中上部为所取受挤土样，下部为未受挤孔所取土样，对比图中土样可以看出，CFG 桩受挤后其层状结构遭到严重破坏。

图 4-38　土样扰动程度

CFG 桩在成桩过程中，由于成桩的挤土作用，挤出的土体一部分产生侧向水平位移，另一部分产生竖向位移，表现为地表隆起，根据测斜管资料显示，本工程 CFG 桩的施工沿桩的深度范围内均有挤土作用，成桩过程中使土向外位移，土体侧向水平位移和地表隆起皆比较大。资料表明加固区周边地表软土挤出最大水平位移达到 59.4cm，且成桩挤土在软土中形成的侧向水平位移沿深度近似直线分布，沉桩完成后测得地表平均隆起 61cm。由计算得到本工程中 CFG 桩成桩过程使软土挤密的系数仅为 0.05。此外，沉桩时巨大的震动力使周围的建筑物也有强烈震感，对邻近建筑物会有损坏。

完全挤土成桩的施工工艺在饱和软黏土中成桩对已制成的桩也有很大的挤压推力，造成桩的倾斜，用测斜仪进行钻孔垂直度检测结果显示，桩的上部垂直偏斜度在 2.4%～2.7%之间，严重时会发生断桩事故。

2. 管桩成桩过程对周围环境影响较小

由于管桩施工是不完全排土桩工艺，沉桩结束时都能看到管桩内 1/2～2/3 的高度被土充满，它大大减少桩对土的侧向挤压作用，36m 长的管桩实际的排土体积经测算为 $3m^3$ 左右，大约是桩外径体积的 70%，排土体积减小了 30%，从而减小了土中超静孔隙水压力和对周围环境的影响；沉桩过程产生的超静孔隙水压力都没有超过 64kPa，比 CFG 桩施工产生的要小许多，最大值是 CFG 桩施工的 60%左右。

沉桩中同深度软土 2.4m 间距区产生的超静孔隙水压力比 3.0m 间距区的要大，这是因为 2.4m 间距区桩的密度比 3.0m 间距区要大，前者平均 $5m^2$ 就有一根桩，而后者 $7.8m^2$ 才有一根桩,因而2.4m间距区沉桩的挤压作用要大,产生的超静孔压也就大。因此,间距比较大的情况,沉桩对周围基本上没有太大的影响。

3. 真空联合堆载加固对周围环境的影响

由于真空预压产生的是收缩球应力,排水也会使地下水位下降,因此加固对周边的影响主要表现在周边地基发生向加固区的移动,同时周边地基也有一定程度的下沉,严重时会产生裂缝,所以在影响范围内有建筑物时,会对其产生一些不利的影响。

将6个段落水平位移特征值列于表4-68中。监测表明:真空联合堆载预压加固时,6个段落土体水平位移最大值都发生在地表,最大值一般都达到18cm,这是在距加固区边缘5m的地方测到的,随着距离的增大位移值将减小,影响范围应在30~40m。

距离相同时,随深度加深、水平位移逐渐减小,产生40mm水平位移的深度在慈溪与江北有不小差异,江北段的深度只有慈溪段的1/2。原因是江北段土层厚度较小。

6个段落深层水平位移测值比较 表4-68

段落代号	N4	N5	N6	N12	N13	S3
水平位移最大值(mm)	-187.8	-185.5	-184.5	-152.8	-175.2	-187.9
水平位移大于40mm的深度(m)	11	11	11	9	9	5
停抽后水平位移最大回弹值(mm)	24.1	37	23.8	14.1	14.3	19.7
回弹值/水平位移(%)	12.8	20	12.9	9.2	8.2	10.5

注:位移负值表示土体向加固区内方向移动。

停抽后,土体渐渐发生回弹,即向加固区外位移。N4和N6段落、N12和N13段落的回弹量基本一致,而N5要比N4及N6的大50%,是否反映了F板的作用还可探讨;江北软土厚度与N12及N13相同,但其位移量和回弹量都比N12及N13的大,这是江北段的土层比慈溪段要软弱得多造成的。总的看来,回弹量不到位移量的15%,周边发生了85%以上的不可恢复的水平位移。

综上所述,两类方法若使用或控制不当都会对周边建筑物产生不利影响。

八、施工质量控制与施工管理

1. 刚性桩施工质量控制与管理

目前,预应力管桩都是工厂预制而成,为工厂化、标准化生产,而且有相应的产品规范控制,管桩的质量容易得到保证。现场对管桩按规范严格验收,施工时采用锤击法和静力压入法沉桩,一般只要做好试桩工作,沉桩时按试桩结果和操作要求做,注意垂直度,桩体与施工质量都是比较有保证的,可控度是较高的,现场管理相对简单、容易。然而,CFG桩是现场制作的,每桩的质量受人为操作因素和材料供应影响较大,桩体质量控制要比工厂预制的管桩难。此外两者的施工工艺有较大不同,CFG桩是完全排土桩,而管桩是部分排土桩,这也决定了它们的质量会有差异。3种刚性桩复合地基中刚性桩的施工质量经检测都是合乎要求的。但预制的管桩从材质和沉桩角度来看质量要更好一些,I类桩占87.8%~100%;而CFG桩I类桩只占64.4%,说明管桩质量要好于现场制作的CFG桩。

从沉桩速度上看，管桩是最快的，一个桥头 20～30d 时间即够，静压法日均沉桩 14.53 根（19d），锤击法日均沉桩 10.6 根（20d）；CFG 桩稍慢，一个桥头要 45～60d。

此外，当刚性桩施工结束后，一般一个月内就可以进行路堤填筑，而且填筑过程中无须担心会出现地基失稳问题，填筑速度应该会比较快。相应的监测也比较简单。

2. 预压方法施工质量控制与管理

预压法中垂直排水通道的打设，一般来说，所用时间要比刚性桩沉桩长，这是因为排水板数量大、根数多，另外，工艺与设备不是很成熟，故障较多，平均每台机器一天打设6 000～8 000 延米，而一段路基有几十万延米。在预压工地上施工程序也比刚性桩复杂，比如砂垫层分两次铺设，真空预压要铺设管路、密封膜、要挖、填密封沟、要架动力线、安装真空泵及监测仪表等，每一道工序都是由人工完成，所以每道工序完成的质量与该工人的技术熟练程度、经验和责任心有很大关系，因此从施工程序上讲要比刚性桩复杂、质量也难控制、管理也要困难许多。

当开始抽真空并进行填土预压时，一般填土高度在 6m 以下连续填筑是不要担心填筑过程中地基的稳定问题，但现场随时要对真空表、真空度进行检查，对密封效果进行判定，对地面裂缝进行检查，对泵的出力进行检查，要保证供电等都是管理上要做的事，不做好会影响加固效果，因此管理上比刚性桩要烦琐、复杂。另外，有些队伍为了降低成本，常常对真空泵开开停停，这就会降低加固效果，这更是需要加强现场管理来制止的。

当填土完成，预压接近尾声时，现场管理人员要分析实测沉降与沉降速率资料及其他监测资料（如孔隙水压力等），通过分析判定加固是否达到要求，可否中止加固。这是需要相当专业知识的，因此对现场管理要求还是较高的。

对堆载预压法来讲，打设垂直排水通道与真空预压法相同，它没有密封技术上的问题，但在填土加荷上，比真空预压要复杂，填土加荷时要通过对现场沉降速率、超静孔隙水压力及水平位移速率资料的分析来判断、控制加荷速率，否则容易出现地基的失稳问题。这也是非常专业的技术，对一般技术人员有点难度，管理上比刚性桩地基复杂。

总之，预压法如果做不好上述各个环节，那加固质量是难以得到保证的。可以看出预压方法总体上比刚性桩复合地基法在质量控制和现场管理上要复杂和困难得多。

九、总结

通过上面的比较分析，得出如下结论，也能看出两类方法之间的差异。

（1）刚性桩复合地基与预压法的加固思路是截然不同的。刚性桩复合地基处理高填方桥头深厚软基的思路就是减小路堤荷载下地基产生的最终沉降量，将大部分高填方路堤荷载转入到承载力高、压缩变形小的刚性桩体上，以达到减小路堤工后沉降量的目的。

预压法是一个很成熟的地基处理方法，其主要思路就是把构筑物在使用阶段要产生的沉降提前在施工阶段完成或大部分完成，即使留有少量沉降也不致影响构筑物的使用。高速公路施工中路堤是以高程来控制的，预压过程中地基的沉降是在不断发生、发展的，所以预压过程中的等载和超载是处在动态变化之中，只有在考虑稳定的沉降量之后，才能确定是否超载。

（2）两类加固方法在加固沉降量、差异沉降、沉降速率与工后沉降量大小诸方面有所不同。刚性桩地基的沉降量比预压路段的加固沉降量要小很多，刚性桩路段中心沉降量平均只是预压法的6%，3种刚性桩地基中最大的沉降量也只有142mm，刚性桩复合地基已达到减小总沉降量的目的。

预压路段因沉降而增加的路堤厚度占图纸厚度(3.784m)的47%，由此全路增加的占地面积和增加的填土方量是相当可观的，针对目前土地资源紧缺、农村耕地减少的现状，该法的大量应用所带来的后果应引起设计与决策部门注意。相比之下，刚性桩地基这个问题就没有这么突出。

刚性桩地基路中心与路肩的沉降差很小，平均只有20mm，所形成的沉降盆斜度平均为0.12%；预压路段路肩沉降平均达到1 548mm，与路中心之差达到256mm，形成的沉降盆斜度达到1.5%；是刚性桩地基的12.5倍。

真空超载预压效果好于等载预压，沉降曲线收敛速度快于等载路段。

无论是刚性桩地基还是预压地基，路基沉降速率大多数的趋势是下降的，通车一年来预压段的都小于2mm/月，刚性桩地基的都小于1mm/月，地基趋向稳定。刚性桩地基要好于预压地基。

真空联合堆载预压路段慈溪境内路基沉降渐趋稳定；而江北境内平均达到近6mm/月，且收敛缓慢，说明地基尚未稳定。

慈溪境内等载预压路段的沉降速率在通车后有较大的增长，从通车前的0.82mm/月增加到通车后的2.76mm/月，这是路堤在压缩主枝上产生新的沉降；超载预压对控制工后沉降有较明显的效果。

按双曲线规律对沉降时间曲线进行拟合，推算出刚性桩地基的工后沉降在10～30mm之间，都能满足规范要求。预压地基估计的工后沉降量最大为江北境的142mm左右，能满足规范对一般路段和通道的要求；慈溪境N4桥头路段工后沉降值为40mm不到，满足规范要求。

预压地段地质条件和超载比大小对工后沉降有不小的影响。

预压设计时，对深厚软土地基的预压加固时间以固结度达到90%以上才比较稳妥，工后沉降量才不致过大。

(3)两类方法在工期上有很大差别，安排上也应审慎。

慈溪境的真空联合堆载预压各段总工期的平均值为35.1个月，其中路堤填筑时间占总工期的35.4%；纯路堤预压(真空停后的预压)时间占总工期的59%，而满载预压时间平均仅占总工期的5.4%。江北境的真空联合堆载段总工期为18个月，路堤填筑时间比慈溪境少一半以上，满载联合预压时间比慈溪境长1.5倍，真空停后的纯路堤预压时间也只有慈溪境的34%。慈溪境满载联合预压时间太短，而真空停后的纯路堤预压太长，这完全是没有必要的，是造成工期过长的主要原因。

堆载预压段的总工期为28个月，其中路堤填筑花去16个月，占总工期的57%，这太长，后期预压是必要的，应缩短路堤填筑时间而延长路堤满载预压时间。

刚性桩路段的总工期为22个月左右，比真空联合堆载预压路段35个月的总工期要少近40%；路堤填筑除N2管桩段外，其他两个段落只用了2～3.5个月，大大少于预压段落的12个月，充分体现了刚性桩复合地基能承受快速加荷的特点；但纯路堤预压时间也长了，然而比真空联合堆载预压段落要少23%。刚性桩段预压对消除路基沉降效果是明显的，但真空联合堆载段的纯路堤预压效果是不明显的。

刚性桩复合地基比真空联合堆载预压总工期缩短40%以上。在重新安排后，施工时间还可以大大节省，真空联合堆载预压段落总工期还可以缩短15个月以上；刚性桩路段总工期可定在10个月左右。做好这一点就是通过科学管理途径实现效益。

(4) 考虑沉降补方以后的5个方法的单价，堆载预压法造价最低，CFG桩造价最高，是堆载的3倍多。

3种刚性桩中以联合桩复合地基的造价最低，大约是管桩的43.5%，是CFG桩的42.3%，因此联合桩复合地基的经济性体现得比较明显。管桩与CFG桩两者相差不大。

真空联合堆载预压法造价比等载预压法大19%。

刚性桩与预压方法比较，管桩与CFG桩的平均数比预压法高出1.7倍，因此在造价上刚性桩复合地基没有太大优势。但联合桩复合地基仅比预压法高出16%，因此联合桩复合地基是有很大竞争优势和发展潜力的。

(5)两类方法对周围环境的影响是CFG桩复合地基要大于预压方法。

(6)两类方法施工质量控制与施工管理的难易程度有差异。预压方法总体上比刚性桩复合地基法在质量控制和现场管理上要复杂和困难得多。

(7)通过现场试验研究，无论对刚性桩复合地基方案还是预压方案都有要改进的地方。要改进CFG桩的成桩工艺与增大桩的受荷面积；增大预应力管桩桩帽平台面积；增大搅拌桩桩头面积；完善预压法中钢丝软管的封堵工艺；减弱真空预压加固段对周边建筑物影响的技术等。

第五节　预应力薄壁管桩与CFG桩技术经济对比分析

摘　要：根据工程实践，结合监测、检测资料，通过对两种处理方法的施工工艺和性价比的比较分析，提出用预应力混凝土管桩加固高速公路软土路基要优于CFG桩，尤其是填土高、工后沉降控制要求较高的桥头地段更能显示其技术优越和经济合理的优点。在施工工艺方面的比较中，从桩体的制造工艺、现场沉桩施工质量控制及要求、沉桩过程中挤土效应的影响、质量检测等方面进行分析对比，指出相对于CFG桩，管桩具有施工技术要求严格，桩身质量易于保证，监理检测方便等优点；而且管桩施工场地整洁无污染，便于现场文明施工。在两种处理方法的性价比分析中，根据工程中桩的设计方案(桩深、桩间距)及工程量清单单价，比较了单位面积上两种桩的造价，管桩比CFG桩略高；而后引入了单体承载率(单位体积桩体获得的承载力)的概念，并根据混凝土桩的特点，将承载率定义为单位长度上的承载力，通过计算得到管桩的单体承载率远远高于CFG桩，即虽然管桩的单位造价较高，但提供的承载率更高。对于一定的地质条件，为获得同样的承载力，管桩的用量(长度)会小于CFG桩，从而降低造价。对于管桩复合地基而言，与CFG桩相比，管桩可以提供较大的单体承载率和较大的置换率，因此在相同的设计条件下，管桩可以采用增大桩间距和桩深等措施，减少桩的用量，从而有效减小桩的施工造价。通过对管桩和CFG桩的综合比较分析，找出了两种方法之间的差异，为后续工程中桥头软基处理方法的选择提供依据。

一、引言

试验段中的N2区(K118+556.5~K118+623)为预应力混凝土薄壁管桩复合地基段;N3区(K118+623~K118+735)、N10区(K119+453~K119+520)、N11区(K119+566~K119+603)为CFG桩复合地基段,都是位于桥头软基处理段。管桩和CFG桩属于刚性桩,由桩和褥垫层及桩间土一起组成复合地基,通过桩体作用和对桩间土的挤密作用,提高地基承载力,减小地基总沉降量。两种方法的加固机理虽然相似,但由于在桩体材料、施工工艺、单位造价等方面的差别,使地基处理效果和生产成本上存在差异。本文根据工程实践,通过对施工工艺、成桩过程及生产成本等方面的比较,找出两种方法的差异,为后续工程中处理方法的选择提供依据。

二、施工工艺方面的差异

为保证工程质量,施工方对管桩与CFG桩的施工建立了严密的质量管理体系,监理方对施工全过程进行了严格的质量监督。尽管如此,这两种方法在成桩工艺、施工方法上的差别以及两种桩自身的不同特点,使得两种桩的质量、强度存在明显的差异。这主要表现在以下4个方面。

1.桩体制造工艺上的差异

管桩为工厂预制,其制造工艺流程如下:材料准备(包括混凝土组成材料、混凝土掺和料、钢筋笼、模具等)→布料→合模→油压张拉机纵向张拉→离心机成型→蒸养池预养→拆模、桩初检→蒸压釜二次压蒸→二次检查→仓库堆放,这一过程完全是在工厂中的流水线上完成。而CFG桩的桩体制作过程为:沉管→混凝土搅拌、灌注→振动拔管→空中二次加料,这一过程是在施工现场完成的。从制作过程来看,管桩为工厂化制作,其组成材料的筛分、选择、不同材料配比等机械化程度高,容易达到工艺及质量要求;而同样的工序在CFG桩施工中为工人现场操作,尤其是桩体组成材料的配比受人为影响较大,使得灌注料中不同材料的组成存在不同程度的差别,导致不同的桩体及桩体的不同深度存在质量、强度的一定差异。表4-69为不同施工区段3根CFG桩不同深度芯样无侧限抗压强度试验结果,从中可以看出,不同桩及桩的不同深度处桩身强度的明显差异。

CFG桩部分芯样无侧限抗压强度试验结果 表4-69

里程桩号	桩的编号	代表深度(m)	抗压强度(MPa)
K118+679~K118+709	4-3	0~2.5	28.30
		8.5~10.0	24.37
		18.0~20.0	31.07
K119+483~K119+520	24-13	0~2.2	35.29
		13.0~14.5	28.77
		16.0~17.5	31.08
K119+566~K119+603	24-18	0~2.0	16.41
		2.0~4.0	11.01
		10.5~11.5	14.39

从成桩的工序来看，管桩比 CFG 桩多了两次养护和两次桩身质量检测的过程。管桩的养护方式通常采用蒸汽养护＋水养护（或蒸压养护或天然养护），这一环节确保了水泥中胶凝材料充分水化、硬化，使管桩混凝土强度得到保证，并有效控制了预应力损失。而 CFG 桩的养护条件由施工现场的地质条件决定，天然地基中含水率的变化、温度场的变化，必然导致水泥水化硬化程度存在差异，影响桩体强度。管桩制作工艺中的两次检查保证了工程中使用的桩体质量完好，强度达到要求；而 CFG 桩身强度的检验只能在施工结束 28d 后通过抽检来确定，对不合格桩无法及时发现补救，而且也无法保证每一根桩的强度都能满足要求。

2. 沉桩质量控制及要求上的差异

在管桩施工中对桩位和垂直度的要求都较 CFG 桩的严格，根据《建筑桩基技术规范》（JGJ 94—2008）、《建筑地基处理技术规范》（JGJ 79—2002）规定：要求预制管桩平面点位差≤1cm，垂直度偏差≤0.5%；对 CFG 桩来说，要求平面点位差≤15cm，垂直度偏差≤1%。这两方面的差别使打桩完成后管桩较 CFG 桩在平面布置上更符合设计要求，桩在土中的偏斜更小，这样在加荷后，管桩能更好地发挥桩体的竖向承载能力，更能符合地基处理的要求。

在两种处理方法的施工工艺流程中，桩位定好后，管桩沉桩过程为打桩→接桩→打桩；CFG 桩的沉桩过程也就是桩体的制作过程：沉管→灌注→拔管加料。在管桩施工接桩这一重要环节中，对上下桩中心线偏差、垂直度、焊缝等要求都很严格，为桩身质量、强度的一致连贯性提供了保证。而 CFG 桩施工中先后灌注料的组成上的材料差异、振动时间的不同、所在土层的变化，使成桩后沿全桩长桩身质量、强度存在着一定的差异。根据 CFG 桩取芯检测报告：N3 区所取 CFG 桩芯样的极限强度范围为 16.92 ~ 31.07MPa，平均极限强度为 23.3MPa；N10 区所取 CFG 桩芯样的极限强度范围为 20.62 ~ 35.29MPa，平均极限强度为 26.1MPa；N11 区所取 CFG 桩芯样的极限强度范围为 7.22 ~ 16.41MPa，平均极限强度为 12.1MPa。可以看出，在不同的施工区段，由于地质条件的变化、施工工艺自身的不足使 CFG 桩成桩后桩身强度的不一致性明显。

与 CFG 桩相比，管桩施工对地质条件的要求较高，主要表现在：

（1）管桩压桩机吨位大，要求行驶的地基要有足够的承载能力（地基承载力≥8N/cm^2），并保持场地平整（场地纵坡≤2%）；而 CFG 桩打桩机吨位相对较小，对场地的适应性强。

（2）开口管桩施工中，遇到地基中有孤石和障碍物或有坚硬隔层（密实的砂层、卵石层等）时，容易出现桩头破损、桩身歪斜，甚至断桩的事故，影响施工质量。因此，管桩施工前全面详细的地质勘察是必要的。

3. 沉桩过程中挤土效应的影响

本工程管桩施工采用柴油机锤击法和静压法，桩头开放无桩靴；CFG 桩采用振动沉管灌注成桩，桩端采用圆锥形预制混凝土桩尖。打桩顺序都采用中间向两边连续退打的方式。从施工方式看，管桩为半排土桩；CFG 桩为完全排土桩。管桩施工中在管桩内下部会产生 1/2 ~ 2/3 桩长的土塞，因此管桩的挤土效应较 CFG 桩的明显小。表 4-70 分别列出了管桩和 CFG 桩施工段在观测段面的 30m 埋深处最大超静孔隙水压力值和消散时间。从表中可以看出，CFG 桩施工中沉管拔管时的振动比管桩压桩时对土的扰动大，会产生更大的超静孔隙水压力，而且 CFG 桩施工段产生的超静孔隙水压力在深厚软基中消散较慢，所需的时间较长。

各观测断面 30m 埋深处最大孔压及消散时间　　表 4-70

观测段面	管桩(N2 区)	CFG 桩	
	K118 +593	K118 +623(N3 区)	K119 +500(N10 区)
最大超静孔压(kPa)	21	108	102
孔压消散时间(d)	7	30	69

图 4-39、图 4-40 分别为 N2 区管桩段和 N10 区 CFG 桩段在桩施工结束后的测斜值(负值表示向加固区外移动)。可以看出,与管桩段相比 CFG 桩段对土产生较大的侧向挤出,这样后打的桩对已完成的桩容易产生侧向挤压力,引起桩的偏斜,甚至断桩的现象,降低了桩体对竖向荷载的承受能力。而管桩段产生的侧向挤压力较小,且预应力管桩有较好的抗弯性能,因此挤土效应对管桩的不良影响较小。

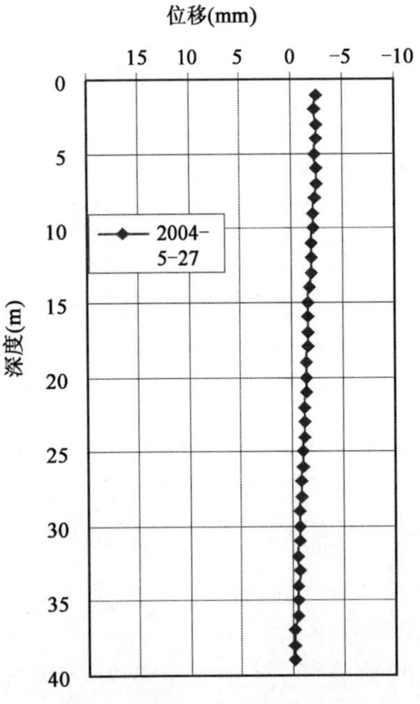

图 4-39　N2 区水平位移沿深度变化

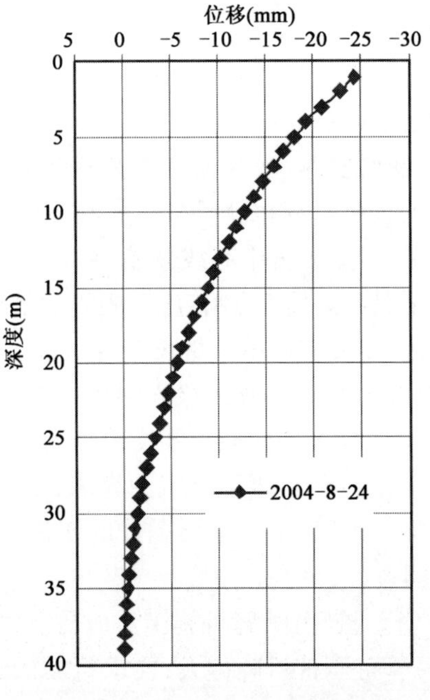

图 4-40　N10 区水平位移沿深度变化

在超静孔隙水压力的消散过程中,被扰动土的骨架重新排列,土的强度会逐渐恢复,并最终将高于原有的强度。管桩施工产生的超孔隙水压力消散快,土体强度的恢复比 CFG 桩快,可以及时进行后面工序的施工,与 CFG 桩相比,可以有效缩短工期,加快工程进度。而且复合地基中桩承载力的大小对复合地基承载力的影响更明显,对于路堤这样柔性基础下的复合地基,充分发挥桩体的作用尤为重要。因此,相对 CFG 桩复合地基而言,管桩复合地基受打桩对土挤土作用的影响较小,能更好发挥复合地基的受力特点,达到对软基处理的要求。

4. *质量检测方面*

管桩为工厂制作,桩身质量可靠性好,对桩身的质量检验在沉桩前即可完成,而且管桩的入土深度直观,便于施工监理。CFG 施工过程中需进行混合料坍落度、桩体试块抗压强度检验;施工完成后需要进行取芯、十字板剪切、静力触探等检测措施。而且 CFG 桩为隐蔽工程,打桩过程中对入土深度、桩身质量的监测复杂不便,对施工中可能出现的质量问题不容易及时发现处理。

从上面的分析比较可以看出，相对CFG桩，管桩具有施工技术要求严格，桩身质量易于保证，监理检测方便等优点。而且管桩施工场地整洁无污染，便于现场文明施工；而CFG桩场地易出现溢浆污泥积水等问题，影响场容、场貌。

三、性价比分析

通常桩基工程在结算费用(J)时，是按桩的工程(体积)量(V)与单价(j)的乘积计算的，即$J=j\cdot V$。桩型及成桩工艺不同，单价自然有别，但由于不同的桩型具有不同的单体承载率K(每平方米桩体所能获得的极限承载力标准值，即$K=Q_{u,k}/V$；$Q_{u,k}$为极限承载力标准值)，所需的桩身体积也不相同，因此在评估桩基工程费用时，不能仅按其单价进行比较，要进行性价比的比较才较为合理。

1. 单体性价比的分析

为了合理地进行经济对比，本文的单体承载率计算采用单位长度桩长所获得的承载力标准值，即$K=Q_{u,k}/l$，l为桩长。若单桩的极限承载力标准值设计要求为$Q_{u,k}$，管桩与CFG桩的单价分别为j_p、j_c，单价比为$u=j_p/j_c$；单体承载率分别为K_p、K_c，比值为$w=K_p/K_c$，两类桩的造价分别为J_p、J_c，则施工造价比为：

$$\frac{J_p}{J_c}=\frac{j_p\cdot V_p}{j_c\cdot V_c}=\frac{j_p\cdot Q_{u,k}/K_p}{j_c\cdot Q_{u,k}/K_c}=\frac{j_p\cdot K_c}{j_c\cdot K_p}=\frac{u}{w} \tag{4-4}$$

按CFG桩$D=50$cm(C12)的单价65.0元/m；管桩单价为95元/m。由此可以得到管桩与CFG桩的单位造价比为$u=95/65=1.46$。

在《建筑桩基技术规范》(JGJ 94—2008)中，列出了不同土层及桩型的极限侧阻力标准值q_{sik}与极限端阻力标准值q_{pk}等参数。根据规范给出的计算参数，结合本工程地质条件，表4-71计算出了管桩(混凝土预制桩)和CFG桩(沉管灌注桩)的单体承载率。表4-71计算所得单桩承载力标准值与现场单桩载荷试验结果相符。

单桩极限承载力标准值及单体承载率对比 表4-71

桩　型	桩长	单桩极限承载力标准值	单体承载率
	l(m)	$Q_{u,k}$(kN)	K(kN/m)
管桩	32	1 694	53
	36	1 888	52
CFG桩	32	1 205	38
	33	1 358	41
	34	1 293	38

从表4-71中可以计算出管桩与CFG桩单体承载率比w在1.27～1.39之间，由式(4-4)可得管桩与CFG桩的施工造价比在1.05～1.15。从单桩分析看，管桩的施工造价要略高于CFG桩。

2. 复合地基条件下的性价比分析

表4-72为根据工程量清单单价对已经完工的管桩和CFG桩每平方米处理造价比较。从

表4-72可以得到管桩与CFG桩的单位造价比 $u = 601/438 = 1.37$。由表4-71中可以得出管桩与CFG桩单体承载率比 w 在1.27～1.39之间，由式(4-4)可得管桩与CFG桩的施工造价比在0.99～1.08，即从复合地基的角度分析，管桩的施工造价与CFG桩的基本持平，略有增加。

施工完成段每平方米处理面积造价　表4-72

桩　型	桩径(壁厚)	桩长	桩距	造价	承台单价	平均造价
	mm	m	m	元/m^2	元/m^2	元/m^2
CFG桩	500	34	2	661	—	438
	500	32	2.5	375	—	
	500	32	3	278	—	
管桩	400(55)	32	3	428	26	601
	400(55)	36	2.4	708	40	

3. 管桩复合地基处理的经济潜力

上述比较是对单桩承载力分析的基础上进行的，但实际工程需要的是复合地基的承载力。目前桩体复合地基的极限承载力的普遍表达式可用下式表示：

$$p_{cf} = K_1\lambda_1 m p_{pf} + K_2\lambda_2(1-m)p_{sf} \tag{4-5}$$

式中：p_{cf}、p_{pf}、p_{sf}——复合地基、桩体、天然地基的极限承载力；

K_1、λ_1——桩体极限承载力修正系数；

K_2、λ_2——天然地基承载力修正系数。

为方便分析，取修正系数 K_1、λ_1、K_2、λ_2 为1(符合规范要求)，则式(4-5)可简化为：

$$p_{cf} = m p_{pf} + (1-m)p_{sf} \tag{4-6}$$

由式(4-6)可以看出，复合地基的承载力与单桩承载力、天然地基承载力、复合地基置换率有关。由于管桩和CFG桩为刚性、半刚性桩，由表4-71的计算可知，单桩承载力要远远大于天然地基承载力，即公式(4-6)中等号右边第一项的值要大于第二项，因此，复合地基承载力可以粗略的等于置换率与单桩承载力的乘积，即：

$$p_{cf} \approx m p_{pf} \tag{4-7}$$

从表4-71的计算可知，单桩承载力与桩长、成桩方式(单体承载率)和地质条件有关。地质条件相同，则单桩承载力与桩长和单体承载率成正比。根据式(4-7)，对于给定的(设计需要的)复合地基承载力，若设计相同的桩间距，对于桩(外)径相同的管桩、CFG桩(ϕ500)，带承台管桩的置换率要大于CFG桩的，则需要的管桩的单桩承载力较小，同时管桩的单体承载率较CFG桩高，那么工程应用中所需的管桩桩长要小于CFG桩，从而降低管桩的总造价；若设计相同的桩长，管桩的承载力大于CFG桩单桩承载力，则需要的置换率管桩的较CFG桩小，即工程应用中可以加大管桩的桩间距，减少管桩总用量，从而减小管桩的总造价。

就管桩复合地基而言，由于承台造价大大低于桩身造价，对于设计要求的承载力，可以通过加大承台面积以增大置换率，相应的降低单桩承载力，即减小桩长，从而达到降低造价的目的。

四、结论

综合上面的分析可以看出:

(1)与 CFG 桩相比,管桩为工厂化制造,桩身质量好;施工更加规范,技术要求高,地基处理效果易于保证。施工过程中监理监测方便,施工场地整洁。

(2)在技术经济效益方面,虽然管桩的单价相对较高,但其承载效率也较高,即管桩的性价比较高。

(3)对于同样的地质条件,与选用 CFG 桩相比,管桩可以采用较小的桩长或较大的桩间距,即管桩尚有潜力可挖,可以通过优化设计从而减小总的工程造价。

(4)综合考虑软基加固的技术效果和经济效益,用预应力混凝土管桩加固高速公路软土路基要优于 CFG 桩,尤其是填土高、工后沉降控制要求较高的桥头地段更能显示其技术优越和经济合理的优点。

参考文献

[1] 娄炎.真空排水预压法加固软土技术[M].北京:人民交通出版社,2002.

[2] 娄炎.杭州湾跨海大桥南岸接线试验段工程重点观测断面加固前详勘报告(试验段研究成果报告之2)[R].南京水利科学研究院研究报告,2004.6.

[3] 娄炎,李毅.软基加固中应用的高性能可测深排水板[J].岩石力学与工程学报,2004,6(12):2123-2127.

[4] 娄炎,郭伟玲,叶锡平.排水板滤膜标准与国产长丝滤膜[J].公路,2006,11:131-134.

[5] 娄炎,娄斌.从“联合检测”结果看我国排水板质量与测试现状[C].现代道路与桥隧工程——科学技术论文集(2007),北京:原子能出版社,2007.

[6] 娄炎,等.杭州湾跨海大桥南岸接线深厚软基处理试验段工程实施工作细则[R].南京水利科学研究院研究报告,2003.10.

[7] 娄炎.杭州湾跨海大桥南岸接线试验段工程堆载预压加固深厚软基的效果分析——垂直排水通道为高性能可测深C型板N14区(研究成果报告之8)[R].南京水利科学研究院研究报告,2007.12.

[8] 娄炎.杭州湾跨海大桥南岸接线试验段工程真空联合堆载加固深厚软基的效果分析——垂直排水通道为高性能可测深C型板N12区(试验段研究成果报告之10)[R].南京水利科学研究院研究报告,2008.6.

[9] 娄炎,李毅,等.杭州湾跨海大桥南岸接线试验段工程软土特征分析[C].高速公路地基处理理论与实践(2005)——全国高速公路地基处理学术研讨会论文集(广州)北京:人民交通出版社,2005.

[10] 娄炎.杭州湾跨海大桥南岸接线试验段工程软基加固方法与土性特征的关系(试验段研究成果报告之6)[R].南京水利科学研究院研究报告,2004.10.

[11] 何宁.杭州湾跨海大桥南岸接线试验段工程重点观测断面加固后详勘报告[R].南京水利科学研究院研究报告,2007.1.

[12] 孙更生,郑大同.软土地基与地下工程[M].北京:中国建筑工业出版社,1984.

[13] 娄斌,刘慈军,娄炎.预压处理段路基的沉降补方系数探讨[J].建筑施工,2006(11),933-935.

[14] 娄炎,尹敬泽.真空联合堆载预压中加荷速率的控制[J].公路,2006(8),279-282.

[15] 交通部.公路路基设计规范(JTG D30—2004)[S].北京:人民交通出版社,2004.

[16] 娄炎,陈有华,何宁,等.预压加固中应用的一种新型垂直排水通道[J].公路,2005(2),128-130.

[17] 浙江省建筑设计研究院.2002 浙 G22.先张法预应力混凝土管桩,结构标准图集[S].杭州:浙江省标准设计站,2002.

[18] 建设部.JGJ 79—2002,J220—2002 建筑地基处理技术规范[S].北京:中国建筑工业出版社,2002.

[19] 交通部.JTG D30—2004 公路路基设计规范[S].北京:人民交通出版社,2004.

[20] 何宁.杭州湾跨海大桥南岸接线工程深厚软土地基加固 CFG 桩钻芯检测报告[R].南京水利科学研究院研究报告,2004.8.

[21] 娄炎.杭州湾跨海大桥南岸接线试验段工程 CFG 桩复合地基加固桥头深厚软基效果分析(试验段研究成果报告之 17)[R].南京水利科学研究院研究报告,2008.1.

[22] 娄炎.杭州湾跨海大桥南岸接线试验段工程管桩复合地基加固桥头深厚软基效果分析(试验段研究成果报告之 18)[R].南京水利科学研究院研究报告,2008.3.

[23] 阎明礼,等.CFG 桩复合地基技术及工程实践[M].北京:中国水利水电出版社,2001.

[24] 龚晓南.复合地基理论及工程应用[M].北京:中国建筑工业出版社,2002.

[25] 叶书麟.地基处理工程实例应用手册[M].北京:中国建筑工业出版社,1997.

[26] 刘岳东.高层建筑采用刚性桩复合地基实例[M].北京:中国水利水电出版社,2000.

[27] GB 13476—1999.先张法预应力混凝土管桩[S].北京:中国标准出版社,1999.

[28] 浙江省建筑设计研究院.2002 浙 G22.先张法预应力混凝土管桩,结构标准图集[S].杭州:浙江省标准设计站,2002.12.

[29] 曹卫平,凌道盛,陈云敏.刚性桩加固高速公路软基土拱效应现场试验研究及其与解析解的比较[J].岩土工程学报,2007,29(10):1577-1581.

[30] 娄炎.杭州湾跨海大桥南岸接线试验段工程长短桩复合地基加固桥头深厚软基效果分析(试验段研究成果报告之 19)[R].南京水利科学研究院研究报告,2008.5.

[31] 娄炎.杭州湾跨海大桥南岸接线试验段工程管桩与 CFG 桩加固桥头深厚软基效果比较(试验段研究成果报告之 20)[R].南京水利科学研究院研究报告,2008.3.

[32] 娄斌.杭州湾跨海大桥南岸接线试验段工程真空联合堆载加固深厚软基的效果分析——垂直排水通道为高性能可测深 C 型板 N4 区(研究成果报告之 13)[R].南京水利科学研究院研究报告,2008.9.

[33] 娄炎.杭州湾跨海大桥南岸接线试验段工程真空联合堆载加固深厚软基的效果分析——垂直排水通道为高性能可测深 F 型板 N5 区(试验段研究成果报告之 11)[R].南京水利科学研究院研究报告,2008.7.

[34] 娄炎.杭州湾跨海大桥南岸接线试验段工程真空联合堆载加固深厚软基的效果分

析——垂直排水通道为高性能可测深C型板N6区(试验段研究成果报告之12)[R].南京水利科学研究院研究报告,2008.7.
[35] 娄炎.杭州湾跨海大桥南岸接线试验段工程真空联合堆载加固深厚软基的效果分析——垂直排水通道为钢丝透水软管N13区(试验段研究成果报告之9)[R].南京水利科学研究院研究报告,2008.6.
[36] 娄炎.杭州湾跨海大桥南岸接线试验段工程真空联合堆载加固深厚软基的效果分析——垂直排水通道为高性能可测深C型板S3区(试验段研究成果报告之42)[R].南京水利科学研究院研究报告,2008.9.
[37] 娄炎.杭州湾跨海大桥南岸接线试验段工程CFG桩成桩过程对桩间软土的影响(试验段研究成果报告之32)[R].南京水利科学研究院研究报告,2007.10.
[38] 娄炎.杭州湾跨海大桥南岸接线试验段工程真空联合堆载加固深厚软基几个段落效果的汇总分析(试验段研究成果报告之43)[R].南京水利科学研究院研究报告,2008.10.
[39] 建设部.JGJ 94—94建筑桩基技术规范[S].北京:中国建筑工业出版社,1995.9.
[40] 杨鸿贵.预制桩与灌注桩的技术经济效益分析和比较[J].西北建筑与建材.2003,3:19-23.
[41] 中华人民共和国交通运输部.JTS 206-1—2009水运工程塑料排水板应用技术规程[S].北京:人民交通出版社,2009.
[42] 李毅,等.杭州湾大桥南岸接线试验段工程预应力混凝土管桩与CFG桩施工技术和性阶比分析比较[C].高速公路地基处理理论与实践(2005)——全国高速公路地基处理学术研讨会论文集(广州).北京:人民交通出版社,2005.12.

第五章　施工安全与质量控制

第一节　真空联合堆载预压中加荷速率的控制

摘　要：通过工程实例和应力路线分析说明用真空联合堆载排水预压法对软基进行加固时，也需要考虑加荷速率的控制，否则也会发生地基失稳的事故；与堆载预压不同，由于有真空的作用，起初的堆载量和速率都可以大一些，一般第一级总荷载控制在50～60kPa以内比较合适。现场孔隙水压力监测是判断地基是否稳定的必要和有效手段，当总的超静水压力处于正的状态时，只要超静孔隙水压力小于0.67的堆载荷载，地基就处于稳定状态。对上述问题的正确认识有助于保证工程的安全进行。

一、引言

真空联合堆载预压加固方法在高速公路的建设中得到空前广泛的应用，在江浙、广东、华北沿海一带尤为盛行。此外，也被广泛用于沿海地带的围海造陆工程中以及污水处理厂、变电站、工业厂房、港口后方堆场等软基加固中。该方法主要能解决两方面问题：一是工后沉降量过大的问题，二是解决施工中路堤的稳定及工期过长的问题。一般而言，只要方法运用得当，设计正确、施工现场管理到位，加固总能取得较好的效果。然而有些人没有真正掌握该法的本质，盲目加快堆载的速度，不控制加荷速率，工程中也出现了一些问题，发生了路堤滑坡、坍方等事故。这些问题的产生有的是对加固机理缺乏深刻的认识，有的是管理上的混乱引起，有的是缺乏良好的职业道德造成。事故给工程带来了损失、延误了工期，也使一部分人对真空联合堆载预压加固软基的方法产生了怀疑，影响了该法的推广使用。

二、在联合加固中，控制加荷速率的必要性

1. 未控制加荷速率造成桥头路堤失事的一个实例

在某高速公路施工工地，采用真空联合堆载预压方法对桥头软基进行加固，桥头有12m左右厚的淤泥，袋装砂井将其打穿，膜下真空度稳定10d后，开始路堤填筑，在路堤填筑达到5.4m（含砂垫层）之后的第10天，又在3d内猛填2.3m，恰逢当天早上开始停电，事发时抽真空已停11h之久，膜下真空度明显下降，加上现场没有安排孔隙水压力监测，于是造成这次事故发生（图5-1、图5-2）。在填到最后一层不到2h，路堤左半幅开始滑塌，路边稻田被抬高2m多（图5-3），又过了2h路堤右半幅也发生滑坡，致使路边鱼塘底部露出水面（图5-4），整个路堤全部报废。滑坡范围沿路长有140m、宽度达110m。产生这次深层滑坡的主要原因是加荷速率太快，填筑层厚超标准，最后四层厚均为57cm，最后一层达70cm。这次事故造成直接经

济损失 800 万元。

图 5-1 某高速公路路堤两侧滑坡情景

图 5-2 路堤右半幅滑坡场景

图 5-3 路堤左半幅滑塌使稻田抬高 2m

图 5-4 右半幅滑坡使路边鱼塘底部露出水面

2. 控制加荷速率避免桥头路堤失事的一个实例

该桥头软基厚达 30m，采用真空联合堆载预压来加固软基，打设的排水板长 30m、间距 1.2m，设计路堤高度 3.1m，实际填筑超过 5m。现场设置有沉降、水平位移、孔隙水压力等监测手段。图 5-5 就是该高速公路桥头断面的孔隙水压力实际观测资料，图中的一条曲线代表某一深度软土随加荷(真空荷载和路堤填筑荷载)过程、软土中超静孔隙水压力的变化情形。从图中可见，没填土以前(仅有砂垫层)由于真空的作用，在被加固土体中 0 ~ 30m 深度均形成了负的超静孔隙水压力；而在真空联合堆载预压加固的整个过程中，由于控制了填土速率，所以在不同深度软土中所产生总的超静孔隙水压力基本上都是负值，不同深度的软土中都处于负超静孔隙水压力控制状态，填土加荷并没有使软基中有效应力发生过多损失，土体具有较高的抗剪强度，因此不会产生剪切破坏，地基始终是安全和处于稳定状态。但是也看到，当加荷速率过大时，总的超静水压力会由负变到正，如在填土初期(2004 年 7 月 1 日前后)，在 11d 内填土荷载由 16kPa 猛加到 46kPa 时(日均 3kPa/d)，也就是说 11d 填了 1.5m 的土，地基中所有测头的正超静孔隙水压力都一致地迅猛上升，特别在 12m 深的软土中、孔隙水压力由 -21kPa 变到 +10kPa的超静孔隙水压力，该正的超静孔隙水压力已相当于 1/3 的填土荷载，若不控制加荷速率，继续高强度填土，那就会使 12m 深处正的超静孔隙水压力继续上涨，而且范围会不断扩大，就有可能引起地基失稳破坏；由于当时控制了加荷速率，使超静孔隙水压力迅速下降，保证了路堤的安全。

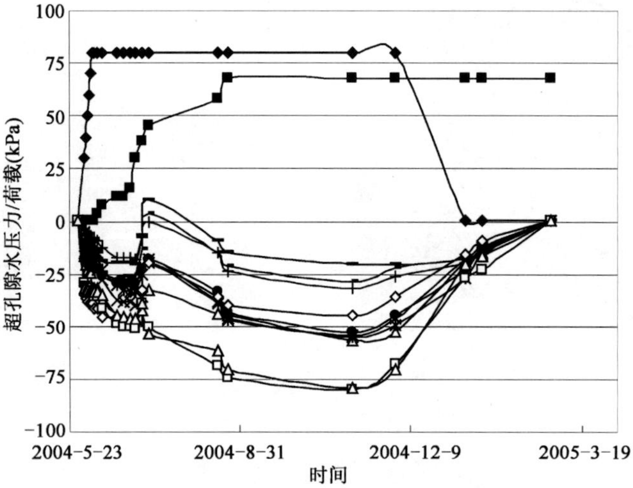

图 5-5　真空联合堆载形成的超静孔压过程线

从上面两个案例可以看出，真空联合堆载预压加固软土地基时，也需要控制加荷速率。

三、从应力路线角度看控制加荷速率的必要性

对真空排水预压法来说，加固时土中有效应力的增加在大小主应力方向都为 $\Delta\sigma'$，应力圆仅发生移动，而圆的大小（即半径）并不发生变化，土体中剪应力并没有增大，在 p'—q 平面上（图 5-6）的有效应力路线是从 k_0 线上 H 点出发而平行于 p' 轴的直线。无论 $\Delta\sigma'$ 增大多少，都不会与 k_f 线相遇，因此加固中不会出现地基失稳的情形，也就没有必要分级加荷，这就是工程实践中一次可将“真空度”提高到很高的理由。

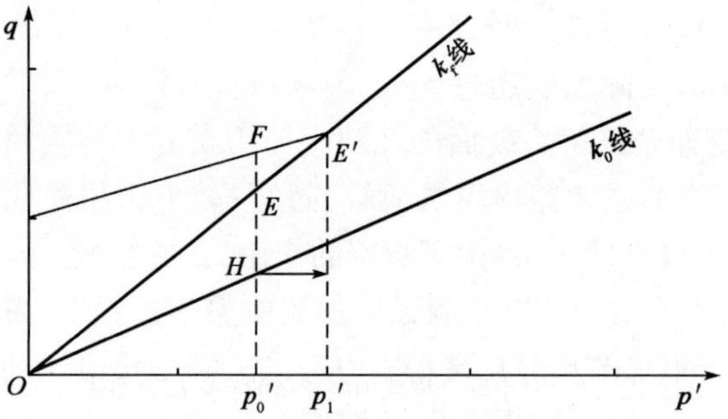

图 5-6　真空预压加固软基的应力路线

而在堆载排水预压中，加荷时不仅平均应力增大了，而且应力圆的半径亦增大，这意味着地基土的强度和剪应力都在增大。土体原处于 k_0 应力状态，位于 p'—q 图中的 k_0 线上，当加荷后，其有效应力路线如图 5-7 中虚曲线所示。若一次施加的总应力太大，当有效应力增长较慢时，则土体很容易达到破坏包线 k_f，从而发生失稳剪切破坏。因此，一定得控制加荷速率，让土体强度的增长大于剪应力的增加，这就是堆载排水预压法中荷载要分级施加的原因。图

5-7b)、5-7c)说明分级次数多少使加荷的有效应力路线不同，土体所具有的强度也迥然不同。

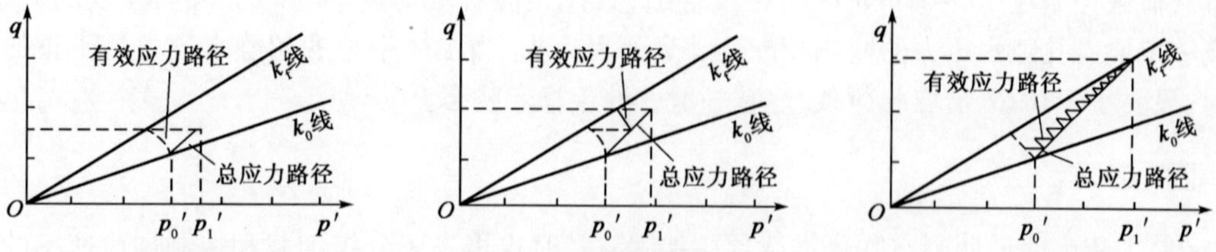

a)一次加荷　b)二次加荷　c)多级加荷

图 5-7　堆载预压分级加荷的有效应力路径

在真空联合堆载预压中，一般先进行真空预压，等膜下真空度稳定后再进行堆载预压，此时的应力路线如图 5-8 所示。开始时有效应力路线是自 k_0 线上的 H 点出发而平行于 p'轴的一段直线 HD，处于 k_0 线的下方。在堆载开始后应力路线则从水平直线 D 点转向右上方、成斜线（一般其与 p'轴的夹角小于 45°）到达 G 点，有效应力路线如图 5-8a）自 D 点沿虚线向 S 点靠近。若一次施加的总应力（堆载）太大、太快，软土中将产生较大正的超静水压力，土体强度的增长有可能跟不上剪应力的增加，地基就有可能发生失稳剪切破坏。此刻有效应力路线就有可能上扬，而到达 k_f 线上的 S 点。若堆载分两级施加、加荷速率得到控制，那总应力路线和有效应力路线的发展如图 5-8b）所示，第一级荷载自 D 点到 E 点，而在堆载加荷和处于休止期的同时，由真空荷载形成的有效应力也不断增加，则有效应力路线也不断向右呈水平移动，自 E 点到 F 点，当再施加第二级堆载时，则总应力路线在新的起点 F 转向右上方成斜线发展到达 G'，而有效应力路线自 F 点到达 S'点，虽然又上一个台阶，但应力水平距 k_f 线还很远，路基就处于安全、稳定状态，就不会出现路堤坍塌与滑坡，这就是分级加荷的好处与必要了。

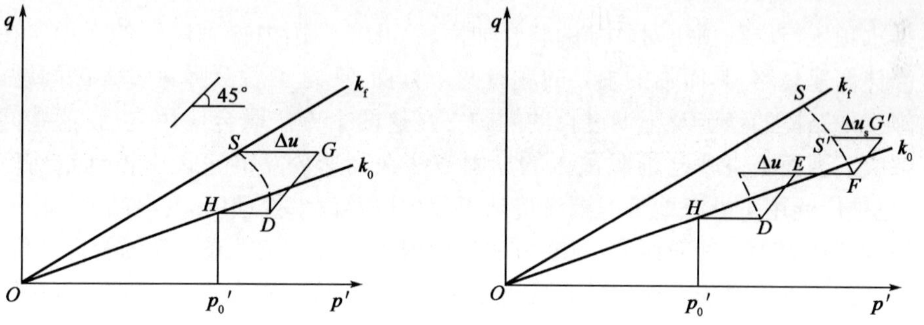

a)　b)

图 5-8　真空联合堆载预压加荷的有效应力路线

然而也要看到，由于有真空的作用，起始的有效应力路线都在 k_0 线下方，与单独堆载预压情况相比，在同样堆载情况下，有真空作用的比纯堆载预压的距 k_f 线要远，所以起初堆载量和速率都可以大一些。在上述第二个实例中，在连续 11d 的加荷中，地基中所有测头的正超静孔隙水压力都一致地迅猛上升，在 12m 深处孔隙水压力增量达到 31kPa，也就是说该增量与外加的荷载（1.5m 填土）是基本相等的，若是单纯堆载预压情况那就有可能发生剪切破坏，但因有真空形成的负孔隙水压力存在，它抵消了 2/3 的正超静孔隙水压力，使叠加后的孔隙水压力只有正的10kPa,它远小于地基破坏时的临界超静孔隙水压力,使地基处于稳定状态。一般第一级堆载荷载控制在50~60kPa以内比较合适,具体还需看堆荷速率与软土天然强度的大小。现场一定要有孔隙水压力的监测相配合才会万无一失,当土体中总的超静水压力处于正的状态时,只要小于0.67倍堆载荷载,地基一般就处于稳定状态。

四、结语

(1)工程实践证明真空联合堆载预压加固软基时也得考虑分级加载和控制加荷速率的问题,现场孔隙水压力监测是判断地基是否稳定的必要和有效手段。

(2)应力路线分析也说明真空联合堆载预压加固软基有分级加荷的必要性。

(3)与单独堆载预压情况相比,由于有真空的作用,起初堆载量和速率都可以大一些,一般第一级总荷载控制在50~60kPa以内比较合适,当总的超静水压力处于正的状态时,只要小于0.67倍堆载荷载,地基一般就处于稳定状态。

第二节　真空联合堆载预压加固软基中的几个问题

摘　要:近几年,用真空联合堆载排水预压法对软土地基进行加固时,一般都取得了很好的效果,但也出现了一些问题,它们集中反映在真空与堆载的"联合"上和膜下真空度与泵的开启数量上。作者根据自己的认识和实践对以上两个问题做了讨论。这些问题错误理解会影响着工程的质量和安全。

一、引言

真空排水预压与堆载预压对软基的联合加固,这几年在国内得到广泛的运用。在深厚软弱地基上修建高速公路,其面临的主要问题有两个方面:一是工后沉降量过大的问题,二是要时刻关注施工中路堤的稳定及工期过长的问题。在这两个方法联合应用之后,这些问题基本上得到了解决。因而真空联合堆载预压的加固方法在高速公路的建设中得到空前广泛的应用。此外,也被广泛用于沿海地带的围海造陆工程中以及污水处理厂、变电站、工业厂房、港口后方堆场等软基加固中。一般而言,只要方法运用得当,设计正确、施工现场管理到位,加固总能取得较好的效果。但是随着应用的开展也出现了一些问题,使真空与堆载预压对软基的联合加固没能取得预期的效果,甚至发生了工程事故,如路堤滑坡、塌方等。这些问题的产生有的是对加固机理缺乏深刻的认识,有的是管理上的混乱引起,有的是缺乏良好的职业道德造成。事故给工程带来了损失,延误了工期。

近几年真空与堆载预压对软基的联合加固过程中,出现的问题主要集中在以下3个方面,它们是:

(1)既然真空排水预压与堆载预压联合应用了,堆载的速度可以加快,那加荷速率还要不要控制。

(2)真空荷载与堆载荷载的"联合"问题,怎么"联合"效果为好。

(3)联合加固时膜下真空度达到了设计要求,能否停开一部分泵来加固。

本文对后两个问题谈些看法,以便更好地推广和使用该方法。

二、在联合加固中,加荷速率也要控制

真空预压加固软基的一个优点是真空荷载无须分级施加,而且可以一次快速施加到80kPa以上,不会引起地基的失稳。这是由于真空排水预压法加固软土地基的过程中,作用于土体的总应力并没有增加,降低的仅仅是土中孔隙水压力,孔隙水压力增量是负值,即是小于静水压力的值,而孔隙水压力是中性应力,是一个球应力,所以不会产生剪切变形,发生的只是收缩变形,不会造成剪应力的增加,也就不会有地基失稳的危险。而在堆载排水预压中土体的总应力是增加的,加荷时,土体孔隙中形成的孔隙水压力增量是正值,即超静水压力是正值,土体有效应力的增长是通过正的超静水压力的消散来实现的,加固过程中地基土的强度和剪应力都在增大,只有让土体强度的增长大于剪应力的增加,地基才不会发生失稳剪切破坏。若一次施加的总应力太大,正的超静水压力消散的较慢(土的固结系数较小),那有效应力增长就较慢,土体强度的增长跟不上剪应力的增加,很容易发生剪切破坏、造成地基失稳,因此,一定得控制加荷速率,这就是堆载排水预压法中荷载要分级施加的原因。

当真空预压与堆载预压联合加固软基时,一般都是先抽真空,土体中的孔隙水压力逐渐下降,形成负的超静水压力。此后堆载开始,由堆载引起正的超静水压力也渐渐产生,两者叠加后,当土体中总的超静水压力处于正的状态,但不十分大时,或总的超静水压力总是处于负超静水压力状态,地基就会处于稳定状态,加荷可以继续进行。否则就需要控制加荷速率,详见前节阐述内容。

三、"联合"是关键

理论研究和生产实践都已证明,真空预压和堆载预压这两种方法在加固软土时分别产生负超静水压力(真空排水预压)和正超静水压力(堆载排水预压)是可以叠加的,由此产生的有效应力叠加在一起,最终能使土体产生垂直压缩变形、同时使土体强度得到增长,能有效地使软土地基的性状得到明显的改善。堆载预压与真空预压的联合加固,对高速公路而言,实际上是在对路堤地基实施超载预压加固,超载部分就由真空荷载来代替。

采用真空联合堆载预压对软基进行加固往往都是出于以下几种情况的考虑。其一,就是单纯采用真空预压加固时嫌加固荷载不够;其二,单独采用堆载预压加固时,或者堆载材料不易取得,或者加固时间过长,或者加固过程中土体稳定性问题突出,或者加固成本过大。当把真空预压与堆载预压两个方法联合起来以后,就可以扬长避短,优势互补。联合加固可以弥补单纯真空预压时最大荷载只能达到80~90kPa的不足,发挥其真空荷载无须分级施加,可以一次快速施加到80kPa以上,而不会引起地基失稳的优点,卸荷时也只要停止抽气就可以了,因此,真空荷载加卸方便、迅速的特长在联合加固时得以发挥。在堆载时也因真空荷载使地基土体向着加固区内移动,抵消了相当一部分因堆载使土体向着加固区外移动的位移,增加了被加固土体的稳定性,加快了施工进程,缩短了工期,降低了成本,在技术上也弥补了纯真空预压荷载不够大的缺点。联合加固的这么多好处,都是由于联合运用而得到的,因此在应用真空与堆载预压联合加固时,就一定要强调"联合",要在"联合"上下工夫,只有联合好才会有好的加固效果。

道理很简单,但要真正做好两者的联合,在实践中并不是一件容易的事。有对联合加固机理认识不够的问题,也有施工安排不当的问题。

有不少设计图纸常常注明在膜下真空度达到80kPa一个月后、甚至更长些再进行堆载预压,也许设计考虑到天然地基强度较低,先用真空预压加固一段时间,等地基强度有了增长再上堆载会安全些;当然这种考虑也没有错,但是这会使"联合"的时间推后,工期加长。一般只要加固场地密封没有问题,只要天然地基有一些强度(如十字板强度在8~10kPa以上),在真空荷载达到80kPa后的5~7d就可以上堆载;连续堆载的高度在3m以下,一般不会出现地基的稳定问题。相反,堆载荷载早上,加固软基的荷载就大,共同作用的时间就长,就能及早达到加固目标,缩短加固时间,因此应尽可能的早上堆载,尽早实施"联合"加固。

在一个高速公路工地上,由于缺乏科学的堆载计划,施工安排不当,在抽真空达到要求后没能及时堆载,而且在堆载期间也是堆堆停停,随意性很大(图5-9中真空+填土1曲线),最后加固虽然也达到了要求,但浪费了许多时间,使加固花费了近一年的时间(图5-9中沉降曲线1);后来对此进行了调整和改进,达到同样加固要求,时间仅仅花费150d(图5-9中理想加载曲线和理想沉降曲线),由此可见尽早"联合"的重要性。图5-9就是这两种情况与效果的比较。

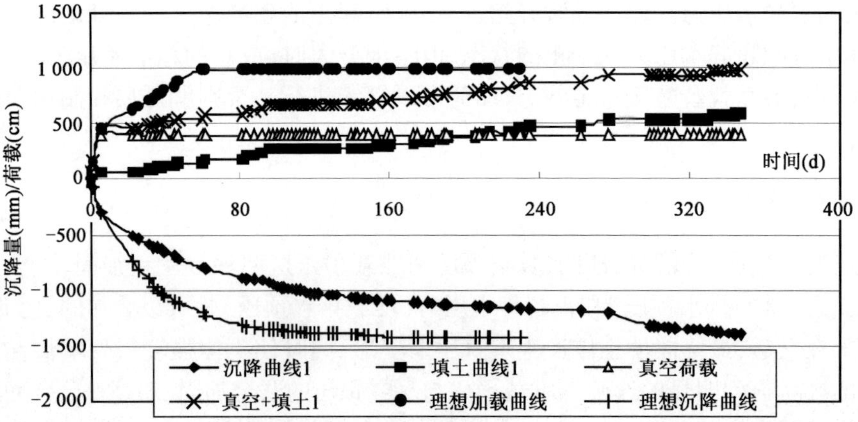

图5-9 不同加载曲线加固效果的比较

四、膜下真空度达到要求时能否停开部分泵

近几年来不少用真空联合堆载预压法加固软基的工地上出现了一个情况,那就是当膜下真空度达到80kPa时就将加固现场中的一部分泵停掉,只保持一部分泵在工作,此刻膜下真空荷载一般也能维持在80kPa上下。你要问为何将一些泵停了,他们会告诉你设计仅要求膜下真空度保持在80kPa,没有要求泵全开,设计文件的"疏忽",给工程队钻了一个空子。因为按常规一般加固面积上布置几台泵,在设计图纸上也是有要求的,在专业工程技术人员看来,这些泵毋庸置疑地都应该是从头到尾开着、工作着,不存在开开停停的。但是施工队为了"降低成本",于是就采取了这种偷工减料的做法,它对软基的加固效果产生很大影响,应该引起极大的关注。遗憾的是,新出台的《真空预压加固软土地基技术规程》(JTS 147-2—2009)(见参考文献[22])也在其中第4.5.2条中指出,"施工后期抽真空设备开启数量应超过总数的

80%”。这就是说，允许在所谓“后期”少开20%的泵，条文没有说明后期的定义是什么，却给少开泵找到根据，它将错误合法化、规范化，危害是相当大的。

那么，膜下真空度达到要求时能否停开部分泵呢？答案是不能减少。减少泵的数量就意味着减少加固能量，减少泵的数量就意味着减载、卸荷。卸除部分真空荷载后继续联合预压，软土的压缩就不是在初始压缩曲线上继续发展，而是在回弹再压缩曲线上延伸，两者发生的压缩量能一样吗？加固效果能相同吗？下面有两个案例，可以说明，抽真空期间停开部分泵，对加固效果是有影响的。

其一，有一个污水处理厂的污水处理池的软基是用真空联合堆载预压来加固的，堆载是用水来实施的，排水板打设深度为25～30m，平均每620多平方米就安排一台真空泵，膜下真空度为90kPa。联合加固的原中止标准是场地沉降速率连续10d达到或小于1.0mm/d，就可以中止。按设计计算，联合加固到100d后，就基本达到标准，可以停止加固。然而在这段时间场地的沉降速率始终大于2.0mm/d，基本保持不变。此后将中止标准改为沉降速率连续10d达到或小于2.0mm/d，就可以中止。施工队在此期间陆续停泵，在35d内由50台逐渐减到最后只有8台，此时膜下真空度仍保持在90kPa，沉降速率才下降到了2.0mm/d以下，达到1.76mm/d，符合停泵卸载的新标准。显然这是停泵对加固效果产生了影响。从表面上看，膜下真空荷载没有减少，但实际上，停泵对深部的加固已产生了影响，深部的真空度降低，从而使深部软土的有效应力下降，软土固结就必然受到影响，沉降速率也就随之减小。对此，从第二个案例可以得到验证。

其二，在某高速公路软基用真空联合堆载预压加固的现场监测中，获得表5-1显示的资料，表示停泵过程中排水板中真空度及膜下真空度的变化情况。

停泵对土体深部真空度的影响 表5-1

状　况	膜下真空度(kPa)	10m深排水板中真空度(kPa)	20m深排水板中真空度(kPa)
没停泵	85	62	50
停10%泵	85	55	35
停40%泵	83	35	18

从表5-1中数据可以清楚看出，部分泵停后，土体深部的真空荷载将迅速下降，从而土体深部有效应力会很快降低，这就影响深部土体的固结，总加固沉降量和沉降速率也会相应减少和减缓，对加固效果肯定是会有影响的，从能量的角度也可理解停泵会使沉降速率减下来的道理。

五、结语

在应用真空与堆载预压联合加固软土地基时，一定要使真空荷载与堆载尽早、尽可能长的共同作用于软基。“联合”是关键，要在“联合”上下工夫，只有联合好才会有好的加固效果，才能发挥出联合的优势，大大缩短加固时间。

在真空联合堆载预压加固软土地基时，当土体中总的超静水压力处于正的状态，但不十分大(小于0.67倍堆载)时，或总的超静水压力总是处于负超静水压力状态，地基就处于稳定状态，加荷也就可以继续进行。当堆载较大、填筑速率也较快时，就需要考虑控制加荷速率，加固现场一般需要设置孔隙水压力观测。

真空联合堆载预压法加固软基时,尽管膜下真空度能维持在80kPa上下,也不要停开部分真空泵,停泵会使深部的真空度发生降低,从而使深部软土的有效应力下降,软土固结必然受到影响,当然也会影响整个加固效果的。

第三节　对真空预压加固中沉降稳定标准的讨论

摘　要:本节是原来写的论文,对《港口工程地基规范》(JTJ 250—98)(以下简称《港口规范》)中规定的真空预压加固的沉降稳定标准进行了分析和讨论,指出原标准的不足,提出了确定沉降稳定标准的思路,并对该思路进行了讨论。尽管有新规范出来,但文中讨论的内容对现实有参考价值,对提高加固质量有意义,故也列入本书中。

一、引言

运用真空排水预压这个方法加固软土地基,主要目的是在施工过程中尽可能多地消除地基的沉降量,使工后沉降量能满足建筑物的使用要求,另外保证加固过程中地基的稳定性,缩短工期,在加固的过程中软弱地基的强度也会得到提高,但一般用该法主要是来解决地基的变形问题。在应用该法时,都得设立沉降观测项目,对地基加固过程中发生的沉降进行记录、分析,但往往遇到的问题是何时加固可以终止,也就是说加固消除了多少沉降量就达到了要求,或者说沉降稳定了没有。这里有两个问题,一个是何谓稳定,另一个是稳定的标准是多少。第一个问题,所谓“稳定”它是一个模糊的概念,到底是沉降发生的很缓慢了呢?还是工后沉降量已经很小了,能满足建筑物的使用要求呢?不够明确。正确的提法应该是加固“使工后沉降量能满足建筑物的使用要求”。第二个问题是“稳定的标准”;应该说,对不同的构筑物、在不同的地质条件下应该有不同的标准,而不是一个定值。但在交通部颁布的《港口工程地基规范》(JTJ 250—98)中的7.4.6条却给出了具体的规定:“在满足真空度要求的条件下,应连续抽气,当沉降稳定后,方可停泵卸载。真空预压的沉降稳定标准为:实测地面沉降速率连续5~10d平均沉降量小于或等于2mm/d。”。由于目前国内很少见到有这方面的规定,所以不少工程(不一定是港口工程)都以此为依据,将此写进设计文件或加固方案的施工组织设计中,作为加固完成与否的主要标准,例如杭州湾跨海大桥软基处理施工单位写的施工组织设计中就是如此。这是有欠缺的,造成了有些工程实际上并没有完成加固就停止,留下了较大的工后沉降量,给构筑物使用带来了麻烦。本节想就这一问题作一些讨论,以便使这一方法能得到更好地应用。

二、影响沉降速率的因素

被加固的地基在某时刻的沉降速率为

$$S_t = \mathrm{d}S_t/\mathrm{d}t \tag{5-1}$$

也可用Δt时段内的平均沉降速率来表示。

$$S_t = \Delta S_t/\Delta t = (S_{t2} - S_{t1})/(t_2 - t_1) \tag{5-2}$$

t 时刻沉降量 S_t 与时间的关系可用下式表示：

$$S_t = U_t \times S_c \tag{5-3}$$

式中：U_t——加固到 t 时刻时，土体具有的固结度；

S_c——土体主固结的最终沉降量。

$$S_c = \frac{e_0 - e_1}{1 + e_0}H = \frac{a_v}{1 + e_0}p \times H \tag{5-4}$$

式中：e_0——初始孔隙比；

a_v——压缩系数；

e_1——主固结完成时的孔隙比；

p——真空荷载的大小；

H——被加固软土层的厚度。

对真空排水预压加固来说，地基土的固结可视为瞬时加荷的轴对称问题，用下式表示 t 时刻土体具有的固结度。

$$U_t = 1 - \alpha e^{-\beta t} \tag{5-5}$$

如忽略垂直向固结、只考虑径向固结，则 $\alpha = 1$，且

$$\beta = \frac{8 \times C_h}{F_n \times d_e^2} \tag{5-6}$$

而 F_n 与垂直排水通道的间距 d、垂直排水通道的直径 d_w 和等效排水圆柱体直径 d_e 有关；C_h 是软土的水平向固结系数。其中，

$$F_n = \frac{n^2}{n^2 - 1}L_n n - \frac{3n^2 - 1}{4n^2} \tag{5-7}$$

$$n = d_e/d_w \tag{5-8}$$

将式(5-4)、式(5-5)代入式(5-3)，求导后得，

$$S_t = \beta e^{-\beta \cdot t} \times S_c = \beta e^{-\beta t}\frac{a_v}{1 + e_0}pH \tag{5-9}$$

从式(5-9)可以看出，影响沉降速率的因素是很多的，但这些因素可以归结为两大类，一是被加固土体的特性，二是加固方法中取用的工艺参数。而土体特性的主要指标是土体的初始状态、土体的固结系数、压缩性和软土层的厚度（即 e_0, C_h, a_v, H），加固参数则主要是垂直排水通道的间距、打设深度和加固时间 t 的长短。因此，在真空荷载 p 大小一定的情况下，达到同样固结度时（或对同样的加固时间），沉降速率随以上参数的不同，其大小也是不一样的。

三、对"沉降稳定标准"的讨论

在《港工规范》的 7.4.6 条中规定："真空预压的沉降稳定标准为：实测地面沉降速率连续 5 ~ 10d 平均沉降量小于或等于 2mm/d。"这就是说在连续 5 ~ 10d 的时间里，当沉降速率达到 2mm/d 就可以认为真空预压的加固达到要求。在其条文说明中也说"在满足真空度要求情况下，真空预压的沉降稳定标准，是根据真空预压"攻关"及实际工程施工中固结度达到 80% 以上时的沉降速率提出的。此时它的沉降速率为连续 5d，每天的沉降速率小于或等于 2mm/d，同样固结度下堆载预压沉降速率为 1mm/d，说明真空预压沉降速率大，加固效果好。在近 10

年真空预压加固推广应用中，有的建设单位以最后10d的平均沉降小于或等于1mm/d作为真空预压的沉降稳定标准，综合上述情况将原条文修改为“连续5～10d平均沉降量小于或等于2mm/d”作为沉降稳定标准。阅读“条文说明”有助于对规范条文的理解。从上面的叙述不难看出，该条文基本上是建立在对经验总结的基础上。这种经验是局部地区的，也许对该地区是可行的，但它不一定具有广泛的代表性。表5-2列出了过去几个真空排水预压工程的实测结果。

几个真空排水预压加固工程的参数和实测的平均沉降速率　　表5-2

工程序号	项目名称	土性及施工参数				加固总历时(d)	加固总沉降量(cm)	加固结束时的固结度(%)	加固结束时平均沉降速率(mm/d)
		固结系数 $\times10^{-4}$ (cm^2/s)	软土厚度①(m)	垂直排水通道间距(m)	排水通道布置形式				
1	煤堆场	2.5	10	1.20	△	253	70	70	0.85(最后13d)
2	仪电修车间	2.5	10	0.90	□	262	86	85.5	0.5(最后12d)
3	老塘山煤堆场	8.7	15	1.20	□	115	100.3	79	2.87(最后15d)
4	水下真空预压	11.2②	15.5	1.30	□	94	90	80	3.5(最后30d)

注：①垂直排水通道打穿软土层，这里也可看成垂直排水通道深度。
②按4层土以厚度加权平均求得。

从表5-2可以看出，规范中确定的真空预压的沉降稳定标准在这里并不能得到体现，对第1项工程来说，平均沉降速率最后已达0.85mm/d了，其固结度才为70%，离80%的固结度尚很遥远；若以2mm/d的标准作为沉降稳定标准，那时的固结度只有60%左右。对于工程2来说，其地质条件与工程1相同，只是垂直排水通道的间距大大减小，由1.20m缩小为0.9m，其达到80%固结度时，平均沉降速率在1.3mm/d左右，也不是2mm/d；当沉降速率为2mm/d时，此刻的固结度在75%左右。对工程3和工程4来说，二者施工参数相近，最后固结度虽然都在80%左右，二者的平均沉降速率也不同，而且都没达到2mm/d的标准，都在3.0mm/d左右，工程3的比工程4的稍小，是因为工程3的水平向固结系数比工程4的小了30%左右，固结系数的差异是造成两者差异的主要原因。从上面的结果看出，“连续5～10d平均沉降量小于或等于2mm/d”的标准并不是很合理，不是对所有工程都适用的一个标准。下面再从一些简化的理论分析计算来说明这一问题。

假定垂直排水通道间距为1.2m，正方形布置，垂直排水通道直径5cm（不考虑井阻与涂抹作用），打穿软土层。按3种不同的水平固结系数、即$4\times10^{-3}cm^2/s$、$1\times10^{-3}cm^2/s$和$4\times10^{-4}cm^2/s$来计算固结度（设垂直向的固结系数是水平向的0.75），得到图5-10所示的3条理论固结时程曲线。同样达到80%固结度时，它们所需的加固时间分别为25d、100d和250d，它们之间可以相差2～9倍之多，这里可以看出软土固结特性的差异对固结度有着显著的影响。若将最终沉降量同设为101cm（这意味着软土层厚度和土体压缩性在3种情况里是不相同的），按上述条件可计算出固结度达到80%以后的10d里的平均沉降速率以及平均沉降速率达到2mm/d时所具有的固结度、结果列在表5-3中。从表5-3的计算结果可以看出，固结度达到80%时，土层的平均沉降速率并不一定都接近2mm/d，对水平向固结系数大的土（如第一种土），其离沉降速率2mm/d的标准甚远；而对水平向固结系数小的土（如第三种土），其早已超过沉降速率 2mm/d 的标准，也就是说固结度没到 80%，其沉降速率就达到 2mm/d 的标准了。

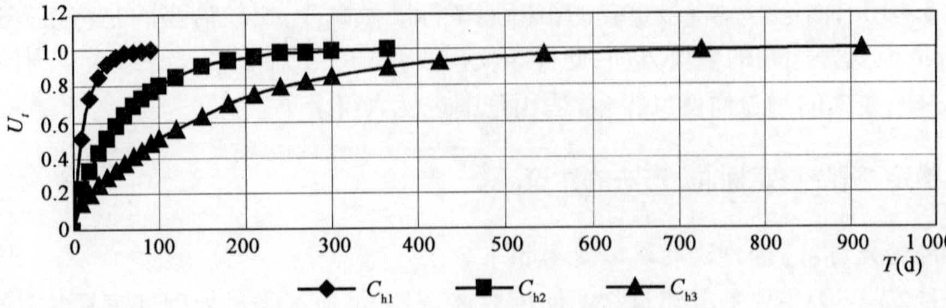

图 5-10 不同固结系数的固结时间过程线

沉降速率与固结度的计算结果

表 5-3

项 目 名 称	单 位	C_h（$\times 10^{-4}cm^2/s$）		
		第一种土 C_{h1}	第二种土 C_{h2}	第三种土 C_{h3}
		40	10	4
固结度为 0.80 以后的 10d 内平均沉降速率	mm/d	8	3	1
沉降速率为 2.0mm/d 时的固结度	%	96	86	63

同样，若以沉降速率 2.0mm/d 为标准时，则达到该标准时的固结度并不一定在 80% 左右，对水平向固结系数大的土，可能达到了 95% 以上；而对水平向固结系数小的土，其固结度才只有 60% 左右。因此将沉降的稳定标准确定为"沉降速率为 2mm/d"，显然并不是对所有情况都是合适的，不能反映土体加固是否真正达到要求，对固结系数小的土有可能留下较大的工后沉降量，会给工程留下隐患。

这里再考察平均沉降速率与最终沉降量的关系。设定软土的水平向固结系数都为 $1\times10^{-3}cm^2/s$，其他土性相同。当软土的压缩层厚度不同时（真空荷载一样），软土层的最终沉降量也是不同的，在达到相同固结度（如 80%）时的平均沉降速率也会不同；同样在达到相同的平均沉降速率时，其固结度也是会不同的。表 5-4 设定了 3 种不同的沉降量（意味着软土层厚度 3 种情况不相同），计算的结果列在表中。表中的数据同样说明以平均沉降速率 2mm/d 作为沉降的稳定标准是不太合适的。

沉降速率与最终沉降量的关系

表 5-4

项 目 名 称	单 位	最终沉降量（mm）		
		情况 1	情况 2	情况 3
		500	800	1 010
固结度为 0.80 以后的 10d 内平均沉降速率	mm/d	1.25	2.0	3.0
沉降速率达到 2.0mm/d 时的固结度	%	69	80	86

此外，垂直排水通道的间距、打设深度对平均沉降速率亦有明显的影响，这里不再叙述。实际上，不少单位在应用该项加固技术时已发现 2.0mm/d 的沉降稳定标准并不是对所有工程

都是合适的，都已按自己的实际情况做了修正，特别是软土固结特性很差的工程。对这一点实际上在条文说明中也有表述："在近10年真空预压加固推广应用中，有的建设单位以最后10d的平均沉降小于或等于1mm/d作为真空预压的沉降稳定标准。"可惜的是在条文中只将时间由5d改为5～10d，而恰恰没将最重要的沉降速率标准做修改，比较恰当的是将沉降速率改为1.0～2.0mm/d，这是问题的主要方面，此外条文应再强调一下什么情况下取大值，什么情况下取小值。这样，条文的涵盖面就广得多，适用范围也就大得多了。

四、对确定"沉降稳定标准"方法的建议

1."沉降稳定标准"和建议的沉降速率推求方法

"沉降稳定"与否主要是看建筑物的使用要求，要满足地基经过加固处理后能达到建筑物的正常使用，也就是说工后沉降量不能超过建筑物的容许值。由于建筑物的地基是千差万别的，不同的构筑物对沉降和差异沉降也有不同的具体要求，因此"沉降稳定标准"应该是个性化的，是具体而有针对性的。

下面建议一个确定"沉降稳定标准"的思路。首先引入"容许工后沉降量"的概念，"容许工后沉降量"就是地基经加固处理以后对某个（或某类）建筑物来说、在未来使用年限内还会发生的沉降量，而该沉降量将不致影响建筑物的正常使用。也就是说在建筑物设计使用年限期间容许存在的沉降量。一般这个"容许工后沉降量"S_b 可以根据建筑物的使用要求和参照过去积累的经验来确定。例如目前我国在公路建设中对一般路段、桥头地段和小型构造物的容许工后沉降量都作了具体的规定，见表5-5。有了 S_b 值以后，根据土性指标、荷载大小计算出地基的最终沉降量 S_c，如果 $S_c > S_b$，说明地基需要加固处理，那么$(S_c - S_b) = S_e$就是加固中起码要消除的沉降量，而 S_e/S_c 可粗略地作为加固中起码要达到的固结度 U_t，有了固结度 U_t 可以按设计的加固工艺参数（垂直排水通道的间距、布置形式、打设深度等）和土性指标（如固结系数等）计算理论上达到该固结度的相应时间 t（时间 t 也要满足工期和经济的要求），经几次试算后得到合乎要求的时间 t，此时在时间 t 的基础上加上10d（或20d，据经验，时段长一些比较可靠），又可以推算出固结度 U_{t1}，由 U_{t1} 可以算出相应的 S_{e1}，那么用$(S_{e1} - S_e)$的差除以10d（或20d），就得到达到加固要求时的平均沉降速率，以此来指导加固工程。用该方法推测本文4项工程的平均沉降速率列入表5-6中。从表中看出，预估的沉降速率都大于加固结束时实测的沉降速率，原因是在计算中假定固结系数在加固中是常数，实际上随着预压加固的进行，固结系数一般是在降低，会使沉降速率降低，对此可见后文阐述。

公路容许工后沉降量

表5-5

道路等级 \ 工程位置	允许工后沉降量		
	桥台与路堤相邻处	涵洞或箱形通道处	一般路段
高速公路、一级公路	≤0.10m	≤0.20m	≤0.30m
二级公路（采用高级路面）	≤0.20m	≤0.30m	≤0.50m

几项真空排水预压加固工程实测与预估的平均沉降速率　　表 5-6

工程序号	项 目 名 称	土性及施工参数			加固结束时平均沉降速率(mm/d)	按本文建议方法预估结束时的平均沉降速率(mm/d)	按参考文献[16]预估结束时的平均沉降速率(mm/d)
		固结系数($\times 10^{-4}$ cm^2/s)	软土厚度(m)	垂直排水通道间距(m)			
1	煤堆场	2.5	10	1.20	0.85(最后 13d)	1.38	1.53
2	仪电修车间	2.5	10	0.90	0.5(最后 12d)	0.87	1.31
3	老塘山煤堆场	8.7	15	1.20	2.87(最后 15d)	3.66	3.44
4	水下真空预压	11.2	15.5	1.30	3.5(最后 30d)	4.50	4.80

2. 用参考文献[16]的方法推求平均沉降速率

达到加固要求时的平均沉降速率也可按下式来确定，

$$S_t = S_b \times \beta \tag{5-10}$$

式中：S_b——容许工后沉降量。

β 按式(5-6)估算，详细可参阅文献[16]。按此法对上述 4 项工程在加固结束时的沉降速率计算结果也列入表 5-6 中。

五、对建议方法的讨论

(1)上述建议的方法在实施上并不是一件很容易的事，说它不容易是说它不易推算准确。这是因为目前最终沉降量与固结度的计算本身就受多种因素的制约，不易推算准确，它有计算模式方面的问题，如软土地基的次固结如何考虑，加荷速率对沉降速率的影响等；也有计算参数的确定与选取方面的问题，所以按上述思路确定的沉降速率不一定会很准确。再加上施工质量好坏对设计的沉降速率的实现也是有很大的影响，所以在实际实施中往往是不容易的。但按上述思路确定的沉降速率对指导施工还是有意义的，它比无论什么情况都按一个定值去指导施工要合理得多。

(2)由于理论推求的沉降速率与实际存在一定的差距，因此在施工中首先严格按设计图纸的要求进行施工，其次加强真空度、沉降与孔隙水压力观测，并适时对观测资料进行反分析(如运用沉降资料反推实际的固结系数，用该固结系数再算固结度，用真空度与孔隙水压力消散曲线来判断固结度等)，这是一项重要而必不可少的动态分析工作。随时按分析结果对设定的沉降速率加以判断和修正，一般是能得出较为合理的平均沉降速率标准，只有进行动态跟踪分析才能使加固取得良好的效果，完成加固的预期目标。

另外，亦可尝试在加固过程中整理出实测沉降速率与沉降量的关系曲线，以此来推定达到加固要求时的沉降速率，它可将众多复杂的影响因素都概括在上述关系曲线的各个系数中。

(3)本文提出的确定沉降速率的思路可以推广到堆载预压及真空与堆载预压的联合加固中去，只不过这些方法的工况比真空排水预压复杂一些罢了。

第四节　软基施工中若干存在问题的改进建议

摘　要：观测资料显示堆载预压、真空排水预压、预应力管桩、CFG 桩和联合桩5 个软基加固方法在处理软基上都已显现了良好效果，但是施工中也出现了这样、那样的问题，对这几个方法在实施中存在的问题加以讨论并提出相应的改进建议，对提高施工质量、保证工程安全有积极意义。

一、引言

软基施工中的堆载预压、真空排水预压、预应力管桩、CFG 桩和联合桩 5 个加固方法都已取得了良好效果，各方法的有效性已在前面有详细的介绍。本节只对这几个方法在实施中存在的问题加以讨论并提出相应的建议，所提出的问题基本上都是在现场工作中发现的，有的已得到解决、纠正，有的还尚未得到纠正，在这里提出来，希望能为以后施工提供借鉴。

二、关于塑料排水板施工

塑料排水板施工中出现的问题主要有：

(1) 塑料排水板可测深功能准确性的检验；

(2) 现场打设深度的确定；

(3) 塑料排水板板头的处理。

1. 塑料排水板可测深功能准确性检验

在软基处理中所用的排水预压方法，无论是堆载预压还是真空排水预压所选用的排水板都是可测深排水板，使用前对排水板的物理力学指标都已通过权威检测单位检测，一般没有什么问题，但对排水板的可测深功能的准确性目前规程还没有明确的检验方法，在检测单位的检测报告中一般也没有对此项的检测，因此有必要对此做出一些规定，这里提出一个现场易于实施的方法和相应的标准。

对有刻度的(数字式)排水板在现场随机抽出 3 盘，首先看总体实际长度与标牌长度是否一致，这可用卷尺丈量；然后用 200cm 的钢尺，随机在排水板上量取 5 段，检查每段刻度的标称长度与实际丈量长度的差距，经计算，以上差距每盘(200m)若少 3m 以上(偏差率大于1.4%)，则认为不合要求。

对装有铜丝的可测深排水板在现场首先看铜丝在排水板中是否顺直(有的铜丝在排水板中弯弯曲曲)，与胶黏贴是否牢固，然后用厂家提供的测深仪进行现场实地量测、校验，若校验结果量测数与实际数差别大于 20cm 以上或偏差率大于 1.4%，则认为不合格。

目前也出现一种用一根铜丝来检测打设深度的可测深排水板，和上面两根铜丝的一样，所用检测仪器一般都是由排水板生产厂家提供给施工单位的。这在逻辑上是不行的，用自己的仪器来检测自己生产的排水板，有什么可信度呢？况且这些仪器没有国家批准的产品生产许可证，没有进入国家的产品目录，更没有计量部门的检定证书和有效期，严格说是三无产品，怎么能准确呢。这是一种度量衡的仪器，不能如此操作，需要下大力气、上规矩来做这件事才行。

2. 现场打设深度的确定

当地层深度变化较大时，设计的打设深度往往在现场很难完全实现。这里有一个如何确定打设深度的问题，对此建议如下。

首先要确定一个打设深度的原则，这就是排水板一般要求打到那一地层，在设计图中一般是要加以说明的，然后才是具体打设深度的设计值。

在现场，当地层变化幅度较大时，可以用排水板打设机械沿地层变化走向先打一排，以摸清地层实际深度的变化，然后由设计、监理、施工人员共同研究，按地层深度分成若干小段，根据摸清的情况确定每小段落的打设深度，这样便于施工和现场监理、计量。

当要求的打设深度大于实际地层深度时，一般可以打到实际深度、按实计量或共同商量一个原则予以实施。

3. 塑料排水板板头的处理

塑料排水板打设完毕后将排水板板头斜倒在第一层砂垫层或碎石垫层上，用附近的砂或碎石将其压住，同时将排水板孔填平实，此后再铺设第二层砂垫层或碎石垫层。避免排水板板头竖起，戳破密封膜或抽真空时膜被孔洞中负压拉破。

三、关于真空排水预压施工中若干问题

1. 关于真空排水预压中使用的土工布

这里有两个问题。一是所用土工布应尽量采用国产针刺无纺布，不一定非用进口长丝聚丙烯土工布。因为砂垫层上土工布主要是用来保护密封膜的，因此要求土工布质地均匀、有一定厚度，避免尖利物戳破密封膜，对土工布并不要求有很高的抗拉强度。因此建议用国产250 ~300g/m^2 的短纤维热黏针刺无纺布，其价格比进口的长丝聚丙烯土工布要节省30%以上。

第二是土工布的铺设，土工布的尺寸要考虑在沟边要伸入沟内0.8m（不要超过密封膜的入沟深度，否则会漏气），以便能盖住砂垫层和碎石垫层的侧面，也是防止密封膜被戳破。在场地上土工布如是搭接，则搭接长度要20cm；如是缝接，搭头要有10cm。

2. 主、滤管的铺设

主、滤管的铺设是在排水板打设完成并验收合格后，并且是在20cm的碎石垫层或20cm的砂垫层也铺设完成后进行的。在砂垫层上放铺主、滤管时，要接好接头与出膜装置，之后在砂垫层上于主、滤管位置处挖成小沟，将主、滤管埋入砂（碎石）垫层中，并用砂覆盖好。在这一过程中要注意滤管与主管的接头牢靠，不得将滤布弄破。注意并不是先将主、滤管铺设好以后，再来铺设20cm的碎石垫层或20cm的砂垫层，这样会压坏主、滤管的。

3. 密封膜的铺设

密封膜的铺设可以自一边向另一边铺，也可以自中间向两头铺，但铺设时都不能拉得太紧，一边铺设一边放松一些，膜的尺寸要考虑能紧贴土工布进入沟中，并紧靠场地一侧沉入沟底，沿沟底铺到沟的另一侧，铺设工作要一次到位、成功，因此事前一定要计算好膜的摆放位置。

4. 密封沟的挖掘与密封膜的埋设

密封沟的深度在1.5m左右为好，可先用机械挖掘，沟的内壁尽可能平整，挖沟时要检查沟边内侧是否有根系及尖利物品，如有则要去除，然后人工紧跟其后、距挖掘机有5 ~7m远，

边挖边埋。填埋时将事先摆放在沟边的土工布和密封膜逐一埋入沟底,尤其注意第一层的填筑,一定要用土把密封膜压好,使膜能紧贴沟内壁和沟底,在每一层填土上给予压实,特别是靠场地一侧;最后将剩余的土在沟边堆成挡土的小堤,为膜上以后复土创造条件。在放置真空装置的一侧要整理好排水沟,以备抽真空排出的水能定向、畅通无阻地排走。

关于密封沟内是否要蓄水、来增加密封的问题,我们的看法是:第一,水是不能承受剪应力的,当真空压力稍大一些的时候,水就不能起密封作用,至于所谓日常生活中用水来密封一些异味气体,它只能封小压力的情形,压力一大就可看到水面翻气泡,能封住的压力最大就是水柱的相对高度产生的压力,像沟内那么一点点高度的水位,所能产生的密封压力是微乎其微的,靠水密封是靠不住的;第二,密封要做得好,关键是密封膜入沟时,密封膜要紧贴沟内壁,回填土要逐层压实,大部分抽真空后真空度上不来,问题都出在密封沟上,密封不好、真空度就一定上不来,等回填完成、真空度上来后,可保持沟内填土湿润,可避免填土开裂,膜下抽出的水最好是有序排走。

5. 膜上沉降标的安放

膜上土工布铺设完成后,在其上可以摆放沉降观测标杆,标杆底座下要铺 1 ~ 2 层土工布和细砂垫层 5 ~ 10cm,注意放平并在沉降标底板上压重,以防戳破薄膜和沉降标倒伏,并注意测读观测零点。

6. 膜上第一层土的填筑

膜铺好后要先进行试抽,一定得等膜下真空度达到在 80kPa 以上,并稳定 3 ~ 5d 后才能铺设膜上的土工布(没到 80kPa 一定不能铺设土工布)。千万别急于铺土工布和覆土进行预压,而应在头几天派专人穿布底鞋或软底鞋在膜上进行地毯式寻查,以便发现膜破的地方、能及时进行黏补。若抽气后发现薄膜铺设得松紧很不均匀,亦可停抽进行适当调整,但是这种调整是很有限的,重要的还是在埋入沟前要布设好。在达到了设计要求之后,才能进行膜上土工布的铺设。

上述工序完成之后,膜下真空度稳定了就可进行路堤堆载施工。第一层堆载要用黏性土,不要太薄,最好在 60cm 左右,分两层摊铺和压实,第一层 40cm,由机械配合人工直线方向进行摊铺、碾压,而后第二层 20cm,再用机械由近及远逐步推进,压实时逐步由轻到重进行多遍碾压,在场地上机械不要转弯,直线进退,以保护密封膜并逐步达到压实度的要求。

7. 抽真空装置的安放

抽真空装置在加固区安放时,其位置应尽量低放,这是因为膜下软土中的水是经过抽真空装置以后排放到地面的,如果抽真空装置位置较高,水要排出,意味着要提到较大的高度,也就是说要耗费较多的能量,否则水就不易排出;抽真空装置位置低了,就会节省提水的能量,从而提高抽真空的效率;随着被加固地面的下沉,这种效果将更加明显。

8. 关于密封膜上、下两层 10cm 的细砂层

在不少设计图纸上,在密封膜上、下设计了两层 10cm 的细砂层。对膜下垫层上 10cm 的细砂层其目的主要是防止膜下碎石垫层将膜戳破,对此是可以理解的。但膜上铺设砂垫层的作用是什么就不易想明白,这里有两个问题。其一,膜上第一层填土是黏性土,并没有尖利东西可将膜戳破,所以没有必要铺设这 10cm 的细砂层;其二,这 10cm 的细砂层是很难铺设的,碎石垫层场地一般并不很平整,这 10cm 厚的细砂在场地上就像一张薄纸很难将碎石垫层的

坑坑洼洼填平补齐；而在密封膜的土工布上铺设10cm的细砂层是不能动用机械来完成的，必须由人工来完成，膜上人很多，一不小心手中的工具就会将密封膜弄破，此时来补膜就又可能把砂从土工布上弄到密封膜上，反而会给密封膜带来破膜的危险，因此膜上铺10cm的细砂层完全是弊多利少。在试验段第1块抽真空的工地上，就发生5次破膜事件，使膜下真空度一度由80kPa降到10kPa，以后费了几天的时间才将膜下真空度恢复到80kPa。建议将原膜上10cm的细砂垫层改到膜下50cm的碎石垫层上，使碎石垫层上有20cm厚的细砂垫层，以便能更好地保护密封膜和加强真空的效果，同时建议将膜下50cm的碎石垫层改为40cm厚，其上再铺20cm的细砂层。

四、关于预应力管桩

加强对预应力混凝土管桩的验收和外观检查。由于预应力混凝土薄壁管桩是工厂化生产的，其质量控制都在工厂实施完成，但不等于都没问题，在运输过程中也可能发生碰撞等情况，因此薄壁管桩运到工地应该进行验收，验收工作以外观检查为主，配合一些试验如抗弯试验来进行检查、验收。

管桩的外观质量、尺寸允许偏差、抗弯试验及检验规则等应按《先张法预应力混凝土薄壁管桩》(JC 888—2001)的规定和《先张法预应力混凝土管桩》(GB 13476—2009)的规定执行。

管桩验收时应具备的资料、产品合格证等应按相关图集中的规定执行。

五、关于CFG桩

1.材料配合比试验

CFG桩是将水泥、粉煤灰、石子、石屑加水拌和形成混合料经灌注而成。在CFG桩施工前要做好材料配合比试验。CFG桩的骨料为碎石，掺入石屑是填充碎石的孔隙，使其级配良好。水泥采用42.5号普通硅酸盐水泥，混合料的密度为2.10～2.20t/m^3。由于各地粉煤灰的种类、燃烧条件以及煤粉细度不同，其活性有较大差异，因此掺入混合料中后，对混合料的强度有较大影响，因而必须进行室内配合比试验。

按设计要求，混合料试件28d抗压强度需大于12MPa，桩体强度达到C12等级。

混合料的坍落度宜控制在30～50mm，使混合料有较好的和易性；碎石和石屑含杂质应小于5%。

2.施工前准备

(1)室内画好CFG桩位布桩图，图上注明桩位编号。

(2)平整好施工场地，再次确认场地的水准控制点、地表高程和场地位置的里程桩号。

(3)按施工平面图放好桩位，经现场监理验收、确认后方可进行下一步工序。

(4)在路中心线附近选取7～8根桩做试桩，以复核地质资料和设计打设深度合适与否；同时进行打设时地面隆起及土体挤压程度大小的测量，以确定打设工艺和打设顺序是否适宜，并用小应变测量桩的完整性和判断桩受到侧向挤压的程度，试桩成功后才可开始正式施工。

3.CFG桩施工

(1)按打设顺序使桩机就位，桩的施工顺序应遵循从中心轴线向外推进的原则，机械行走路线呈梳齿状，不要走S形路线，调整沉管与地面垂直，确保垂直度偏差不大于1.0%。

（2）在桩位下将钢筋混凝土预制桩尖放好，需埋入地表以下30cm左右，启动马达，使沉管套在预制桩尖上，之后开始沉管、一直到达预定深度后停机。

（3）沉管过程中做好记录，每沉1m记录电流表一次，并对土层变化予以说明。

（4）停机后立即向管内投料，直至管内混合料面与钢管投料口齐平。混合料应严格按设计配比配制，投入搅拌机加水拌和，拌和时间不得少于1min，如粉煤灰用量较多，搅拌时间要适当放长。加水量由坍落度控制，坍落度为30～50mm。

（5）投料完后，沉管应原地留振10s左右，然后开始拔管，拔管速度控制在1.2～1.5m/min（指线速度）；在淤泥质层中应放慢速度，控制在1.0～1.2m/min，如要控制拔管过大的线速度，可采取提升一段距离，停下留振一段时间的办法来处理。拔管过程中不允许反插。

（6）如上料不足，须在拔管过程中空中投料，以保证成桩后桩顶高程达到设计要求，成桩后桩顶高程应考虑计入保护桩长。

（7）成桩后桩顶浮浆不应超过200mm。

（8）桩管拔出地面后，应用碎石封顶，然后移机进行下一根桩的施工。

（9）施工过程中，一般每台机械1d做1组（3块）混合料试块，试块尺寸为15cm×15cm×15cm，并测定28d抗压强度。

（10）保护桩长为50cm左右，一般施工7d后，可用人工开挖桩头，并清除表层浮浆、淤泥和杂物，然后用碎石充填到地面。

4.褥垫层

褥垫层材料为级配良好的碎石，碎石粒径宜控制在20～50 mm，不宜超过50mm；褥垫层的厚度为50cm。在桩体施工完成后可进行褥垫层的施工，施工时先虚铺，虚铺厚度 $h=50/\lambda$（cm），式中 λ 取0.90（为夯填度）。虚铺后应采用静力压实的办法使之达到50cm的厚度。

5.施工记录及质量要求

（1）质量要求。水泥、粉煤灰、砂及碎石等原材料应符合设计要求；桩径允许偏差为－20mm；桩身强度28d达到12MPa以上（试块强度）；桩身完整（小应变检测和钻孔取芯）；桩位偏差小于20cm；桩垂直度偏差小于1.0%；桩长偏差小于100mm；褥垫层夯填度小于或等于0.90。

（2）施工记录要求。施工中应对每根桩成桩时间、投料量、桩长、发生的特殊情况等进行真实、详细的记录；施工中应检查桩身混合料的配合比、坍落度、提拔套管的速度、成孔深度、混合料灌入量等；施工结束后，应对桩顶高程、桩位、桩体质量、地基承载力以及褥垫层的质量做检查。

（3）质量检查和加固效果检验的主要手段为：小应变检测，钻孔取芯、试压，以及荷载板试验。

①成桩过程中，抽样做混合料试块，每台机械1d应做1组（3块）试块（边长为150mm的立方体），标准养护，测定其不同龄期（3d、7d、14d、28d、60d和90d，最好有150d、180d）的立方体抗压强度。

②成桩28d后，每区随机抽检6根桩进行钻探取芯，并对芯样进行抗压强度试验，检验不同深度的桩身强度、打设深度和成桩质量。

③抽取不小于总桩数的10%进行低应变动力试验，检测桩身的完整性及质量。

④成桩28d后,分别在两种间距区域内,进行CFG桩复合地基、桩间土以及CFG桩单桩现场载荷试验(数量按设计要求),检验桩身及复合地基的承载力(随机抽检)。

⑤在复合地基现场荷载试验前,可分别在桩顶和桩间土埋设土压力盒,测试桩土应力比。

6. 关于CFG桩间距中心处加插排水板问题

根据工程中出现的地面隆起情况和现场监测资料表明,由CFG桩组成的复合地基在施工中会产生较大的超静孔隙水压力,施工挤土和振动引起软土中超静孔隙水压力达到100kPa以上,使土体强度大幅度降低,导致土体产生较大的侧向挤压,这对已打桩将产生不利影响,同时地面隆起,桩体缩颈,严重时会将桩拉断,因此可在上述区域先打设25m深的排水板,以利超静孔隙水压力消散,排水板位于桩间距形心处。

六、堆载预压和真空排水预压地段的加荷控制标准

堆载预压和真空排水预压地段的加荷控制标准应该区别对待。

1. 堆载预压地段

堆载预压法在加固软土地基时,土体中产生的是正超静孔隙水压力,因此使土体强度大大降低,如不控制加载速率,就有可能发生地基失稳,导致滑坡发生,给工程带来危害。控制加载速率就是合理安排填土速度,填一定厚度停一段时间,让地基中的正超静孔隙水压力逐步消散,使土体自身强度有一定恢复和增长,以便能继续填筑。目前判别能否填筑的宏观控制标准就是看当日沉降速率和当日水平位移值,根据以往的经验和研究成果,结合慈溪路段的地质条件,认为当填筑高度在3m以下时,可以不考虑沉降速率和水平位移的大小,当填筑高度在3m以上时,每日沉降速率应控制在<12mm/d,水平位移<4mm/d。

2. 真空排水预压地段

真空排水预压在加固软土地基时,土体中产生的是负超静孔隙水压力,土体的强度不会降低,而且土体的侧向变形是向着加固区的,因此在真空排水预压阶段是不需要控制加载速率的;当真空与堆载联合加固时,就要从孔隙水压力和填土高度来看,一般若膜下真空度稳定在80kPa,填土高度超过3m以上,孔隙水压力有可能由负值转为正超静孔隙水压力,沉降速率可控制在<20mm/d,向加固区外的水平位移<5mm/d,以此作为控制是否继续填筑的标准。

第五节　预压处理段路基的沉降补方系数

摘　要:高速公路预压处理段路基的沉降补方量与沉降量大小有直接的关系,还与路堤的沉降盆形状有关,影响沉降量的因素都可以看成是影响沉降补方量大小的因素。求解沉降补方量就是准确确定沉降补方系数;随着高等级公路建设的发展,沉降补方系数也在变化,不能沿用一个定值;一般路越宽、软土越厚、沉降越大,沉降补方系数越大。试验段的研究结果表明,真空联合堆载预压比堆载预压的加固沉降量要大35%~45%,而沉降补方系数只大1.4%~2.4%,充分表现出加固方法对沉降补方系数的影响。统计分析结果表明均方差和变异系数都较小时,可以用同类情形的沉降补方系数的平均值来计算沉降补方量。

一、引言

预压法是软土地基加固中最常用的地基处理方法，包括无垂直排水通道的堆载预压、有垂直排水通道的堆载预压、真空预压、真空联合堆载预压等，它最大的优点是成本较低，工艺简单，因而被广泛用于高速公路的建设中；然而预压法一般都会引起地基较大的加固沉降量，为了维持路堤的设计高程，都要对沉降进行补方。对此，设计部门预先都要进行一定的估算，作为支付给工程队的依据和核算工程量。但是，随着高速公路建设的大量展开，处理软基所用的预压法也各不相同，遇到的地质情况也越来越复杂，路基宽度、高度也日渐增大，按以往经验所估计的沉降补方量常与实际有较大的出入，也使工程队与业主常常为此发生争执。因此有必要对沉降补方量的计算重新认识和推求，本节介绍对这一问题的研究成果，供实际运用时参考。

二、沉降补方的含义

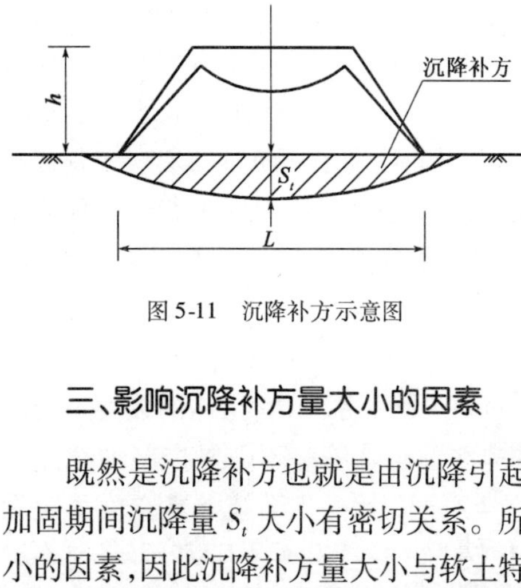

图 5-11　沉降补方示意图

本节谈到的沉降补方都是指用预压方法处理的路段，因加固处理使原地面下沉而需要补足的土方量，该补方量是指在路堤做路面（含路面结构层）以前的方量，也就是路堤施工期间所需多填的土方量，它不包括上路面后路堤发生的沉降补方量。单位长度路堤的沉降补方量应是原天然地面线与路堤横断面下沉曲线所包含的面积，如图 5-11 所示的阴影面积。

三、影响沉降补方量大小的因素

既然是沉降补方也就是由沉降引起的路堤增加的填筑方量 ΔW，所以补方量的大小应与加固期间沉降量 S_t 大小有密切关系。所有影响沉降量大小的因素都可以看成是影响补方量大小的因素，因此沉降补方量大小与软土特性，如压缩性 a_v、软土初始状态 e_0、软土厚度 H、固结特性 C_v、C_h、应力历史 P_c'等有关，与路堤高低 h、路堤底宽 L、填筑快慢、垂直排水通道打设深度 H'、间距 d、布置方式等有关，沉降补方量 ΔW 应该是以上这些因素的函数，可以用下式来表达。

$$\Delta W = f(a_v, e_0, H, C_v, C_h, P_c', h, L, H', d\cdots) \tag{5-11}$$

沉降补方量除了与沉降量大小有直接的关系外，还与路堤产生的沉降盆形状有关，计算沉降补方量实质上就是计算该沉降盆的面积。沉降盆不仅仅在路堤下面形成，还会延伸到路堤的边缘地带（图 5-11）；而不同的加固方法，对路堤边缘影响范围的大小是不一样的，如真空预压和真空联合堆载预压比堆载预压影响要小，因为在抽真空时，地基的侧向变形是朝向路堤内的，这将减小沉降盆的面积；堆载加荷快慢对土体侧向变形也有影响；另外，路堤的刚度对沉降盆形状也有影响。

综上所述，要准确计算出沉降补方量不是一件容易的事，影响因素太多、也太复杂；简便的计算方法是先假定沉降盆满足的曲线方程，用积分求和的方法，求得沉降盆面积的表达式，即为该路堤这一段落的沉降补方量。为应用方便，一般将表达式简化为路堤中心沉降量 S_t 和路

基底宽 L 两个主要参数，见式(5-12)。

$$\Delta W = X \cdot S_t \cdot L \tag{5-12}$$

式中：X——沉降补方系数。

由于沉降盆的实际形状是很难搞准的，推求时对沉降盆曲线的假定有很大的主观性，因此，将一些不易确定的因素及对沉降盆曲线假定的近似性都概况在这个沉降补方系数当中，一方面抓住了问题的主要方面，也使复杂的问题变得简单，有利于工程使用。剩下的问题就是准确地确定沉降补方系数了。

四、沉降补方系数的确定

我国铁路部门在铁路路基的施工中很早就遇到了该问题，早在1975年就提出路堤的沉降补方系数为2/3，它是建立在沉降盆曲线近似符合二次抛物线方程的前提下得出的，而且抛物线的起点和终点分别就是路堤两坡脚与原地面的交点（图5-12）；此后公路部门也沿用了该式，即

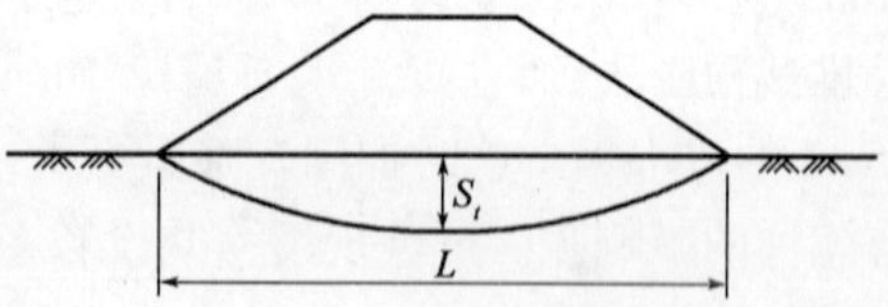

图5-12　早年沉降补方所假定的沉降盆曲线形状

$$\Delta W = \frac{2}{3} S_t \cdot L \tag{5-13}$$

铁路部门得到的式(5-13)，在当时那个年代应该说是比较符合实际情况的，那时限于经济实力和实施能力，一般对软土地基都没有做深层处理，采用的就是无垂直排水通道的堆载预压法处理，所以软土的固结时间很长，施工中路堤的沉降并不很大，关心的和主要解决的是路堤的稳定问题。另外，铁路路堤宽度一般也不大，不超过10m，所以当路堤建好后，地基的下沉量一般也不大，因此式(5-13)还是能比较好地反映施工沉降补方量的大小。

然而，随着国家综合实力的提高和施工技术的不断进步，出现了垂直排水通道的堆载预压法。自20世纪80年代后期开始，该方法广泛运用于高速公路的软土地基加固处理当中。这时路堤在施工中的沉降量比原先有了很大增加，沉降补方量也随之大大增加，沉降盆曲线也不一定满足二次抛物线形式，因此用式(5-13)计算沉降补方量就有比较大的误差。1996～1999年在"同三线宁波段高速公路试验段"中，所用的地基处理方法是排水板加堆载预压法，其路堤主要尺寸、地基处理参数列于表5-7当中。根据用断面沉降仪测得的现场路堤沉降盆曲线，按复合辛普生法对沉降补方系数做了计算，结果见表5-7，得到路堤沉降量小于1m时，其平均沉降补方系数为0.76，沉降量大于1m时其平均值为0.78。沉降补方系数初步与路堤中心沉降量挂钩，能看出该系数已和式(5-13)中的有较大不同了，增大了15%左右。在"同三线宁波段高速公路试验段"中得到的沉降补方系数，与式(5-13)相比仅仅反映的是有排水板的堆载预压处理方法及双向四车道路堤对沉降补方系数的影响。

"同三线宁波段高速公路试验段"沉降补方系数　　表5-7

断　面　号	1	2	3	4
路基顶宽(m)	26	26	26	26
路基底宽(m)	39.41	37.94	40.00	40.30

续上表

断　面　号	1	2	3	4
路堤填高(m)	5.75	5.52	6.78	6.65
排水板处理深度/间距(m)	16/1.5	16/1.5	17.3/1.0	17.3/1.0
沉降量小于1m时,沉降补方系数	0.77	0.75	0.74	0.79
沉降量大于1m时,沉降补方系数	0.784	0.775	0.781	0.784

在杭州湾跨海大桥南岸接线试验段中,路基顶宽达到35m,为双向六车道,路堤底宽在50m左右,软土深度达到30~35m,地基处理方法除排水板加堆载预压法外,又增加了真空联合堆载预压法,而垂直排水通道除10cm宽的排水板外,还有直径3cm的钢丝透水软管和宽15cm的排水板。这时加固沉降量更大,沉降补方量也更大,那么所有这些对沉降补方系数又有怎样的影响呢。试验现场一共设有23个真空联合堆载预压观测断面。由真空联合堆载预压法加固的路堤地基,在慈溪段发生的沉降量为1~1.7m,在江北段为1.9~2.9m,慈溪段与江北段地质条件差异较大,各断面的路堤填筑高度不同,沉降补方量差别也大;有排水板的堆载预压路段加固沉降量和沉降补方量也比宁波同三线试验段大,要分别找出沉降补方系数与这些因素的相关关系是很困难的。考虑到地基沉降量能综合反映以上这些因素的影响,按照不同加固方法分别对慈溪段与江北段的沉降补方系数进行了数理统计分析。研究结果表明,由于路面变宽、软土变厚、加固方法及垂直排水通道和已往有所不同,使得杭州湾大桥南岸接线试验段预压路段沉降补方系数变得更大,它与加固方法、路堤填筑期路中心沉降量等有密切关系,特别是用真空联合堆载预压法加固的段落,沉降补方系数与中心沉降量显示出良好的线性关系,如式(5-14)、式(5-15)和图5-13、图5-14。

慈溪段真空联合堆载预压加固路段的沉降补方系数是

$$X = 0.177 \times S_t + 0.639 \tag{5-14}$$

方程拟合的相关系数为0.842,使用范围是$1.0m < S_t < 1.7m$。

江北段真空联合堆载预压加固路段的沉降补方系数是

$$X = 0.068 \times S_t + 0.708 \tag{5-15}$$

方程拟合的相关系数为0.95,使用范围是$1.9m < S_t < 2.9m$。

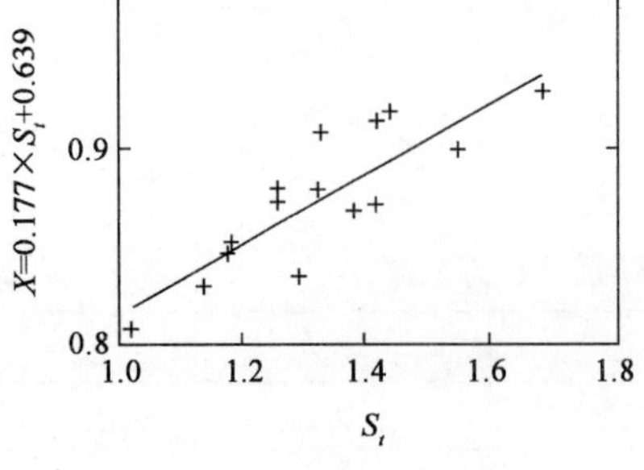

图5-13　慈溪段沉降补方系数与沉降量的关系

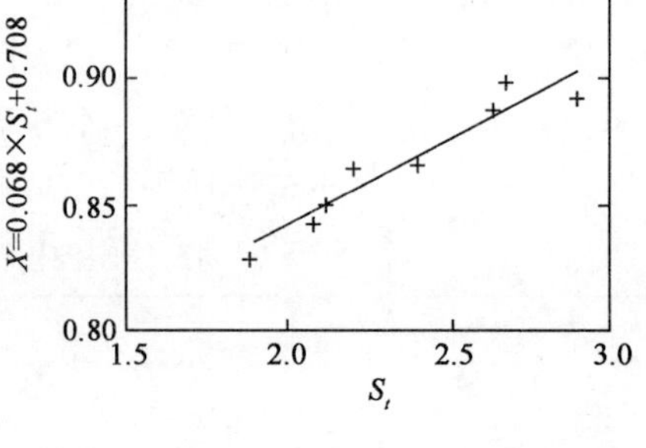

图5-14　江北段沉降补方系数与沉降量的关系

当用各种情况的平均值来表示沉降补方系数时，统计分析结果表明均方差和变异系数都在较小的范围内（表5-8），说明可以用该平均值来替代上述公式计算沉降补方量，总体上不会引起很大的误差。

杭州湾大桥南岸接线试验段沉降补方系数 表5-8

工程地点	慈溪段		江北段	
加固方法	真空联合堆载预压	堆载预压	真空联合堆载预压	堆载预压
数据组数	15	4	8	1
沉降补方系数平均值	0.87	0.858	0.87	0.85
平均值的均方差/变异系数	0.035/0.040	0.021/0.062	0.025/0.029	—
平均值比宁波试验段的大(%)	11.5	7.7	11.5	9.0
平均值比式(5-13)的大(%)	30	28.6	30	26.9

从表5-8中资料还看出，沉降补方系数的平均值，杭州湾大桥南岸接线试验段推得的比同三线宁波段高速公路试验段的沉降补方系数也大了不少，平均值高出7.7%～11.5%，比式(5-13)的要高出26%～30%，这充分说明了加固方法及路堤等级的影响。就杭州湾大桥试验段本身而言，尽管真空联合堆载预压法比堆载预压法的加固沉降量要大35%～45%，但它们之间的沉降补方系数却没有这么大的差别，前者只比后者大1.4%～2.4%；而实际上在真空联合堆载预压的工况中，路堤高度都比堆载预压的高许多，路基底宽相应也大，但沉降补方系数却没有想象中的大，这反映了真空联合堆载预压因侧向变形引起的地基附加沉降量要远小于堆载预压因地基侧向变形而产生的附加沉降量，充分表现出不同加固方法对沉降补方系数的影响。

五、结语

(1)预压方法引起的沉降补方量与沉降量大小有直接的关系，还与路堤的沉降盆形状有关，影响沉降量的因素都可以看成是影响沉降补方量大小的因素。

(2)沉降补方量的表达式包含了路堤中心沉降量和路基底宽两个主要参数，由于两者都能比较准确得到，因此求解沉降补方量就归结为准确确定沉降补方系数的问题。

(3)随着高等级公路建设的发展、加固技术的进步和地质条件的变化，沉降补方系数也在变化，不能沿用一个定值。一般路越宽、软土越厚、沉降越大，沉降补方系数越大。在现场应加强地表沉降观测，有条件的工程，应设立横断面沉降观测，以准确了解路堤沉降盆形状。

(4)杭州湾大桥试验段的研究结果表明，真空联合堆载预压比堆载预压的加固沉降量要大35%～45%，而沉降补方系数只大1.4%～2.4%，充分表现出加固方法对沉降补方系数的影响；统计分析结果表明均方差和变异系数都较小时，可以用同类情形的沉降补方系数的平均值来计算沉降补方量。

第六节　预压加固中固结系数的变化及分析

摘　要：固结系数是预压加固中最重要的土性参数，预压加固中固结系数是不断变化的，总的趋势是逐渐变小；室内测定的固结系数比用沉降过程线推求的固结系数要大6～9倍；现场推求的固结系数不仅综合反映了土体变形和渗透特性以外，而且还反映了施工因素的影响和加固过程中土层、土性变化的影响；重塑土的固结系数比原状土的要降低3～7倍，它反映了现场推求的固结系数较小的一个原因，了解这一点对判断预压中止时间意义重大。

一、引言

比较经济而快速的软土地基处理方法应该是具有垂直排水通道的预压加固法，它广泛运用于高速公路、堆场码头、机场跑道、铁路路基、围垦造陆、电厂灰坝、河道整治和油罐地基等工程建设中。预压加固方法包括了堆载预压、自载预压、真空预压及真空联合堆载预压等方法。垂直排水通道的设立，改变了地基原有的排水边界条件，改变了土层中自由水的渗出途径，由原来的垂直向渗流变成以水平向为主的渗流，缩短了排水路径、加速地基的固结，减少了工后沉降量，增加地基的强度和稳定性，使预压效果得到极大地提高，极大地缩短了加固时间。在对加固效果和加固时间做出估计时，用到最重要的土性参数那就是固结系数，固结系数是反映土层固结快慢的一个参数。固结系数可通过室内土工试验得到，也可通过现场实测资料推求得到。由于室内土工试验的环节多，其结果受取土质量好坏、试验技术水平的高低及计算方法的不同而有很大差异；因此在有条件的情况下，一般都通过现场实测资料来推求，以检验和修正室内试验值。通过现场实测资料推求固结系数一般可分二类，其一是利用预压加固中实测的软土超静孔隙水压力的变化来推求该点或该层土的固结系数，这方面我国曾国熙教授做了开创性的工作，早在1975年就提出了著名的“固结度对数法”；其二是利用实测沉降资料推求固结系数。本节根据工程现场的沉降观测资料对预压加固中的固结系数进行了推求。此外，在以往的设计中一般都将固结系数看成在加固过程中是一个不变的参数，实际上在加固过程中它是变化的，作者对加固的不同阶段的固结系数作了推求，并对其变化作了分析。

二、工程概况

在深厚软基段进行了预压处理方法的研究，它包括超载、堆载预压法、真空联合堆载预压法，而在真空联合堆载预压中又设置了透水软管和排水板两种不同的垂直排水通道方式，以研究该法在本地区的效果和相应的施工工艺等。该段落基本情况见表5-9。

试验段划分(尺寸单位:m)　　表5-9

区号	起 讫 桩 号	长度	设计路堤高度	路 段 类 型	软 土 深 度	处 理 方 法
N12	K119+633～K119+733	100	4.5	一般	31.0	真空堆载(C板)
N13	K119+733～K119+833	100	3.5	一般	29.0	真空堆载(透水软管)
N14	K119+833～K119+900	67	2.8	一般	30.0	堆载超载1m(C板)

该地段地层与主要土性指标见表5-10。主要软土层为②$_2$、③$_1$层，厚度是28m左右，位于地表下2m左右。垂直排水通道打设深度为28～31m，三角形布置，间距为1.2m。加固时间受路堤填土时间控制，路堤填筑过程中有比较明显的2～3段休止期，这使得能求出加固中间的固结系数值。

加固前主要物理力学指标 表5-10

土层名	土层代号	含水率	湿密度	孔隙比	液限	塑性指数	液性指数	压缩系数	渗透系数（$\times10^{-6}$）
		w	ρ	e	w_L	I_P	I_L	a_v	K_{20}
		%	g/cm^3	—	%	—	—	MPa^{-1}	cm/s
亚黏土	②$_1$	30.8	1.90	0.874	33.6	12.8	0.79	0.35	—
淤泥质亚砂土	②$_2$	38.1	1.83	1.037	30.4	9.7	1.82	0.46	6.24
淤泥质亚黏土	③$_1$	41.9	1.79	1.165	36.2	13.8	1.44	0.54	0.56
粉、细砂	⑤$_2$	30.1	1.88	0.868	—	—	—	0.18	715

三、预压加固中固结系数的变化

1. 用实测沉降过程线推求现场固结系数方法

在预压荷载不变的情况下，软土地基的沉降曲线可以认为满足双曲线的变化规律，

$$S_t = S_a + \frac{t - t_a}{\alpha + \beta(t - t_a)} \tag{5-16}$$

式中：S_t——t 时刻的沉降量；

S_a——双曲线起点 t_a 时的沉降量；

α、β——待定的系数。

各符号的意义如图5-15所示。

可以将式(5-16)的非线性表达式变成一元线性形式，利用测得的数据按最小二乘法可以求出系数 α、β，从而推求出到该级荷载为止的最终沉降量 S_∞，详见参考文献[6]。对于加荷面积较大的情况，其面积中心处可近似看成单向固结变形，实测中心沉降量与推求最终沉降量的比值，可当成此刻的固结度 U_t[如式(5-17)]，有了 U_t 然后用式(5-18)可求出 B。A、B 是排水固结参数，各种情况下的 A、B 表达式见文献[6]。

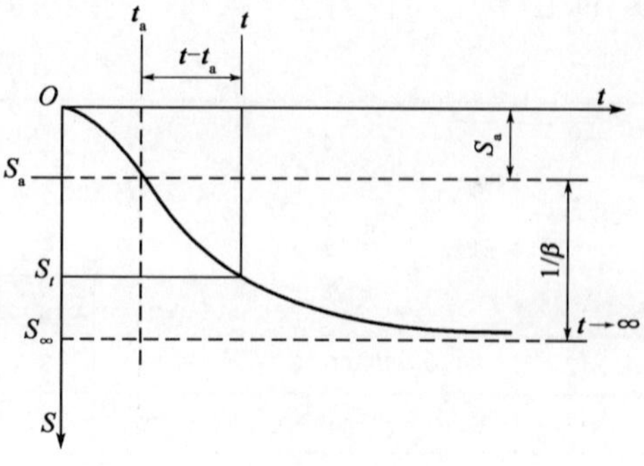

图5-15 运用双曲线法推求最终沉降量

$$U_t = S_t/S_\infty \tag{5-17}$$

当有垂直排水通道时地基属三维固结，B 中含有垂直向固结系数 C_v 和水平向固结系数 C_h 两个参数，这时需要假定 C_v 和 C_h 之间的定量关系，才能求解出 C_v 和 C_h 值。

$$U_t = 1 - Ae^{-B\cdot t} \tag{5-18}$$

2. 预压加固过程中固结系数的变化

按照上述的思路对现场实测的3个路段中央的沉降曲线进行了拟合和推求，在这些沉降曲线中，正好有2段或3段稳压的时间较长，给推求该时段固结系数提供了条件，按曲线走势再外延一段之后，推求的固结系数见表5-11。推求时，C_v 与 C_h 的比值是按室内测定的平均结果设定的，即 C_v∶C_h =1∶1.14。

从表 5-11 中数据能看出有以下规律，第一，随着预压加固的进行，无论是哪种预压方法，还是哪种垂直排水通道，固结系数总是逐渐减小的；第二，真空联合堆载预压方案中，第 3 时段的固结系数都是第 2 时段的 53% 左右，而堆载预压方案第 3 时段的固结系数仅为第 2 时段的 40%，由此看出这两种加固方案的差异；第三，同是真空联合堆载预压方案，同一时段，垂直排水通道为钢丝透水软管的固结系数比 C 型排水板的要高 27% 左右，这能否说是由垂直排水通道的不同所引起的呢？

由实测沉降曲线推求的现场固结系数　表 5-11

断面号	里　程　桩	推求的现场固结系数值（$cm^2/s\times10^{-3}$）						备　注
		第 1 时段		第 2 时段		第 3 时段		
		C_v	C_h	C_v	C_h	C_v	C_h	
N12	K119 +700（C 板）	—	—	1.12	1.28	0.60	0.68	真空 + 堆载
N13	K119 +757（软管）	—	—	1.42	1.62	0.76	0.86	真空 + 堆载
N14	K119 +880（C 板）	1.70	1.94	1.14	1.29	0.45	0.52	堆载、超载

注：第 1 时段指加固大约从第 1d 到第 75d，第 2 时段指加固大约从第 100d 到 165d，第 3 时段指加固大约从第 230 ~ 275d 到 360 ~ 390d。

四、室内测定的固结系数与现场推求的差异

在预压加固前，对不同地层都取土做了室内试验，室内测定固结系数的方法是时间对数法，即 lg*t* 法。室内测定结果与现场推求值列于表 5-12 中，可以看出它们有很大差异。

室内与现场固结系数差异比较　表 5-12

断面号	里　程　桩	试验室测定的固结系数加权值（$cm^2/s\times10^{-3}$）		由沉降曲线推求的两时段固结系数平均值（$cm^2/s\times10^{-3}$）		室内测定值与沉降曲线推求值（两时段均值）的比值		备　注
		C_v	C_h	C_v	C_h	C_v	C_h	
N12	K119 +700（C 板）	7.10	8.44	0.86	0.98	8.26	8.61	真空 + 堆载
N13	K119 +757（软管）	6.78	7.94	1.09	1.24	6.22	6.40	真空 + 堆载
N14	K119 +880（C 板）	7.22	8.54	0.80	0.91	9.03	9.38	堆载、超载

从表 5-12 中比较看出，室内测定的固结系数要比推求的加固中、后期的值高出 6 ~ 9 倍，比加固初期的也高出 4 倍左右（看 N14 段落），这也许就是现场实际的加固时间往往要比设计预估的长很多的原因。相比较而言，钢丝透水软管的要稍好一些。

五、原因分析

室内测定的固结系数与用实测沉降过程线推求的固结系数有比较大的差异，其原因如下：

1. 两者的含义和取得条件有所不同

室内测定的固结系数是太沙基固结理论在推导固结方程时引入的一个系数，是综合反映土体变形和渗透特性的一个参数[见式（5-19）]，是估算沉降速率的指标。它假定土体是完全饱和的，发生在小变形前提下，固结过程中不考虑土层厚度的变化，孔隙水的流动服从达西定

律，边界是自由的，对水的流动没有阻力，渗透系数 k 和压缩性 a_v 在固结过程中也没有变化，因此固结系数是一常数。其值是在有侧限的条件下，用高于现场的应变速率（导致土样中有较高的孔隙水压力梯度）进行测定得到的，因而所得值会偏高。

$$C_v = \frac{k(1+e)}{a_v \gamma_w} \tag{5-19}$$

用实测沉降过程线推求的固结系数，严格意义上讲与室内测定的固结系数在含义上有所不同，除了综合反映土体变形和渗透特性以外，而且还反映了施工因素的影响，如垂直排水通道施工对土体产生的扰动、导管插入对土体层状渗流结构产生的破坏，孔隙水的流动受到额外的阻力，以及加荷速率对沉降速率的影响等。同时也反映了加固过程中土层和土性变化的情形，如土层厚度的变化导致渗透路径长度的变化，土体压缩性的降低导致沉降速率减缓，真空联合堆载预压加固方法中的真空吸力导致土体孔隙水流动的加速等。因此，用实测沉降过程线推求的固结系数会与室内测定值有较大差异。

2. 现场施工扰动对孔隙水排出会有较大影响

在室内测定固结系数时为了弄清施工扰动、涂抹等作用的影响，除了测定原状土样的固结系数外，还测定了重塑土的固结系数，结果见表5-13。

重塑土是土体结构受到扰动的极端情况，土体天然结构与层理都受到严重破坏。从表5-13中看出，①重塑土的固结系数比原状土降低3～7倍；②原状土固结系数较高的、在受到扰动后下降的幅度也较大；③同一类土，较软弱的，在受到扰乱后下降的幅度也相对较大。

室内试验测定的原状土与重塑土固结系数　　表5-13

土层名	土层代号	垂直向固结系数 $\times 10^{-3}$ (cm^2/s)						
		原状土			重塑土			均值比
		100kPa	200kPa	均值	100kPa	200kPa	均值	原状土/重塑土
亚黏土	$②_1$	6.14	7.33	6.74	1.85	2.52	2.19	3.1
淤泥质亚砂土	$②_2$	6.39	7.26	6.83	1.32	2.26	1.79	3.8
淤泥质亚黏土	$③_1$	5.74	5.91	5.83	1.22	1.49	1.36	4.3
亚黏土	$③_2$	6.95	7.78	7.37	0.72	1.26	0.99	7.4

垂直排水通道施工对土体的扰动整体上并不会比重塑土厉害，但在导管插孔壁的周围，软土受到的扰动和涂抹应该说也是严重的（尤其是振动贯入型设备），它大大阻碍孔隙水从土体中流出，延缓土体的固结速度，因此由沉降曲线推求的固结系数会比室内的小很多，估计有2～3倍。

3. 土层性质在深度上的差异使室内测定的固结系数与推求的有较大差别

由于地层的成层特点，所以土的性质在深度上是不均匀的，即使是同一层，其在不同深度上的土性指标也有差别，何况是不同的地层（表5-13），这是工程上经常遇到的情况。表5-14表示的就是试验段内的主要软弱$③_1$层在不同深度处室内测定的固结系数值，该层厚达20m以上。表5-14中数据表明自地表以下10～20m处，固结系数逐渐变小，在20m处达到最小，20m以下到30m之间，固结系数有增大趋势。从工程角度看，该层固结系数沿深度总体上变化不是太大，相差都在一倍以内。但有不少工程并非这样理想，层间差异较大，同一层中不同部位也相差不小。因此，在做工程设计时，要运用数学方法对上述情况进行处理，例如，取各层值的平均数，或以厚度为权、取加权平均值等。应该说这是解决问题的一种手段，但它还是不能完全真实地反映地基的情况。因为按能量最小原理，预压时土层中孔隙水总是朝着最容易走的路径流的，也就是沿阻力最小的方向流动，所以各层土在预压中孔隙水流动并不一定完全按事先设定好的路径流动，会使室内沉降速率与现场的有差异，也就不可避免地使室内测定固结系数值与现场推求值产生差异。

按深度统计的软土固结系数　　表 5-14

序号	自地面深度(m)	③$_1$ 淤泥质亚黏土层 $\times 10^{-3}$ (cm^2/s)		
		100kPa(均值)	200kPa(均值)	同深度均值
1	10.0～13.0	7.22	7.47	7.34
2	14.0～17.0	6.71	5.70	6.22
3	18.0～21.0	4.33	4.16	4.25
4	22.0～25.0	5.71	5.88	5.80
5	26.0～30.0	5.52	5.84	5.68
6	>30.0	4.71	4.84	4.78

六、结论

(1)固结系数是预压加固中最重要的土性参数之一，预压加固中固结系数是不断变化的，总的趋势是逐渐变小。

(2)室内测定的固结系数与用实测沉降过程线推求的固结系数相差甚大，在杭州湾地区前者一般比后者大 6～9 倍。

(3)室内测定值和现场推求值二者的含义和取得条件有所不同，后者不仅综合反映了土体变形和渗透特性以外，而且还反映了施工因素的影响，也反映了加固过程中土层和土性变化的影响。

(4)重塑土的固结系数比原状土的要降低 3～7 倍，它折射出现场推求值较小的一个原因，即施工使土体受到扰动、天然结构与层理受到破坏，导致孔隙水排出受阻。

(5)对成层地基来说，很难选择合适的室内固结系数值对预压加固进行设计计算。

(6)建议多积累现场固结系数推求值资料，并寻求其变化规律，以便更好地预测加固效果和较准确地预估加固时间。

第七节　CFG 桩成桩过程对桩间软土的影响

摘　要：通过现场监测与检测，表明振动沉管进行 CFG 桩的施工对加固区的软土有较大的影响。由于是完全排土成桩工艺，成桩过程对加固区的饱和软土将产生较大的扰动，造成软土层结构的破坏，导致桩间土强度降低，对周边 30～40 m 范围产生影响。在施工区内的软土中产生最大超静孔隙水压力为 108kPa，超静孔隙水压力有随深度增大而增大的规律，沿深度近似线性递增；消散时间也随深度增大而增长，消散完毕最长需要60d。软土强度的恢复需要3～4个月的时间，成桩结束3个月以后地基上部两层软土强度有小幅增加，十字板强度增幅在9%～26%，而第3层软土强度仍未恢复到原有强度，仅为原状土的87%。取芯检测结果还显示采用隔行隔排跳打施工与采用连续施打的效果相当，桩身小应变动测结果也显示两种施工顺序完成的CFG桩的桩身质量无很大区别。

一、引言

CFG桩复合地基法加固软土地基技术已被广泛运用，目前CFG桩的施工有采用振动沉管机成桩的，也有采用长螺旋钻孔灌注机成孔施工的。对比这两种CFG桩施工机械，前者使CFG桩工艺成为完全排土桩工艺，该成桩工艺强大的振动对邻近建筑物能产生不良影响，在饱和黏性土中成桩，会造成地表隆起、有可能挤断已打成的桩，在高灵敏度土中施工会导致桩间土强度较大地降低；而后者成孔制桩时不产生振动，避免了新打桩对已打桩产生的不良影响，但在饱和软土中少见采用，原因是螺旋提起时孔壁易坍塌、成孔不易。

本工程中CFG桩施工区域地下水位很高，地下水位接近地表，被加固地基为饱和软黏土，用长螺旋钻孔灌注成桩工艺很难成孔。为了了解用振动沉管机具进行CFG桩施工时，会对加固区的软土产生多大影响、范围多大，成桩过程对加固区桩间饱和软土产生多大的扰动，对软土层结构造成的破坏程度，以及桩间土强度降低后需要多长的时间恢复等，设立了CFG桩试验区，对施工过程进行了监测，并在施工结束后作了检测。

二、工程概况

N3、N10和N11三个小段落为水泥粉煤灰碎石桩(简称CFG桩)的复合地基加固段。它位于宁波慈溪市境内杭州湾滨海相泻湖沉积平原上，地基软土厚度达32～34m。CFG桩段落的主要设计参数见表5-15。

CFG桩的设计直径为50cm，水泥采用425号普通硅酸盐水泥，粗骨料碎石粒径为3～5cm，桩体强度要求达到C12，按坍落度为3cm时进行配合比设计；桩顶铺设50cm厚的碎石垫层，垫层采用粒径2～5cm的洁净碎石，内铺一层钢塑土工格栅，铺于地面以上30cm处的碎石垫层内，钢塑土工格栅要求延伸率≤3.0%，其纵向抗拉强度>80kN/m，横向抗拉强度>60kN/m。

CFG桩的主要设计参数 表5-15

区号	起讫桩号	路段类型	设计路堤高度(m)	桩长(m)	间距(m)
N3	K118+623～K118+679	一般	4.1	32	3.0
	K118+679～K118+709	桥头	4.2	32	2.5
	K118+709～K118+735	桥头	4.3	34	2.0
N10	K119+453～K119+483	桥头	5.0	33	2.5
	K119+483～K119+520	桥头		33	2.0
N11	K119+566～K119+603	桥头	4.8	31	2.0
	K119+603～K119+633	桥头		31	2.5

三、CFG 桩加固区的工程地质特征

加固前对场地做了详细的工程地质勘察，图 5-16 是试验段工程 CFG 桩加固区代表性土层剖面。钻孔柱状图显示本工程 CFG 桩加固区有 4 层土，其中 3 层为软土，在 N3、N10 和 N11 3 个段落都存在，只是厚度有所差异；在 N3 段落第 4 层为亚黏土，而 N10 和 N11 段落则是粉细砂。各土层物理力学特征指标见表 5-16。

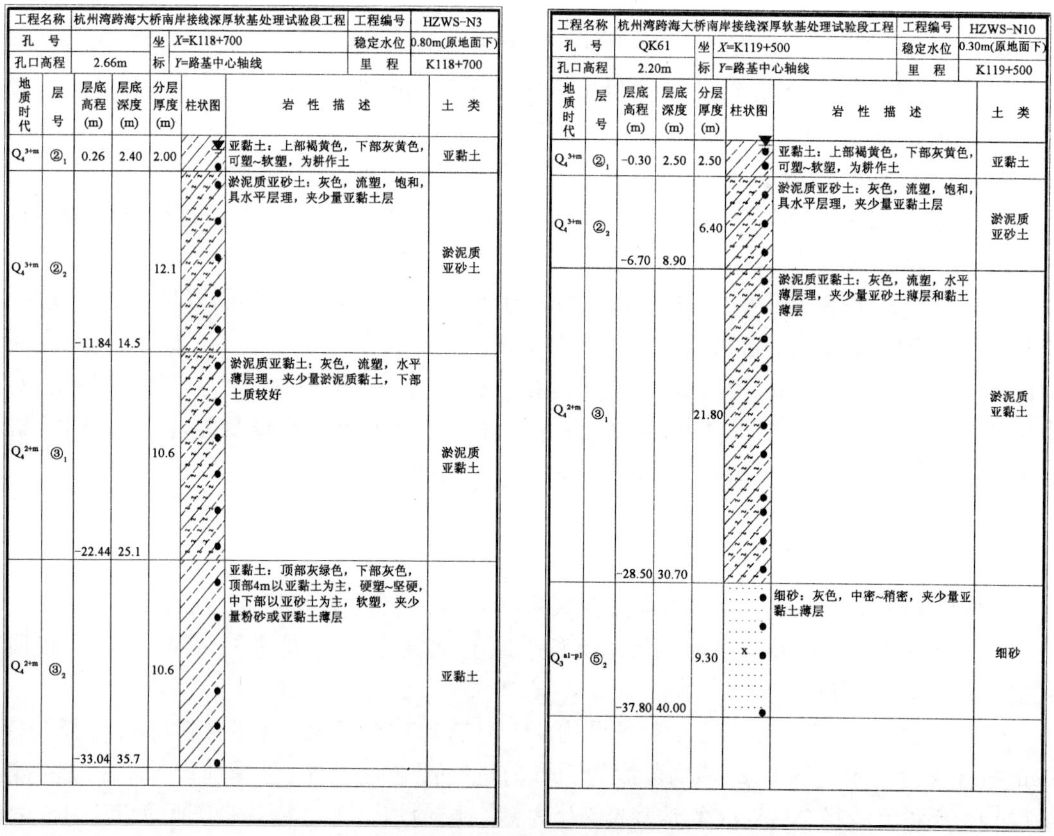

图 5-16　CFG 桩加固区土层剖面图

CFG 桩加固区土层特性　　表 5-16

土层编号	土层名	土层厚度(m)	含水率(%)	湿密度(g/cm^3)	孔隙比	塑性指数	压缩系数(MPa^{-1})	固结系数($\times10^{-3}$)(cm^2/s)
②$_1$	亚黏土	2.0～2.5	30.3～31.0	1.90～1.91	0.874～0.872	13.5～14.0	0.44～0.32	6.02～7.64
②$_2$	淤泥质亚砂土	6.4～12.8	34.1～37.3	1.81～1.86	1.053～0.951	9.6～8.3	0.45～0.39	8.04～8.72
③$_1$	淤泥质亚黏土	10.6～21.8	42.0～42.1	1.80～1.79	1.160～1.161	14.9～13.2	0.66～0.70	6.22
③$_2$	亚黏土	10.6	35.3	1.83	1.015	13.3	0.37	5.73
⑤$_2$	细　砂	9.3	29.5	1.91	0.834	—	0.18	—

对试验段3种软土93个土样进行颗粒组成分析，统计分析结果见表5-17。

试验段软土颗粒组成　　表5-17

土层编号	土　类	粉粒含量(%)	黏粒含量(%)	细(粉)砂含量(%)
②$_1$	亚黏土	78.4	20	1.6
②$_2$	淤泥质亚砂土	80.6	14	5.4
③$_1$	淤泥质亚黏土	70.8	28.5	0.7

表5-17中数据显示加固区3种软土以粉粒含量为主，黏粒含量为辅，3种软土在含量上有所不同，导致软土的物理力学性质有所差异。3种软土中粉粒含量均超过70%，以第2层土(②$_2$层)为最高，达到80%，②$_1$次之，也接近80%；黏粒含量则相反，以第3层土(③$_1$层)为最高，达到28.5%，再加上第3层软土厚度最大，因此是加固中难度最大的。

室内无侧限抗压强度的灵敏度试验结果还表明，本工程软土层有一定的结构性和触变性，见表5-18。

软土层室内无侧限抗压强度试验的灵敏度　　表5-18

土层编号	土　类	灵敏度	扰动后强度(kPa)
②$_1$	亚黏土	8.1	15.6
②$_2$	淤泥质亚砂土	11.4	4.1
③$_1$	淤泥质亚黏土	11.2	7.7

表5-16～表5-18结果说明加固区3层软土都为含水率高、强度偏低、灵敏度高的饱和软土。

四、施工机械及工艺

1.施工机械

CFG桩采用振动沉管机施工，打桩时用钢筋混凝土预制桩尖作为桩靴，使CFG桩成桩工艺成为完全排土桩工艺，该振动沉管打桩机的振动打桩锤等主要技术参数见表5-19。

振动沉管打桩机的振动打桩锤等主要技术参数　　表5-19

电机功率(kW)	37×2	空载振幅(mm)	9.8
电机转速(r/min)	1 460	允许拔桩力(kN)	282
偏心轴转速(r/min)	1 050	允许加压力(kN)	192
激振力(kN)	485	打桩锤质量(kg)	5 785

2.施工工艺

(1)施打顺序

在CFG桩的施工中，施打顺序有采用连续施打的(N3，N10区)，有采用隔桩隔排跳打的(N11区)，如图5-17所示。当采用隔桩隔排跳打的施工顺序时，第1次序为单排双号桩，第2次序为双排单号桩，第3次序为单排单号桩，第4次序为双排双号桩，施打顺序为第1次序全部施打完成后，再进行第2次序桩的施打，依此类推。

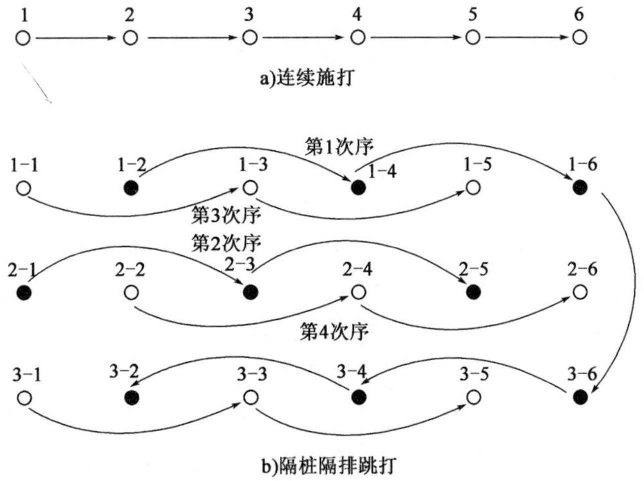

图 5-17 CFG 桩施打顺序示意图

(2)施工程序

本工程中 CFG 桩的施工程序包括施工准备和 CFG 桩的施工。施工准备工作包括完成施工场地的“三通一平”条件,确定施工机械和配套设备,确定材料供应计划,完成试桩成孔,复核地质资料,再次确认设备、工艺是否适宜,核定选用的参数,确定施打顺序以及复核测量基线、水准点及桩位。CFG 桩的施工步骤包含:根据设计桩长、沉管入土深度确定机架高度和沉管长度,进行设备组装;桩机就位,调整沉管与地面垂直,确保垂直度偏差不大于 1%;启动马达,沉管到预定高程,停机;停机后立即向管内投料,直到混合料与进料口齐平;启动马达,留振 5~10s,开始拔管,拔管速度一般为 1.2~1.5m/min。拔管过程中不允许反插,上料不足时,在拔管过程中空中投料,成桩后的桩顶高程要考虑记入保护桩长;沉管拔出地面,确认沉桩符合设计要求后,用粒状材料封顶,然后移机进行下一根桩的施工;施工过程中,抽样做混合料试块,试块尺寸为 15cm×15cm×15cm,并测定 28d 抗压强度。

五、CFG 桩成桩过程对桩间软土的影响

利用振动沉管打桩机施工 CFG 桩,对于塑性指数高的饱和软黏土,成桩时挤密分量基本为 0,而且会对周围土产生强烈扰动,特别是对灵敏度较高的土。为了了解这种影响的大小,在现场埋设了原型观测仪器进行监测,有孔隙水压力计、土体水平位移测斜管等,并在成桩前后对桩间软土做了多次现场十字板剪切试验和静力触探试验予以检测。

1. 现场监测仪器及布置

在 CFG 桩加固区设置了两个重点监测断面,其一是在 K118+623(N3)和 K119+500 断面(N10),在施工段落当中;其二在 K118+593(N2)断面,为 CFG 桩施工的影响区域。

孔隙水压力计和测斜管在 CFG 桩施工前安装完成,在 CFG 桩断面 K118+593 和 K118+623 处孔隙水压力计从 3~30m 深度、以 3m 为间距等距离各安装 10 套孔隙水压力计;在 CFG 桩施工区域内布置 10 套孔隙水压力计(平面布置如图 5-18 所示),了解 CFG 桩成桩过程产生超静孔隙水压力沿深度和水平距离的变化规律。

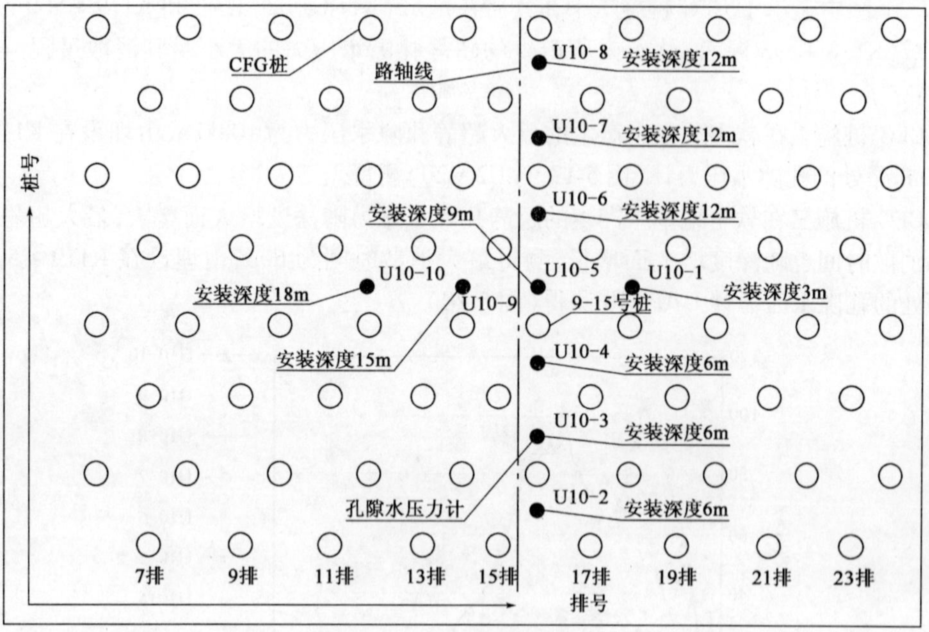

图 5-18 K119 +500(N10 区)监测断面孔隙水压力计布置

2. 监测结果及分析

(1)孔隙水压力监测结果

由于 CFG 桩制桩过程排土挤压和施工中沉管、拔管的振动,使土体中产生较大的超静孔隙水压力,由于软土透水性较差,所产生的超静孔隙水压力很难及时消散,尤其在软土层深处。但是在软土层浅处,由于挤土导致地面隆起、所产生的超静孔隙水压力相对较小,而且刚刚施工好的 CFG 桩也是一个良好的排水通道,孔隙水将沿着桩体向上排出,直到 CFG 桩体结硬为止。根据其他工程经验这样的排水过程可以延续几个小时。CFG 桩施工在软土中产生的超静孔隙水压力,如图 5-19 ~ 图 5-21 所示。

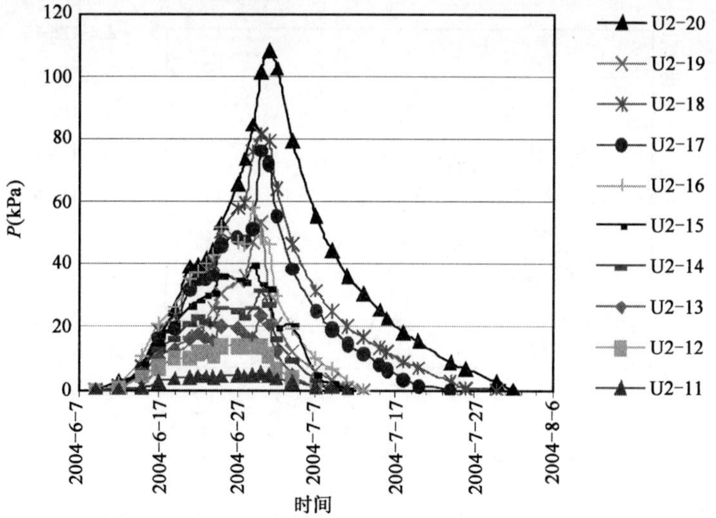

图 5-19 CFG 桩施工中在 K118 +623(N3 区)断面产生的超静孔隙水压力及消散过程

这3个图中显示了CFG桩施工中在其所在区域(K118+623断面和K119+500断面)和邻近区域(K118+593断面)软土内所产生的超静孔隙水压力的大小及其消散过程。监测结果表明:

①CFG桩施工在软土地基中产生的最大超静孔隙水压力为108kPa,由埋设在K118+623断面30m深处的孔隙水压力计(图5-19的U2-20)测得。

②CFG桩施工在软土地基中产生的超静孔隙水压力随深度增大而增大;最大超静孔隙水压力的消散时间也随深度增大而增长,测得最大消散时间为60d,由埋设在K119+500断面18m深处的孔隙水压力计U10-10测得(图5-20)。

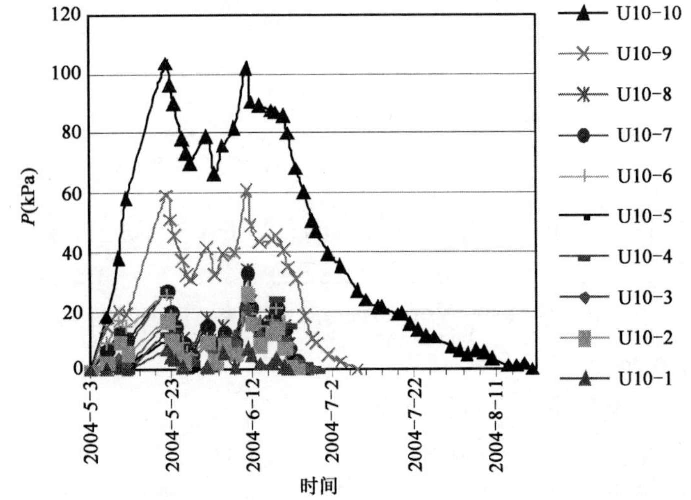

图5-20 施工中在K119+500断面(N10区)产生的超静孔隙水压力及其消散过程

③在N3区CFG桩成桩过程中,距N3边界处有30m的K118+593断面(N2)软土地基中产生2~30kPa的超静孔隙水压力(图5-21),可以看出CFG桩的施工对周围软土地基的影响范围超过30m。

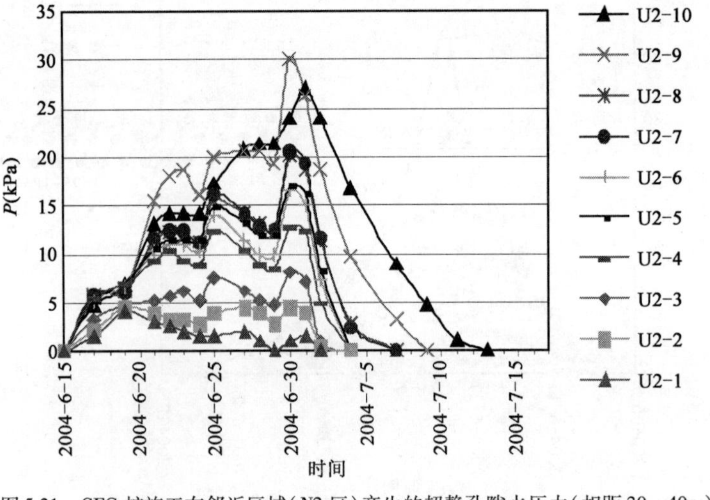

图5-21 CFG桩施工在邻近区域(N2区)产生的超静孔隙水压力(相距30~40m)

④K118 + 593 断面(N2)开始产生超静孔隙水压力的时间为6月15日，滞后于K118 + 623断面开始产生超静孔隙水压力的时间(6月9日)6d。

⑤图5-20所测结果与施工顺序是很吻合的。如图5-22所示，5月3日在距离K119 + 500断面位置(即孔隙水压力计埋设处15-9号桩附近)39.6m的8-6号桩区域开始施工，5月17日进行到埋设孔隙水压力计位置周围施工，5月22日振动打桩机移到场地另一侧，距离15-9号桩约54m的25-18号桩附近施工，分别于6月1日、6月6日、6月11日和6月19日又回到埋设孔压计的轴线位置进行CFG桩施工。对照孔压计测得的超静孔隙水压力资料看到:5月3日15-9号桩周围软土内开始产生超静孔隙水压力，5月22日产生的超静孔隙水压力达到第一个峰值，此后超静孔隙水压力开始消散，在6月1日、6月6日、6月11日产生的超静孔隙水压力也形成大小不同的峰值，在6月11日CFG桩施工因为距孔隙水压力埋设位置最近，此时产生的超静孔隙水压力形成又一个最大峰值，6月19日该区域CFG桩施工完成，然后超静孔隙水压力开始消散，至8月20日在该区域软土中产生的超静孔隙水压力全部消散完成。由此可以看出N10区软土中超静孔隙水压力的形成和消散过程准确反映了CFG成桩顺序的影响，同时也验证所测资料是可信的。

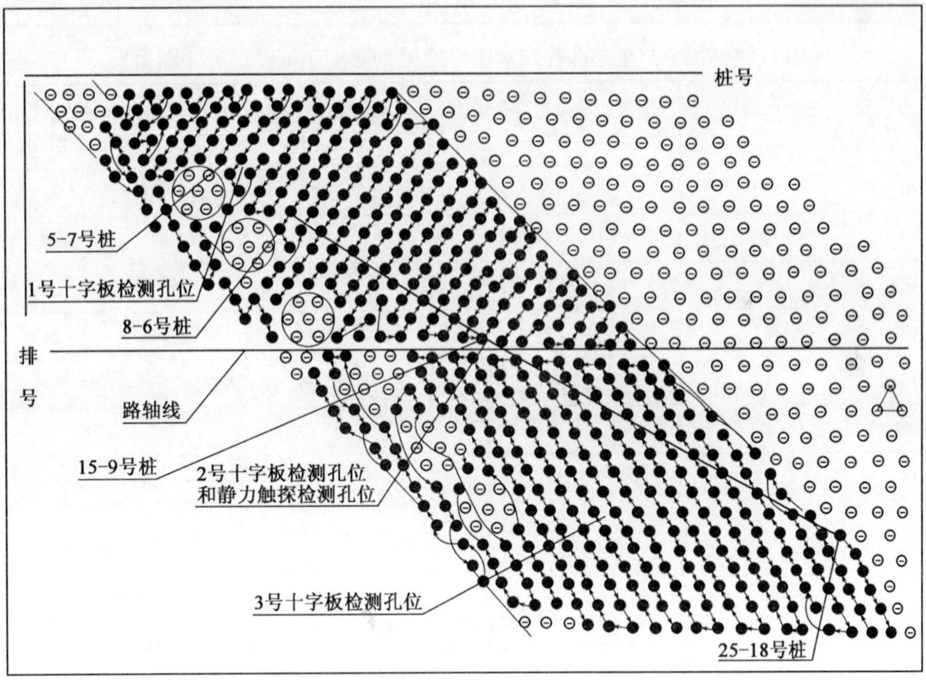

图5-22　N10区CFG桩施工顺序与孔压计埋设位置、十字板检测位置平面关系图

CFG桩施工在上述3个断面中不同深度软土地基中产生的最大超静孔隙水压力和消散时间见表5-20～表5-22所示。

在K118 + 593断面(N2区)30m深处的软土地基中产生的最大超静孔隙水压力为27kPa，而在施工区域边界上的K118 + 623断面30m深处的软土地基中产生的最大超静孔隙水压力为108kPa，根据这两个断面的水平距离可以看出施工引起的超静孔隙水压力沿水平距离的衰减程度，影响范围为30～40m。

CFG 桩施工中产生超静孔隙水压力值和消散时间(K118 +593 断面)　　表 5-20

孔压测头编号	埋设深度（m）	测得的最大超静孔压值（kPa）	承受超静孔压时间（d）	自最后超静孔压峰值起的消散时间(d)
U2-10	30	27	28	12
U2-9	27	30	24	9
U2-8	24	20	22	7
U2-7	21	20	22	7
U2-6	18	16	19	4
U2-5	15	17	19	4
U2-4	12	12	19	4
U2-3	9	8	19	3
U2-2	6	4	18	3
U2-1	3	2	17	2

CFG 桩施工中产生超静孔隙水压力值和消散时间(K118 +623 断面)　　表 5-21

孔压测头编号	埋设深度（m）	测得的最大超静孔压值（kPa）	承受超静孔压时间（d）	自最后超静孔压峰值起的消散时间(d)
U2-20	30	108	53	32
U2-19	27	53	34	14
U2-18	24	81	51	30
U2-17	21	76	45	24
U2-16	18	51	34	14
U2-15	15	39	32	13
U2-14	12	31	32	12
U2-13	9	20	32	11
U2-12	6	14	32	7
U2-11	3	4	32	7

表 5-20 ~ 表 5-22 中的消散时间是指产生最后一个超静孔隙水压力峰值到超静孔隙水压力消散为 0 的时间。从表中可以看出：

在本工程 CFG 桩施工的 K119 +500 断面处、软土地基产生的超静孔隙水压力消散时间为 3 ~ 60d(表 5-22)，浅层位置消散时间较短，深层位置消散时间较长，而且消散时间与超静孔隙水压力的大小和深度有一定关系，超静孔隙水压力越大、深度越深，其消散时间也相对较长，深度大于 15m 范围的消散时间为 20 ~ 60d，深度在 15m 以内范围的消散时间为 15d 以内。因受其周围各个方向的 CFG 桩施工沉管、拔管与振动的影响，区域内地基承受的超静孔隙水压力历时较长，而且产生的超静孔隙水压力存在多次峰值。

CFG 桩施工中产生超静孔隙水压力值和消散时间(K119 + 500 断面)　　表 5-22

孔压测头编号	埋设深度(m)	测得的最大超静孔压值(kPa)	承受超静孔压时间(d)	自最后超静孔压峰值起的消散时间(d)
U10-10	18	102	107	60
U10-9	15	61	66	20
U10-8	12	34	53	7
U10-7	12	33	53	7
U10-6	12	28	51	7
U10-5	9	22	53	5
U10-4	6	25	55	5
U10-3	6	21	51	6
U10-2	6	20	50	4
U10-1	3	7	49	3

K118 + 593 断面(表 5-20)和 K119 + 623 断面(表 5-21)由于处于 CFG 桩施工区域以外和边缘处,因此在这两个断面测得的超静孔隙水压力只受一个方向的 CFG 桩施工影响,其消散历时相对较短,一般在半个月内就完成,承受超静孔隙水压力的历时也较短。

从表 5-20 ~ 表 5-22 还可以看出,CFG 桩施工在软土地基中产生的超静孔隙水压力沿深度近似线性递增,如图 5-23 所示。

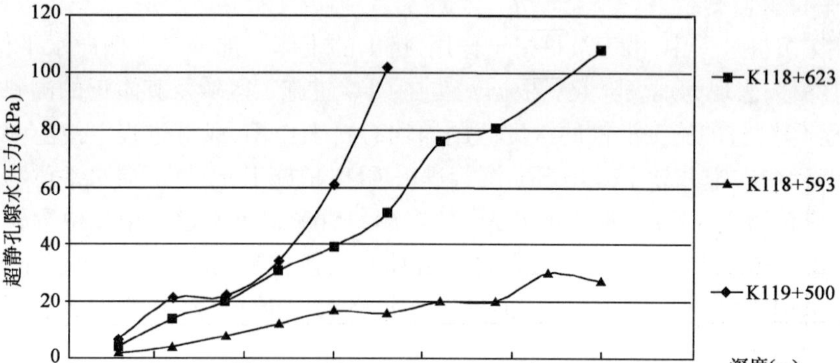

图 5-23　CFG 桩施工中产生的超静孔隙水压力沿深度分布曲线

K119 + 500 断面是设在 N10 CFG 桩区域当中的,从图 5-23 能够看出它的曲线最陡,也就是软土中孔隙水压力累积效应最强,18m 深处的最大孔压与 K118 + 623 断面 30m 深处的相当。可见,振动沉管 CFG 桩的施工对其周围的软土扰动是相当大的。

最大超静孔隙水压力与软土深度和影响距离有相关关系,利用 K118 + 593 和 K119 + 623

断面的孔隙水压力资料，对超静孔隙水压力同软土深度和影响距离进行统计分析，结果表明它们之间的相关关系良好，其相关关系可用式(5-20)表示。计算值和实测值的对比结果如图5-24所示。

$$P = 79.3 \times \frac{40 - L}{40} \times \frac{h}{30} \tag{5-20}$$

式中：P——超静孔隙水压力，kPa；

L——距施工的 CFG 桩的距离，m；

h——软土深度，m。

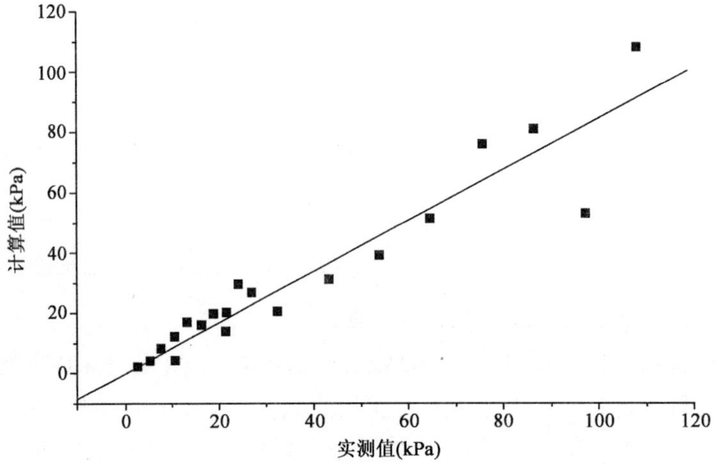

图 5-24　CFG 桩成桩产生的超静孔隙水压力计算值与实测值关系

（相关系数 0.945，样本数 20 个）

(2)水平位移监测结果

CFG 桩在沉桩过程中，由于沉桩挤土作用，挤出的土体一部分产生侧向水平位移，另一部分产生竖向位移，表现为地表隆起。根据安装在 CFG 桩施工区域及其附近的测斜管观测资料显示，本工程 CFG 桩的施工沿桩的深度范围内均有挤土作用，成桩过程中使土向外位移。资料表明，本工程中在饱和软土采用振动沉管进行 CFG 桩施工，土体侧向水平位移和地表隆起皆比较大。图 5-25 为 CFG 桩加固区外 5m 位置测斜管测得沉桩过程中该位置软土沿深度的侧向水平位移。图中所示侧向水平位移显示出 CFG 桩沉桩施工后在其加固区外 5m 位置软土最大水平位移达到 54mm(正值为土体向外位移)，且沉桩挤土在软土中形成的侧向水平位移沿深度近似直线分布。

另外，CFG 桩施工完成后桩身垂直度检查资料表明，由于沉桩挤土使加固区边缘 CFG 桩的垂直偏斜度达到 1.8%。按软土被挤后侧向水平位移沿深度近似直线分布考虑，本工程中 CFG 桩长 33m，由此计算得到沉桩挤土在加固区边缘地表产生最大水平位移将达到 59.4cm。如此大的侧向水平位移将使桩周围软土受到强烈的挤压作用，土体结构被破坏，图 5-26 中所示为 CFG 桩桩身垂直度探孔中所取土样。图中上部为受挤一侧探孔所取土样，下部为未受挤一侧探孔所取土样，对比图中土样可以看出，CFG 桩偏斜方向土样严重受挤，其层状结构被挤后遭到严重破坏。

(3)关于 CFG 桩成桩过程土体挤密的讨论

本工程 CFG 桩加固区 K119 + 483 ~ K119 + 520(N10 区),加固区长度 37m,加固区为平行四边形,平行四边形两边长分别为 37m 和 76.4m,该平行四边形周长为 226.8m,面积为 1 998m^2,布置 CFG 桩共 558 根。CFG 桩沉桩完成后测得地表平均隆起 61cm,加固区周边地表挤出最大水平位移根据前面桩的钻孔垂直度检测成果取均值为 59.4cm,沿深度直线分布,即按桩底水平位移为 0,到地表桩顶处最大水平位移为 59.4cm。由此计算得到沉桩挤土地表隆起总体积为 $V_1 = 1\,998 \times 0.61 = 1\,218.8m^3$,由于周边土体被挤压产生侧向位移后总的排土体积为 $V_2 = 226.8 \times (0.594 \times 33)/2 = 2\,222.9m^3$,因此沉桩后整个加固区被挤压形成的总排土体积 $V = V_1 + V_2 = 3\,441.7\ m^3$;而该加固区全部 CFG 桩的排土体积为 $V = 558 \times 3.14 \times 0.25^2 \times 33 = 3\,615.5\ m^3$;由此计算得到本工程中 CFG 桩成桩过程软土的挤密系数为 0.05,说明 CFG 桩在饱和软土中的成桩过程挤密效应很小,也说明本工程中 CFG 桩加固区由于软土为塑性指数较高的饱和软土,是属于不可挤密土。

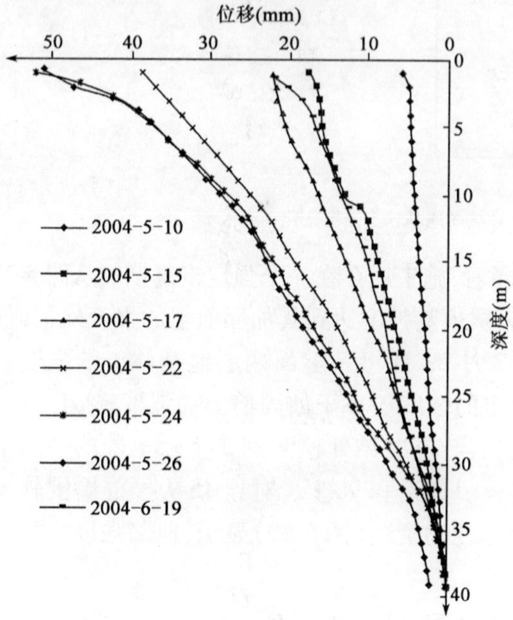

图 5-25　K119 + 500 断面水平位移变化曲线

图 5-26　土样扰动程度

六、现场检测结果与分析

为了检查振动沉管机施工 CFG 桩对软土产生的扰动与结构破坏,对加固区地基强度进行了检测。在 CFG 桩成桩施工结束后,在 K119 + 483 ~ K119 + 520 区域选择 3 个不同位置(图 5-22)于不同时间进行十字板强度检测和静力触探检测。

1. 现场十字板检测结果与分析

根据成桩时间,在前期、中期和后期各选择 1 个十字板孔进行检测。选择位于 5-8 号、15-9 号和 24-7 号桩附近,成桩时间分别是 4 月 27 日、5 月 15 日和 6 月 5 日,其中 15-9 号桩位于重点监测断面 K119 + 500 断面上。15-9 号桩周围软土不同时段十字板检测结果如图

5-27所示。

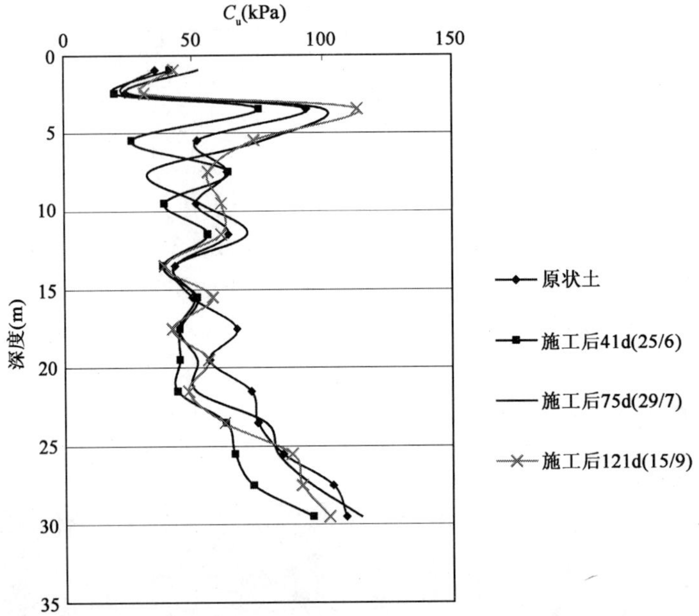

图5-27　CFG桩施工前后15-9号桩周地基软土强度变化

从15-9号桩周围软土地基十字板强度检测资料看,施工后存在一个强度恢复期。从图5-27和表5-23可以看出,施工41d(6月25日)后,除表层地基强度达到其加固前土的强度外,其他深度土的强度均小于加固前土的强度;施工75d(7月29日)后,上面两层地基软土的强度基本恢复,且稍大于加固前土的强度,第3层地基软土的强度还小于加固前土的强度;施工121d(9月15日)后,强度恢复情况同施工75d后情况相当,此时该处检测到3个软土层的平均十字板强度分别为其原状土平均十字板强度的125%、116%和90%。对比15-9号桩周围软土地基十字板强度资料和K119+500断面超静孔隙水压力资料(图5-20)显示,地基强度恢复滞后于成桩产生的超静孔隙水压力消散。

15-9号CFG桩周围软土层地基不同时间十字板强度　　表5-23

时　　间	土层平均十字板强度 C_u(kPa)		
	②$_1$ 亚黏土	②$_2$ 淤泥质亚黏土	③$_1$ 淤泥质亚黏土
原状土	30	65.2	72.6
2004-6-25(41d)	30.8	51.5	57.9
2004-7-29(75d)	39.2	66.1	68.5
2004-9-15(121d)	37.4	76.2	65.0

在本工程的K119+483~K119+520加固范围内另两个检测位置,不同土层、不同时间测得的平均十字板强度见表5-24和表5-25所示。

5-8 号桩周围软土层地基不同时间十字板强度　　表 5-24

时　间	土层平均十字板强度 C_u(kPa)		
	②$_1$ 亚黏土	②$_2$ 淤泥质亚黏土	③$_1$ 淤泥质亚黏土
原状土	30	65.2	72.6
2004-6-28	32.7	65.7	52.2
2004-7-30	37.2	65.0	68.5
2004-9-15	38.5	67.1	67.7

24-7 号桩周围软土层地基不同时间十字板强度　　表 5-25

时　间	土层平均十字板强度 C_u(kPa)		
	②$_1$ 亚黏土	②$_2$ 淤泥质亚黏土	③$_1$ 淤泥质亚黏土
原状土	30	65.2	72.6
2004-6-29	32.7	65.7	52.2
2004-7-29	26.9	76.0	55.9
2004-9-15	37.2	70.0	57.5

表 5-24 和表 5-25 同样显示被加固区 K119+483～K119+520 范围内土层强度在 CFG 桩施工后存在一个强度恢复期，而且该强度恢复期较长，尤其是深层软土到 9 月 15 日仍未恢复到其原状土强度，且 24-7 号桩周围软土由于 CFG 桩成桩时间较晚，处于深层的第 3 层软土的十字板强度相对更低。

比较加固前后加固区 K119+483～K119+520 内十字板检测资料，以 9 月 15 日 3 个十字板检测孔测得的加固后 3 点地基内各土层的十字板强度，求得加固后各土层的平均十字板强度见表 5-26。对比加固前各土层的平均十字板强度可以看出，加固后经过 3 个月的恢复期，地基中上面两层软土强度有所提高，软土的十字板强度提高在 9%～26% 范围，第 3 层地基软土强度仍未恢复到其原状土强度，到 9 月 15 日其十字板强度仍为原状土的 87%。

加固前后被加固区软土层十字板检测强度对比　　表 5-26

时　间	土层平均十字板强度 C_u(kPa)		
	②$_1$ 亚黏土	②$_2$ 淤泥质亚黏土	③$_1$ 淤泥质亚黏土
原状土	30	65.2	72.6
加固后平均值(2004-9-15)	37.7	71.1	63.4
强度增加比	26%	9%	-13%

2. 现场静力触探检测结果与分析

比较成桩前后静力触探资料，同样显示加固后到 9 月 17 日地基中上面两层软土强度有所提高，而第 3 层地基软土强度仍未恢复到其原状土强度，成桩前后静力触探资料如表 5-27 和图 5-28 所示。

加固前后被加固区软土层静力触探检测结果对比　　表 5-27

时　间	土层平均比贯入阻力 P_s(MPa)		
	②$_1$ 亚黏土	②$_2$ 淤泥质亚黏土	③$_1$ 淤泥质亚黏土
原状土	0.70	1.22	0.93
加固后平均值(2004-9-17)	0.74	1.55	0.84
强度增加比	6%	27%	-10%

从比较结果可以看出，加固后地基中上面两层软土强度有所提高，软土的静力触探比贯入阻力提高范围在6%～27%，第三层地基软土强度仍未恢复到其原状土强度，到9月17日其静力触探比贯入阻力为原状土静力触探比贯入阻力的90%。

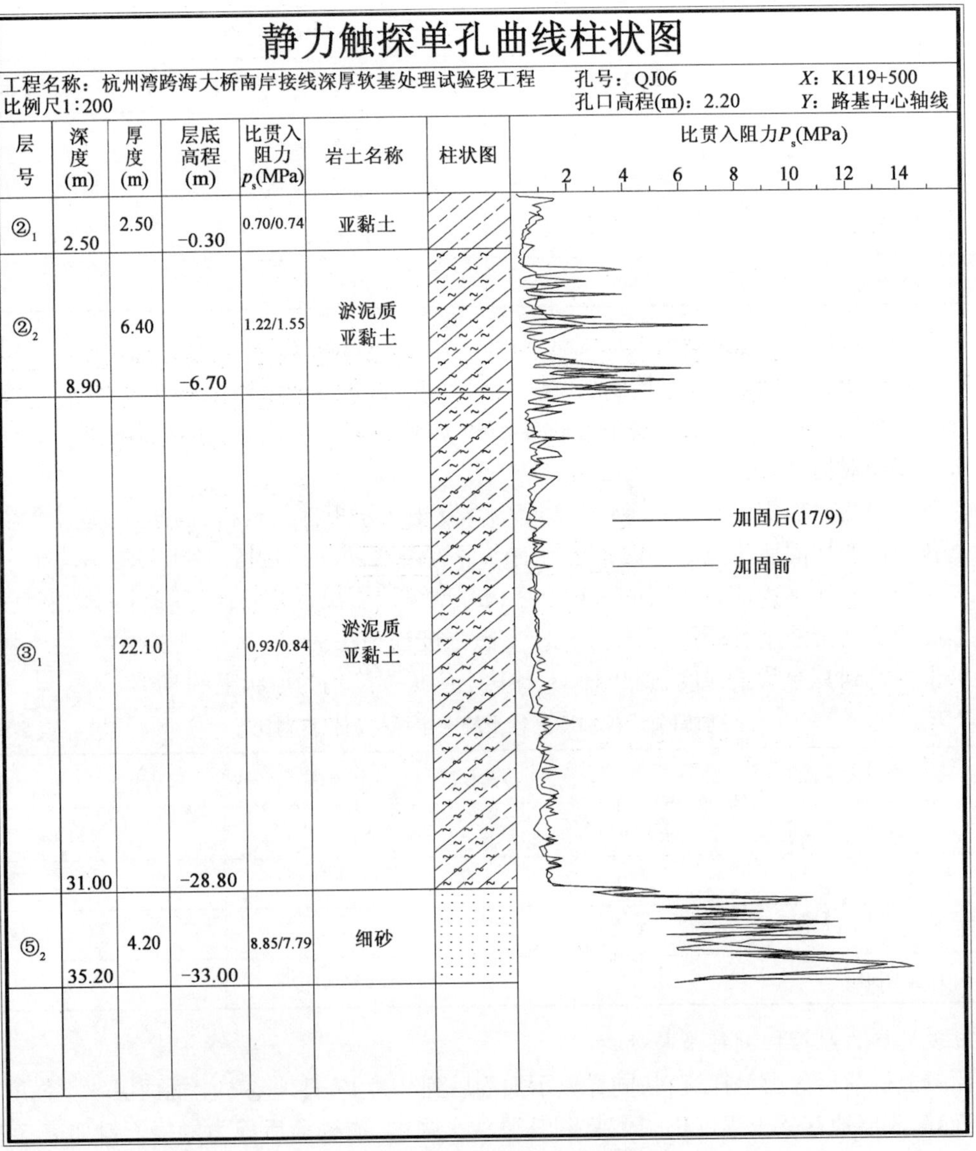

图 5-28　加固前后静力触探检测结果对比

3. 桩身垂直度检测结果与分析

为了了解制桩过程中桩受到的挤压程度，在现场进行了取芯检测。在 N3 区和 N10 区抽检了 9 根桩，取芯钻进深度范围为 10.8 ~ 24m，均未钻到桩底，平均取芯钻进深度为 17m。发生这种情况的可能性有两个：CFG 桩本身的垂直度误差和检测钻孔垂直度的误差。按 CFG 桩设计规定，CFG 桩打设时的垂直度误差要求小于 1%，钻探取芯时，钻孔垂直度的误差要求也是小于 1%，对于直径为 500mm 的 CFG 桩，如果从桩的中心点向下钻孔，理论上讲，最小钻进深度为 12.5m，钻孔可能偏出桩外。为了检测钻孔的垂直度，每完成一个 CFG 桩取芯检测后均在刚完成的钻孔中安装测斜管并用测斜仪进行钻孔垂直度检测，检测结果显示 9 个取芯钻孔垂直度范围为 0.12% ~ 0.35%；为了检测桩的垂直度，在 N10 区 5-7 号桩周围完成了 5 个孔对桩的垂直度检测，其布置如图 5-29 所示。其中 1 号、2 号、5 号距桩边 20cm，3 号、4 号分别为 40cm 和 60cm，图中箭头表示成桩顺序。

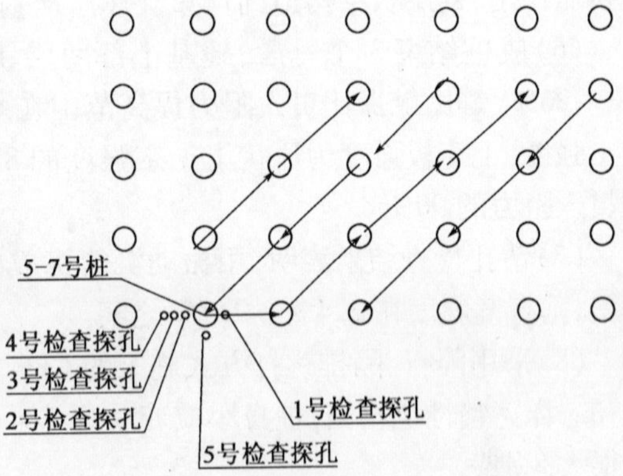

图 5-29　5-7 号桩垂直度检查探孔布置

5-7 号桩垂直度检查结果为：1 号、4 号和 5 号探孔钻到桩底深度（33m）未碰到桩壁，2 号探孔钻到 8.5m 深度碰到桩壁，3 号探孔钻到 14.8m 深度碰到桩壁，由此估算得 5-7 号桩上部桩的垂直偏斜度在 2.4% ~2.7% 之间。这里也充分说明振动沉管机施工 CFG 桩对邻近已完成的桩有显著的挤压作用，使其偏斜、甚至发生断桩。而受挤压的桩体又使桩周软土产生较大扰动，使土层结构遭到破坏。

取芯检测结果还显示采用隔行、隔排跳打施工的 N11 区，同采用连续施打的 N3 和 N10 区的取芯钻进深度接近，而且取芯率和芯样完整性也相当。同时桩身小应变动测结果也显示两种施工顺序完成的 CFG 桩的桩身质量无很大区别，采用隔行、隔排跳打施工的 N11 区 CFG 桩，其中 I 类桩占 30%，II 类桩占 70%；而采用连续施打施工的 N3 和 N10 区 CFG 桩，其中 I 类桩占 39%，II 类桩占 61%。因此可以认为在本工程中，CFG 桩的施打顺序对成桩质量影响不大，其主要原因是机械设备自重较大，反复移位对软土的扰动也会很大。

七、结论

根据上面分析可以得出以下结论：

(1) 采用振动沉管机成桩，是完全排土成桩工艺，成桩过程对加固区的饱和软土将产生较大的扰动，并造成软土层结构的破坏，导致桩间土强度降低。

(2) 孔隙水压力监测资料显示 CFG 桩施工中产生的最大超静孔隙水压力为 108kPa，超静孔隙水压力有随深度增大而增大的规律，沿深度近似线性递增；消散时间也随深度增大而增长，测得最长的消散时间为 60d。

(3) 在 CFG 桩施工区外的 30 ~ 40m 处的软土（距加固区中心有 83m）会受到成桩影响，软土地基不同深度中产生了 2 ~ 30kPa 的超静孔隙水压力，该超静孔隙水压力消散时间较短，为 2 ~ 12d；而在施工区边缘处却产生了 4 ~ 108kPa 的超静孔隙水压力，施工扰动随距离的增大会明显减弱。

(4)测斜资料显示CFG桩的施工沿桩的深度范围内产生向加固区外的水平位移,施工结束一段时间后,随着土体内超静孔隙水压力的消散和土体的固结,被挤向外的土体位移部分回位。

(5)十字板强度检测结果显示,CFG桩施工对桩间软土损伤较大,桩身周围地基软土受较大挤压作用,其层状结构遭到严重破坏。地基软土存在较长的强度恢复期,一般要3~4个月。

(6)成桩结束3个月后,地基上部两层软土强度有小幅增加,其十字板强度提高范围在9%~26%,静力触探比贯入阻力提高范围在6%~27%;地基第3层软土强度仍未恢复到原状土强度,十字板强度为原状土十字强度的87%,而静力触探比贯入阻力为原状土静力触探比贯入阻力的90%。

(7)钻孔检查结果表明,用振动沉管机成桩,对邻近已完成的桩有显著的挤压作用,使其偏斜,垂直偏斜度在2.4%~2.7%之间。

(8)采用隔行、隔排跳打方式施工的CFG桩,同采用连续施打的,取芯钻进深度接近,取芯率和芯样完整性也相当;桩身小应变动测结果也显示两种施工顺序完成的CFG桩的桩身质量无很大区别。

参考文献

[1] 浙江省水利电力局,浙江大学土木系.杜湖水库利用砂井处理土坝软黏土地基[A].坝工建设技术经验汇编[C].北京:水利电力出版社,1975.

[2] 交通部.港口工程技术规范[S].北京:人民交通出版社,1976.

[3] 娄炎,等.预压加固中应用的一种新型垂直排水通道[J].公路,2005,2:128-130.

[4] 娄炎,等.杭州湾跨海大桥南岸接线试验段工程软土特征分析[A].高速公路地基处理理论与实践(2005)[C].北京:人民交通出版社,2005.

[5] 孙更生,郑大同.软土地基与地下工程[M].北京:中国建筑工业出版社,1984.

[6] 娄炎.真空排水预压法加固软土技术[M].北京:人民交通出版社,2002.

[7] 铁道第四工程局.软土地基上路堤设计与施工[M].北京:人民铁道出版社,1975.

[8] 路基设计手册编写组.公路设计手册——路基[M].北京:人民交通出版社,1985.

[9] 娄炎,等.路基沉降断面的监测分析[A].同三线宁波段高速公路建设论文集[C].杭州:浙江省交通科技情报站,2001.

[10] 娄炎,等.真空与自载预压联合加固高速公路软土地基[J].公路,2003,3:25-29.

[11] 娄炎,等.杭州湾跨海大桥南岸接线深厚软基处理试验段工程实施工作细则[R].南京水利科学研究院研究报告,2003.

[12] 交通运输部.JTS 147-1—2010 港口工程地基规范[S].北京:人民交通出版社,2010.

[13] 娄炎.塑料排水板真空预压法加固老塘山港区煤堆场[A].第二届塑料板排水法加固软基技术研讨会论文集[C].南京:河海大学出版社,1993.

[14] 杨国强,李莉,徐树华.水下真空预压法加固效果[R].天津:第一航务工程局科研所,1987.

[15] 交通部. JTG D30—2004 公路路基设计规范[S]. 北京:人民交通出版社,2004.
[16] 刘吉福,陈新华. 应用沉降速率法计算软土路堤剩余沉降[J]. 岩土工程学报,2003,25(2):233-235.
[17] 何宁,娄炎,等. 宁波市江北区保国寺旅游公路改建工程真空与堆载联合加固软基的效果分析[R]. 2005,11.
[18] 娄炎,等. 杭州湾跨海大桥南岸接线全线软基处理方案咨询报告[R]. 南京水利科学研究院研究报告,2003.
[19] 娄炎,等. 杭州湾跨海大桥南岸接线试验段工程重点观测断面加固前详勘补充报告(试验段研究成果报告之3)[R]. 南京水利科学研究院研究报告, 2005.
[20] 何宁. 杭州湾跨海大桥南岸接线工程深厚软土地基加固 CFG 桩钻芯检测报告[R]. 南京水利科学研究院研究报告,2004.
[21] 阎明礼,等. CFG 桩复合地基技术及工程实践[M]. 北京:中国水利水电出版社,2001.
[22] 交通运输部. JTS 147-2—2009 真空预压加固软土地基技术规程[S]. 北京:人民交通出版社,2009.
[23] 交通部. JTJ 250—98 港口工程地基规范[S]. 北京:人民交通出版社,1998.

第六章　新型排水材料的应用

第一节　软基加固中应用的新型垂直排水通道——钢丝透水软管

摘　要：本节介绍在预压加固中采用的一种新型垂直排水通道——钢丝透水软管，它比常规的排水板有更大的过水断面和通水能力，在真空排水预压中能更好地传递真空度，减小传递损失，从而使它能适应越来越深的真空排水预压软基加固（或联合加固）工程，满足工程对工期和工后沉降量的更高要求。文中也指出由于是国内外首次应用，在施工工艺上尚有一些需要完善和改进的地方。

一、引言

在软基加固中，预压是一种应用最广泛、效果显著、造价低廉的软土地基处理方法，在地基预压加固中为了缩短加固时间、增加加固中地基的稳定性和增强预压效果，一般都设置垂直排水通道。垂直排水通道目前有大砂井（无包裹的）、袋装砂井、塑料排水板等。在堆（超）载预压中，垂直排水通道主要就是改变地基原有的排水边界条件，由原来的垂直向渗流变成以水平向为主的渗流，孔隙水能很快进入垂直排水通道，改变了土层中自由水的渗出途径，缩短了排水路径，加速地基的固结，减少了工后沉降量，增加地基的强度和稳定性，使预压效果得到极大地提高，极大地缩短了加固时间，缩短了工期。在真空排水预压加固中，垂直排水通道除了具有上述功能之外，还要借助它来传递真空压力，真空度传递越快、越大、越深，则加固效果就会越显著。这就要求垂直排水通道内的阻力越小越好，而通水能力的大小往往能反映传递阻力的大小，因此垂直排水通道要具有一定的断面面积。作者首次将钢丝透水软管作为垂直排水通道用于真空与堆载联合预压加固试验段软基工程中，本文是这次实践的一个总结。

二、新型垂直排水通道的考虑

选择新型垂直排水通道主要考虑以下几方面的情况，第一，它的过水断面和通水量要比现有的排水板大，其效果不能比现有排水板差；第二，这种垂直排水通道要便于厂家生产，而且能形成流水线连续生产；第三，便于现有施工机械在不作很大改动的情况下进行施工；第四，新型垂直排水通道的成本不能增加很多。通过计算比较、分析研究，最后选择直径 30mm 的钢丝透水软管作为一种的新型垂直排水通道。

经过测量计算，直径 30mm 的钢丝透水软管其过水断面面积为 5.7cm^2，是普通 C 型排水板（板宽 10cm）过水断面面积的 3.8 倍；由于市面上还没有现成的产品，在考虑了施工、经济等因素后，与厂家联合研制了直径为30mm 的产品，对该产品提出见表6-1 的技术要求，后对试制出的产品进行检测，结果在表6-2 中示出，可以看出试制的产品都达到了设计要求。

由于软管的直径比排水板的等效直径(56mm)要小，对同样的施工间距，在假设为理想井条件下，理论上对同等条件的软土地基来说，其固结时间将会加长。然而实际为非理想井条件，此时就不一定是这样了，因为钢丝透水软管的通水量要大很多。为此，作了一个对比计算，结果列在表6-3 中，可以看出对固结系数为 $5\times10^{-3}cm^2/s$ 的软土地基来说，钢丝透水软管这种垂直排水通道的直径稍小，但加固时间并不比排水板长多少，在工程上是可以接受的。所以选定直径为30mm 的钢丝透水软管作为一种新型垂直排水通道进行试验研究。

钢丝透水软管主要技术参数 表6-1

项目			单位	性能指标	检测方法
内径			mm	30	
内径偏差			mm	±2.0	
滤布	纵向抗拉强度		kN/5cm	≥1.2	SL/T 235—1999
	横向抗拉强度		kN/5cm	≥1.0	SL/T 235—1999
	圆球顶破强度		kN	≥1.0	ASTM D3787
	渗透系数 K_{20}		cm/s	≥0.10	SL/T 235—1999
	等效孔径 O_{95}		mm	0.1~0.15	SL/T 235—1999
透水管	耐压值	应变1%时	N	100	SL/T 235—1999
		应变3%时	N	380	SL/T 235—1999
		应变5%时	N	1 200	SL/T 235—1999

钢丝透水软管主要技术参数的检测结果 表6-2

项目			单位	性能指标	变异系数
透水管	内径		mm	28.7	0.076
	单位长度质量		g/m	114	—
滤布	纵向抗拉强度		kN/5cm	1.392	0.072
	纵向伸长率		%	12.9	0.108
	横向抗拉强度		kN/5cm	1.133	0.206
	横向伸长率		%	21.2	0.138
	圆球顶破强度		kN	1.153	0.108
	渗透系数 K_{20}		cm/s	0.131	—
	等效孔径 O_{95}		mm	0.142	—
透水管	耐压值	扁平率1%时	N	120	—
		扁平率2%时	N	223	—
		扁平率3%时	N	413	—
		扁平率4%时	N	820	—
		扁平率5%时	N	1 373	—

注:2004年2月23日由水利部基本建设工程质量检测中心检测。

表 6-3 瞬时加载非理想井状况下排水板与透水软管的固结时间估算

通道种类	等效直径(cm)	间距(cm)	布置形式	固结度	固结系数(cm^2/s)	$\beta \times 10^{-7}$	固结天数(d)
排水板	5.6	120	△	0.90	5×10^{-3}	2.998	89
透水软管	3.0	120	△			2.982	91
排水板	5.6	120	△	0.85		2.998	73
透水软管	3.0	120	△			2.982	75

三、钢丝透水软管实施的初步效果

为了检验上述想法，在真空联合堆载预压的工地做了足尺现场试验研究。场地为 50m × 100m，设计间距 1.2m，三角形布置，打设深度 28.5m。将原排水板打设机械经适当改造后，使它能打设钢丝透水软管，打设后的场地情形可如图 6-1 所示。

打设中发现有的管口会流出粉细砂（图 6-2），少数软管甚至有被流出的砂堵死的可能，研究发现产生这一问题的原因有两点。其一，没有对钢丝透水软管的底部进行封堵，由于它刚度和直径较大，过水断面就变得比较大，土颗粒容易从底部进入；其二，在深厚软土下有一层粉细砂层，原设计打设深度为 32m，刚好打到这层当中，振动产生的超静孔隙水压力正好将该砂颗粒压入钢丝透水软管中，造成软管部分被堵塞，甚至个别管被堵死。尽管如此，钢丝透水软管在真空联合堆载加固中还是起到了良好的效果。这可从埋入软土中的孔隙水压力变化、分层沉降与地表沉降等的实测结果中看出。

图 6-1 施工后的透水软管现场

图 6-2 部分软管中有砂流出

图 6-3 表示的是在该试验区埋设的 10 个孔隙水压力测头在真空联合堆载预压的抽真空期间，由于抽真空所引起的软土地基中孔隙水压力下降，形成负的超静孔隙水压力，孔隙水压力测头埋深自地表向下依次为 3m、6m、9m、12m、15m、18m、21m、24m、27m 和 30m。图上曲线是从下向上与其对应，可以看出，真空度从地表通过钢丝透水软管已传入地下软土地基深处，在 30m 深处也有反应，说明钢丝透水软管传递真空度的效果还是很好的；图中最上一条曲线是真空度的过程线，在 5 月 18 日至 5 月 22 日期间，由于膜破、膜下真空度急剧降到 10kPa，所有孔隙水压力测头也及时有了反应，这充分显示出钢丝透水软管良好的传递特性，也说明其传递阻力是很小的，滞后性小。负超静孔隙水压力在软土地基中沿深度随时间的变化发展过程

可用图 6-4 来表示，图中自上而下 4 条曲线，依次为 5d、10d、19d 和 36d 的软土中负超静孔隙水压力沿深度的变化线。从图中看出，软土地基中负超静孔隙水压力随加固历时的增长而逐渐增大，目前最大值已达到 81kPa，在地表下 6m 深处；另外也看到负超静孔隙水压力总的趋势是随深度增大而逐渐减小，在不同深度其值大小也有所不同，在到达 30m 粉细砂层处，真空度有较大衰减。

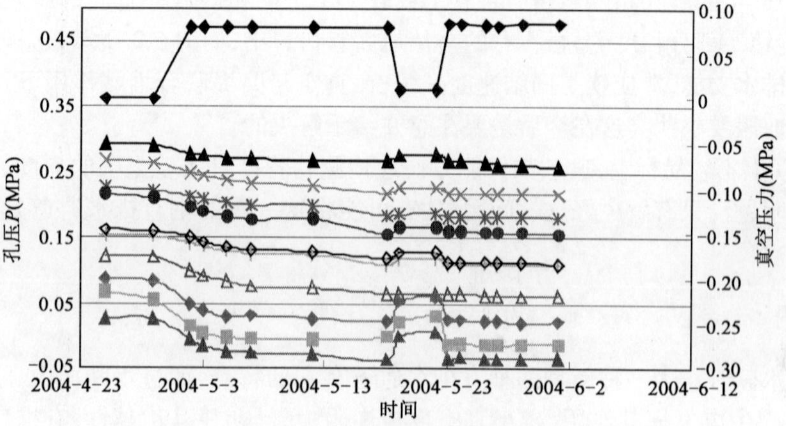

图 6-3　N13 区孔隙水压力过程线

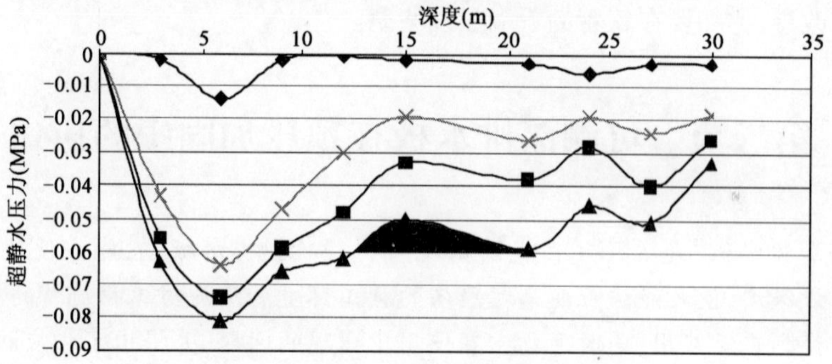

图 6-4　负超静孔压随时间沿深度变化过程线

在仅抽真空的 30 多天当中，地表发生的平均沉降量为 456mm（不含施工沉降量），在软土不同深度处的沉降量如图 6-5 所示。图中 5 条线自上而下分别表示深度 3m、6m、9m、12m 和 15m 深处软土的沉降过程及沉降量的大小，可以看出各层土的沉降速率比较接近，抽真空初期沉降速率在地表下 3 ~ 15m 深处为 38 ~ 20.5 mm/d，30d 的平均沉降速率在 11 ~ 14mm/d 之间，这是堆载预压所不能比拟的。

从以上可初步认为，钢丝透水软管作为一种新型的垂直排水通道是可行的，能取得良好的加固效果。

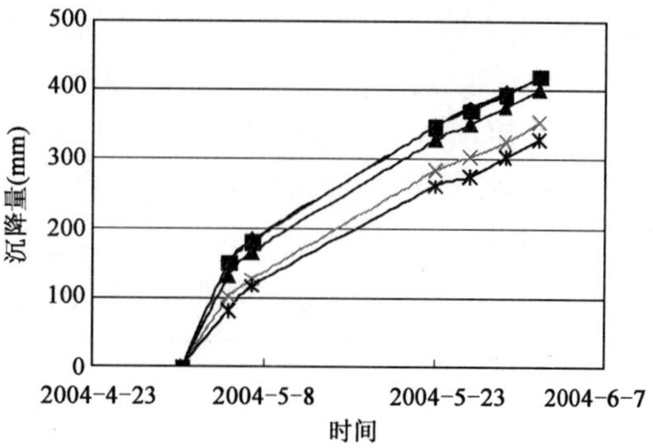

图 6-5　N13 区分层沉降过程线

四、需要改进的地方

现场实施的效果总的来说是好的,由于是国内外第一次施作,尚缺乏经验,目前认为有两个方面需要改进和注意的。

(1)在钢丝透水软管施工中,由于对管最下端没有刻意去封堵,因此在用激振式插板机施工时,软土中产生的巨大超静水压力将软土或软土层下的粉砂从软管底部压入钢丝透水软管中,有的可能堵塞部分长度的软管,有的会从地面管口冒出,如图6-2所示,这样就减小了钢丝透水软管的排水功能,造成软土固结速度减缓;在真空与路堤联合堆载作用下,沉降量会比同区域排水板地段要小些。这在今后是要注意并给予解决的。

(2)软管上不容易标上刻度,如何能方便地检测软管已打入软土中的深度,这是今后需要解决的另一问题。只有解决好这一问题,才有可能将这一新的垂直排水通道方法被工程及监理单位接受。

五、结语

钢丝透水软管作为一种新型的垂直排水通道有它的特点,如过水断面大、刚度大,在真空联合堆载加固中能发挥其作用,减小真空度传递阻力,已初显其优越性,有推广应用的前景。但在应用时要先做技术、经济比较,选择合适的直径;要解决入土深度的检测、计量问题;要在施工工艺上作改进,比如要在软管的下端予以堵塞。

第二节　可测深排水板在预压加固中的应用

摘　要:"可测深排水板"是近几年在我国出现的一种新型排水板,它能方便地检测出排水板在软土中的打设深度,使之能适应越来越恶劣的施工环境和满足对工程质量的更高要求,从而在软基加固中得到广泛应用;同时也指出在使用中出现的问题,并提出了相应的解决办法。

一、引言

塑料排水板是垂直排水通道的一种,在软基预压加固中设置了垂直排水通道后,它改变了土层中自由水的渗出途径,在预压荷载的作用下,它由原来的垂直向渗流变成以水平向为主的渗流,孔隙水很快进入垂直排水通道,大大缩短了排水路径,加速地基的固结,增加地基的强度和稳定性,使预压效果得到极大的提高,极大地缩短了加固时间。塑料排水板因其工厂化生产,生产率高,质量易于保证,工程中运输、使用方便,造价低廉,因此,在预压加固中,塑料排水板一直是国际上一种广泛使用的材料。在国内排水板的应用范围也由初期的港口工程拓展到公路、隧道、机场、铁路、围垦、堤防建设、电厂灰坝、河道整治、垃圾填埋、体育场地和民用建筑等领域;从陆上扩展到海中,主要运用于包括堆载、超载预压和真空排水预压的地基加固中。功能也由软土地基预压排水加固发展到桩基工程施工的超静孔隙水压力消散,为国民经济建设做出了巨大贡献。但是,在今天对工程质量的要求日益提高和工程项目难度更趋复杂的情况下,对排水板这一产品也提出了新的、更高的要求。除了塑料排水板自身质量的优劣以外,排水板打设深度是否能得到严格控制，是软基加固能否取得良好效果的关键因素。因此塑料排水板这一产品也随着时代的前进而发展，近几年问世的“可测深排水板”很好地解决了这方面的问题，它推动了该行业的技术进步，使我国的排水板产品质量上了一个新台阶。

二、可测深排水板

可测深排水板是一种能准确反映排水板打设后在软土地基中的深度的一种新型排水板。它是在“排水板打设深度要得到严格控制，确保地基加固质量”的要求下而诞生的。众所周知，排水板打设深度的准确到位是保证预压加固取得预期效果，减少建筑物工后沉降量的关键步骤。在市场经济的初级阶段，一些工程队不择手段为获取私利，在排水板这项隐蔽工程的施工过程中，少打、漏打排水板，给软基加固造成隐患。而在施工结束以后往往最难的就是确认排水板的入土深度，给判定工程质量和工程计量都带来很大的困难。可测深排水板的问世则在很大程度上解决了上述难题。

可测深排水板目前有两种形式，一种是“数字式”的，另一种是“铜丝式”的，分别如图6-6、图6-7所示。

图6-6　数字式排水板

图6-7　铜丝式排水板

1.“数字式”可测深排水板

“数字式”可测深排水板就是在生产黏合式塑料排水板的同时，在排水板滤膜上用进口喷墨打印机每隔20cm或50cm打印一个数字和刻度（也可按使用者需求打印），数字范围为0～200m（与一卷排水带长度相适应）。现场打设后很容易从两根排水板上的起始刻度数判别出每根打设的深度及排水板的回带情况。现场记录时要与施工图上的桩位编号相对应，之后就很容易显示出施工时打设的质量，并能准确统计出累计延长米数量。这一做法是受丈量长度的尺子启发而来。该法的优点是方法简单，操作容易，直观明了，丈量不影响施工，产品成本几乎不增加。

2.“铜丝式”可测深排水板

“铜丝式”可测深排水板就是在生产黏合式塑料排水板的同时，在排水板滤膜的黏结缝上，利用胶黏结滤膜的同时将两根铜丝放置在滤膜黏结缝处，形成可测深塑料排水板。其原理是利用铜丝组成的回路，用专门的仪器测量出它的电阻并反算出铜丝的长度，从而得到排水板的打设深度。据此它能测量施工打设后地基中的排水板长度，从而能有效地监督地基处理的质量和便于对施打的排水板进行准确的计量和结算。

现在已有专用的测深仪与之配套使用。排水板测深仪具有测量、数据保存、数据显示、数据查看、与计算机通信连接、夜光显示等功能，它的测量精度高，操作简单方便，储存数据快捷，打印数据及报表方便。该仪器经现场多次检验与测试，精度完全达到要求，表6-4、表6-5是两个工程应用的情况，它的结果说明了其偏差率是很小的。

工程1的检测结果（浙江）　　表6-4

位置	测点编号	测量时间	皮尺测量长度（m）	测量打设长度（m）	测量偏差（m）	偏差率（%）	结　果
K4+536	A01	2000-10-15	20.00	19.98	-0.02	-0.1	符合规范要求
K4+536	A02	2000-10-15	20.00	19.97	-0.03	0.15	符合规范要求
K4+536	A03	2000-10-15	20.00	20.07	+0.07	0.35	符合规范要求
K4+536	A04	2000-10-15	20.00	20.04	+0.04	0.2	符合规范要求
K4+544	A05	2000-10-15	20.00	20.00	0.00	0.0	符合规范要求

工程2的检测结果（福建，2000.9.16）　　表6-5

排水板种类	国产滤膜排水板					杜邦滤膜排水板				
试验桩号	A01	A02	A03	A04	A05	A11	A12	A13	A14	A15
钢尺计量长度（m）	14.00	14.00	14.00	14.00	14.00	14.00	14.00	14.00	14.00	14.00
打设后测量长度（m）	13.96	13.85	14.03	13.89	14.02	13.88	13.83	13.98	14.06	14.09
测量偏差（m）	-0.04	-0.15	+0.03	-0.11	+0.02	-0.12	-0.17	-0.02	+0.06	+0.09
偏差率（%）	-0.29	-1.07	0.21	-0.79	0.14	-0.86	-1.21	-0.14	0.43	0.64

三、可测深排水板在使用中的一些问题及解决办法

可测深排水板目前已在江苏、浙江得到广泛运用，从使用的情况来看，总体上是好的，给工程质量管理带来许多方便，为控制软基加固质量提供了强有力的手段，但也出现了一些新情况和新问题。

1.“数字式”可测深排水板

“数字式”可测深排水板应用中出现的主要问题有：

（1）数字刻度不清晰，在排水板打设中遇到泥水后，数字往往难以辨认，有的用水一洗，数字就无法看清，因此建议喷写墨水要用不融于水的，喷写颜色要深一些。

（2）数字刻度不准确，检测结果往往是偏少，有几次在现场抽查，发现用钢尺一量，每20cm就少4～5mm，偏差率达2%～2.5%，也就是说每200m一盘就少4～5m，若打设深度为30m，刻度尺寸是满足要求的，但实际上每根少了0.6～0.75m，这已超出排水板施工规程的要求。一个百万延米的排水板工地（不算大），光此一项就少2万～2.5万m的排水板，除加固效果受到影响之外，经济上也是一笔不小的数字。分析产生的原因，大致有三方面：其一是喷墨打印的速度（时间间隔）与排水板滤膜的包装行走速度没调整得很好，二者之间不匹配；其

二是滤膜在生产包装过程中的温度与施工现场的温度有较大差异，前者高，后者低，滤膜收缩导致刻度间距离减短；其三也不排除有的生产商存在有故意短斤少两的行为。

(3)解决上述问题的思路有三个方面：其一制定刻度偏差的标准，根据目前国内排水板的打设深度，陆上一般最大打设深度为35m，刻度偏差率可控制在1.4%以内，这样每根排水板(35m)的最大深度偏差可控制在50cm以内；其二是加强排水板到货的现场验收，要随机抽查5盘，用钢尺进行检测，检测要把20cm量测和5m或10m量测相结合，把检测一盘的端部和中部或尾部相结合，一盘最少检测30个小段(以20cm为一小段)，若刻度偏差率超过1.4%，则认为不合格；其三是排水板厂家要加强自身的管理和自检力度。

2."铜丝式"可测深排水板

"铜丝式"可测深排水板应用中出现的主要问题有：

(1)铜丝在排水板生产时没被粘于滤膜的胶中，而是随便放在粘胶位置以内的滤膜下，铜丝呈弯曲状，有的弯曲得很厉害，仪器量测出的排水板长度大大超过排水板的实际长度，10m长的排水板测量长度竟然会达到12m，可见其误差之大。

(2)检测排水板长度的仪器量测误差太大，铜丝虽然被胶粘在滤膜上，在排水板中也成一条直线，但用厂家提供的检测仪器测量的结果总是偏大，有时大好几米。误差大时容易发觉，误差不太大时就不容易发觉，要引起注意。出现偏差的原因有两个：一是铜丝直径发生了改变，仪器中相关参数未及时调整；二是仪器本身不过关，其内参数、程序未设定好或受温度、环境影响较大。

(3)铜丝在排水板生产时是被粘于滤膜的胶中，但在海边风大的地方施工时，排水板被风吹得飘起，扬得很高，施工人员在安装桩靴时要往下拉排水板，此时用的力很大，它常常会把排水板中的铜丝拉断，造成排水板打设后测量不出来；此外，有的在排水板端部焊接铜丝时，因焊接不好也造成打设后测量不出来。

(4)对上述存在问题可用以下方法来解决：其一是归定铜丝的布置方式，严禁铜丝游离于黏胶之外；其二对厂家提供的检测仪器首先要看是否经过法定单位校验过，其次在现场对提供的仪器要先校验再使用，即对已知长度的排水板进行测量，从而来判断仪器的准确性，此后再用于现场检测；其三，施工单位要研究、改进排水板的打设工艺，尽量避免用大力牵拉排水板，减少铜丝被拉断的概率，增大铜丝的焊接牢度，在风大的海边可以使用数字和铜丝皆有的可测深排水板进行双控制。

四、结语

"可测深排水板"是应市场需要而诞生的一种排水板，它的出现推动了排水板行业的技术进步；它的出现能使排水板的打设深度得到严格控制，确保了地基加固质量；它的出现使排水板能更好地适应恶劣的施工环境，扩大了预压加固法的应用范围，给地基处理获得预期效果提供了可靠的保证，在软基加固中应大力提倡使用这种优质排水板。

可测深排水板在使用中总体上是好的，给工程质量管理带来许多方便，节约了人力，提高了效率，为控制软基加固质量提供了强有力的手段。但在使用中也出现了一些新情况和新问题，有待于厂家、监理人员和科研部门进一步重视、研究和解决，使这一新产品能发挥出更好的作用。

第三节　软基加固中应用的高性能排水板

摘　要:“高性能排水板”是近几年在我国出现的一种新型排水板,滤膜包裹方式的改变和制作排水板材料的更新,使排水板的通水量和力学性能有了很大的提高,使之能适应越来越恶劣的施工环境和满足对工程质量的更高要求,从而在软基加固中得到广泛的应用。

一、引言

塑料排水板是一种软基加固中广泛使用的材料,主要运用于软基的预压加固中,包括堆载预压和真空排水预压。国内引进塑料排水板加固软基技术,至今已有二十多年了,国内生产排水板的历史也有二十多年,排水板的应用范围也由初期的港口工程拓展到公路、隧道、机场、铁路、围垦、堤防建设、电厂灰坝、河道整治、垃圾填埋、体育场地和民用建筑等领域,从陆上扩展到海中。其功能也由软土地基预压排水加固发展到桩基工程施工的孔隙水压力消散;由垂直排水发展到水平排水;在不同工程项目中都广泛应用着这项技术,为国民经济建设做出了巨大贡献。但是,在今天对工程质量的要求日益提高和工程项目难度更趋复杂的情况下,对排水板这一产品也提出了新的、更高的要求。塑料排水板自身质量的优劣是软基加固能否取得良好效果的关键因素。因此塑料排水板这一产品也得随着时代的前进而发展,近几年问世的“高性能排水板”就很好地解决了这方面的问题,它推动了该行业的技术进步,使我国的排水板产品质量上了一个新台阶,并和国际上的同类产品接轨,在越来越多的工程中得到应用,取得了良好的效果。

二、高性能排水板

所谓“高性能排水板”是和以往生产的排水板相比较而言的。“高性能排水板”它有以下两方面的特点。

1. 排水板滤膜包裹方式的改变

我国20世纪生产的排水板,其滤膜大多数都是用缝纫机缝合的方式来包裹芯板的,这样生产的排水板会在滤膜上留下一长串的针眼孔洞,会影响排水板的使用效果。关于这一点在武良金等人[9]的研究成果中也有说明,从地下挖出的排水板上观察到“打开滤套发现芯板上吸附一些极细的土颗粒,尤其是缝线针扎过的槽子,已被土颗粒充满。这说明滤膜还不能阻挡很细土颗粒的侵入。缝线针眼严重破坏了塑料板的隔土性,土颗粒堵塞了部分排水通道,影响通水能力”。现在塑料排水板滤膜的包裹方式有了根本上的改进,由过去的缝纫机缝合包裹变成用胶黏合,使滤膜完全成为排水板芯板的一个封闭的过滤结构,在排水板的滤膜上不再留有针眼孔洞,避免了泥土颗粒进入排水板齿槽的可能,极大地提高排水板的排水功效和改善了排水板的长期工作性状。

2. 制作排水板的材料有了质的改变

它包含排水板的滤膜和排水板芯板的用材。原来排水板芯板都是用PVC、聚乙烯旧的成品材料,经加工成粒子做成的,这些旧料都是从社会上收购来的,且其成分杂乱,质量基本无法控制,杂质、有害成分也多;而排水板所用滤膜一般都是国产短纤维浸渍无纺布,该无纺布除质地不均匀外,其最大的不足是抗拉强度太低,尤其是浸水以后,强度大大降低,耐久性相对也差,不能适应工程的更高要求。新诞生的高性能排水板,在芯板材料上完全使用了新聚丙烯、聚乙烯原料,而滤膜也引进美国杜邦的纯涤纶长丝纤维热轧无纺布和国产长丝滤膜,从而使排水板的性能指标有了极大的提高,产品质量已接近和达到了国际水平。所以有如此大的改变和提高,这也是顺应了生产建设的需要和满足生态环保要求的结果。随着国民经济建设的发展,排水板的应用领域和应用范围都在扩大,排水板的打设深度也越来越深,为了保证工程的质量和适应恶劣的施工环境,设计对排水板的技术指标也提出了更高、更新的要求,表 6-6 所列就是沿海两个工程对排水板的具体要求。从中可以看出排水板的主要技术指标已超出交通运输部《水运工程塑料排水板应用技术规程》(JTS 206-1—2009)所颁布的 C 型板标准,指标大大提高了。尽管打设深度比交通运输部《水运工程塑料排水板应用技术规程》(JTS 206-1—2009)中 C 型板标准规定的要小了。从表 6-6 的比较来看,它们之间的差异除了上述的滤膜包裹方式外,主要表现在以下两方面。

设计提出的主要性能指标和交通运输部
《水运工程塑料排水板应用技术规程》(JTS 206-1—2009)中的标准　　　表 6-6

<table>
<tr><th colspan="2">项　目</th><th>设计 1 指标</th><th>设计 2 指标</th><th>部 C 型板指标</th><th>测试条件</th></tr>
<tr><td colspan="2">芯板材料要求</td><td>聚丙烯或聚乙烯新料</td><td>聚丙烯或聚乙烯新料</td><td>新料或回收料都可以</td><td>—</td></tr>
<tr><td colspan="2">滤膜材料要求</td><td>黏合型涤纶无纺布</td><td>黏合型进口杜邦长丝无纺布</td><td>黏合或缝纫机缝合</td><td>—</td></tr>
<tr><td colspan="2">纵向通水量($cm^3 \cdot s^{-1}$)</td><td>≥65</td><td>≥80</td><td>≥40</td><td>侧压力 350kPa</td></tr>
<tr><td colspan="2">滤膜渗透系数($cm \cdot s^{-1}$)</td><td>$\geq 5 \times 10^{-3}$</td><td>$\geq 5 \times 10^{-3}$</td><td>$\geq 5 \times 10^{-4}$</td><td>试件在水中浸泡 24h</td></tr>
<tr><td colspan="2">滤膜等效孔径(μm)</td><td><105</td><td><100</td><td><75</td><td>以 O_{98} 计</td></tr>
<tr><td colspan="2">复合体抗拉强度($kN \cdot 10^{-1}cm$)</td><td>>2.5</td><td>≥2.3</td><td>≥1.5</td><td>延伸率 10% 时</td></tr>
<tr><td rowspan="2">滤膜抗拉强度($N \cdot cm^{-1}$)</td><td>纵向干态</td><td>>40</td><td>≥60</td><td>≥30</td><td>延伸率 10% 时</td></tr>
<tr><td>横向湿态</td><td>>50</td><td>≥70</td><td>≥25</td><td>延伸率 15% 时,试件在水中浸泡 24h</td></tr>
<tr><td rowspan="2">梯形撕裂强度(N)</td><td>纵向</td><td>>100</td><td>未要求</td><td>—</td><td rowspan="2">试件在水中浸泡 24h</td></tr>
<tr><td>横向</td><td>>115</td><td>未要求</td><td>—</td></tr>
<tr><td rowspan="2">排水板外形尺寸(mm)</td><td>宽度</td><td colspan="3">100 ± 2</td><td>—</td></tr>
<tr><td>厚度</td><td>4.5 ± 0.2</td><td>4.5 + 0.5</td><td>≥4.5</td><td>—</td></tr>
<tr><td colspan="2">复合体单位长度质量($g \cdot m^{-1}$)</td><td>90 ~ 130</td><td>>120</td><td>—</td><td>—</td></tr>
<tr><td colspan="2">滤膜单位面积质量($g \cdot m^{-2}$)</td><td>>110</td><td>>120</td><td>—</td><td>—</td></tr>
<tr><td colspan="2">打设深度(m)</td><td>≥10</td><td>≥18</td><td>≤35</td><td>—</td></tr>
</table>

注:设计 1 为某高速公路项目(2003 年),设计 2 为某水库地基处理项目(1998 年)。

(1)设计提出芯板材料都要求用新料，这一方面是随着打设深度的增加，插板机的高度也越来越高，排水板在空中所受的风荷载也就越大，尤其在海边施工，要求排水板的抗拉强度也越高，设计提出的指标超出C型板50%以上，是充分考虑了恶劣的施工环境的；此外，随着加固深度的增加和加固历时的延长，对排水板通水量的要求也跟着增大，文献[9]中也说到原回收料制成的排水板的通水量由打设前的52cm^3/s下降到使用4年后的17 cm^3/s，下降到原来的1/3左右。原因是芯板齿槽经常年施压，已被压缩和倾斜，使排水截面积减少。而采用了聚丙烯新料，排水板芯板的刚度加大，芯板齿槽不易压缩，排水截面积不易减小，通水量会提高很多，设计提出的比C型板高出50% ~100%的标准也就不难达到。如果仍然使用回收料，一般很难使排水板的整体抗拉强度超过2.0 kN/10cm的，用了聚丙烯新料使排水板的整体性能有了极大的提高，特别在复合体的抗拉强度和排水板的纵向通水量方面。这从表6-7列出的同一厂用新、旧两种原料制成的排水板整体强度和通水量的测试结果可以明显看出。

新、旧料做成的排水板复合体的抗拉强度和纵向通水量 表6-7

芯板材料		聚丙烯新料	回收聚乙烯料
滤膜种类	部标C型板	国产短纤维	国产短纤维
芯板厚度(mm)	4.0	3.96	4.26
芯板单位长度质量(g/m)	—	91.28	160.84
复合体强度(kN/10cm)	1.5	3.54	1.85
通水量(cm^3/s)	40	74.0	68.1

更重要的是在聚氯乙烯、聚乙烯、聚丙烯的旧料中往往含有铅和镉的有害成分，用旧料制作的排水板打入地下，会给环境造成很大的污染，这对环保是很不利的。考虑环保和可持续发展的要求，也应该取消用回收旧料生产排水板芯板。这样做还有利于排水板生产的技术进步和避免市场的恶性竞争。

(2)在滤膜的指标上，设计提出的超出C型板很多，达到33% ~200%，它包含滤膜的干、湿抗拉强度及耐久性等。现有国产短纤维滤膜的情况是抗拉强度太低，有时厂家为了达到设计提出的要求，就增大滤膜的厚度或单位面积的质量，实际上厚度增大顶多在滤膜的干抗拉强度上有一定的提高，有时勉强能达到设计要求的指标。然而对滤膜的湿抗拉强度则效果不明显，结果也不稳定，一般很难达到设计提出的指标，普遍的情况是滤膜的湿抗拉强度要比其干抗拉强度低30%以上，表6-8的资料可以说明这些结果。表6-9的资料说明国产短纤维浸渍无纺布的质地也不很均匀，加上黏合短纤维的黏合剂为水融性的，水稳性差，这些都造成国产滤膜浸水后强度大大降低，而且耐久性也会变差。

现有国产短纤维滤膜强度情况 表6-8

滤膜材料		国产短纤维								
滤膜种类	部标C型板	同一厂家产品的测试结果								
滤膜厚度(mm)	—	0.36	0.38	0.38	0.39	0.43	0.43	0.45	0.45	0.47
滤膜湿强度(N/cm)	25	29.4	25.2	28.8	28.0	29.2	26.8	29.4	25.8	30.8
滤膜干强度(N/cm)	30	34.4	38.0	37.2	38.0	37.6	45.8	42.0	33.0	40.8

现有国产滤膜质地情况 表6-9

滤膜材料	国产短纤维								
滤膜种类	同一厂家产品的测试结果								
滤膜厚度(mm)	0.36	0.38	0.38	0.39	0.43	0.43	0.45	0.45	0.47
滤膜单位面积质量(g/m^2)	82	88	86	85	88	94	90	95	96

在采用了美国杜邦的纯涤纶长丝纤维热轧无纺布做排水板的滤膜后，使排水板的性能指标有了很大的改善，滤膜的抗拉强度指标有了很大的提高(表6-10)，一般比国产滤膜抗拉强度平均高出30%~128%。而且从测试结果看，长丝滤膜的湿抗拉强度比其干抗拉强度要高出25%以上，这与国产滤膜的情况正好相反，这表明杜邦长丝滤膜在潮湿环境中工作比国产短纤维更可靠、更优越。除抗拉强度指标外，进口长丝滤膜的有效孔径尺寸比国产滤膜大，究竟哪个标准比较好，还要做些对比研究。不过文献[9]中关于国产滤膜排水板在土中工作4年后的检测结果对认识这点是有帮助的。文中说，"4年后滤膜的渗透系数由10^{-3} cm/s数量级下降到10^{-5} cm/s数量级，原因就是淤泥土的细颗粒渗入到无纺布里，淤堵了无纺布，影响了透水性。"设计将滤膜的有效孔径尺寸定为100μm，对减少淤堵情况的发生，看来也是有所考虑的。

进口杜邦纺黏热轧长丝滤膜强度测试结果 表6-10

滤膜材料		进口纯涤纶长丝纤维		
滤膜种类	部标C型板	同一厂家产品的测试结果		
滤膜厚度(mm)	—	0.34	0.32	—
滤膜单位面积质量(g/m^2)	—	122	127	145
滤膜湿强度(N/cm)	25	59.6	60.8	72.4
滤膜干强度(N/cm)	30	44.8	44.6	63.4

排水板经过滤膜包裹方式的改变和制作材料的更新，它的性能有了很大的提高，使现今的排水板成为"高性能排水板"，为提高在复杂环境下，软基加固工程的质量提供了保证。

三、结语

"高性能排水板"是应市场需要而诞生的一种排水板，它的出现推动了排水板行业的技术进步。它的出现使排水板能更好地适应恶劣的施工环境，扩大了预压加固法的应用范围；更主要的是这种新型排水板极大地提高了排水板的排水功效和改善了排水板的长期工作性状，给地基处理获得预期效果提供了可靠的保证，因此在软基加固中应大力提倡使用这种优质排水板。

第四节 F型板与C型板在真空联合堆载预压加固中的比较

摘 要：以高性能可测深塑料排水板C板和F板作为垂直排水通道的真空联合堆载预压法加固高速公路深厚软基都取得了成功。在停抽前两个月，断面中心处的沉降速率已降到

5mm/月以下，路堤沉降趋于稳定。从地表沉降、分层沉降、孔隙水压力等角度，对分别用C板和F板的真空联合堆载预压法处理深厚软基的效果进行比较分析，得出了一些结论。单位填土厚度发生的沉降量F板段落要大于C板段落；不同深度孔压量测结果都一致反映出它们有相同的变化规律，F板和C板在距地表15 m以上土层中孔隙水压力下降幅度差别不大；但在20m深度之下二者差异明显，相差30%以上，说明F板向深部传递真空度的效果好于C板。

一、引言

真空联合堆载预压法是减小路堤工后沉降的有效方法之一。这些年来，它作为一种软土地基的处理技术，常应用于厚度在20m左右的高速公路软基处理中，一般能取得较好的效果，高速公路的工后沉降量被控制在规范的限定值内；但对软基处理厚度近40m的地区，加固效果如何，工后沉降量能否被控制，真空度的传递效果如何等，都是需要回答的问题。软基深部的加固效果很大程度上取决于真空度沿垂直排水通道传递阻力的大小，袋装砂井、塑料排水板是工程界熟知的垂直排水通道产品，但已有资料证明它的传递阻力还是较大的，本试验段使用了高性能可测深塑料排水板，也首次在国内外创新地使用了宽型（F型）高性能可测深塑料排水板，作为真空堆载预压中的垂直排水通道，试验要同时证实它的效果，并比较它们的优劣及存在问题，以便取得经验与改进。

本节着重从加固效果及与效果有关的宏观层面对F型（宽型－15cm）和C型（10cm）高性能可测深塑料排水板作一比较，希望对高速公路的修建，对深厚软基处理、设计与施工安排诸面有指导意义和借鉴作用。

二、地质条件

试验段中真空联合堆载预压法高性能可测深C型（10cm宽）塑料排水板试验路段（N4）与垂直排水通道为高性能可测深F型（宽型－15cm）板试验路段（N5）紧紧相连，位于慈北平原沉积区内，该处划分为4个工程地质亚层，其中3个是软弱土层，自地表向下分别叙述如下。②$_1$层：亚黏土（Q_4^{3+m}），浅层为耕植土，上部褐黄色，下部灰黄色，大部分为软塑状，少数为可塑状，厚度普遍偏小，一般在2.5m左右；②$_2$层：淤泥质亚砂土（Q_4^{3+m}），该层灰色，呈流塑状，饱和，本层厚度为10.8m；③$_1$层：淤泥质亚黏土（Q_4^{2+m}），灰色～深灰色，呈流塑状，饱和，本层厚度大，为25.8m；③$_2$层：亚黏土层（Q_4^{2+m}），本层厚度大于1.0m。地基影响深度范围内软土厚度为39m，两区各土层的物理力学指标见表6-11。从所列土性指标来看，这两段土性可以说基本上是一致的。

N4区和N5区加固前土层主要物理力学指标 表6-11

土层名	土层代号	路段	土层厚度	含水率	湿密度	孔隙比	液限	塑性指数	液性指数	压缩指数	回弹指数
			m	%	g/cm^3	—	%	—	—	MPa^{-1}	—
亚黏土	②$_1$	N4	2.0	30.3	1.90	0.874	34.4	13.5	0.70	0.226	0.009
		N5	2.5	31.8	1.89	0.897	32.0	12.4	0.98	0.187	0.014

续上表

土层名	土层代号	路段	土层厚度	含水率	湿密度	孔隙比	液限	塑性指数	液性指数	压缩指数	回弹指数
			m	%	g/cm³	—	%	—	—	MPa⁻¹	—
淤泥质亚砂土	②$_2$	N4	10.8	37.3	1.81	1.053	30.5	9.6	1.70	0.283	0.022
		N5	10.8	38.4	1.83	1.083	30.4	10.7	1.74	0.204	0.019
淤泥质亚黏土	③$_1$	N4	24.7	42.0	1.80	1.16	37.8	14.9	1.32	0.422	0.032
		N5	25.8	42.1	1.79	1.167	36.4	14.3	1.42	0.432	0.037
亚黏土	③$_2$	N4	2.6	35.3	1.83	1.015	35.7	13.3	0.98	—	—
		N5	>1.0	33.2	1.88	0.922	27.1	8.6	1.78	0.20	0.018

注：数据来源于 QK21、QK22、QK31、QK32 孔土样室内试验资料。

三、垂直排水通道比较

1. 可测深高性能 C 型塑料排水板

表 6-12 是工程中采用的高性能可测深 C 型排水板检测值，表中也列出相应的设计值和交通运输部部颁标准，可以看出较大地满足了设计要求，并大大超出《水运工程塑料排水板应用技术规程》(JTS 206-1—2009)标准中 C 型板指标，特别在滤膜指标和复合体的通水量、抗拉强度等主要指标上，超出都在一倍以上，使排水板能很好地适应海边施工的恶劣环境和减少真空度传递损失的要求。

高性能可测深 C 型排水板设计与检测值　　表 6-12

	试验项目	单位	《水运工程塑料排水板应用技术规程》(JTS 206-1—2009) C 型板	设计值	检测平均值	试样数	变异系数
排水板	单位长度质量	g/m	—	—	108	8	0.010
	厚度	mm	≥4.5	≥4.5	4.5	10	0.011
	宽度	mm	100±2	100±2	100.2	10	0.003
	复合体抗拉强度	kN/10cm	≥1.5	2.3	3.11	6	0.031
	复合体伸长率	%	—	—	1.7	6	0.094
	纵向通水量	cm³/s	≥40	≥65	97.6	2	—
滤膜	单位面积质量	g/m²	—	—	131	10	0.028
	厚度	mm	—	—	0.34	10	0.022
	纵向干样抗拉强度	N/20cm	≥600	≥800	1 052	6	0.074
	横向湿样抗拉强度	N/20cm	≥500	≥1 000	1 399	6	0.031
	渗透系数 K_{20}	cm/s	$\geq 5.0\times10^{-4}$	$\geq 5.0\times10^{-3}$	7.98×10^{-3}	4	—
	等效孔径 O_{95}	mm	<75	<0.100	0.088	3	—

2. 可测深高性能 F 型(宽型)塑料排水板

对可测深高性能 F 板来说,其采用材料、滤膜包裹芯板方式及可测深性能都与常规高性能可测深 C 型排水板一样,即把原来用旧 PVC、聚乙烯成品材料加工成粒子制成排水板芯板,变为完全使用了新聚丙烯原料;滤膜由原使用国产短纤维浸渍无纺布,变为采用美国杜邦的纯涤纶长丝纤维热轧无纺布和国产长丝滤膜;变过去的缝纫机缝合芯板变成用胶黏合滤膜包裹,使滤膜完全成为排水板芯板的一个封闭的过滤结构,在排水板的滤膜上不再留有针眼孔洞,避免了泥土颗粒进入排水板齿槽的可能,极大地提高排水板的排水功效和改善了排水板的长期工作性状。只是排水板的宽度由 10cm 改为 15cm,目的是加大排水板的通水能力,减小真空度在排水板中的传递阻力。

从表 6-13 列出试验段工程采用的 F 型塑料排水板的主要技术参数,也列出 C 型板部颁标准和检测值。可以看出各项指标都是达到或超出设计提出的指标,显示排水板的性能良好。可以看出 F 型板在通水量、复合体抗拉强度、滤膜抗拉强度上比交通运输部部颁 C 型板标准要大一倍,尤其是通水量大,它将大大降低排水板传递真空度的阻力。

F 型板设计值及检测值与交通运输部部颁 C 型板标准 表 6-13

项　　目	单　　位	F 型板设计值	F 型板检测平均值	(JTS 206-1—2009) C 型板	条　　件
宽度	mm	150 ±2	150.5	100 ±2	—
厚度	mm	≥4.5	4.6	≥4.5	—
纵向通水量	cm^3/s	≥95	126.8	≥40	侧压力 350kPa
复合体抗拉强度	kN/15cm	≥3.3	5.12	≥1.5	延伸率 10% 时
滤膜渗透系数	cm/s	$\geq 5.0\times10^{-3}$	7.94×10^{-3}	$\geq 5.0\times10^{-3}$	—
滤膜等效孔径	μm	<100	90	<75	—
滤膜抗拉强度	N/cm	干态:≥40	50.4	干态:≥30	—
		湿态:≥50	66.8	湿态:≥25	—
芯板材质	100% 聚丙烯新材		100% 聚丙烯新材	交通运输部标准	—
滤膜材质	涤纶长丝无纺布		涤纶长丝无纺布		—

四、加固处理方案与实施概况

1. 加固处理方案

N4 路段属桥头路段,段落长 56m;N5 路段属一般路段,段落长度 100m。设计都采用真空联合堆载排水预压处理。设置的竖向排水通道分别为可测深高性能宽度为 10cm 的 C 型塑料排水板和宽度为 15cm 的 F 型塑料排水板,间距分别为 1.0m 和 1.2m,正三角形布置,打到整个软土底层以上 1.0m 左右,设计深度为 35.0m,水平排水层采用 50cm 砂砾垫层。

2. 实施概况

N4 路段和 N5 路段路堤的设计高程及实施结果见表 6-14 所列。

路基加固设计与实施结果　　表 6-14

段落	路面设计高程(m)	路堤顶设计高程(m)	初始地面高程(m)	排水板等施工沉降量(m)	路堤最终填筑厚度(m)	做基层前地基最大沉降量(m)
N4	6.865	6.115	2.286	0.542	5.737	1.893
N5	6.543	5.793	2.240	0.616	5.611	2.058

从表 6-14 看到这两段路堤最终填筑厚度相差 0.13m，N4 路段要大；但其沉降并不比 N5 路段大，反而比 N5 路段的沉降量要小 0.165m，这是否可以看作是 F 型板的效果呢，再看看后面其他方面的具体分析。

N4 路段与 N5 路段（F 型板段）是同时做的，同铺在一块膜下，抽、停真空是同时进行的。由于路堤填筑速度太慢，造成满负荷联合预压时间太短，还不到 1 个月（离设计提出的 18 个月要求相差甚远），真空联合堆载预压的优势没有充分发挥出来，致使施工时间太长。N4 路段 5.7m 的路堤填筑了 13.8 个月，平均每月仅填筑 41.6cm，而 N5 路段 5.6m 的路堤填筑了 13.6 个月，平均每月也只填筑 41.2cm。实际上，在抽真空的情况下，填筑速度是可以大大加快的，由填筑造成的正超静水压力会被抽真空形成的负超静孔隙水压力抵消相当一部分，连续填筑一般是不会引起路基的失稳，施工部门错失了这一大好机会。

五、加固效果比较分析

抽真空自 2004 年 5 月 21 日开始，膜下 3d 真空度就达到 80kPa，此后基本上都维持在 80kPa 以上，仅有短暂停电造成的真空度降低，抽真空到 2005 年 8 月 3 日终止，共计抽真空 14.4 个月。N4 路段在抽真空开始后的第 13.8 个月，于 2005 年 7 月 15 日路堤填筑才达到设计高程，进入真空与堆载二者满负荷的联合预压阶段，联合预压的时间才有 0.6 个月；N5 路段在抽真空后的第 13.6 个月路堤填筑达到设计高程，进入二者联合预压阶段，到 2005 年 7 月 9 日才达到设计高程，联合预压的时间为 0.8 个月。以后真空停止，两段路堤自载预压达20.5个月之久。

1. 地表沉降的比较与分析

地表沉降是加固效果最直接的反映。N4 重点观测断面的真空荷载、填土及地表沉降过程线如图 6-8 所示。N5 路段也有相似的结果（图 6-9）。

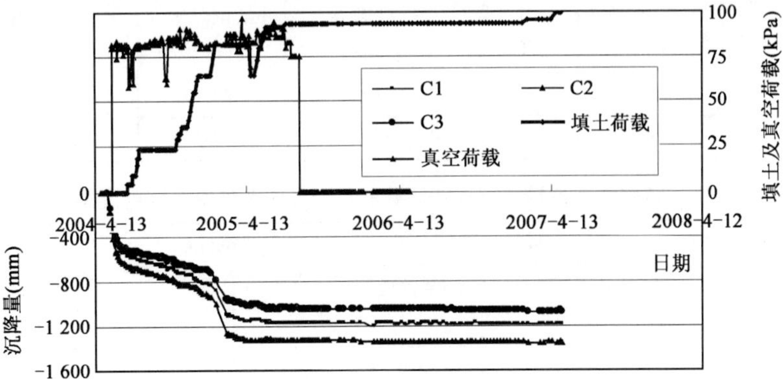

图 6-8　N4 路段地表沉降变化过程曲线

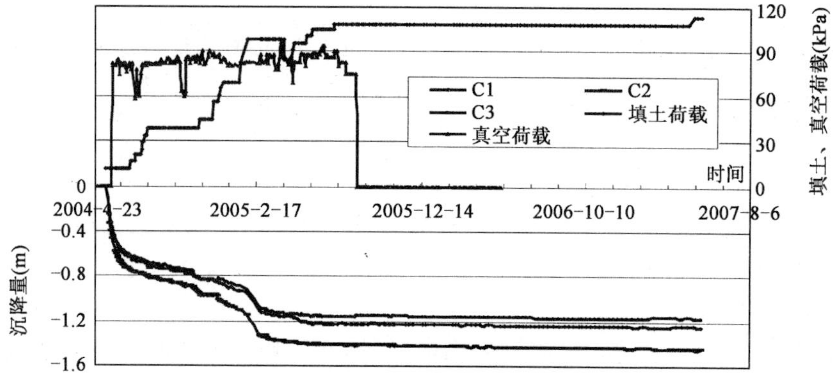

图 6-9　N5 路段地表沉降变化过程曲线

从沉降曲线和表 6-15 ~ 表 6-17 中数据看,有以下几个特点。

(1)沉降主要发生在填土加荷期间。表 6-15 中显示填土期间发生的沉降要占到总沉降量的 70% 左右,而满荷载联合预压是微不足道的。停抽后纯路堤预压的 20.5 个月时间是没有多少效果的,该期间发生的沉降量还不到总沉降量的 1.5% 。

(2)左右路肩两者沉降曲线相差不大。路中心与路肩沉降差都在 12% 以内。由此形成的沉降盆的平均斜度都在 1.4% 以内。详见表 6-16。

(3)沉降曲线在后期非常平缓,路堤沉降已趋于稳定。真空停止前的 3 个月里的沉降速率情况见表 6-17 所列。其收敛速度还是很快的,在停抽前两个月里沉降速率已降到 5mm/月以下。

N4 和 N5 路段加固过程中各时期的沉降量　　表 6-15

段落	总沉降量(m)	填土与抽真空期间的沉降量(m)	填土沉降占总沉降比例(%)	满载联合预压的沉降量(m)	满载联合预压沉降占总沉降比例(%)	停抽后路堤预压沉降量(m)	停抽后路堤预压沉降量占总沉降比例(%)
—	③	④	⑤=④/③	⑥	⑦=⑥/③	⑧	⑨=⑧/③
N4	1.893	1.351	71.4	0.003	0.16	0.028	1.48
N5	2.058	1.412	68.6	0.003	0.15	0.027	1.31

N4 和 N5 路段路中心与路肩地表沉降　　表 6-16

段落	填土厚度(m)	中心最大沉降量(mm)	单位填土厚度的沉降(mm/m)	路肩平均沉降量(mm)	路肩沉降与中心沉降比值(%)	路肩与中心沉降差(mm)	沉降盆平均斜度(%)
N4	5.737	1 893	330.0	1 670	88.2	223	1.27
N5	5.611	2 058	367.5	1 817.5	88.3	240.5	1.37

真空与路堤联合预压至真空卸载前 3 个月内路堤中心沉降速率　　表 6-17

时　段	沉降速率(mm/月)	
	N4 路段	N5 路段
2005.5	—	15.6(当月内填土 0.464m)
2005.6	5.0	4.7
2005.7	2.0	2.5

以上的分析说明这两段加固都取得了预期效果，两段落地质条件相同，受到的真空荷载及作用时间一样，垂直排水通道打设深度和加固历时都相同，不同的是所用垂直排水通道的种类和填土荷载大小（很小）的差异。从地表沉降结果看，二者的加固效果有明显的差别。N4 填土厚度大于 N5 段落，N4 段落的排水板间距是 1.0m，要小于 N5 段落的 1.2m，在相同时间里其沉降量应比 N5 段落大才是，现在反而小（表 6-16）。采用 F 板作为垂直排水通道的 N5 路段，在单位填土厚度发生的沉降量上也大于 N4 路段。这里间接反映出宽型板传递真空荷载的作用要好于标准板。

2. 分层沉降的比较分析

N4 和 N5 路段地基的 3 土层经过真空联合堆载预压后（到真空卸载时）的压缩情况，列于表 6-18 中。

N4 和 N5 两段落 3 土层到真空卸载时的压缩情况

表 6-18

土层名	亚黏土 ②$_1$ 层		淤泥质亚砂土 ②$_2$ 层		淤泥质亚黏土 ③$_1$ 层		亚黏土 ③$_2$ 层及以下	
	N4	N5	N4	N5	N4	N5	N4	N5
到 2005 年 8 月 1 日止压缩量（mm）	57	78	253	137	730	952	283	248
每米压缩率（mm/m）	38.8	45.9	21.9	14.4	28.7	34.2	—	—
压缩量占总沉降量的百分比（%）	4.3	5.5	19.1	9.7	55.2	67.3	21.4	17.5

从表 6-18 中看出，地基土层经过真空联合堆载预压后（到真空卸载时），真空超载预压所产生的压缩量有 55% ~67% 以上发生在③$_1$ 层，而②$_1$ 层和②$_2$ 层产生的压缩量之和在 23% ~15%。N4 路段每米压缩率在②$_2$ 层比 N5 稍大些，在②$_1$ 层和③$_1$ 层比 N5 要小。两段落③$_1$ 层压缩量远大于②$_1$ 和②$_2$ 层。

N5 路段③$_1$ 层压缩总量和每米压缩率都大于 N4 路段，可以体现 F 板向深部传递真空度的效果要好于 C 板。

3. 从孔压资料来比较

图 6-10 和图 6-11 是 N4 和 N5 路段中监测断面不同深度土层中孔隙水压力绝对值的观测结果，图中不同深度量测结果都一致反映出它们有相同规律。

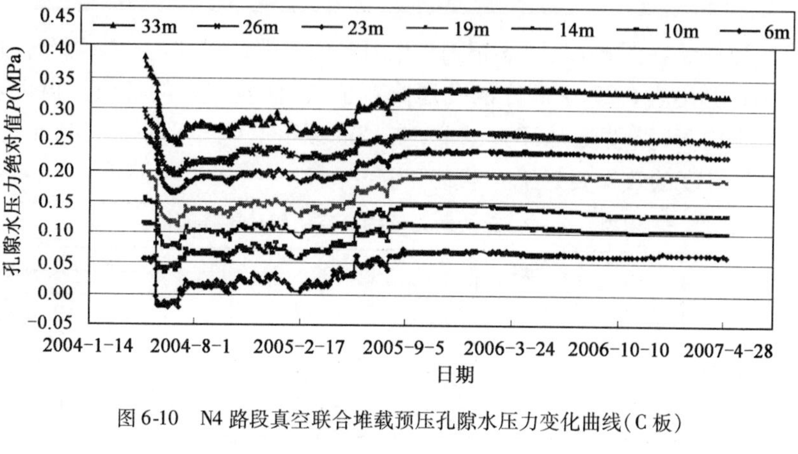

图 6-10　N4 路段真空联合堆载预压孔隙水压力变化曲线（C 板）

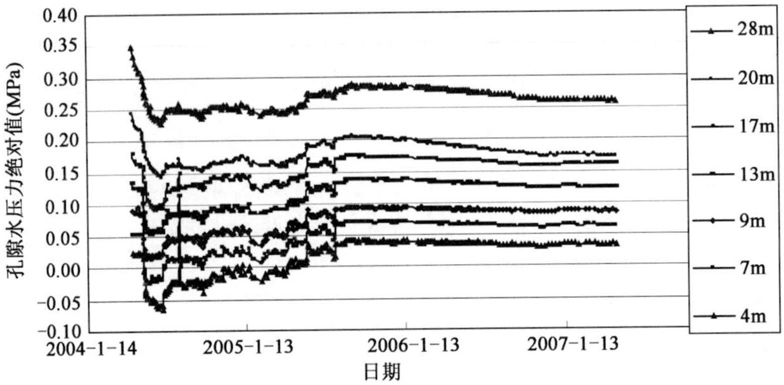

图 6-11 N5 路段真空联合堆载预压孔隙水压力变化曲线(F 板)

该处是 2004 年 5 月 21 日开始抽真空的，在这之前是打设排水板和施做砂垫层，施工引起土中孔隙水压力有一定幅度上升。孔隙水压力分别是 2004 年 4 月 29 日和 2004 年 4 月 25 日开始量测的，在抽真空前土中孔隙水压力测值都超过原静水压力值；抽真空开始后土中孔隙水压力在负压作用下不断下降，到抽真空后一个半月左右，孔隙水压力都有明显下降，降幅在不同深度有所差别，两个断面也有差异。由于此时填土荷载尚没有多少(12kPa 左右)，因此孔隙水压力下降的大小能反映出真空度沿 F 板或 C 板传递的效果。将头一个月两断面的资料汇于表 6-19 中。从表中数据能够看出，F 型排水板和 C 型板在距地表 17m 以上土层中二者孔隙水压力下降幅度差别不太大，相差在几个千帕之间，但在这深度之下二者有所差异，相差在几个至 30 个千帕之间。原因是 F 板的通水量大，传递真空的阻力小。

抽真空开始一个月后两段落孔隙水压力下降幅度比较 表 6-19

段落	N4(K118 +800 断面)							N5(K118 +880 断面)						
深度(m)	33	26	23	19	14	10	6	28	20	17	13	9	7	4
2004-4 孔压初值(kPa)	355	276	246	189	148	113	57	347	244	180	134	91	53	24
2004-7-2 孔压值(kPa)	240	190	170	110	70	40	-14	228	143	93	57	20	-19	-64
孔压降幅(kPa)	115	86	76	79	78	73	71	119	101	87	77	71	72	88

将两段落的数据绘在图 6-12、图 6-13 中，并用多项式拟合得到孔压降幅与深度的表达式，用此表达式分别计算出表 6-20 中深度的孔压降幅值，再比较二段的数值。可以看出，在深度 20m 以下，N5 路段比 N4 路段要大 30% 以上，在 15m 以上二者差别不大。这个分析也能说明 F 板向深部传递真空度的效果要好于 C 板。

用拟合公式计算的两段落抽真空初期孔压降幅值 表 6-20

深度(m)		32	28	24	20	17	15	10	5
孔压降幅(kPa)	N4 路段	107.65	89.62	80.31	76.88	76.45	76.53	75.37	67.86
	N5 路段	108.51	118.88	114.09	100.56	88.54	81.13	70.59	81.47
比较 = (N5 - N4)/N4(%)		0.8	32.7	42.1	30.8	15.8	6.01	-6.3	20.1

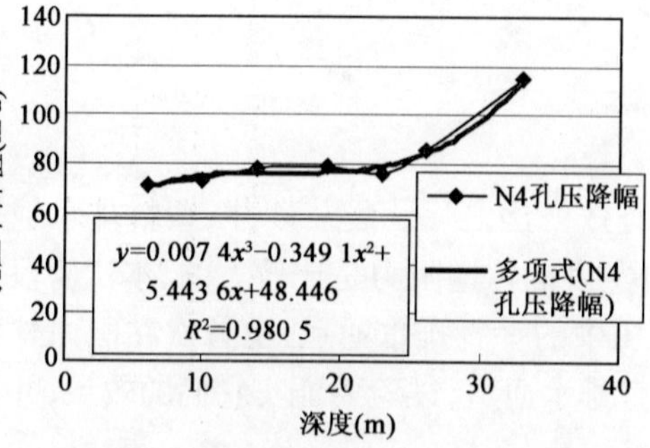

图 6-12　N4 路段初期孔压下降规律(C 板)

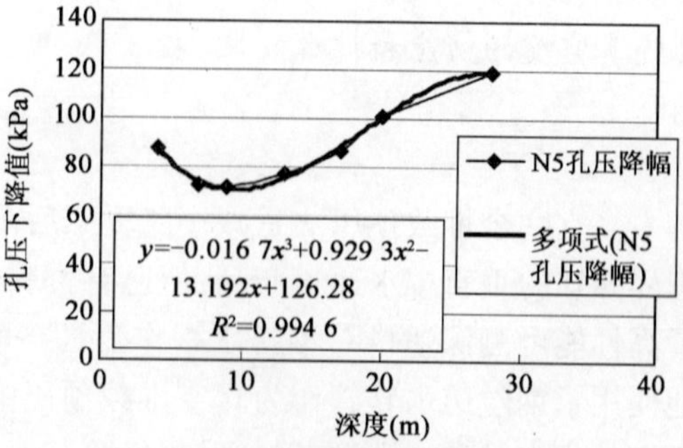

图 6-13　N5 路段初期孔压下降规律(F 板)

六、结论

(1)采用真空联合堆载预压法并以高性能可测深塑料排水板 C 板和 F 板作为垂直排水通道加固高速公路深厚软基都取得了成功。在停抽前两个月沉降速率已降到 5mm/月以下,路堤沉降已趋于稳定。

(2)N4 路段的填土厚度稍大于 N5 路段,但发生的沉降量 N5 路段要大于 N4 路段,且单位填土厚度发生的沉降量 N5 路段也比 N4 路段大,反映了 15cm 宽 F 板的加固效果要好于 10cm 宽的 C 板。

(3)两段落 3 层软土在真空联合堆载预压作用下,N5 路段$③_1$ 层压缩总量和每米压缩率都大于 N4 路段,可以体现 F 板向深部传递真空度的效果要好于 C 板。

(4)不同深度孔压量测结果都一致反映出它们有相同变化规律。在抽真空后 1.5 个月左右,孔隙水压力都有明显下降,降幅在不同深度有所差别,F 型和 C 型板段落在距地表 15m 以上土层中,二者孔隙水压力下降幅度差别不太大,但在 20m 深度之下二者相差较多。多项式拟合的结果表明,孔压下降值在深度 20m 以下,N5 路段比 N4 路段要大 30% 以上,说明 F 板向深部传递真空度的效果要好于 C 板。

第五节　钢丝透水软管与 C 型板在真空联合堆载预压加固中的比较

摘　要:以高性能可测深塑料排水板和钢丝透水软管作为垂直排水通道的真空联合堆载预压法加固高速公路深厚软基都取得了成功。在停抽前 2 个月、断面中心处的沉降速率已降到 5mm/月以下,路堤沉降趋于稳定。从地表沉降、分层沉降、孔隙水压力等角度,对分别用 C 型排水板和钢丝透水软管的真空联合堆载预压法处理深厚软基的效果进行了比较分析。单位填土厚度发生的沉降量软管路段要大于 C 型排水板路段,该路段所形成的沉降盆倾斜度也小于排水板路段;不同深度孔压量测结果都一致反映出它们有相同的变化规律,排水板和钢丝透水软管在距地表 20m 以上土层中孔隙水压力下降幅度差别不大,在几个千帕之间;但在这深度之下二者差异明显,在 28m 深处差 40% 以上。在钢丝透水软管施工中,管最下端没有封堵,造成软土及粉砂从软管底部被压入钢丝透水软管中，堵塞部分长度的软管，减弱了钢丝透水软管传递真空度的功能和排水效果。

一、引言

真空联合堆载预压法是减小路堤工后沉降的有效方法之一。袋装砂井、塑料排水板是工程界熟知的垂直排水通道产品，但已有资料证明真空度的传递阻力是比较大的，本试验段使用了高性能可测深塑料C型排水板作为真空堆载预压中的垂直排水通道，也首次在国内外创新地使用了钢丝透水软管作为真空堆载预压中的垂直排水通道，试验要证实它们的效果，并比较它们的优劣及存在问题，以便取得经验与改进。

本文着重从加固效果及与效果有关的宏观层面对二者做一比较，希望对高速公路深厚软基处理、设计与施工安排诸方面有指导意义和借鉴作用。

二、地质条件

真空联合堆载预压法高性能可测深C型塑料排水板试验路段(N12)与垂直排水通道为钢丝透水软管试验路段(N13)紧紧相连，每段长100m，位于慈北平原沉积区内，该处划分为4个工程地质亚层，其中3个是软弱土层，自地表向下分别叙述如下。②$_1$层：亚黏土(Q_4^{3+m})，浅层为耕植土，上部褐黄色，下部灰黄色，大部分为软塑状，少数为可塑状，厚度普遍偏小，一般在2.0m左右；②$_2$层：淤泥质亚砂土(Q_4^{3+m})，该层灰色，呈流塑状，饱和，本层厚度为7.0m；③$_1$层：淤泥质亚黏土(Q_4^{2+m})，灰色~深灰色，呈流塑状，饱和，本层厚度大，为20m多一点；⑤$_2$层：细砂、粉砂层(Q_3^{al-pl})，本层厚度超过10m。地基影响深度范围内软土厚度为29m多，两区各土层的物理力学指标见表6-21。从所列土性指标来看，这两段土性可以说基本上是一致的。

N12区和N13区加固前土层主要物理力学指标　　表6-21

土层名	土层代号	区段	土层厚度	含水率	湿密度	孔隙比	液限	塑性指数	液性指数	压缩系数	回弹指数
			m	%	g/cm^3	—	%	—	—	MPa^{-1}	—
亚黏土	②$_1$	N12	2.0	29.3	1.93	0.826	34.6	12.2	0.58	0.33	0.014
		N13	2.0	30.6	1.93	0.842	34.3	12.9	0.73	0.27	0.014
淤泥质亚砂土	②$_2$	N12	7.0	37.0	1.86	0.997	31.6	10.2	1.58	0.44	0.017
		N13	7.0	39.4	1.83	1.059	30.6	9.6	1.99	0.39	0.015
淤泥质亚黏土	③$_1$	N12	20.7	41.9	1.80	1.151	36.1	13.2	1.46	0.48	0.033
		N13	20.3	42.9	1.79	1.175	36.5	13.8	1.50	0.55	0.031
粉、细砂	⑤$_2$	N12	10.4	29.4	1.87	0.874	—	—	—	—	—
		N13	10.8	29.2	1.88	0.845	—	—	—	0.14	—

三、垂直排水通道的分析

1. 高性能可测深C型塑料排水板

所谓“高性能排水板”是和以往生产的排水板相比较而言的。“高性能排水板”它有以下两方面的特点。一是排水板滤膜包裹方式的改变,由过去的缝纫机缝合滤膜包裹芯板变成用胶黏合滤膜包裹芯板,使滤膜完全成为排水板芯板的一个封闭的过滤结构,在排水板的滤膜上不再留有针眼孔洞,避免了泥土颗粒进入排水板齿槽的可能,极大地提高排水板的排水功效和改善了排水板的长期工作性状。二是制作排水板的材料有了质的改变,把原来排水板芯板用旧的 PVC、聚乙烯成品材料加工成粒子制成的,变为完全使用了新聚丙烯原料;滤膜由原使用国产短纤维浸渍无纺布,变为采用美国杜邦的纯涤纶长丝纤维热轧无纺布和国产长丝滤膜。这两方面的改进使排水板的性能指标有了极大的提高,产品质量已接近和达到了国际水平。

表 6-22 列出同一厂用新、旧两种原料制成芯板排水板的整体强度和通水量,明显看出新、旧料二者的差异。

新、旧料芯板做成的排水板复合体的抗拉强度和纵向通水量　　表 6-22

芯板材料		聚丙烯新料	回收聚乙烯料
滤膜种类	部标 C 型板	国产短纤维	国产短纤维
芯板厚度(mm)	4.0	3.96	4.26
芯板单位长度质量(g/m)	—	91.28	160.84
复合体强度(kN/10cm)	1.5	3.54	1.85
通水量(cm^3/s)	40	74.0	68.1

原有国产滤膜抗拉强度太低,有时厂家为了达到设计提出的要求,就增大滤膜的厚度或单位面积的质量,实际上厚度增大顶多在滤膜的干抗拉强度上有一定的提高,然而对滤膜的湿抗拉强度则效果不明显,结果也不稳定,普遍的情况是滤膜的湿抗拉强度要比其干抗拉强度低 30% 以上,表 6-23 的资料可以说明这些结果。

现有国产滤膜强度情况　　表 6-23

滤膜材料	国产短纤维									
滤膜种类	部标 C 型板	同一厂家产品的测试结果								
滤膜厚度(mm)	—	0.36	0.38	0.38	0.39	0.43	0.43	0.45	0.45	0.47
滤膜湿强度(N/cm)	25	29.4	25.2	28.8	28.0	29.2	26.8	29.4	25.8	30.8
滤膜干强度(N/cm)	30	34.4	38.0	37.2	38.0	37.6	45.8	42.0	33.0	40.8

国内排水板厂家所用滤膜都是短纤维浸渍无纺布,其质地很不均匀,加上黏合短纤维的黏合剂为水融性的,水稳性差,滤膜浸水后强度大大降低,且耐久性也差。表 6-24 显示的就是在 2003 年至 2004 年国内排水板短纤维滤膜水平的检测结果,这是国内 7 家比较有权威的检测单位联合检测结果的统计值。可以看出,虽然检测结果对同一个厂的离散性并不大,但 3 个厂产品之间差异不小,而且所有的滤膜湿抗拉强度均值都在 25N/cm 以下,达不到交通运输部标准中 C 型板指标,甚至是 B 型板指标,说明国产短纤维滤膜的抗拉强度太低,还不到国外长丝滤膜湿强度的 1/3。

滤膜横向湿态抗拉强度的统计结果　　表6-24

序号	厂家	横向湿态抗拉强度(N/cm)				
		均值	方差	变异系数	(最大-最小)/均值	进口长丝
1	A	17.8	1.24	0.070	0.191	84
2	C	23.5	0.60	0.026	0.072	
3	D	21.6	2.24	0.104	0.292	

近几年,国内已研制出能用于排水板的长丝滤膜,开始在排水板领域得到较广泛地应用。国内长丝滤膜排水板的性能指标由此得到很大提高,见表6-25,表中同时也列出进口长丝滤膜的测试结果。从表6-25所测国产长丝滤膜的性能来看,其抗拉强度和梯形撕裂强度都有了大幅度的提高,抗拉强度值大大超过标准中C型板要求,梯形撕裂强度值也提高到60~80N,比短纤维滤膜增大8~10倍,排水板对工地的适应能力大大提高;而且长丝滤膜的渗透系数和等效孔径也满足要求,排水板滤膜的透水、隔土性能也得到保证,排水板的整体性能也有所提高,与C型板标准相比,复合体通水量和复合体抗拉强度都有了很大增加。

国产与进口长丝滤膜的性能(工程现场实测值)　　表6-25

测试项目		单位	平均值		备注
			国产长丝	进口长丝	
滤膜单位面积质量		g/m^2	144	151	—
滤膜厚度		mm	0.5	0.38	—
滤膜抗拉强度	纵向干态	N/cm	58	67	伸长率为10%
	横向湿态	N/cm	59	84	伸长率为15%
滤膜梯形撕裂强度	纵向	N	85	284	—
	横向	N	67	276	—
滤膜渗透系数		10^{-3}cm/s	8.70	14.1	—
滤膜等效孔径 O_{98}		mm	<0.075	0.170	—
复合体纵向通水量		cm^3/s	135	157	C型板为40
复合体抗拉强度		kN/10cm	3.7	3.5	C型板为1.5

从表6-25中也能看出,国产长丝滤膜与进口长丝滤膜相比除了在滤膜梯形撕裂强度上还有比较大的差距外,其他指标已差距不大,应该说可以替代进口的长丝滤膜排水板,它基本能满足施工现场的要求。而且,国产长丝滤膜的排水板每延米价格要低于进口长丝滤膜排水板30%~40%。

可测深排水板是软基加固能否取得良好效果的关键因素之一。排水板打设深度的准确到位是保证预压加固取得预期效果,减少建筑物工后沉降量的关键一环。在施工结束以后往往很难确认排水板的入土深度,给判定工程质量和工程计量都带来很大的困难,可测深排水板则可在施工过程及施工结束后确定排水板的入土深度,它的问世解决了上述难题。可测深排水板目前有两种形式,一种是"数字式",另一种是"铜丝式"。

表6-26是工程中采用的高性能可测深C型排水板的检测值,表中也列出相应的设计值和交通运输部部颁标准,可以看出较大地满足了设计要求,并大大超出《水运工程塑料排水板应

用技术规程》(JTS 206-1—2009)标准中C型板指标,特别在滤膜指标和复合体的通水量、抗拉强度等主要指标上,超出都在一倍以上,使排水板能很好地适应海边施工的恶劣环境和减少真空度传递损失的要求。

高性能可测深C型排水板设计与检测值　　表6-26

试验项目		单位	(JTS 206-1—2009) C型板	设计值	检测平均值	试样数	变异系数
排水板	单位长度质量	g/m	—	—	108	8	0.010
	厚度	mm	≥4.5	≥4.5	4.5	10	0.011
	宽度	mm	100±2	100±2	100.2	10	0.003
	复合体抗拉强度	kN/10cm	≥1.5	2.3	3.11	6	0.031
	复合体伸长率	%	—	—	1.7	6	0.094
	纵向通水量	cm^3/s	≥40	≥65	97.6	2	—
滤膜	单位面积质量	g/m^2	—	—	131	10	0.028
	厚度	mm	—	—	0.34	10	0.022
	纵向干样抗拉强度	N/20cm	≥600	≥800	1 052	6	0.074
	横向湿样抗拉强度	N/20cm	≥500	≥1 000	1 399	6	0.031
	渗透系数 K_{20}	cm/s	$\geq 5.0\times10^{-4}$	$\geq 5.0\times10^{-3}$	7.98×10^{-3}	4	—
	等效孔径 O_{95}	mm	<75	<0.100	0.088	3	—

2.钢丝透水软管

钢丝透水软管作为垂直排水通道用于真空排水预压方法中,这在国内外是首次。经过测量计算,直径30mm的钢丝透水软管其过水断面面积为5.7cm^2,是普通C型排水板(板宽10cm)过水断面面积的3.8倍。从真空排水预压的机理研究中知道,垂直排水通道的作用不仅是缩短软土孔隙水的排出路径、加速软土固结;而且是传递真空度、真空压力的通道,通道面积越大,阻力越小,真空度的沿程损失越小,效果就越好。

在考虑了施工、经济等因素后,与厂家联合研制了直径为30mm的产品,对该产品提出见表6-27的技术要求,后对试制出的产品进行检测,结果在表6-28中示出,可以看出试制的产品都达到了设计要求。

钢丝透水软管主要技术参数　　表6-27

项目		单位	性能指标	检测方法
内径		mm	30	
内径偏差		mm	±2.0	
滤布	纵向抗拉强度	kN/5cm	≥1.2	SL/T 235—1999
	横向抗拉强度	kN/5cm	≥1.0	SL/T 235—1999
	圆球顶破强度	kN	≥1.0	ASTM D3787
	渗透系数 K_{20}	cm/s	≥0.10	SL/T 235—1999
	等效孔径 O_{95}	mm	0.1~0.15	SL/T 235—1999

续上表

项目			单位	性能指标	检测方法
透水管	耐压值	应变1%时	N	100	SL/T 235—1999
		应变3%时	N	380	SL/T 235—1999
		应变5%时	N	1 200	SL/T 235—1999

钢丝透水软管主要技术参数的检测结果 表6-28

	项目		单位	性能指标	变异系数
透水管	内径		mm	28.7	0.076
	单位长度质量		g/m	114	—
滤布	纵向抗拉强度		kN/5cm	1.392	0.072
	纵向伸长率		%	12.9	0.108
	横向抗拉强度		kN/5cm	1.133	0.206
	横向伸长率		%	21.2	0.138
	圆球顶破强度		kN	1.153	0.108
	渗透系数 K_{20}		cm/s	0.131	—
	等效孔径 O_{95}		mm	0.142	—
透水管	耐压值	扁平率1%时	N	120	—
		扁平率2%时	N	223	—
		扁平率3%时	N	413	—
		扁平率4%时	N	820	—
		扁平率5%时	N	1 373	—

由于软管的直径比排水板的等效直径(56mm)要小,在同样施工间距下,担心其固结时间将会加长;然而实际上垂直排水通道为非理想井条件,对比计算表明,对固结系数为 5×10^{-3} cm^2/s 的软土地基来说,钢丝透水软管的通水量要大很多,加固时间并不比排水板长多少,其结果工程上是可以接受的。结果列在表6-29中,所以选定直径为30mm的钢丝透水软管作为一种新型垂直排水通道来试验研究。

瞬时加载非理想井状况下排水板与透水软管的固结时间估算 表6-29

通道种类	等效直径(cm)	间距(cm)	布置形式	固结度	固结系数(cm^2/s)	$\beta\times10^{-7}$	固结天数(d)
排水板	5.6	120	△	0.90	5×10^{-3}	2.998	89
透水软管	3.0	120	△			2.982	91
排水板	5.6	120	△	0.85		2.998	73
透水软管	3.0	120	△			2.982	75

四、加固处理方案与实施概况

1. 加固处理方案

N12和N13路段属一般路段,在N13部分地段有一个通道。设计都采用真空联合堆载排水预压处理，段落长度各为100m。设置的竖向排水通道分别为可测深高性能宽度为10.0cm的C型塑料排水板和特制的直径为3.0cm的钢丝透水软管，塑料排水板和透水软管间距都为1.2m，正三角形布置，打到整个软土底层以上1.0m左右，设计深度为31.0m，后经调整，实际打设深度分别为28.7 m和28.5 m，水平排水层采用50cm砂砾垫层。

2. 实施概况

N12路段和N13路段路堤的设计高程及实施结果见表6-30所列。

路基加固设计与实施结果的比较　　表6-30

段落	路面设计高程(m)	路堤顶设计高程(m)	设计路堤平均填厚(m)	初始地面高程(m)	排水板等施工沉降量(m)	路堤最终填筑厚度(m)	做基层前地基最大沉降量(m)
N12	6.505	5.755	4.5	1.986	0.178	5.363	1.620
N13	5.979	5.229	3.5	1.988	0.197	4.540	1.479

从表6-30看到这两段初始地面高程是一样的，设计填土厚度相差1.0m，路堤最终填筑厚度相差0.86m，二者最大沉降量相差0.141m。

N12路段是与N13路段(透水软管段)同时施工，同铺在一块膜下，抽、停真空是同时进行的。由于路堤填筑速度太慢，造成满负荷联合预压时间太短，仅3个月，真空联合堆载预压的优势没有充分发挥出来，致使施工时间太长。N12路段4.8m的路堤填筑了12个月，平均每月仅填筑39.7cm，而N13路段4m的路堤填筑了9个月，平均每月也只填筑47.5cm。实际上，在抽真空的情况下，填筑速度是可以大大加快的，由填筑造成的正超静水压力会被抽真空形成的负超静孔隙水压力抵消相当一部分，连续填筑一般是不会引起路基的失稳。

五、加固效果比较分析

抽真空自2004年4月30日开始，膜下3d真空度就达到80kPa，此后基本上都维持在80kPa以上，仅有短暂停电造成的真空度降低，抽真空到2005年7月21日终止，共计抽真空15个月。N12路段在抽真空开始后的第12个月，于2005年4月26日路堤填筑才达到设计高程，进入真空与堆载二者满负荷的联合预压阶段，前后加起来联合预压的时间才有3个月；N13路段在抽真空后的第9个月路堤填筑达到设计高程，进入二者联合预压阶段，但后来路堤又卸载、又再补填，到2005年4月26日才又达到设计高程，前后加起来联合预压的时间为5个月不到。以后真空停止、两段落路堤自载预压达21个月之久。

1. 地表沉降的比较与分析

地表沉降是加固效果最直接的反映。为省篇幅，这里仅将N12重点观测断面的真空荷载、填土及地表沉降过程线如图6-14所示。N13段面也有相似的结果。

从沉降曲线和表中数据看，有以下几个特点。

(1)沉降主要发生在填土加荷期间。表6-31中显示填土期间发生的沉降要占到总沉降量的70%以上。停抽后纯路堤预压的21个月没有多少效果，该期间发生的沉降仅占总沉降量的1%。

(2)左右路肩二者沉降曲线相差不大。路中心与路肩沉降差都在20%以内。由此形成的沉降盆的平均斜度都在2%以内。详见表6-32。

(3)沉降曲线在后期非常平缓,路堤沉降已趋于稳定。真空停止前的3个月里的沉降速率见表6-33所列。能够看出其收敛速度还是很快的,在停抽前两个月里沉降速率已降到5mm/月以下或接近5mm/月的水平。

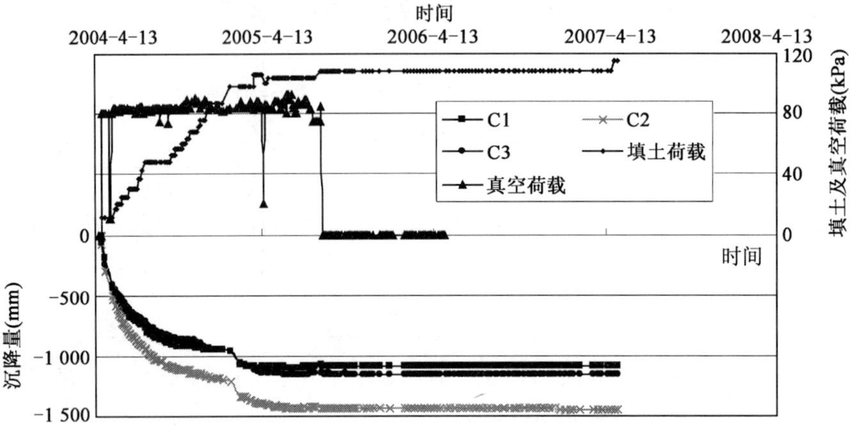

图6-14 N12路段地表沉降变化过程曲线

N12和N13路段加固过程中各时期的沉降量 表6-31

段落	施工沉降量(m)	总沉降量(m)	填土与抽真空期间的沉降量(m)	填土沉降占总沉降比例(%)	满载联合预压的沉降量(m)	满载联合预压沉降占总沉降比例(%)	停抽后路堤预压沉降量(m)	停抽后路堤预压沉降量占总沉降比例(%)
—	①	③	④	⑤=④/③	⑥	⑦=⑥/③	⑧	⑨=⑧/③
N12	0.178	1.620	1.405	86.73	0.020	1.23	0.017	1.05
N13	0.197	1.479	1.049[①]	70.93	0.226	21.5	0.007	0.47

注:①该值取自路堤填筑第一次到顶时的沉降值。

N12和N13路段路中心与路肩地表沉降 表6-32

段落	填土厚度(m)	中心最大沉降量(mm)	单位填土厚度的沉降(mm/m)	路肩平均沉降量(mm)	路肩沉降与中心沉降比值(%)	路肩与中心沉降差(mm)	沉降盆平均斜度(%)
N12	5.363	1 620	302.1	1 298.5	80.2	321.5	1.84
N13	4.540	1 479	325.8	1 242	84.0	237	1.35

真空与路堤联合预压至真空卸载前3个月内路堤中心沉降速率 表6-33

时段	沉降速率(mm/月)	
	N12路段	N13路段
2005-5	11.0	14.0
2005-6	6.0	4.0
2005-7-21	3.3	2.0

以上的分析说明这两段加固都取得了预期效果，两段落地质条件相同，受到的真空荷载及作用时间一样，垂直排水通道打设深度和加固历时都相同，不同的是所用垂直排水通道的种类和填土荷载大小的差异，分析后看出二者的加固效果也有一些差别。从地表沉降看，N13 路段，也就是采用钢丝透水软管作为垂直排水通道的要比采用高性能 C 型排水板的 N12 路段效果好些。它表现在单位填土厚度发生的沉降量，N13 路段要大于 N12 路段；还有 N13 路段路肩与路中心的沉降差要小于 N12 路段，所形成的沉降盆倾斜度也小；停抽前沉降速率收敛的比 N12 路段快；停抽后纯路堤预压形成的沉降量仅占总沉降的 0.5%，比 N12 路段的要小一倍。这些不同无不在一定程度上反映了钢丝透水软管传递真空度的效果要好于 10cm 宽的高性能排水板，当然由于 N13 路段的设计填土厚度小于 N12 路段，所以在同样真空度情况下，N13 路段受到的超载比要比 N12 路段大，这也有一些关系。

2. 分层沉降的比较分析

从分层沉降测值中整理得到 N12 和 N13 路段地基的 3 土层经过真空联合堆载预压后（到真空卸载时）的压缩情况，列于表 6-34 中。

N12 和 N13 两段落 3 土层到真空卸载时的压缩情况 表 6-34

土 层 名	亚黏土②$_1$ 层		淤泥质亚砂土②$_2$ 层		淤泥质亚黏土③$_1$ 层	
	N12	N13	N12	N13	N12	N13
到 2005 年 7 月 22 日止压缩量（mm）	76	54	114	137	967	753
每米压缩率（mm/m）	38	29.5	15.2	18.3	47.2	35.9
压缩量占总沉降量的百分比（%）	4.7	3.7	7.1	9.3	60.3	51.2

从表 6-34 中看出，地基土层经过真空联合堆载预压后（到真空卸载时），真空超载预压所产生的压缩量有 85% 以上发生在③$_1$ 层及以下，而②$_1$ 层和②$_2$ 层产生的压缩量之和在 15% 以内。每米压缩率③$_1$ 层远大于②$_1$ 和②$_2$ 层。N12 路段在每米压缩率上比 N13 要稍大些，在③$_1$ 层 N13 比 N12 小 24%，主要是预压后期钢丝透水软管下部有一些被细砂堵塞，真空度传递受阻。

3. 从孔压资料来比较

图 6-15 和图 6-16 是 N12 和 N13 路段中两个监测断面不同深度土层中孔隙水压力绝对值的观测结果，图中不同深度量测结果都一致反映出它们有相同规律。

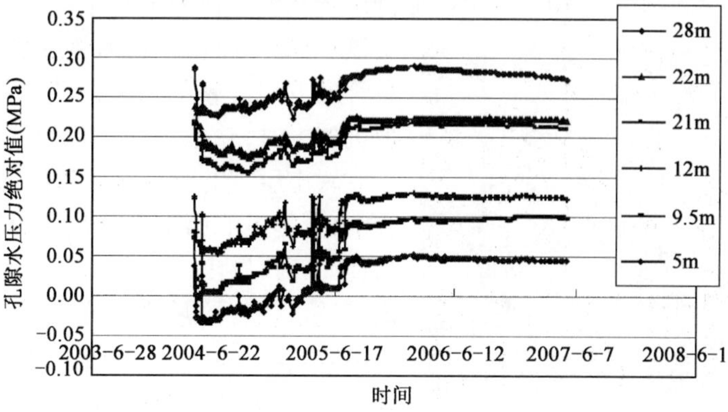

图 6-15 N12 路段真空联合堆载预压孔隙水压力变化曲线（C 板）

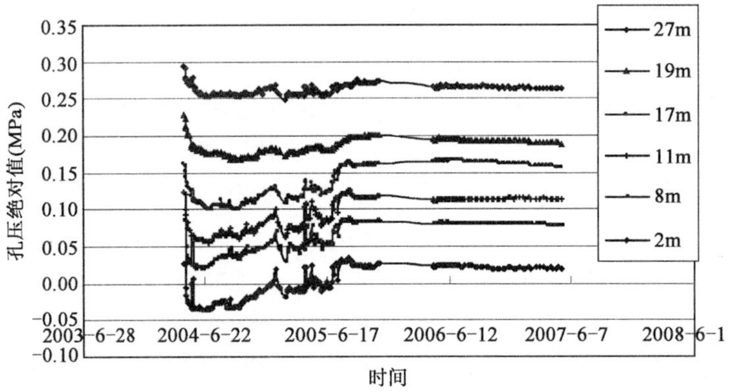

图 6-16 N13 路段真空联合堆载预压孔隙水压力变化曲线(软管)

该处是 2004 年 4 月 30 日开始抽真空的,在这之前是打设排水板和施作砂垫层,施工引起土中孔隙水压力有一定幅度上升。孔隙水压力是 2004 年 4 月 25 日开始量测的,在抽真空前土中孔隙水压力测值都超过原静水压力值;抽真空开始后土中孔隙水压力在负压作用下不断下降,到抽真空后 1 个月左右,孔隙水压力都有明显下降,降幅在不同深度有所差别,两个断面也有差异。由于此时填土荷载尚没有多少(12kPa 左右),因此孔隙水压力下降的大小能反映出真空度沿排水板或钢丝透水软管传递的效果。将头一个月两断面的资料汇于表 6-35 中。

抽真空开始一个月后两段落孔隙水压力下降幅度比较 表 6-35

段 落	N12(K119 +700 断面)						N13(K119 +757 断面)					
深度(m)	28	22	21	12	9.5	5	27	19	17	11	8	2
2004-4-25 孔压值(kPa)	289	237	217	125	79	38	294	228	162	122	86	28
2004-6-1 孔压值(kPa)	230	189	169	58	2	-29	260	181	110	61	22	-34
孔压降幅(kPa)	59	48	48	67	77	67	34	47	52	61	64	62

从表中数据能够看出,排水板和钢丝透水软管在距地表 20m 以内土层中二者孔隙水压力下降幅度差别不大,相差在几个千帕之间。但在深度 20m 之下二者差异明显,N13 路段明显小于 N12 路段,在 28m 深处差 40% 以上。原因是透水软管作为垂直排水通道在国内是第一次做,缺乏施工经验。在钢丝透水软管施工中,由于对管最下端没有刻意去封堵,因此在用激振式插板机施工时,软土中产生的巨大超静水压力将软土或软土层下的粉砂从软管底部压入钢丝透水软管中,有的可能堵塞部分长度的软管,有的会一直从地面管口冒出,如图 6-17 所示。这样就减弱了钢丝透水软管传递真空度和排水的功能,造成软土中有效应力减小,固结速度减缓;这也是分层沉降量③$_1$ 层每米压缩率 N13 路段比 N12 路段要小的原因。

图 6-17 部分软管中有砂流出

六、结论

(1)采用真空联合堆载预压法并以高性能可测深塑料排水板和钢丝透水软管作为垂直排水通道加固高速公路深厚软基都取得了成功。在停抽前 2 个月沉降速率已达 5mm/月以下，路堤沉降趋于稳定。

(2)单位填土厚度发生的沉降量 N13 路段要大于 N12 路段；N13 路段所形成的沉降盆倾斜度也小于 N12 路段。这在一定程度上反映了钢丝透水软管加固的效果要好于 10cm 宽的高性能排水板，但由于 N13 路段的设计填土厚度小于 N12 路段，所以在同样真空度情况下，N13 路段受到的超载比要比 N12 路段大，这也有一些关系。

(3)两段落三层软土在真空联合堆载预压作用下，所产生的压缩量有 50% 以上发生在$③_1$层，而$②_1$ 层和$②_2$ 层产生的压缩量之和在 13% 以内。N12 路段在每米压缩率上比 N13 要稍大些，每米压缩率$③_1$ 层远大于$②_1$ 和$②_2$ 层，主要原因除了土自身的压缩性差异外，那就是土层的应力历史有所不同。

(4)不同深度孔压量测结果都一致反映出它们有相同规律。抽真空开始后土中孔隙水压力都有明显下降，降幅在不同深度有所差别，两个断面也有差异。排水板和钢丝透水软管在距地表 20m 以上土层中孔隙水压力下降幅度差别不大，在几个千帕之间；但在这深度之下钢丝透水软管相对要差，在 28m 深处差 40% 以上。

(5)在钢丝透水软管施工中，对管最下端没有封堵，造成软土及粉砂从软管底部被压入钢丝透水软管中，堵塞部分长度的软管，减弱了钢丝透水软管传递真空度的功能和排水效果，是造成深部加固效果比排水板路段稍差的根本原因。

参 考 文 献

[1] 娄炎，等. 真空与自载预压联合加固高速公路软土地基[J]. 公路，2003，3.

[2] 娄炎. 真空排水预压法加固软土技术[M]. 北京：人民交通出版社，2002.

[3] 娄炎. 统计分析排水板的检测结果，认识排水板的特性和现状[A]. 第四届塑料板排水法加固软基技术研讨会论文集[C]. 南京：河海大学出版社，1999.

[4] 何宁. 杭州湾跨海大桥南岸接线试验段工程重点观测断面加固后详勘报告[R]. 南京水利科学研究院研究报告，2007.

[5] 中华人民共和国交通运输部. JTS 206-1—2009 水运工程塑料排水板应用技术规程[S]. 北京：人民交通出版社，2009.

[6] 娄炎，刘家豪. 对《塑料排水板质量检验标准》进行修订的建议[J]. 水运工程，2003(9).

[7] 娄炎. 真空排水预压法加固软土技术[M]. 北京：人民交通出版社，2002.

[8] 赵维炳，洪宝宁，王生. 塑料排水板在真空预压加固软基中的作用[A]. 第四届塑料排水法加固软基技术研讨会论文集[C]. 南京：河海大学出版社，1999.

[9] 武良金，等，从塑料排水板长期工作性能变化看其耐久性[A]. 第三届塑料板排水法加固软基技术研讨会论文集[C]. 南京：河海大学出版社，1996.

[10] 娄炎. 杭州湾跨海大桥南岸接线试验段工程重点观测断面加固前详勘报告（试验段研究

成果报告之2)[R].南京水利科学研究院研究报告,2004.

[11] 娄炎,李毅.软基加固中应用的高性能可测深排水板[J].岩石力学与工程学报,2004,6(12):2123-2127.

[12] 娄炎,娄斌.从“联合检测”结果看我国排水板质量与测试现状[C].现代道路与桥隧工程——科学技术论文集(2007),北京:原子能出版社,2007.

[13] 娄炎,郭伟玲,叶锡平.排水板滤膜标准与国产长丝滤膜[J].公路,2006,11:131-134.

[14] 娄炎,等.杭州湾跨海大桥南岸接线深厚软基处理试验段工程实施工作细则[R].南京水利科学研究院研究报告,2003.

[15] 娄炎.杭州湾跨海大桥南岸接线试验段工程真空联合堆载加固深厚软基的效果分析——垂直排水通道为C型高性能可测深排水板N12区(试验段研究成果报告之10)[R].南京水利科学研究院研究报告,2008.

[16] 娄炎.杭州湾跨海大桥南岸接线试验段工程真空联合堆载加固深厚软基的效果分析——垂直排水通道为F型高性能可测深排水板N5区(试验段研究成果报告之11)[R].南京水利科学研究院研究报告,2008.

[17] 娄炎,李毅,等.杭州湾跨海大桥南岸接线试验段工程软土特征分析[C].高速公路地基处理理论与实践(2005)——全国高速公路地基处理学术研讨会论文集(广州).北京:人民交通出版社,2005.

[18] 何宁.杭州湾跨海大桥南岸接线试验段工程重点观测断面加固后详勘报告[R].南京水利科学研究院研究报告,2007.

[19] 娄炎,陈有华,何宁,等.预压加固中应用的一种新型垂直排水通道[J].公路,2005,2:128-130.

[20] 娄炎.杭州湾跨海大桥南岸接线试验段工程软基加固方法与土性特征的关系(试验段研究成果报告之6)[R].南京水利科学研究院研究报告,2004.

[21] 娄炎.杭州湾跨海大桥南岸接线试验段工程真空联合堆载加固深厚软基的效果分析——垂直排水通道为钢丝透水软管N13区(试验段研究成果报告之9)[R].南京水利科学研究院研究报告,2008.

第七章　新材料的工程技术标准

本章介绍了试验段使用的几种新材料，而这些新材料国内都没有相应的行业或国家技术标准，为使这些新材料能得到正确运用，建立了这些新材料的工程技术标准，使工程质量得到了保证。这些标准可供同行参考使用，也为建立其行业标准提供依据。

第一节　排水板滤膜标准与国产长丝滤膜研究

摘　要：本文叙述了现行排水板滤膜的标准和国产短纤维滤膜现状，指出标准中缺少有关滤膜梯形撕裂强度和滤膜黏合缝的黏结强度两个重要指标；阐述长丝滤膜的优越性，比较了国产长丝滤膜和进口长丝滤膜的差异，指出目前完全能用国产长丝滤膜替代进口长丝滤膜，并提出了滤膜技术指标的建议标准，供制订标准参考。

一、引言

塑料排水板因其工厂化生产，产品生产率高，质量易于保证，工程中运输、使用方便，造价低廉，因此，近几年来在高速公路软基加固中得到广泛的应用，每年用于高速公路的排水板不少于1亿延米；对它的正确认识和了解是搞好预压加固技术的必要条件。

在地基预压加固中，塑料排水板是一种良好的垂直排水通道，由于它的设立，改变了地基原有的排水边界条件，由原来的垂直向渗流变成以水平向为主的渗流，孔隙水能很快进入排水板，改变了土层中自由水的渗出途径，缩短了排水路径，加速地基的固结，减少了工后沉降量，增加地基的强度和稳定性，使预压效果得到极大地提高，极大地缩短了加固时间，缩短了工期，大大加快了高速公路的建设速度，提高了高速公路的通行能力及行车舒适度。

塑料排水板是由芯板和滤膜两大部分组成，因此塑料排水板的质量主要取决于芯板和滤膜的质量及其二者的结合工艺。经过近十年的不断努力和创新，国内制造排水板芯板的用材，由原来都是用PVC旧料、聚乙烯旧料经加工成粒子做成的芯板，变成今天完全使用聚丙烯新料粒子制成，使排水板芯板的刚度加大，芯板齿槽不易压缩，排水截面积不易减小，排水板的整体性能有了极大地提高，特别在复合体的抗拉强度和排水板的纵向通水量方面。塑料排水板滤膜的包裹方式也有了根本的改进，由过去的缝纫机缝合包裹变成用胶黏合，使滤膜完全成为排水板芯板的一个封闭的过滤结构，在排水板的滤膜上不再留有针眼孔洞，避免了泥土颗粒进入排水板齿槽的可能，极大地提高排水板的排水功效和改善了排水板的长期工作性状，排水板的芯板材料及与滤膜的结合工艺都有了很大改进和提高。然而在排水板滤膜材质方面，虽然也有了一些进步，但仍差强人意，特别在国内北方地区大多数厂家用的都是国产短纤维浸渍无纺布，它大大影响排水板的整体质量，有必要进行改进。

二、现行排水板滤膜标准及国产短纤维滤膜现状

1996 年原交通部发布国内第一个《塑料排水板质量检验标准》（JTJ/T 257—96），其中包含了塑料排水板的性能指标，其中有关滤膜的性能指标仅仅只有滤膜渗透系数、等效孔径和抗拉强度 3 项（表 7-1）。到 2004 年 4 月原交通部又发布了《塑料排水板施工规程》（JT/T 521—2004），这是一个交通行业产品标准，标准中有关滤膜的性能指标见表 7-2。在出台上述《塑料排水板施工规程》（JT/T 521—2004）交通行业产品标准时，并没有说明《塑料排水板质量检验标准》（JTJ/T 257—96）同时作废，实际上《塑料排水板施工规程》（JT/T 521—2004）产品标准在产品性能指标等主要内容上与《塑料排水板质量检验标准》（JTJ/T 257—96）所规定的质量检验标准基本上是一样的。表 7-1、表 7-2 显示的有关滤膜性能指标基本一致，只是等效孔径由 O_{98}改成 O_{95}、渗透系数多了一个滤膜 $K_g \geq 10K_s$ 的条件，在滤膜抗拉强度上则完全一样。这两个标准的共同点就是滤膜的抗拉强度标准太低，以至于使排水板的整体标准下降（如排水板复合体抗拉强度等）。滤膜抗拉强度标准偏低也是考虑了国内前几年排水板短纤维滤膜的现状制定的。

《塑料排水板质量检验标准》（JTJ/T 257—96）中有关滤膜的性能指标 表 7-1

项　目	单位	A 型	B 型	C 型	条　件
纵向干态抗拉强度	N/cm	≥15	≥25	≥30	延伸率 10% 时
横向湿态抗拉强度	N/cm	≥10	≥20	≥25	延伸率 15% 时，试件在水中浸泡 24h
渗透系数	cm/s	≥5.0×10－4			试件在水中浸泡 24h
等效孔径	mm	<0.075			以 O_{98} 计

《塑料排水板施工规程》（JT/T 521—2004）中有关滤膜的性能指标 表 7-2

项　目	单位	型号、规格				
		SPB-A	SPB-A_0	SPB-B	SPB-B_0	SPB-C
纵向干态抗拉强度	kN/m	1.5	1.5	2.5	2.5	3.0
横向湿态抗拉强度	kN/m	1.0	1.0	2.0	2.0	2.5
渗透系数 K_g	cm/s	K_g≥5.0×10－4，$K_g \geq 10K_s$（K_s 地基土的渗透系数）				
等效孔径 O_{95}	mm	<0.075				

另外，在这两个标准中都没有关于滤膜黏合缝的黏结强度标准，它不适应目前国内排水板都已用包裹式的套膜方式情况，而仍停留在滤膜与芯板间的缝合方式上，标准应对滤膜黏结牢固与否提出要求。

自 20 世纪 80 年代以来，国内排水板厂家所用滤膜都是短纤维浸渍无纺布，质地很不均

匀,加上黏合短纤维的黏合剂为水融性的,水稳性差,滤膜浸水后强度大大降低,且耐久性也差,因此滤膜的湿抗拉强度很低。在不能满足工程需要时,就采取增加滤膜厚度的办法来解决,但往往也是事倍功半,抗拉强度提高有限。在2003年至2004年曾实行过一个排水板产品的联合检测,表7-3显示的就是能反映国内排水板短纤维滤膜水平的结果,它是国内7家比较权威的检测单位联合检测结果的统计值。可以看出,虽然检测结果对同一个厂的离散性并不大,但3个厂产品之间差异不小,而且所有的滤膜湿抗拉强度均值都在25N/cm以下,达不到交通运输部标准中C型板指标,甚至是B型板指标,说明国产短纤维滤膜的抗拉强度太低,还不到国外长丝滤膜湿强度的一半。

滤膜横向湿态抗拉强度的统计结果

表7-3

序号	厂家	横向湿态抗拉强度(N/cm)			
		均值	方差	变异系数	(最大-最小)/均值
1	A	17.8	1.24	0.070	0.191
2	C	23.5	0.60	0.026	0.072
3	D	21.6	2.24	0.104	0.292

此外,在这两个标准中还没有滤膜梯形撕裂强度的标准,为了摸清国产短纤维滤膜的情况,在联合检测时增加了此项检测,结果见表7-4。测试结果反映出国产短纤维滤膜的横向干态梯形撕裂强度都在10N以下,该值太低,而且指标的离散性也很大,产品极不均匀,与国外长丝滤膜相比要差15~20倍以上。这不能满足工程现场的实际需要,因为,施工现场中排水板往往因机器移动而被移来移去,排水板也常在地上被拖来拖去,滤膜因强度低被磨破或被钩破的情况时有发生,因此应有反映抵御这些情况能力的指标,国外就常用滤膜梯形撕裂强度的大小来表示。

短纤维滤膜横向干态梯形撕裂强度的统计结果

表7-4

序号	厂家	横向干态梯形撕裂强度(N)			
		均值	方差	变异系数	(最大-最小)/均值
1	A	5.1	2.65	0.524	1.608
2	C	10.0	2.88	0.289	0.880
3	D	8.2	1.75	0.214	0.549

三、滤膜品质对排水板性能的影响及国产长丝滤膜现状

滤膜本身性能好坏对排水板整体性能会有较大影响。表7-5表示的就是国产短纤维滤膜和进口长丝滤膜对排水板整体性能的影响。从表中可以看出,无论采用的是聚丙烯原料还是高压聚乙烯原料制成的芯板,在套上进口长丝滤膜后,其复合体强度和通水量都高出同类芯板套上短纤维滤膜的排水板,它表示了长丝滤膜能提高排水板的整体性能。另外,在耐磨和耐戳方面长丝滤膜表现出的卓越性能也是国内短纤维滤膜所不能比拟的。

不同品质滤膜对排水板整体性能的影响　　表 7-5

芯板材料	聚丙烯		高压聚乙烯	
滤膜种类	国产短纤维	进口长丝	国产短纤维	进口长丝
芯板单位长度质量(g/m)	91.28	90.28	160.84	157.28
芯板厚度(mm)	3.96	3.92	4.26	4.34
滤膜厚度(mm)	0.32	0.34	0.37	0.33
复合体强度(kN/10cm)	3.54	3.72	1.85	2.50
通水量(cm^3/s)	74.0	80.3	84.1	91.2

近两年,国内厂家投入大量人力、物力,在科研单位的配合下已能生产用于排水板的长丝滤膜,开始在排水板领域得到较广泛的应用,在江浙、广东已基本采用国产长丝滤膜。国内长丝滤膜排水板所测的性能指标见表 7-6,表中同时也列出进口长丝滤膜的测试结果。

国产与进口长丝滤膜的性能(某工程现场实测值)　　表 7-6

测试项目		单位	平均值		备注
			国产长丝	进口长丝	
滤膜单位面积质量		g/m^2	144	151	—
滤膜厚度		mm	0.5	0.38	—
滤膜抗拉强度	纵向干态	N/cm	58	67	伸长率为 10%
	横向湿态	N/cm	59	84	伸长率为 15%
滤膜梯形撕裂强度	纵向	N	85	284	—
	横向	N	67	276	—
滤膜渗透系数		$10^{-3}cm/s$	8.70	14.1	—
滤膜等效孔径 O_{98}		mm	<0.075	0.170	—
复合体纵向通水量		cm^3/s	135	157	C 型板为 40
复合体抗拉强度		kN/10cm	3.7	3.5	C 型板为 1.5

从表 7-6 所测国产长丝滤膜的性能来看,其抗拉强度和梯形撕裂强度都有了大幅度的提高,抗拉强度值大大超过标准中 C 型板要求,梯形撕裂强度值也提高到 60 ~ 80N,比短纤维滤膜增大 8 ~ 10 倍,排水板对工地的适应能力大大提高。而且长丝滤膜的渗透系数和等效孔径也满足要求,排水板滤膜的透水、隔土性能也得到保证,排水板的整体性能也有所提高,与 96C 型板标准相比,复合体通水量和复合体抗拉强度都有了很大增加。

从表中也能看出,国产长丝滤膜与进口长丝滤膜相比除了在滤膜梯形撕裂强度上还有比较大的差距外(若国产长丝滤膜是 150 g/m^2 以上,其梯形撕裂强度也能达到 90 ~ 100N),其他指标已差距不大,应该说可以替代进口的长丝滤膜排水板,它基本能满足施工现场的要求。从表中还看到,进口长丝滤膜的等效孔径已达 0.170 mm,它比国际上公认的规定值超出一倍以上,这一项比国产长丝滤膜差很多,滤膜的反滤与隔土性能大大降低。从这一点看,进口长丝滤膜也不是完美无缺的,然而有些设计文件在制订排水板的技术指标时,把滤膜的梯形撕裂强度定得过高(如 150N),使国产长丝滤膜达不到要求,而把滤膜的等效孔径定为 0.07 ~ 0.120mm,这显然就是为了采用进口长丝滤膜。这种做法不值得提倡,不能太随意来定指标。

殊不知,进口长丝滤膜的排水板每延米价格要高出国产长丝滤膜排水板 30% ~40%。我们为什么不提倡用国产长丝滤膜的排水板呢!

四、建议的排水板滤膜标准

综上所述,基于国内排水板使用要求和国内排水板生产现状,提出表 7-7 所示的排水板滤膜的技术性能指标(也是本工程的标准),供标准修订参考。

建议的排水板滤膜性能指标 表 7-7

项 目	单位	A 型	B 型	C 型	条 件
滤膜纵向干态抗拉强度	N/cm	≥30	≥40	≥50	延伸率 10% 时
滤膜横向湿态抗拉强度	N/cm	≥25	≥35	≥45	延伸率 15% 时,试件在水中浸泡 24h
渗透系数	cm/s	$\geqslant 5.0 \times 10^{-4}$			试件在水中浸泡 24h
等效孔径	mm	<0.075			以 O_{98} 计
滤膜纵向梯形撕裂强度	N	45	60	75	—
滤膜横向梯形撕裂强度	N	35	50	65	—
滤膜黏结缝强度	N	不小于滤膜横向梯形撕裂强度			—

五、结论

(1)《塑料排水板质量检验标准》(JTJ/T 257—96)和《塑料排水板施工规程》(JT/T 521—2004)规定的产品标准在产品性能指标上都缺少滤膜梯形撕裂强度标准,这不利于国产长丝滤膜的推广应用;在这两个标准中也都没有关于滤膜黏合缝的黏结强度标准,它不能适应目前国内排水板都已用包裹的套膜方式情况。

(2)目前国产短纤维滤膜质地很不均匀、质量也不稳定,黏合短纤维的黏合剂为水融性的,水稳性差,这些是造成滤膜干、湿强度和梯形撕裂强度低的重要原因。它也影响国产排水板的整体质量水平,对一些重要工程是不适合的。

(3)长丝滤膜是一种较好的滤膜,除在干、湿抗拉强度上有较好的表现外,其梯形撕裂强度也有很大提高,对通水量、复合体强度的提高亦有较明显的帮助。

(4)国产长丝滤膜已应用于排水板,其性能已接近进口长丝滤膜排水板,在等效孔径上还优于进口长丝滤膜,价廉物美,值得大力推广应用。

(5)建议的排水板滤膜技术性能指标,可供标准修订时参考。

第二节 可测深排水板的测深误差标准及检测方法

摘 要:实践证明,“数字式”和“铜丝式”两种可测深排水板对保证施工质量,提高加固效果都是有效的。这是国内首次制订与建立可测深排水板的测深误差标准和测深误差检测方法,是非常及时和非常必要的,它将大大地保证了测深的精度,对提高工程质量起到了保证作用,对推动“数字式”和“铜丝式”两种可测深排水板地广泛应用起到了积极作用，填补了国内排水板质量检验标准中的空白。

一、引言

在软基预压加固中设置了塑料排水板后，改变了土层中自由水的渗出途径，大大缩短了排水路径、加速地基的固结，使预压效果得到极大的提高，极大地缩短了加固时间。在预压加固中，塑料排水板一直是国际上一种广泛使用的材料。在国内排水板的应用范围也日益广泛，从陆上扩展到海中；广泛运用于包括堆载、超载预压和真空排水预压的地基加固中，为国民经济建设做出了巨大贡献。预压方法对深厚软基上路堤工后沉降量的有效控制，排水板打设深度的准确到位是保证预压加固取得预期效果、减少路堤工后沉降量的关键步骤，因此准确、方便地控制排水板的入土深度是该技术的一个关键要素。近几年问世的“可测深排水板”则很好地解决了这方面的问题，通过排水板上的刻度或排水板中的导线电阻大小，能快速而有效地了解排水板的打入深度，对路堤工后沉降量控制技术的研究和工程质量的提高无疑都起到良好地作用。然而，排水板的刻度是否准确，导线电阻及测量电阻的仪表允许有多少误差等，之前对这些都不太清楚、没有标准或不能控制，这样排水板的打设深度是不可能得到真正意义上的严格控制，对工程质量和试验工作会产生一定的影响。尤其在市场经济的激烈竞争中，一些厂家为获取私利不择手段，在排水板的刻度和导线电阻量测中弄虚作假、短斤少两，在隐蔽工程的施工过程中，为工程队少打排水板提供便利，给软基加固造成隐患，给判定工程质量和工程计量都带来很大的困难。而目前又没有一个可供执行的对可测深排水板测深误差要求的标准或规程，更没有相应的检测方法。为了保证工程的质量，本工程特别制订了可测深排水板的测深误差标准和检测方法，它很好地确保了试验段工程的质量和工程计量。相信该标准对其他工程也有参考作用，对以后制订可测深排水板的测深误差标准和检测方法也有积极作用。

二、可测深排水板的测深原理与存在问题

可测深排水板目前有两种形式，一种是“数字式”的，另一种是“铜丝式”的，分别如图7-1、图7-2所示。

图7-1　数字式排水板

图7-2　铜丝式排水板

1.“数字式”可测深排水板的测深原理与存在问题

所谓“数字式”的可测深排水板就是在生产黏合式塑料排水板的流水线上，在黏合塑料排

水板滤膜的同时，在排水板滤膜上用喷墨打印机每隔 20cm 或 50cm 打印一个数字和刻度（也可按使用者需求打印），数字范围为 0 ~ 200m 或更多（与一卷排水带长度相适应），在每两个相邻数字之间还可打印厂名、电话号码等字样。排水板在现场被打设后，很容易从地面留出的一段排水板上看出终了刻度数，与上一根排水板终了读数之间的差数就是该排水板的入土深度（含露出地面的长度），能快速地判别出该根打设的深度是否够以及排水板的回带情况。现场记录时与施工图上的桩位编号相对应，之后就很容易显示出施工时、打设的质量并能准确统计出累计延长米数量。这一做法是受丈量长度的尺子启发而来的。该法的优点是方法简单，操作容易，直观明了，丈量不影响施工，产品成本大约增加 0.01 元/m。

"数字式"可测深排水板在使用中出现的主要问题有以下两点。

（1）数字刻度不清晰，在排水板打设中遇到泥水后，数字往往难以辨认，有的用水一洗，数字就无法看清。

（2）数字刻度不准确，检测结果往往是偏少，有几次在现场抽查，每 20cm 就少 4 ~ 5mm，偏差率达 2% ~ 2.5%，也就是说每 200m 一盘就少 4 ~ 5m，若打设深度为 30m，名义刻度尺寸是满足要求的，但实际上每根少了 0.6 ~ 0.75m，这已超出排水板施工规程的要求。一个百万延米的排水板工地，仅此一项就少 2 万 ~ 2.5 万 m 的排水板，除加固效果受到影响之外，经济上也是一笔不小的数字。

产生上述情况的原因，可以从排水板上刻度的形成来分析，排水板上刻度的准确与否和流水线上排水板的行走速度大小有关，和排水板的行走连续、均匀与否有关。具体大致有以下三方面。

（1）是喷墨打印的速度（时间间隔）与排水板滤膜的包装行走速度没调整得很好，二者之间不匹配。

（2）是滤膜在生产包装过程中的温度与施工现场的温度有较大差异，前者高后者低，滤膜收缩导致刻度间距离减短。

（3）也不排除有的生产商存在有故意短斤少两的行为。

2.“铜丝式”可测深排水板的测深原理与存在问题

"铜丝式"可测深排水板就是在生产黏合式塑料排水板时，在排水板滤膜的黏结缝上，利用胶黏结滤膜的同时将两根铜丝（漆包线）放置在滤膜黏结缝处，形成可测深塑料排水板。该思路最早是由江苏盐业公司的娄述万高级工程师提出的（申请过专利），当时的设想是将两根铜丝（漆包线）置于排水板的芯板中，现在是将铜丝（漆包线）放置在滤膜黏结缝处，其原理是相同的，利用铜丝组成的回路，用专门的仪器测量出它的电阻并反算出铜丝的长度，从而得到排水板的打设深度，该原理的基本假定是铜丝的导电率、铜丝的粗细都是定值。据此，它能测量打设后地基中的排水板长度，从而能有效地监督地基处理的质量和便于对施打的排水板进行准确的计量和结算。

为了便于测量电阻，生产排水板的厂家目前都提供一个专用的测深仪表和铜丝焊接机与之配套使用。由于排水板打设后在地表被剪断，其中的铜丝也被剪断，所以在对第二根排水板打设前要先将剪断的铜丝连接好，为此专门设计与生产了供"铜丝式"可测深排水板使用的"铜丝焊接机"，但现在许多工地都嫌焊接麻烦，有时焊接也不牢靠，因此都自备氧焊机将铜丝两头一烧、黏接在一起。

排水板的测深仪就是一个单板机为核心的电阻测量仪，具有测量、数据保存、数据显示、数据查看、与计算机通信连接、夜光显示等功能，它操作简单、方便，储存数据快捷，打印数据及报表方便。该仪器经现场多次检验与测试，精度尚能达到要求。

"铜丝式"可测深排水板在使用中出现的主要问题有以下几点。

(1)铜丝在排水板生产时没被黏于滤膜的胶中，而是随便放在黏胶位置以内的滤膜里，铜丝呈弯曲状，有的弯曲得很厉害，仪器量测出的排水板长度大大超过排水板的实际长度，10m长的排水板测量长度竟然会达到12m，可见其误差之大。

(2)检测排水板长度的测深仪有时量测误差太大，虽然铜丝被胶黏在滤膜上，在排水板中也成一条直线，但用厂家提供的测深仪测量的结果往往总是偏大，有时大好几米，误差大时容易发觉，误差不太大时就不容易发觉。出现偏差的原因有两个：一是铜丝直径发生了改变，如不同批次的漆包线直径不同，或用了质量差的漆包线，直径沿长度不一，测深仪器中相关参数未及时调整或难于调整；二是有的仪器本身不过关，其内部参数、程序未设定好或受温度、环境(特别是潮湿环境)影响较大。

(3)铜丝在排水板生产时是被黏于滤膜上的胶中，但在海边风大的地方施工时，排水板被风吹得飘起，扬得很高，施工人员在装桩靴时要往下拉排水板，此时用的力很大，它常常会把排水板中的铜丝拉断，造成排水板打设后测量不出来；此外，有的在排水板端部焊接铜丝时，因焊接不好也造成打设后测量不出来。

(4)由于铜丝的焊接现在大多是用氧气烧结，在焊接铜丝的时候也将铜丝上的漆烧掉了，排水板在打入地下后铜丝与地下水接触，特别是与碱性或酸性水接触，时间稍长回路就变了，那测出的是什么值就说不清了，往往还测不出量值。

三、可测深排水板的测深误差标准与检测方法

1. 可测深排水板的测深误差标准

在原交通部《塑料排水板质量检验标准》(JTJ/T 257—96)中规定，排水板打设时回带长度不得超过50cm，如超过此值则需在旁边补打一根；也就是说，排水板的打设深度不得比设计深度短50cm，规程中并没有说明排水板的长度范围。根据这一要求，试验段工程中制定了可测深排水板的测深误差标准；无论是"数字式"，还是"铜丝式"，都得满足下列两条测深误差标准，并在经济上不让材料供应商占便宜。

(1)35m长的排水板测量误差最大不得大于50cm。

(2)测深偏差率应控制在排水板长度的1.4%以内。

根据目前国内排水板的打设深度，陆上一般最大打设深度为35m；这样35m长的排水板最大长度偏差在50cm以内，基本上把排水板的最大深度误差控制在50cm，和规程要求相统一。

2."数字式"可测深排水板测深误差的检测方法

对"数字式"可测深排水板要强调现场验收。要随机抽查一盘，用钢尺进行检测，在该盘的端部和中部或尾部分别取样，取20cm、5m、10m各1段，用铟钢尺拉紧进行测量。该盘中3段都不合格则该盘不合格；若有两段合格，1段不合格，则再抽查相应长度的1段，若仍不合格，则判为不合格；若有1段合格，两段不合格，则判为该盘不合格。对第1盘检验不通过的，

必须检验另外两盘，当两盘都通过才认为合格；若只有 1 盘合格，另 1 盘不合格，则须再抽检另外两盘，两盘全部合格才行，否则认为不合格。

现场抽检必须有监理、施工、销售及业主方人员共同参加，并做好批次、编号、结果及摄像等记录工作，参检人员要对检验结果负责。

3.“铜丝式”可测深排水板测深误差的检测方法

对“铜丝式”可测深排水板要从以下 3 个方面来进行。

(1)首先，目测铜丝的布置方式，铜丝是否游离于黏胶之外，是否与黏缝搭牢、笔直。若铜丝游离于黏胶之外，无规律、弯弯曲曲布置则为不合格。

(2)其二，对厂家提供的检测仪器首先要看有否经过法定单位校验过，有没有计量合格证书，仪器有没有封口，有没有使用说明书(特别是误差率大小等)，若没有则认为不合格，不能使用。

(3)第三，对提供的“铜丝式”可测深排水板有没有随货携带的说明书，其上有否说明对应该批次排水板所用测试仪的编号与参数等。之后在现场对提供的排水板先检验再使用。即对已知长度的 3 段排水板(每段在 10m 以上较合适)进行测量，从而来判断排水板测深功能的准确性，此后再用于现场检测。若检测结果 3 段都达不到要求，则该批次排水板不合格；若有 2 段合格，1 段不合格，则须再测 2 段，这 2 段合格才算合格；若有 1 段合格，2 段不合格，则须重新再测 3 盘，全部合格才行。

四、结语

可测深排水板是一种能准确反映排水板打设后在软土地基中深度的一种新型排水板。它是在“排水板打设深度要求得到严格控制，确保地基加固质量”的要求下诞生的。

经实践证明，“数字式”和“铜丝式”两种可测深排水板对保证施工质量、提高加固效果都是有效的。

制订与建立可测深排水板的测深误差标准和测深误差检测方法是国内首次，是非常及时和非常必要的。它将大大地保证了测深的精度，对提高工程质量起到了保证作用，对推动“数字式”和“铜丝式”两种可测深排水板地广泛应用起到了积极作用，填补了国内排水板质量检验标准中的空白。

施工单位要研究、改进排水板的打设工艺，尽量避免在风大的海边用大力牵拉排水板，减少铜丝被拉断的概率；排水板厂家要加强自身的管理和自检力度、增强社会责任感，多做合格产品，做好产品。

第三节　真空预压加固中使用的密封膜标准

摘　要：本文对目前真空排水预压加固中所使用的密封膜材料、性能指标及测试方法存在的不统一情况进行了阐述，根据多年的经验和杭州湾跨海大桥南岸接线试验段工程的具体情况提出本工程真空预压加固中使用的密封膜标准；并总结了在真空排水预压加固中如何正确地铺设密封膜。

一、概述

真空排水预压法近几年来在高速公路的地基加固中被广泛应用,有不少工程做得是很成功的,也有一些做得并不理想,这当中的原因大部分是出在密封问题上。密封是真空排水预压法成功与否的关键,因此在运用该加固方法时,密封问题应引起高度的注意。对砂垫层和滤管的密封是整个密封工作中最重要的一环,而密封膜的选取和应用就是这当中的关键。由于目前国内外尚没有针对真空预压加固中使用的密封膜标准,为了保证杭州湾跨海大桥南岸接线试验段工程的软基加固取得成功,本工程对密封膜材料的技术标准作了较深入的探讨,制定了本工程密封膜材料的标准;同时也制订了密封膜的铺设工艺。从目前使用的情况看,效果是不错的,可为其他工程应用借鉴,也可为制定真空预压加固软基技术规范时参考。

二、密封膜的材料及其性能指标

1. 密封膜的材料

目前在真空排水预压加固软基的工程中使用的密封膜,从材料上来讲有聚乙烯薄膜和聚氯乙烯薄膜两种。从加工制作工艺来说又分压延膜和吹塑膜。从大多数工程的使用情况来看,压延膜要优于吹塑膜。这一方面是压延膜的厚度相对要均匀,尤其是国家大型定点厂生产的薄膜,其物理力学指标在大面积上的离散性要小、可靠度要大,而吹塑膜往往厚薄不均,膜上许多地方有像削下的"萝卜皮"的感觉;第二,密封膜的价格一般是按质量来计算的,虽然吹塑膜的单价比压延膜要低一些,但一算起整个面积的质量时,往往会超过压延膜的总质量,结果总价格反而会高于压延膜。笔者曾使用过两种密封膜,其测试指标见表7-8,可以从中比较出二者的差异。

压延膜和吹塑膜物理力学指标的比较 表7-8

试验项目		单位	测值(平均值)	
			压延膜	吹塑膜
物理特性	单位面积质量	g/m^2	151	189
	厚度(2kPa)	mm	0.13(0.12~0.14)	0.162(0.14~0.17)
力学特性	纵向拉伸强度	MPa	22.1	15.3
	横向拉伸强度	MPa	20.0	13.7
	直角撕裂强度(纵)	kN/m	102	86.4
	直角撕裂强度(横)	kN/m	94	74.1
渗透系数		cm/s	1.77×10^{-12}	1.8×10^{-12}

2. 密封膜的性能指标

真空排水预压加固中使用的密封膜应具备质量轻、强度大、韧性好、气密性好、抗老化、耐腐蚀等基本特性,聚乙烯土工薄膜和聚氯乙烯土工薄膜是两种较好的密封膜。现在国家已有了该产品的标准,它们分别是《土工合成材料　聚乙烯土工膜》(GB/T 17643—1998)和《土工

合成材料　聚氯乙烯土工膜》(GB/T 17688—1999),但是这两个标准中所列的薄膜最小厚度都大大超过真空预压工程中所需要的厚度,在真空预压工程中一般有0.12～0.14mm厚就可以了,然而在标准《土工合成材料　聚乙烯土工膜》(GB/T 17643—1998)中最小厚度为0.50mm,在《土工合成材料　聚氯乙烯土工膜》(GB/T 17688—1999)标准中最小也有0.30mm厚。因此在具体使用中往往对该两种密封膜的技术指标难以选择与确定,各设计单位也就自行确定,很不统一。表7-9就是前不久在某一个工程中设计提出的密封膜的具体技术指标和国标《土工合成材料　聚氯乙烯土工膜》(GB/T 17688—1999)中所列指标,可以看出,表中所列设计指标与目前的产品标准已有了不少差别,比如直角撕裂强度已不再用压强单位来表示,此外对薄膜的渗透性、透气性和耐静水压力都有了具体要求,而设计对这些却没有提出具体的指标,特别在渗透性方面,它对真空排水预压加固来说是一个非常重要的指标,同时国标中对技术指标也标明相应的测试方法标准和测试条件。同时也看出在表7-9中所列国标《土工合成材料　聚氯乙烯土工膜》(GB/T 17688—1999)中聚氯乙烯土工薄膜的最小厚度为0.30mm,它大大超出真空预压工程中所需用的密封膜厚度。

某设计单位提出的密封膜技术指标及GB/T 17688—1999的标准　　表7-9

指标 提出者	密封膜厚度	拉伸强度		纵/横向断裂伸长率	直角撕裂强度(纵/横向)	渗透系数	产品检测	
		纵向	横向				方法标准	试验拉速率
单位	mm	MPa		%	—	cm/s	—	mm/min
某设计者提出的	0.12～0.14	≥18.5	≥16.5	≥220	≥4.0MPa	—	没注明	没注明
《土工合成材料　聚氯乙烯土工膜》(GB/T 17688—1999)产品标准	≥0.3	≥15	≥13	≥220/200	≥40 N/mm	≤10^{-11}	《塑料　薄膜拉伸性能试验方法》(GB/T 13022—91)(Ⅰ型)《塑料直角撕裂性能试验方法》(QB/T 1130—91)《土工合成材料　非织造复合土工膜》(GB/T 17642—1998)附录A	250±25

另外,目前对产品指标的测定方法和测定所依据的规定各单位也不一样,这就造成同一个产品由不同的单位来测量,其结果也不近相同。往往造成厂家出示的数据与用户测定的不同,用户测定的数据达不到设计提出的要求等。归结起来还是因用于真空排水预压法的密封膜没有一个统一的产品标准和相应的测试方法造成的。表7-10列出的就是笔者用同一块聚氯乙烯薄膜,按不同的方法标准测试所得到的结果,可以看出它们有着不小的差距。从表中结果可以看出,采用同样的测试方法标准,但用不同的拉伸速度和不同的试样宽度,显示出不同的拉伸强度。拉伸速度越大,拉伸强度就相对变大,伸长率就相对要小;试样宽度越小,其反映出的强度也越高,伸长率也相对要大。这样同一块密封膜就可以显示出不同的拉伸强度和伸长率,因而在具体使用时就存在不少矛盾。设计、监理、业主和承包商之间很难统一,影响了工期。

对密封膜(PVC)主要技术指标不同测试方法的测试结果 表 7-10

指标提出者	密封膜厚度	拉伸强度		纵/横向断裂伸长率	直角撕裂强度(纵/横向)	渗透系数	产品检测	
		纵向	横向				方法标准	试验拉速率
单位	mm	MPa		%	N/mm	cm/s	—	mm/min
《土工合成材料　聚氯乙烯土工膜》(GB/T 17688—1999)产品标准	≥0.3	≥15	≥13	≥220/200	≥40	$\leqslant 10^{-11}$	《塑料　薄膜拉伸性能试验方法》(GB/T 13022—91)、《塑料直角撕裂性能试验方法》(QB/T 1130—91)、《土工合成材料　非织造复合土工膜》(GB/T 17642—1998)	250±25
膜厂家提供的	0.12～0.14	24.2	23.3	280/302	59/63	1.6×10^{-12}	《塑料　薄膜拉伸性能试验方法》(GB/T 13022—91)、《塑料直角撕裂性能试验方法》(QB/T 1130—91)、《土工合成材料　非织造复合土工膜》(GB/T 17642—1998)	250±25
		试样为10mm宽						
测试1	0.12～0.14	17.5	15.6	200/180	102/94	1.8×10^{-12}	《土工合成材料测试规程》(SL/T 235—1999)、《塑料直角撕裂性能试验方法》(QB/T 1130—91)	20
		试样为50mm宽						
测试2	0.12～0.14	25.5	22.4	214/198	102/94	1.8×10^{-12}	《塑料拉伸性能试验方法》(GB 1040—92)、《塑料直角撕裂性能试验方法》(QB/T 1130—91)、《土工合成材料测试规程》(SL/T 235—1999)	100
		试样为6mm宽						
测试3	0.12～0.14	23.9	21.3	227/221	102/94	1.8×10^{-12}	《塑料拉伸性能试验方法》(GB 1040—92)、《塑料直角撕裂性能试验方法》(QB/T 1130—91)、《土工合成材料测试规程》(SL/T 235—1999)	50
		试样为6mm宽						

为此，作者根据多年对聚氯乙烯密封膜所作的一些研究和使用密封膜的经验，建议了聚氯乙烯密封膜的产品标准和相应的测试方法，列在表 7-11 中，作为杭州湾跨海大桥南岸接线试验段工程真空预压加固中使用的密封膜标准。标准中考虑到密封膜工作时其受拉是一个缓慢、渐进的过程，所以测试时的拉伸速率定为 50 mm/min，以尽量适应现场的情况。本标准也可供其他工程设计者和制定真空预压加固软基的技术标准参考。

建议的密封膜（PVC 压延膜）主要技术指标及测试方法　　表 7-11

项　目	厚　度	单位面积质量	拉伸强度		纵、横向断裂伸长率	直角撕裂强度（纵、横向）	CBR 顶破强度	渗透系数
			纵向	横向				
单位	mm	g/m^2	MPa		%	N/mm	kN	cm/s
建议的指标	0.12～0.14	150	≥18	≥18	≥200	≥80	0.4	$\leqslant 10^{-11}$
			选用Ⅱ型试样，中间宽为 6mm					
测试方法	《塑料薄膜与薄片厚度测定　机械测量法》（GB/T 6672—2001）	《土工合成材料　土工布及土工布有关产品单位面积质量的测定方法》（GB/T 13762—2009）	《塑料拉伸性能试验方法》（GB/T 1040—1992），拉伸速率 50mm/min			《塑料直角撕裂性能试验方法》（QB/T 1130—91）	《土工布顶破强力试验方法》（GB/T 14800—1993）	《土工合成材料测试规程》（SL/T 235—1999）

在文献中很少看到有介绍国外在真空排水预压加固中使用的薄膜，只看到马来西亚南北大通道试验工程中所用的一种，现将其指标列出（表 7-12）供读者比较参考。该指标的特点是考虑了密封膜在加固中的不同使用部位，给出相应的要求和膜与膜之间的黏结强度。

马来西亚南北大通道试验工程中所用的薄膜技术指标　　表 7-12

项目	厚　度		最小拉伸强度	最小黏结强度	断裂伸长率		撕裂强度		最大挥发损耗		高温时最大收缩率
单位	mm		MPa	MPa	%		N/mm		%		%
指标	0.20～0.39	0.40～0.76	14.0	11.2	250	300	62	35	1.0	0.7	5.0
说明	膜面用	主管出膜处	—	—	膜面用	主管出膜处	膜面用	主管出膜处	膜面用	主管出膜处	—

三、密封膜的铺设工艺

现场所用薄膜一般事先在工厂进行加工，将条状的薄膜通过热黏的方法拼接成大块的。现在工厂的黏接工艺一般都能满足施工的要求，拼接处强度高、气密性好，能拼成几千或上万平方米的一块。在加固面积较大时，如大于 $10^4 m^2$ 以上，可将其先拼成 2～3 块，留下几道缝在现场用 PVC 胶黏接。

密封膜在铺设时应注意以下几点。

(1)膜的大小在加工时应考虑埋入密封沟的部分,留有足够的余地。

(2)为保证密封效果,一般用砂垫层作水平排水层时,密封膜得铺两层;若用小碎石作水平排水层时,可在小碎石垫层上先铺一层针刺无纺土工布(250g/m^2 即可),然后再铺上塑料薄膜,土工布的搭接稍大一些,要有 20cm 宽,以防漏垫。

(3)铺设时,膜不宜拉得太紧,每边比图纸尺寸要放出几米。铺设时一般自一边开始,几层一道依顺序同时由近及远进行铺设。

(4)现场黏贴时应保持黏接部位的清洁,黏贴时要自前而后沿黏缝后退进行,在缝下垫一两米长的条形木板,上胶后要用力压紧。然后将木板抽出后移,依次沿缝向后进行黏接,注意刚黏接的部位不能马上受力。

(5)膜在埋入密封沟时,注意膜不要被石头、草、树根等戳破,注意其完整性。

(6)在膜上放置沉降标时,应在标下垫一层土工布或软草席或小块密封膜,注意放平压重,以防戳破薄膜。

(7)膜铺好后进行抽气时千万别急于将抽出的水放到膜上,而应在头几天派专人穿布底鞋或软底鞋在膜上进行地毯式的寻查,以便发现膜破的地方能及时进行黏补。一般在抽气后膜就被紧贴于砂垫层上。开头几天里砂垫层是由一个松散不稳定结构变到一个相对稳定结构的过程。在这一过程中砂垫层里的尖利物有可能将薄膜戳破,打设的排水板有可能露出、顶破薄膜,砂垫层在有的地方可能发生局部塌陷、造成该处有一较大的孔洞,也会使薄膜撕破等等。也就是说在这一过程中是薄膜适应砂垫层变形的过程,所以常会发生破膜的情况,是应及时加以检查和修补的。如果薄膜上一开始就复水,也就难以进行该项检查工作了;另外,膜上本身的砂眼也是漏气的渠道,也应逐一检查,发现有漏气的情况后用小块薄膜将其黏贴补好,这也需要在复水前进行。作者有这样的经验,一旦膜上有小孔漏气时,人在其附近能听到一种风鸣哨声,稍细心一点是不难发现它们的。若这些小眼不堵,时间长了会变大,膜上的复水亦会进入砂垫层中,一旦数量较多就会降低加固效果。所以说头几天在膜上进行检查是一项十分必要的工作,千万不能看成多余和马虎行事,这是一项事半功倍的工作。若抽气后发现薄膜铺设得松紧很不均匀,亦可停抽进行适当调整,但是这种调整是很有限的,重要的还是在埋入密封沟前调整好整个膜的松紧度。

这里再澄清一个说法,就是在膜上全面复水能密封的说法。这种说法从理论上就是站不住脚的,同时对真空排水预压法的机理也认识不甚清楚。在抽气时膜内外是有压差的,压力是膜外大于膜内,膜上的水是液体,它是根本不能承受剪切应力的,在压差下,水会很容易地由孔洞进入膜内,随着抽气的进行,这一过程也自始至终在进行,直到膜面上的水被吸干。即使膜上有源源不断的水供应,膜上的水吸不完,但进入膜内的水到砂垫层中再进入滤管,再由泵抽出,如此往复循环,按照能量最小原理,真空压力就在这儿发挥作用,进入土体中的就少了许多,这是在消耗膜下真空度和泵的能量,对加固没有益处,必然影响加固效果,水是不能起密封作用的。

(8)当采取堆载或自载预压与真空排水预压联合加固时,要等膜上全面进行过检查,密封性有了保证之后才能进行;而且此时得在膜上先铺上保护薄膜的材料,如土工布或软草席等,才能进行堆载。最好是先进行真空排水预压一段时间(如一周)后再进行联合加固。

参考文献

[1] 娄炎,等.软基加固中应用的高性能可测深排水板[J].岩石力学与工程学报,2004,(12).

[2] 娄炎,娄斌.从“联合检测”结果看我国排水板质量及测试现状[A].2007 科技学术论文集.现代道路与桥隧工程[C].北京:原子能出版社,2007,1-11.

[3] 娄炎.统计分析排水板的检测结果,认识排水板的特性和现状[A].第四届塑料板排水法加固软基技术研讨会论文集[C].南京:河海大学出版社,1999,68-74.

[4] 浙水质检合(2005)字第 708、1152 号报告.

[5] 娄炎,刘家豪.对《塑料排水板质量检验标准》进行修订的建议[J].水运工程,2003,9.

[6] 中华人民共和国交通部.JTJ/T 257—96 塑料排水板质量检验标准[S].北京:人民交通出版社,1996.

[7] 中华人民共和国交通运输部.JTS 206-1—2009 水运工程塑料排水板应用技术规程[S].北京:人民交通出版社,2009.

[8] 娄炎.杭州湾跨海大桥南岸接线试验段工程可测深排水板的测深误差标准及检测方法(试验段研究成果报告之 37)[R].南京水利科学研究院研究报告,2007.9.

[9] 中华人民共和国国家标准　GB/T 17688—1999 土工合成材料　聚氯乙烯土工膜[S].北京:中国标准出版社,1999.

[10] 中华人民共和国国家标准　GB/T 6672—1986 塑料薄膜和薄片厚度的测定　机械测量法[S].北京:中国标准出版社,1986.

[11] 中华人民共和国国家标准　GB/T 13762—1992 土工布单位面积质量的测定方法[S].北京:中国标准出版社,1999.

[12] 中华人民共和国国家标准　GB 1040—1992 塑料拉伸性能试验方法[S].北京:中国标准出版社,1992.

[13] 中华人民共和国国家标准　GB/T 14800—1993 土工布顶破强力试验方法[S].北京:中国标准出版社,1999.

[14] 中华人民共和国轻工业部.QB/T 1130—91 塑料直角撕裂性能试验方法[S].北京:中国轻工业出版社,1992.

[15] 中华人民共和国水利部.SL/T 235—1999 土工合成材料测试规程[S].北京:中国水利电力出版社,1999.

[16] 娄炎.真空排水预压法加固软土技术[M].北京:人民交通出版社,2002.

[17] 中华人民共和国交通部.JT/T 521—2004 公路工程土工合成材料塑料排水板(带)[S].北京:人民交通出版社,2004.

第八章　软基加固设计新方法

在深厚软基工后沉降的试验研究中，对刚性桩复合地基加固设计方法、对预压地基加固中止的判定方法都做了深入地探讨和研究。研究是以解决实际问题为目标，以现场实测资料和工程经验为基础，遵循土力学等学科的概念和基本原理，避开烦琐的太理论化的解析算式，得到了一些实用的、能有效解决实际问题的简约设计和判定方法。取得的这些成果被一些人看作是"下里巴人"的东西，不够登大雅之堂，被一些"专家"否定、被一些刊物打回来。是的，这些成果是少了许多令人费解的纯理论的"严谨解析"表达式，也没有太多的计算参数要确定。但是，它们离实际却是最近的，参数与方法中包含的实际因素却是最多的，杭州湾大桥南岸接线56km高速公路通车4年来工后沉降控制得如此之好，就是一个有力的佐证。这里也面陈给读者，愿意与你们分享。

第一节　刚性桩复合地基的简约设计方法

摘　要：路堤下刚性桩复合地基中桩与桩间土在受荷过程中发生了不等的沉降，桩与桩间土受到的土压力相差很大。路堤下刚性桩复合地基产生的土拱效应和形成的疏桩基础为简约设计方法的提出奠定了基础。刚性桩在复合地基中成为路堤荷载承担的主力以及使刚性桩的高承载能力的特性得到较好发挥是简约设计方法遵循的两条基本原则，为此，桩、土荷载分担比确定为3。扩大桩间距，同时提高置换率是实现这两条原则的有效途径。按本文建议的方法设计刚性桩复合地基时，桩只要打到持力层，路堤的沉降变形是可以控制的，能满足规范对工后沉降的要求。只要刚性桩复合地基设计合理，桩的作用得到充分发挥，其造价是可以大大降低的。要积累更多的桩间距与桩土应力比的实测资料，建立它们之间更广泛的相关关系，便于简约设计方法广泛地应用。

一、引言

管桩复合地基近几年都先后应用于高速公路高填方桥头深厚软基工后沉降量的控制上，其设计大都是借用桩与桩间土等量压缩变形的刚性基础复合地基理论来设计的，即平均刚性模数法。但现有的路堤基础不是刚性基础，其刚度不是很大，属柔性基础，桩与桩间土之间发生的下沉量是不等的，因此用平均刚性模数法来计算与设计半刚性或柔性基础下的复合地基是有缺陷的，其结果不是有问题就是太保守；目前已有一些用有限元等数值分析方法来求解，但所建立的应力应变模型还不够成熟，计算中所需的许多参数还难以准确确定和获取，这些使路堤下刚性桩的应用受到阻碍。而文献[2]、[25]、[26]提出的设计计算方法都是来自于

HEWLETT W J 等人 1988 年提出的设计计算方法，该方法的最大不足是没有将桩间距与桩帽大小的确定与桩的承载力联系起来，也就是没有考虑地基土的性质，仅仅建立了与路堤填料的关系。实际上地基土的性质影响着桩的承载能力，影响着桩的下沉，桩与桩间土之间的相对变位也影响着土拱效应的强弱，影响着桩土应力比与桩土荷载分担比。路堤下刚性桩复合地基中桩、土与水平加筋层的受力情况和破坏机理至今尚不十分清楚，三者之间的荷载分配规律也不十分明晰，在桩、土的变形过程中应力的重分配是存在的，但量化规律也尚不明确，因此准确的设计方法的建立也需进行大量的现场试验与准确的量测结果来支撑与验证。本文根据 3 种刚性桩复合地基现场测试结果，提出一个简单的设计思路与方法，以弥补现阶段精确设计方法的不足，使路堤下刚性桩复合地基在高速公路建设中能得到推广应用，使刚性桩的高承载潜能得到充分发挥，不要停留在小间距、高造价的状态，使桩间距有较大幅度的扩大，大大降低工程造价，使路堤的工后沉降得到有效控制。

二、提出简约设计方法的基础

1. 刚性桩桩顶与桩间土发生不等的沉降变形

试验中设置了管桩、CFG 桩和联合桩 3 种刚性桩复合地基，其参数见表 8-1。在路堤作用下桩顶与桩间土都发生了不等的沉降变形，管桩桩顶与桩底土层沉降过程线如图 8-1 所示，图中表示在路堤荷载作用下近地表 1.5m 深处桩间土的沉降量是桩顶的 2.2 倍，碎石垫层被压入桩间土中。CFG 桩方案中桩间土到预压 20 个月时自地表向下 20m 深的软土都有 10cm 以上的下沉量，桩间土上的碎石垫层被压入桩顶之下，桩顶渐渐刺入到碎石垫层当中。联合桩方案中在桩长 26m 以内的桩间土发生的沉降变形都远大于路堤中央地表的沉降量。这些都说明路堤下 3 种刚性桩复合地基中的刚性桩都不同程度地发生刺入，路堤在桩与桩间土之间发生了不等的沉降变形。这一结果与刚性基础下刚性桩及桩间土的变形规律是截然不同的。

管桩、CFG 桩与联合桩复合地基加固参数　　表 8-1

复合地基加固方案		间距(m)	桩长(m)	布置方式	桩径(mm)	置换率(%)	路堤填土厚度(m)
管桩		2.4	36	△	400	20.05	5.05
CFG 桩		2.0	33	△	500	5.67	4.14
联合桩	管桩(长)	4.2	36	□	400	6.23	3.64
	搅拌桩(短)	2.1	16	□	500	3.34	

注：在联合桩复合地基中，长桩为带有桩帽的混凝土预应力薄壁管桩，短桩为水泥搅拌(湿喷)桩，联合桩在平面上呈正方形布置，在一个正方形的 4 个角点上布置 1 根混凝土预应力薄壁管桩、3 根水泥搅拌桩。

2. 刚性桩桩顶土压力与桩间土压力差异极大

图 8-2 是管桩平台、桩间土工压力的变化过程线。表 8-2 是 3 种刚性桩复合地基实测土压力值。表中显示 2.4m 间距的管桩桩帽平台上面的平均土压力是桩间土承受的土压力均值的 13.6 倍之多；桩间土承受的土压力仅仅是填土压力的 28%。CFG 桩复合地基在路堤填筑完成后，桩间土压力达到的最大值与桩顶土压力最大值相差 16 倍之多。联合桩 4.2m 间距的管桩平台上土压力是填土压力均值的近 4.5 倍，搅拌桩顶上土压力是填土压力均值的 1.7 倍，桩间土承受的土压力大约是填土荷载的 75%。从上看出，路堤给地基的压力不再平均分布，桩帽

平台上的土压力要远远高于平均填土压力，而桩间土受到的土压力比填土压力小很多。路堤荷载在向刚性桩转移，显现土拱效应。

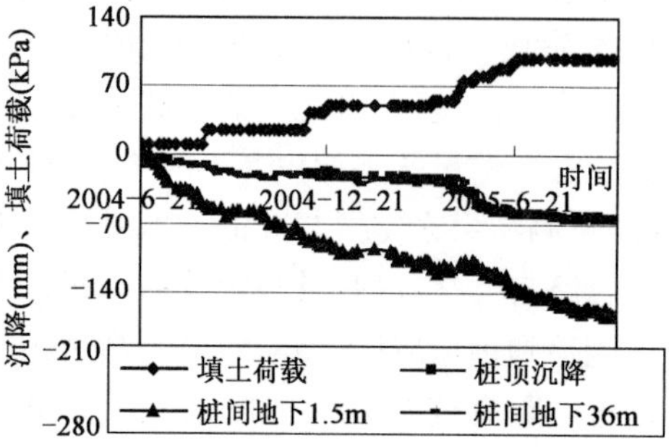

图 8-1　管桩桩顶与桩底土层沉降过程线

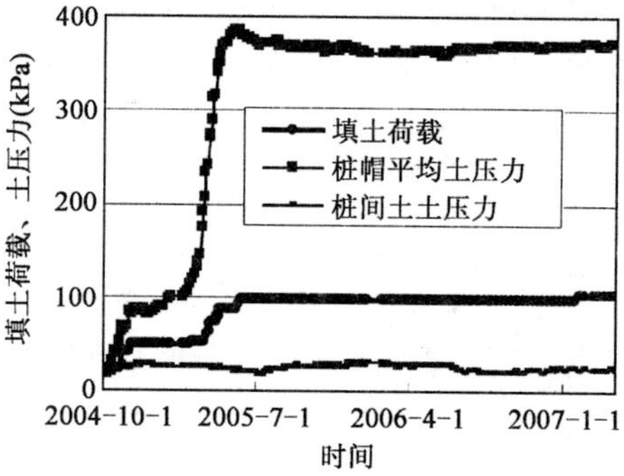

图 8-2　管桩平台、桩间土土压力的变化过程线

三种刚性桩桩顶土压力与桩间土压力　　　表 8-2

加固方法	间距(m)	刚性桩面积置换率(%)	平均填土压力(kPa)	平台中心土压力均值(kPa)	桩间土土压力均值(kPa)	搅拌桩顶土压力均值(kPa)
管桩	2.4	20.05	97	366	27	—
CFG 桩	2.0	5.67	79.5	672	36	—
联合桩	2.1/4.2	6.23	66.8	298	50	115

3. 桩、土荷载分担规律满足疏桩基础的特点

以一个间距内的路堤土柱为单位进行计算，土压力为实测值，计算结果见表 8-3。

桩与桩间土承担荷载的计算结果　　　表 8-3

刚性桩复合地基类型		间距(m)	间距内土柱理论总重(kN)	桩或桩帽上土压力均值(kPa)	桩承担的荷载(kN)	桩承担的荷载占总荷载的比例(%)	桩间土土压力均值(kPa)	桩间土承担的荷载(kN)	桩间土承担的荷载占总荷载的比例(%)	桩与桩间土承担的总荷载(kN)
预应力管桩		2.4	242	366	183	77	27	54	23	237
		3.0	285.5	309	154.5	54	38.9	132	46	286.5
CFG 桩		2.0	138	672	66	53	35.9	59	47	125
联合桩	管桩	4.2	1 179	297.7	297.7	25.4	50.3	807	69	1 172.5
	搅拌桩	2.1		115.1	67.8	5.8				

计算结果表明，一个间距内按所测土压力值得到的路堤土柱总重与理论值很接近。说明路堤重量按桩、土所受压力与承担面积之积来分配与承担。在 3 种不同间距、不同类型的刚性桩复合地基中都一致反映了桩与桩间土所受荷载有着相同的分担规律，表明刚性桩的设计可以按疏桩来考虑。本例中，管桩桩间距在 6 倍桩径以上，CFG 桩达到 4 倍。

4. 路堤下桩、土荷载的分担比例

令桩、土荷载承担比为 K，按照定义可以推出 K 与置换率 m 和桩土应力比 n 之间有如下关系：

$$K = \frac{m \cdot n}{1 - m} \tag{8-1}$$

按照式(8-1)计算管桩、CFG桩和联合桩复合地基的桩、土荷载比,结果列于表8-4中,表中同时也列出按桩、土实际承担的荷载直接计算的K值,它与按式(8-1)计算的结果无大的差别。能够看出桩、土荷载承担比达到3左右是比较合理的,刚性桩复合地基设计时应该考虑这一点。

桩与桩间土荷载承担比 表8-4

复合地基类型	间距(m)	置换率(%)	实测桩土应力比	按式(8-1)计算的桩、土荷载承担比 K	桩承担荷载(kN)	桩间土承担荷载(kN)	按承担荷载平均值计算的K	桩承担荷载/承载力
①	②	③	④	⑤	⑥	⑦	⑧=⑥/⑦	⑨
管桩	2.4	20.05	13.56	3.401	183	54	3.389	0.203
	3.0	12.83	8.10	1.192	154.5	132	1.170	0.172
CFG桩	2.0	5.67	18.67	1.122	66	59	1.119	0.203
联合桩中管桩	4.2	6.23	5.96	0.358	297.7	807	0.369	0.397

计算结果也表明,不论刚性桩承担了路堤荷载的大部分(如管桩77%),还是承担路堤荷载较少(如联合桩只有25%),桩的承载能力也仅发挥了20%~40%;桩的承载能力还有潜力可挖,因此在设计时还要充分发挥刚性桩的高承载特性。

5.路堤的沉降得到有效控制

表8-5是3种刚性桩路段通车一年后实测沉降资料及推求的工后沉降量。

刚性桩3路段累计中心地表沉降与工后沉降 表8-5

段落类型	路段性质	填筑中路中心最大沉降量(mm)	通车一年中平均沉降速率(mm/月)	推求的路中心最终沉降值(mm)	估计的工后沉降量(mm)
管桩	桥头	81	0.574	89.8	8.8
联合桩	桥头	98	0.902	116.2	18.2
CFG桩	桥头	142	1.148	165.4	23.4

数据表明,3种刚性桩复合地基的桥头路堤在通车后一年间平均沉降速率已经很小,地基垂直变形基本稳定,3种刚性桩复合地基估计的工后沉降在10~30mm之间,路堤的工后沉降得到有效控制。说明当桩受的荷载小于其承载力特征值时,路堤的工后沉降就不会很大,能够满足《公路路基设计规范》(JTG D30—2004)的要求。

三、路堤下刚性桩复合地基简约设计方法

1.简约设计遵循的基本原则

通过上面对现场观测资料的分析与计算,路堤下刚性桩复合地基设计中要遵循的基本原则应该是:要充分发挥桩的高承载能力特性,使刚性桩成为承担路堤荷载的主力。也就是说,

不但要使桩承担大部分路堤荷载，而且要使桩的高承载潜能得到充分发挥。同时也注意到，桩与桩间土承担的荷载没有超出其承载能力时，路堤的工后沉降就能得到有效控制。

要使桩成为承担路堤荷载的主力，桩、土荷载承担比 K 达到 3 是比较合适的，即桩承担的荷载占总荷载的75%左右。要使桩的高承载能力得到良好的发挥，可采取下面两个措施：可在间距不变时扩大桩帽面积，提高桩的置换率，让桩承担更多的荷载；另一方面也可扩大桩间距，通过增加总荷载量使桩承受的荷载增加，但必须同时增大桩的置换率。图 8-3 是本案 3 种刚性桩的试验结果，它表明在路堤相同(即指路堤的填料、压实工艺、压实标准基本一样，路堤自身的强度也基本相同的)条件下，平均桩、土应力比随着桩间距的增大而降低。也就是说，间距大了，总荷载是增大了，但桩上荷载增加的幅度要小于桩间土上荷载的增大幅度，二者增大的幅度不一样，桩承担荷载的比例下降。因此，设计时不能简单地认为间距增大桩上承担的荷载就同比例增大。这是因为对一个具体的路堤来说，它自身的抗剪强度是个定值，桩帽间跨度增大，土拱效应减弱，路堤向桩上转移的荷载减少，桩、土应力比下降，桩承受的平均土压力就降低。

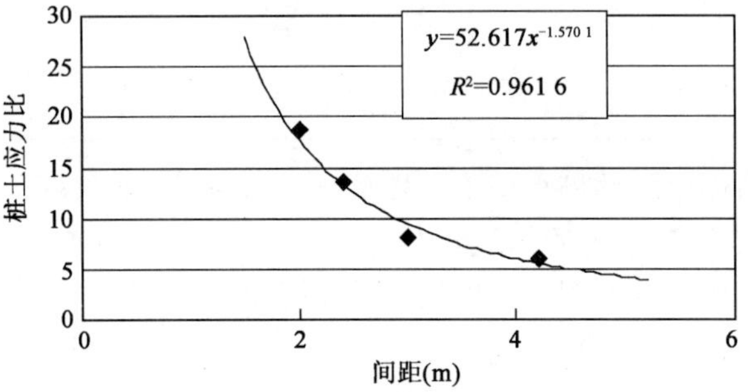

图 8-3　刚性桩间距与桩、土应力比

2. 简约设计的思路

刚性桩复合地基设计中要确定的参数有桩长、桩径、间距、布置方式、桩帽大小、桩帽平台厚度，需要知道的主要参数是路堤高度、路堤的抗剪强度和软土地基的层位与土性参数。

路堤下刚性桩复合地基简约设计方法可叙述如下，以管桩为例，其步骤是：

(1)对场地先行勘探，了解地层分布，取得土性特征指标，确定软土层厚度与持力层的深度。

(2)根据持力层深度确定桩长，管桩一般应穿透软土层、进入持力层 1 ~ 2m，按照经验选取桩径，一般在 300 ~ 500mm 中选取比较经济。

(3)在现场沉桩，对管桩最好用静压桩机沉桩，记录静压力数值。

(4)一月后对已沉的刚性桩和桩间土做静载荷试验，确定桩与桩间土承载力特征值。

(5)设定一个间距(在 2.5 ~ 6.0m 范围选取)，确定桩、土荷载承担比 K(一般可选 3)和桩的布置方式，计算出桩所承担的路堤荷载(一个间距内路堤重的 75%)，将其与桩的承载力特征值比较，如桩承担的荷载达到它承载力的 65% ~ 75%，则该间距是理想的，否则再重新选取间距进行上述计算。

(6)设定桩的置换率 m。对有桩帽的管桩地基来说，一般可将置换率定在 20% 以上。有了桩间距和置换率，可以得到桩帽面积，从而可确定桩帽平台的大小，得到平台的尺寸，平台边长可控制在1.0~2.0m范围。

(7)按照上述选定的置换率，算出桩间土承担的路堤重量和桩间土的平均土压力，与现场测得的桩间土承载力特征值比较，如达到特征值的40%~50%，则选定的置换率是合适的。土压力控制在特征值的50%以内，主要是让桩间土的下沉量不要太大，避免给桩产生过大的负摩擦力和桩对路堤产生过大的刺入量(特别是路堤厚度较小时)。

(8)有了桩间距、K值和置换率m，用式(8-1)算出平均桩、土应力比n。

(9)重复上述(6)~(8)过程，可以得到几个不同置换率m的桩、土应力比n值，将它们与统计得出的经验桩、土应力比关系比较(图8-3)，从中选出最接近经验值的那个置换率，这就是要寻求的置换率和桩间距。之所以要和经验值比较，那是因为路堤的强度是一定的，土拱效应随着间距的扩大而减弱，桩承担荷载的比例会随着间距的扩大而降低。因此，要保证桩承担的荷载比例不变(维持K值不变)，就得增大其置换率，增大到多少为好，是与路堤的强度有关的，而桩、土应力比与桩间距的经验关系曲线能综合反映路堤强弱对土拱效应的影响。

(10)在此基础上进行平台的抗弯、抗剪验算，确定出平台的厚度，进行配筋计算。

(11)上述诸参数确定后，再测算成本，进行技术经济比较后最终确定平台尺寸、间距等，至此设计完成。上述过程可以编制一个简单程序来实现。

按上述步骤确定的参数能保证桥头工后沉降在规范要求的范围内(小于10cm)，因为上述简约设计的基础有现场试验结果做支撑。

3. 算例

路堤填筑厚度5.05m，路堤平均重度19.2kN/m^3，软土层厚度30m，持力层深度31m，桩长取32m，管桩直径400mm，单桩承载力特征值650kN，桩间土承载力特征值70kPa。

(1)确定桩间距。设定桩间距3.0m、3.5m、3.8m、4.0m和4.5m，三角形布置，桩、土荷载承担比K设为3，计算过程见表8-6。

确定桩间距的计算 表8-6

工况	设定间距(m)	K值	间距内面积(m^2)	间距内路堤重(kN)	桩受的荷载(kN)	是桩承载力的百分比(%)
1	3.0	3	3.897	377.85	283.4	43.6
2	3.5	3	5.304	514.30	385.7	59.3
3	3.8	3	6.253	606.30	454.7	70.0
4	4.0	3	6.928	671.74	503.8	77.5
5	4.5	3	8.768	850.15	637.6	98.1

从计算看出，工况5中桩的承载能力已发挥到极致，显然是偏危险的；其余4种工况从技术上讲都是满足要求的。但工况1、2中桩承载力的发挥不如工况3、4，而且间距小，桩的根数要多，成本会高；工况3、4是比较合理的，工况4中桩的根数比工况3少10%左右，但桩帽面积要大。

(2)确定置换率。先按3.8m间距来确定置换率，设定置换率为0.22、0.26、0.30、0.34，桩帽为正方形，计算结果见表8-7。

置换率的计算(一)　　表 8-7

工况	设定置换率(%)	间距内面积(m^2)	桩帽面积(m^2)	桩间土面积(m^2)	间距路堤重(kN)	桩受的荷载(kN)	桩间土受的荷载(kN)	桩间土受的土压力(kPa)	是桩间土承载力的百分比(%)	桩、土应力比
1	22	6.253	1.376	4.877	606.3	454.7	151.6	31.08	44.4	10.64
2	26	6.253	1.626	4.627	606.3	454.7	151.6	32.76	46.8	8.54
3	30	6.253	1.876	4.377	606.3	454.7	151.6	34.64	49.5	7.0
4	34	6.253	2.126	4.127	606.3	454.7	151.6	36.73	52.5	5.82

表 8-7 中的计算结果显示桩间土承受的土压力基本上都在承载力特征值的 50% 以下，技术上讲都是满足要求的，工况 1、2 的置换率较小，但桩、土应力比都太大，超过按图 8-3 中公式的计算值 6.47(3.8m 间距)，所以不能取用。表 8-7 中最接近该值的置换率在工况 3、4 之间，插值后得到置换率为 31.8%。

再按桩间距 4.0m 计算，设定置换率为 0.25、0.28、0.32、0.35。结果见表 8-8。

置换率的计算(二)　　表 8-8

工况	设定置换率(%)	间距内面积(m^2)	桩帽面积(m^2)	桩间土面积(m^2)	间距路堤重(kN)	桩受的荷载(kN)	桩间土受的荷载(kN)	桩间土受的土压力(kPa)	是桩间土承载力的百分比(%)	桩、土应力比
1	25	6.928	1.732	5.196	671.74	503.8	167.94	32.32	46.2	9.0
2	28	6.928	1.940	4.988	671.74	503.8	167.94	33.67	48.1	7.7
3	32	6.928	2.217	4.711	671.74	503.8	167.94	35.65	50.9	6.4
4	35	6.928	2.425	4.503	671.74	503.8	167.94	37.30	53.3	5.6

按图 8-3 中公式计算，4m 间距时桩、土应力比为 5.97，表 8-8 中最接近该值的置换率在工况 3、4 之间，插值后得置换率为 33.6%。

(3)间距 3.8m、置换率 31.8% 和间距 4m、置换率 33.6% 两种设计结果从技术上都是可行的，最后要从经济上作整体比较，再决定取哪一种方案，简约设计基本完成。

对 CFG 桩、联合桩复合地基原则上也可以按上述思路来设计，但必须解决 CFG 桩的桩帽设置和搅拌桩变截面施工工艺后才会合理与经济。

只要刚性桩复合地基的间距与置换率设计得合理，造价可以明显降低，但施工速度、工后沉降控制要比预压法优越得多，刚性桩复合地基是极有前途的地基处理方法，在不少工况下是可以替代预压法的。

四、结论

通过上面的分析，可以得出以下结论：

(1)简约设计方法是建立在对现场实测资料的分析上，路堤下刚性桩复合地基中桩与桩间土所受荷载，按所受压力与承担面积之积来承担与分配，形成疏桩基础。这些为简约设计方法的提出奠定了基础。

(2)为了发挥刚性桩在复合地基中的主力军作用，桩、土荷载承担比 K 值定为 3 比较合适;为了使刚性桩的高承载能力得到较好发挥,扩大桩间距和提高置换率是两个有效途径,这是简约设计方法遵循的两条基本原则。

(3)刚性桩复合地基简约设计方法概念清晰、思路明确、计算简便。按本文建议的方法设计刚性桩复合地基时,桩只要打到持力层,路堤的沉降变形一般都是很小的,能满足规范对桥头工后沉降的要求。

第二节 预压地基中止加固的综合判定法

摘 要:本节提出一个计算预压处理地基工后沉降量的方法。文中首先阐明了软基等载与超载预压的概念及工后沉降的组成,然后从土力学压缩与固结的基本原理出发推导出能考虑等载、超载与固结度对工后沉降影响的工后主固结沉降的计算式,式中通过反映预压类型的系数 Φ 和固结度 U_t 把单纯考虑等载、超载工况及加固时间影响的工后主固结沉降各计算式统一在该式中。公式中的主要计算量是通过实测沉降曲线或沉降速率曲线求得,也满足式中各参数的时段对应性准则。对两个工程实例进行了推算,得到了观测资料的验证。

一、引言

预压法几十年来在软基处理上被广泛运用,软土地带的特点是软土的含水率高、强度低、压缩性大,液限、黏粒含量高。经过预压处理的软土地基,有的沉降长期得不到稳定,产生的工后沉降量也较大,影响了建筑物的正常使用和功能的有效发挥。原因有不少,但预压中止时间控制得不合适、预压中止时工后沉降量推算得不够准确是一个重要原因。为此,不少岩土工作者都在努力寻求它的规律和推算方法,目前已取得一些研究成果,如文献[11]~[13]研究了预压时沉降速率与剩余沉降的关系;文献[14]、[15]研究了超载预压卸荷时沉降速率与工后沉降的关系;文献[16]认识到超载与等载预压对工后沉降会有不同的影响,将中止时的沉降速率标准定得与等载预压时不同。

本文建立了一个能适应各种预压类型及能考虑预压时间的工后沉降量计算公式,该公式是从土力学压缩与固结的基本原理出发,根据工程对工后沉降量的要求,考虑不同预压类型对工后沉降的影响得到的。以此公式计算出的工后沉降量与具体工程允许的工后沉降量进行比较,从而确定出预压中止的时间,科学地指导现场施工,使日后运营中的工程减少了大修量,降低运营成本,提高工程的运行质量。

结合这几年的工程实践、现场的沉降监测数据,对取得的成果做了验证和分析。

二、预压地基工后沉降的组成

1. 预压类型的划分

在高速公路的建设中应用排水预压方法加固软基,与其他领域相比,有它自己的特点和要求。首先预压荷载的一部分就是路堤本身或完全是路堤,荷载是结构物的一部分;第二,预压荷载的大小在预压过程中是动态变化的。

在高速公路建设中,排水预压类型根据预压荷载大小与永久使用荷载的相对关系,可分为欠载预压、等载预压和超载预压三种类型。预压荷载仅为路堤堤身重量不包含路面结构层的一般称为欠载预压，预压荷载等于路堤堤身和路面结构层总重量的一般称为等载预压，预压荷载超过路堤堤身和路面结构层总重量的一般称为超载预压。在高速公路这种构筑物中，路堤堤身本身就是预压荷载或预压荷载的一部分。因此，当实施排水预压加固时，仅将路堤部分作为预压荷载，预压结束后再做路面及路面结构层，这种就称为欠载预压，它不存在卸除多余荷载的问题，仅在预压过程中随着沉降的发生，不断地补充填土以弥补降低的高程，该荷载成为永久荷载的一部分，永久荷载为路堤及路面结构层重量之和；等载预压是在预压时除路堤荷载外还要增加预压荷载，使增加的重量等于路面结构层的重量，预压结束后要卸除相当于路面结构层部分的荷载（如填土），然后进行路面结构层的施工，该荷载是路面结构层的等代荷载；超载预压时除路堤荷载外还要增加预压荷载，使增加的重量大于路面结构层的重量，在完成预压后要卸除超过路面高程和相当于路面结构层两部分的荷载（如填土），再进行路面结构层的施工，超过路面高程的荷载为超载荷载。

高速公路预压加固还有另一特点，那就是高速公路路堤施工中是以高程来控制的，最终验收是以路面高程来判断的。在排水预压过程中，路堤地基的沉降是在不断发生、发展的，所以预压过程中的欠载、等载和超载是处在动态变化中的，要不断添加填土以保持路堤、路面的高程符合设计高程要求。如果预压加固时仅依图纸上路堤高度来确定等载、超载与否，那只是名义等载、超载，只有在考虑稳定的沉降量之后，才能确定是否是等载或超载及超载多少。当预压沉降量稳定后，此时路堤填筑高程等于或超过路面设计高程时，才叫有效等载预压或有效超载预压。当然，在设计初期要准确确定沉降量的大小也不是一件容易的事，但在设计中可以确定一个原则，即设计需要采取什么方案来对软土进行加固，是欠载、等载，还是超载（量是多少），然后具体由施工与监理单位共同依此判定原则来执行。

2. 本试验段的预压类型

试验段中超载预压段的超载是通过真空荷载来实现的。采取了真空与堆载的联合预压加固，在填土一开始就抽真空，使填土过程始终在抽真空的状态下进行，膜下真空度一般都达到80kPa，理论上相当于3～4m的填土荷载。这种超载的施加与卸载都非常方便、迅速，是一种非常好的加载方式。具体可看第N12段落，在真空荷载卸除以前路堤填筑高程已达5.715m，考虑相当于3m填土的真空荷载后，路堤的顶高程应是8.715m，相当于填土高度达到6.729m（减去原地面高程1.986m），而路面设计高程是6.505m，理论填土高度是4.519m，因此它是超载预压，超载2.21m，超载比为1.489。所以，N12段落应该属于有效超载预压。

按照该计算思路，也可得到其他几个段落超载预压的有效超载比值，见表8-9。

排水预压路段有效超载比与超载当量厚度 表8-9

段落	原始地面高程（m）	路面设计高程（m）	设计路堤厚度（m）	设计路堤顶高程（m）	停真空、卸载前路堤高程（m）	预压路堤厚度（含真空荷载）（m）	有效超载比	超载厚度（m）
N4	2.286	6.865	4.579	6.115	6.161	6.875	1.501	2.296
N5	2.240	6.543	4.303	5.793	5.796	6.556	1.524	2.253
N6	2.396	5.938	3.542	5.188	5.237	5.841	1.649	2.299

续上表

段落	原始地面高程（m）	路面设计高程（m）	设计路堤厚度（m）	设计路堤顶高程（m）	停真空、卸载前路堤高程（m）	预压路堤厚度（含真空荷载）（m）	有效超载比	超载厚度（m）
N12	1.986	6.505	4.519	5.755	5.715	6.729	1.489	2.210
N13	1.988	5.979	3.991	5.229	5.183	6.195	1.552	2.204
S3	1.580	5.683	4.103	4.933	4.862	6.282	1.531	2.179
N14	2.028	5.212	3.184	4.462	5.312	3.284	1.031	0.100

从表 8-9 看出，真空联合路堤预压方案都属于有效超载预压，有效超载比在 1.5 上下，均值为 1.541，超载当量厚度在 2.2m 左右；而 N14 堆载段落有效超载比仅为 1.031，基本上可看成有效等载预压。

3. 预压地基工后沉降的组成

预压地基的工后沉降指构筑物建成后到大修期之间所发生的沉降量，这段时间对不同的构筑物有不同的时间要求，如我国高速公路对沥青混凝土路面来说是 15 年，对水泥路面来说是 20 年。

预压地基的工后沉降量一般由“处理深度内的剩余主固结沉降量”、“未处理深度内的剩余主固结沉降量”和“整个软土层的次固结沉降量”三部分组成，前两部分之和称“工后主固结沉降”。如果处理深度内的主固结沉降在构筑物建成时已经完成，那工后沉降量仅考虑未处理深度内的剩余主固结沉降量和整个软土层的次固结沉降量就可以了。如果整个软土层的主固结沉降在构筑物建成时都完成了，工后沉降量只有次固结变形引起的次固结沉降量。

4. 预压路段工后沉降的计算思路

按照上面对工后沉降组成的认识，工后沉降的计算有以下三种思路。

(1) 理论计算

按土力学沉降与固结的有关理论和公式，计算出路堤的最终沉降量和到公路通车前的沉降量，二者之差就是工后沉降的主固结沉降部分；再根据次固结理论计算出大修期内软土的次固结沉降，这是工后沉降的次固结部分；工后沉降的主固结沉降与次固结沉降这两部分之和就是预压路堤的工后沉降量。理论计算思路是简单的、明确的，但要计算准确是很难的，这里涉及固结理论的假设条件与现场条件的差异、计算参数的准确确定、不同预压类型的影响、次固结的计算模型及相应参数确定等等，加之软土层的非均匀性，都决定了计算难以准确。因此，只能用于设计阶段进行估算，以确定初步的预压加固时间。

(2) 用实测沉降资料推算

就是利用预压加固过程中实测的沉降时间过程线，推求未来路堤的最终沉降量（不一定是 15 年或 20 年的沉降量），将该最终沉降量减去公路通车时的沉降量，就是路堤的剩余沉降量，一般来说将它看成路堤的工后沉降量。该方法相对理论计算要准确些，有实用价值；但使用时应注意一些条件，如使用的沉降观测资料应是路堤达到设计高程后的一段时间里的资料，要有比较长的观测时间段，沉降要趋于稳定等。此外还得注意预压类型，如用欠载预压的沉降资料来推求完工后路堤的最终沉降量就会使结果偏小，用超载预压的沉降资料来推求就会得出偏大的结果。另外，就是要注意拟合曲线的选择，拟合时选择不同的起点会有多种结果，这里要以相关系数最大与标准离差最小为原则确定最终沉降量。

（3）用实测沉降速率判定

用实测沉降速率判定工后沉降量，目前大都处于经验阶段，在江苏、浙江地区一般规定预压加固终止前两个月路堤的沉降速率达到 2～3mm/月，在广东地区规定预压加固终止前两个月路堤的沉降速率达到 5mm/月，在《公路软土地基路堤设计与施工技术指南》中也将标准定为路堤沉降速率连续两个月达到 5mm/月，那么在以后的大修期内工后沉降都会满足规范要求。这些局部地区的经验并不能涵盖所有工况，再说理论依据也不明显，但无论如何也还是有实用价值的。

5. 排水预压路段的工后沉降控制标准

公路路堤的容许工后沉降标准按照《公路路基设计规范》（JTG D30—2004）7.6.4 中所要求的执行，见表 8-10。

容许工后沉降（m） 表 8-10

容许工后沉降 工程位置 / 道路等级	桥台与路堤相邻处	涵洞、通道处	一般路段
高速公路、一级公路	≤0.10	≤0.20	≤0.30
二级公路	≤0.20	≤0.30	≤0.50

根据十多年来的实践情况看，高速公路在桥头、通道与预压段相接处的标准还不够高，当二者差异沉降达到 0.10m 时，它不仅不能避免桥头跳车现象的出现，而且行车舒适、快捷的优点不能发挥，甚至还有行车危险，得常常去填补路面。因此，一些省市都将桥头与预压连接处地段工后沉降提高到≤0.05m 的标准。

三、预压地基中止加固时的工后主固结沉降

1. 高速公路软基预压加固中止后软土的压缩变形路径

高速公路施工中当路堤下软基用排水预压法加固时，预压中止后要做路基层、路面层，之后路堤下软基因采用预压类型的不同，其压缩变形路径也有区别。而压缩路径的不同会影响其工后沉降量的发展，计算的方法也有差别，因此有必要对它们作一了解。

对欠载预压（图 8-4）来说就是可直接在路堤上做面层，面层施工时路堤下软基的压缩变形将继续沿着原压曲线 *AE*（图 8-5）发展。对等载预压（图 8-6）来说，中止就意味着要移除相当于面层重量的那部分填土或荷载，也就是卸载，继而再进行面层的施工；这种工况表示路堤下的软基将先发生回弹变形，到达图 8-5 中 *C* 点（卸荷），继续做面层时软基变形就沿着再压缩曲线 *CD* 发展，而不是原压缩曲线，最后到达原压缩曲线卸荷前的那一点 *B* 上。对超载预压（图 8-7）来说，要同时移除相当于面层重量的那部分填土和超过路面高程的填土或荷载，即先卸载，然后再做面层；这种情况表示路堤下的软基先发生回弹变形，然后做面层时软土变形就沿着再压缩曲线发展，但它永远不能回到卸载时的原压缩曲线 *B* 点上（这里没有考虑通车后的车辆荷载）。

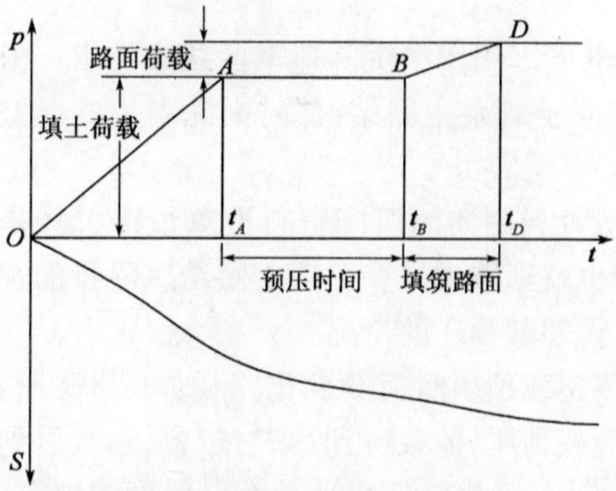

图 8-4　欠载预压路堤沉降变形

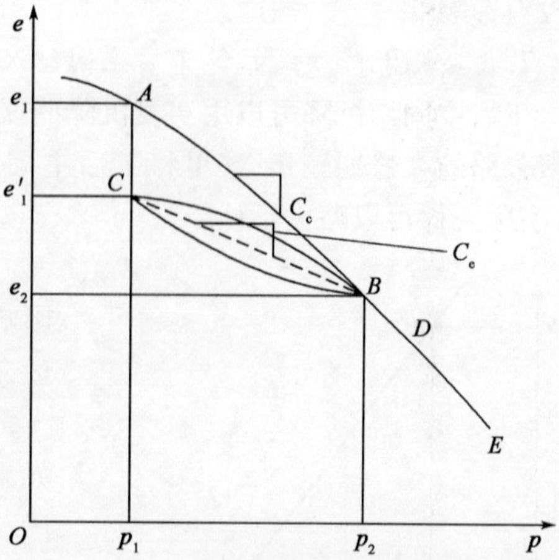

图 8-5　软土压缩曲线

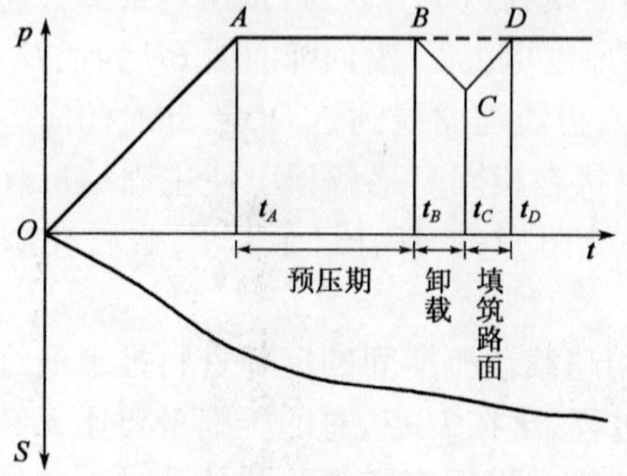

图 8-6　等载预压路堤沉降变形

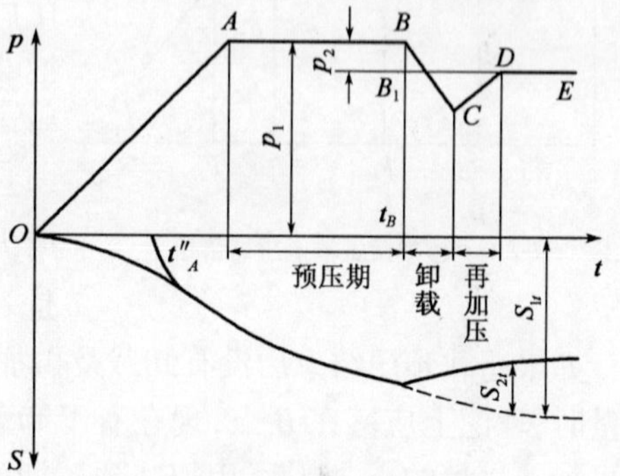

图 8-7　超载预压路堤沉降变形

上述三种不同的预压类型，路堤下软基预压后的压缩变形路径是不同的。由于压缩路径的不同，工后沉降的计算方法与判定预压中止的计算式也不一样。然而无论形式如何，只要公路竣工通车后 15 年里的沉降变形都被控制在规范的要求之内，那么确定的预压加固中止时间就是合适的。因此，预压加固中止时间的确定就是围绕工后沉降量满足规范要求来进行的。

工后沉降量一般应包括主固结沉降与次固结变形两部分，上面说的主要是主固结变形路径，对含水率高、液限、黏粒含量高、厚度大的软土，其次固结压缩量也是不可忽视的。在计算上目前将主固结完成后的变形看作是次固结压缩量，是指孔隙水压力完全消散后仍不断发展的压缩，也就是有效应力不变，而变形仍在发展的那部分压缩量，见图 8-8。实际上，次固结是伴随主固结一同发生，预压期间产生的次固结压缩量已被包含在路堤沉降的观测数据中了，因此对工后沉降量的计

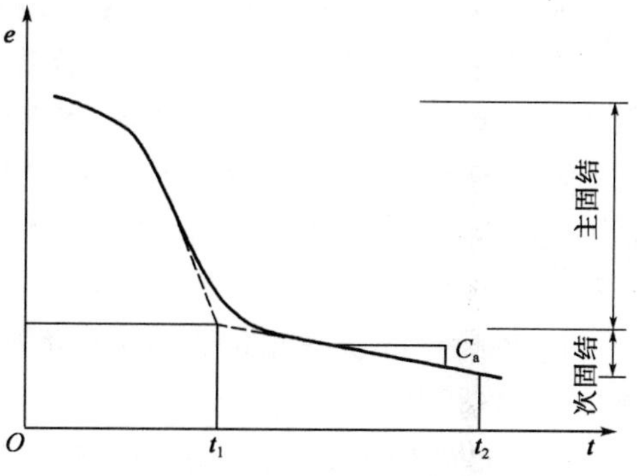

图 8-8　软土的主、次固结变形

算没有影响。

2. 用实测沉降曲线推算工后主固结沉降

工后主固结沉降可以用实测沉降曲线来推求,也可以用实测沉降速率曲线来推求。由于一般公路的大修期较长,这里将工后主固结沉降等同于剩余主固结沉降,由此引出的误差很小,实际工程可以略去不计。

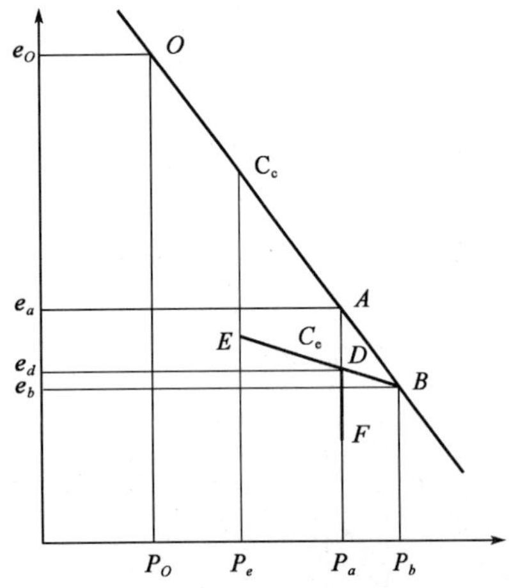

图 8-9 超载预压软土压缩路径

预压类型对利用实测沉降资料推算最终沉降是有影响的,从而也就影响到推算工后主固结沉降量的正确性,这里先考虑超载预压的情况。

高速公路超载预压时荷载变化路径如图 8-9 所示。如果路堤是等载预压,荷载应到达 P_a 位置,超载后到达 P_b,预压结束卸去超载部分和当量面层厚度的填土,荷载由 P_b 退到 P_e,以后再做面层,荷载又回到 P_a。相应的压缩路径是软土原在初始压缩曲线上的 O 点,超载预压后沿初始压缩曲线到达线上 B 点,预压结束卸去超载部分和当量面层厚度填土后,沿回弹曲线 BE 到达 E 点,之后再做面层,沿再压缩曲线到达 D 点,此时的应力状态与运行时应力状态相同。超载预压使主固结沉降量增大,增大部分是图中的 AD 段,最终压缩后孔隙比是 e_d。

如果超载预压结束后没有卸载及再加载的过程,用超载预压期间的沉降资料推求最终沉降量时,理论上应落在 B 点,现在有了卸载及再加载过程,落在 D 点,总的压缩量要比无卸载及再加载过程的小。因此,用超载预压期间的沉降曲线推求以后有卸载及再加载过程的最终沉降量会有出入,会大于实际值,需要加以修正。

这里用孔隙比的增量 Δe 表示经超载预压、卸载再加载后的最终压缩量,参看图 8-9。

$$
\begin{aligned}
\Delta e &= e_O - e_d = (e_O - e_b) - (e_d - e_b) \\
&= C_c \cdot \lg(P_b/P_O) - C_e \cdot \lg(P_b/P_a) \\
&= C_c \cdot \lg(P_b/P_O) \cdot [1 - C_e \cdot \lg(P_b/P_a)/C_c/\lg(P_b/P_O)] \qquad (8\text{-}2)
\end{aligned}
$$

$$令\ \Phi = [1 - C_e \cdot \lg(P_b/P_a)/C_c/\lg(P_b/P_O)] \qquad (8\text{-}3)$$

则

$$\Delta e = \Phi \cdot C_c \cdot \lg(P_b/P_O) \qquad (8\text{-}4)$$

式(8-4)中的 $C_c \cdot \lg(P_b/P_O)$ 部分就是超载预压无卸载、再加载过程正常固结土的最终沉降量。从理论上说,它可以用实验室得到的参数通过(如分层综合法)计算求得,也可用实测沉降曲线来推求最终沉降量 S_∞。用实测沉降曲线推求最终沉降量方法比较多,可以用指数曲线、双曲线、对数曲线等等来拟合,其准确度与测量时间的长短、沉降曲线是否平缓有很大关系。

式(8-4)中的 Φ 这里定义为预压类型系数。用它来修正用超载预压沉降曲线推求有卸载、再加载过程的正常固结土的最终沉降量。

理论上 Φ 应小于1。可对式(8-3)分析看出,式(8-3)中 C_e/C_c 是回弹指数与压缩指数的比值,大量实验结果表明比值在0.1左右;再看 $\lg(P_b/P_a)/\lg(P_b/P_O)$ 部分:

$\because$ 式中 P_a 大于 P_O，

$\therefore (P_b/P_a) < (P_b/P_O)$，

$\therefore \lg(P_b/P_a) < \lg(P_b/P_O)$，

$\therefore \lg(P_b/P_a)/\lg(P_b/P_O) < 1$，

$\therefore C_e/C_c \cdot \lg(P_b/P_a)/\lg(P_b/P_O) < 0.1$，

$\therefore 1.0 > \Phi > 0.9$。

预压类型系数 Φ 的取值范围可定在0.93～0.99之间，对于超载比大者取小值、路堤高度大者取大值。

那么用超载预压期间的沉降曲线来推求运行期的最终沉降量和工后主固结沉降量 S_r 时，有

$$S_r = \Phi \cdot S_\infty - S_t \tag{8-5}$$

式中：S_∞——用超载预压期间沉降资料推求的最终沉降量；

S_t——超载阶段中止预压时的实测沉降量。

对于超载预压阶段主固结没有完成的情况，推求的工后主固结沉降量为

$$S_r = \Phi \cdot S_\infty / U_t - S_t \tag{8-6}$$

式(8-6)中的固结度 U_t 最好是按照土中平均超静孔隙水压力的消散比例确定，若通过固结理论计算达到的固结度，误差会比较大。

对于等载预压情况，式(8-3)中 $P_b = P_a$，容易看出此时 $\Phi = 1$。亦可用式(8-6)计算工后主固结沉降量 S_r。

3. 用实测沉降速率推算工后主固结沉降

当用指数曲线拟合实测沉降曲线时，指数曲线可用式(8-7)表示，式中各符号的意义如图8-10中所示。(t_O, S_O) 称沉降曲线的拐点，其后部分的曲线设定按指数曲线规律延伸。

$$S_t - S_0 = \alpha(1 - e^{-\frac{t-t_0}{\beta}}) \tag{8-7}$$

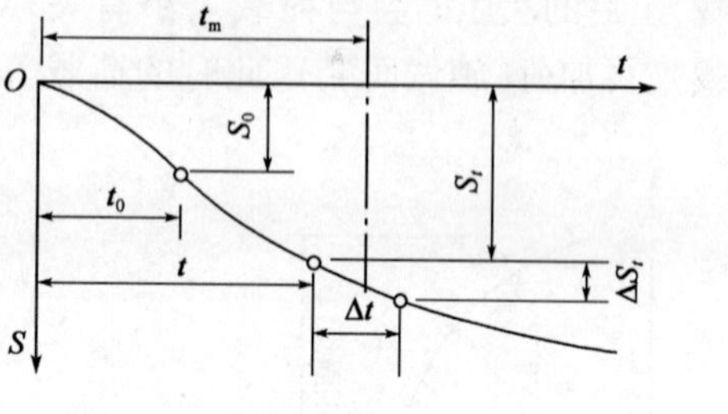

图8-10　运用指数曲线法推求最终沉降量

很容易从式中看出，当 $t \to \infty$ 时，则 $S_t \to S_\infty$，即有

$$S_\infty = S_0 + \alpha \tag{8-8}$$

对式(8-7)求导后，得到沉降速率的表达式如式(8-9)所示：

$$\dot{S}_t = \frac{dS_t}{dt} = \frac{\alpha}{\beta} e^{-\frac{t-t_0}{\beta}} \tag{8-9}$$

对超载预压主固结未完成情况来说，t 时刻的工后沉降量应是 $S_r = \Phi \cdot S_\infty / U_t - S_t$，结合式(8-7)和式(8-8)，经推演可以得到

$$S_r = \dot{S}_t \cdot \beta + (\Phi / U_t - 1) \cdot S_\infty \tag{8-10}$$

这就是超载预压下主固结未完成情况用沉降速率表示的工后主固结沉降计算式，计算时还同时需要知道用实测沉降资料按指数曲线推求的最终沉降量。

若主固结已完成，则 $U_t = 1$；若是等载预压，则是超载的特例，$\Phi = 1$。它们都可用式(8-10)

推求工后主固结沉降。式(8-10)表明用超载预压期间的沉降速率推求的工后主固结沉降量要加上一项$(\Phi/U_t-1)\cdot S_\infty$,才等于经卸载、再加载工况的工后主固结沉降量。当固结度U_t小于Φ值时,这一项会是正的,也就是说超载下未完成主固结工况的工后主固结沉降会大于主固结完成工况的工后主固结沉降。当主固结完成时,式(8-10)是减去$(1-\Phi)\cdot S_\infty$这一项,它表明超载预压经过卸载、再加载工况的工后主固结沉降比没有卸载、再加载工况的工后主固结沉降小;经分析被减项一般为无卸载、再加载情况下最终沉降量的2% ~5%。

按照上述思路,也可得到用双曲线或其他曲线拟合的、用沉降速率表示的工后主固结沉降计算式。

四、预压地基中止加固时的工后次固结沉降

以上研究了路堤地基软土经过预压、在中止时的工后主固结沉降量的推算方法,实际上在预压中止后的工后沉降量中还应包括工后次固结沉降量,特别是软土的含水率、液限、黏粒含量高及软土层厚的情况。

1. 预压类型对次固结的影响

对次压缩的传统理解是主固结完成后(标志是固结度达到100%)软土随时间发展的长期压缩现象,次压缩量只与时间长短有关,与荷载大小及应力历史都无关,不分等载还是超载预压工况,它的计算如图8-11和式(8-11)所示。然而最新的研究成果(文献[17]、[18])表明,预压类型对次压缩量是有影响的。文献[18]所做的试验表明,“在绝对时间坐标系,当荷载小于前期固结压力时,次压缩与荷载有关,当荷载大于前期固结压力时,次压缩与荷载无关。”换句话说,对路堤软基进行超载预压处理的工况,经过卸荷、再加荷后,此时的荷载小于超载的荷载,工后的次压缩会与荷载大小有关;对等载预压处理的工况,经过卸荷(卸去当量面层荷载)、再加荷(施做面层),此时的荷载等于预压时的荷载,那工后次压缩将与荷载大小无关。

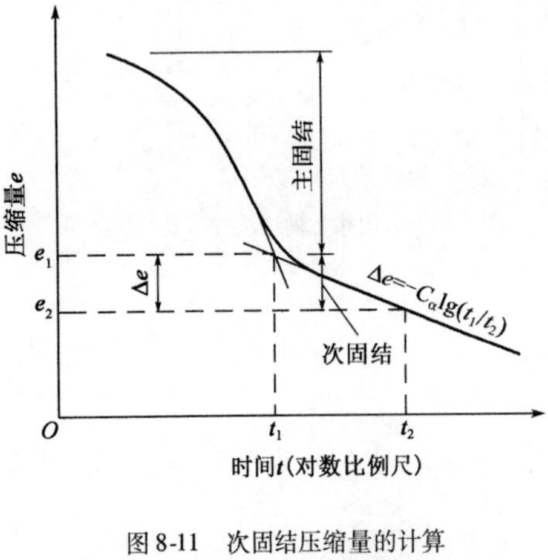

图8-11 次固结压缩量的计算

研究还表明,超载预压由于加、退荷已产生了塑性变形,使荷载完成时刻处于超固结状态,因而次压缩较小。因此,超载预压对减少工后次压缩沉降是有利的。张惠明(文献[17])的研究得出,次固结系数会随时间的延长而减小,试样经压缩7 ~70d,对含水率不同的软土次固结系数会减小12% ~45%;超载预压不仅能减少次固结变形而且可以推迟次固结变形的发生,减小幅度与超固结比相关,当OCR =2时,次固结系数比正常固结时减小67%,次固结变形延后的时间是主固结时间的几十倍;次固结系数与固结压力无关;对同一种原状土次固结系数与压缩指数的比值接近为一个常数等结论。这里仅引用文献[18]的研究成果,来考虑预压类型对次压缩的影响。

2. 工后次固结沉降的计算

(1)对等载预压工况,此时的荷载等于预压时的荷载,工后次压缩将与荷载大小无关(参看文献[18])。工后次压缩量按式(8-11)、式(8-12)计算即可。

$$\Delta e_s = -C_\alpha \lg(t_1/t_2) \tag{8-11}$$

式中：t_1——主固结结束时间；

t_2——到大修期的时间，$t_2 = 15$ 年 $+t_1$。

$$S_s = \sum \frac{\Delta e_{si}}{1+e_{0i}} H_i \tag{8-12}$$

（2）对超载预压工况，工后次压缩量与超载预压时的荷载大小有关，它反映在计算时间上。次压缩的计算引用文献[18]的研究成果，见式（8-12）~式（8-14）。如图 8-12 所示，超载预压的工后次压缩在图 8-12 上就是 E 点垂直向下的一段，也是图 8-9 上的 DF 段。

$$\Delta e_s = C_\alpha \cdot \lg \frac{t_i + \Delta t}{t_i} \tag{8-13}$$

$$t_i = t_c \left(\frac{p_c}{p_i}\right)^{\frac{C_c - C_e}{C_\alpha}} = t_c (\mathrm{OCR})^{\frac{C_c - C_e}{C_\alpha}} \tag{8-14}$$

式中：C_c、C_e、C_α——分别为压缩指数、回弹指数和次固结系数；

OCR——超固结比；

t_c——超载主固结完成时间，这里规定等于 0.003 年，即 1d；

t_i——回弹再压缩完成后工后次固结开始的时间；

Δt——这里应为大修期时间，可取 15 年，即图 8-12 中的（$t-t_i$）。

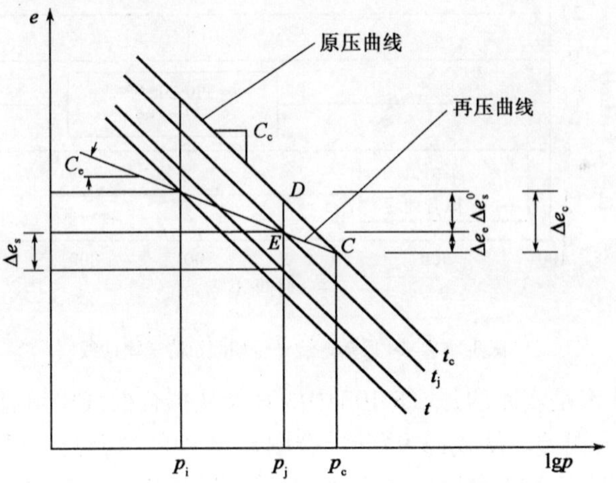

图 8-12　超载预压工况的次压缩量计算

五、预压中止的综合判定

归纳上面的研究结果，预压中止的综合判定有以下几个步骤。

1. 判定预压中止的前提

预压中止的前提是：

（1）路堤已填到路面或超出路面设计高程，并且沉降渐趋稳定，或者说预压荷载基本保持不变，否则推求的最终沉降量就不能代表等载或超载预压状态下的终值。

（2）满荷载预压期有足够长的时段和一定数量的沉降监测数据。根据经验，一般对设有垂直排水通道的预压路段，满负荷预压至少在5个月以上；对没有设垂直排水通道的预压路段满负荷预压至少在10个月以上；无论哪种情况观测资料组数不能少于15组。

(3)同时，还得看沉降曲线是否趋于平缓、收敛是否明显。如果满足上述时段和数据数量要求，但曲线收敛不显著，那仍然得继续观测。

2. 预压中止的判定

在满足上述条件时，计算出工后主固结沉降 S_r 和工后次固结沉降 S_s 后，总的工后沉降就是二者之和，当它小于构筑物工后沉降的容许值时就可以中止预压，进入后续施工。

即，总的工后沉降 = 工后主固结沉降 + 工后次固结沉降 < 工后沉降容许值时，可以中止预压，进入后续施工。

六、工程实例

1. 实例1：等载预压工况

杭州湾跨海大桥南岸接线高速公路工程N14路段是有效等载预压的一般路段，其工后沉降控制标准是300mm。路堤填土到达设计高程后，等载预压自第485天起到第855天止，该时段沉降速率如图8-13所示。在等载预压时段内的沉降速率时程曲线较好地满足指数曲线的变化规律。到预压第845天时孔压监测表明超静孔隙水压力已消散完毕，固结度应等于1。因属等载预压，所以 $\Phi=1$。用式(8-10)来计算工后主固结沉降量。

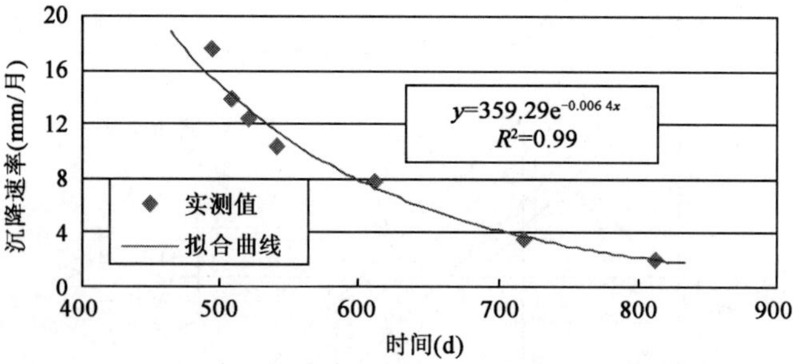

图8-13 N14段落等载预压期间沉降速率曲线

本例中的沉降速率是实测的，式(8-10)中的 β 能从拟合曲线中得到，无需从多个参数中得到，可以避免出现较大误差。从式(8-9)并结合图8-13中的拟合公式可得到，$\beta=1/(0.0064\times30)=5.2083$。由此推得N14路段的工后主固结沉降如表8-11所列。用沉降速率推求的结果与用实测沉降曲线推求的基本一致。

N14等载路段用式(8-10)推求的工后主固结沉降 表8-11

段落	β值计算		本时段实测平均沉降速率(mm/月)	式(8-10)推求的工后主固结沉降量(mm)	用沉降曲线推求的剩余沉降量(指数法)	说明
	时段	β值				
N14	第485~855天	5.2083	8.25	43.0	848.7-806=42.7	等载

按照式(8-11)和式(8-12)，对N14路段的工后次压缩量进行计算，计算参数与结果见表8-12所列。

N14 路段工后次压缩量计算　　表 8-12

段落	工况	压缩指数	回弹指数	次固结系数	e_0	t_1	Δe_s	H_i(m)	S_s(mm)
N14	等载预压	0.180	0.014	0.004	0.796	1 274 *	0.002 9	2.0	3.2
		0.188	0.016	0.005	1.098		0.003 6	7.5	12.9
		0.413	0.034	0.007	1.193		0.005 1	20.1	46.5
		合计							62.6

* : t_1 = 1 274d 是 N14 路段试通车的时间(2007 年 12 月 25 日)。

N14 路段总的工后沉降量应是工后主固结沉降与工后次压缩量两部分之和,即 43.0 + 62.6 = 105.6mm。

2. 实例 2:超载预压工况

杭州湾跨海大桥南岸接线高速公路工程 S3 路段是有效超载预压的一般路段,其工后沉降控制标准是 300mm。S3 路段在中止抽真空后,软土中在 17.5 ~ 29.5m 深度还有 0.86 ~ 13.8kPa的正超静孔压存在,因此说该段在超载情况下尚未完成主固结,如图 8-14 所示。

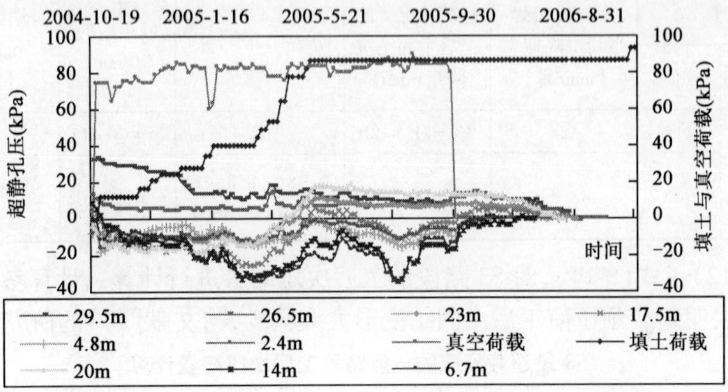

图 8-14　S3 路段真空联合堆载预压超静孔隙水压力变化曲线

固结度的计算以超静孔压面积与附加应力面积比来估算。S3 路段软土在停抽时正超静孔压面积为 126.1m · kPa,而该深度范围内附加应力面积为 888.4m · kPa,二者比值为 0.142,它相当于 14.2% 未完成主固结,可看成超载荷载下的固结度达到 85.8% 。而

$$\Phi = 1 - C_e \cdot \lg(P_b/P_a)/C_c/\lg(P_b/P_O) = 1 - C_e/C_c \cdot [\lg(P_b/P_a)/\lg(P_b/P_O)] \approx 0.98$$

式中,C_e/C_c 比值为 0.064;而 $\lg(P_b/P_a)/\lg(P_b/P_O)$ 经估算在 0.26 ~ 0.28 范围;按式(8-6)计算的工后主固结沉降示于表 8-13 中。

S3 段落按指数曲线拟合的路中心最终沉降量及工后主固结沉降　　表 8-13

段落	路段性质	路中心沉降量		修正后的最终沉降量(mm)	工后主固结沉降量(mm)	Φ 值	U_t
		到超载结束时(mm)	拟合的最终值(mm)				
S3	一般	1 873	2 014	2 300.4	427.4	0.98	0.858

计算结果表明 S3 段落还有 427mm 的工后主固结沉降,不能满足小于 300mm 的规范要求;工后沉降量还较大。此时终止抽真空还是早了点。

再按沉降速率法计算工后主固结沉降。沉降速率随时间的变化规律如图 8-15 所示。

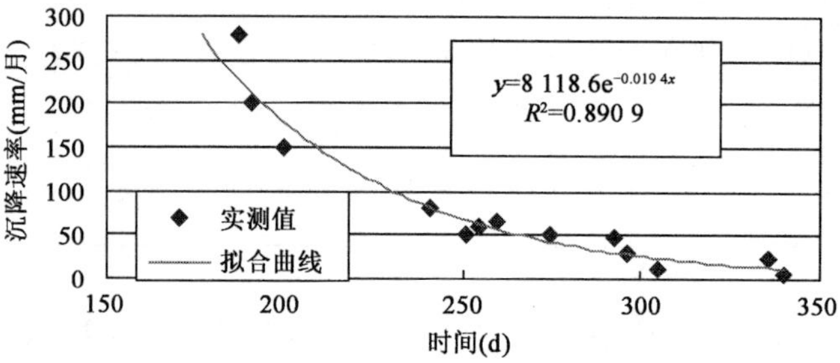

图 8-15　S3 路段在超载预压时段沉降速率的变化

表 8-14 列出 S3 路段用式(8-10)计算的结果，它与用沉降曲线以指数法推求的结果相近。因此，S3 路段超载预压 5.16 个月后的工后主固结沉降量为 430mm。

S3 路段按沉降速率推求的工后主固结沉降量　　表 8-14

段落	β 值计算		本时段实测平均沉降速率(mm/月)	超载状况下的工后主固结沉降量(mm)	$(\Phi/U_t-1)\cdot S_\infty$	修正后的 S_r(mm)	用沉降曲线计算的工后主固结沉降量(mm)	说明
	时段	β 值						
S3	2005-10-12 ~ 2006-2-9	①	②	③ = ① × ②	④	⑤ = ③ + ④	⑥	超载
		1.745 2	82.07	143.2	(0.98/0.858 − 1) × 2 014 = 286.4	429.6	2 014 × 0.98/0.858 − 1 873 = 427.4	

根据式(8-12) ~ 式(8-14)，对 S3 路段的工后次压缩量进行计算。计算参数与结果见表 8-15 所列。结果表明超载预压使工后次固结变形大大减少，与文献[17]的研究结论是一致的。

S3 段超载预压的一般路段工后次压缩量计算　　表 8-15

段落	工况	压缩指数	回弹指数	次固结系数	OCR	e_0	t_i	Δe_s	H_i (m)	S_s (mm)
S3	超载预压	0.436	0.030	0.008	1.531	1.254	2.44×10^9	≈0	14.2	≈0
		0.205	0.012	0.004		0.827	8.41×10^8	1.12×10^{-8}	9.8	6.1×10^{-5}
		合计								≈0

S3 路段总的工后沉降量应是工后主固结沉降与工后次压缩量两部分之和，即 430mm。

3. *对实例的分析*

N14 和 S3 路段总的工后沉降量及工后主固结沉降与工后次压缩量列于表 8-16 中。

N14 和 S3 路段总的工后沉降量　　表 8-16

段落	工况	工后主固结(mm)	工后次压缩(mm)	总工后沉降(mm)	工后次压缩/总工后沉降(%)
N14	等载预压	43.0	62.6	105.6	59.3
S3	超载预压	429.6	≈0	429.6	≈0

从表8-16中可以看出，等载预压N14段的次压缩量要占到总工后沉降量的近60%，而超载预压的工后次压缩量几乎被超载预压提前消除了，可见超载预压对减小总工后沉降量是有益的。同时也看到，对超载预压工况来说，在超载预压期间尽可能地加长预压期，以消除更多的主固结沉降量，是减小总工后沉降量的主要途径。

表8-17列出了N14和S3路段在卸载以后各阶段实测的地表沉降。从卸载后到通车一年间两路段已发生的沉降量分别为51mm和234mm，将表8-16中预测值分别减去该值，剩余值与用通车一年的沉降资料推求的工后沉降值比较接近。

N14和S3段落路中心各阶段实测地表沉降 表8-17

段落	路中心最大沉降量		从卸载到通车一年累计沉降(mm)	表8-16中预测值与已发生值的差(mm)	通车一年后用指数曲线拟合的工后沉降量(mm)
	卸载前(mm)	通车一年(mm)			
N14	806	857	51	105.6 - 51 = 54.6	44.5
S3	1 873	2 107	234	429.6 - 234 = 195.6	194.5

重要提示：

本文建议的推求工后主固结沉降量的两种方法强调的都是用实测沉降资料来进行，推求中所涉及的参数也是由实测数据来计算。用沉降速率推求工后主固结沉降的表达式，式中的各量都应是同一时刻或与同一时段相对应的量，否则就违背了推导过程中的条件或假定。如式(8-10)，某一时刻(段)的工后主固结沉降量 S_r 等于该时刻(段)的沉降(平均)速率与相应于该时刻(段)的 β 之积，如果 β 值是其他时刻或其他时段的，那求出的工后主固结沉降量就不对应了，这是运用时要满足的一个对应关系。文献[11]等提出的推求公式的计算误差比较大，其中一个重要的原因就是没有满足公式中各量时间上的对应关系。

其次，当用沉降速率推求工后主固结沉降量时，取用的 β 值是一个时段(如 Δt)内的推求值。应该将该时段内各时刻的沉降速率求出后再求平均值，以此推求的工后主固结沉降才是对应于本时段的。沉降曲线上两点之差的均值与曲线斜率之和的均值是有很大差别的，时段越长、差别越大。

第三节 基于时间对应的沉降速率法

摘 要：运用沉降速率法推求等载状态下路堤剩余主固结沉降时，式中变量之间一定要满足时间的对应关系，而且平均沉降速率值应是时段内沉降速率的平均值，不能是时段内的沉降量与时段长的比值。沉降速率时程曲线较好地满足指数曲线的变化规律，本节提出运用Excel表和实测沉降速率与时间的关系曲线，可得到指数曲线的拟合公式，从中求出变量 $1/\beta$，再按沉降速率与剩余主固结沉降的关系式推求等载状态下的剩余主固结沉降量，可避免按文献[11]计算带来的较大误差。

一、引言

排水预压法已在高速公路软基处理上广泛运用二十多年，并被写入规范。该法的运用大大减小了路堤的剩余主固结沉降，而预压中止时间的正确确定是处理得好坏的关键之一。为此，不少岩土工作者都在努力寻求它的规律，寻找解决问题的办法。归结起来，目前有3种途径可决定预压中止的时刻。

(1)按土力学沉降与固结及次固结的有关理论和公式进行理论计算，得到剩余沉降的大小，从而提出预压中止的时间。显然靠计算是难以得到准确的结果，它只能用于设计阶段的估算，以确定初步的预压加固时间。

(2)利用预压加固过程中实测的沉降时间过程线，推求未来路堤的最终沉降量，从而得到路堤的剩余主固结沉降量。该方法有实用价值，但难以考虑预压类型对剩余主固结沉降的影响。

(3)用实测沉降速率决定中止预压的时刻，目前大都处于经验阶段。即用实测沉降速率资料比照本地区以往的经验，如江苏、浙江地区规定预压时连续两个月路堤的沉降速率达到2～3mm/月就可以中止预压。虽然局部地区的经验并不能涵盖所有工况，但还是有实用价值的。

近几年出现了用沉降速率法计算剩余沉降的一些研究成果(见文献[11]～[16])。他们从理论的高度推导了沉降速率与剩余主固结沉降的关系，也考虑了预压类型的影响，为用实测沉降速率决定中止预压的时刻提供了理论依据，弥补了这一领域的缺失。其中文献[11]是针对等载预压中止加固的一个较好的研究成果，只是文中对参数β没有强调也要满足与剩余主固结沉降、主固结沉降速率在时间上的对应关系，造成推算结果误差较大。本文拟用一个实例加以说明，并提出一个满足时间对应准则的解决办法。

二、文献[11]阐述的主固结沉降速率法

文献[11]阐述的用沉降速率法推求软土路堤主固结剩余沉降的公式为：

$$V_s = S_r \times \beta \tag{8-15}$$

式中：V_s——t时刻的沉降速率；

S_r——与V_s对应的t时刻预压路堤的剩余主固结沉降量；

β——均质地基瞬时加荷工况、平均固结度表达式(8-16)中的排水固结参数。

它与土层厚度、软土的固结系数、垂直排水通道的直径、布置方式及排水边界条件等有关，是一个重要而又难以准确确定的参数，原文和许多书中都有介绍，这里不再赘述。

$$\overline{U}_t = 1 - \alpha \cdot e^{-\beta \cdot t} \tag{8-16}$$

文献[11]称可根据室内试验或原位试验确定固结系数，经计算得到β。也可通过沉降资料、孔压资料反算β。其中，可用式(8-17)、式(8-18)计算β值。

$$\beta = \frac{8 \cdot C_h}{F_n \cdot d_e^2} \tag{8-17}$$

$$\beta = \ln\left(\frac{S_2 - S_1}{S_3 - S_2}\right) / (t_2 - t_1) \tag{8-18}$$

式中：C_h——软土地基水平向固结系数；

d_e——排水圆柱体等效直径；

F_n——与井径比 n 有关的参数；

S_1、S_2、S_3——分别是对应于预压期间 t_1、t_2 和 t_3 时刻的沉降，且有 $t_2-t_1=t_3-t_2$ 的条件。

但是原文都没有指出 β 与 V_s 和 S_r 都要满足时间的对应关系。

三、时间不对应时沉降速率法的应用

公式(8-15)的推出给人们提供了一个判断预压地基中止加固的方法，有理论依据，公式也简单，便于应用。对于公式(8-15)，如原作者所说，“由 t 时刻的沉降速率可以得到对应的沉降量，由剩余沉降量也可以得到对应的沉降速率”。也就是 t 时刻的沉降速率与该时刻的剩余沉降量满足时间上的对应关系，它们之比是一个常数 β，即 β 是与时间无关的量。

但是式(8-15)是从平均固结度计算式(8-16)推演而来，它延续了式(8-16)的许多假定。如荷载面积要比软土层厚度大得多，荷载为瞬时施加及地基表面的荷载是刚性的等，实际的工程往往并非如此。在加固过程中软土厚度、土性参数、固结系数等都在不断变化，所以 β 值在加固过程中也是随预压过程不断变化的，不会是一个常数。而 β 值的大小对式(8-15)的计算结果影响较大，因此式(8-15)中 t 时刻的沉降速率应等于该时刻的剩余主固结沉降量与该时刻参数 β 值的积才比较合理，各个量对应的都应是同一时刻的。因此在应用时除了强调式(8-15)中沉降速率与剩余主固结沉降的时间对应关系外，也应强调 β 也是同一时刻的或同一时段的，不然推算结果误差会较大。下面的例子可以说明。

某高速公路有一个等载预压路段，其路堤填筑与预压过程如图8-16所示，经过预压加固后其沉降趋于稳定。卸载前的4个月，断面中心处的沉降速率已经很小，如表8-18所示，4个月来中心处的沉降速率逐渐降低，路堤沉降已趋于稳定。现用文献[11]的方法推算路堤的剩余主固结沉降量。

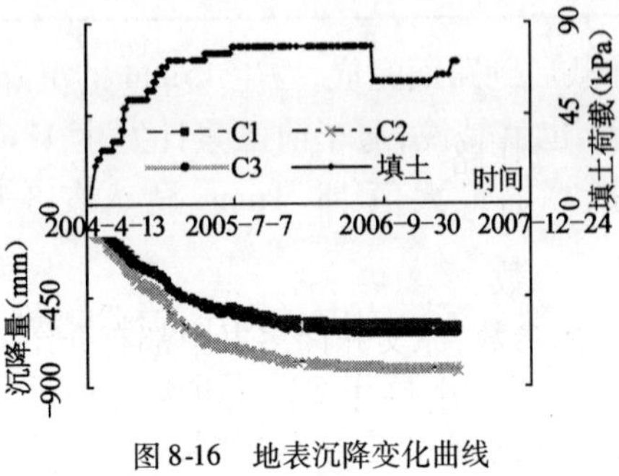

图8-16 地表沉降变化曲线

预压卸载前断面中心处沉降速率值 表8-18

时 段	沉降速率(mm/月)	时 段	沉降速率(mm/月)
4-20～5-19	4.0	6-23～7-28	2.0
5-19～6-23	3.0	7-28～8-20	2.0

用实测沉降速率推求剩余主固结沉降时，β 值按试验室测定的固结系数及不同时段沉降资料分别以式(8-17)和式(8-18)求得，结果如表8-19第三列所示。用最后测得的2mm/月沉

降速率推求的各剩余主固结沉降量值见表中第四列，结果显示所得剩余主固结沉降量相差较大。取不同时段的沉降资料得到不同的β值，由此推得的剩余主固结沉降也相差较大，最大与最小相差2倍。表中序号6、7的β是由固结系数按式(8-17)计算得到的，序号6是通过室内试验取得的固结系数，序号7是由现场实测沉降曲线反推得到的固结系数计算得到的。序号6得到的β值是序号5的16倍之多，推得的剩余主固结沉降值二者也相差17倍之多。序号6和序号7之间的β值也相差12倍，推得的剩余主固结沉降值也相差13倍之多。因此，β值的取得方式和取得时间对剩余主固结沉降量的推算结果有很大影响。

以 V_s =2mm/月推求的剩余沉降量和以 S_r =30cm 反推的中止预压时的沉降速率 表8-19

序号	β值计算			以平均沉降速率2mm/月推求的剩余主固结沉降量(mm)	以规范的30cm工后沉降量反算中止预压时的平均沉降速率(mm/月)	说明
	时段	Δt(d)	β值(月$^{-1}$)			
0	一	二	三	四	五	六
1	2006-4-16~2006-8-14	60	0.168 326	11.9	50.5	按式(8-18)用实测沉降资料推求软土该时段的β值
2	2006-3-7~2006-8-14	80	0.172 325	11.6	51.7	
3	2005-9-9~2006-3-28	100	0.234 83	8.5	70.4	
4	2005-11-27~2006-8-14	130	0.110 671	18.1	33.2	
5	2005-8-22~2006-7-28	170	0.232 465	8.6	69.7	
6	用实验室数据以厚度加权计算C_h值=$7.22\times10^{-3}cm^2/s$		3.798 9	0.5	1 139.7	按式(8-17)计算β值
7	按预压后期沉降曲线推求C_h值=$0.58\times10^{-3}cm^2/s$		0.305 18	6.6	91.6	

本案的实际情况是，从卸载后到路面完成，发生15mm的沉降量；从路面完成，到通车前的3个月间发生2mm的沉降量。也就是说，通车前已累计发生17mm的沉降，显然未来路堤的沉降将会超过上述第四列推算的最大值18.1mm，显然表8-19第四列的推算结果是偏小的。

以一般路段允许有30cm的剩余沉降为中止预压的标准，推算对应时间的沉降速率。按不同时段的β值和同一个剩余沉降量求得相应的中止预压时的沉降速率如表8-19第五列所示。可以看出中止预压时的沉降速率也是各不相同，彼此差别是相当大的，最小的也达到33mm/月。实际情况是路堤荷载刚填到设计高程时的沉降速率也只有20mm/月左右，若按表中的计算结果，该路堤就不需要预压了，这显然是不合理的，因此这个结果也难以让人接受。上述结果的出现是沉降速率、剩余主固结沉降与β值3个量在时间上没有满足对应性准则造成的。

将各时段的β值与该时段的沉降速率一一对应后再用式(8-15)计算，又得到表8-20第五列的结果，可以看出推求的结果普遍比表8-19第四列的结果大多了，但各序号的结果彼此相差也比较大，只有第五列中序号3、4的结果比较接近用实测沉降曲线推求的剩余主固结沉降值44mm。

用与时段对应的沉降速率和 β 值推求的剩余沉降量　　表 8-20

序号	β 值计算			按时段内沉降量与 Δt 比值计算沉降速率		按时段内沉降速率的均值计算		说明
	时段	Δt(d)	β 值(月$^{-1}$)	实测平均沉降速率(mm/月)	推求的剩余沉降量(mm)	实测沉降速率均值(mm/月)	推求的剩余沉降量(mm)	
0	一	二	三	四	五	六	七	八
1	2006-4-16 ~ 2006-8-14	60	0.168 326	3.0	17.8	5.75	34	按式(8-18)用实测沉降资料推求软土该时段的 β 值
2	2006-3-7 ~ 2006-8-14	80	0.172 325	2.91	16.9	5.25	30.5	
3	2005-9-9 ~ 2006-3-28	100	0.234 83	7.65	32.6	10.18	43.4	
4	2005-11-27 ~ 2006-8-14	130	0.110 671	3.92	35.4	4.0	36.1	
5	2005-8-22 ~ 2006-7-28	170	0.232 465	6.26	27.0	8.04	34.67	
7	按预压后期沉降曲线推求 C_h 值 $=0.58\times10^{-3}\mathrm{cm}^2/\mathrm{s}$		0.305 18	6.3	20.7	9.22	30.2	按式(8-17)计算 β 值

上述表 8-19 第四列及表 8-20 第五列是用沉降速率来推求的剩余主固结沉降量，β 值是用一个时段（如 Δt）内的沉降资料求得的，该时段的平均沉降速率是由本时段内沉降差（ΔS）与该时段（Δt）的比值得到的，不是本时段内各个时刻沉降速率之和的平均值。从数学上讲，沉降曲线上两点之差的均值与曲线斜率之和的均值是有很大差别的，时段越长、差别越大；只有当曲线是直线时二者才相等，否则前者就小于后者。当用前者计算时，就是用直线（或割线）替代了曲线，计算结果一定偏小。在概念上应该将该时段内各时刻的沉降速率求出后再求平均值，以此推求的剩余沉降才是对应于本时段的。表 8-20 中第六列就是各时段内各时刻沉降速率的平均值，表中第七列是按此得到的剩余沉降量。可以看出，与表 8-20 第五列的结果有很大差别。首先，平均沉降速率的值大了很多；其次，得到的剩余沉降量也大很多；再次，用不同时段相应的 β 值推求的剩余主固结沉降量相互间的差别缩小（离差减小 77%），它比较好地满足了 3 个量之间时间上的对应，能得出较准确的结果。

因此，在运用式（8-15）时，式中的 3 个量一定要满足时间的对应关系，而且平均沉降速率应是时段内沉降速率的平均值，不能是时段内的沉降量与时段长的比值。

对于式（8-15）只能用于计算等载预压工况下的剩余主固结沉降量还可以这样来理解，式（8-16）从数学上讲应是单调变化的、连续的，它才能成立，才能推得式（8-15）。这就意味着沉降曲线是单调增加的才行，否则它不能成立。也就是说，通过式（8-15），用剩余主固结沉降反推预压中止时的沉降速率，采用的沉降曲线一定是单调增加的、连续变化的，即中间没有卸载、再加载过程；不能出现沉降曲线的反弯点或奇点（理论上此时沉降速率为零，一阶导数为零），而超载工况是有卸载的过程，因此它就不适合路堤软基超载预压工况了。

四、满足时间对应关系的沉降速率法

t 时刻的剩余主固结沉降量 $S_r = S_\infty - S_t$，实践表明沉降曲线 S_t 可以用指数曲线来拟合，如式（8-19）所示。

式中各符号的意义如图 8-17 中所示。(t_0,S_0)称沉降曲线的拐点,其后部分的曲线按指数曲线规律延伸。

$$S_t - S_0 = a(1 - e^{\frac{t-t_0}{b}}) \tag{8-19}$$

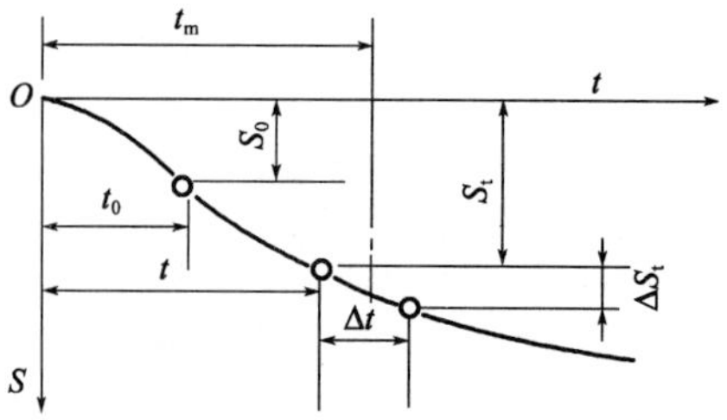

图 8-17 用指数曲线法推求最终沉降量

很容易从式中看出,当 $t \to \infty$ 时,则 $S_t \to S_\infty$,即有

$$S_\infty = S_0 + a \tag{8-20}$$

从现场实测沉降曲线,可得到路堤填土达到设计高程(等载预压开始)到卸载做基层前的沉降速率时程曲线(图 8-18),沉降速率与时间的对应关系可以用 Excel 表得出。它较好地满足指数曲线的变化规律,表明可用指数函数来推求工后沉降量。

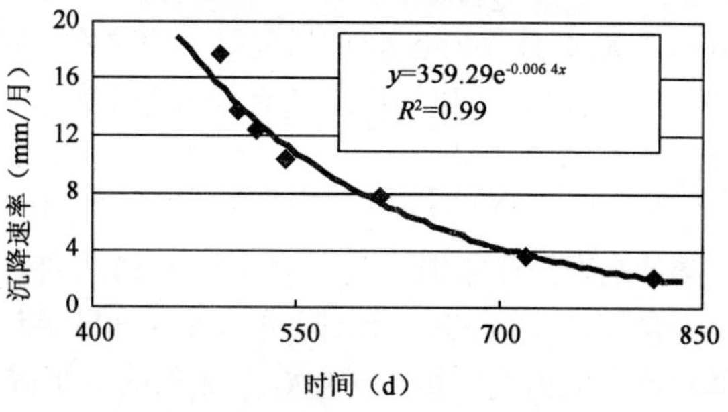

图 8-18 等载预压期间沉降速率曲线

对式(8-19)求导,得到沉降速率的表达式

$$\dot{S}_t = \frac{dS_t}{dt} = \frac{a}{b} e^{-\frac{t-t_0}{b}} = V_s \tag{8-21}$$

t 时刻的剩余主固结沉降量 $S_r = S_\infty - S_t$,结合式(8-19)、式(8-21),可得到

$$S_r = V_s \cdot b \tag{8-22}$$

式中 b 实际上就是式(8-15)中的 $1/\beta$。

式中的沉降速率是实测的,是图 8-18 曲线时段内的,而 b 也可从拟合曲线(图 8-18)中得到,也是该时段内的,从而使沉降速率与 b 值满足时间对应准则。该 b 值涵盖了影响固结的所有因素,是该时段范围内固结状况的综合反映,无需从多个参数中得到;同时也将多层软土对固结的影响一并考虑进去,避免了前述计算的种种误差。按此推得等载预压路段的剩余主固结沉降见表 8-21 所列。推求结果与用沉降曲线推求的基本一致。

用式(8-22)推求的剩余主固结沉降量　表8-21

序号	时　段	从图3中得到的 b 值(月$^{-1}$)	本时段实测沉降速率均值(mm/月)	推求的剩余主固结沉降量(mm)	用沉降曲线估计的剩余主固结沉降量	
					指数法	双曲线
1	2005-8-26～2006-7-11	5.2083	8.25	43.0	42.7	44.1

用实测沉降曲线推求最终沉降量实质上就是用一条数学曲线来代替实测沉降曲线，通过曲线拟合求得最终沉降量。所用数学曲线能较真实地反映实测曲线和预测未来沉降的走势，再就是要求拟合曲线应该是收敛的，沉降观测数据应是单调变化的，否则拟合的数学运算不能进行。沉降速率曲线实质上是沉降曲线的另一种表现方式，沉降速率是沉降曲线的一阶导数，是曲线上各点的切线斜率，所以用沉降速率来推求剩余主固结沉降时的要求也是与用沉降曲线推求一样的。

五、结论

(1)应用沉降速率法计算路堤的剩余主固结沉降时，式中的各个量一定要满足时间的对应关系，而且平均沉降速率应是时段内沉降速率的平均值，不能是时段内沉降量与时段长的比值。

(2)沉降速率时程曲线较好地满足指数曲线的变化规律，运用Excel表和实测沉降曲线可绘出沉降速率与时间的关系图，同时得到指数曲线的拟合公式，可从中求出 $b=1/\beta$，无需从多个参数中得到，能按式(8-22)求出等载状态下的剩余主固结沉降量，可避免按文献[11]计算带来较大的误差。

第四节　对公路软土地基处理设计方法的讨论

摘　要：对公路软土地基处理规范中的容许工后沉降存在的一些不完善情况进行分析讨论，根据公路工程技术标准及公路运行实际情况提出公路软土地基处理设计遵循基本原则及其设计思路，分析讨论软土地基处理技术的沉降计算方法，提出公路软土地基处理的设计方法并应用于某一级公路桥头软土地基处理设计中。

一、引言

公路软土地基处理设计中沉降控制设计原则主要是让地基实际工后沉降量小于允许沉降量，即满足《公路路基设计规范》(JTG D30—2004)规定的公路容许工后沉降，见表8-22。

表8-22所示规范规定的允许工后沉降表只给出了最大容许沉降量，试图通过最大容许工后沉降量来制定地基加固标准和评价加固质量，这种常规设计往往导致在桥台与路堤相邻处及不同路段的连接处形成错台，产生严重跳车，影响公路运行的舒适性和行车安全。调查研究

表明,引起路面开裂及跳车的主要因素是路基的差异工后沉降(不均匀沉降)。换言之,在路基总体变形比较大的情况下,如果工后沉降比较均匀,则不会对行车产生不良影响;相反如果沉降不均匀,即使最大工后沉降控制在某一范围内,存在的差异工后沉降亦容易造成路面的开裂或引起跳车现象。因此,在满足规范规定的允许工后沉降基础上,控制差异工后沉降是一个公路路堤设计中关键的控制因素。当前,各种软基处理方法(包括刚性桩复合地基,柔性桩复合地基,刚柔联合桩复合地基,设置垂直排水通道的预压法等)迅速在公路软土地基中得到广泛应用,上述各种软土地基处理方法能够很好地对公路工后沉降进行有效控制,同时大量的相关公路软土地基工后沉降的设计计算方法也日趋完善。本节对公路软土地基处理的设计方法进行讨论,以期对软土地基上公路建设有所帮助。

容许工后沉降值表 表 8-22

<table>
<tr><th>公路等级</th><th>桥台与路堤相邻处(m)</th><th>涵洞或箱涵通道等小型结构物处(m)</th><th>一般路段(m)</th></tr>
<tr><td>高速公路</td><td rowspan="2">0.1</td><td rowspan="2">≤0.2</td><td rowspan="2">≤0.3</td></tr>
<tr><td>一级公路</td></tr>
<tr><td>二级公路</td><td>≤0.2</td><td>≤0.3</td><td>≤0.5</td></tr>
</table>

二、公路软土地基处理设计基本原则及思路

按沉降控制设计思路,其设计遵循的基本原则是以满足《公路路基设计规范》(JTG D30—2004)规定的公路容许工后沉降为目标,同时满足地基稳定要求。随着各种软基处理技术在公路软土地基中的广泛应用,各种公路软基处理技术的工程实践表明,针对不同公路路段选择适合的软基处理技术,严格按照其相关工艺和管理技术实施,经过处理后公路软土地基能够满足《公路路基设计规范》(JTG D30—2004)规定的公路容许工后沉降的目标。公路运行的实际情况表明,不仅要满足规范规定的允许工后沉降,而且控制工后差异沉降也应是一个公路路堤设计中的控制因素,工后差异沉降是以满足公路纵坡要求和防止因差异沉降引起路面开裂为依据,根据《公路工程技术标准》(JTJ 001—97)规定,考虑汽车爬坡能力和发动机的工作特性,最大纵坡应满足表 8-23 中规定值。

公路最大纵坡表 表 8-23

设计速度(km/h)	120	100	80	60	40	30	20
最大纵坡(%)	3	4	5	6	7	8	9

综上所述,公路软土地基处理设计遵循基本原则是:以满足《公路路基设计规范》(JTG D30—2004)规定的公路容许工后沉降以及满足公路安全舒适运行和防止路面开裂要求的差异工后沉降为目标,同时满足软土地基上公路建设和运行中软土地基的承载力和稳定要求。因此,公路软土地基处理设计思路为:对于软土深厚、路堤较高、工期要求紧的高等级公路,为解决工后沉降和差异工后沉降,采用刚性桩复合地基法处理桥头路段,一般路段采用排水预压法进行软土地基处理,而桥头路段和一般路段的连接过渡路段采用变桩距或变桩长的刚性桩复合地基法处理,逐渐向预压法处理的一般路段进行过渡。文献[29]研究成果表明,对于路堤荷载作用下复合地基,无论从最大沉降或平均沉降来看,还是从减小横向差异沉降和纵向差异沉降来看,等桩长变桩距设计方案优于等桩距变桩长设计方案,因此对于刚性桩复合

地基法处理桥头过渡路段，尽量采用等桩长变桩距的设计方案；对于软土深度较小、路堤较低、等级较低或工期要求相对宽松的公路桥头路段，采用柔性桩复合地基法或预压法加固处理，一般路段采用排水预压法进行公路软基处理，桥头路段或其他结构物路段与一般路段的连接采用变桩距的方式对两者之间差异沉降进行平稳过渡。对于软土地基上公路各种衔接路段，在采用上述地基处理方法基础上，采用路堤预抛高方式进一步平稳过渡其纵向差异工后沉降，以更好解决控制差异工后沉降目标，预抛高连接路段纵坡坡度取值范围在3‰～6‰之间。

三、公路软土地基处理工后沉降计算方法

1. 预压法

预压法加固公路软土地基，地基沉降由三部分组成，分别为瞬时沉降、固结沉降和次固结沉降，即 $S_\infty = S_d + S_c + S_s$，对于预压法中瞬时沉降没有推荐具体的计算方法，只是将其包含在修正系数 m_s 中；固结沉降的计算采用单向压缩分层总和法，其中分层沉降计算采用 $e-p$ 曲线法或考虑土体应力历史的 $e-\log p'$ 曲线法来进行；预压法中地基软土次固结沉降是土骨架在持续荷载下发生蠕变所引起的，公路软土地基处理预压法加固过程由于其历时往往相对不是很长，因此一般不考虑加固过程中地基软土的次固结沉降，主要在公路运行期中考虑。

固结度计算是预压法加固处理公路软土地基工后沉降计算中一个重要内容，固结度计算方法为 $U=1-\alpha e^{-\beta t}$，α、β 为土体的固结度计算参数，其计算方法见参考文献[22]相关内容。在设计计算时，β 一般按常数考虑，加固施工后可以利用实测资料计算出 β。

预压法加固公路软土地基工后沉降由两部分组成，分别为残余主固结沉降和次固结沉降，其计算方法为

$$S_r = \sum_{i=1}^{n}(1-U_i)\times S_{ci} + S_s = \sum_{i=1}^{n}\alpha \times S_{ci}\times e^{-\beta_i t} + \sum_{i=1}^{n} h_i \times C_{ai} \times \log\frac{t}{t_{100}}$$

2. 柔性桩复合地基法

对于路堤荷载作用下柔性桩复合地基，计算加固区的变形量 S_1 时，将复合地基加固区增强体和土体视为一个统一的整体，用分层总和法采用复合模量计算其压缩变形，下卧层仍采用地基土层原模量，其工后沉降量计算公式见式(8-23)所示。

$$S_r = \Psi\left[\sum_{i=1}^{n_1}\alpha_i \frac{P_0}{E_{spi}}(Z_i\overline{a_i} - Z_{i-1}\overline{a_{i-1}})\times e^{-\beta_i t} + \sum_{i=n_1+1}^{n_2}\alpha_i\frac{P_0}{E_{si}}(Z_i\overline{a_i} - Z_{i-1}\overline{a_{i-1}})\times e^{-\beta_i t}\right] \tag{8-23}$$

式中：Ψ——沉降计算修正系数；

P_0——对应荷载效应准永久组合时基础底面的附加应力，kPa；

E_{spi}——加固区第 i 层桩土复合模量，MPa；

E_{si}——地基第 i 层土的压缩模量，MPa；

Z_i、Z_{i-1}——分别为基础底面至第 i 层、第 $i-1$ 层土底面的距离，m；

$\overline{a_i}$、$\overline{a_{i-1}}$——分别为基础底面计算点至第 i 层、第 $i-1$ 层土底面范围内平均附加应力系数；

n_1——加固区范围土的分层数；

n_2——沉降变形计算深度范围内土层总的分层数；

α、β——仅考虑竖向排水时的土体的固结度计算参数。

3.刚性桩复合地基法

对于路堤荷载作用下刚性桩复合地基，由于桩的压缩性远小于桩间土的压缩性，在上部路堤荷载的作用下，桩间土的沉降量大于桩的沉降量，使得桩顶水平面以上一定范围内路堤填土的内部应力重新分布，大主应力方向发生偏转而大致平行于相邻桩帽之间的圆拱连线，从而将此拱形区域内的路堤填土压实，形成1个压密的壳体，桩间土上的部分路堤荷载通过此压密的壳体拱传递到桩帽上，形成土拱效应。文献[2]、[25]通过研究刚性桩复合地基土拱效应改进 Hewlett 模型解答，给出了路堤下刚性桩复合地基中桩顶土压力和桩间土压力计算方法，文献[30]、[31]以刚性桩复合地基桩顶土压力和桩间土压力的Hewlett改进解为基础，在分析路堤荷载作用下刚性桩复合地基中桩、土单元受力和变形规律的基础上，并考虑桩、土接触面的变形协调，利用 Mindlin 解和 Boussinesq 解迭代计算得到刚性桩复合地基在路堤荷载作用下各深度的桩间土竖向附加应力为 $\sigma_i=\sigma_z+\sigma_z'$（其中 σ_z 为桩身摩阻力在各深度位置桩间土中产生附加应力的计算值，σ_z'为刚性桩复合地基的路基表面桩间土压力在各深度位置桩间土中产生附加应力的计算值），计算得到刚性桩复合地基在路堤荷载作用下各深度的桩间土竖向附加应力为 σ_i 后，采用分层总和法得到路堤荷载作用下刚性桩复合地基的总沉降及其工后沉降的计算方法见式(8-24)和式(8-25)。

$$S_c=\sum_{i=1}^{n}S_{ci}=\sum_{i=1}^{n}\frac{e_{0i}-e_{1i}}{1+e_{0i}}h_i\text{（式中分层总和包括下卧层的分层）} \tag{8-24}$$

$$S_r=\sum_{i=1}^{n}(1-U_i)\times S_{ci}=\sum_{i=1}^{n}\alpha\times S_{ci}\times e^{-\beta_i t} \tag{8-25}$$

式中：α、β——仅考虑竖向排水时的土体的固结度计算参数。

四、设计方法应用

象山县环象山港公路工程位于浙东南地区的宁波市象山境内，是宁波市所辖的象山县内象山港工业区内的主要公路干线，全线按双向4车道一级公路标准建设，设计速度采用80km/h，路基宽度24.50m。线路位于象山港南侧，区内上部地层由第四系全新统滨海相的地层组成，地势平缓，水网密布。该区内普遍存在着一层冲海积成因的厚1.5~2.5m的粉质黏土（硬壳层），其下为1.0~24.5m的淤泥质软土，具有高压缩性、高含水率、高灵敏度、抗剪强度低、透水性差、变形大、固结时间长等特点，该软土层主要分布在K16+240~K22+290、K22+700~K26+700、K28+000~K31+420和K31+700~终点段，线路软土路基总长13.608km（含桥梁），约占全线81.7%。软土地基工后沉降和差异工后沉降的有效控制和加固技术的正确应用是造好这条公路的关键，也是建造这条路的重点和难点，而软土地基处理设计是软土地基加固的基础。该公路的软土地基处理采用本文介绍的设计方法，已完成初步设计。下面以K16+522.40（桥头）~K16+700.00（一般路段）的软土地基处理的初步设计为例，对本文讨论提出的公路软土地基处理设计方法的应用进行介绍说明，该路段地质纵断面如图8-19所示，纵断面范围内土层主要物理力学指标见表8-24。

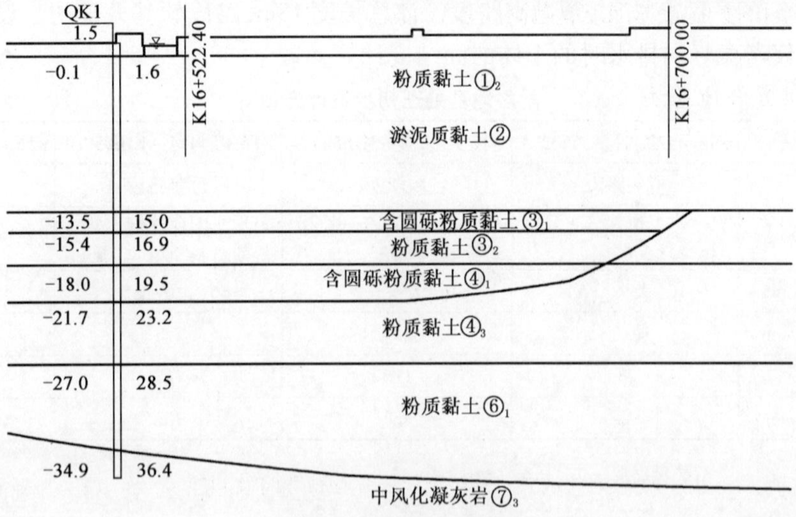

图 8-19 路段地质纵断面图

土层主要物理力学指标 表 8-24

土层号	土层厚度	含水率	湿密度	孔隙比	液限	塑性指数	液性指数	压缩模量	固结系数
	—	w	ρ	e	w_L	I_P	I_L	E_s	C_v
	m	%	g/cm³	—	%	—	—	MPa	$\times10^{-3}$ cm²/s
①₂	1.5 ~ 2.5	36.6	1.84	1.037	40.0	16.0	0.75	3.72	1.05
②	15.1 ~ 16.3	53.1	1.69	1.49	46.5	19.5	0.103	2.33	0.56
③₁	0.0 ~ 2.4	30.4	1.91	0.87	42.8	18.8	0.26	6.09	6.12
③₂	0.0 ~ 3.1	29.9	1.89	0.878	34.4	12.3	0.4	5.71	5.87
④₁	0.0 ~ 4.3	35.4	1.85	0.997	32.5	11.0	0.9	4.97	4.36
④₃	5.1 ~ 8.9	27.0	1.92	0.802	32.7	12.1	0.40	5.39	5.23
⑥₁	6.2 ~ 10.8	23.5	1.92	0.74	28.8	11.0	0.4	5.95	—

该路段平均填土高度 1.8m，填土预压工期仅 9 个月，工期较紧，地基沉降计算和稳定验算显示对该软土地基需进行加固处理，以满足规范规定的工后沉降和路基稳定要求。遵循前文讨论的公路软土地基设计基本原则并经过计算比较，该路段软土地基初步设计基本思路为：桥头路段采用钉形水泥搅拌桩（大头部分桩体直径 1 000mm，下部桩体直径 500mm）复合地基法加固处理，一般路段采用排水预压法进行处理，桥头路段与一般路段的连接部分采用变桩距的钉形水泥搅拌桩复合地基法处理，对两者之间差异沉降进行过渡，水泥搅拌桩桩长和排水板深度按穿过主要软土层②层淤泥质黏土确定；桥头路段采用气泡轻质材料作为桥头挡土结构以替代桥头混凝土挡墙和搭板结构以减少工程造价，同时桥头及其过渡路段采用轻质材料换填可以降低路堤荷载，进一步减小其总沉降和工后沉降。按上述设计思路，根据沉降计算和稳定验算成果，象山县环象山港公路工程 K16 + 522.40 ~ K16 + 700.00 的软土地基处理的初步设计方案见表 8-25 所示，最后结合工后沉降计算成果采用预抛高技术对路段差异工后沉降进行过渡，其中桥头及其过渡路段设计以 4‰的统一预抛高坡比，该预抛高路段设计总长度 34m（从桥头位置开始），钉形水泥搅拌桩复合地基法处理的过渡路段和排水预压法处理的一般路

段连接设计3‰的预抛高坡比，预抛高路段设计总长度18m，路段软基处理初步设计纵断面图如图8-20所示。

段落地基处理初步设计方案　　表8-25

处理路段	K16+522.4~K16532.4	K16+532.4~K16544.4	K16+544.4~K16558.4	K16+558.4~K16700
路段性质	桥头路段	过渡路段	过渡路段	一般路段
处理方法	钉形水泥搅拌桩+轻质材料换填	钉形水泥搅拌桩+部分轻质材料换填	钉形水泥搅拌桩+部分轻质材料换填	排水预压
桩(排水板)长(m)	16(大头长5)	16(大头长5)	16(大头长5)	16
桩(排水板)间距(m)	2.0	2.4	2.8	1.2
计算总沉降(mm)	73	116	163	355
计算工后沉降(mm)	42	69	102	149

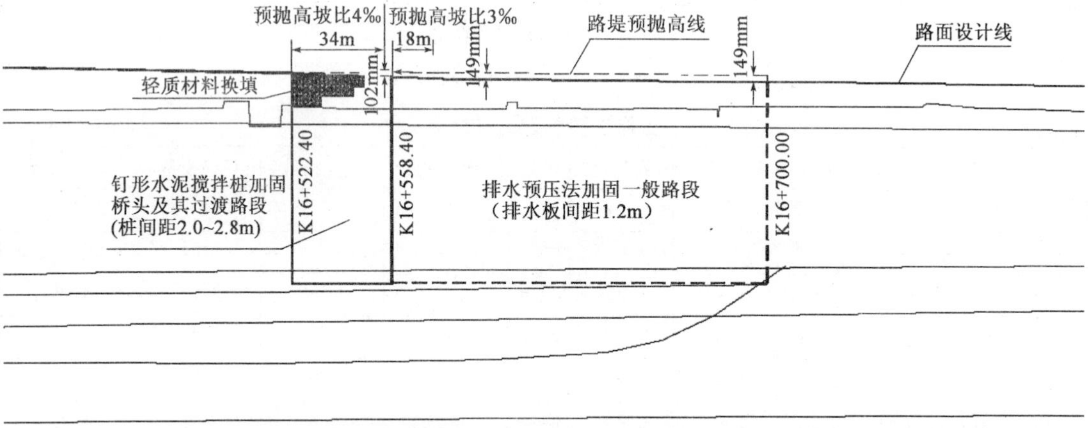

图8-20　软基处理初步设计纵断面图

表8-25和图8-20所示象山县环象山港公路工程K16+522.40~K16+700.00路段的软土地基处理的初步设计方案，在满足公路规范规定的工后沉降和地基稳定要求的基础上，能够较好地控制公路差异工后沉降，其工后沉降得到更好地过渡，更好地满足公路行车舒适性和保证路面结构的完整性。

五、结语

(1)公路软土地基处理设计与施工规范只规定了容许工后沉降，未规定差异工后沉降控制标准，满足容许工后沉降仍可能会产生桥头跳车。

(2)公路软土地基处理设计不仅应满足规范规定的容许工后沉降，还需满足容许差异工后沉降。因此，设计遵循的基本原则是：除应满足《公路路基设计规范》(JTG D30—2004)规定的公路容许工后沉降标准外，还应满足公路安全舒适运行和防止路面开裂要求的差异工后沉降标准，也需满足软土地基上公路建设和运行中软土地基的承载力和稳定要求。

(3)遵循公路软土地基上述设计原则，提出公路软土地基处理差异工后沉降标准。对刚性桩过渡段采用4‰的统一预抛高坡比过渡；对刚性桩与预压路段连接部分采用3‰的预抛高坡比过渡，以更好地满足公路行车舒适性。应用情况表明，象山港公路软土地基处理设计能够较好地克服公路差异工后沉降。

参考文献

[1] 中华人民共和国行业标准编写组. JGJ 79—2002 建筑地基处理技术规范[S]. 北京:中国建筑工业出版社,2002.

[2] 陈云敏,贾宁,陈仁朋. 桩承式路堤土拱效应分析[J]. 中国公路学报,2004,17(4):1-6.

[3] 陈仁朋,许峰,陈云敏,等. 软土地基上刚性桩—路堤共同作用分析[J]. 中国公路学报,2005,18(3):7-13.

[4] 曹卫平,凌道盛,陈云敏. 刚性桩加固高速公路软基土拱效应现场试验研究及其与解析解的比较[J]. 岩土工程学报,2007,29(10):1577-1581.

[5] 娄炎,何宁,娄斌. 管桩复合地基加固桥头深厚软基的效果分析[R]. 南京水利科学研究院研究报告,2007.6.

[6] 娄炎,何宁,娄斌. CFG 桩复合地基加固桥头深厚软基的效果分析[R]. 南京水利科学研究院研究报告,2006.9.

[7] 娄炎,何宁,娄斌. 长短桩复合地基加固桥头深厚软基研究[J]. 施工技术,2009,38(10):90-93.

[8] 交通部. JTG D30—2004 公路路基设计规范[S]. 北京:人民交通出版社,2004.

[9] 娄炎. 试验段工程通车后路基工后沉降分析[R]. 南京水利科学研究院研究报告,2009.3.

[10] 建设部. JGJ 79—2002 建筑地基处理技术规范[S]. 北京:中国建筑工业出版社,2002.

[11] 刘吉福,陈新华. 应用沉降速率法计算软土路堤剩余沉降[J]. 岩土工程学报,2003,25(2):233-235.

[12] 张长生,张佰友,刘国楠,魏勇作. 应用沉降速率推算剩余沉降及卸荷时间[J]. 地球科学与环境学报,2005,27(4):28-30.

[13] 张长生,刘国楠,江辉煌. 剩余沉降及卸载时间的推算研究[J]. 岩石力学与工程学报,2006,25(增2):3495-3500.

[14] 李国维,杨涛. 公路软基超载预压卸荷时间确定的沉降速率法研究[J]. 岩土工程学报,2006,28(11):1942-1946.

[15] 谢东云,杨曙明. 超载预压下软基工后沉降实用计算方法[J]. 南通工学院学报(自然科学版),2004,11:179-180.

[16] 刘吉福,莫海鸿. 对沉降速率法确定卸载时机的认识[J]. 岩石力学与工程学报,2007,26(增1):3065-3076.

[17] 张惠明,徐玉胜,曾巧玲. 深圳软土变形特性与工后沉降[J]. 岩土工程学报,2002,24(4):509-514.

[18] 殷宗泽,张海波,朱俊高,李国维. 软土的次固结[J]. 岩土工程学报,2003,25(5):521-526.

[19] 娄炎. 杭州湾跨海大桥南岸接线试验段工程堆载预压法加固深厚软基的效果分析-N14区(试验段研究成果报告之8)[R]. 南京水利科学研究院研究报告, 2007.12.

[20] 娄炎.杭州湾跨海大桥南岸接线试验段工程真空联合堆载加固深厚软基的效果分析——垂直排水通道为高性能可测深C型板S3区(试验段研究成果报告之42)[R].南京水利科学研究院研究报告,2008.10.

[21] 殷宗泽,等.土工原理[M].北京:中国水利水电出版社,2007,78-93.

[22] 娄炎.真空排水预压法加固软土技术[M].北京:人民交通出版社,2002.

[23] 曹国强,张仪萍,张土乔,张晓海.地基沉降速率与沉降的关系研究及其应用[J].岩土力学,2003,24(3):468-469.

[24] 娄炎.预压加固中固结系数的变化及分析[J].水利水运工程学报,2006,(4):46-50.

[25] 强小俊,赵有明,胡荣华.桩网结构支承路堤土拱效应改进算法[J].中国铁道科学,2009,30(4):7-11.

[26] 芮瑞,夏元友.桩承式路堤荷载传递计算方法研究[J].武汉理工大学学报,2009,31(13):73-77.

[27] 徐光明,曾友金,顾行文.公路构造物过渡段路基纵向差异沉降离心模型试验研究[R].南京水利科学研究院报告,2009.

[28] 娄炎,何宁.对沉降速率法计算路堤剩余沉降的认识[R].南京水利科学研究院研究报告,2009.

[29] 刘吉福,莫海鸿,魏金霞.对沉降速率法确定卸载时机的认识[J].岩石力学与工程学报,2006,25(增2):3518-3522.

[30] 亓乐,施建勇.产生刺入的复合地基摩阻力计算方法[J].长江科学院院报,2009,26(4):31-35.

[31] 何宁,娄炎.路堤下刚性桩复合地基的设计计算方法研究[J].岩土工程学报,2011,33(5).

第九章　需进一步解决与研究的问题

前面对堆载预压、真空联合堆载排水预压、预应力管桩复合地基、CFG 桩复合地基及联合桩复合地基这 5 个软基加固方法进行了总结，观测资料显示这些方法在处理软基上都已取得了很好的效果，关于这一点已在上述各章中有详细介绍。但是通过这几个方法的实施，发现还存在一些问题，现提出并加以讨论，同时也提出日后需继续研究的问题，使高速公路深厚软基工后沉降控制技术更臻完善。

第一节　有关预压路段

一、路段填土时间太长，联合预压时间太短

7 个预压段落有 6 个段落路堤填筑的时间都超过一年，平均每月的填筑厚度除 S3 段达到 0.65m 外，其他的只有 0.3～0.4m，也就是每月只填两层土，大大加长了施工时间及填筑期的抽真空时间。表 9-1 列出预压段落的路堤填筑情况。

预压路段填筑与联合预压时间统计　　表 9-1

段　落	填土开始日期	路堤填土到顶日期	填筑时间(月)	真空停抽日期	联合预压时间(月)
N4	2004-5-13	2005-7-15	14	2005-8-3	0.63
N5	2004-5-13	2005-7-9	14	2005-8-3	0.80
N6	2004-5-13	2005-7-15	14	2005-8-3	0.63
N12	2004-4-30	2005-4-26	13.87	2005-7-21	2.83
N13	2004-4-30	2005-4-26	13.87	2005-7-21	2.83
S3	2004-10-25	2005-4-24	6	2005-9-29	5.16
N14	2004-4-20	2005-7-31	15.37	—	—

注：路堤填土到顶日期是指填土到路堤设计高程的时间。

从表 9-1 中可以看出，这 6 个真空联合堆载预压段落填到路面设计高程后的联合预压时间又太短，远远没有达到设计提出的 18 个月的要求，相差很远。当然也不一定需要 18 个月，但目前联合的时间也太短，尤其是 N4、N5 和 N6 段落，几乎没有满载联合预压。满负荷联合预压时间太短，真空与堆载联合加固的优势没有充分发挥出来，造成施工时间太长，而且也增加了工程成本。

二、停抽后纯路堤预压时间太长

停抽后纯路堤预压时间太长，除S3段外都超过20个月（表9-2），观测结果表明停抽后纯路堤预压的近21个月时间是没有多少效果的，该期间在慈溪发生的沉降仅占总沉降量的1.5%以下。如果施工安排得好，整个工期可以缩短15个月。因此充分说明，科学安排施工是保证方案正确实施、彰显方案优势、取得良好效果的重要条件。

停抽后纯路堤预压时间统计 表9-2

段　落	真空停抽日期	路堤开始做基层日期	纯路堤预压时间（月）
N4	2005-8-3	2007-4-15	20.6
N5	2005-8-3	2007-4-15	20.6
N6	2005-8-3	2007-4-15	20.6
N12	2005-7-21	2007-4-15	20.8
N13	2005-7-21	2007-4-15	20.8
S3	2005-9-29	2007-4-7	18.2

三、设计好路堤填土的加荷强度与加荷速率

堆载预压法实施过程中第一位要注意的就是施工安全，保证路堤在整个施工中的稳定，不要出现滑塌事故，**关键措施是控制好填土速率与填土强度**，加荷速率大了容易出现稳定问题，加荷速率小了则影响施工进度。本试验N14段落加荷与监测的情况汇总在表9-3中。

N14段落路堤填筑强度及沉降、孔压随之变化情况 表9-3

填筑次数	1~2	3	4	5	6~7	8	9
填筑时段	2004-4-20~2004-5-17	2004-5-23~2004-5-26	2004-7-3~2004-7-5	2004-7-25~2004-7-27	2004-8-4~2004-8-6	2004-8-10~2004-8-14	2004-10-14~2004-10-16
填土厚度（m）	1.20	0.21	0.224	0.277	0.57	0.22	0.221
平均填筑强度（kPa/d）	0.922	1.37	2.15	2.65	5.45	1.06	2.12
最大沉降速率（mm/d）	6.65	2.33	3.0	1.0	4.5	2.3	1.0
最大孔压、荷载增量比	0.87	0.73	0.42	0.17	0.50	0.87	0.51

填筑次数	10~11	12	13	14	15	16
填筑时段	2004-11-2~2004-11-7	2004-11-22~2004-11-24	2004-12-6~2004-12-10	2005-3-30~2005-4-1	2005-7-1~2005-7-4	2005-8-2~2005-8-15
填土厚度（m）	0.482	0.196	0.193	0.245	0.150	0.266
平均填筑强度（kPa/d）	1.85	1.88	1.85	2.35	0.72	1.28
最大沉降速率（mm/d）	1.75	3.0	4.5	2.0	2.0	2.0
最大孔压、荷载增量比	0.38	0.52	0.37	0.55	0.40	0.37

在总共16次加荷当中，每次发生的最大沉降速率都在10mm/d的控制标准以下，最大为6.65mm/d，一般都在3mm/d以下，**这说明加荷强度与填土速率还有提高的余地**；从孔压增量

与荷载增量比值看，在第1～3次和第8次填土过程中孔压荷载增量比已超过0.6～0.7的安全控制线，但仔细分析全部孔压资料后，看到这些值仅发生在某一深度，而且该深度都在距地表20m上下范围，其他深度范围内该比值还是很小的，不存在构成地基失稳的威胁。研究发现，这些产生高孔压比值的加载时段有两种情况，其一是连续加荷、累计加载量大，例如从第1到第3次填土，连续填土1.2m，孔压增量高达20kPa，还未消散完，一周后又接着填，造成孔压比持续处于高位；其二，就是填筑时段相隔太近，如第8时段是在上个时段填土0.57m后仅隔4d又接着填筑造成的。

根据K119+880断面测斜管的观测资料，不同加固时期地基侧向位移沿深度发生的最大向外位移总量为19mm，发生在深11m处，**每次填土发生的侧向位移值都远远小于3mm/d的限值。**

因此，对于堆载预压处理段，观测资料表明**整个路堤的填筑过程安全度尚有较大富余，加荷强度与加荷速率尚可调整，能够缩短工期。具体建议每次填土可连续填筑两层，厚度控制在0.50m以内，两次之间间隔4～5d。**

四、完善预压法中钢丝软管的封堵工艺

在真空联合堆载预压加固中使用的钢丝透水软管，由于底部没有封堵好，导致深部的泥沙在超静水压力的作用下被涌入管内，致使管的排水能力和传递真空度功能被降低，因此需要解决这一问题。要研究一整套改进方案，等待在以后的工程中加以验证。

五、研究减弱真空预压加固段对周边建筑物影响的技术

真空联合堆载预压加固路基时，常会对路周围的已有建筑物产生不利影响，主要表现在会把建筑物拉裂或使建筑物产生不均匀沉降、发生倾斜等，**因此要研究加固的安全范围，以及消除这些影响的工程措施，如减沉沟、深部密封墙等。**

第二节 刚性桩复合地基路段

一、改进CFG桩的成桩工艺与增大桩的受荷面积

前面已详细阐述和分析了振动沉管设备成桩的缺点，其成桩是挤土（或排土）成桩工艺，对周围软土扰动很大。因此成桩设备需要改进，目前**已有在软土中的螺旋式成桩机具，**它是将桩体部位的淤泥用螺旋刀具掏出，整个成桩过程对周围软土基本上不产生挤压和扰动，**成为非挤土桩工艺，**这将有利于该桩型在深厚软土地基加固中的推广使用。

前面的分析表明，虽然桩顶上承受的路堤应力很大，但是由于桩顶截面积小，导致复合地基中桩的置换率低，使CFG桩承担的总荷载小，没有发挥出它高强度的特点。因此，**要研究在桩顶加平台的方案或变桩径的成桩工艺。**

二、增大预应力管桩桩帽平台面积

从现场试验与分析中得知，刚性桩复合地基桩顶土压力大小与刚性桩桩间距大小密切相关，随桩间距的增大，桩顶承受的土压力减小，土拱效应减弱；桩承受荷载的大小不仅与桩承受的土压力大小有关，还与桩的置换率大小有关；置换率相近，土压力大者担负的荷载要多；置换率高，就是间距稍大，其承担荷载的比例也将会高。因此，**置换率成为桩体承担荷载比例大小的主要因素，提高桩体承载比例的主要途径是提高桩的置换率，要增大桩帽平台面积。**

三、增大搅拌桩桩头面积

联合桩复合地基是一个很有前途的桥头高填方深厚软基加固方法。从联合桩复合地基试验研究中知道，搅拌桩承担的荷载只占总荷载的5.8%，除了它承受的应力小之外，承受荷载的面积也小，仅占总面积的3.3%，**要扩大它的受荷比例**，在间距不变的前提下只有**扩大它的受荷面积**。目前已有变直径的搅拌桩设备及相应工艺，可以实现这一设想。

第三节　研究刚性桩段与预压段的衔接过渡技术

刚性桩复合地基和预压法对公路深厚软基的加固都取得了明显的效果，但二者的加固机理是完全不同的。当两个方法同处在相邻路段时，**二者的衔接技术及施工工艺是需要研究的。**此外，**刚性桩过渡段的过渡方案尚须实践检验，也是要研究的。**

第四节　监测手段的改进

一、改进排水板等与土中真空度的监测技术

试验段在排水板、透水软管和软土中都埋设了大量的真空度测头，但遗憾的是监测效果不理想，有一些没有测出数据或测出断断续续的数据，给分析带来很大困难。因此，要从测试机理出发，**研究高效、灵敏的真空度测头**，有利于对加固机理和加固效果的认识和分析，得出提高加固效率的措施等。

二、研究膜下地下水位的监测技术

试验段中在膜下没有设置**膜下地下水位的监测**，原因是目前尚未有合适的测量装置，这是需要进一步研究的。因为搞清膜下地下水位的变化规律，对深入认识真空预压的加固机理和弄清软土上部强度增幅较大的原因是有益的，对提高真空预压加固效率也是大有帮助的。

三、研制刚性桩桩身应力的量测器件

本试验段中对管桩桩身在加固过程中的应力变化与应力分布情况没能得到实测数据，原

因是应力传感器尺寸太大，没能安放到桩体当中，以后**应研制小尺寸传感器**（目前已有雏形），完成对桩体应力的量测，有利于深入认识桩的工作机理、工作性状，优化布桩方案和便于验证数学模型和设计计算方法。

四、研制刚性桩桩顶与桩间土的垂直变形量测器件

对刚性桩复合地基的工作原理，目前的基本认识是：在路堤荷载下，桩与桩间土发生了不等的压缩变形，产生不等的沉降，因此在路堤自身抗剪强度的支持下，产生了土拱效应，于是将路堤大部分荷载转向压缩变形较小的桩体，使桩的高强度特征得以发挥，而桩间土仅承担小部分荷载。从研究可以看出，形成刚性桩复合地基的条件，一是荷载为柔性或半刚性的，二是桩与桩间土发生不等的沉降量，或者说桩有刺入路堤或垫层的情形出现。那刺入量的大小对拱效应的影响、对荷载分配的影响，需要通过量测桩与桩间土的压缩变形方能分析得出，目前的地表沉降标受施工干扰很难准确测定，所以**需要研究方便、准确测定二者压缩变形的传感器，以利于对刚性桩复合地基加固原理、设计计算方法的研究。**

五、研制适用于软土的测斜管材料

目前所用的测斜管材料都是硬 PVC 塑料制成（实际上还掺有不少旧料），制成的管子太硬且较脆。在软土水平位移监测中，测值所反映的软土水平位移会偏小，对监测预报来说是偏危险的。此外，在管接头处也会产生曲线不连续现象，甚至管子会在土中断裂，这些都是管子的弹性模量与所测对象的弹性模量不匹配造成的。要正确反映被测对象的水平位移，管子的材质要尽量接近被测对象的力学特性才好，**应研制适应软土特性的测斜管材。**

第十章　控制工后沉降研究中的发现与创新

杭州湾跨海大桥南岸接线试验段工程经过前后6年的艰辛工作,它包括现场详勘,室内试验,施工监测、检测,资料收集分析,报告编撰,到现在还在进行通车后的沉降观测。在这项大型高速公路工后沉降控制成套技术研究中,取得了大量的实测资料和丰硕的研究成果,获得了多方面的创新,丰富了路堤工后沉降控制技术的内容与经验。同行专家认为,**深厚软土地基处理技术的研究成果总体上达到国际领先水平**。取得的主要创新如下:

一、首次用实测数据揭示了路堤下刚性桩复合地基中桩与桩间土所受荷载的分配规律——根据所受应力与承担面积之积进行分担。为建立非刚性基础下刚性桩复合地基设计理论与设计方法提供了可靠依据。现场埋设的大量监测仪表测读了柔性基础下刚性桩和桩间土在路堤荷载下所受的压力。在3种不同间距、不同类型的刚性桩复合地基中**都一致反映了桩与桩间土所受荷载有着相同的分配规律,这是第一次用实测数据证实的荷载分配规律**;首次提出了充分发挥桩高承载能力特性的有效途径,对进一步在高速公路桥头软基处理中**扩大应用刚性桩复合地基和降低其工程造价提供了依据**,有很大的现实与经济意义。**为人们认识刚性桩在该种复合地基中的作用和将刚性桩复合地基在设计上按疏桩看待提供了依据。**

二、首次提出"土拱效应是通过路堤的抗剪强度来传递与形成"的观点。刚性桩复合地基土拱效应的产生一般只提及桩的刺入作用,研究小组首次提出土拱效应的产生与土拱效应的强弱还依赖于路堤自身强度的大小,土拱效应是通过路堤的抗剪强度来传递与形成的。该认识为研究路堤、桩、桩间土之间的相互作用奠定了基础,为研究柔性、半刚性基础下刚性桩复合地基的设计方法指明了途径,**这个观点的提出有利于对刚性桩加固机理的认识、对分析土拱效应机理与建立理论分析模型有开创性意义。**

三、首次提出"刚性桩复合地基的简约设计方法"。根据现场3种不同类型、不同间距的刚性桩复合地基的全面实测资料,提炼出柔性或半刚性基础下刚性桩复合地基的设计方法,该方法思路清晰、依据可靠、使用简便。它的出现摒弃了目前依赖于刚性基础的刚性桩复合地基设计方法(即平均刚性模数法),使柔性基础下的刚性桩复合地基设计更符合实际,更能反映该类基础的特点和发挥它的作用,并降低造价。

四、提出了"基于土力学压缩固结原理的预压地基中止加固的综合判定法"。利用土力学中土体的压缩路径,推出主固结工后沉降量的理论表达式,并引入**预压类型系数,在巧妙利用压缩指数与回弹指数的公认比值**后,使推得的理论公式有了实用价值。计算表达式既考虑了预压的类型,也考虑了主固结的程度和主、次固结的情况,因此说方法是全面的;它又是一个理论与实际紧密结合的方法,判定的思路和计算式的推导建立在土力学关于土体压缩的基本原理之上,同时也应用了现场易于取得、能够测准的实测沉降资料,避开了纯理论计算易出现较大误差;计算式简单,参数易于取得,便于实际应用,计算结果有相当好的准确度,因此说方法是综合性的。把确定预压中止时间由过去主要靠经验的方法提升到理论高度，方法具有概念清晰、思路明确的特点，判定结果具有较高的精度。

五、首次将钢丝透水软管作为预压加固中的垂直排水通道，并应用于高速公路深厚软基真空预压处理工程，减少了真空度的传递阻力，提高了软基深部的加固效果，丰富了预压加固的手段和内容。

六、在国内外首次将预应力混凝土管桩与水泥搅拌桩联合应用于高速公路深厚软基处理，创立了“刚柔长短桩复合地基工法”，即“联合桩复合地基工法”。该工法不仅有管桩地基的高承载特性，而且大大降低工程造价，与真空联合堆载预压法造价相近。它将是一个极有前途的地基处理方法。

七、申请了“用于软土的水压式薄壁取土器”的发明专利，有利于减少取样过程中对土样的扰动，为更准确获取土性参数创造了条件。该薄壁取土器能从天然软土地基中取出更高质量的软土试样，为更准确地了解软土特性、反映软土原始特征创造了条件，为制订出更合理、经济的加固方案提供了保证。

八、编制了真空预压密封膜、排水板的长丝滤膜和可测深排水板的测深要求等3个工程应用标准，填补了空白，是软基加固工程中大量使用的3个专用材料的工程应用标准。它使目前的施工管理适应了新材料、新工艺的要求，跟上了创新的步伐。

九、建立了适用于宽路基高填方的“预压路基沉降补方系数的计算公式”。它适用于宽路基高填方堆载预压及真空联合堆载预压工况，填补该项工作的空白。并从中也证实了真空联合堆载预压向加固区收缩的特征，解释了加固后软土上部效果比堆载预压要好的原因。

十、研究中还有许多新的发现和新的观点产生，归纳如下：

(1)高速公路施工是以高程来控制的，而预压过程中地基的沉降是在不断发生、发展的，所以预压过程中的欠载、等载和超载是**处在动态变化中的**，设计时仅依**图纸上路堤高度**来确定超载与否，那只是名义超载，**只有在考虑稳定的沉降量之后，才能确定是否超载**。当预压沉降量稳定后，此时路堤填筑高程等于或超过路面设计高程时，才叫**有效等载预压或有效超载预压**。

(2)在高速公路软基处理中堆载预压产生的水平位移朝加固区外移动，而真空联合堆载预压则朝加固区内移动。堆载预压水平位移最大值发生在地表下7~15m处；**真空联合堆载预压水平位移最大值则发生在地表**，沿深度、水平位移逐渐减小。二者的差异与产生水平位移的原因有关，堆载预压发生的水平位移主要是由剪应力造成，产生剪切位移；真空联合堆载预压发生的是以收缩的等向固结应力为主造成，发生等向固结而产生的收缩水平位移，地表固结应力最大，水平位移也最大。因此，**不能用边桩来监测堆载预压工况土体的侧向位移**，如以此来预报土体在加固过程中的稳定性那是极不可靠的，而且还有很大的危险性，**要设置深层水平位移监测**。

(3)**真空联合堆载的加固效果要好于堆载预压**，主要表现在，一是通车运行12个月期间，真空联合堆载预压(N12)段落的沉降速率要小于堆载预压(N14)段落，仅仅是堆载段的53%；二是通车12个月以后所剩工后沉降量前者要小于后者，仅仅是后者的30%；三是前者沉降的收敛幅度大于后者，在通车12个月时前者发生的沉降量达到总沉降量的98.7%，而后者仅达到94%；四是加固后土分析资料反映剩余沉降主要发生在$③_1$层，但真空加堆载段落比等载段落要小得多，也就是说超载预压使深部③$_1$ 层软土压缩性的改变幅度比 N14 堆载段落要大得多。**因此，超载预压比堆载预压能更有效地控制路堤工后沉降，特别是深部软土的沉降。同时也要看到，获得超载预压的加固效果也是付出相当代价的。单位路长的填筑方量超载段落比等载段落要大 74%（N12 为 77.1m^3/m，N14 为 44.4m^3/m）左右，这就增加了征地数量和工程造价**。但是好在超载主要是由真空荷载来实现的，加载与卸载都很容易，该过程对土地资源没有影响。

(4)试验段中慈溪境的真空联合堆载预压加固路段的平均沉降补方系数为 0.87，它比原同三线宁波试验段得出的值 0.78 大 11.5%，这反映了行车规模、公路等级、超载加固及加固深度的影响。在杭州湾跨海大桥南岸接线试验段中尽管真空联合堆载预压法比堆载预压法的加固沉降量要大 35% ~45%，但它们之间的沉降补方系数却没有这么大的差别，前者只比后者大 1.4% ~2.4%。沉降补方系数却没有想象中的大，这反映了**真空联合堆载预压因侧向变形引起的地基附加沉降量要远小于堆载预压因地基侧向变形而产生的附加沉降量，充分表现出不同加固方法对沉降补方系数的影响**。

(5)试验段中**预压路段左右路肩**二者沉降曲线相差不大，差值最大为 121mm，说明地层状况与荷载施加都比较均匀。由此**形成的沉降盆的平均斜度都在 2% 以内，说明加固前在路中心地表做成 2% 的反坡是可行的**，在此坡上做成的砂垫层在加固中不会形成过大的锅底状，有利于预压水的排出。

(6)刚性桩复合地基与搅拌桩等柔性桩组成的复合地基的区别在于：**刚性桩体的强度、压缩模量和承载力比搅拌桩要高很多。在路堤荷载下刚性桩的自身变形要小很多**，因此它们在桩的压缩和下沉量上比柔性桩要小很多，从而形成的土拱效应要强，而柔性桩地基则较弱，**使得组成的复合地基中刚性桩将承担更多的荷载。因此，路堤荷载下刚性桩地基离"平均刚性模数法"的计算假定相差较远，不能使用**；相反，柔性桩地基离该假定尚近，是近似可以应用的。**这也是本项目的一个重要认识与发现。**

(7)管桩 3.0m 间距区在预压期间桩帽平台中心土压力的均值比 2.4m 间距区要小 36%，平台边缘平均要小 33%，平台上土压力总的均值比 2.4m 间距区要小 35%。**该差值正巧和它们间距的三角形面积差率 0.36 相近**（即[(3.0 的面积 -2.4 的面积)/3.0 的面积]）。说明**刚性桩平台上土压力大小与间距平方差成反比，可以当疏桩或独立基础看待。**

(8)桩承受荷载的大小不仅与桩承受的土压力大小有关，还与桩的置换率大小有关；置换率相近，土压力大者担负的荷载要多；置换率高，就是间距稍大，其承担荷载的比例也将会高。置换率是桩体承担荷载比例大小的主要因素，所以**提高桩体承载比例的主要途径是提高桩的置换率，即增大桩帽面积**。

(9)**刚性桩复合地基沉降补方数量极少，仅仅是预压法的 6% ~7%，它占用土地数量是极少的，对保护农村土地资源有重要意义**。三种刚性桩中以首次在国内运用于高速公路软基加固中的联合桩复合地基的造价最低，大约是管桩的 43.5%，是 CFG 桩的 42.4%，因此**联合桩复合地基**的经济性体现得比较明显，造价已接近真空联合堆载预压法的造价，但施工速度、工后沉降控制要比真空联合堆载预压法优越得多，**在处理高速公路深厚软基、控制桥头工后沉降方面是一个极有前途的地基处理方法**。

(10)**国产长丝滤膜排水板可以替代进口长丝滤膜排水板**。国产长丝滤膜的性能已达到和接近进口长丝滤膜的指标，但国产长丝滤膜的排水板每延米价格要低于进口长丝滤膜排水板30%～40%，可以在国内大量推广应用。工程中采用的**可测深排水板**，有“数字式”和“铜丝式”两种，对排水板打设深度的控制起到了重要作用，从而使软基加固取得良好的效果。

(11) **CFG桩成桩过程对土体的挤密效果甚微**。本工程CFG桩加固区，CFG桩沉桩完成后测得地表平均隆起61cm，加固区周边地表挤出最大水平位移为59.4cm，加固区为平行四边形，周长为226.8m，布置CFG桩共495根。由此计算得到本工程中CFG桩成桩过程软土的挤密系数为0.05，说明CFG桩在饱和软土中的挤密效应很小。**纠正了CFG桩能将饱和软土挤密的错误看法。**

综上所述，该课题对深厚软基工后沉降控制技术提出一整套方法、技术和工艺，获得多项创新性成果，具有良好社会效益和经济效益。深厚软土地基处理技术的研究成果总体上达到国际领先水平。